北京房山年鉴

2022

BEIJING FANGSHAN NIANJIAN

北京市房山区地方志编纂委员会 编

线装书局

图书在版编目（CIP）数据

北京房山年鉴. 2022 / 北京市房山区地方志编纂委员会编. -- 北京 : 线装书局, 2022.9

ISBN 978-7-5120-5159-1

Ⅰ. ①北… Ⅱ. ①北… Ⅲ. ①房山区－2022－年鉴 Ⅳ. ①Z521.3

中国版本图书馆 CIP 数据核字(2022)第 170266 号

北京房山年鉴（2022）

BEIJING FANGSHAN NIANJIAN（2022）

编　　者：北京市房山区地方志编纂委员会
责任编辑：周思远
出版发行：线装書局
　　地　址：北京市丰台区方庄日月天地大厦B座17层（100078）
　　电　话：010-58077126（发行部）010-58076938（总编室）
　　网　址：www.zgxzsj.com
经　　销：新华书店
印　　制：廊坊市佳艺印务有限公司
开　　本：889mm×1194mm　1/16
印　　张：32.75
字　　数：942 千字
版　　次：2022 年 9 月第 1 版第 1 次印刷
印　　数：0001—2000 册

线装书局官方微信

定　　价：150.00 元

房山区地方志编纂委员会

顾　　问　陈　清

主　　任　阳　波

副 主 任　张明智　靳　璐

委　　员　（以姓氏笔画为序）

于　平　于云飞　于瑞林　王　耕　王心松　王英开　王明哲　王建星
王春年　仉立民　邓思博　石宝军　卢晓利　申希森　吕言飞　朱华俊
刘松华　刘海雨　孙　斌　李立奎　李立新　李光明　李进伟　李建坡
李春晖　李冠华　李爱军　李雪生　杨　龙　杨　勇　杨冬立　杨兆军
豆宝才　邱　刚　张　杰　张　辉　张战鹏　张喜利　陆大勇　陈峰岩
邵志杰　赵金龙　姜青海　姜洪国　耿庆华　耿纪民　栗桂平　顾成强
高晓坤　曹立全　琚云鹏　董凤山　韩志刚　韩继华　路　鹏　臧金凤
樊宗军　燕新程　薛满德

《北京市房山年鉴（2022）》编辑部

主　　编　高晓坤

副 主 编　贾　昉

执行编辑　曹梦玲

编　　辑　王　静　那　爽

校　　对　贾　昉　曹梦玲　王　静　那　爽

编辑说明

一、《北京房山年鉴》为综合性资料工具书。在中共北京市房山区委和房山区人民政府的领导下，由房山区地方志编纂委员会主持编纂，区史志办公室具体实施。

二、本年鉴以马列主义、毛泽东思想、邓小平理论和“三个代表”重要思想、科学发展观、习近平新时代中国特色社会主义思想为指导，遵循中国共产党十一届三中全会以来的路线、方针和政策，坚持四项基本原则，运用辩证唯物主义和历史唯物主义的观点、方法，科学地反映客观情况。

三、《北京房山年鉴》自1987年开始编辑。以年度断限，逐年记载房山区各项事业的基本情况和主要成就，资料翔实准确，具有权威性和实用性。《北京房山年鉴（2022）》所收录的内容为2021年1月1日至2021年12月31日。

四、本年鉴采取文章和条目两种载体，以条目体为主。设房山区情概貌，特载，专文，大事记，中国共产党北京市房山区委员会，北京市房山区人民代表大会常务委员会，北京市房山区人民政府，中国人民政治协商会议北京市房山区委员会，纪检　监察，民主党派　工商联，人民团体，法治，军事，经济管理，农业　农村，工业和信息化，建筑业　房地产业，商贸服务业　金融业，旅游业，交通　邮政，生态环境，城乡规划与建设，城乡管理，科学技术，教育，文化，卫生健康，体育，社会建设，社会生活，办事处、乡镇、街道概貌，人物　荣誉，统计资料，附录，索引35个类目。除房山区情概貌、特载、专文、大事记、人物　荣誉、统计资料、附录外，其余均为条目体。条目编排一般分为类目、分目、子目、条目4个层次，共收入1754条目。

五、文中除“民主党派”部类外，凡未标明党派专名的“市委”均指“中国共产党北京市委员会”，“区委”均指“中国共产党房山区委员会”，“党员”均指“中国共产党党员”，“党建”工作均指“中国共产党建设”工作。

六、入鉴的资料、图片均由各撰稿单位确定专人撰写或提供，并经各单位主管领导审核后采用。部分资料由本年鉴编辑部收集。所用统计数据，以《北京市房山区统计年鉴（2022）》为准。统计年鉴以外的数据，均以有关业务部门数字为准。本年鉴部分数据合计数或相对数由于单位取舍不同而产生的计算误差均未作机械调整。照片由房山区融媒体中心等单位提供。

七、本年鉴对房山区党政机关、事业单位、部分企业的全称与简称的使用，参见“2021年房山区部分党政机关、事业单位全称及简称对照表”，随文不在括注简称。

八、中国传统土地面积计量单位“亩”，由于涉及到广大农民的问题，且在目前本地农村农民的日常生产生活中仍作为土地面积的计量单位，所以，本年鉴记述农业农村事项时仍使用“亩”作为土地面积的计量单位，1亩=666.67平方米，随文不再括注同比例公顷数或平方米数。

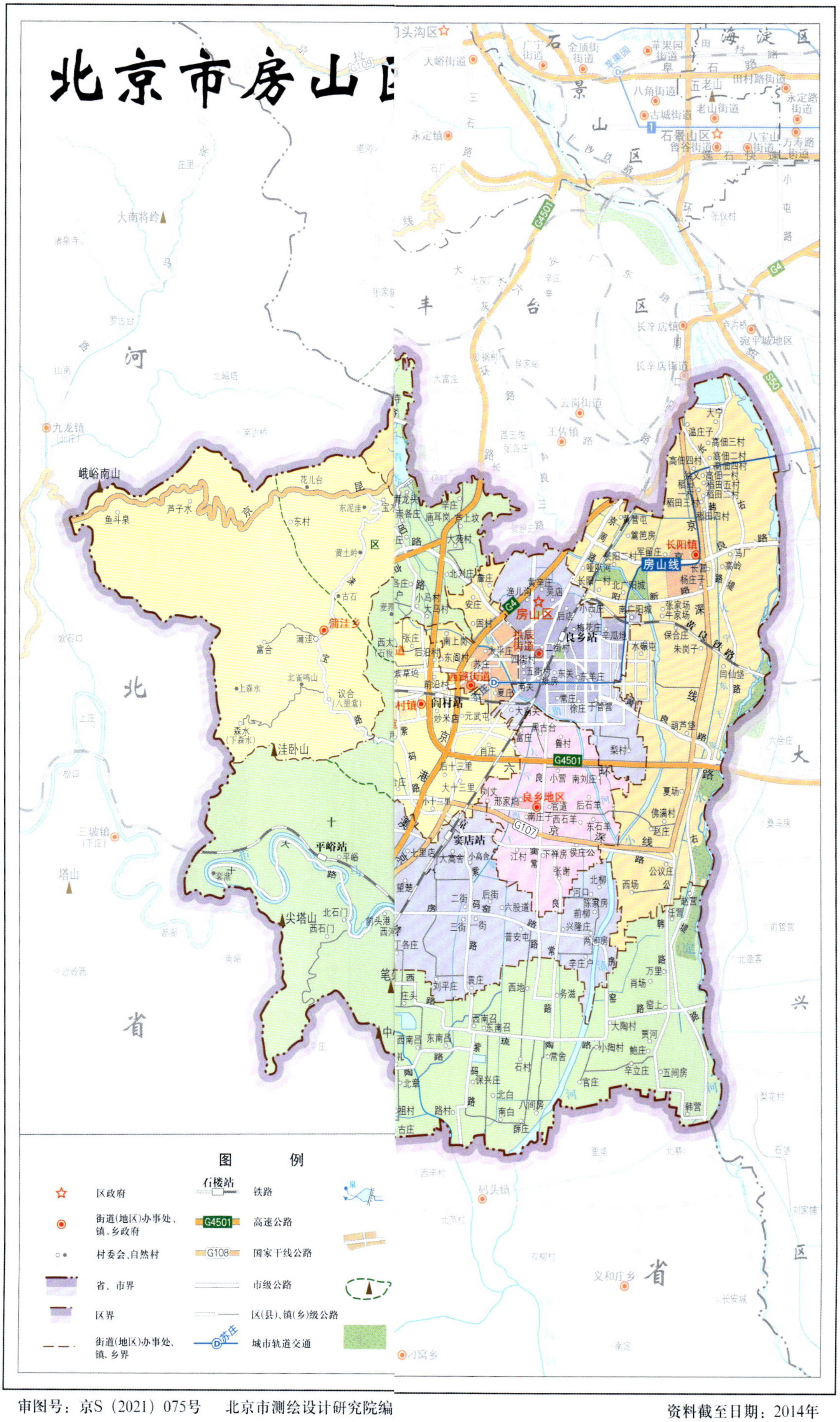

审图号：京S（2021）075号　北京市测绘设计研究院编　　资料截至日期：2014年

12 月7 日至10 日，中国共产党北京市房山区第九次代表大会在区会议中心召开。图为12月7日中国共产党北京市房山区第九次代表大会开幕式现场

12月14日至17日，北京市房山区第九届人民代表大会第一次会议在区会议中心召开。图为12月14日北京市房山区第九届人民代表大会第一次会议开幕式现场

12月13日至16日，中国政治协商会议北京市房山区第九届委员会第一次会议在区会议中心召开。图为12月13日中国政治协商会议北京市房山区第九届委员会第一次会议开幕式现场

12月10日，中国共产党北京市房山区第九届纪律检查委员会第一次全体会议召开

7月13日，房山区工会第七次代表大会召开

10月29日，北京市房山区第五次妇女代表大会在区会议中心召开

5月18日，房山区召开2021年全国、首都劳动奖和工人先锋号获得者座谈会

5月14日，“最美家庭赞歌百年”房山区纪念“5•15”国际家庭日暨庆祝中国共产党成立100周年活动在区文化活动中心梦想剧场举办

6月16日，没有共产党就没有新中国纪念馆——《人民的心声 历史的旋律》主题展开展

7月8日，房山区举办“百年辉煌心向党”——“两新”组织“永远跟党走”主题宣传教育活动

5月27日，区关心下一代工作委员会到首都师范大学附属房山小学开展学党史 颂党恩“一老一小话党史”主题讲座

4月30日，区直机关工委“说说我身边的共产党员”主题演讲比赛决赛现场

12月22日，由中华诗词学会、北京诗词学会和区委、区政府主办，区委宣传部、区文化和旅游局、区文联承办的“中华诗词之区”授牌仪式在区文化活动中心举行

11月29日，北京市房山区工商业联合会（商会）第十二次代表大会在区会议中心召开

11月20日，房山区侨界联合会第一次代表大会召开

6月27日，“科学小记者+探秘房山”线下首期活动——走进干线工程惠南庄泵站

3月18日，房山区政法队伍教育整顿动员部署会召开

1月10日，房山公安分局在首创奥特莱斯举行“一心为民110砥砺奋进新征程”庆祝首个中国人民警察节暨110系列宣传主题活动

9月16日，区检察院与北京工商大学法学院签署检学共建合作协议

5月20日，房山区人民法院多元解纷诉调对接中心、房山区司法局矛盾纠纷多元调解中心启用

5月31日，区市场监管局颁发房山区首张“多证合一”营业执照

10月21日至25日，区城管执法局持续开展“三类场所”疫情防控落实情况执法检查，图为10月21日区城管执法局开展“三类场所”疫情防控落实情况执法检查现场

12月，区市场监管局对罚没的不合格药品及回收的家庭过期药品进行销毁

3月，“房山爱企行动”直播活动

7月16日，国家重点研发计划“乡村生态景观营造关键技术研究”黄山店村示范点签约仪式在黄山店村红色背篓精神纪念馆举行

9月23日，由区委、区政府主办的“庆丰收·感党恩”2021年中国农民丰收节房山区秋收节在北京生态谷智慧农场开幕

4月24日，“椿游上方山·寻香圣水峪”——2021上方山香椿采摘周暨地理标志农产品市集活动在韩村河镇云水洞景区开幕

12月2日，2021年北京乡村厨神大赛暨“大厨下乡”成果集中展示活动在周口店镇黄山店村红色背篓教育基地举办

🔺 10月17日，中央财经大学、北京基金小镇投资者教育基地与多家知名会计师事务所、律师事务所等机构共同发起的“中国私募基金风险管理研究中心”在北京正式成立

🔺 4月，“乐享房山 快乐生活”2021北京消费季启动

🔺 9月19日，熙悦天街开业

🔺 5月，北京生态谷智慧农场重装开园

▲ 9月28日，2021年首届全球智能应急装备大赛拟落地项目签约仪式现场

▲ 5月21日，中关村房山园氢能特色产业园首批入驻项目签约仪式现场

▲ 3月，京东方智慧医工核心能力中心项目施工现场

▲ 6月8日，位于北京高端制造业园区的中车北京轨道交通装备产业园开园

4月6日，房山区开展以“共建森林城市 共享生态文明”为主题的全民义务植树活动

10月，加州水郡森林公园建成开放

3月3日，房山区在牛口峪湿地公园举办世界动物保护日活动

“十一”期间，府前广场摆放花篮，营造节日气氛

6月1日，全区1.1万名学生光荣加入中国少年先锋队。图为城关小学高年级学生为新入队的云峰少年佩戴红领巾

10月8日，黄山店小学91名学生入读周口店中心小学

12月，区教委、区体育局在云居滑雪场举办2021年房山区青少年冰雪进校园暨“激情冰雪冬奥有我”主题活动

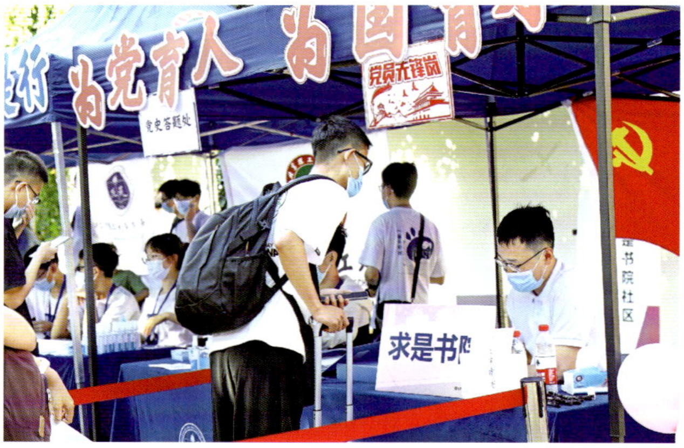

8月27日，北京理工大学作为良乡大学城首个开学的高校，迎来本科新生

5月，房山区举办防汛演练

6月，良泉水业公司推进“三供一业”供水项目改造

10月，贯金路路面修复工程竣工

5月，大石河（沙窝桥—南水北调线）生态蓄水工程实现工程标准化

9月24日，首届北京公众考古季开幕式在周口店遗址举行

4月21日，“颂读百年路 展阅新征程”2021年房山区“书香中国·北京阅读季”全民阅读活动启动仪式暨群众诗歌朗诵会在区文化活动中心举行

4月，首次在西周燕都城墙范围内发现成规模夯土建筑基址

5月27日，“博大绚美·幽州艺术”——云居寺北塔须弥座砖雕展正式开展

5月29日，2021 春季北京国际长走大会暨第二十六届房山旅游文化节正式开幕

7月16日，在北京电视台举办的人间桃源·大美京华《我的桃花源》年度盛典暨第二季启动仪式上，房山区获5个奖项

9月19日，“慢品大西山　探秘人之源”2021北京西山民俗文化节在周口店镇黄山店村开幕

9月，房山区举办教培行业人才服务“直播带岗”专场招聘会

9月17日，房山区召开2021年党建引领“广阳式”基层治理示范点现场会

4月14日，全市首家人事考试基地落户房山

9月，房山区创建100处交通文明示范路口

总目录

目 录

房山区情概貌

特 载

专 文

大 事 记

中国共产党北京市房山区委员会

重要会议和活动

组织工作

宣传工作

统战工作

机构编制

政策研究

保密工作

老干部工作

党校教育

党史编研

党史学习教育

北京市房山区人民代表大会常务委员会

重要会议与决议、决定

监督工作

代表活动

北京市房山区人民政府

重要会议和活动

政务服务

外事及港澳台事务

信访工作

应急管理

·应急预案建设·

·安全生产监督管理·

· 灾害防治 ·

· 社会救援 ·

创建全国文明城区

中国人民政治协商会议
北京市房山区委员会

重要会议

协商议政

调研与视察

专门委员会工作

纪检　监察

党风廉政建设

巡察工作

执纪审查

派驻工作

民主党派　工商联

民主党派

房山区工商业联合会

人民团体

房山区总工会

共青团房山区委员会

房山区妇女联合会

房山区科学技术协会

法　治

政法委与综治

公 安

检 察

法 院

司法行政

军 事

人民武装

人民防空

经济管理

综合调控

财　政

税　务

审　计

统　计

国有资产监管

市场监管

烟草专卖与管理

农业 农村

种植业

养殖业

林果业

农村经营管理

美丽乡村建设

工业和信息化

工 业

信息化建设

中关村科技园区房山园

葡萄酒产业

建筑业 房地产业

建筑业

房地产业

商贸服务业　金融业

商贸服务业

金融业

旅游业

旅游文化活动

旅游产业发展

乡村旅游

中国房山世界地质公园

旅游管理

交通　邮政

道路建设

公共交通建设与运输

交通管理

邮　政

生态环境

环境质量

环境监测

环境治理

环境监督执法

城乡规划与建设

规划与自然资源管理

·城乡规划·

·自然资源管理·

城乡建设

城乡管理

公用事业

城管执法

城市治理

水务管理

园林绿化

气　象

科学技术

教 育

文　化

周口店遗址

非物质文化遗产

档案工作

地方志工作

媒体传媒

卫生健康

医疗服务

妇幼保健

计生服务

社区卫生

体　育

群众体育

竞技体育

社会建设

社会组织工作

社区建设与管理

社会工作队伍建设

社会生活

居民生活

人力资源

社会保障

医疗保障

退役军人事务

民　政

民族　宗教

精神文明建设

残疾人事业

红十字会事业

消费者权益保护

办事处、乡镇、街道概貌

燕山办事处

东风街道

向阳街道

迎风街道

星城街道

城关街道

拱辰街道

西潞街道

良乡镇

周口店镇

琉璃河镇

阎村镇

窦店镇

石楼镇

长阳镇

河北镇

长沟镇

大石窝镇

张坊镇

十渡镇

青龙湖镇

韩村河镇

霞云岭乡

南窖乡

佛子庄乡

大安山乡

史家营乡

蒲洼乡

新镇街道

人物　荣誉

先进集体

先进个人

统计资料

附　录

索　引

房山区情概貌

概　况

房山区总面积 2019 平方千米。平原地区平均气温 12.7℃，西部山区平均气温 10.9℃。辖建制乡 6 个、镇 14 个、街道 8 个，有社区居委会 210 个、村委会 459 个。截至年底，全区户籍人口 84.7 万人，比上年末增加 0.2 万人，增长 0.3%；常住人口 131.3 万人，与上年持平。

2021 年，实现地区生产总值 818.4 亿元，剔除价格因素影响，比上年增长 7.7%。其中，第一产业增加值 13.7 亿元，比上年下降 2.6%；第二产业增加值 330.2 亿元，比上年增长 12.0%；第三产业增加值 474.5 亿元，比上年增长 5.2%。全社会固定资产投资（不含农户）比上年增长 5.2%，其中基础设施投资比上年增长 29.3%。从产业看，第一产业投资比上年下降 37.5%，第二产业投资比上年下降 22.4%，第三产业投资比上年增长 12.2%。一般公共预算收入完成 85.5 亿元，比上年增长 14.0%；一般公共预算支出完成 243.6 亿元，比上年下降 4.1%。社会消费品零售总额 373.9 亿元，比上年增长 9.5%。

2021 年国民经济和社会发展

·新冠肺炎疫情防控·

房山区全面筑牢疫情防控坚实防线。坚持“外防输入、内防反弹”，做到“三防”“四早”“九严格”，坚决守护好人民群众生命安全和身体健康。严格落实“四方责任”，严格境外返京人员和中高风险地区人员进京管控；设置 9 个公安检查站、2 个临时检查站和 22 个乡村卡口，筑牢外防输入防线；加强重点区域、重点人群、重点场所常态化防控，实施院感防控、保供稳价、冷链食品监管、疫苗接种等防控措施。加强医疗救治，确诊病例全部治愈出院。强化重点区域、重点人员、重点场所防控工作，坚持预约限流、测温验码、消毒通风制度，实行冷链全链条管理，疫苗接种应接尽接。实施公共卫生应急管理体系建设三年行动计划，持续开展新时代爱国卫生运动，积极倡导戴口罩、勤洗手、“一米线”等健康生活方式。

全力帮助企业纾困解难。建立企业数据库，制定落实细则和方案，复工复产、复商复市率始终位于全市前列。全力做好保供稳价，建立从田间到商超的供需闭环系统，物价指数低于全市平均水平。全区广大党员干部群众坚持“我在一线”“一线有我”，尤其是医护工作者、公安干警、社区（村）工作者、志愿者等坚守一线人员，以实际行动诠释无私奉献的伟大抗疫精神。

·重点项目建设·

发挥“两区”建设专班作用，梯次推进241个入库项目。推动中关村房山园管理体制机制改革，探索形成“前店后厂”发展模式，15家头部企业、12家“隐形冠军”企业、44家专精特新企业等入驻；上市挂牌企业增至21家，国家高新、中关村高新企业分别达到830家、506家；规模以上工业总产值中高精尖产业产值比重达到47%。推进良乡大学城建设，街区控规编制完成，3个新型研发中心入驻企业6家，理工清科投入运营，累计建成26个国家和省部级重点实验室。京东方生命科技产业园智慧医工核心能力中心一期完成二次结构施工，北京高端制造业（房山）基地标准化厂房开工，中车轨道交通装备产业园地铁19号线列车交付使用，航景创新无人机森林灭火项目通过测试，氢能燃料电池研发空间投入运营。冬奥氢能保供项目实现量产，石墨烯种子园10个种子项目入园孵化。中粮健康科技园建成开园，航天恒丰基地项目签约落地。北京基金小镇实现税收20亿元，比上年增长203%，北京金融安全产业园实现税收5亿元。“5G+区块链+AI”智慧政务服务场景落地，区级政务服务事项80%以上实现全程网办。异地回迁企业数量、京外迁入企业数量全市第一位，1005家“服务包”企业地方级财政收入实现快速增长。

·农　业·

年内，房山区实现农林牧渔业总产值32.1亿元，比上年下降3.5%。其中，农业产值12.8亿元，比上年增长18.9%；林业产值15.2亿元，比上年下降11.7%；牧业产值3.5亿元，比上年下降24.9%；渔业产值0.3亿元，比上年增长28.5%；农林牧渔专业及辅助性活动0.4亿元，比上年下降21.9%。全区蔬菜播种面积约0.6万公顷，产量18.6万吨；粮食播种面积约0.7万公顷，总产量4.0万吨。

着力推进美丽乡村建设，112个创建村通过市级考核验收，农村人居环境整治三年行动任务如期完成，累计新改建污水厂（站）60座、管线152千米，农村地区无害化卫生户厕覆盖率达到99.3%。加快建设良乡国家现代农业产业园数字农业智慧园区、大石窝和窦店市级现代农业产业园，大石窝牧原、石楼二商高标准生猪养殖场建成投产，实现生猪存栏10万头。启动实施56个集体经济薄弱村增收工作。统筹市区帮扶资金2.05亿元，支持45个协作项目，助力突泉县等地乡村振兴发展。巩固低收入村户脱低成果，对边缘户、返低风险户加强监测，确保真脱低、不返低。

·工　业·

全区规模以上工业企业实现总产值894亿元，比上年增长21.1%。其中，制造业产值825亿元，比上年增长0.2%。规模以上工业主营业务收入924.4亿元，比上年增长21.8%。

·商　业·

全区社会消费品零售总额373.9亿元，比年增长9.5%。进出口总额11.3亿美元，比上年增长11.9%。实际利用外资1亿美元。年内，全面融入国际消费中心城市建设。龙湖熙悦天街开业运营，吸引30家区域首店入驻；首创奥特莱斯入选首批市级旅游休闲街区，长阳商圈活力度居全市第四位。

·财税　金融·

全区财政收入完成131.9亿元，比上年下降18.9%。其中，一般公共预算收入85.5亿元，比上年增长14.0%；政府性基金预算收入46.2亿元，比上年下降47%。财政支出完成287.4亿元，比上年下降1.5%。其中，一般公共预算支出243.6亿元，比上年下降4.1%；政府性基金预算支出43.4亿元，比上年增长15.3%。税收完成230.4亿元，比上年增长 14.1%。其中，房山地区完成 141.1 亿元，比 2020 年增长 20.3%；燕山地区完成 89.3 亿元，比上年增长 5.2%。从行业看，工业实现税收 101.4 亿元，占全部税收的 44%；建筑业实现税收 21.4 亿元，占 9.3%；批发和零售业实现税收 22.2 亿元，占 9.6%；房地产业实现税收 27 亿元，占 11.7%；金融业实现税收 18.2 亿元，占 7.9%。

2021 年年末，全区金融机构人民币各项存款余额 1956.7 亿，比上年末增加 125.1 亿元，增长 10.5%。贷款余额 618.2 亿元，比上年末增加 56.6 亿元，增长 10.1%。全力筹办 2021 年北京国际金融安全论坛。发挥北京基金小镇资源优势，设立国内首支 S 基金——北京清科和嘉二期投资管理合伙企业（有限合伙），探索拓宽股权投资和创业投资退出渠道。对外资机构提供一站式的注册咨询服务和管家式的企业服务，吸引全市首家外资私募证券投资基金管理人——新加坡 DTL 量化投资管理公司在小镇注册成立北京道泰量合私募基金管理有限公司。有 27 家金融机构入驻房山区小微企业金融综合服务平台，上线融资产品 58 款，在线注册有融资需求企业 120 家，通过平台获得融资 1148 万元。促成区内 7 家银行机构与税务部门签约，助力光大银行落户房山区。编制完成《“十四五”时期房山区金融创新发展战略研究》和《“十四五”时期房山区金融业发展规划》。北京基金小镇累计入驻机构 1610 家，注册资本 1763 亿元；全年实现税收 14.5 亿元，累计纳税约 30.2 亿元。北京金融安全产业园累计入驻机构 734 家；全年实现税收 4 亿元，累计实现税收超 22 亿元。

·建筑业　房地产开发·

全区建筑业总产值 141.2 亿元，比上年增长 2.2%。其中，区属建筑业总产值实现 129.9 亿元，比上年增长 2.4%。房屋施工面积 772.7 万平方米，比上年下降 38.6%；房屋竣工面积 79.2 万平方米，比上年下降 52.3%。建筑业实现税收收入 21.4 亿元，比上年增长 19.1%。房地产业实现税收收入 27 亿元，比上年增长 11.6%。年内，审批新设立企业 404 家，增项企业 46 家，升级企业 15 家，日常变更企业 856 家。全区有资质建筑业企业 3064 家，其中施工总承包企业 1110 家、专业承包企业 1620 家、施工劳务企业 334 家。

年内，房地产开发行业固定资产投资完成 181.3 亿元，比上年增长 2.2%。其中，建安投资 69.6 亿元，比上年增长 12.8%。实现税收收入 26.7 亿元，比上年增长 12%。房屋开复工面积 817 万平方米，比上年下降 2.9%。其中，新开工面积 79.4 万平方米，比上年下降 30.7%；竣工面积 60.8 万平方米，比上年下降 51.7%。棚改安置房开工建设 23002 套，交付 7750 套。西潞“北三村”安置房项目正式开工。建设筹集各类政策性住房 3794 套。城关、拱辰和西潞 3 个街道的 30 个老旧小区综合整治工作全部完工，惠及居民 6813 户 19076 人。农村危房改造完成 1718 户，获得国务院督查奖励。

·交通运输　邮政·

截至年底，全区公路里程 3151.1 千米，比上年增加 11.2 千米。其中，高速公路里程 100.5 千米，与上年持平。公路覆盖密度 158.4 千米/百平方千米。县级以上普通公路 MQI 为 92.31，PQI 为 89.03；乡村公路 MQI 为 84.52，PQI 为 77.96，中等路以上比例为 90.29%。全年累计完成普通公路建设养护投资 0.8768 亿元。其中，县级以上公路大修工程 1 项、中修工程 9 项，合计 22.6 千米；地灾防治工程 1 项、绿化工程 4 项、公路安全隐患治理工程 1 项，合计 134.4 千米；乡村公路绿化工程 34 项，共 52.41 千米；乡村公路水毁修复工程 67 项，共 8.14 千米。京雄高速、京良路西段全面开工。

全年邮政业务总量完成 2.2 亿元。邮政函件出口 230.6 万件，进口 174 万件；特快专递出口 3.1 万件，进口 166.3 万件；包裹出口 699.5 万件，进口 848.7 万件。新设立阜盛西街邮政支局及福泽路、高佃路、知兴西路邮政所 4 处邮政营业网点。

·旅游业·

截至年底，全区有A级及以上旅游景区（点）27家。全年接待人数574万人次，比上年增长29.5%。其中，境外人数1133人次，比上年增长3.7倍。营业收入3.84亿元，比上年增长3.7%。其中，门票收入0.8亿元，比上年增长72%。

文旅融合步伐加快。周口店遗址、琉璃河遗址入选“百年百大考古发现”，琉璃河遗址保护规划正式发布。董家林、黄土坡两村腾退搬迁全面完成。国际葡萄酒小镇博览馆开工建设，北京大熊猫科研繁育基地项目正式上报市政府。以周口店、琉璃河、云居寺三大组团为龙头，推出学习教育红色游、文化地质研学游、乐山乐水亲子游、美丽乡村休闲游等主题游，建设“历史文化+地质遗迹+自然风光+国际元素”的首都西南国际精品旅游线路。长阳首创奥莱旅游休闲街区入选首批12家“北京市级旅游休闲街区”，百瑞谷、森林乡居等6家文旅企业入选2021北京网红打卡地推荐榜单。累计建成乡村民宿品牌99个、院落313个，“姥姥家”“森林乡居”“云岭山房”等品牌成为京郊旅游热点。大石窝镇王家磨村入选第三批全国乡村旅游重点村，黄山店村入选《2021世界旅游联盟——旅游助力乡村振兴案例》，石花洞获“中国五佳研学旅游洞穴”称号。修德谷、药王谷、世界地质公园博物馆、北京生态谷智慧农业被评为北京市文化旅游体验基地。

·城乡建设与管理·

城南行动计划完成27项重点任务和184亿元投资。生态宜居示范区建设成效显著，推进“疏整促”专项行动，28项任务全部完成。拆除违法建设352.8万平方米，完成量位列全市第二位；腾退土地425公顷，“战略留白”26.7公顷，“留白增绿”18.6公顷；一般制造业提质14家，治理无证无照经营117家，新建生活性商业服务网点32个。增强城市综合承载力，完善重点区域基础设施。良乡中心区路网完成80%，加快推进长阳0607街区配套道路、循环经济产业园进出道路、京东方配套道路、平原南部地区输水干线等工程建设。完成人口调控目标，常住人口城镇化率达78.1%。城市更新行动全面启动，区级项目储备入库76项，完成67万平方米老旧小区改造。全面推进垃圾分类，市级示范小区（村）达到85个。

·生态环境保护·

全年平均降水量865.7毫米。全区总用水量1.8亿立方米，比上年下降6%。大气主要污染物细颗粒物（PM2.5）平均浓度34微克/立方米，比上年下降2.9%；可吸入颗粒物（PM10）平均浓度58微克立方米，比上年下降9.4%；二氧化硫（SO_2）平均浓度为3微克/立方米，与上年持平；二氧化氮（NO_2）平均浓度为26微克/立方米，比上年下降7.1%。首次同步达到国家二级标准。全区优良天数达到281天，占比77.4%。降尘量累计均值为4.1吨/平方千米•月，比上年下降24.1%。全面落实河长制，综合巡河率100%，全区6个国、市考断面水质稳定达标，集中式饮用水水源水质持续达标，地下水质量保持稳定，开展6个万人千吨水源保护区清理整治。建设用地污染地块安全利用率达到100%。生态空间不断拓展。圆满完成“十三五”应对气候变化控制目标，超额完成“十三五”主要污染物总量减排任务。

生态涵养区生态保护和绿色发展年度40项重点任务全部完成，国家森林城市创建基本具备达标条件。新一轮百万亩造林完成1532.9公顷，公园绿地500米服务半径覆盖率达到86%；燕房郊野公园建设完成，森林覆盖率提高到37%。2021年，房山区完成平原造林173.33公顷，浅山台地造林149.33公顷，浅山荒山造林1064公顷；完成京津风沙源治理二期封山育林2000公顷，困难地人工造林133.33公顷，人工种草666.67公顷；完成森林健康经营5933.33公顷；完成公路河道绿化30千米；完成彩叶工程200公顷，播草盖沙333.33公顷。

·科技　教育　文化　卫生　体育·

年内，实施科技计划项目 16 项，其中国家级科技计划项目 1 项、市级科技计划项目 15 项。技术合同成交额达 13.9 亿元，专利授权量 3888 件。国家高新技术企业保有量达到 830 家。截至年底，房山区有乡镇（街道）科协 25 个，村（社区）科普工作站 619 个，科普工作站站长、科普宣传员 1230 余人；有园区科协（企业）53 家，其中年内新成立 2 家；有市级创新簇科技企业 19 家，其中年内新建成 1 家。

截至年底，全区有幼儿园 135 所，在园幼儿 35580 人。小学 53 所，在校生 59312 人。中等教育学校 59 所，在校生 34069 人。其中，初中 37 所，在校生 19339 人；普通高中 13 所，在校生 9105 人；中等职业学校 9 所，在校生 5625 人。有特殊教育学校 1 所，在校生 118 人。引进首都师范大学附属育新教育集团、首都师范大学入驻房山办学，与清华大学附属中学正式签署《合作办学筹建协议》。深化与丰台区教育协作，与丰台区教委、北京十二中签署第二轮合作办学协议；创新与西城区建立长期教育合作机制，草拟《房山区与西城区教育合作框架性协议》。推进乡村教育联盟品牌建设，挖掘区域教育资源，推进“红色课程、绿色课程、土色课程”体系的构建。依托北京师范大学优质资源，推动琉璃河学区实施燕都文化特色课程研究项目和大石窝学区实施汉字文化涵养师德项目。印发《房山区“双减”工作实施方案》《房山区教育委员会关于提升教育质量减轻学生负担工作实施方案》《房山区教育委员会中小学生课后服务工作实施方案》《房山区教育委员会关于学科类校外培训机构治理方案》，规范治理学科类校外培训机构 303 家。

截至年底，全区共有公共图书馆 2 个，建筑面积 2.5 万平方米，藏书 165.7 万册。年内，新建书店 29 家，改造提升书城 1 家，有实体书店 119 家、书城 3 家。实施 25 个行政村（社区）综合文化室标准化建设项目，全区各类公共文化设施总面积 190.33 万平方米，人均公共文化服务设施建筑面积 1.45 平方米，居全市第六位。有全国重点文物保护单位 10 处，北京市市级文物保护单位 20 处。全年广播电台播出总时长 6571 小时，其中新闻资讯类 247 小时、专题服务类 1721 小时、综艺类 2800 小时；电视台播出总时长 8285 小时，其中新闻资讯类 1850 小时、专题服务类 1855 小时、综艺益智类 2210 小时。年内，举办北京西山民俗文化节、房山葡萄酒文化节、农民丰收节等品牌文化活动。

截至年底，全区有医疗卫生机构 1044 个，卫生技术人员 11493 人，实有床位 6456 张。加快推进宣武医院引进工作、北中医第六附属医院建设项目。社区卫生服务中心、服务站基本实现全覆盖，家庭医生重点人群签约覆盖率达 97%；急救呼叫满足率达 99%，居全市前列。

截至年底，全区有等级运动员 539 人，等级裁判员 1946 人，社会体育指导员 4415 人。全年参加全国体育竞赛获得金牌 1 枚、银牌 0 枚、铜牌 1 枚，参加市级竞赛比赛获得金牌 79 枚、银牌 78 枚、铜牌 109 枚。

·人民生活·

年内，全区居民人均可支配收入 47594 元，比上年增长 8.0%。其中，城镇居民人均可支配收入 56366 元，比上年增长 7.8%。全区居民人均消费支出 28108 元，比上年增长 11.1%。其中，城镇居民人均消费支出 32723 元，比上年增长 11.1%。

·人力资源和社会保障·

全区城镇登记失业率 3.15%，城镇登记失业人员实现就业 13362 人，促进 7083 名农村劳动力转移就业。全区参加基本养老保险、基本医疗保险、失业保险、工伤保险人数分别为 34.7 万人、66.8 万人、36.5 万人和 33.5 万人。

截至年底，全区有养老机构 55 家，床位数 9275 张，在院人数 3374 人。年内，新建养老服务驿站 19 家，新增养老床位 230 张，居家和社区养老服务体系进一步完善。全区享受城乡低保 6176 人，其中享受农村低保4496人。

·精神文明　民主法治建设·

全国文明城区创建稳步实施。整治完成15条背街小巷，创建46条示范街巷、100个文明交通示范路口，通过国家卫生区复审。2人入选全国道德模范提名奖，5人荣登“中国好人榜”，3人入选“北京榜样”。

坚持精治共治法治，社会治理水平不断提升。坚持党建引领“街乡吹哨、部门报到”，组建城市管理指挥中心。强化主动治理、未诉先办，“接诉即办”解决率和满意率上升到86.92%、90.46%，年度综合排名全市第八位，大安山乡等“接诉即办”工作多次进入全市前十位。物业企业、业委会（物管会）党组织覆盖率达到100%。大力推广“广阳经验”“王家磨做法”，创建基层治理示范点100个、美丽庭院5338户。完成全国“两会”、建党100周年等重大安保维稳任务，建立区领导包案工作机制，累计化解86件复杂疑难信访矛盾。持续推进安全生产专项整治三年行动，整改隐患1.9万项。

加大重点领域信息公开力度，主动公开政府信息17150条。自觉接受人大及其常委会法律监督、工作监督和政协民主监督；认真办理区人大代表议案2项9件、建议72件，政协提案127件。加强执法规范化建设，完成“七五”普法，营造全民尊法学法守法氛围。

特　载

脚踏实地　真抓实干　担当有为　善作善成 全面推进“一区一城”新房山高质量发展

——2021年12月8日在中共北京市房山区第九次代表大会上的报告

中共房山区委书记　陈　清

同志们：

中国共产党北京市房山区第九次代表大会，是在中国共产党成立100周年的重要历史时刻，在“两个一百年”奋斗目标历史交汇的关键节点，在房山区全面推进“一区一城”新房山高质量发展的重要时期，召开的一次十分重要的会议。大会的主题是：以习近平新时代中国特色社会主义思想为指导，深入学习贯彻党的十九大和十九届二中、三中、四中、五中、六中全会精神，以首都发展为统领，落实“三区一节点”功能定位，坚持“六为”工作思路，脚踏实地、真抓实干，担当有为、善作善成，为全面推进“一区一城”新房山高质量发展而不懈奋斗！

现在，我代表中国共产党北京市房山区第八届委员会向大会作报告，请予审议。

一、过去五年工作回顾

区第八次党代会以来的五年，是房山发展极不平凡的五年。面对错综复杂的形势任务特别是新冠肺炎疫情严重冲击，在市委、市政府坚强领导下，区委团结带领全区广大党员干部群众，坚持以习近平新时代中国特色社会主义思想为指导，立足服务首都发展大局，在首都加强“四个中心”功能建设、提高“四个服务”水平、推进“三件大事”、打好“三大攻坚战”等重大任务中作出了房山贡献；坚持以“六为”工作思路引领全区发展，驰而不息讲政治、硬作风、强执行，顺利实现“十三五”圆满收官和“十四五”良好开局，胜利完成区第八次党代会确定的目标任务，经济社会发展取得了新成效、呈现出新气象，在大事喜事中展现了房山作为，在大战大考中交出了优异答卷。

五年来，我们始终坚持党建为魂，党的领导更加坚强有力。坚持把抓党建、强党建作为第一责任，聚焦主责主业，推动党建工作质量明显提高。思想政治建设全面加强。把学习宣传贯彻习近平新时代中国特色社会主义思想作为长期政治任务，与学习贯彻习近平总书记9次视察北京、16次对北京重要讲话精神结合起来，及时传达学习历次市委全会和市领导调研指示精神，先后召开区委全会16次、区委常委会会议259次，开展区委理论学习中心组学习109次，举办各类宣讲5693场，组织党员干部培训39.7万人次，“学习强国”等平台全面推广使用，在学懂弄通做实上持续形成生动实践。“两学一做”学习教育常态化制度化、“不忘初心、牢记使命”主题教育、党史学习教育等取得重要成果，“我为群众办实事”实践活动完成民生实事5251项。制定实施加强党的政治建设5方面31条具体措施，中央生态环保督察、市委巡视、市委规自领域专项巡视、区委书记月度工作点评会等反馈问题全部整改落实。制定落实区委工作规则等文件，区委常委会定期研究人大、政府、政协党组和公检法工作，党管武装、统一战线、群团等工作进一步加强。基层基础全面夯实。建立健全“1+8+24”党建工作责任体系，“两中心两基地”建成并投入使用，创建四星级以上党支部166个，选派第一书记5批160人次，49个软弱涣散党组织实现转化提升，24个集体和个人获全市“三优一先”表彰，黄山店村党支部获评全国先进基层党组织，各领域党建蓬勃发展。圆满完成乡镇换届和两次村（社区）“两委”换届，完成新一届“两代表一委员”选举推荐。干部评价考核、职务与职级并行、挂职锻炼等工作稳步推进，累计调整处级干部83批1655人次，选人用人“好评率”达到99.56%。管党治党全面从严。对45项重大部署落实情况开展政治监督，每年对110余家单位开展全面从严治党考核，建立民生领域小微权力监督体系，监察体制改革等任务圆满完成。开展各类巡察16轮，实现届内巡察全覆盖。保持惩治腐败高压态势，累计立案923件，给予党纪政务处分868人，移送司法机关24人。每年召开“以案为鉴、以案促改”警示教育大会。“两手抓”成效明显，红色使命领航工程深入实施，全面部署并持续深化机关作风整顿，4方面12类形式主义、官僚主义问题全面整治，“访民情、解民忧、暖民心”和“上一线、做贡献”实践活动深入开展。隆重庆祝改革开放40周年、中华人民共和国成立70周年和建党100周年，高水平完成各项服务保障任务，极大激发了全区党员干部群众浓浓的爱党爱国之情。经过五年的努力实践，“抓好党建是最大政绩”这一导向更加鲜明，全区上下凝心聚力抓党建、心齐气顺干事业的氛围更加浓厚。

五年来，我们始终坚持生态为基，城乡环境面貌大为改观。坚持践行习近平生态文明思想，把生态作为发展的前提和基础，不遗余力狠抓生态环境建设，2020年房山区生态服务价值在生态涵养区分区评价中得分最高。全国文明城区创建深入开展。建立“1+1+9+24”组织体系，制定三年行动计划、年度实施方案和问题清单，围绕“创城”指标体系、网上申报等工作开展培训400余场，定期检查并限期整改问题点位，顺利通过国家卫生区复审和未成年人思想道德建设年度测评，社区“五件小事”专项行动、文明交通示范路口创建、模范榜样推树等成效明显，“志愿服务上一线”等活动有声有色，全域全员全行业创建的氛围日益浓厚。生态空间不断拓展。国家森林城市创建基本具备达标条件，累计完成新一轮百万亩造林6266.7公顷，建成口袋公园221万平方米，新增公园及小微绿地117万平方米，青龙湖森林公园、琉璃河湿地公园等相继建成，公园数增至85个，森林覆盖率提高到37%，公园绿地500米服务半径覆盖率达到86%。完成1008公顷废弃矿山生态修复。房山世界地质公园顺利通过再评估。美丽乡村建设成果丰硕。制定实施美丽乡村建设三年行动计划，265个创建村及4个市级示范片区通过市级验收，大峪沟村成为全市首个国家级标准化美丽乡村，黄山店村、王家磨村等被评为全国乡村治理示范村，水峪村、莲花庵村等被评为中国美丽休闲乡村。农村人居环境整治三年行动任务如期完成，所有村庄通过市级考核。建成首都绿色村庄116个，每个乡村都拥有公共休闲绿地。经过五年的努力实践，生态优先、绿色发展的理念更加深入人心，绿廊相连、蓝绿交织的好山好水好生态加速呈现。

五年来，我们始终坚持转型为要，地区综合实力显著增强。坚持把转型发展作为第一要务，对标对表北京城市总体规划，高质量编制完成房山分区规划和“十四五”规划，“三区一节点”功能定位全面落实，“三大战略”深入实施，全区经济社会发生深刻转型，预计地区生产总值、一般公共预算收入分别由2016年的614.3亿元、53.7亿元增长到2021年的820亿元、85亿元；固定资产投资累计完成1934.6亿元；三次产业结构由“二三一”调整为“三二一”。产业转型迈向高精尖。明确“2+1+1”高精尖产业发展方向，以高端装备、新材料、医药健康等为代表的高精尖产业集群加快形成，高精尖产业产值占规上工业总产值比重达到47%。北京高端制造业（房山）基地累计实现工业总产值超千亿元，总投资136亿元的京东方生命科技产业园加快建设，智慧医工核心能力中心项目审批实现“五个一”，中粮健康科技园建成开园。北京基金小镇累计实现税收34亿元，年均增长94%；北京金融安全产业园累计实现税收22亿元。全区社会消费品零售总额由2016年的303亿元增长到2021年的377亿元；奥特莱斯二期、熙悦天街等开业运营，长阳商圈活力度排名全市第四。城镇化进程步入快车道。聚焦规划落实、城乡建设、基础设施改善等方面持续发力，国家新型城镇化试点任务高质量完成，常住人口城镇化率达到78.1%。城南行动计划实现投资725亿元，轨道交通燕房线、城市副中心线西延良乡站等开通运营，京雄高速北京段、京良路西段开工建设，新增公路里程248千米、供水管线305千米、雨污管线171千米、天然气管线640千米、供热面积674万平方米，完成67万平方米老旧小区改造和189条背街小巷整治。拱辰渔儿沟等7个棚改项目开工建设回迁房20583套、建成5353套，2256户实现回迁安置。乡村振兴战略全面实施。制定落实农业农村优先发展工作方案等系列文件，组建乡村“五大振兴”工作专班，对各乡镇（街道）推进乡村振兴战略情况开展考核。“四好农村路”建设、农村“厕所革命”、农村卫生室标准化建设、雨污管线改造等任务有效落实，各行政村普遍建立村规民约，村容村貌焕然一新。以创建国家级、市级现代农业产业园为重点，坚持绿色发展、融合发展，全面推动农业转型发展，制定实施56个集体经济薄弱村增收方案，集体经济强村比重达到51%。实施“三乡联动”，积极探索边远乡村振兴发展之路并取得明显成效。经过五年的努力实践，全区发展质量和效益大幅提升，高质量转型发展的态势基本形成。

五年来，我们始终坚持创新为源，地区发展活力持续释放。坚持把创新作为第一动力，从引领发展、深化改革等方面着力，为经济社会发展不断注入源动力。创新引领发展成效明显。“两区”入库项目达241个，15家头部企业、12家“隐形冠军”企业、44家专精特新企业实现入驻。成功举办首届全球智能应急装备大赛、京津冀石墨烯大会、北京国际金融安全论坛等活动。完成中关村房山园管理体制机制改革，中关村新兴产业前沿技术研究院全面运营，探索形成“前店后厂”发展模式，航景创新等45家创新型企业实现入驻，国内首个5G开放道路自动驾驶示范区试运行。校地合作更加紧密，良乡大学城建设上升到市级层面推动，成立理事会并每年召开全体会议，街区控制性详细规划编制完成，3个新型研发中心建成入驻，北理工无人机飞行器研发中心等项目实现落地；建成5家国家级、11家市级和13家区级众创空间。文旅融合发展深入推进，周口店、琉璃河、云居寺“三大文化组团”建设取得突破，发布琉璃河遗址保护规划，成立公园建设专家指导委员会，董家林、黄土坡两村腾退搬迁全面完成；国际葡萄酒小镇博览馆、北京大熊猫科研繁育基地等重大文旅项目顺利推进，建成民宿院落313个。改革创新任务有效落实。197项改革事项全面落地，圆满完成区级机构改革、乡镇机构改革。完成优化营商环境三年行动计划，领导干部定期走访联系企业、“服务包”等机制有效落实，“5G+区块链+AI”智慧政务服务场景落地，区级政务服务事项80%以上实现全程网办，公共服务、司法等领域改革深入推进，完成供热、公交、燃气等国资国企改制，农村土地承包经营权确权颁证工作获国家级表彰。经过五年的努力实践，全区创新资源加速聚集、高精尖项目加速落地、改革红利加速释放，创新创业的氛围更加浓厚。

五年来，我们始终坚持整治为先，社会治理水平大幅提升。坚持把整治作为先手棋、突破口，在污染防治、疏解整治、基层治理等方面综合施策，打出了一套组合拳。污染防治卓有成效。实施平原地区煤改电（气）工程，241个村、13万余户实现煤改电（气），社会单位压减燃煤 255 万吨，平原地区基本实现无煤化。PM2.5 年均浓度由 2016 年 83 微克/立方米降至目前的 34 微克/立方米，实现有监测数据以来最低值。综合巡河率达到 100%，“清四乱”实现动态清零，清理整治永定河房山段建筑垃圾堆体 172 万立方米，建成 60 座污水厂（站），国考、市考断面实现稳定达标。蓝天、碧水、净土保卫战三年行动计划顺利完成。“疏解整治促提升”专项行动强力推进。每年召开千人大会、制定行动方案，每月组织拉练检查，累计拆除违法建设 1646 万平方米，腾退土地 2488 万平方米，疏解一般制造业 207 家，“留白增绿”416.4 公顷。严厉查处私挖盗采相关问题 38 起。大棚房、绿地认建认养方面问题整治全部完成，违建别墅 19 宗 164 栋全部拆除。出台“村地区管”管理办法和农村宅基地及房屋建设管理办法，田长制全面推行。基层治理能力显著提高。持续推动党建引领“街乡吹哨、部门报到”改革，组建城市管理指挥中心，实现市民服务热线、城市指挥中心、综治中心等多网融合。创建首接负责、协调联动、渐次升级等接诉即办工作机制，设立“您来提、我来办”基层工作站，坚持“每月一题”，强化主动治理、未诉先办，年均办理群众诉求 17.3 万件，解决率和满意率上升到 87.7%、91.9%。全面推进垃圾分类，85 个小区（村）被评为市级示范，循环经济产业园建成运营；物业企业、业委会党组织覆盖率等达到 100%。探索形成“广阳经验”“王家磨做法”，并推广创建了基层治理示范点 100 个、美丽庭院 1 万户。经过五年的努力实践，治气治水、治违治堵、治脏治乱等成效明显，群众感受到了实实在在的新变化。

五年来，我们始终坚持惠民为本，民生福祉全面改善。坚持把全心全意惠民生作为根本出发点和落脚点，聚焦“七有”“五性”，用心用情用力解决群众的操心事烦心事揪心事。社会事业全面进步。民生支出占一般公共预算支出比重达 82%，居民人均可支配收入年均增长 7.6%。122 项民生实事全部完成，74 件历史遗留问题化解出库。河北省、内蒙古自治区、湖北省的 6 个对口帮扶协作地区全部脱贫摘帽，区对口支援与协作推进服务中心、凯达恒业荣获全国脱贫攻坚先进表彰；全区 35 个低收入村、1.28 万低收入户全部实现脱低。累计新增就业 7 万余人，城镇登记失业率始终控制在 4%以内；引入北理工附属实验学校等一批优质教育资源，“双减”工作稳妥推进；医联体建设、医药分开改革等成效显著，社区卫生服务中心、服务站基本实现全覆盖；建成 8 家养老照料中心和 121 家养老服务驿站，区社会福利中心、区文化活动中心等一批公共服务设施投入使用；搬迁安置山区人口 6775 人，建成各类政策性住房 25360 套；完成 1718 户农村危房改造任务，获国务院督查奖励。首都公共文化服务示范区通过验收，全国双拥模范城创建实现“三连冠”，成功举办长沟国际长走大会、长阳音乐节、国际葡萄酒大赛、北京西山民俗文化节等活动。社会保持和谐稳定。圆满完成中共十九大、中华人民共和国成立 70 周年、建党 100 周年及每年全国“两会”等重大安保维稳任务。建立舆情联处机制，意识形态责任制全面落实。建立“一站式”解纷服务平台和多元调解中心，诉源治理工作走在全市前列，“七五”普法工作如期完成。建立区领导包案工作机制，攻坚化解 86 件复杂疑难信访矛盾，信访总量较届初下降 59%。扫黑除恶专项斗争取得战果，政法队伍教育整顿任务按时保质完成。圆满完成全国灾害综合风险普查试点任务，城市安全隐患治理三年行动计划顺利完成，消除各类隐患 10 万余项；“高墙大院”专项整治行动累计关停拆除大院 1376 家 203 万平方米。经过五年的努力实践，群众的获得感、幸福感、安全感更加充实、更有保障、更可持续，全区政治安定、社会稳定。

去年以来，面对突如其来的新冠肺炎疫情，我们把疫情防控作为头等大事，第一时间成立区级领导小组和“1 办 19 组”，建立“10+8+24”疫情防控督查体系，社区（村）全部实行封闭式管理，核酸检测实现应检尽检，9 个市级治安检查站和 24 个乡村卡口管控实现“不漏一车、不漏一人”，重点场所管控、院感防控、保供稳价、冷链食品监管、疫苗接种等防控举措高效推进，复工复产、复商复市工作始终位于全市前列。新发地聚集性疫情和 2021 年房山区出现京外关联本土确诊病例后，全区上下按照“快、严、准”的要求，全力抓好敲门行动、社区封控、流调排查、隔离观察等工作，在最短时间内实现疫情清零，抗疫斗争取得阶段成果。战“疫”中，全区各级党组织和广大党员干部群众尤其是医护人员、公安干警、社区（村）工作人员、志愿者等冲锋在前，与疫情战斗、同时间赛跑，用实际行动诠释了伟大抗疫精神，61个先进集体、个人被国家或市级表彰，党旗始终在疫情防控第一线高高飘扬。

同志们，回顾五年来的工作，只争朝夕的奋斗场景历历在目，真抓实干的发展成果催人奋进，全区党建引领作用更强了，发展质量更高了，生态环境更好了，城乡面貌更美了，群众获得感更多了。这些成绩的取得，是习近平新时代中国特色社会主义思想科学指引的结果，是市委、市政府坚强领导的结果，是全区各级党组织和广大党员干部群众奋力拼搏的结果，是驻区单位和社会各界鼎力支持的结果。在此，我代表中国共产党北京市房山区第八届委员会，向所有关心、支持和参与房山建设发展的同志们、朋友们，致以崇高的敬意和衷心的感谢！

五年的拼搏实践，我们深切体会到，做好房山工作，必须坚持和加强党的全面领导，始终把讲政治放在第一位，自觉同以习近平同志为核心的党中央保持高度一致，确保各项工作始终沿着正确方向前进。必须完整、准确、全面贯彻新发展理念，始终坚持创新、协调、绿色、开放、共享发展，统筹发展和安全，全力推动高质量转型发展。必须以首都发展为统领，深入落实首都城市战略定位，着力以“都”的功能谋划“区”的发展。必须坚持以人民为中心，牢记“江山就是人民，人民就是江山”，群众的事再小再难也要全力办实办好，用党员干部的辛苦指数换来全区父老乡亲的幸福指数。必须以钉钉子精神抓落实，自觉做到心中有责、眼里有活、执行有力，确保件件有着落、事事有回音。这些经验必须坚持好、传承好、发扬好。

在肯定成绩的同时，也要清醒地认识到，房山区高质量发展依然任重道远，历史文化旅游等资源优势还未充分发挥，高精尖经济结构还需加快构建；生态环境建设任务依然繁重，污染治理、城乡环境整治等还需加大力度；发展不平衡、不充分的问题依然存在，教育、医疗、养老、文体、交通等与群众期盼还有差距，城市精细化管理、农村和山区转型、社会治理等方面还有很多难题需要破解；党的建设依然存在薄弱环节，有的党员干部思想、能力、作风还不能完全适应新形势新要求。我们必须发扬斗争精神，全力解决好这些问题，推动各项工作再上新台阶。

二、面临的主要形势和今后五年的奋斗目标

当今世界正经历百年未有之大变局，全球疫情仍在持续演变。中国进入新发展阶段，致力于贯彻新发展理念，加快构建新发展格局，开启了全面建设社会主义现代化国家的新征程。进入新时代，首都北京的发展与党和国家的使命更加紧密联系在一起，市委提出要以首都发展为统领，加强“四个中心”功能建设、提高“四个服务”水平，特别是要在紧要处落好“五子”，强化联动、一体推进，形成叠加效应。对此，我们必须始终胸怀“两个大局”，心系“国之大者”，主动强化首都意识，坚持首善标准，时刻对标对表，在融入首都发展大局中找准坐标、定好位，以全面推进“一区一城”新房山高质量发展的生动实践，为首都发展作出更大贡献。

回眸历史看房山，这里历史文化底蕴深厚，这里还是一片充满红色记忆的热土，在革命、建设、改革和发展各个时期都创造出了辉煌业绩。一代人有一代人的使命，一代人有一代人的担当。今日的房山已经站在了新的历史起点，迎来了全面推进高质量发展、加快实现厚积薄发的关键时期。我们完全有信心、有能力、有责任，走好新时代的“赶考”路，做好做实“厚积薄发看房山”这篇大文章。

房山作为首都“多点”之一和“一区”的重要组成部分，是京保石发展轴上的重要节点，是承接中心城区适宜功能、服务保障首都功能的重点地区，区位优势突出，生态底色靓丽，发展前景广阔，发展潜力巨大。市委、市政府对房山发展高度关注、寄予厚望，全区党员干部心齐气顺、干劲十足，全区群众热情参与、无私奉献，这些都是我们的底气所在、信心所在。我们必须坚持一张蓝图干到底，

更加突出加强党的全面领导，更加突出服务首都发展，更加突出绿色发展，更加突出文旅融合发展，更加突出以人民为中心的发展，更加突出安全发展，全力以赴把房山建设好、发展好。

今后五年的指导思想是：以习近平新时代中国特色社会主义思想为指导，深入学习贯彻中共十九大和十九届二中、三中、四中、五中、六中全会精神，立足新发展阶段、贯彻新发展理念、融入新发展格局，坚持以人民为中心的发展思想，坚持稳中求进工作总基调，立足首都城市战略定位，以首都发展为统领，在“五子”联动中找准定位、展现作为，落实“三区一节点”功能定位，坚持“六为”工作思路，深入实施重大项目带动、科技创新引领、文旅融合发展“三大战略”，全面加强党的建设，统筹推进疫情防控和经济社会发展，脚踏实地、真抓实干，担当有为、善作善成，全面推进“一区一城”新房山高质量发展，加快实现厚积薄发，为首都率先基本实现社会主义现代化贡献力量。

根据房山分区规划和“十四五”规划，到2035年房山区要初步建成生态优美、绿色发展、功能完备、治理有序的生态宜居示范区，初步建成创新驱动、文旅融合、产业现代的科技金融创新城。锚定这一远景目标，综合考虑地区发展实际，今后五年主要发展目标是：

——厚积党建根基，全面从严治党得到新加强。管党治党责任进一步压实，党建引领全面深化改革取得突破性进展，各级领导班子更加坚强有力，基层党组织战斗堡垒作用和党员先锋模范作用充分发挥，干部队伍作风素质更加过硬，政治生态更加风清气正。

——厚积经济实力，高质量发展迈上新台阶。首都功能进一步增强，高精尖产业结构加快构建，全社会固定资产投资五年累计超 2500 亿元；地区生产总值“十四五”期间突破 1000 亿元；一般公共预算收入年均增长 7.6%，两年内突破 100 亿元。中关村房山园加速崛起，“两基地三园区”支撑作用进一步增强，重大产业项目带动作用更加凸显，新业态新模式不断培育壮大，“三大文化组团”建设全面提速，首都西南国际旅游精品线路影响力进一步提升，全域旅游格局基本形成。

——厚积生态优势，城乡宜居水平实现新提升。生态环境质量持续改善，国家森林城市、基本无违法建设区成功创建，全国文明城区创建工作成效明显，重污染天气基本消除。融入京津冀协同发展取得新突破，城乡融合发展更加均衡，城市空间布局更加优化，城市品质进一步提升，乡村振兴战略深入实施，地区综合承载能力明显增强。

——厚积民生福祉，社会事业取得新进步。“七有”“五性”监测评价指标显著提高，实现更加充分更高质量就业，健康房山加快建设，公共卫生应急管理体系进一步完善，教育、医疗、社保、住房、养老、文体等公共服务体系更加健全。共同富裕取得积极进展，居民收入增长和经济增长保持同步，人民生活更加美好。

——厚积共治共享，区域治理能力达到新水平。接诉即办水平不断提升，精治共治法治效能持续增强，社会治理成效显著提高。人民民主更加健全，依法治区迈出坚实步伐，“平安房山”建设深入推进，防范化解重大风险体制机制不断健全，社会保持和谐安全稳定。

明年是届首之年，迈好第一步至关重要。明年经济社会发展主要预期目标是：地区生产总值增长6%左右；完成固定资产投资规模 510 亿元左右；一般公共预算收入增长 8%；社会消费品零售总额增长 6%以上；城镇登记失业率控制在 3.5%以内；居民人均可支配收入增长 6%以上；PM2.5 年均浓度达到市级要求。

三、今后五年主要任务

（一）坚持重大项目带动、创新引领发展，全力提升经济发展质量

以首都发展为统领，紧紧围绕首都国际科技创新中心建设、“两区”建设，加快建设科技金融创新城，全面促进高质量发展。

聚焦重点功能区提质发力。依托中关村房山园，紧扣“两基地三园区”建设，引智聚产，集群发展，围绕“2+1+1”高精尖产业发展方向，推动优质项目向重点功能区聚集。要做强做大北京高端

制造业基地，积极发展智能应急装备、先进轨道交通装备、新能源智能网联汽车等产业细分领域，推动产业化项目落地建设，建成具有竞争力、影响力的先进智造产业集群。要做强做大北京新材料科技产业基地，培育壮大石墨烯、氢能、新型显示材料等产业，推进产业空间拓展、产业链培育、配套服务保障，加快建设国家级新材料产业示范园区。要着力打造安全放心的特色金融产业园区，以北京基金小镇、北京金融安全产业园为重点，进一步健全风险防范体系，增强金融服务创新发展能力，不断提升金融产业对地区发展的贡献度。要精心培育生命健康产业园区，以京东方生命科技产业园、北航医工交叉创新研究院、中粮健康科技园等为重点，加强校地企深度合作，深入推动智慧医工产品、智慧医疗、智慧健康、中医药产业等领域创新发展，加快形成医药健康产业集群。要持续壮大现代农业产业园区，以良乡国家级和窦店、大石窝等市级现代农业产业园为主要载体，积极发展都市型现代农业，引领全区农业高质量发展。加大良乡经济开发区等腾笼换鸟、优化提升力度，推动提质增效，加快传统产业转型升级。

深入实施重大项目带动战略。要发挥优势、抢抓机遇，谋划、储备、建设一批投资规模大、含金量高、带动性强的重大产业项目；加强与市级层面对接，争取更多政策支持。要主动对接、全力抓好“两区”入库项目建设，不断完善政策扶持、空间资源和目标企业清单，加大招商引资力度，吸引更多符合房山区产业发展定位的高精尖企业项目入区发展。要完善重大项目协调推进机制，聚焦手续办理、项目审批等关键环节，加快破解项目建设瓶颈难题。加大服务企业力度，持续深化“放管服”改革，完善领导干部定期走访联系企业、“服务包”“服务管家”等制度，实施政务服务提升工程，竭力为企业提供精准服务。助力京东方生命科技创新中心项目、卫蓝科技新能源电池项目等投产运营，加快建设京东房山“亚洲一号”、环宇京辉、八亿时空二期等项目，推动一批优质产业项目落地见效。

深入实施科技创新引领战略。充分发挥中关村房山园管委会作用，加强与“三城一区”协调联动，积极承接市区外溢优质资源，推动各产业园区规划、产业、政策、资源和服务配套统筹，积极引进和加快培育一批头部企业、“隐形冠军”企业，完成中关村前沿技术研究院三期建设，深化“前店后厂”发展模式，推动史河科技、航景创新等创新型企业成果产业化。充分发挥良乡大学城理事会重要平台功能，推进功能提升和空间拓展建设，提升规划建设、科技创新、公共配套、体制机制等方面工作水平，加快新型研发中心建设，促进产学研用深度融合，不断提高为高校服务水平，打造创新发展的发动机和新引擎。加快建设数字房山，推动数字产业化、产业数字化。加大对企业技术创新支持力度，推动众创空间专业化、品牌化、国际化建设。积极参与中国国际服贸会等，办好中关村氢能发展论坛、京津冀石墨烯大会、北京国际金融安全论坛等系列活动。

深入实施文旅融合发展战略。对标对表首都全国文化中心、国际交往中心建设，充分发挥历史文化“富矿”优势，规划建设好国际会议会展区、国际文化交流区、国际旅游休闲区，加快形成“历史文化+地质遗迹+自然风光+国际时尚元素”的首都西南国际旅游精品线路。落实西山永定河文化带保护发展规划，做好做精北京源文化品牌，突出抓好周口店、琉璃河、云居寺“三大文化组团”保护利用，规划建设琉璃河国家考古遗址公园，扎实做好申遗相关工作。乐高主题乐园、国际葡萄酒小镇博览馆、北京大熊猫科研繁育基地启动实施，争取早日建成运营。落实全域旅游发展专项规划，加快补齐高端酒店、旅游基础设施等短板，提升十渡、石花洞、上方山等景区品质，建成一批形式多样、特色鲜明、游客青睐的精品民宿。加强传统村落保护，传承好汉白玉文化等非物质文化遗产。巩固深化“三乡联动”发展成效，在有条件的地区探索推广联动发展经验。助力北京国际消费中心城市建设，争创国家文化和旅游消费试点城市，加强线上线下消费融合，鼓励消费新业态新模式发展；推动传统商圈改造升级，加快培育建设新商圈；完善现代物流体系，建成窦店物流基地，打造带动京西南、辐射京津冀的广域级消费中心。

（二）坚持生态优先、绿色发展，全力提升生态宜居水平

坚守“保护”底线。强化大气污染防治攻坚，持续深化“一微克”行动，加强扬尘源污染、挥发性有机物、移动源污染等治理，推进 PM2.5 与臭氧污染协同治理，对空气指标排名靠后的乡镇（街道）进行“问诊帮扶”，确保空气质量持续改善。严格落实河湖长制，推动“清四乱”专项行动常态化规范化，确保国考、市考断面稳定达标。推动永定河、大石河、拒马河等综合治理与生态修复，完成水系连通及水美乡村试点项目建设，精心打造好上下游、左右岸生态景观。加快污水处理站新改建，实现建成区和城乡结合部污水处理设施基本全覆盖。加强水源地保护，建设节水型社会。强化土壤污染风险管理和生态修复，扎实做好农业面源污染治理等工作。完善生态保护补偿机制，强化生态环境监管，用制度、机制保护好生态环境。

突出“整治”重点。紧紧抓住疏解非首都功能这个“牛鼻子”，坚持拆（违）字当先、治（乱）字当头、退（低）上下手、除（隐）为目标，持续抓好治理散乱污、疏解一般制造业、整治占道经营等工作，下大力气拆除违法建设，深入开展“拔钉子”行动，2023 年完成基本无违法建设区创建。做好腾退空间再利用工作，加大“留白增绿”和便民设施建设力度，让群众生活更加舒适便利。全力抓好规自领域问题整改，持续推进大棚房、浅山区违法占地违法建设、违建别墅、绿地认建认养及公园配套用房出租中侵害群众利益问题治理，严防反弹。以零容忍的态度，严厉打击私挖盗采。抓好国土空间整合、耕地复耕复垦等工作，提高土地资源利用效率。严格落实“村地区管”、农村宅基地及房屋建设管理办法，深入实施田长制，切实管好用好每一块地。严格人口调控，有序承接中心城区人口转移。

做足“提升”文章。坚持山水林田湖草沙系统治理，全面落实林长制，不断提高公园绿地 500 米服务半径覆盖率、乡村公园等指标，确保成功创建国家森林城市并巩固创建成果。持续扩大生态空间，完善重要生态廊道和绿道体系，完成新一轮百万亩造林绿化工程，持续推进废弃矿山生态修复，完成长沟泉水国家湿地公园、霞云岭国家森林公园等建设，加大口袋公园、公园绿地及小微绿地建设力度。开展碳达峰碳中和专项行动，推动节能减排降耗，推广绿色生产生活方式，不断提高绿色低碳循环发展水平。

抓实“创城”任务。“创城”是“十四五”规划实施的一号工程，要举全区之力，高标准完成文明城区创建各阶段任务，全力确保 2023 年入选提名区。要聚焦测评体系，进一步健全完善“日询、周查、月点评、季调度、年考核”机制，常态化抓好网上申报、实地检查、发现问题整改等工作。落实好三年行动计划，深入开展思想道德引领、文明行为养成、诚信建设等十大行动，持续开展文明交通示范路口、社区“五件小事”“房山好邻居”等特色创建，加大街面秩序、社区环境、交通环境、公共设施破损、配套设施老化等问题整治力度，以首批区级示范社区村、街巷、农贸市场等为样板，精心打造一批各点位类型标杆。深入开展精神文明创建活动，落实文明行为促进条例，强化“道德模范”“北京榜样”等示范带动作用，广泛开展志愿服务活动。加强立体化“创城”宣传，引导全区群众从身边做起、从小事做起，形成全民参与“创城”的强大声势。

（三）坚持规划引领、城乡一体发展，全力提升城乡融合发展水平

坚决按规划要求办事。抓好分区规划、“十四五”规划实施，落实“双控”“两线三区”要求，完成新城组团控规、乡镇国土空间规划等编制工作。积极引导各乡镇（街道）特色化发展，强化统筹、因地制宜，形成城市组团、重点城镇、美丽乡村等相得益彰、联动发展的空间布局。要提升良乡组团宜居水平，推进新一轮长阳整治提升行动，增强良乡、拱辰、西潞、阎村等地发展活力；推动燕房组团转型发展，深化燕房合作，着力改善燕山、城关、周口店、石楼等地发展环境；加快窦店组团功能提升，推进窦店新市镇建设；建设青龙湖国家级旅游度假区，打造发展新热点；提升琉璃河、长沟、韩村河、大石窝、张坊等地城镇化水平，增强

河北、十渡、佛子庄、霞云岭、南窖、史家营、大安山、蒲洼等山区乡镇生态涵养功能，推动各乡镇街严格按照规划要求谋发展、抓落实。

推进新型城镇化建设。抓好推动城市南部地区高质量发展行动计划实施方案任务落实，加快补齐基础设施和公共服务设施短板，着力提升城市综合承载能力。积极推进城市更新，加强城市修补，持续开展老旧小区、背街小巷等更新改造，抓好棚改安置房建设和回迁工作。推动京雄高速、京良路西段等大通道建成通车，研究推进市郊铁路新城联络线（S6）等项目，加快市郊铁路城市副中心线西段整体提升工程建设，完成长阳站等建设并开通运营，实施良乡站轨道微中心一体化建设，加强水、电、气、热、路等市政基础设施建设。坚持精治共治法治，像绣花一样管理城市，建设智慧城市、韧性城市、海绵城市，着力解决停车难、交通拥堵等难题，强化"门前三包"，切实提升精细化管理水平。

落实乡村振兴战略。坚持把解决好"三农"问题作为全区工作重中之重，举全区之力推动乡村振兴。落实全市率先基本实现农业农村现代化要求，以农村美、农业强、农民富为目标，推动乡村产业、人才、文化、生态、组织全面振兴。实施乡村建设行动，全面完成美丽乡村创建任务并深化创建成果，下大力气推进周口店镇国家级乡村振兴示范区建设。开展农村人居环境整治提升行动，加强农村垃圾、生活污水、私搭乱建等问题综合治理，完善农村基础设施和公共服务设施，健全长效管护机制，努力提高乡村生活品质。大力发展乡村旅游、生态旅游、观光旅游，提升科技农业、绿色农业、休闲农业水平。大力发展乡村特色产业，积极发展林下经济，推进"互联网+农业"，培育一批以老田农业为代表的优质农产品基地。发展壮大农村集体经济，实施集体经济薄弱村增收行动，巩固低收入村户脱低成果，推动农民增收致富。统筹做好村规民约、"人才回村"等工作，促进农业高质高效、乡村宜居宜业、农民富裕富足。

强化与周边地区协作发展。坚持把支持北京城市副中心和河北雄安新区建设作为分内之事，主动对接，加强协作，在京津冀协同发展中充分发挥好重要节点作用。进一步深化与河北省保定市等周边地区对接合作机制，加快建设协同创新共同体，加强生态环境协同治理，依托房山世界地质公园深化区域旅游合作，加强与周边地区联防联控筑牢环首都护城河，推动产业、交通、生态、旅游、维稳等领域合作取得新突破。落实"四个不摘"要求，扎实做好内蒙古自治区、湖北省等地支援合作工作，推动与乡村振兴有效衔接。

（四）坚持人民至上、惠民为本，全力提升民生福祉

慎终如始抓好常态化疫情防控。坚持"外防输入、内防反弹"，全面压实"四方责任"，完善"及时发现、快速处置、精准管控、有效救治"常态化防控机制，坚决巩固疫情防控成果。持续抓好村（社区）、公共场所、人员密集和空间密闭场所等常态化防控，严格境外人员和中高风险地区来京人员排查管控，强化进口冷链食品监管，持续做好治安检查站和乡村卡口管控。强化院感防控，发挥各类医疗机构、诊所、药店等"哨点"作用，提高突发疫情应急处置能力。做好疫苗接种、核酸检测等工作。深入开展新时代爱国卫生运动，严格落实测温验码、戴口罩、预约限流、通风消毒、"一米线"等措施，提高全社会疫情防控意识和能力。

着力保障和改善民生。围绕群众"急难愁盼"问题，每年实施一批民生实事项目，加快解决一批历史遗留问题。坚持就业优先，建立健全促进就业政策体系，扎实做好重点群体就业、公益性岗位安置等工作，确保零就业家庭动态清零。深入落实"双减"政策，提升校内教育教学质量，抓好校外培训机构管理；积极引入优质教育资源，强化师德师风建设，努力办好人民满意的教育。深入实施公共卫生应急管理体系建设三年行动，着力引进三甲综合医院，完成区中医医院新院区等建设，加快建设健康房山。稳步提高社会保障水平，加强精准养老服务供给，强化养老照料中心、养老驿站等管理服务；健全残疾人关爱服务体系；做好妇女儿童工作；加快政策性住房建设和供应，扎实推进山区人口搬迁，让全区群众过上更加美好的幸福生活。

促进文化事业大繁荣。深入培育和践行社会主

义核心价值观，加强新时代爱国主义教育，用好新时代文明实践中心、融媒体中心，强化新媒体建设，讲好房山故事，传播房山声音。大力提升公民道德建设水平，加强家庭、家教、家风建设，发展积极健康的网络文化。深入实施文化惠民工程和文化精品工程，广泛开展群众性系列文化活动，做强首都公共文化服务示范区。积极发展实体书店，广泛开展全民阅读。办好长沟国际长走大会、中国农民丰收节等系列活动，不断提升房山对外知名度、美誉度。做好房山世界地质公园第四次评估。完善公共体育服务体系，推进体育事业蓬勃发展。要精益求精做好北京冬奥会冬残奥会服务保障工作，普及冬奥知识和冰雪运动，广泛营造参与冬奥、共享冬奥的浓厚氛围。

（五）坚持共治共享、安全发展，全力提升社会治理水平

提升基层治理效能。强化大抓基层鲜明导向，从“吹哨报到”、接诉即办、“关键小事”等多方面发力，积极探索基层治理新路径。落实街道工作条例，深化党建引领“街乡吹哨、部门报到”改革，做实党建工作协调委员会、“双报到”等机制，完成行政执法队伍整合、协管员队伍下沉等工作，推进智慧社区建设。坚持民有所呼、我有所应，落实接诉即办工作条例，抓好“每月一题”，持续推动共性问题治理，深化“您来提、我来办”等工作机制，推动市级治理类街镇退出督导行列，实现由“有一办一”向主动治理转变、由应急处置向全网排查转变、由条块分割向统筹合一转变。落实生活垃圾管理条例，完善垃圾分类投放、收集、运输体系，做好垃圾资源化、减量化、无害化处理，以服务促管理，推动垃圾分类成为文明新时尚；落实物业管理条例，开展物业管理突出问题专项整治，着力提升物业服务水平。大力推广“广阳经验”“王家磨做法”，精心打造一批广阳式基层治理示范点和美丽庭院示范户。

坚决维护社会安全稳定。坚持下先手棋、打主动仗，全力以赴完成北京冬奥会冬残奥会、中共二十大等重大安保维稳任务，建设更高水平“平安房山”，为党中央站好岗、放好哨，坚决守好首都西南大门。把维护政治安全作为压倒一切的任务，强化重点地区、重点人管控，做好反恐防暴、反邪教等工作。牢牢把握意识形态主导权，强化网上网下阵地建设，加强舆情应对管控。全面推进依法治区，深入实施“八五”普法，增强全民法治观念。坚持和发展新时代“枫桥经验”，扎实推进诉源治理工作，做好信访矛盾排查化解，完成市域社会治理现代化试点任务。大力推进“智慧房山公安”建设落地见效，强化“雪亮工程”应用，严厉打击违法犯罪活动，推动扫黑除恶长效常治。优化外围防线布局，严查严控各类输入型风险隐患。严格落实安全生产责任制，争创全国安全发展示范城市，持续开展安全隐患大排查大整治专项行动，常态化开展“高墙大院”专项整治，抓好公共场所及危化品、食品药品、交通消防、建筑施工等领域安全，加强综合防灾减灾能力和应急体系建设，全力确保一方平安。

四、以全面从严治党新成效，为全面推进“一区一城”新房山高质量发展提供坚强政治保证

旗帜鲜明加强政治建设。牢记“看北京首先要从政治上看”的要求，切实增强“四个意识”、坚定“四个自信”、做到“两个维护”，不断提高政治判断力、政治领悟力、政治执行力。要不折不扣贯彻落实党中央决策部署和市委、市政府工作要求，确保令行禁止、政令畅通。要严守政治纪律和政治规矩，严肃党内政治生活，坚决做到“五个必须”，杜绝“七个有之”。要全力抓好市委巡视、市生态环保督察、区委书记抓基层党建述职评议会等各类反馈问题整改。要认真落实民主集中制，严格执行“三重一大”和请示报告制度，及时报告重大事项和重要情况。

深学细悟筑牢思想根基。加强理论武装，坚持读原著、学原文、悟原理，推动学习贯彻习近平新时代中国特色社会主义思想往深里走、往心里走、往实里走。抓好各级党委（党组）理论中心组学习，广泛开展宣传宣讲、干部培训，用好“学习强国”等平台，加大媒体传播和宣介力度，确保入脑入心。把不忘初心、牢记使命作为终身课题，深入开展党

史学习教育，持续抓好“我为群众办实事”实践活动，不断深化“四史”宣传教育，引导党员干部群众坚定不移听党话、感党恩、跟党走。

固本强基夯实战斗堡垒。深入贯彻落实新时代党的组织路线，进一步健全“1+8+24”党建工作责任体系，推动向基层延伸、向村社区覆盖，构建“全员抓党建”工作格局。以提升组织力为重点，持续推进基层党支部规范化标准化建设，严格执行“三会一课”等制度，深入开展“连心共建”工程，持续抓好党支部星级评定、第一书记选派、党组织带头人队伍建设、党员发展管理、软弱涣散基层党组织整顿等工作，鼓励优秀人才到村任职。加强党建理论研究，推出一批有影响力的基层党建品牌。完善区域化党建工作机制，持续提升“两新”组织“两个覆盖”质量，统筹抓好机关、学校、医院、国企等各领域党建，推动基层党组织全面进步、全面过硬。

严管厚爱建强干部队伍。坚持新时代好干部标准，认真落实党政领导干部选拔任用工作条例，打造忠诚、干净、担当的高素质干部队伍。完善领导班子和领导干部考核评价机制，强化考核结果运用，把在急难险重任务中敢于负责、勇于担当、善于作为、成绩突出的干部选出来、用起来。持续优化干部队伍结构，加大年轻优秀干部培养选拔力度，选优配强各级领导班子；抓好党员干部教育培训，深入实施干部治理能力提升计划，进一步提升党员干部履职本领；用好容错纠错等机制，激励干部担当作为。坚持党管人才，持续推进“引支工程”“优支计划”，让各类人才在全区各行各业大展才华、大显身手。

党建引领全面深化改革。充分发挥区委深改委议事协调、督查督导作用，深化“1办10组”改革推进机制，每年制定改革要点、明确改革事项，推进重点领域和关键环节改革取得新突破。围绕接诉即办、营商环境、投融资体制等市级重点改革任务，聚焦诉源治理、国资国企、全域旅游等区级重点改革工作，紧扣教育、医疗、养老等民生领域需求，精准推出一批发展所需、群众所盼的改革举措，让群众享受更多改革成果。坚持边试点、边总结、边推广，纵深推进乡风文明积分制等“小微”改革，探索推出更多小切口、见效大的微改革、微创新。统筹推动公共服务、城市管理、农村等领域改革，为地区发展注入更多活力。

持之以恒正风肃纪反腐。要把严的主基调长期坚持下去，严格落实“两个责任”和“一岗双责”，时刻把纪律和规矩挺在前面。全面加强政治监督，深入开展对习近平总书记重要指示批示精神、党中央决策部署和市委工作要求及区委工作安排落实情况的监督检查，加强全面从严治党主体责任落实情况的监督检查。要健全完善党内监督体系，深化纪检监察体制改革，建立健全“一把手”和领导班子监督长效机制，持续开展对疫情防控、民生领域“小微权力”等方面专项监督。加强政治巡察，推动新一届区委巡察全覆盖，不断提升巡察质效。坚持惩治腐败零容忍、全覆盖、无禁区，对顶风作案、侵害群众利益等行为严厉查处，绝不姑息；定期召开警示教育大会，强化以案为鉴、以案促改，推动干部清正、政府清廉、政治清明，巩固风清气正的政治生态。

毫不松懈转变工作作风。持续深化“两手抓”，一手抓思想引领，坚定理想信念，深入实施红色使命领航工程，挖掘用好红色资源，推出一批红色文化作品，打造一批红色阵地，选树一批先进典型，教育引导广大党员干部传承红色基因、践行红色使命；一手抓行为规范，严格落实中央八项规定及其实施细则精神，坚定不移纠“四风”、树新风，力戒形式主义、官僚主义，持续改进文风会风，切实为基层减负，让基层有更多时间抓落实。要大兴调查研究之风，用好“访民情、解民忧、暖民心”和“上一线、做贡献”2个机制，到基层一线去、到群众身边去，进一步发扬“一线有我”“我在一线”“主动而为”的工作作风。要以钉钉子精神抓落实，持续深化区领导包乡镇（街道）、区委常委会点评会、“四不两直”调研、月拉练检查、无会周、政府支持企业服务企业等机制，带动全区上下形成常抓不懈、一抓到底的良好氛围。

党政军民学，东西南北中，党是领导一切的。要充分发挥党总揽全局、协调各方的领导核心作用，完善区委议事协调机构职能，不断提升把方向、管大局、作决策、保落实的能力水平。要把党的领导贯穿人大、政府、政协等工作全过程、各方面，为做好人大、政府、政协等工作提供坚强保障。支持区人大依法行使职权，指导和督促“一府一委两院”自觉接受人大监督，积极推进全过程人民民主建设；支持区政府加强自身建设，打造法治政府、创新政府、廉洁政府和服务型政府，不断提高执行力；支持区政协加强协商民主建设，提高政治协商、民主监督、参政议政水平，切实增强协商建言实效。支持法院、检察院依法独立公正行使审判权、检察权。做好新时代统战工作，加强同民主党派、工商联和无党派人士的团结合作。持续深化党管武装工作，加强国防动员和后备力量建设，争创全国双拥模范城。做好老干部、保密和民族宗教等工作，支持工会、共青团、妇联、科协、红十字会、文联、残联等群团组织依照法律和章程开展工作，充分调动起一切有利于高质量发展的积极因素。

同志们！新时代要有新气象，更要有新作为。让我们更加紧密地团结在以习近平同志为核心的党中央周围，在市委、市政府的坚强领导下，真抓实干、善作善成，全面推进“一区一城”新房山高质量发展，加快实现厚积薄发，为全面建设社会主义现代化国家、首都建设国际一流的和谐宜居之都作出新的更大贡献，以优异成绩迎接中共二十大胜利召开！

北京市房山区人民代表大会常务委员会工作报告

——2021年12月15日在房山区第九届人民代表大会第一次会议上

房山区人大常委会主任　刘　兵

各位代表：

我受房山区第八届人民代表大会常务委员会委托，向大会报告本届常委会五年来的主要工作，并就新一届人大常委会的工作提出建议，请予审议。

五年工作回顾

过去五年，区八届人大常委会在区委领导下，深入学习贯彻落实中共十九大和十九届二中、三中、四中、五中、六中全会精神，以习近平新时代中国特色社会主义思想为指导，坚持中国特色社会主义政治发展道路，坚持党的领导、人民当家作主、依法治国有机统一，充分发挥人民代表大会制度优势，坚决贯彻落实中央决策部署，按照市委工作要求和区委工作安排，围绕全区中心工作，认真履行宪法和法律赋予的各项职责，积极作为，主动担当，力求实效，为推进“一区一城”新房山高质量发展贡献了人大力量。

一、坚持党的领导，始终把牢人大工作正确政治方向

常委会坚持旗帜鲜明讲政治，始终把党的领导贯穿到人大工作的各方面全过程，确保人大工作正确政治方向。

（一）全面加强党的领导

牢记“看北京首先要从政治上看”的要求，增强“四个意识”，坚定“四个自信”、做到“两个维护”，不断提高政治判断力、政治领悟力、政治执行力。坚持党对人大工作的全面领导，坚决贯彻中央决策部署，按照市委工作要求和区委工作安排，深入抓好重要任务落实。严格执行向区委请示报告制度，制定请示报告事项清单，坚持工作中的重大问题、重要事项、重要情况及时向区委请示报告。强化常委会党组建设，严格遵守党的政治纪律和政治规矩，坚持集体决策重大事项，充分发挥把方向、

管大局、保落实的领导作用，统筹推进人大及其常委会各项工作有效开展。

（二）全面加强理论武装

强化政治理论学习，完善政治学习制度，坚持制定年度学习计划，通过多种形式深入学习贯彻习近平新时代中国特色社会主义思想，深入学习领会中央人大工作会精神，推动人大制度和人大工作与时俱进持续发展。制定党组学习贯彻落实重要会议、文件及领导讲话精神实施办法，及时传达学习和贯彻落实习近平总书记系列重要讲话、重要指示精神和中央、全国人大以及市委、区委重要会议精神，深刻领会精神实质，深入贯彻推动工作。组织召开学习贯彻习近平总书记关于坚持和完善人民代表大会制度重要思想交流会，进一步增强做好新时代人大工作的责任感和使命感。

（三）坚决抓好疫情防控

面对突如其来的新冠肺炎疫情，常委会严格落实区委工作要求，制定应急预案，强化制度执行，充分发挥人大职能作用，支持保障各项防疫工作依法有序开展。班子成员带头深入到联系乡镇和村、社区指导检查疫情防控工作。机关党员干部下沉村、社区防控一线，助力基层疫情防控，践行初心使命。全区各级人大代表积极响应号召，带头讲政治、勇作为、促稳定，踊跃请缨参战、奔赴一线，捐款捐物、纾难解困，充分体现了人大代表的坚守和担当。常委会及时调整工作重点，坚决执行市人大常委会关于依法防控疫情坚决打赢疫情防控阻击战的决定，组织开展疫情防控监督检查，听取审议疫情防控工作专项报告，为实现疫情防控和经济发展的双目标提供保障。

（四）深入推进对口帮扶

按照区委统一部署，扎实开展对口扶贫协作“万企帮万村”工作。常委会 8 次组织人大代表、企业负责人，分赴察右中旗和突泉县贫困村进行实地考察、对接工作，通过产业帮扶、技术帮扶、款物帮扶、消费帮扶、文化帮扶、人才帮扶、培训帮扶等，助力两地打赢脱贫攻坚战。推动“万企兴万村”工作往深里走、往实里走，56 家结对帮扶企业与两地 57 个村签订帮扶协议，制定帮扶措施，全面开启支援合作工作新篇章。

二、坚持依法履行职责，切实发挥代表大会行使法定职权作用

常委会坚持发挥人民代表大会制度重要载体作用，围绕保证大会质量、落实大会决议、办好大会议案等方面扎实开展工作，切实保障人民当家作主的权利。

（一）坚持提高大会效能质量，充分表达全区人民意愿

常委会将代表充分知情、表达、参与作为开好人民代表大会的重要基础。会前组织代表视察、集中活动、专题调研，帮助代表了解全区经济社会发展情况和基层工作开展情况；会中组织代表发言讨论、建议询问，充分表达广大人民群众的意愿。五年来，区八届人民代表大会共召开 7 次会议，审议 38 项议题，作出 31 项决议。大会充分贯彻中央决策部署，落实市委区委工作要求，最大限度保障人民当家作主，有效地动员和凝聚了各方力量为全区高质量发展努力奋斗。

（二）坚持执行大会各项决议，努力增强决议决定效力

常委会认真执行区人民代表大会各次会议关于人大常委会工作报告的决议，并监督大会其他各项决议的落实。五年中，共召开 56 次常委会会议，审议了 160 项议题；听取和审议“一府一委两院”专项工作报告 58 个，计划、预算、决算和审计情况报告 22 个；开展法律法规实施情况的执法检查 21 次；依法作出决议、决定 79 项。按照全国人大决定以及市委工作部署和区委工作要求，区八届人大二次会议选举产生区监察委员会主任，常委会任命区监察委员会副主任和委员，保障了国家监察体制改革顺利推进。

（三）坚持办好大会议案，积极回应人民群众重大关切

常委会把办好大会议案作为充分发挥人民代表大会制度优势、保证人民当家作主的重要方式。加强统筹协调，制定议案办理监督检查方案，明确责任部门和任务要求，形成常委会领导牵头、专委

会分类监督、人大代表全程参与的工作格局。五年来共督办议案10项64件，涉及“疏整促”专项行动、城南行动计划、美丽乡村建设、污染防治、“三乡”联动发展、文旅融合发展、良乡大学城建设、农村人居环境整治等多个方面。通过区人大常委会的有力推动和区政府有关部门的有效落实，解决了一批人民群众最关心最直接最现实的利益问题。

三、坚持科学民主决策，认真履行重大事项决定权和人事任免权

常委会坚持对具有全局性、长远性、根本性的重大事项，及时作出决议决定，为推进全区经济社会发展发挥积极作用。

（一）紧扣规划编制和落实工作行使决定权

为推进“十三五”规划实施，常委会听取审议了“十三五”规划实施中期评估情况报告，着力推动规划纲要确定的各项指标任务顺利完成。为提升房山分区规划和“十四五”规划编制的科学性，常委会主动沟通对接，专题审议房山分区规划，提出空间结构、公共服务、乡村振兴、规划实施等方面修改意见；组织代表参与“十四五”规划编制工作，开展调研座谈，提出涉及经济发展、民生改善等方面意见建议。区八届人大七次会议充分审议“十四五”规划并作出决议，保证了规划纲要实施的法定效力。

（二）紧扣财政经济健康运行行使决定权

常委会坚持每年听取预算执行、财政决算和审计工作等报告，依法对财政决算、预算调整等作出决议。为落实好有关决议，常委会多年来坚持针对审计查出问题整改落实情况进行跟踪检查并提出意见。区政府狠抓整改落实，出台加强政府投资建设项目管理规定、财政支出绩效跟踪管理办法等相关制度，提升了财政精细化、科学化管理水平。为深化预算改革，健全区人大预算联网监督系统，组织代表参与科技、民生、环保等重点支出项目的事前绩效评估，推动全过程预算绩效监督体系建设，实现了人大预算监督从静态向动态的转变，促进了预算安排更好地体现民意需求，支持了全区高质量发展。为发挥政府债券在促进重大项目建设的作用，常委会经过调研论证，对区政府提出的2021年新增地方政府债务限额及区级预算调整方案的议案作出决议，有效支持区域重大项目建设，防范和化解到期债务风险。

（三）依法行使人事任免权

常委会坚持党管干部和人大依法行使任免权的有机统一，严格规范和完善人事任免、宣誓程序。区八届人大一次会议以来，共任免国家机关工作人员768人次，从组织上保证了国家机关正常运行。依法组织109名任职人员在常委会上向宪法宣誓，激励国家公职人员忠于宪法、维护宪法、履行法定职责。强化对干部的任后监督，听取区政府有关领导履职情况的报告，并进行满意度测评，推动了人大任命干部增强履职的责任感、自觉性。

四、坚持增强监督实效，全力助推经济社会持续健康发展

常委会坚持围绕中心、服务大局、有效监督，努力推动经济社会发展和民主法治建设。

（一）围绕高质量发展开展监督，助力打造区域发展新动能

一是高度关注房山区“高精尖”产业发展。组织代表对良乡大学城建设、高精尖产业发展、科技企业发展、科技项目建设、基金小镇建设、新场景建设等进行视察监督，着力促进科技与经济深度融合，完善科技投融资服务体系，加快培育壮大新业态新模式，发挥科技对经济社会建设的支撑引领作用，推动高精尖产业做优做强。二是高度关注重点产业提升。组织代表对旅游产业发展、全域旅游暨民宿发展情况进行了视察监督，从加强区域合作、规划设计、文旅融合、产业要素升级等方面提出建议。组织代表对房山区现代商贸服务业发展情况进行视察监督，提出要坚持规划引领、优化发展布局、加快推进商业中心提档升级、打造高标准商圈、规范乡镇村商贸业发展等建议，进一步加强商贸服务业对区域经济社会发展的基础性作用。三是高度关注经济发展环境。围绕国土资源管理，组织代表对土地整治项目进行视察，主任会议专题听取房山区国土资源管理情况汇报。围绕优化营商环境，多次

到相关单位及企业进行调研走访，就纳税办理工作中的堵点、难点问题及服务企业等方面提出建议，促进了营商环境改善。听取审议全区固定资产投资情况的报告，着力推进房山区进一步优化投资结构、提高管理水平、提升有效投资占比。四是高度关注国有资产管理。建立区政府向区人大常委会报告国有资产管理情况制度，将国有资产管理情况纳入人大年度监督重点，连续三年书面审议国有资产管理情况的综合报告，听取审议行政事业单位、国有企业、国有自然资源（资产）三方面的专项报告，提出审议意见，强化跟踪督办。区政府从健全完善管理制度和信息化数据平台、完善国有企业运行机制、强化自然资源利用和保护等方面加以落实，有效发挥了国有资产对全区经济社会发展的重要支撑作用。

（二）围绕绿色发展开展监督，助力促进区域生态文明建设

一是聚力“疏整促”专项行动。以查违、拆违工作为切入点，连续5年对城乡环境综合整治工作、拆除违法建设情况进行视察监督，推动相关部门落实责任、突破难点，以规划为引领优化发展空间。二是聚力打好污染防治攻坚战。组织市、区人大代表对空气重污染应急减排措施落实、生活垃圾减量和分类等情况开展调研视察，听取审议房山区《2013—2017年清洁空气行动计划》落实情况的报告，主任会议专题听取区政府关于2018—2020年蓝天保卫战计划实施方案的汇报，大力推进大气污染防治工作；针对水环境综合治理，对房山区下游污水处理厂建设情况和上游小流域治理情况、琉璃河祖村出境断面管控情况、水源地管理和保护情况等进行视察，听取审议区政府关于水环境治理情况的报告，着力推进水环境质量改善。三是聚力绿色生态环境建设。连续两年听取审议房山区2019年、2020年生态环境状况和环境保护目标完成情况专项工作报告，推动完善管理机制，确保生态环境质量持续改善。加强对生态建设、京津风沙源治理、百万亩造林等工作调研视察，推动绿色空间增量提质，促进森林城市创建。四是聚力文明城区创建。组织代表对停车管理、交通拥堵整治、轨道交通运行、城乡管理指挥中心等工作进行视察，促进完善城市功能，着力提升城市精细化管理水平。

（三）围绕乡村振兴战略开展监督，助力加快农业农村发展

一是助推美丽乡村建设工作。常委会听取审议有关议案办理情况报告，组织代表持续加强对美丽乡村建设、农村人居环境整治工作进行调研视察，努力推动建立人居环境整治常态运行机制，促进美丽乡村加快建设。二是助推现代农业产业发展。听取审议房山区种植业生态休闲园区创建情况的报告，组织代表对房山区现代农业产业建设发展情况、少数民族村建设情况、红酒产业发展情况、农村集体资产状况和农村产业发展情况进行调研视察，着力推进房山区现代农业产业发展，促进农民增收致富。三是助推脱低消低工作。常委会班子成员多次深入到有关乡镇、村，指导脱低消低工作，主动对接帮扶企业，积极协调解决相关问题，保证了低收入村、低收入户如期脱低摘帽。

（四）围绕民生改善开展监督，助力提升人民群众幸福指数

一是助推文化教育体育事业发展。对全区幼儿教育、义务教育、乡村教育、职业教育发展情况以及高教园区工作、文化遗产保护、群众性体育活动和冰雪运动等情况进行调研视察，听取审议相关工作报告，全方位推动全区文化教育体育事业发展。二是助推劳动就业和社会保障工作。对全区社会保障、劳动力就业、职业技能培训等工作进行视察，听取审议城乡劳动力就业工作情况报告，推动政府相关部门加大稳岗支持力度，超额完成就业目标。对房山区居家养老体系和“养老驿站”建设情况进行调研视察，听取审议居家养老医养结合服务工作报告并进行专题询问，推动各项工作措施真正落到实处，让老年人有更多获得感、幸福感。三是助推人民健康安全保障工作。听取审议房山区医疗事业改革进展情况的报告，推进医改工作有序落实，让医改成果更多地惠及人民群众。组织代表对房山区医疗事业改革、卫生健康和规划编制、中医药事业发展、社区卫生服务等工作进行视察监督，促进房

山区公共卫生服务体系建设。对食品药品安全、灾害综合风险普查等工作进行视察监督，强化食品药品安全保障，提升防灾减灾意识和能力。四是助推民生工程建设。组织代表对棚户区改造及安居工程建设、回迁安置房建设和老旧小区改造情况、民防工程运行情况等进行视察，听取整体工作情况汇报，围绕重点难点问题提出意见建议，进一步推进了相关工程项目工作进程。

（五）围绕民主法治建设开展监督，助力维护社会和谐稳定

一是加强法律法规落实情况的监督。对涉及动物防疫、安全生产、土地管理、城乡规划、生活垃圾、物业管理等十多部法律法规在房山区的贯彻落实情况进行执法检查，通过组织代表实地检查、听取汇报、调研座谈等形式，推动法律法规落到实处。积极配合市人大立法工作，参与 36 部法律法规的立法调研和修订征求意见工作。二是加强对司法工作的监督。听取审议区法院关于执行体制改革及破解执行难工作情况报告、关于人民调解协议“一站式”司法确认工作情况的报告，听取区检察院司法改革试点及监察体制改革相关工作的汇报，推进了司法改革向纵深发展。听取审议区政府关于“七五”普法规划实施情况报告和关于在全区开展法治宣传教育第八个五年规划、区检察院关于推进公益诉讼工作情况的报告，听取区法院关于诉源治理工作情况的汇报，对区法院人民调解+速裁、区检察院落实“两法衔接”和服务“六稳”“六保”工作以及“检察服务e站”建设运行、区司法局推进房山区公共法律体系建设、房山公安分局开展扫黑除恶专项斗争等工作情况进行视察，有力推动了阳光执法、公正司法。听取审议区监察委关于开展廉政教育工作情况的报告，推动监察体制改革形成的制度优势转化为治理效能。三是加强规范性文件备案审查工作。制定出台《规范性文件备案审查实施办法》，完善备案审查工作流程及配套制度，有序推进规范性文件报备工作。常委会连续两年听取规范性文件备案审查工作情况的报告，共备案审查规范性文件 19 件，做到了应备尽备、依法审查。

五、坚持夯实代表工作，积极支持人大代表依法履行职权

常委会坚持尊重代表主体地位，完善代表工作格局，密切代表与群众的联系，有效保障代表依法行使职权和发挥作用。

（一）完善代表工作格局，打牢代表履职基础

一是加强代表履职培训。根据代表履职所需和常态化疫情防控形势，围绕提高代表政治素质和履职能力，采取线上线下相结合方式，每年组织区、乡镇两级代表培训，不断提升代表履职能力和水平。二是拓宽代表知情知政渠道。依托代表小组集中活动、会前分团活动、人大信息平台等，及时向代表传达重要会议精神和全区重点工作情况，为代表更好地依法履职提供有力保障。三是强化代表“家站”建设。制定代表之家、代表联络站建设实施方案及相关配套制度，明确代表“家站”建设定位，统一建设标准，共建成代表之家 30 个、代表联络站416个,健全了代表履职活动组织网络体系。

（二）发挥代表主体作用，密切代表与人民群众联系

一是健全代表联系机制。组建专业代表小组和区域代表小组，建立市代表与区代表联系组，构建全国、市、区、乡镇四级代表民意联动反映机制。利用代表“家站”联系群众的组织体系，按照市人大常委会统一部署，组织市、区、乡镇三级人大代表通过代表“家站”履职平台对《北京市接诉即办工作条例（草案）》征求意见建议，为制定出一部高质量的具有首都特色的法规贡献了房山人大力量。二是扩大代表有效参与。坚持代表列席常委会会议和参加视察、执法检查制度。组织开展“千名代表进选区近选民”、代表走访日、选民接待日、征集立法意见等活动。组织代表对《北京市生活垃圾管理条例》《北京市物业管理条例》征求意见，并对两个条例实施情况进行为期三个月的监督检查，围绕群众身边的“两个关键小事”，推动问题整改落实。在“十四五”规划编制过程中，代表建言献策，提出意见建议 175 条。三是激励代表履职尽责。制定代表履职通报制度，定期对履职情况进

行通报；推动本届区人大代表以多种形式向选民述职，实现应述尽述，达到100%述职，代表履职责任感、使命感明显增强，与群众的联系更加密切。

（三）改进建议督办方式，努力增强办理实效

一是强化机制保障。完善代表建议办理督办方式，健全相应工作程序，制定监督检查方案，形成较为完善的督办机制。二是强化督促检查。各专委会加强与承办单位和领衔代表的联系沟通，强化“前期听取办理意向、中期通报办理进展、后期开展集中视察”三个关键环节，推进代表建议的有效落实。三是强化举措创新。启动代表建议办理“双签制”工作，承办单位在法定时间答复代表后，年底前就办理结果再次答复代表并征询代表意见，解决了“重答复轻办理”问题，促进了代表建议的有效落实。区八届人大形成的491件建议基本上都得到较好的办理，赢得了代表的满意，促进了经济社会发展和民生改善。

（四）严格依法办事，做好人大代表换届选举工作

深入落实市委、市人大常委会和区委工作要求，经过认真筹备、精心组织、有序推进，严格落实常态化疫情防控各项措施，2021年11月5日，顺利完成新一届区和乡镇人大代表选举工作，选举产生区九届人大代表319名、新一届乡镇人大代表1290名，为保障人民当家作主，加强基层国家政权建设，全面推进“十四五”时期“一区一城”新房山高质量发展奠定了坚实基础。

六、坚持强化自身建设，着力提升常委会及机关履职能力和水平

常委会不断适应新形势、新任务要求，持续加强自身建设，努力改进工作作风，增强依法履职、服务发展的能力和水平。

（一）以政治建设为统领，提高政治水平

常委会坚决落实区委工作要求，围绕中心、服务大局，履行法定职责。充分发挥常委会党组在区人大常委会工作中的领导作用，协助区委组织召开第五次人大工作会议，研究制定新时代加强和改进人大工作的意见。常委会党组认真履行全面从严治党主体责任，扎实开展“不忘初心、牢记使命”主题教育、党史学习教育，坚定理想信念，筑牢思想根基。加强党风廉政建设，严格执行中央八项规定及实施细则精神。落实意识形态工作责任制，抓好意识形态主阵地的建设管理。大力支持区纪委派驻纪检组开展工作。积极谋划机关党建工作，突出党建引领作用，严格落实党的组织生活制度，深入学习领会习近平总书记重要讲话精神，开展多种形式的党组织学习实践活动，加强党性锤炼，强化党性修养，为人大依法有效履职奠定了坚实基础。

（二）加强制度机制建设，增强工作实效

认真落实区委《关于新时代加强和改进人大工作的意见》，推动新时代人大工作实现新作为。深化常委会与“一府一委两院”联席会议制度，形成加强和改进工作的合力。完善常委会、党组会、主任会议事规则，制定宪法宣誓组织办法、党组工作规则、专委会工作规则、规范性文件备案审查工作实施办法，修订完善议案及代表建议、批评和意见的办理办法，推进人大工作制度化、规范化建设，机关科学化、精细化管理水平和工作效能得到进一步提升。

（三）深抓干部队伍建设，夯实工作基础

着力提升常委会组成人员的履职水平，采取以会代训、会前学法、讲座报告等方式，学习政治理论、法律法规和业务知识。着力提升机关干部的综合素质，依托学习教育活动，组织机关党员干部开展专题培训、交流研讨等活动，深入开展人大机关大讲堂“人人讲学”“人人说法”系列活动。加强机关作风建设，力戒形式主义、官僚主义，切实转变工作作风。加强警示教育，强化党员干部纪律约束意识和自觉接受监督意识，努力打造忠诚干净担当的机关干部队伍。

（四）做好调研信访工作，提升服务质量

坚持把调查研究作为决策的基础环节和必经程序，加大调查研究力度，强化会前调研、专题调研和综合调研，使民意更好地融入决策，进一步提升监督履职效能。积极发挥信访职能作用，深入做好群众来信来访工作。五年来，共接到来电、来访、来信812件次，转交领导批办信访62件，有效发挥

了信访维护群众合法权益、促进社会和谐的作用。

各位代表，房山区第八届人大常委会取得的成绩，是认真学习贯彻习近平新时代中国特色社会主义思想、发挥人民代表大会制度优势的结果，是在区委坚强领导下，全体人大代表、常委会组成人员和工作机构团结奋斗，“一府一委两院”支持配合，广大干部群众和社会各界关心支持的结果。在此，我代表房山区第八届人大常委会，向所有关心和支持区人大工作的同志们、朋友们表示衷心的感谢，并致以崇高的敬意！

各位代表，回顾和总结过去五年的工作，我们深切体会到，卓有成效地做好人大工作，需要我们把握以下几个方面：

一是必须把牢政治方向，始终坚持党对人大工作的全面领导。党的领导是人民代表大会制度的最大优势和根本保证。只有坚定不移坚持党的领导，才能确保人大工作沿着正确方向不断向前发展。必须牢记“看北京首先从政治上看”的要求，增强“四个意识”、坚定“四个自信”、做到“两个维护”，始终在思想上政治上行动上同以习近平同志为核心的党中央保持高度一致，始终把党的领导贯穿于人大工作各方面全过程。必须坚持党的领导、人民当家作主、依法治国有机统一，坚持和完善区人大常委会党组向区委负责制度，严格执行重大事项请示报告制度，确保区委意图和决策通过法定形式有效落实。

二是必须服务发展大局，坚决落实上级决策部署和工作要求。服从、服务于发展大局是做好人大工作的出发点和落脚点。只有围绕中心、服务大局，人大工作才能充满生机和活力。必须坚决贯彻新发展理念，坚决贯彻中央决策部署，深入落实市委工作要求和区委工作安排，以首都发展为统领，围绕落实房山区“三区一节点”功能定位，聚焦高质量发展和民生改善，设置监督议题，强化监督检查，依法作出决定，为“一区一城”新房山高质量发展提供民主法治保障。

三是必须厚植为民情怀，积极回应人民群众新要求新期待。民生是最大的政治。只有坚持以人民为中心的发展思想，坚持惠民为本，人大工作才具有原生动力和履职意义。必须厚植为民用权、为民履职、为民服务的情怀，充分发挥人大代表联系群众的优势，着眼推动满足群众需求、补齐民生短板，加强法律监督和工作监督，努力倾听人民呼声、回应人民期待，保证人民当家作主，助力解决人民群众关心的教育、医疗、健康、养老、环保等“急难愁盼”问题，不断增强人民群众获得感、幸福感、安全感。

四是必须深化代表工作，支持保障人大代表依法履职。代表工作是人大工作的基础和依托。只有做好代表工作，充分发挥人大代表主体作用，人大及其常委会才能更好地履行宪法和法律赋予的职权。必须密切常委会与人大代表的联系、密切人大代表同人民群众的联系，推动审议、决定、视察、检查、调研等工作更好地体现人民意志，维护人民利益。必须高度重视发挥人大代表的主体作用，有效保障人大代表依法履职，使人大代表成为密切党与人民群众联系的桥梁和纽带。

五是必须坚持守正创新，不断推动人民代表大会制度具体实践。习近平总书记关于坚持和完善人民代表大会制度重要思想是做好新时代人大工作的根本遵循。只有学深悟透做实，才能更好地指导人民代表大会制度具体实践。必须坚持在党的领导下，严格贯彻民主集中制原则，坚持有序民主和正确集中有机结合，在人民代表大会制度平台上，充分征求多方意愿、表达多方意见，实现人民当家作主、依法治区。必须坚持与“一府一委两院”的沟通协调机制，寓监督于支持之中，创新工作方式方法，推进人大工作提质增效。

在肯定成绩的同时，我们也清醒地认识到，常委会工作与党对人大工作的要求和人民群众的期望相比，还存在差距和不足。一是人大工作制度化建设还不够完善，人大自身作用发挥需要再加强。二是人大监督方式还不够丰富，常态化刚性监督不足，监督实效需要再增强。三是服务保障代表依法履职还不够充分，议案建议办理质量需要再提升。四是与基层人大联系还不够紧密，联动开展人大工作方面需要再深化。我们要高度重视这些差距和不足，在今后的工作中认真研究，努力解决。

今后五年工作建议

未来五年，是首都北京建设国际一流和谐宜居之都的关键时期，也是房山区全面推进“一区一城”新房山高质量发展、加快实现厚积薄发的关键时期。区第九次党代会对今后五年全区工作作出了全面部署，提出了在新的历史起点上的奋斗目标。

未来五年，区九届人大常委会要以习近平新时代中国特色社会主义思想为指导，深入贯彻党的十九大和十九届二中、三中、四中、五中、六中全会精神，深入贯彻习近平总书记关于坚持和完善人民代表大会制度重要思想和中央人大工作会议精神，立足新发展阶段、贯彻新发展理念、融入新发展格局，全面落实中央决策部署和市委工作要求，全面落实市委第六次人大工作会议精神，全面落实区第九次党代会精神和区委工作要求，紧紧围绕落实“三区一节点”功能定位和全区经济社会发展大局，坚持党的领导、人民当家作主、依法治国有机统一，充分发挥人民代表大会制度优势，依法履行宪法法律赋予的各项职责，加强和改进人大工作，推进全过程人民民主建设，推进人民代表大会制度具体实践，以首善标准推动人大工作高质量发展，为全面推进“一区一城”新房山高质量发展、加快实现厚积薄发提供更加有力的民主法治保障。就今后五年区九届人大常委会工作提出以下建议。

第一，聚焦加强党的全面领导，深入推动新时代人大工作开展。人民代表大会制度是坚持党的领导、人民当家作主、依法治国有机统一的根本政治制度安排，必须长期坚持、不断实践。党的领导是人民代表大会制度的内在要求，是做好人大工作的根本保证和关键所在。常委会要认真贯彻落实中央人大工作会议精神和习近平总书记重要讲话精神，围绕新时代人大工作新任务新要求，坚持增强政治机关意识，加强党对人大工作的全面领导，坚决贯彻“看北京首先要从政治上看”的要求，增强“四个意识”、坚定“四个自信”、做到“两个维护”。坚持围绕党的工作重心，跟进人大工作、汇聚人大力量、发挥人大作用。聚焦中央决策部署，围绕市委工作要求和区委工作安排，深入推进落地落实；聚焦人民群众所思所盼所愿，深入推动解决制约经济社会发展的突出矛盾和问题，确保人大工作正确政治方向。人大常委会党组要自觉接受区委领导，认真执行党的领导各项制度，担负起领导职责，落实好全面从严治党主体责任，把党的领导贯穿人大工作各方面全过程。坚持推动人民代表大会制度具体实践，积极推进全过程人民民主建设，保障人民当家作主，把党的领导、主张和决策、部署转化为保证宪法法律有效实施的举措、转化为推动解决群众关心关注问题的实际效果，推动新时代人大工作再上新台阶。

第二，聚焦全区中心任务，依法助推经济社会高质量发展。坚持围绕中心、服务大局、依法履职、共促发展，充分用好宪法赋予人大的监督权，依照法定职责，限于法定范围，遵守法定程序，把握好支持与监督的辩证关系，实行正确监督、有效监督、依法监督，增强人大监督刚性和实效。围绕助推落实“十四五”规划，聚焦“三区一节点”功能定位和重大项目带动、创新引领、文旅融合发展“三大战略”，综合运用监督、讨论决定重大事项等法定职权，加强对重点功能区和重大产业项目建设、财政经济运行、生态环境保护建设、文旅融合发展、乡村振兴建设、城市治理、民生改善等重点工作开展实地监督、跟踪监督，强化深度监督、精准监督、刚性监督，依法听取审议报告、作出决议决定，努力促进区域治理体系和治理能力现代化，积极助推“一区一城”新房山高质量发展，实现厚积薄发、稳健发展。

第三，聚焦全区法治建设，努力维护社会稳定和公平正义。深入落实区委决策部署，积极推进全面依法治区。加强服务立法，增强系统观念，主动融入全市立法工作格局，有效发挥人大代表和社会力量作用，支持配合上一级人大完成重点领域改革立法任务，共同维护人民群众根本利益。加强执法监督，健全“检查报告+问题清单+督促整改”机制，严格规范执法检查程序，加大执法检查深度和力度，强化对行政权力的制约和监督，确保法律法规在全区正确有效实施。加强司法监督，支持司法机关依法行权，强化对司法维护社会安全稳定和服务保障高质量发展的监督，维护人民群众合理合法诉求，维护公共利益，维护社会公平正义，确保司法为民、公正司法、阳光司法。加强普法守法，加大普法宣传力度，提升全民宪法意识和法治观念，推动国家机关认真普法、带头守法，促进尊法学法守法用法成为全社会的共同追求和自觉行动。

第四，聚焦代表工作能力建设，有力支持保障代表依法履职。加强代表工作制度化和代表履职组织化建设，充分发挥人大代表作用，做到民有所呼、我有所应。健全完善代表学习培训、代表向选民述职、激励代表履职、政情民情通报、议案建议提交、参与民主决策等方面工作机制，突出计划性、针对性、有效性，加强工作制度化、规范化运行，强化代表工作能力建设，支持保障代表依法履职。丰富人大代表联系人民群众的内容和形式，深入落实“双联系”制度，优化履职平台，规范代表“家站”平台建设，打造人大代表同人民群众密切联系的主阵地，推动代表工作更好地接地气、察民情、聚民智、惠民生。提高代表工作组织能力，加强代表专业小组建设，发挥代表专业优势，提升各专门委员会工作专业化水平；拓展代表参与范围，积极组织人大代表参加视察调研、执法检查、列席常委会和专委会会议等活动，保证人大代表按照民主集中制原则集体行权、有序行权。高度关注议案建议办理工作，完善议案督办方式，实现从监督结果提交向监督过程问效转变，切实把议案办理落到实处；加大代表建议督办力度，严格落实办理责任、强化办理工作实效、有效解决实际问题，做到事事有回音、件件有反馈，积极回应人民群众关切。加强人大代表思想作风建设，站稳政治立场，履行政治责任，模范遵守法纪，认真依法履职，做政治上的明白人，充分展现新时代人大代表风采。

第五，聚焦人大及其常委会自身建设，持续激发人大工作活力。以区委召开第六次人大工作会为契机，依据人民代表大会制度完善具体工作制度，加强工作机制创新，推动工作开展。严格落实常委会党组向区委请示报告制度，坚持定期向区委报告人大工作；健全人大讨论决定重大事项制度，促进形成党委决策、人大决定、“一府一委两院”落实的工作格局，推进科学决策、民主决策；完善人大监督工作机制，坚持问题导向，促进法律法规实施；完善常委会审议议题工作机制，不断提高审议质量和水平；完善人大选举任免干部的任后监督机制，提升国家机关干部法治意识、责任意识。全面加强人大及其常委会自身建设和人大干部队伍建设，努力打造成为自觉坚持中国共产党领导的政治机关、保证人民当家作主的国家权力机关、全面担负宪法法律赋予的各项职责的工作机关、始终同人民群众保持密切联系的代表机关。

2022 年重点工作

2022 年是区九届人大常委会依法履职的第一年，围绕抓好本次大会各项决议的落实，重点做好以下工作：

一、落实党对人大工作要求，努力推进人大工作呈现新面貌

（一）坚决落实党的决策部署

以习近平新时代中国特色社会主义思想为指导，深入贯彻党的十九大和和十九届二中、三中、四中、五中、六中全会精神，深入贯彻习近平总书记关于坚持和完善人民代表大会制度重要思想，全面落实中央人大工作会议精神和习近平总书记重要讲话精神，全面落实市委第六次人大工作会议精神，按照市委、市人大和区委部署要求，积极推进全过程人民民主建设，以首善标准推动人大工作高质量发展。

（二）坚持加强党的领导

坚持旗帜鲜明讲政治，提高政治站位，履行政治责任，严格落实“看北京首先要从政治上看”的要求，增强“四个意识”、坚定“四个自信”、做到“两个维护”，不断提高政治判断力、政治领悟力、政治执行力。认真落实区委第六次人大工作会议要求，在区委领导下，充分发挥常委会党组把方向、管大局、保落实的领导作用，坚持民主集中制，严格执行重大事项请示报告制度，坚决落实区委决策部署和重要工作安排，统筹推进人大及其常委会各项工作任务落地落实。

（三）持续推进党的建设

履行全面从严治党主体责任，落实党组理论学习中心组学习制度和学习贯彻落实重要会议、文件及领导讲话精神实施办法，组织做好党的二十大精神的学习贯彻工作，强化理论武装，坚定理想信念。落实意识形态工作责任制实施细则，加强意识形态主阵地建设管理，把握主导权、凝聚正能量。落实党组及领导成员抓党建责任清单，强化组织领导，压实党建责任。加强党风廉政建设和机关作风建设，营造人大机关良好的政治生态。

二、围绕全区重点工作开展监督，努力促进高质量发展有新进展

（一）着力助推财政经济平稳运行

听取审议区政府关于房山区 2021 年预算执行和其他财政收支的审计工作报告、房山区 2021 年决算（草案）和 2022 年预算上半年执行情况的报告，审查和批准房山区 2021 年区级决算；听取审议区政府关于 2022 年财政预算调整情况的报告，审查批准房山区 2022 年预算调整方案、初审区政府关于 2023 年财政预算（草案）的报告，对审计查出问题整改落实情况进行跟踪检查，对房山区重点支出项目开展事前绩效评估监督，持续推进预算制度改革，不断提高财政资金使用效益，增强预算监督实效。落实市委、市人大工作要求，加强对政府债务的审查监督，有效防范化解财政风险。

（二）着力助推高质量发展

围绕构建高精尖经济结构对全区重大投资项目进行视察，围绕实施创新引领战略对良乡大学城科技成果转化应用情况进行视察，围绕打造文旅产业高地对传承红色文化促进文旅融合发展情况进行视察，听取审议房山区 2022 年国民经济和社会发展计划上半年执行情况的报告、区政府关于加强国有资产管理情况的综合报告，积极助推创新发展、高质量发展。

（三）着力促进城乡环境建设

围绕创建全国文明城区和国家森林城市，对有关“创城”和“创森”工作、大气污染防治、水污染防控、河湖环境管理、农村人居环境整治等进行视察，听取审议房山区环境质量和环境保护目标完成情况的报告、房山区农村污水处理情况的报告，推动生态涵养和绿色发展。

（四）着力保障改善人民生活

围绕群众“急难愁盼”事项，对房山区老旧小区改造及安置房建设、义务教育阶段“双减”工作、医疗保障服务、职业技能提升促就业等情况进行视察，对“十四五”期间全民健身及体育产业状况进行调研，听取审议房山区落实加强首都公共卫生应急管理体系建设三年行动计划情况的报告、开展安全生产专项整治三年行动工作情况的报告，促进实际问题解决，进一步提升民生福祉。

（五）着力加强民主法治保障

围绕社会治理和民主法治建设，重点加强对《北京市生活垃圾管理条例》《北京市物业管理条例》《北京市接诉即办工作条例》等法律法规的实施情况进行执法检查，对房山区落实“八五”普法规划情况，区法院“法官工作站”助力乡村振兴工作、执行工作规范化情况，区检察院服务民生保障、加强基层基础建设等情况进行视察，听取审议区监察委专项工作报告、房山区规范性文件备案审查工作情况报告，促进提升社会治理水平。

三、充分发挥人大代表作用，努力推动人大代表工作有新成效

（一）密切代表与群众联系

组建专业代表小组和区域代表小组，建立和完善民意联动反映机制。完善代表“家站”建设，规范建设标准，打造乡镇（街道）建家、选区建站新模式。深入落实代表“季回家、月进站、年述职”的要求，组织代表利用“家站”平台广泛联系选民、了解社情民意，加强代表述职工作，让选民知晓代表履职情况，密切代表与群众联系。

（二）加强代表履职服务保障

制定代表培训方案，完善培训机制，掌握代表需求，强化培训计划性和精准性，深化线上线下融合培训，拓宽培训内容，提高代表政治素质，帮助代表知情知政、熟悉履职方法，尽快提升新一届代表履职能力，保障代表依法履职；完善代表履职服

务平台建设，加强与市人大对接，延伸服务触角，增强服务功能，扩展服务范围。

（三）提升议案建议办理实效

加强代表提出议案建议的工作引导和服务，从源头上提高议案建议的质量，为办理工作奠定基础；完善常委会领导牵头、专委会分类监督、政府部门办理、人大代表参与的工作机制，落实办理责任，完善建议办理“双签制”工作机制，强化办理过程监督，提升办理实效，解决问题推动工作，让代表满意、让人民满意。

四、健全完善工作制度机制，努力推动人大工作效能有新提升

（一）强化制度机制建设

开展人大工作制度规范化建设，推进建立健全和完善制度体系相关工作。健全人大讨论决定重大事项制度，完善讨论、决定重大事项议题协调协商机制，推进科学决策、民主决策；完善视察检查“闭环”工作机制，提高人大监督工作的质量和实效；完善人大选举任免干部的任后监督机制，常态化听取履职情况报告、进行工作评议，提升国家机关干部法治意识、责任意识。

（二）强化调查研究工作

围绕人大制度理论与实践、常委会的重要议题、群众反映的突出问题和法律法规落实的薄弱环节广泛开展调研，依托代表、深入群众，切实把民情民智民意融入到调研成果当中，努力使调研成果转化为宣传人大制度、推动区域经济社会发展的实招。

（三）强化工作联动

健全完善区、乡镇两级人大沟通协调机制，加强对乡镇人大的联系和指导。及时听取乡镇人大和人大街工委意见建议，组织安排乡镇（街道）人大工作负责人、人大代表参加有关会议和活动，支持乡镇人大依法开展工作。联动推进上一级人大安排重要任务，提升人大工作整体效能。

各位代表，新时代赋予新使命，新要求肩负新责任。让我们更加紧密团结在以习近平同志为核心的党中央周围，在习近平新时代中国特色社会主义思想指引下，在区委坚强领导下，同心同德、开拓进取、真抓实干、善作善成，不断开创新时代人大工作新局面，为全面推进“一区一城”新房山高质量发展，加快实现厚积薄发作出新的更大贡献，以优异成绩迎接党的二十大胜利召开！

政府工作报告

——2021年12月14日在房山区第九届人民代表大会第一次会议上

房山区人民政府代区长　阳波

各位代表：

我代表房山区人民政府，向大会报告工作，请予审议，并请区政协各位委员提出意见。

八届区政府工作回顾

过去五年，是房山发展极不平凡的五年。面对错综复杂的形势任务特别是新冠肺炎疫情严重冲击，在区委的坚强领导下，在区人大、区政协的监督支持下，我们坚持以习近平新时代中国特色社会主义思想为指导，全面贯彻党中央、国务院决策部署，认真落实市委、市政府工作要求，牢固树立新发展理念，立足服务首都发展大局，在首都加强“四个中心”功能建设、提高“四个服务”水平、推进“三件大事”、打好“三大攻坚战”等重大任务中贡献了房山力量；始终坚持“六为”工作思路，驰而不息讲政治、硬作风、强执行，统筹推进疫情防控和经济社会发展，圆满完成“十三五”规划和本届政府任期各项目标任务，顺利实现“十四五”良好开局，各项工作均取得了新进展、新成效。

预计2021年实现一般公共预算收入85亿元，

年均增长 9%；实现城乡居民人均可支配收入 4.8 万元，年均增长 7.6%；五年累计实现社会消费品零售总额 1779 亿元，年均增长 4.4%；城镇登记失业率 3.3%，始终控制在 4%以下；PM2.5 年均浓度降至 34 微克/立方米，比届初 83 微克/立方米下降 59%；三次产业结构进一步优化，第三产业增加值比届初提高 7.8 个百分点。

五年来，主要做了以下工作：

一、坚持规划引领发展，区域功能定位深入落实

五年来，我们深入落实北京城市总体规划，围绕“三区一节点”功能定位，守住底线、发挥优势、突出特色，首都功能不断增强，地区发展活力持续释放。规划体系更加完善。房山分区规划以全市首批成果获市政府批复，明确“一区一城”新房山发展目标。统筹区、镇、村规划建设管理，编制完成 26 个专项规划、40 个街区控规、15 个乡镇国土空间规划和 362 个美丽乡村规划，高质量编制实施“十四五”规划，建立 121 项“一区一城”指标体系，发展蓝图进一步清晰。规划管控更加有力。全力抓好规自领域问题整改，大棚房、绿地认建认养方面问题整治全部完成，违建别墅 19 宗 164 栋全部拆除，严厉查处私挖盗采相关问题 38 起。严守“双控”“两线三区”，“村地区管”全面实施，耕地保护空间落图落地管控。完成废弃矿山生态修复 1008 公顷，曹家坊矿区入选全国生态产品价值实现典型案例。规划实施更加科学。城市更新行动全面启动，区级项目储备入库 76 项，完成 67 万平方米老旧小区改造和 189 条背街小巷整治，长阳黄管屯、城关中心区、拱辰渔儿沟、河北水泥一厂片区等 7 个棚改项目建成回迁房 5353 套、回迁安置 2256 户，西潞“北三村”安置房项目正式开工。区域优势更加明显。深入落实京津冀协同发展战略，积极对接中心城区、首都新机场和雄安新区，S6 线纳入市郊铁路网规划，轨道交通燕房线、城市副中心线西延良乡站开通运营，京雄高速、京良路西段全面开工。积极承接中心城区人口，与周边地区在生态环境联防联治、区域交通一体化建设、产业协作等领域取得新进展。

二、坚持高精尖方向，科技金融创新城建设实现突破

五年来，我们始终坚持转型为要、创新为源，深入实施重大项目带动、科技创新引领、文旅融合发展“三大战略”，明确“2+1+1”高精尖产业发展方向，以高端装备、新材料、医药健康等为代表的高精尖产业集群加快形成，规上工业总产值中高精尖产业产值比重达到 47%。创新引领成效明显。组建“两区”建设专班，梳理明确 8 个领域 29 项重点任务，梯次推进 241 个入库项目。成功举办首届全球智能应急装备大赛、京津冀石墨烯大会等活动，北京国际金融安全论坛等成为“三平台”重要组成部分。完成中关村房山园管理体制机制改革，中关村新兴产业前沿技术研究院全面运营，智能应急装备产业园、氢能产业园挂牌成立，国内首个 5G 开放道路自动驾驶示范区试运行。探索形成“前店后厂”发展模式，15 家头部企业、12 家“隐形冠军”企业、44 家专精特新企业实现入驻，上市挂牌企业增至 21 家，国家高新、中关村高新企业分别达到 828 家、506 家。良乡大学城建设全面推进，成立市级层面理事会，启动 1048 公顷扩区工作，街区控规编制完成，3 个新型研发中心建成入驻，北理工无人机飞行器研发中心等项目实现落地，建成 26 个国家和省部级重点实验室。重大项目加速推进。成立区重大项目办，推进解决项目瓶颈难题。聚焦智能应急和轨道交通装备，航景创新无人机森林灭火项目通过测试，集聚 28 家上下游企业，形成完整产业链条；中车轨道交通装备产业园竣工投产。聚焦新材料新能源，石墨烯种子园启动运营，10 个种子项目入园孵化；天仁道和正式投产，八亿时空成功登陆科创板，冬奥氢能保供项目实现量产。聚焦医药健康，总投资 136 亿元的京东方生命科技产业园引进落地并纳入工信部重大项目清单，智慧医工核心能力中心地块审批实现“五个一”、创造“房山速度”；中粮健康科技园建成开园，航天恒丰基地项目签约落地，京东“亚洲一号”启动土地前期开发。聚焦金融产业，北京基金小镇基金管理规模超1.7万亿元，累计实现税收34亿元，年均增长94%；北京金融安全产业园累计实现税收22亿元。文旅融合步伐加快。“三大文化组团”建设取得突破，周口店遗址、琉璃河遗址入选“百年百大考古发现”，猿人洞保护建筑荣获联合国教科文组织创新奖。琉璃河遗址保护规划正式发布，规划建设国家考古遗址公园，董家林、黄土坡两村腾退搬迁全面完成。国际葡萄酒小镇博览馆开工建设，北京大熊猫科研繁育基地等项目加快推进。建成乡村民宿品牌99个、院落313个，姥姥家、森林乡居、圣水莲庭、云岭山房等品牌深受游客青睐。“三乡联动”发展取得明显成效，没有共产党就没有新中国纪念馆展陈提升等项目建成运营。强化历史文化保护传承，黑龙关村列入中国传统村落名录。成功举办长沟国际长走大会、长阳音乐节、北京西山民俗文化节等系列活动，中国房山世界地质公园顺利通过再评估，推出50余条旅游精品线路，五年实现旅游总收入228亿元、游客量突破2000万人次。消费逐步提档升级。全面融入国际消费中心城市建设，熙悦天街等开业运营，奥特莱斯入选首批市级旅游休闲街区，长阳商圈活力度排名全市第四。引入永辉超市、盒马鲜生等一批高品质便利连锁网点，支持华冠、金点点等企业进社区、进农村，生活性服务供给进一步优化。依托“北京消费季”活动，推动实体商业与电商、新媒体合作，健康、养老、旅游等服务消费不断增长。营商环境持续优化。建立区、乡镇（街道）、村（社区）三级政务服务体系，涉企事项全面推行告知承诺制，办理时限压缩近六成，区级政务服务事项80%以上实现全程网办。组建财源、招商专班，坚持领导干部走访企业，1005家重点“服务包”企业地方级财政收入贡献实现快速增长。

三、坚持绿色发展，生态宜居示范区建设成效显著

五年来，我们始终坚持生态为基、整治为先，牢固树立绿水青山就是金山银山理念，统筹污染防治和生态扩容，2020年生态服务价值在生态涵养区分区评价中得分最高，天蓝地绿水清城秀的美丽房山加速呈现。全国文明城区创建稳步实施。制定三年行动计划、年度实施方案和问题清单，明确9方面36项具体任务，建立“日询、周查、月点评、季调度、年考核”机制，成功创建100个文明交通示范路口，顺利通过国家卫生区复审、未成年人思想道德建设测评，2人入选全国道德模范提名奖、5人荣登“中国好人榜”、3人入选“北京榜样”。“疏整促”专项行动纵深推进。每年召开千人动员大会，累计拆除违法建设1646万平方米，腾退土地2488万平方米，疏解一般制造业企业207家，治理“散乱污”企业1398家，建设提升便民商业网点315个，“留白增绿”416.4公顷。污染防治卓有成效。蓝天、碧水、净土保卫战三年行动计划圆满完成。持续开展“一微克”行动，社会单位压减燃煤255万吨，241个村、13万户实现煤改清洁能源，平原地区基本实现无煤化，PM2.5年均浓度达到有监测数据以来最低值。全面落实河长制，治理小微水体90条，国、市考断面水质稳定达标，实现“一河清水送雄安”；深入开展“清四乱”行动，清理整治永定河房山段建筑垃圾堆体172万立方米，时隔25年实现全线通水。土壤质量不断提升，建设用地污染地块安全利用率达到100%。生态空间不断拓展。累计完成新一轮百万亩造林6266.7公顷，建成口袋公园221万平方米、公园绿地及小微绿地117万平方米，青龙湖森林公园、琉璃河湿地公园等相继建成，公园数增至85个，公园绿地500米服务半径覆盖率由63.8%提高到86%，森林覆盖率由34%提高到37%，国家森林城市创建基本具备达标条件。城市综合承载力不断增强。城南行动计划实现投资725亿元，长阳整治提升行动实施4大类35个项目，取得明显成效。完成人口调控目标，常住人口城镇化率达到78.1%。五年新增公路里程248千米，总里程位列全市各区之首；新增城市道路58千米，比届初增长29%。

四、坚持农业农村优先发展，城乡融合发展新格局加快形成

五年来，我们深入实施乡村振兴战略，促进农业高质高效、乡村宜居宜业、农民富裕富足，成功创建国家农产品质量安全县和全国农村创业创新典型县。美丽乡村建设稳步推进。以“干干净净、整整齐齐、漂漂亮亮、和和美美”为目标，制定实施三年行动计划，265个美丽乡村创建村及4个市级示范片区通过市级验收，大峪沟村成为全市首个国家级标准化美丽乡村，黄山店村、王家磨村等被评为全国乡村治理示范村，水峪村、莲花庵村等被评为中国美丽休闲乡村。实施“百村示范、千村整治”工程，农村人居环境整治三年行动任务如期完成。新建60座污水厂（站）、管线152千米，建成首都绿色村庄116个，公共休闲绿地实现乡村全覆盖，农村地区无害化卫生户厕覆盖率达到99.3%。现代农业发展迅速。良乡国家现代农业产业园正式授牌，窦店、长阳获批创建全国农业产业强镇，高标准建成59个市级、127个区级生态农业园区，葡萄酒、食用菌等乡村特色产业不断壮大，培育了一批以老田农业为代表的优质农产品基地。落实粮食安全与“菜篮子”责任制，累计粮食产量19.4万吨、蔬菜产量75.9万吨。全面实施田长制、林长制，建设高标准农田6000亩，建成一批国家级林下经济示范基地。全力抗击非洲猪瘟疫情，大石窝牧原、石楼二商两个高标准生猪养殖场建成投产。农村改革步伐加快。所有行政村均建立村规民约，农村土地承包经营权确权颁证工作获国家级表彰。启动56个集体经济薄弱村增收工作，集体经济强村比重达到51%。培训农民5万余人次，持专业证书农业劳动力数量达4.2万人，农村劳动力转移就业累计超3万人。脱贫攻坚圆满收官。围绕“七个一批”狠抓低收入村户增收，全区35个低收入村、1.28万低收入户全部脱低。统筹安排10.5亿元实施336个扶贫项目，深入开展“乡镇一对一”“万企帮万村”等行动，河北省、内蒙古自治区、湖北省的6个对口帮扶协作地区全部脱贫摘帽，区对口支援与协作推进服务中心、凯达恒业荣获全国脱贫攻坚先进表彰。

五、坚持以人民为中心，保障和改善民生力度持续加大

五年来，我们始终坚持惠民为本，聚焦群众急难愁盼问题，着力补齐民生领域短板，民生支出占一般公共预算支出比重达82%，“七有”“五性”持续改善。社会民生保障有力。122项民生实事全部完成，74件历史遗留问题成功化解。实施就业优先政策，促进城乡劳动力就业8.2万人，城镇登记失业人员就业率达到63%，就业形势保持总体稳定。以全国最高分通过社会保险标准化先行城市评估验收，城乡居民基本医疗保险应保尽保。建成区社会福利中心和8家养老照料中心、121家养老服务驿站，千人养老机构床位数达到8张。建成各类政策性住房2.5万余套，山区人口迁移安置6775人，农村危房改造工作获国务院督查奖励。建立退役军人三级服务体系，全国双拥模范城创建实现“三连冠”。建设人防工程71万平方米、车位2万余个。无障碍环境建设成效显著，民族宗教、妇女儿童及残疾人事业迈上新台阶。教育质量不断提升。新开幼儿园37所、中小学9所，新增学位2.2万个，引进北理工附属实验学校等一批优质教育资源，与首师大共建未来实验学校。稳步推进“双减”工作，规范治理各类培训机构303家，成功入选“基础教育国家级优秀教学成果推广应用示范区”。健康房山建设深入推进。北京中医药大学房山医院挂牌成立，良乡医院外科综合楼投入使用，医耗联动综合改革成功实施。社区卫生服务中心、服务站基本实现全覆盖，家庭医生重点人群签约覆盖率达97%，急救呼叫满足率达99%、居于全市前列。广泛开展全民健身活动，新建225处室外健身器材及多功能运动场地，“一刻钟健身圈”加快打造。持续开展迎冬奥快乐冰雪季活动，形成全民迎冬奥、参与冬奥的良好氛围。文化事业繁荣发展。大力培育和践行社会主义核心价值观，深入实施红色使命领航工程，承办“人民的心声”——北京市庆祝中国共产党成立100周年专场演出，推出《没有共产党就没有新中国》原创大型民族音乐剧，打造系列原创百姓宣讲剧《北京西山那抹红》。成功创建首都公共文化服务示范区，区文化活动中心投入使用，综合文化中心实现乡镇（街道）全覆盖，房山书城投入运营，建设实体书店119家，开展“4•23”全民阅读、文化周末大舞台等活动，群众文化生活日益丰富。

六、坚持精治共治法治，社会治理水平不断提升

五年来，我们始终把维护首都安全作为最大的政治任务，不断提高基层治理效能，有效防范化解各类风险隐患，全区政治安定、社会稳定。接诉即办更加高效。坚持党建引领“街乡吹哨、部门报到”，组建城市管理指挥中心，实现市民服务热线、城市指挥中心、综治中心等多网融合。创建首接负责、协调联动、渐次升级等接诉即办工作机制，设立“您来提、我来办”基层服务站，聚焦“每月一题”，强化主动治理、未诉先办，年均办理群众诉求 17.3 万件，解决率和满意率上升到 87.7%、91.9%，大安山乡、星城街道、南窖乡等多次进入全市前十。社会管理更加精细。圆满完成乡镇换届和两次村（社区）“两委”换届，基层干部队伍结构持续优化。全力抓好两个“关键小事”，垃圾分类示范片区创建实现全覆盖，市级示范小区（村）达到 85 个，循环经济产业园投产运行；业委会（物管会）组建率 97.6%，党组织和物业服务覆盖率 100%。全面推广“广阳经验”“王家磨做法”，创建基层治理示范点 100 个、美丽庭院 1 万户，辛庄村等入选全国“一村一品”示范村。智慧城市建设纵深推进，公共信用信息服务平台上线运行，建成 5G 通信基站 1221 个，改造农村地区有线网络光纤入户 1.6 万户，新建社会公共充电桩 1865 个。“平安房山”建设更加有力。圆满完成党的十九大、中华人民共和国成立 70 周年、建党 100 周年及全国“两会”等重大安保维稳任务。加强舆情监测研判处置，意识形态责任制全面落实。建立区领导包案工作机制，攻坚化解 86 件复杂疑难信访矛盾，信访总量较届初下降 59%。建立“一站式”解纷服务平台和多元调解中心，诉源治理工作走在全市前列。“雪亮工程”投入使用，扫黑除恶专项斗争取得战果。第七次全国人口普查、“七五”普法圆满完成。成功创建北京市食品安全示范区。启动安全生产专项整治三年行动计划，挂账隐患整改率 100%。持续开展安全生产隐患治理专项行动，消除各类隐患 10.5 万余项，“高墙大院”专项行动累计关停拆除大院 1376 家、203 万平方米。全国灾害综合风险普查试点成效显著，被国务院普查办树立为可复制推广的“房山经验”。

各位代表，面对突如其来的新冠肺炎疫情，在区委的坚强领导下，我们始终把疫情防控作为压倒一切的头等大事，坚持“外防输入、内防反弹”，做到“三防”“四早”“九严格”，坚决守护好人民群众生命安全和身体健康。全力做好常态化疫情防控，严格境外返京人员和中高风险地区人员进京管控，累计排查返京人员 36 万余人，居家医学观察服务 19 万余人。9 个公安检查站、2 个临时检查站和 22 个乡村卡口，累计查控进京车辆 3600 余万辆，筑起外防输入第一道防线。积极支援服务城区防控，顺利完成东城、西城、丰台、大兴 1700 余名人员集中观察、疏散转运任务。加强医疗救治，确诊病例全部治愈出院。特别是 2021 年房山区新增京外关联本地确诊病例后，第一时间封控涉疫小区，全力以赴开展多轮核酸检测、流调溯源、环境消杀、健康监测，最短时间内实现疫情全部清零。全面加强重点区域、重点人员、重点场所常态化防控，坚持预约限流、测温验码、消毒通风，强化冷链全链条管理，疫苗接种应接尽接。实施公共卫生应急管理体系建设三年行动计划，持续开展新时代爱国卫生运动，积极倡导戴口罩、勤洗手、“一米线”等健康生活方式。全力帮助企业纾困解难，建立 13.3 万家企业数据库，制定“房十条”等 16 个落实细则和方案，复工复产、复商复市始终位于全市前列。全力做好保供稳价，建立从田间到商超的供需闭环系统，物价指数低于全市平均水平。在这场战“疫”中，广大党员干部群众坚持“我在一线”“一线有我”，尤其是医护人员、公安干警、社区（村）工作人员、志愿者等冲锋在前、无私奉献，以实际行动诠释了伟大抗疫精神，61 个先进集体、个人获得国家或市级表彰。

各位代表，五年来，我们始终坚持党建为魂，切实加强政府自身建设，行政效能和服务水平稳步提升。强化政治引领。坚持“两学一做”学习教育常态化制度化，深入开展“不忘初心、牢记使命”主题教育、党史学习教育，不折不扣贯彻落实中央

决策部署，市委、市政府工作要求和区委工作安排，中央生态环保督察、市委巡视、区委书记月度工作点评会等重大整改事项全部整改落实。严格依法行政。主动接受区人大及其常委会法律监督、工作监督和区政协民主监督，办理区人大代表议案 10 项 64 件、建议 486 件、政协提案 667 件。自觉接受社会舆论监督，主动公开政府信息 10 万余条。加强执法规范化建设，组建区级综合执法会商平台，下放 433 项执法职权，组建 27 支执法队伍，2020 年度行政执法绩效考核名列全市第一。深化作风建设。牢固树立过“紧日子”思想，一般性支出逐年压减，“三公”经费只减不增，财政工作获国务院表彰。坚决贯彻执行中央八项规定及其实施细则精神，政府工作全面实行清单制管理、项目化推进，强化督查督办、“督考合一”和行政问责。加强廉政建设。深化落实全面从严治党主体责任，全面梳理廉政风险点，建立健全国资国企监管制度，区一级预算单位实现审计全覆盖。深入落实市区领导干部警示教育大会精神，坚持“以案为鉴、以案促改”，持续营造风清气正的政治生态。

回顾过去五年，既是我们经受考验、攻坚克难的五年，也是我们乘势而上、阔步前行的五年，房山发生了令人鼓舞的变化。地区综合实力显著增强，转型发展动力更强、质量更优；生态环境大幅改善，城乡面貌更加靓丽、人居环境更加整洁；民生保障坚实有力，群众获得感幸福感安全感更加充实、更有保障。这些来之不易的成绩是习近平新时代中国特色社会主义思想科学指引的结果，是市委、市政府坚强领导的结果，是区委带领全区人民团结一心、顽强拼搏的结果，是区人大、区政协依法监督、大力支持的结果，是社会各界关心关注、共同努力的结果。在这里，我代表八届区政府，向全区人民，向人大代表、政协委员，向各民主党派、各人民团体和各界人士，向驻区中央、市属企业和部队，向所有关心支持房山建设的朋友们，致以崇高的敬意和衷心的感谢！

回顾过去五年，我们深切体会到要做好政府工作，必须旗帜鲜明讲政治，时刻践行“看北京首先要从政治上看”要求，坚持用习近平新时代中国特色社会主义思想武装头脑，切实增强“四个意识”，坚定“四个自信”，做到“两个维护”，不断提高政治判断力、政治领悟力、政治执行力；必须坚定不移贯彻落实新发展理念，牢固树立首都意识，坚持“六为”工作思路不动摇，持续用力转变发展方式、优化经济结构、增强发展动能；必须牢固树立系统观念，统筹推进稳增长、促改革、调结构、惠民生、防风险、保稳定等各项工作，保持政策、措施的连续性，发扬钉钉子精神狠抓落实；必须坚持以人民为中心的发展思想，下更大力气补短板、强弱项，逐步健全基本公共服务体系，持续提升居民收入水平，用心用情用力解决群众身边的操心事烦心事揪心事；必须统筹发展和安全，牢固树立底线思维、风险意识，广泛动员群众参与“平安房山”建设，凝聚起联防联控、群防群治的强大力量，全力守护好首都西南大门。

回顾过去五年，我们也清醒认识到当前房山正处于转型发展的关键时期，政府工作还存在一些不足和短板：一是高质量发展任务艰巨。经济总量不大、创新动能不强、综合承载力不高等问题仍然存在，科技创新和成果转化力度需进一步加大，高精尖产业需加快培育，文旅等资源优势需充分激发，营商环境需进一步优化。二是生态文明建设还需持续发力。创城工作任重道远，城乡环境治理压力依然很大，裸地、道路扬尘等问题相对突出，社区综合治理、文明行为养成等行动需加快推动，垃圾分类、污水处理等还需加大力度。三是公共服务供给与群众期盼还有差距。“七有”“五性”总体水平还不高，教育、医疗、养老、文化、体育等优质公共服务资源供给不平衡不充分，接诉即办、主动治理水平还需进一步提高。四是作风建设需常抓不懈。面对新形势、新要求，干部队伍思想观念、能力素质需进一步提高，在抓落实能力上还需不断强化。对这些问题，我们将采取有效措施切实加以解决。

今后五年主要工作

今后五年是北京落实首都城市战略定位、建设国际一流的和谐宜居之都的关键时期，也是房山全面推进高质量发展、加快实现厚积薄发的关键时期。站在新的历史起点上，区第九次党代会全面总结了过去五年房山取得的发展成就，科学分析了面临的机遇挑战，明确了今后五年发展目标和主要任务，美好蓝图已经绘就。我们要以高度的政治责任感和历史使命感，按照区第九次党代会部署，准确把握房山发展面临的新形势新要求，在把握大势、服务大局中找准定位、主动作为，坚持一张蓝图绘到底、一以贯之抓落实，加快实现厚积薄发。

今后五年九届区政府工作的指导思想是：以习近平新时代中国特色社会主义思想为指导，深入贯彻党的十九大和十九届二中、三中、四中、五中、六中全会精神，立足新发展阶段、贯彻新发展理念、融入新发展格局，坚持以人民为中心的发展思想，坚持稳中求进工作总基调，立足首都城市战略定位，以首都发展为统领，在“五子”联动中找准定位、展现作为，落实“三区一节点”功能定位，坚持“六为”工作思路，深入实施重大项目带动、科技创新引领、文旅融合发展“三大战略”，全面加强党的建设，统筹推进疫情防控和经济社会发展，脚踏实地、真抓实干，担当有为、善作善成，全面推进“一区一城”新房山高质量发展，加快实现厚积薄发，为首都率先基本实现社会主义现代化贡献力量。

根据区第九次党代会提出的“五个厚积”主要发展目标，即“厚积党建根基，全面从严治党得到新加强；厚积经济实力，高质量发展迈上新台阶；厚积生态优势，城乡宜居水平实现新提升；厚积民生福祉，社会事业取得新进步；厚积共治共享，区域治理能力达到新水平”，围绕“三区一节点”功能定位，今后五年全区经济社会发展的主要任务是：

加快构建高精尖经济结构，全面提升发展质量和效益。围绕科技金融创新转型发展示范区定位，加快建设科技金融创新城，一般公共预算收入年均增长 7.6%，两年内突破 100 亿元；届末规上工业总产值中高精尖产业产值比重达到 50%以上。深度融入“两区”建设。扎实推进各领域重点任务，不断完善政策扶持、空间资源和目标企业清单，全力抓好入库项目建设，办好国际智能应急装备产业发展论坛等系列活动，吸引更多高精尖企业项目入区发展。大力推广智慧政务、智慧交通、智慧民生等场景应用，推进数字经济与实体经济深度融合，加快建设数字房山。聚焦重点功能区提质发力。以“两基地三园区”建设为核心，充分发挥中关村房山园带动作用，统筹各园区规划、产业、政策、资源和服务配套，推动优质项目向重点功能区聚集。做强做大北京高端制造业（房山）基地，积极发展智能应急装备、先进轨道交通装备、新能源智能网联汽车等产业细分领域，打造双百亿级高端制造产业集群；做强做大北京新材料科技产业基地，培育壮大石墨烯、氢能、新型显示材料等产业，打造双百亿级新材料产业集群。着力打造安全的特色金融产业园区，以北京基金小镇、北京金融安全产业园等为重点，进一步健全风险防范体系，提升金融产业对地区发展的贡献度；精心培育生命健康产业园区，以京东方生命科技产业园、北航医工交叉创新研究院、中粮健康科技园等为重点，深入推动智慧医工产品、智慧医疗、智慧健康、中医药产业等领域创新发展，打造百亿级医药健康产业集群；持续壮大现代农业产业园区，以良乡国家现代农业产业园和窦店、大石窝等市级现代农业产业园为主要载体，积极发展都市型现代农业，引领全区农业高质量发展。同时加快推进良乡经济开发区等提质增效、传统产业转型升级。强化提升创新能力。落实良乡大学城控规，加快推进拓展区开发建设，发挥各高校创新优势，加快新型研发中心建设，提升原始创新能力；建立“研发—孵化—产业化”全链条体系，引进和培育一批“隐形冠军”企业，促进产学研用深度融合，增强研发成果溢出效应；发挥理事会重要平台功能，促进校地企共建共商共治。深化“前店后厂”等发展模式，完成中关村新兴产业前沿技术研究院三期建设，推动航景创新、史河科技等创新型企业成果产业化。届末实现全社会研发与试验发展经费支出占地区生产总值的比重达到 4%左右，技术合同成交额年均增速达到 15%以上。统筹实施区域人才品牌工程，开展科技、金融、文化等领域专项人才计划，加快形成多层次创新人才生态。

持续推进生态文明建设，全面提升生态宜居品质。围绕首都西南部重点生态保育及区域生态治理协作区定位，深入践行“两山”理论，加快建设生态宜居示范区。举全区之力，高标准完成文明城区创建各阶段任务，全力确保2023年入选提名区。深入打好污染防治攻坚战，推进PM2.5与臭氧污染协同治理，落实最严格的能耗、水耗、污染物排放等标准，万元GDP能耗和碳耗稳步下降，基本消除重污染天气，国、市考断面全部达到考核要求。坚持山水林田湖草沙系统治理，不断扩大绿色容量和生态质量，森林覆盖率达到37.27%，林木绿化率达到65%左右，公园绿地500米服务半径覆盖率达到90%以上，成功创建国家森林城市。深入落实乡村振兴战略，实施乡村建设行动，加强农村基础设施和公共服务配套建设，高质量完成美丽乡村建设，持续创建一批首都森林村庄、美丽庭院，实施集体经济薄弱村增收行动，加快实现“干干净净、整整齐齐、漂漂亮亮、和和美美”目标。

做精北京源文化品牌，全面提升文旅融合发展水平。围绕历史文化和地质遗迹相融合的国际旅游休闲区定位，对标建设国际会议会展区、国际文化交流区、国际旅游休闲区要求，完善文旅融合发展体制机制，加快打造“历史文化+地质遗迹+自然风光+国际时尚元素”的首都西南国际旅游精品线路。持续深入挖掘房山历史文化价值，突出抓好周口店、琉璃河、云居寺“三大文化组团”保护利用，扎实做好琉璃河遗址公园规划建设和申报世界文化遗产筹备工作，加快推进周口店AAAAA级旅游景区创建，加强云居寺石经等珍贵文物保护研究和利用，抓好传统村落保护利用和汉白玉文化等非遗传承，打造有历史底蕴、有绿水青山、有乡愁记忆的文化组团。加快推进重大文旅产业项目，力促乐高主题乐园、北京大熊猫科研繁育基地早日开工，国际葡萄酒小镇博览馆投入运营，青龙湖国家旅游度假区创建取得成效。助力北京国际消费中心城市建设，组织好各类促消费活动，推动传统商圈改造升级，加快培育建设新商圈，鼓励消费新业态新模式发展，争创国家文化和旅游消费试点城市，打造带动京西南、辐射京津冀的广域级消费中心。深化“三乡联动”，加快乡村旅游发展，建成民宿院落超千个，形成若干精品民宿集聚片区。积极创建全域旅游示范区，届末年接待游客量达到800万人次、旅游接待收入突破100亿元。

强化区域协同发展，全面提升综合承载能力。围绕京津冀区域京保石发展轴上的重要节点定位，深入落实京津冀协同发展战略，承接更多中心城区疏解功能，辐射带动周边地区发展。坚定不移疏解非首都功能，驰而不息开展“疏整促”专项行动，2023年完成基本无违建区创建。持续推动分区规划实施，深入抓好国土空间整合、耕地复耕复垦、规自领域问题整改等工作，强化全域空间管控。落实城市空间布局，加快补齐基础设施和公共服务设施短板，因地制宜引导各乡镇（街道）特色化发展，加快形成城市组团、重点城镇、美丽乡村联动发展的空间形态。落实新一轮城南行动计划，实施180个重大项目，完成投资1000亿元以上。深化与周边地区对接合作机制，推进协同创新共同体建设，加强生态环境协同治理和区域旅游合作，研究推进S6线等项目，推动京雄高速、京良路西段等道路建成通车。

切实保障和改善民生，全面提升群众获得感幸福感安全感。持续抓好各项常态化疫情防控措施，确保人民群众生命健康安全和首都安全。聚焦“七有”“五性”补短板，每年促进城乡劳动力就业1.3万人以上，城镇登记失业率控制在4%以内，居民人均可支配收入年均增长保持与经济增长基本同步，新增中小学学位1万个、医疗床位2000张，持续实施一批民生实事工程，压茬化解一批历史遗留问题。深入培育和践行社会主义核心价值观，大力提升公民道德建设水平。持续实施文化惠民工程和文化精品工程，做强首都公共文化服务示范区。坚持党建引领“街乡吹哨、部门报到”，完成行政执法队伍整合、协管员队伍下沉等工作，推进智慧社区建设。落实接诉即办工作条例，抓好“每月一题”，持续推动共性问题治理，实现“有一办一”向主动治理转变、应急处置向全网排查转变、条块分割向统筹合一转变。抓好垃圾分类、物业管理等群众身边的“关键小事”，强化“门前三包”，切实提升城市精细化管理水平。大力推广“广阳经验”

“王家磨做法”，打造一批基层治理示范点和美丽庭院示范户。严格落实安全生产责任制，加强综合防灾减灾能力和应急体系建设，创建全国安全发展示范城市。深化社会矛盾纠纷多元预防调处化解综合机制，推动扫黑除恶长效常治，抓好重点时期重大安保维稳任务，全力维护社会安全稳定。

各位代表，未来的五年房山将迎来宝贵的发展机遇，态势喜人、前景广阔。我们坚信，有市委、市政府对房山发展的大力支持，有区委的坚强领导和全区党员干部的共同努力，有全区群众的热情参与，我们一定能够做好做实“厚积薄发”这篇大文章，房山的明天一定会更加美好！

2022年工作安排

全区经济社会发展的主要预期目标是：地区生产总值增长6%左右；一般公共预算收入增长8%；社会消费品零售总额增长6%以上；城镇登记失业率控制在3.5%以内；居民人均可支配收入稳步增长；PM2.5年均浓度达到市级要求。重点抓好以下几方面工作：

一、切实扛起政治责任，毫不松懈抓好常态化疫情防控

坚持“外防输入、内防反弹”，压紧压实“四方责任”，巩固疫情防控成果，全力确保人民群众生命安全和身体健康。

精准落实各项防控措施。严格执行首都各项防疫规定，坚持“逢车必查、逢人必核”，强化进京通道管控，切实筑牢外防输入第一道防线。持续强化社区（村）防控，严格境外人员和中高风险地区来京人员排查管控，严格落实酒店、宾馆、餐饮等公共场所防疫要求。开展重点行业、重点人群、重点区域核酸筛查，强化进口冷链食品监管。深入开展新时代爱国卫生运动，加大信息发布和政策解读力度，提高群众自我防范意识和能力。

加强公共卫生服务管理。加强院感防控，发挥各类医疗机构、诊所、药店等哨点作用，切实做到早发现、早报告、早检测。常态化做好疫苗接种工作。落实公共卫生应急管理体系建设三年行动计划，完善区、乡镇（街道）、村（社区）三级突发公共卫生事件应急指挥体系，提高突发疫情应急处置能力。

二、坚持首善标准，扎实推进全国文明城区创建

聚焦测评体系，落实落细网上申报、实地检查、问题整改等工作，为2023年入选提名区打下坚实基础。

提升精细化管理水平。突出问题导向，持续开展“8+2”城乡环境专项整治等行动，创城问题整改做到立行立改、举一反三。每个乡镇（街道）打造3至5条示范街巷，示范社区（村）创建数量达到辖区总数的50%。深化街巷文明创建，健全“小巷管家”“门前三包”工作机制，完成7条背街小巷环境整治提升。

提升市民群众文明素质。将培育和践行社会主义核心价值观贯穿创城全过程，加强新时代文明实践中心、所、站等阵地建设，群众参与率达到98%以上。深入开展精神文明创建活动，落实文明促进条例，强化“道德模范”“北京榜样”等示范引领作用，持续开展“环境清洁日”“文明实践推动日”等活动，积极培育良好社会风尚。

提升公共文化服务能力。巩固首都公共文化服务示范区创建成果，完善三级公共文化设施建设，扶持特色实体书店10家以上。完善公共图书、文化活动等线上线下一体配送体系，实现“群众点单、政府买单”。开展文化周末大舞台、“4•23”世界读书日等活动，全年举办首都市民系列文化活动1000场次以上。

三、构建高精尖经济结构，加快建设科技金融创新城

紧扣“两基地三园区”建设，坚定不移实施“三大战略”，加快推进产业集群发展。

加快培育发展新动能。全面融入“两区”建设，出台智能应急装备、氢能、新材料等重点产业专项政策，动态更新政策扶持、空间资源和目标企业清单，积极吸引“隐形冠军”企业、专精特新企业、

产业链强链补链项目落地。深度参与服贸会、中关村论坛和金融街论坛，精心筹划京津冀石墨烯大会、中关村氢能发展论坛、北京国际金融安全论坛、全球智能应急装备大赛等活动。助力首都建设全球数字经济标杆城市，实施11项应用场景“十百千”工程，新建300个5G基站，完成千兆固网覆盖11万户，支持基于数字技术的新业态新模式发展，培育数字经济新增长点。对标北京国际消费中心城市建设，引入品质家居生活集合店、特色餐饮等业态，谋划布局长阳老字号产业集聚园区，打造高品质、现代化长阳商圈。持续开展“北京消费季”等促消费活动，大力发展首店经济，升级改造传统商场2家，培育一批深夜食堂特色餐饮街区，基本便民商业服务功能社区实现全覆盖。推进窦店物流基地、京东“亚洲一号”项目建设，加快建立绿色低碳集约高效的商贸物流体系。

推进重大项目落地建设。聚焦手续办理、项目审批等关键环节，健全完善层级调度机制，确保重大项目快速推进。高标准建设中关村智能应急装备产业园，推广无人机森林灭火示范项目应用，卫蓝固态锂电池总部及研发中心竣工、年产8GWh标准厂房开工建设，中车北京轨道交通装备产业园12号线车组投产。做大中关村氢能硬科技孵化平台，吸引40家以上氢能产业项目入驻，推进石墨烯种子园、环宇京辉二期、八亿时空二期项目建设。加快京东方数字医院、智慧医工核心能力中心二期建设，中粮健康科技园入驻企业力争超过100家。推进北京基金小镇起步区及上市地块开发建设，加快多功能地块供地；北京金融安全产业园二期项目投入使用。

强化科技创新引领发展。发挥良乡大学城创新策源地作用，推进主园区和拓展区街区控规获批，分批启动拓展区东区征地拆迁工作，为由“园”向“城”转变提供发展空间。筹办理事会全体会议，举办校企对接、路演、实习实训等活动，打造“类海外环境”；研究制定高校资源开放共享评价机制和成果转化奖评奖励机制，三个新型研发中心投入运营，引进北理工智能机器人与系统高精尖创新中心等项目，加快北京高校科技成果转移转化促进中心建设，切实增强“溢出效应”。强化政企联动，启动中关村新兴产业前沿技术研究院三期建设，与中发展集团共建高精尖产业基金，扶持优质项目落地。深化“前店后厂”发展模式，建立存量工业用地台账和动态评估机制，盘活低效闲置土地，建设标准化厂房15万平方米，为企业全生命周期发展提供载体。新认定众创空间不少于2家，新增入孵双创企业不少于600家。

推动文旅深度融合。围绕“三大文化组团”保护利用，加快编制周口店国家考古遗址公园规划，编制完成琉璃河国家考古遗址公园规划、启动名录申报，实施云居寺本体保护及文物保护修复，打造北京源文化金名片。加快推进乐高主题乐园项目，北京大熊猫科研繁育基地项目开工建设，国际葡萄酒小镇博览馆主体结构竣工，谋划推进青龙湖国家级旅游度假区建设。优化全域旅游发展布局，支持旅游景区评级升级、高品质宾馆酒店评星升星，提升旅游服务品质。深化“三乡联动”发展，完善项目运营、联动机制，策划系列红色旅游精品线路。推出乡村民宿发展“服务包”，民宿院落数量年底达到500个。加强传统村落保护利用，推进汉白玉文化等非遗传承，启动北京市唐代遗迹保护工程建设。办好国际葡萄酒大赛、长沟国际长走大会、北京西山民俗文化节、坡峰岭红叶节等品牌活动，高质量完成中国房山世界地质公园第四次评估。

持续优化营商环境。贯彻落实北京市优化营商环境条例，抓好5.0版改革任务落实，加快数字政务和智慧政务服务标准化建设，推进个人和企业全生命周期“一件事”场景服务建设，区级全程网办事项比例达到90%，实现政务服务在重点园区、社区（村）全覆盖。强化财源建设，落实企业走访机制，精准服务纳税前100名企业、纳税占比80%企业，确保“服务包”企业区级税收占比达70%以上；支持中小企业发展；创新投融资模式，探索国有平台公司入股园区重点培育企业，共享企业成长红利。

四、提升城乡环境质量，加快建设生态宜居示范区

深入落实生态涵养区生态保护和绿色发展条

例，坚持城乡环境治理与生态扩容并举，不断夯实好山好水好生态的绿色基底。

深入实施分区规划。编制完成6个街区控规、5个乡镇国土空间规划，加快轨道微中心良乡站一体化规划建设。巩固深化规自领域整改成果，依法有序推进农村乱占耕地建房、永定河平原南段综合治理工作等，持续打击私挖盗采，完成废弃矿山生态修复150公顷。严格落实“村地区管”、农村宅基地和房屋建设管理办法，深入实施田长制，加强土地动态管理，切实管好用好每一块地。完善市级任务、区级任务、区级项目3个台账，加快推进“十四五”规划256项具体任务、121项“一区一城”指标落实落地，稳步实施53项专项规划。

有序推进“疏整促”专项行动。坚持拆（违）字当先、治（乱）字当头、退（低）上下手、除（隐）为目标，拆除违法建设200万平方米、腾退土地220公顷，对新生违建“零容忍”，完成第二批无违建乡镇（街道）创建工作。“战略留白”临时绿化36公顷、“留白增绿”20公顷。动态疏解退出一般制造业企业，确保禁限项目“零准入”。推进连锁便利店等便民服务设施建设，精准补齐便民服务网点。加大桥下空间违规侵占、无序使用行为治理力度，有序拆除施工围栏，抓好63条代征代建道路移交。实施长阳整治提升新一轮行动计划，做好已退出治理类街镇“回头看”工作，巩固治理成果。启动城关中心区域、国际葡萄酒小镇周边环境综合提升工程，不断优化人居环境。

持续打好污染防治攻坚战。聚焦挥发性有机物和臭氧科学协同防治，持续深化“一微克”行动，加强重型车管控、扬尘治理等工作，实施三级量化督考机制，强化对各乡镇（街道）的“问诊帮扶”，做好重污染天气应对，推动空气质量明显好转。严格落实河长制，深化“清四乱”，建立小微水体长效管护制度，国、市考断面全部稳定达标。加快推进万人千吨水源保护区清理整治工作，强化农村饮水安全管理。实施“一张图”管理，动态更新土壤污染重点监管单位、受污染地块等空间信息，强化土壤污染源头管控。

加快推进基础设施建设。制定实施城南行动计划2022年重点任务和项目清单。北京基金小镇周边配套道路工程、0607街区配套道路主次干道年内开工，推进京东方生命科技产业园等园区配套道路项目前期手续办理，提升重点区域道路承载能力。完成京昆高速镇江营、长沟长琉路、大石窝塔照、张坊南大桥、张坊龙安、十渡平峪和蒲洼东村7个检查站迁建工程，切实解决检查站外群众日常出行难题。实施好水系连通水美乡村试点项目，启动47个村农村污水收集管网及配套设施建设，加快推进长沟镇再生水厂等项目手续办理，长阳、望楚2座110千伏变电站、0607街区配套燃气和供热中心等项目开工建设。深化交通拥堵治理，优化调整公交线路10条以上，大学城公交场站建设完工。统筹人防工程利用，建设地下停车位800个以上。

着力拓展绿色生态空间。创建首都绿化美化花园式单位4个、花园式社区2个、首都森林村庄5个。全面落实林长制，推进“一长两员”森林资源管理网格化建设，完成新一轮百万亩造林2533.3公顷，实施公园绿地10万平方米、小微绿地12.3万平方米、口袋公园60万平方米，建设全龄友好公园3处，加快霞云岭国家森林公园、长沟泉水国家湿地公园等项目建设，全区森林覆盖率达到37.05%、林木绿化率达到64.39%、公园绿地500米服务半径覆盖率达到88%，确保顺利通过国家森林城市核查验收。

五、统筹城乡融合发展，推动乡村振兴取得新进展

坚持城乡统筹、以城带乡，把现代农业发展得更好，把乡村建设得更美，千方百计促进农民增收，加快推进农业农村现代化。

打造美丽宜居乡村。深入实施乡村建设行动，扎实推进96个美丽乡村建设。以周口店镇西部山区8个村为核心，建设国家乡村振兴示范片区。对标市级标准，以农村污水、农村垃圾治理和厕所革命为重点，深入开展农村人居环境整治，完善长效管护机制，巩固整治成果。统筹做好村规民约、能人回村等工作，培育文明乡风、良好家风、淳朴民风，提高乡村治理水平，建设美丽宜居乡村。

发展壮大现代农业。做强良乡国家现代农业产业园，做好长阳全国农业产业强镇、大石窝市级现代农业产业园验收准备工作，开工建设石楼市级现代农业产业园。启动“十百千万”畅游行动项目建设，继续开展家庭农场示范创建，发挥龙头企业示范带动作用，积极推进“互联网+农业”，加大技能培训和推广力度，培养一批农村致富带头人。加快发展中华蜂、磨盘柿、上方山香椿等乡村特色产业，提高农业产出效益。落实粮食安全和“菜篮子”责任制，粮食播种面积完成9.5万亩以上，蔬菜播种面积、产量分别完成7.7万亩、17.6万吨以上，生猪养殖实现稳产保供。

巩固扶贫脱低成果。落实好集体经济薄弱村增收工作方案，确保年底34个集体经济薄弱村经营性收入超10万元。坚持“三个保持”“四个不摘”，健全防止返贫动态监测和帮扶机制，坚决守住不发生规模性返贫的底线；持续加大帮扶力度，深化区领导对接、项目资金援助等机制，助力受援地区由脱贫攻坚向乡村振兴平稳过渡。

深入推动协同发展。进一步深化与周边地区对接合作机制，支持北京公交智造产业园、房涞扶贫产业园发展。深化区域大气污染联防联控，推进重点流域联合治理和旅游业协同发展。加快城市副中心线（西段）整体提升工程建设，京雄高速、西太路竣工通车。

六、持续增进民生福祉，让群众更好共享发展成果

紧扣“七有”“五性”，用我们的辛苦指数换人民的幸福指数，切实改善群众生活品质，不断满足人民群众对美好生活的需要。

提升民生保障水平。出台新一轮促就业政策，完善技能人才培养机制，全年开展招聘活动200场次以上，促进城乡劳动力就业1.3万人，城镇登记失业人员就业率达到60%以上。实施社保基金全链条安全管理，按时足额发放各项待遇。坚持健康服务一体发展，完善“三边四级”居家社区养老服务体系，新建养老服务驿站10家，稳步推进家庭适老化改造。加快社会心理服务体系建设，新建乡镇（街道）社会心理服务中心11家。积极化解历史遗留问题，实施40项民生实事项目。稳步实施棚改工作，强化分类指导、严控资金成本，加快拆迁拔点、征地入市、回迁安置和各项手续办理。筹建各类政策性住房3000套、竣工1400套，统筹实施15个老旧小区综合整治。广泛开展国防动员和双拥共建活动，高质量完成征兵工作，支持人武部正规化建设，促进军民融合发展。完善退役军人服务保障机制，统筹推进妇女、儿童等政策落实，加强老年人、残疾人关爱服务。

推动教育高质量发展。稳步推进“双减”工作，聚焦教学设计、作业管理、课后服务等环节，深化教育教学改革，强化家校协同，完善干部教师交流轮岗机制，促进学生健康成长。持续抓好校外培训机构治理，规范学科类培训和预付费资金监管。实施学前教育质量提升行动，新增学前教育学位420个、中小学学位1275个，普惠性幼儿园覆盖率保持在95%以上。完成长阳起步区2号地和5号地九年一贯制学校建设，加快清华附中、人大附中等优质教育资源引进落地，推动义务教育优质均衡发展。

推进健康房山建设。加快宣武医院等优质医疗资源引进落地，区中医医院新址开工建设。搭建区域互联网医疗平台，完成良乡医院“互联网+”医院建设。强化慢性病防控管理，提升家庭医生服务质量，签约率达到35%。合理配置和优化院前医疗急救资源，院前医疗急救呼叫满足率达到99%，各乡镇急救站实现全覆盖。加强公共体育服务，创建3个体育示范街道、特色乡镇，新建90处室外健身器材及多功能运动场地，加快建设“一刻钟健身圈”。持续开展快乐冰雪季活动，全面做好冬奥会、冬残奥会服务保障。

七、守牢安全发展底线，推动更高水平“平安房山”建设

坚持总体国家安全观，统筹发展和安全，积极防范化解各类风险隐患，为推动房山高质量发展保驾护航。

切实提升基层治理效能。坚持党建引领“街乡吹哨、部门报到”，加快推进协管员队伍下沉改革，

着力破解“三无”小区、城乡结合部人口倒挂村等治理难题。落实北京市接诉即办工作条例，深化“您来提、我来办”工作模式，聚焦“每月一题”，积极创建“零诉求”社区（村）、商户、楼门、物业，推进接诉即办向主动治理、未诉先办转变。抓好两个“关键小事”，围绕居民家庭源头分类，加快垃圾分类驿站、可回收物中转站等设施建设，9个乡镇逐步实现生活垃圾就地无害化处理。落实物业管理三年行动计划，加强物业管理突出问题专项治理，探索老旧小区维修资金制度等长效机制，物业管理“三率”均达到100%。深入推广“广阳经验”“王家磨做法”，打造一批基层治理示范点和美丽庭院示范户。

全力推进城市安全发展。严格落实安全生产责任制，强化风险管控和重大事故隐患治理，常态化开展“高墙大院”等专项整治，持续开展安全生产专项整治三年行动，隐患整改率达到95%以上，安责险参保企业完成2800家，创建标准化达标企业700家。推广隐患排查治理体系建设成果，建立自然灾害风险普查动态数据库，提高防灾减灾救灾能力。全力做好全区范围内禁止燃放烟花爆竹工作。加强食品药品安全监管，提高粮食和物资储备保障能力，巩固食品安全示范区创建成果。大力推进韧性城市建设，启动35条城市道路空洞检测，扎实开展燃气安全排查整治，提高城市运行保障能力。

坚决维护社会安全稳定。以首善标准抓紧抓实维护政治安全，健全完善重点行业“平安房山”建设协调机制，突出源头治理、系统治理，常态化开展扫黑除恶，加强“雪亮工程”应用，实现“智慧房山公安”落地见效，依法严厉打击各类违法犯罪行为。全力做好党的二十大、冬奥会、冬残奥会等重大活动的疫情防控和维稳安保任务。严格落实意识形态工作责任制，强化舆情应对管控。加强民族宗教工作。推广“枫桥经验北京升级版”，完善矛盾纠纷多元调解机制，有效解决重复信访和矛盾上行等突出问题，巩固全区和谐稳定良好局面。

八、加强政府自身建设，不断提升政府效能

明年是新一届政府开局之年，我们将坚持把加强党的全面领导贯穿始终，牢固树立系统观念，推动政府治理体系不断完善、治理能力不断提升。

把政治建设摆在首位。深入学习宣传贯彻党的十九届六中全会精神，深入开展党史学习教育，增强“四个意识”、坚定“四个自信”、做到“两个维护”。牢记“看北京首先要从政治上看”的要求，不折不扣落实中央决策部署，市委、市政府工作要求和区委工作安排。严守政治纪律和政治规矩，从严从实抓好第二轮中央、北京市环保督察、市委巡视、区委书记月度工作点评会等反馈问题整改，做到立行立改、标本兼治。

把法治建设抓在手上。深入贯彻习近平法治思想，加快法治政府建设。自觉接受区人大及其常委会法律监督、工作监督，自觉接受区政协民主监督，认真办理区人大代表议案建议和区政协提案。严格履行“三重一大”事项法定程序，健全依法决策机制和法律顾问制度，坚持会前学法常态化。深化行政复议体制改革，完善依法行政考核指标体系，健全相关领域执法工作规范。全面开展“八五”普法，提升全民法治意识和法治素养。

把作风建设贯穿始终。坚持一手抓思想引领、一手抓行为规范，严格落实中央八项规定及其实施细则精神，坚决克服形式主义、官僚主义。坚持“四不两直”调研常态化，扎实开展“上一线、做贡献”活动。坚持政府过“紧日子”，继续压减一般性支出。政府各项工作实施清单化管理、项目化推进，以钉钉子精神狠抓落实，做到心中有责、眼里有活、执行有力。持续改进文风会风，规范各级各类督查考核，切实为基层减负，牢固树立政府“铁军”形象。

把廉政建设推向深入。严格落实全面从严治党主体责任，坚定不移把政府系统党风廉政建设和反腐败工作推向深入。全面梳理廉政风险点，加强国资国企监管，拓展审计监督的广度和深度，加大重点领域信息公开力度。坚持“以案为鉴、以案促改”，深入开展廉政教育和廉政文化建设，营造风清气正的政治生态。

各位代表，回首过去，我们步履坚实；展望未来，我们信心满怀！让我们更加紧密地团结在以习

近平同志为核心的党中央周围，在市委、市政府的坚强领导下，在区委的带领下，真抓实干、善作善成，全力推进“一区一城”新房山高质量发展，加快实现厚积薄发，为全面建设社会主义现代化国家、首都建设国际一流和谐宜居之都作出新的更大贡献，以优异成绩迎接党的二十大胜利召开！

中国人民政治协商会议北京市房山区第八届委员会常务委员会工作报告

——2021年12月13日在政协北京市房山区第九届委员会第一次会议上

房山区政协常委会主席　魏广勋

各位委员：

我受政协北京市房山区第八届委员会常务委员会委托，向大会报告工作，请予审议。

一、过去五年工作回顾

政协房山区第八届委员会任期的五年，是中国共产党带领全国人民顽强拼搏、不懈奋斗，全面建成小康社会，开启全面建设社会主义现代化国家新征程的五年；是北京坚持以首都发展为统领，实现城市发展深刻转型，“四个中心”战略定位更加凸显的五年；是房山区顺利实现“十三五”圆满收官和“十四五”良好开局，“一区一城”新房山建设取得新成效的五年。五年来，八届区政协坚持以习近平新时代中国特色社会主义思想为指导，紧紧依靠和团结带领各界委员，在市政协有力指导和中共房山区委坚强领导下，高举爱国主义、社会主义旗帜，牢牢把握团结民主两大主题，紧扣区委“六为”工作思路，砥砺同心、开拓进取，汇聚共识增合力，协商议政促发展，续写了房山政协发展的新篇章。

（一）强化理论武装，思想政治建设进一步加强

始终把加强学习增进思想政治共识摆在首要位置，提高政治站位，强化思想引领，传递主流声音，增进各界委员对中国共产党和中国特色社会主义的政治认同、思想认同、理论认同和情感认同。

一是加强政治理论学习。牢记“看北京首先要从政治上看”的要求，坚持把深入学习贯彻习近平新时代中国特色社会主义思想和中共十九大精神作为重大政治任务。围绕中共十九大和十九届二中、三中、四中、五中、六中全会等重要会议精神及中共中央大政方针，围绕习近平总书记系列重要讲话精神，采取集中培训、专题讲座、学习研讨等多种形式，教育引导各界委员深刻领会精神实质和丰富内涵，在学懂弄通做实上下功夫，不断提高政治判断力、政治领悟力、政治执行力，切实增强“四个意识”、坚定“四个自信”、做到“两个维护”。五年来，共组织党组理论学习中心组学习91次、专委会专题学习84次，参加市政协报告厅报告会25场，培训委员2万余人次。

二是深化专题学习教育。深入开展“习近平总书记关于加强和改进人民政协工作的重要思想”专题学习教育，使全体委员和机关干部更加深刻认识到人民政协的性质定位，更加自觉地落实好新时代人民政协工作的新要求。扎实推进“不忘初心、牢记使命”主题教育和党史学习教育，引导广大委员和机关干部践行初心使命，坚定信念信心，在悟思想中凝聚共识，在办实事中服务群众，在开新局中参政议政。通过“三会一课”和灵活多样的支部活动，将学习教育延伸覆盖到各界委员，巩固深化学

习成效，广大委员进一步增强了履职的责任感和使命感。

三是全面落实党对人民政协的领导。坚持党的领导是人民政协的本质要求。区政协团结带领广大委员坚决贯彻执行中共中央决策部署，按照市委工作要求和区委工作安排，落实党的统战工作系列要求，定期向区委请示报告工作，确保政协履职与党政工作同向推进。加强政协党组织建设，成立区政协机关党组，健全机关党总支、党支部以及专委会委员履职临时党支部，要求党员委员参加政协党组织活动，邀请党外委员参加临时党支部活动，增强政协党组织的引领力、凝聚力。区政协党组严格落实“两个责任”“一岗双责”，坚持民主集中制，落实“三重一大”相关制度。严肃党内政治生活，加强反腐倡廉教育。支持区纪委区监委派驻纪检组开展工作，自觉接受监督。五年来，区政协召开党组会议 69 次，认真贯彻落实中央、市委和区委政协工作会议精神，传达区委重要工作部署，组织推动重点协商议题实施、高质量完成对口扶贫协作任务、始终严格落实疫情防控工作要求。

（二）聚焦发展大局，协商民主质量进一步提高

着眼首都“四个中心”功能建设，立足房山“三区一节点”功能定位，聚焦“三大战略”，坚持建言资政和凝聚共识双向发力，全力服务“一区一城”新房山高质量发展。

一是协商议政扎实开展。把政协协商融入全区发展大局，高质量制定年度协商计划，经区委常委会研究通过，重点协商议题由区委区政府主要领导牵头，相关部门参与，区政协具体组织实施。八届区政协围绕全面深化改革、区域功能定位落实、京津冀协同发展、保障和改善民生等全区中心工作，共确定 27 项重点协商议题。高标准组织协商议政活动。每年每位主席至少牵头 1 项重点协商议题，明确责任委室和完成时限，让柔性的协商有了刚性的要求。突出调研的基础性作用，坚持先调研后协商、边调研边协商，积极组织委员和政协各参加单位“到实地、听民声、请专家”，广泛听取意见，掌握第一手资料，确保协商有质量。打造多层次协商平台。坚持重大问题大会协商，关键问题常委会协商，一般性问题对口协商。针对重点协商议题，共开展 136 次协商活动，构建了委员建言、领导点评、部门落实的协商议政工作格局。在“统筹全区土地资源开发利用”协商议题实施中，促成史家营乡曹家坊矿区生态修复案例成功申报，被自然资源部列入全国第二批生态产品价值实现典型案例。在持续开展的“一衣带水拒马情，三区市县政协行”协商活动中，携手涿州市、涞水县政协，通过协商建言，促进了三地在加强生态建设和环境保护方面的协同性思考。五年来，协商议政活动共形成 150 余篇协商调研成果。其中，关于北京高端制造业基地发展、坚持文化旅游融合发展、推进美丽乡村建设等 18 项协商成果，以专题报告形式报送区委区政府，全部获得领导批示，为区委区政府决策提供了参考。

二是民主监督积极推进。切实提高对政协民主监督是中国社会主义监督体系重要组成部分的认识，严格把握助力党委政府解决问题、改进工作、增进团结、凝心聚力的监督原则，把重大改革举措落实、重要政策文件执行，作为监督的着力点。每年将 1～2 个民主监督议题纳入年度重点协商计划，提高了民主监督的计划性。坚持问题导向，围绕全区城乡环境综合整治、物业管理条例贯彻执行、养老服务业发展、疫情防控等工作开展监督，监督工作更加有力有效。借助市政协组织的“五千委员齐参与，助力分类新时尚”专项民主监督活动，各界委员从自身做起，积极参与志愿活动，针对垃圾分类提出 37 条意见建议，为做好“身边的小事，环保的大事”贡献了政协力量。推行监督员选派制。根据委员专业特长，选派 89 名委员担任 23 个职能部门的特约监督员，规范了特约监督工作，增强了特约监督员的责任感。五年来，围绕全区教育、医疗、司法等工作开展 140 余次特约监督活动，参与委员 2800 余人次，整理形成的 400 余条监督意见，得到聘任单位的重视和采纳。

三是提案工作不断深化。五年来，各界委员共提交提案 747 件，审查立案 685 件，全部按要求办复。建立健全重点提案办理机制。出台党政领导共

同督办重点提案办法，建立提案委员（集体）、承办单位、区政协、区委区政府有关领导四方沟通协商机制，承办单位与提案委员面对面沟通，牵头领导定期听取意见，使提案办理更加迅速，提案委员更加满意，提案推动工作的实效性更加显现。37件重点提案办理取得良好效果，在传统村落保护、科技成果转化等方面，发挥了积极作用。坚持重点提案跟踪督办。对跨年度重点提案跟踪办理，持续督办社区商业网点建设等重点提案，助推“七有”“五性”民生实事落地落实。五年来，累计建设提升便民商业网点462个，方便了群众日常生活。

（三）坚持以人民为中心，联系服务群众能力进一步增强

围绕涉及群众切身利益的实际问题，搭建平台载体，深入基层一线，以真情履职助力区委区政府做好暖人心、稳人心的工作。

一是拓宽渠道反映民意。为方便委员贴近实际、走近群众，按照“不建机构建机制”的思路，在乡镇（街道）成立13个委员活动组，政协委员以属地乡镇（街道）为单位，就近了解辖区重点建设，就近参与协商议政，增强了委员履职的针对性和实效性。在北京高端制造业（房山）基地、区工商联、海逸半岛社区建立委员工作站，初步实现了委员联系群众有场所、有主题。五年来，围绕基地建设、社区治理、民营经济发展等工作，提出200余条意见建议，增强了委员履职的专业性和协作性。为鼓励委员反映民生关切，制定实施《反映社情民意信息工作实施细则》，五年来，共收集报送110条社情民意信息，促进了一批群众急难愁盼问题的解决。

二是担当奉献惠及民生。把对口帮扶作为重要政治任务，精准对接河北省涞水县、曲阳县，积极承担“万企帮万村”工作。2018年以来，组织35家企业，持续深入两地20个深度贫困村，推进产业扶贫、消费扶贫、就业扶贫，捐款捐物150余万元。与北京市慈善基金会携手建立“政通协力爱心专项基金”，共计出资71.7万元，资助264名贫困大学生，为两地如期脱贫贡献了力量。政协班子成员组织带领机关干部和政协委员，深入南窖村、泗马沟村等帮扶联系点，为发展当地乡村产业出点子、筹资金，壮大集体经济、增加村民收入。五年来，积极组织政协委员开展连心共建、扶贫协作等社会公益活动，进行各类走访慰问、捐资助学活动80余次，受益群众2万余人次，展示了政协委员的时代风采。

三是倾情助力疫情防控。疫情就是命令，防控就是责任。2020年面对突如其来的新冠病毒疫情，区政协严格落实中央关于疫情防控的会议精神和决策部署，按照市委工作要求和区委工作安排，把疫情防控作为重要政治任务来抓，切实把思想和行动统一到习近平总书记关于疫情防控的重要讲话精神和中央决策部署上来。区政协班子成员主动扛起责任，深入所联系的乡镇（街道）、社区（村）督导检查，指导帮助基层落实各项防控措施，引领带动各界委员积极投身抗疫攻坚战，以实际行动诠释委员责任担当。各界委员捐款捐物700余万元，并通过提案、微建议等方式，为抗击疫情建言献策。企业家委员克服困难，积极稳岗稳产、复工复产。医药卫生、文艺、教育等界别委员发挥专业优势，创作抗疫文艺作品，宣传防疫知识，提振抗疫信心。更多委员坚守岗位、踏实工作，谱写了共同抗疫的政协篇章。

（四）发挥统一战线组织功能，团结民主主题进一步凸显

认真贯彻落实《中国共产党统一战线工作条例》，发挥政协统战作用，广泛团结合作，营造和谐氛围，为全区高质量发展凝聚合力。

一是深化合作共事。定期组织召开党派、团体负责人和无党派人士座谈会，认真听取有关意见建议。在推动良乡大学城建设、北京高端制造业（房山）基地发展等协商活动中，优先听取民主党派、工商联的意见，优先安排大会发言，优先办理党派团体提案，为党派团体表达主张、反映诉求提供机会、创造条件。发挥党派团体联系广、渠道宽的优势，为房山区发展高精尖产业宣传推介、牵线搭桥，引进高端人才和优质资源，服务园区建设。关切少数民族合理诉求，围绕民族村经济发展，积极宣传政策，重点督办有关促进民族村农民增收的提案。

二是加强联络联谊。积极探索新形势下团结联谊工作的有效方法。政协主席会议成员坚持与党派团体负责人、非公经济人士、少数民族宗教界人士开展座谈走访、沟通联系，不断增进团结面，扩大共识度。加强界别建设，开展特色活动，积极团结各界别力量。组织各党派团体、代表人士，参加具有政协特色的“五一口号”长走、醒狮越野跑等联络联谊活动，不断提升政协组织的感染力、影响力。

三是高度重视文史工作。人民政协的文史资料工作是具有统一战线特色的社会主义文化事业，是惠及后世的文化工程。依托房山历史久远、文化底蕴深厚的优势，在全市政协系统率先成立文史研究会，讲好房山故事。为庆祝中华人民共和国成立70周年，编辑出版《平西记忆》专刊，传承红色文化，弘扬红色精神。编辑出版《房山城镇史话》《大房山下金皇陵》《图说燕都记忆》专刊，连续编辑《房山文史资料》，挖掘文化资源禀赋，体现房山历史文化积淀在西山永定河文化带中不可替代的独特地位。

（五）坚持固本强基，自身建设进一步加强

按照“懂政协、会协商、善议政”和“守纪律、讲规矩、重品行”的要求，全面加强委员队伍和机关干部队伍建设。

一是提升委员综合能力。按照新时代党中央对政协工作的新要求，认真学习贯彻十二届市委、八届区委历次全会精神，健全学习机制，强化学习培训，不断提高委员政治把握能力、调查研究能力、联系群众能力和合作共事能力。遵守政协章程和各项决议，出台委员履职工作规则和考核办法，建立档案，量化管理，强化对委员履职的服务与管理。加强作风建设，提升道德修养，正己正人，廉洁自律，发挥委员在界别群众中的示范带动作用。

二是提高机关服务能力。坚持以打造学习型、服务型、创新型机关为抓手，不断增强机关服务水平。发挥委室优势特点，加强与有关党政部门的沟通联系，加强与党派团体的合作交流，在履职中不断增强委室的协调服务能力。加强政协专委会建设，组建区政协农业和农村委员会、学习委员会，调整专委会职责，整合优化机构设置，突出界别特色，强化专委会作用。建设区政协学习与履职服务信息化平台，推送学习资料，开展网上履职活动，发挥新媒体服务功能，为委员协商建言创造便捷条件。加强委员履职宣传工作，激发委员履职的积极性。通过《人民政协报》《北京观察》，刊载反映区政协工作的文章24篇；通过公众号、门户网站等公共媒体，报道区政协各项履职活动3000余次；广泛宣传89名委员和1个履职群体的先进事迹，激励广大委员讲担当、比贡献、展风采。积极推进政协工作制度化规范化建设，修订完善政协常委会、主席会工作规则等履职制度39项、机关管理制度30项，工作制度体系进一步完善。

各位委员、同志们，八届区政协任期的五年是聚焦中心、服务大局，不断增强履职成效的五年；是增进共识、汇聚合力，不断发挥政协作用的五年。五年来，我们深深体会到：

坚持党的领导，是发展政协事业的根本保证。必须增强“四个意识”、坚定“四个自信”、做到“两个维护”，坚决贯彻落实中共中央决策部署，按照北京市委工作要求和房山区委工作安排，在政治全局中找准位置、发挥优势，始终确保政协工作正确的政治方向。

坚持围绕中心、服务大局，是做好政协工作的重要原则。新时代赋予了人民政协新使命。要立足首都发展，着眼全区功能定位，围绕“一区一城”新房山建设，坚持建言资政与凝聚共识双向发力，主动把履职活动融入全区发展大局，始终与党委政府站在一起、想在一起、干在一起，才能更好发挥政协作用。

坚持发挥委员主体作用，是做好政协工作的力量保障。要积极为委员履职创造条件、提供服务，加强委员履职服务与管理，不断增强委员积极性、主动性和创造性，使委员愿进政协门、乐做政协人、爱干政协事。

坚持探索创新，是推进政协工作的不竭动力。要适应新形势新要求，树立首善标准，创新工作思路，改进工作方式，探索委员履职新模式，进一步密切专委会与界别联系，使政协工作更加开放、更具活力、更有作为。

坚持建章立制，是提升政协工作水平的重要前提。要进一步健全完善关于常委会建设、委员队伍建设等一系列规章制度，推动政协工作制度化、规范化建设，确保政治协商更为有序、民主监督更加有力、参政议政更富成效。

各位委员、同志们，五年来的成绩，是始终坚持习近平新时代中国特色社会主义思想指导的结果，是北京市政协有力指导、中共房山区委坚强领导的结果，是区人大、区政府大力支持的结果，也是区政协各参加单位和全体委员团结奋斗的结果。在此，我代表八届区政协常委会，向忠实履职的各界委员、向所有关心支持政协工作的各级领导、各界人士，表示崇高的敬意和衷心的感谢！

在肯定成绩、总结经验的同时，我们也清醒地认识到，工作中仍然存在差距与不足。主要有：一些协商议政活动了解情况不够全面、调查研究不够深入，意见建议的针对性不够强、参政议政质量还不够高。对民主监督的性质和作用认识不到位，办法不多、形式单一，履行民主监督职能还有待进一步加强。政协机关服务委员的意识还不够强，联系委员、组织委员的方式方法有待进一步改进。这些问题，在今后的工作中要采取有效措施，切实加以解决。

二、今后五年工作建议

当今世界正在经历百年未有之大变局，全球疫情仍在持续演变。中国进入新发展阶段，贯彻新发展理念，构建新发展格局，开启了全面建设社会主义现代化国家新征程。北京作为首都，提出要以首都发展为统领，加强“四个中心”功能建设、提高“四个服务”水平，在紧要处落好“五子”，强化联动，一体推进，形成叠加效应。房山作为首都重要功能区，迎来了全面推进高质量发展、加快实现厚积薄发的关键时期。站在新的历史起点上，中共房山区第九次党代会为今后五年全区实现高质量发展明确了新目标、绘就了新蓝图。新形势、新任务，赋予了人民政协新使命。新一届区政协要高举习近平新时代中国特色社会主义思想伟大旗帜，深入学习贯彻中共十九大、二十大精神，在中共房山区委的坚强领导下，准确把握人民政协性质定位，坚持团结民主两大主题，全面落实中共房山区第九次党代会工作部署，围绕中心、服务大局，紧扣房山改革发展的重大问题和关系群众切身利益的实际问题，深入推进“思想政治学习、民主协商议政、凝聚思想共识、委员走近群众、能力素质提升”五大系列活动，认真履行政治协商、民主监督、参政议政三大职能，助力全区高质量发展。

（一）强化思想引领，筑牢共同思想政治基础

把认真学习贯彻习近平新时代中国特色社会主义思想和中共十九大、二十大精神作为重大政治任务抓实抓好。坚持实践标准，发挥政协党组织对党员委员全覆盖和政协党的工作对委员全覆盖的作用，举办“政协委员大讲堂”、开展年度委员学习培训、邀请专家解读学习报告、组织交流研讨等思想政治学习系列活动，推动政协各参加单位和各界委员在学懂弄通做实上下功夫。重点围绕落实二十大精神，紧密联系实际，把学习贯彻二十大精神与落实市第十三次党代会、区第九次党代会精神结合起来，自觉站在首都和房山发展大局中找准位置、谋划工作，把党的主张转化为各界委员的思想共识，把市委的工作要求、区委的工作安排转化为各界委员的自觉行动，不断把学习贯彻二十大精神引向深入。

（二）扎实开展协商议政，助力“一区一城”新房山高质量发展

把组织实施年度协商计划作为民主协商的重点，健全落实协商议题工作机制，规范组织实施、成果转化、质量评价相关流程，逐步形成完整的制度程序。完善协商过程的组织管理，坚持调研视察与协商议政相衔接，协商成果转化与提案督办相融合，协商形式与协商内容相匹配，组织委员深入开展形式多样的协商活动。今后五年，要围绕区第九次党代会提出的，坚持重大项目带动、创新引领发展，全力提升经济发展质量；坚持生态优先、绿色发展，全力提升生态宜居水平；坚持规划引领、城乡一体化发展，全力提升城乡融合发展水平；坚持人民至上、惠民为本，全力提升民生福祉；坚持共治共享、安全发展，全力提升社会治理水平等五方面任务，制定协商计划，开展协商议政。

进一步发挥协商式监督的特色优势，推进民主监督职能有效落实。围绕区委区政府重要工作部署的贯彻落实情况、重点工作实施情况开展民主监督。将专项民主监督纳入年度重点协商计划，将常规性民主监督纳入提案督办计划，使民主监督工作更加有序、更加有效。今后五年，要围绕创建全国文明城区等重点工作，开展专项民主监督。围绕“两基地三园区”建设，开展视察监督。围绕美丽乡村建设、公共卫生应急管理体系建设、接诉即办工作条例实施等情况，开展调研监督。

（三）大力弘扬团结民主主题，广泛汇聚正能量

通过政协组织平台，让党派、团体、各界代表人士，在参与大会发言、协商议政、提案办理、反映社情民意等活动中，能够充分表达意愿主张，不断增进合作共识，寻求最大公约数、画出最大同心圆。把团结各界、凝聚人心摆在更加突出位置，通过建立健全联动调研、联合监督、座谈走访等机制，构建多渠道合作、多形式参与的工作格局，积极为各民主党派、工商联和无党派人士在政协发挥作用创造条件、提供支持。健全完善联系沟通机制，加强同党外代表人士的团结联谊，结交新朋友，不忘老朋友，扩大“朋友圈”，汇聚关心关注房山发展的力量和智慧，宣传推介房山，支持房山发展，发出好声音，凝聚正能量。

（四）密切联系服务群众，彰显政协为民情怀

深入开展“委员走近群众”实践活动，健全完善联系服务群众工作机制，走好新时代群众路线。进一步加大和规范委员活动组、委员工作站建设，围绕垃圾分类、物业管理等群众关心关注的关键小事，开展微协商活动，打造群众身边的协商平台；扩大社情民意信息反映渠道，建立基层信息联系点，采集和报送社情民意信息，及时反映群众诉求。围绕“七有”“五性”等民生问题，每年明确一定数量的提案，重点协商督办，确保惠民举措落地落实。组织委员开展法律援助、送医送药、志愿服务等公益活动，切实把政协优势转化为助推民生改善的实际行动。

（五）加强履职服务管理，发挥委员主体作用

认真贯彻落实习近平总书记关于加强新时代政协委员队伍建设的重要指示精神，大力开展能力素质提升活动，努力建设一支政治素养高、履职能力强、作风形象好的委员队伍，为开创九届区政协工作新局面打下坚实基础。坚持把旗帜鲜明讲政治作为委员队伍建设的根本要求，加强学习培训、教育管理，引导各界委员始终坚持和捍卫“两个确立”，进一步增强“四个意识”、坚定“四个自信”、做到“两个维护”，自觉协助党委政府多做协调关系、化解矛盾、理顺情绪、凝聚人心的工作。坚持“懂政协、会协商、善议政”的要求，组织委员学习政协章程，准确把握政协性质定位，深入开展调查研究，反映真实情况，发表真知灼见，每年至少参加1次调研视察活动，撰写提交1件政协提案、1篇社情民意信息，参与1次社会公益活动，做到建言建在需要时、议政议在点子上、监督监在关键处。坚持“守纪律、讲规矩、重品行”的要求，切实加强委员作风建设，遵守宪法法律，遵守政协章程和各项决议，廉洁自律，不碰法律红线，决不能利用委员的身份牟取个人、小团体和特定关系人的利益，主动接受监督。加强道德修养，守住道德底线，热心社会公益事业，努力做到行为世范。坚持制度化、规范化要求，完善联系委员制度，充分发挥专委会作用，建立健全覆盖全体委员的联系网络；进一步完善委员履职评价、激励和约束机制，明确履职标准，规范服务管理，让每位委员干事有舞台、建言有渠道、工作有作为。

三、2022 年主要工作任务

各位委员、同志们，2022年是九届区政协的届首之年。做好全年工作，意义重大。按照区政协工作总体安排，2022年主要抓好以下工作。

（一）深入学习贯彻中共二十大精神。认真学习贯彻中共十九大和十九届六中全会精神，巩固深化党史学习教育成果。把迎接二十大、学习贯彻二十大精神作为重大政治任务，落实到履行职能、开展工作的各方面全过程，加强政治引领，广泛凝心聚力，为二十大胜利召开营造良好环境。围绕学习贯彻二十大精神，开展系列学习研讨活动，迅速掀

起学习宣传贯彻大会精神的热潮，教育引导各党派团体、各界委员，学习领会二十大的精神实质，积极正面发声，广泛凝聚共识，为房山高质量发展汇聚强大合力。

（二）落实年度协商计划。紧扣区第九次党代会提出的目标任务，确定并实施协商工作计划，明确重点协商议题。坚持精准发力，打破专委会界限，整合优势资源，突出协商重点，围绕重大项目带动战略实施，聚焦加快培育发展新动能，做强特色优势产业开展协商议政；围绕科技创新引领战略实施，聚焦高质量打造南部科技创新成果转化带开展协商议政；围绕文旅融合发展战略实施，聚焦做精北京源文化品牌开展协商议政，以重点协商议题为牵引，广泛协商，深入议政，提出务实管用、可供参考的意见建议。

（三）提高民主监督实效性。把握协商式监督的特性和凝聚共识、督促落实的目的，制定并落实民主监督工作计划，重点围绕推进全国文明城区创建、优化营商环境等工作，开展协商式专项民主监督，形成监督报告，助推全区重点工作落实。进一步完善民主监督员履职情况反馈机制，将重点监督的意见建议，转化为建议案或社情民意信息，提升监督实效。

（四）加强团结联谊工作。结合学习贯彻中共二十大精神，召开党派团体座谈会，走访慰问党外代表人士，凝聚思想共识。围绕全区中心工作，与各民主党派、工商联、无党派人士开展联合议政，在民主协商的氛围中，为房山发展凝心聚力。发挥文史资料工作存史资政、团结育人的统战作用，精心编辑《房山文史资料》。

（五）启动“委员走近群众”主题活动。制定活动方案和实施计划。根据新一届委员的结构特征和界别分布情况，积极推进良乡大学城、拱辰、长阳、阎村等委员工作站建设，整合优化委员活动，为委员走近群众搭建更多履职平台。发挥委员专业优势，紧紧抓住群众身边的实际问题，深入基层一线，反映社情民意，积极协助区委区政府多做解民忧的实事，多办顺民心的好事。

（六）加强制度建设。根据新时代政协工作新要求，健全委员任职培训制度，制定委员年度学习计划。探索建立委员综合考核评价体系，完善委员履职登记、通报制度，规范委员履职行为，确保委员发挥主体作用。加强政协机关制度建设，提升机关干部队伍综合素质，为委员履职提供服务和保障。

各位委员、同志们：新一届政协承前启后，继往开来；站在新起点，责任重大，使命光荣。让我们紧密团结在以习近平同志为核心的中共中央周围，高举中国特色社会主义伟大旗帜，在中共房山区委的坚强领导下，真抓实干、善作善成，全力助推“一区一城”新房山高质量发展，奋力谱写房山政协事业新篇章，以更加优异的成绩迎接中共二十大胜利召开！

专　文

回眸十九大　数字看变化

——2017—2021 年房山区经济社会发展统计资料

2017 年以来，面对错综复杂的形势任务特别是新冠肺炎疫情严重冲击，在市委、市政府坚强领导下，区委区政府团结带领全区广大党员干部群众，深入学习贯彻党的十九大和十九届二中、三中、四中、五中、六中全会精神，以新时代首都发展为统领，深入落实“三区一节点”功能定位，勇于担当、主动作为，全区经济社会发展取得了新成效、呈现出新气象。

一、坚持党建引领，党的领导更加坚强有力

持之以恒加强党的领导。五年来，我们牢记“看北京首先要从政治上看”，将党的领导贯穿到各项工作的全方面全过程，不折不扣贯彻落实党中央决策部署和市委、市政府工作要求，圆满完成中华人民共和国成立 70 周年、中国共产党成立 100 周年庆祝活动等重大服务保障工作。坚持“精精益求精、万万无一失”，高水平完成中华人民共和国成立 70 周年群众游行、群众联欢、国庆观礼、景观布置、游园等房山区所承担的各项重大任务。以“守初心、担使命、找差距、抓落实”为总要求，开展“不忘初心、牢记使命”主题教育。按照习近平总书记对党史学习的要求，深入开展“我为群众办实事”实践活动，推动党史学习教育走深走实。

慎终如始抓好疫情防控。2020 年新冠肺炎疫情暴发以来，全区高效统筹疫情防控和经济社会发展，顶住需求收缩、供给冲击、预期转弱的“三重压力”，经济秩序及社会秩序基本回归至疫情前水平，经济运行呈现稳中加固、稳中向好的特点。“后疫情时代”中经济发展所处背景复杂多变，全区经济发展顶住压力，有效应对长短期多重考验。全区坚持“动态清零”总方针不动摇，坚持“外防输入、内防反弹”，严格境外返京人员和中高风险地区人员进京管控，全面加强重点区域、重点人群、重点场所常态化防控，疫苗接种工作有序推进，各项惠企政策全面落实落地，抗疫斗争取得阶段成果。

二、坚持经济高质量发展，地区综合实力显著增强

经济总量突破 800 亿元。五年来，区委、区政府坚持“2+1+1”高精尖产业方向，持续推进“三件大事”、打好“三大攻坚战”，深入实施重大项目带动、科技创新引领、文旅融合发展“三大战略”，统筹推进经济社会发展和疫情防控，全区综合经济实力显著提升。2021 年全区地区生产总值达到

818.4亿元，比2016年增长33.2%，年均增长5.9%。其中，第一产业增加值13.7亿元，比2016年下降2.1%，年均下降0.4%；第二产业增加值330.2亿元，比2016年增长19.8%，年均增长3.7%；第三产业增加值474.5亿元，比2016年增长46.2%，年均增长7.9%。2021年，全区三次产业结构由2016年的2.3：44.9：52.8，调整为1.7：40.3：58，其中第三产业比重比2016年提高了5.2个百分点。

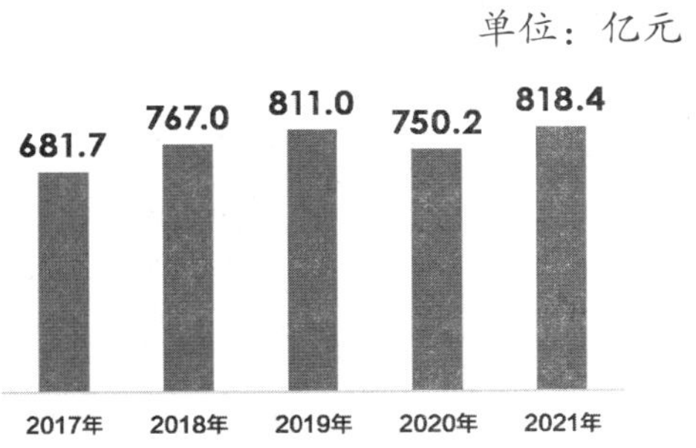

图1　2017—2021年地区生产总值

城镇化进程加快。五年来，全区深化落实《房山分区规划（国土空间规划）（2017年—2035年）》，落实"三区一节点"功能定位以及"四个中心"战略定位，构建两山四水、三区三轴、三团多点的空间结构，提高城市竞争力与吸引力。2021年年末，全区常住人口达131.3万人，比2016年末增加22.4万人，年均增长3.8%。其中，外来人口达44.1万人，比2016年末增加10.1万人，年均增长5.3%。全区不断优化城市空间布局，提升城市发展质量、人居环境质量，城镇化进程加快。城镇人口从2016年的78.5万人增加到102.6万人，城镇化率达到78.1%，比2016年提高6个百分点。

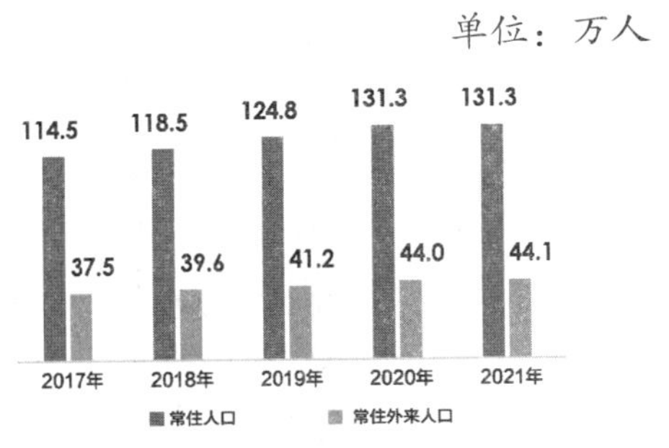

图2　2017—2021年常住人口

城市建设规模扩大。五年来，全区深入实施重大项目带动战略，城镇化发展结合自然资源优势、产业发展基础，形成了特色城镇化的建设模式，推动了城市健康发展。五年来，全区累计完成固定资产投资近2000亿元。2021年全区固定资产投资增长5.2%，其中建安投资增长6%。城镇基础设施水平明显提升，五年来全区基础设施投资累计完成近500亿元。2021年，公路里程达3151.1千米，比2016年增加195.9千米。新房山吸引了乐高主题乐园、国际葡萄酒小镇博览馆、北京大熊猫科研繁育基地等大项目入驻，市场主体力量成倍增长，2021年全区法人单位和产业活动单位数达6.7万个，比2016年增长1.2倍，年均增长17.6%。

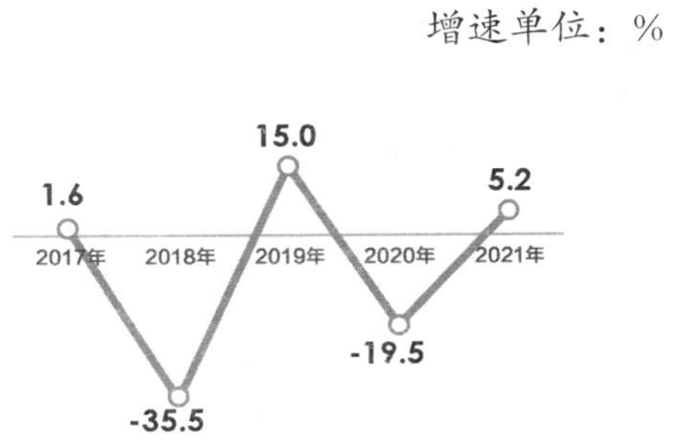

图3　2017—2021年固定资产投资（不含农户）

市场层级丰富多元。五年来，全区建成了龙湖天街、首创奥特莱斯二期、熙悦天街等大型商业综合体，引进了多家北京首店以及区域首店入驻，创造多元消费场景，满足多样消费需求，构建了经营主体多元、消费层级丰富的购物大环境。2021年全区社会消费品零售总额实现373.9亿元，比2016年增长23.3%，年均增长4.3%。全区消费以批发、零售为主要组成部分，按消费形态分：商品零售352.1亿元，占社零额的比重达94.2%；餐饮收入21.8亿元，占比达5.8%。外贸规模扩张，对外经济快速增长。2021年，全区进出口总额实现11.3亿美元，比2016年增长66.2%，年均增长10.7%。出口额实现4.6亿美元，比2016年增长76.9%，年均增长12.1%。2021年末"三资"企业达到796家，比2016年末增加212家。

单位：亿元

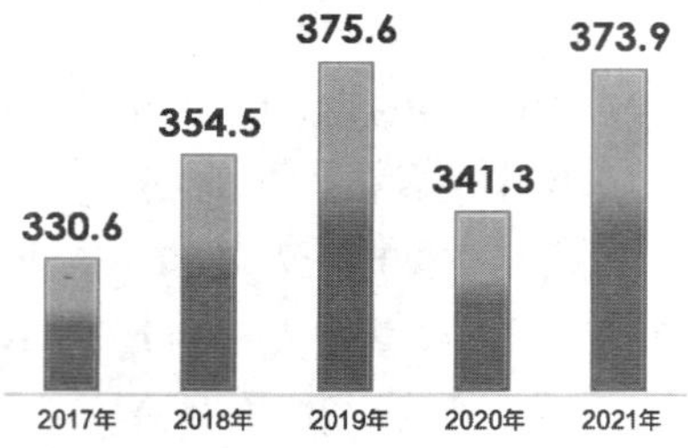

图 4　2017—2021 年社会消费品零售总额

三、坚持科技创新引领，经济发展活力持续释放

产业结构深层调整。五年来，全区持续打造科技金融创新城，聚焦金融产业发展，打造北京基金小镇、北京互联网金融安全示范产业园，促进金融行业稳定健康发展，金融创新引领作用逐步显现。2021 年，全区金融业增加值实现 53 亿元，占全区经济的比重达 6.5%，比 2016 年提高 2.3 个百分点。工业作为房山区支柱产业，五年来内部结构不断优化升级，2021 年，全区规模以上工业总产值实现 872 亿元，比 2016 年增长 16.1% ，年均增长 3%。其中，现代制造业产值实现 116.7 亿元，比上年增长 32.2%；高技术产业实现产值 47 亿元，比上年增长 13.8%。工业园区生产能力稳步提升，产业园区向集约化、特色化发展，2021 年，良乡工业开发区、房山科技工业园区实现技工贸总收入 54.6 亿元，比 2016 年增长 66%，年均增长 10.7 %。

单位：亿元

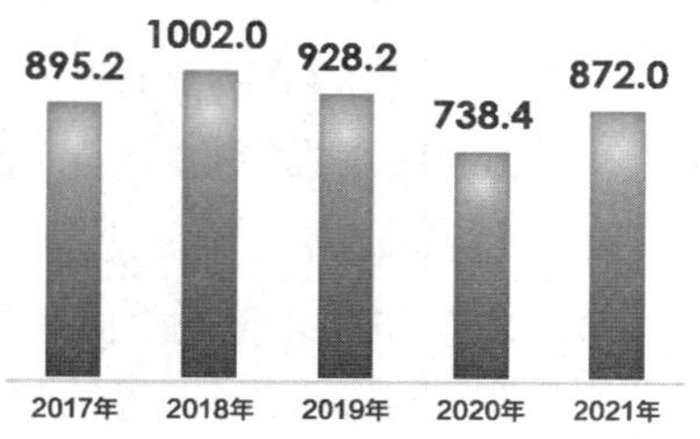

图 5　2017—2021 年规模以上工业总产值

消费模式转型升级。五年来，全区新型消费模式层出不穷，尤其在疫情暴发期间，线上消费发挥了对居民生产生活以及经济恢复的助推作用。2021 年，限额以上批零住餐业通过公共网络实现的零售额达 99.4 亿元，比上年增长 24.7%，占全区社会消费品零售总额的比重达 26.6%。全区促进消费新模式新业态发展，促进企业线上线下消费融合，推动传统商圈改造升级，2021 年，限额以上批发和零售业、住宿和餐饮业零售额中，汽车、摩托车、零配件和燃料及其他动力销售实现零售额 78.2 亿元，比上年增长 10.8%；家用电器及电子产品专门零售实现零售额 42.6 亿元，比上年增长 50.9%。

四、坚持发展是第一要务，地区发展质量明显夯实

质量效益稳步改善。五年来，全区持续推进“六稳”“六保”工作，助力实体经济存续发展，稳托经济基本盘。2021 年，全区财政收入完成 131.9 亿元，比 2016 年增长 40.8%，年均增长 7.1%。其中，一般公共预算收入达到 85.5 亿元，比 2016 年增长 59.3%，年均增长 9.8%。税收收入稳定增长，税源结构与经济结构协调。2021 年，全区区域税收完成 230.4 亿元，比 2016 年增长 1.6%，年均增长 0.3%。从行业看，工业实现税收 101.4 亿元，占全部税收的比重为 44%，是全区税收的重要组成部分。

单位：亿元

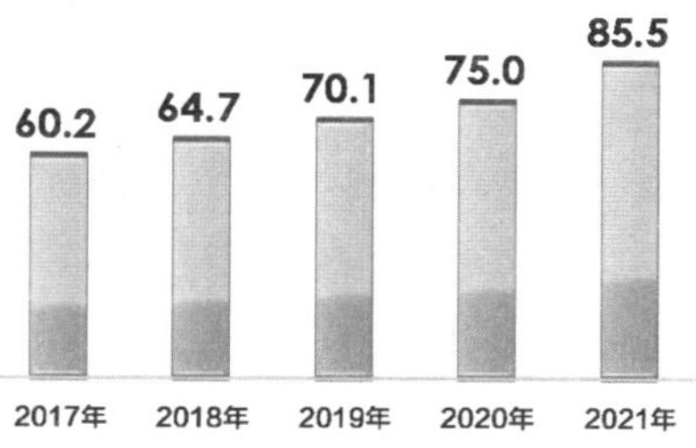

图 6　2017—2021 年一般公共预算收入

城市运行安全平稳。五年来，全区围绕“疏解整治促提升”，加强综合监管，完成多项整治专项行动。全区深入推进“街乡吹哨、部门报到”，城乡精细化管理取得新成效。全区进一步严格行政执法，规范行政执法行为，优化社会管理机制与模式，做好重大活动及特殊时期安全保障工作，提升应急处突能力。2021 年，全区共有人民警察 1956 人，比 2016 年增加 213 人。全区共有国家消防救援队站 9 个，比 2016 年增加 5 个；微型消防站 1150 个，比 2016 年增加 780 个。全区完善矛盾纠纷多元化解机制，深入开展诉源治理工作，2021 年调解各类纠纷达 6395 件，比 2016 年下降 14.3%；调解成功率达 99.3%，比 2016 年提高 0.3 个百分点。

污染防治精准有效。五年来，全区努力改善城市环境，从生活环境看，持续加大垃圾治理力度，努力实现各类垃圾减量化、无害化、资源化，提高垃圾资源回收利用率，五年来全区生活垃圾无害化处理率均保持 100%。全区合理降低环境噪声污染，声环境质量维持稳定并有所改善。2021 年全区建成区交通噪声平均值为 68.6 分贝，比 2016 年下降 3.2%。从水环境看，2018 年在北京市率先完成节水型区创建工作，全区建成南水北调配套工程良乡水厂、青龙湖镇集中供水厂，推动各行业各领域节水，促进节水型社会建设。全区坚守生态屏障，加强林地、水源、湿地等重要生态功能区保护，关注水源地环境保护。2021 年，全区污水处理率达 90.7%，比 2016 年提高 10.2 个百分点。

五、坚持绿色发展，城乡环境面貌大为改观

城市环境明显改善。五年来，全区高举生态文明建设大旗，把生态建设和环境保护摆在突出位置，将绿色发展贯穿于经济社会发展的全过程。全区全面推进国家森林城市创建工作，推进国家级、市级重点绿化造林工程，生态屏障更加牢固。2021 年，全区绿化覆盖率达到 49.85%，比 2016 年提高 0.73 个百分点。全区绿地面积达到 8366.2 万平方米，比 2016 年提高 4.8%。五年来，全区推进百万亩造林工程，“留白增绿”效果明显，建成一批休闲公园、口袋公园和小微绿地等绿色休闲空间，全区公园共 60 个，比 2016 年增加 25 个。

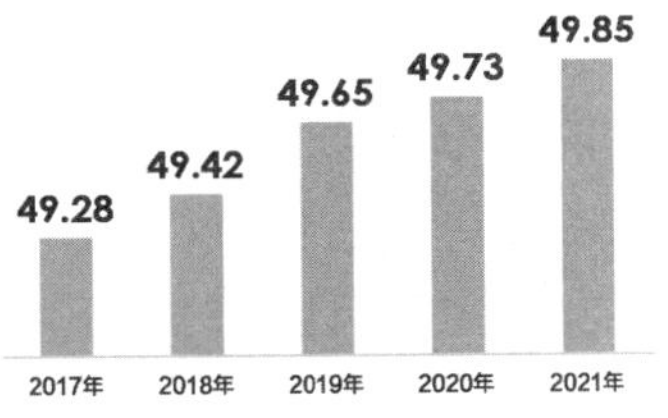

图 7 2017—2021 年绿化覆盖率

能源消耗更趋绿色。五年来，全区节能降耗成效显著，经济增长中能源消耗的代价越来越小，能源利用效率明显提升。2021 年，全区万元地区生产总值能耗下降率为 13.86%，能耗下降速度远高于五年平均值。能源消费总量为 777 万吨标准煤，比上年下降 7.3%。全区颗粒物区域总排放量达 849.7 吨，比上年下降 6.9%。全区细颗粒物（PM2.5）年均浓度值为 34 微克/立方米，比上年下降 2.9%；可吸入颗粒物（PM10) 年均浓度值为 58 微克/立方米，下降 9.4%；二氧化硫（SO_2）年均浓度值为 3 微克/立方米，与去年持平；二氧化氮（NO_2）年均浓度值为 26 微克/立方米，下降 7.1%。

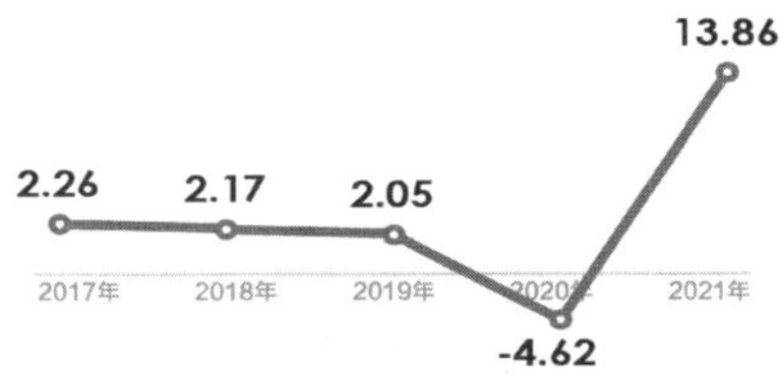

图 8 2017—2021 年万元地区生产总值能耗下降率

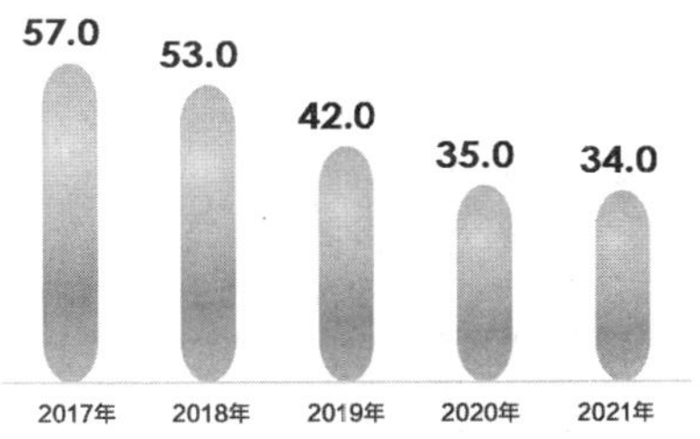

图 9 2017—2021 年细颗粒物（PM2.5）年均浓度值

文旅融合作用显现。五年来，全区持续推进文旅融合发展，绿水青山的吸引作用愈发显现，具有房山特色的旅游品牌要素趋于多元化。2021 年，全区 A 级及以上旅游区（点）接待旅游人数达 574 万人次，比上年增长 29.5%；实现营业收入 3.8 亿元，比上年增长 3.7%。全区持续打造国际精品旅游线路和特色旅游线路，国际旅游休闲区建设实现新突破，先后推出了多条精品旅游线路，打造了景区旅

游、乡村旅游、休闲民宿等众多知名品牌。2021 年，全区休闲观光园 71 个，实现总收入 3844.7 万元，比上年增长 14.2%；乡村旅游单位数 68 个，比上年增长 88.9%。实现总收入 7449.1 万元，比上年增长 59.5%；接待游客达 83.5 万人次，比上年增长 29.7%。

六、坚持以人民为中心，民生福祉全面改善

居民生活有效保障。五年来，全区着眼于提高人民生活水平和质量，持续保障民生投入，增进民生福祉，居民收入得到显著提高。2021 年，全区居民人均可支配收入达到 47594 元，比 2016 年增长 42.8%，年均增长 7.4%；城镇居民人均可支配收入达到56366元，比2016年增长42.7%，年均增长7.4%。全区居民人均消费支出达到 28108 元，比 2016 年增长 28.2%，年均增长 5.1%；城镇居民人均消费支出达到32723元，比2016年增长30.3%，年均增长5.4%。农业作为国民经济的基础性产业，五年来发展基本稳定。2021 年全区农林牧渔业总产值实现 32.1 亿元。全区粮食产量达 4 万吨，比上年增长 14.9%。

单位：元

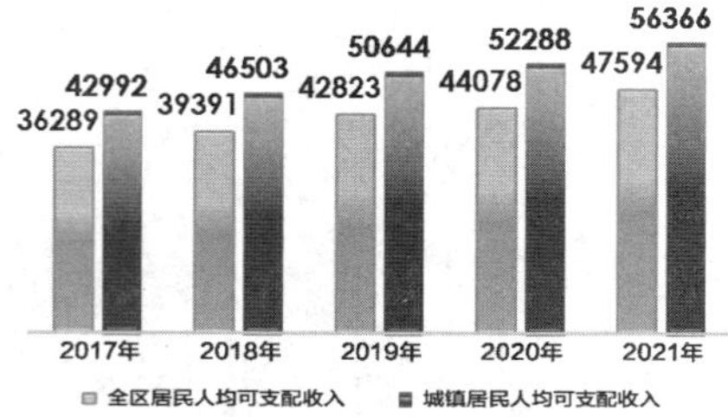

图 10 2017—2021 年区及城镇居民人均可支配收入

就业形势基本稳定。五年来，全区始终坚持把“稳就业”作为“六稳”工作之首，推出一系列稳岗位、防失业的政策措施，千方百计稳定和扩大就业，切实助企纾困。2021 年，全区城镇登记失业率为 3.15%，比 2016 年下降 0.42 个百分点。城镇登记失业人员就业率达 66.05%，比 2016 年提高 11.21 个百分点。职工最低工资标准达 2320 元/月，比 2016 年增长 22.8%。全区城镇登记失业人员就业人数达 1.3 万人，比 2016 年增长 38.3%。促进 7083 名农村劳动力转移就业，比 2016 年增长 6.3%。

单位：%

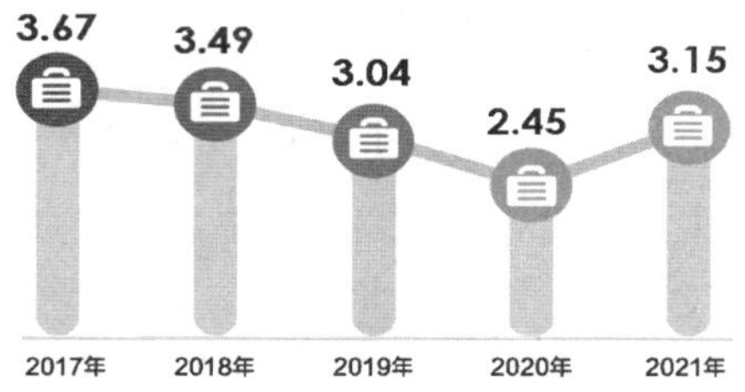

图 11 2017—2021 年城镇登记失业率

民生水平持续提升。五年间，全区民生水平得到了全面提升，“七有”“五性”民生工作取得新成效。2021 年，全区“七有”“五性”监测评价总指数达 93.3，比上年提高 6 个点。医疗保障工作覆盖面扩大，2021 年年末，全区参加职工基本养老保险、职工基本医疗保险人数分别为 34.7 万人和 66.8 万人，分别比 2016 年增加 7.6 万人、28.6 万人。参加失业和工伤保险人数分别为 36.5 万人和 33.5 万人，分别比 2016 年增加 10.1 万人、9.5 万人。养老水平不断提高，2021 年全区养老机构单位数达 55 个，年末床位数达 9275 张，比上年增长 3.2%。

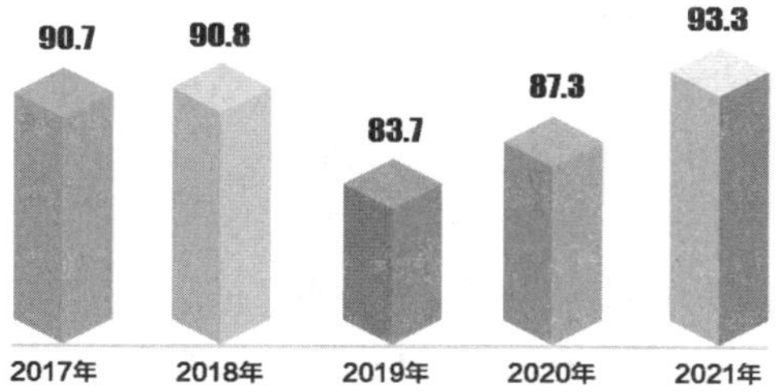

图 12 2017—2021 年“七有”“五性”监测评价总指数

注：1. 2021 年数据均为初步统计数，与上年相比的增速为 2021 年初步统计数与 2020 年最终核实数比较的结果，年均增速为 2021 年初步统计数与 2016 年最终核实数计算的结果。

2. 固定资产投资（不含农户）指标，按项目建设地口径统计。

3. 万元地区生产总值能耗下降率按可比价格

计算。

4. 2021 年用水量指标统计口径调整，不再统计河湖补水水量。

资料来源：财政数据来自房山区财政局；用水量数据、污水处理数据来自房山区水务局；社会保障、就业、失业数据来自房山区人力资源和社会保障局；空气质量数据来自房山区生态环境局；绿化数据来自房山区园林绿化局；道路建设数据来自房山公路分局；进出口数据、“三资”数据来自房山区商务局；税收数据来自国家税务总局北京房山区税务局、国家税务总局北京燕山税务局；消防数据来自房山区消防救援支队；司法数据来自房山区司法局；警察数据来自房山公安分局；养老机构数据来自房山区民政局；其他数据来自房山区统计局、房山区经济社会调查队和国家统计局房山调查队。

大　事　记

1月

1月11日至12日，中国人民政治协商会议北京市房山区第八届委员会第五次会议在区会议中心召开。

1月12日至13日，房山区第八届人民代表大会第七次会议在区会议中心召开。

1月，房山区整合林木林地湿地保护、森林防火、野生动物保护、林木种苗和植物检疫、自然风景区保护等行政处罚、行政强制职能，组建北京市房山区园林绿化综合执法队。

2月

2月1日，区税务局完成首笔个人存量房交易全程网上办理业务。

2月1日，市规划自然资源委房山分局联合区住房城乡建设委、区税务局完成房山区第一例个人间存量房交易“不见面审批”登记。

2月4日，房山区电子证照分中心建成并完成综窗系统升级工作。

2月8日，中国共产党北京市房山区第八届纪律检查委员会第六次全体会议召开。

2月18日，房山区八届区政府第五次全体会议召开。

2月22日，房山区文明委全体（扩大）会议暨创建全国文明城区动员大会以视频会议形式召开。

2月22日，北京月联兴种植专业合作社、北京颐景园种植专业合作社、北京沃联福种植专业合作社被认定为第六批北京市农民专业合作社示范社。

2月24日，大石窝镇汉白玉雕刻非遗项目继承人刘鹏入选国务院政府特殊津贴专家。

3月

3月10日，房山区党史学习教育动员大会以视频会议形式召开。

3月11日至6月11日，八届区委开展第十一轮巡察，对区委办、区政府办、区人大机关、区政协机关、区人民法院党组、区发改委党组、区委社会工委区民政局、区财政局党组、区人保局党组、区生态环境局党组、区委农工委区农业农村局、区市场监管局党组、区国资委党委、区机关事务服务中心、昊远隆基公司党委、区供销合作总社党委16个单位党组织开展巡察，实现一届区委任期内巡察全覆盖。

3月12日，区政务服务局“北京房山智慧政务服务标准化试点”项目获国家标准委正式批复。

3月18日至21日，第21届中国（北京）国际房车露营展览会、第27届中国国际房车露营大会在长阳镇房车世界•北京房车博览中心举行。

3月23日至7月1日，区直机关工委通过区融媒体中心全媒体平台播放“百人话百年”党史微党课。

3月24日，房山区结核病防治所与首都医科大学附属北京胸科医院在线上举行“北京市结核病诊疗院所联动房山分中心”揭牌仪式，标志着北京市结核病诊疗院所联动房山结防所分中心启用。

3月27日，北京市首届社区杯八人制足球赛房山区预赛在良乡四中开赛。

3月29日，房山区成立首个美容美发行业纠纷人民调解委员会。

3月31日，房山区撤销23个乡镇动物防疫站，其职责和编制划给北京市房山区农业技术综合服务中心。

同月，房山区推荐的北京拓疆者智能科技有限公司首席执行官隋少龙入选北京市留学人员回国创业启动计划。

同月，北京市房山区园林绿化局林业产业发展服务中心更名为北京市房山区森林防火中心。

4月

4月1日，房山区召开全区政法队伍教育整顿警示教育大会。

4月2日，首批16个区级基层党建品牌正式发布。分别是拱辰街道南广阳城“契约治村”工作法、大石窝镇王家磨村“五治”工作法、区法院厉莉爱心团队、区人民检察院隗永贵青春为民服务队、北京中医药大学房山医院红色流动医院先锋队、城关街道东坟村“环形互动”工作机制、大石窝镇村党组织书记“双述双评”、南窖乡红色暖心瓶志愿服务队、区司法局多元调解先锋队、拱辰街道北关东路社区“五情联动”社区治理工作法、燕山迎风六里社区“五味党课”教育培训工作法、区委教育工委榜样示范引领工程、西潞街道苏庄三里社区“育网式”工作法、燕山“惜时励志”机关青年晨讲、大安山乡卫生院党旗下的“红色天使”、窦店镇窦店村“旗帜领航”工作法。

4月2日，西潞街道太平庄村采用招投标形式完成集体资产对外出租。这是房山区首例采用招投标形式对集体资产出租的项目。

4月7日，区第一医院骨科完成全区首例3D导板下胫骨高位截骨保膝术。

4月12日，良乡大学城主园区及拓展区控规通过市规划自然资源委审查并上报市政府。

4月13日，房山区第三次全国国土调查项目通过市级验收。

4月14日，房山区人事考试基地签约授牌。是全市首家人事考试基地。

4月22日，市政协副主席王宁到房山区琉璃河镇就琉璃河遗址两村腾退搬迁和文物保护工作进行调研。

4月22日，良乡医院癫痫专科门诊被批准为首批CAAE一级癫痫中心。

4月24日，“椿游上方山•寻香圣水峪”——2021上方山香椿采摘周暨地理标志农产品市集活动在韩村河镇云水洞景区开幕。

4月29日，区第一医院被北京市卫生健康委确定为房山区老年健康与医养结合服务指导中心。

同月，拱辰街道打造全国首个全生命周期碳中和公园——昊天碳中和公园。

同月，区文化和旅游局加挂北京市房山区文物局牌子，区文化和旅游局资源保护利用科更名为文物保护科。

同月，区委组织部加挂中共北京市房山区委非公有制经济组织和社会组织工作委员会牌子。

5月

5月1日，北京生态谷智慧农场重装开园。

5月12日至14日，长阳莱恩堡酒庄2019“和”系列赤霞珠干红和美乐干红两款房山酒庄葡萄酒获第28届比利时布鲁塞尔国际葡萄酒大奖赛金奖。

5月14日，房山区与首都师范大学及附属学校合作办学签约。

5月16日，“人民的心声 历史的旋律”主题展在霞云岭乡堂上村没有共产党就没有新中国纪念馆开幕。

5月27日，区委组织部正式启动“红擎爱企日”活动，并确定每月27日为“红擎爱企日”。

5 月 28 日，以“匠心智造、创领应急”为主题的首届全球智能应急装备大赛启动仪式及新闻发布会在北京房山中关村新兴产业前沿技术研究院举行。

5 月 29 日，2021 春季北京国际长走大会暨第二十六届房山旅游文化节正式开幕。

5 月 31 日，区市场监管局颁发房山区首张“多证合一”营业执照。

5 月 31 日，房山牧原大石窝生猪养殖基地正式投产。

同月，区矛盾纠纷多元调解中心与多元解纷诉调对接中心合署办公，带动辖区非诉解纷资源全部入驻，打造“一站式”纠纷解决服务平台。

同月，北京市房山区城市管理综合行政执法局由区政府所属正处级行政执法机构调整为区城市管理委管理的副处级行政执法机构。

6 月

6 月 8 日，北京高端制造业（房山）基地的中车北京轨道交通装备产业园正式开园，北京中车长客二七轨道装备有限公司生产的北京地铁 19 号线首列车投产下线。

6 月 11 日，房山区获首批“全国县域足球典型”称号。

6 月 16 日，北京市小麦开镰活动在窦店镇窦店村现代农业观光园举行。

6 月 19 日，中国核工业科技馆入选中宣部第七批全国爱国主义教育示范基地名单。

6 月 21 日，花港红色洞渠展览馆落成。

6 月 23 日，区第一医院肿瘤科首次采用容积调强放疗技术为一名肺癌患者行放射治疗，经复查效果良好。

6 月 25 日，高教园区管委会新的社会阶层代表人士联谊会成立。

6 月 25 日，金鸡台村烈士陵园落成。

6 月 26 日，九三学社北京市房山区工委召开换届大会。

6 月 27 日，中国民主建国会北京市房山区总支部委员会换届选举大会召开。

6 月 27 日，第十届百花山风情节暨萧克将军作战指挥所揭牌仪式活动在史家营乡百花山景区举行。

6 月 28 日，房山区大石窝镇“颐景园”、韩村河镇“沃联福”、河北镇“黄土坡”3 家种植专业合作社被认定为国家级农民合作社示范社。

6 月底，全区各村（社区）2014 个团组织全部完成换届选举。

同月，《中国共产党北京市房山区历史（1929—2012）》由中共党史出版社公开出版。

同月，区法院审结房山区首例刑事附带民事环境公益诉讼案件。

7 月

7 月 7 日，区检察院向房山法院提起刑事附带民事公益诉讼。系全市首例个人信息保护领域刑事附带民事公益诉讼。

7 月 13 日，区工会第七次代表大会在区会议中心召开。

7 月 17 日，“房山红色旅游精品线路”在高德地图导航平台上线。

7 月 21 日，北京华源热力管网有限公司向市规划自然资源委房山分局申请办理涿州—房山供热工程输热主干线项目京港澳高速东侧（北京市界—琉陶路）段 DN1200 供热管线规划核验备案。该项工程是市规划自然资源委房山分局核验的首个市政备案工程。

7 月 20 日，2021 首届教育信息化与教学深度融合高峰论坛在区教师进修学校举行。

7 月 23 日，周口店镇成功申报国家级乡村振兴示范区。是北京市唯一一个国家级示范区。

7 月 26 日，区检察院办结全市首例未成年人追索抚养费支持起诉案。

同月，区农业农村局加挂北京市房山区乡村振兴局牌子。

7 月至 9 月，房山区完成 27 个乡镇（街道）妇联组织换届工作。

8月

8月2日，大石窝镇王家磨村入选第一批全国乡村旅游重点镇（乡）名单。

8月7日，区第一医院骨科《改良吊篮钢板术联合间断垂直钢丝技术治疗髌骨下极骨折的有限元分析及临床研究》获批国家骨科与运动康复临床医学研究中心创新基金科研项目。

8月13日，石花洞被中国地质学会洞穴专业委员会评为“中国五佳研学旅游洞穴”。

8月19日，区第一医院普外科完成首例全腹腔镜下胰腺体尾部+脾脏联合脏器切除术。

8月21日，致公党房山区支部召开换届大会。

8月26日，京西稻作文化遗产保护项目启动。

8月28日，窦店镇志愿军烈士陵园入选北京市文物局公布的第九批北京市文物保护单位名单。

9月

9月1日，区税务局办理首笔“先税后证”机制下的个人股权转让业务。

9月1日，二商肉食集团房山石楼生猪养殖基地正式投产运行。

9月6日，“生态宜居示范区、科技金融创新城——2021年服贸会房山区‘两区’建设项目签约仪式”在首钢园会场举办。

9月11日，中国民主同盟北京市房山区总支部委员会召开换届大会。

9月11日，中国国民党革命委员会北京市房山区总支部召开换届大会。

9月19日至21日，“慢品大西山 探秘人之源”2021北京西山民俗文化节在周口店镇黄山店村举办。

9月23日，由区委、区政府主办的2021年中国农民丰收节•房山区秋收节在北京生态谷智慧农场开幕。活动现场设置农产品展示区、农耕文化展示区、房山区“三农”形象展示、乡村振兴促进法宣传区、“美丽乡村健康跑”比赛区。

同月，北京基金小镇投资者教育基地正式成为“国家级投资者教育基地”。

同月，北京首家外资私募证券基金管理人签约入驻北京基金小镇。

10月

10月9日，房山区大石窝镇王家磨村和十渡镇西太平村入选2021年北京市美丽休闲乡村名录。

10月12日，区检察院向未成年人家长制发首份督促监护令。

10月13日，区国资委会同区发展改革委发布实施《北京市房山区国有经济“十四五”发展规划》。

10月14日至17日，第22届中国（北京）国际房车露营展览会在北京房车世界开幕。

10月15日，河北镇妇联发起的创业项目爱家手工艺坊的“红色记忆手作”、青龙湖镇水峪村北京“非遗火绘葫芦传习基地”的盘U盘葫芦创意小U盘、莱恩堡和系列马瑟兰干红葡萄酒、光景房山纸雕灯4项文创产品入围文创产品上榜2021“北京礼物”TOP100榜单。

10月15日，房山区为25个乡镇（街道）统战工作站授牌，实现全区乡镇（街道）、园区统战工作站全覆盖。

10月17日，中央财经大学、北京基金小镇投资者教育基地与多家知名会计师事务所、律师事务所等机构共同发起的“中国私募基金风险管理研究中心”在北京正式成立。

10月20日，房山区以视频会议形式召开“以案为鉴、以案促改”警示教育大会。

10月20日，周口店镇黄山店村入选世界旅游联盟发布的《2021世界旅游联盟——旅游助力乡村振兴案例》。

10月29日，房山区第五次妇女代表大会在区会议中心召开。选举房山区妇女联合会第五届执行委员会。

10月底，65个村卫生室标准化建设业务用房全部完工并投入运行。

同月，氢能产业园在北京高端制造业（房山）基地挂牌。

同月，《“十四五”时期现代生活性服务业发展规划》编制完成。

同月，房山区建成首个园林绿化生态系统监测站。

同月，由区委宣传部、区史志办、区文联摄影家协会和区档案馆共同编写的《房山革命斗争图史》内部印刷。

11月

11月1日，中粮健康科技园入选第五批北京市创业孵化示范基地。

11月5日，房山区完成区和乡镇人大换届选举投票工作。选举产生房山区第九届人大代表319名和新一届乡镇人大代表1290名。

11月10日，房山区三级反诈分中心启动。

11月12日，大石窝镇王家磨村入选2021年中国美丽休闲乡村。

11月17日，中国共产党北京市房山区第八届委员会第十六次全体会议召开。

11月17日，高教园区管委会更名为良乡大学城管理委员会。高教园区管委会综合管理中心更名为良乡大学城综合管理中心。

11月19日，首批全国生态环保优质农业投入品（植保产品）应用试点。

11月20日，房山区侨界联合会成立。

11月25日，史家营乡百草畔路、霞云岭乡四马台路入选“美丽乡村路”。

11月26日，由中关村房山园管委会和中关村科技服务有限公司、北京中关村前沿技术产业发展有限公司共同主办的“中关村社区”——首个科技服务驿站揭牌。

11月29日，北京市房山区工商业联合会（商会）第十二次代表大会在区会议中心召开。大会投票选举产生由89名执委组成的房山区工商业联合会第十二届执行委员会。

11月，北京首批古树保护小区“落户”房山区。

12月

12月1日，《房山区推进落实北京国际消费中心城市建设工作方案（2021—2025年）》经八届区委常委会第259次会议讨论通过并正式印发。12月3日，《区委宣传部、区司法局关于在全区开展法治宣传教育的第八个五年规划（2021—2025年）》编制完成。

12月2日，修德谷、药王谷、中国房山世界地质公园博物馆和北京生态谷智慧农场入选北京市文化旅游体验基地100家名单。

12月6日，房山公安分局破获全区首例破坏计算机信息系统案。

12月6日，百瑞谷景区、修德谷传统文化体验基地、天毓山庄、采薇山舍、森林乡居度假酒店、智慧长阳美术馆火车文化主题餐厅入选2021北京网红打卡地推荐榜单。

12月7日，区委中关村科技园区房山园工作委员会、中关村科技园区房山园管理委员会正式挂牌成立。

12月7日，《房山区“十四五”时期科技创新发展规划》发布实施。

12月7日，第六届“创客中国”北京市中小企业创新创业大赛暨“创客北京2021”创新创业大赛房山赛区颁奖典礼在北京金融安全产业园岚羽会议中心举办。企业组和创客组共20个项目晋级市赛。

12月7日至10日，中国共产党北京市房山区第九次代表大会在区会议中心召开。

12月10日，中国共产党北京市房山区第九届纪律检查委员会第一次全体会议召开。

12月13日至16日，区政协九届委员会第一次会议在区会议中心召开。

12月14日，长阳首创奥莱旅游休闲街区入选首批“北京市旅游休闲街区”。

12月14日至17日，房山区第九届人民代表大会第一次会议在区会议中心召开。

12月22日，区政府与清华大学附属中学举行合作办学签约仪式。

12月22日，窦店镇现代农业产业园入选第一批北京市现代农业产业园。

12月22日，北京市重型电缆厂、孤山口小学、水峪村被授予“中华诗词示范单位”“中华诗词示范学校”“中华诗词示范之村”称号，韩村河镇、石楼镇、史家营乡、南窖乡被授予“中华诗词之镇”“中华诗词之乡”称号，房山区被授予“中华诗词之区”称号。

12 月 24 日，红色背篓精神传承教育基地入选北京市首批市级党员教育培训现场教学点名单。

12 月 25 日，大石窝镇辛庄村经济合作社被国家林时草局认定为国家林下经济示范基地。

12 月 27 日，房山区被认定为北京市第一批家庭农场示范区，“老田农业”等 25 个家庭农场被评为北京市第一批市级示范家庭农场。

12 月 28 日，北京金融安全产业园获“2021 年度北京市企业创新信用领跑园区”。

12 月 30 日，《房山区“十四五”时期妇女儿童发展规划》由房山区妇女儿童工作委员会正式发布。

12 月 31 日，区文化和旅游局会同区发展改革委正式发布《房山区“十四五”时期国际旅游休闲区建设发展规划》。

截至 12 月底，房山区 30 家全民所有制企业改革工作全面完成。

12 月，《房山区“十四五”时期水务发展规划》正式印发。

12 月，《房山区“十四五”时期能源发展规划》印发实施。

12 月，房山区设立外国人来华工作许可区级受理点。

年内

年内，房山区完成 199 个社区、459 个村“两委”换届选举工作。

年内，浩鸿达科技发展公司党支部“匠心先锋智能风控”、京源中科科技公司党支部“红帆引领智量天下”、燕化正邦党委“共促共融”、北京四联创业化工集团党支部“四重四联四赢”、今日东方家政公司党支部“今日东方携手奔小康”5 个非公企业党建品牌项目，获评全市 100 个“两新”组织“党建强、发展强”党建品牌项目。

年内，房山区完成事业单位改革试点工作任务。涉改机构精简 123 个，其中处级机构精简 4 个，科级机构精简 119 个，精简比例达到 29.85%。涉改处级事业单位由 42 个减少至 38 个，其中正处级机构由 16 个减少至 15 个，副处级机构由 26 个减少至 23 个。

年内，北京卫蓝新能源科技有限公司、北京兴源联合医药科技有限公司、中化学科学技术研究有限公司、驭势科技（北京）有限公司、北京九州一轨环境科技股份有限公司振动噪声控制技术中心、北京福瑞润康生物技术有限公司等 7 家企业被认定为“北京市企业科技研究开发机构”。

年内，北创营（北京）科技孵化器有限公司被认定为“北京市科技企业孵化器”。是房山区首家市级科技企业孵化器。

年内，中共房良联合县第一个农村党支部纪念馆被市委宣传部评为市级爱国主义教育基地。

年内，区委编办按照“一街（乡镇）一所”的要求，在区内所有乡镇（街道）分别设立区市场监管局所属的市场监管所，不再保留区原有的 11 个工商所和 24 个食药监所。

中国共产党
北京市房山区委员会

综　述

2021年，房山区委以习近平新时代中国特色社会主义思想为指导，以首都发展为统领，坚持“六为”工作思路，深入实施重大项目带动、科技创新引领、文旅融合发展三大战略，全面推进“一区一城”新房山高质量发展，实现“十四五”良好开局。

坚持党建为魂。精心组织党史学习教育，把做好建党100周年庆祝活动服务保障工作作为最生动、最实际的党史学习教育，完成庆祝大会人员组织、观看文艺演出、安保维稳等任务，策划推出“人民的心声 历史的旋律”主题展等系列活动，为8051名老党员颁发“光荣在党50年”纪念章，24个集体和个人获全市“三优一先”表彰，黄山店村党支部获评全国先进基层党组织。坚持一手抓思想引领，深入实施红色使命领航工程；一手抓行为规范，持之以恒纠“四风”树新风，一体推进不敢腐、不能腐、不想腐。严格落实“十严禁”等要求，完成乡镇换届和社区（村）换届，完成区工商联、区妇联、区红十字会等人民团体及5个民主党派换届。持续深化“访民情、解民忧、暖民心”和“上一线、做贡献”2个机制。

坚持生态为基。把创建全国文明城区作为实施“十四五”规划一号工程，制定三年行动计划、年度实施方案和问题清单，明确9个方面36项具体任务。深入开展精神文明创建活动，实施新时代爱国卫生运动。推进国家森林城市创建，36项“创森”指标基本具备达标条件，完成新一轮百万亩造林1532.9公顷，完成平原重点区域造林绿化173.33公顷，新增公园绿地13万平方米、小微绿地12.9万平方米，霞云岭国家森林公园一期完成55%。按照“干干净净、整整齐齐、漂漂亮亮、和和美美”目标，完成美丽乡村创建任务。开展农村人居环境整治，持续推进“百村示范、千村整治”，完成27个村供水水质提升和18个村污水改造工作，大石窝镇王家磨村入选第二批全国乡村治理示范村。

坚持转型为要。高质量编制“十四五”规划，深入落实“三区一节点”功能定位，实施“三大战略”。依托中关村房山园，推动优质项目向重点功能区聚集，上市挂牌企业增至21家，国家高新技术企业830家，高精尖产业产值比重占全区产值47.1%，比2019年增长20个百分点。制定落实城南高质量发展行动计划方案，京雄高速北京段、京良路西段全面开工。发布琉璃河遗址保护规划，完成董家林村、黄土坡村腾退搬迁。国家现代农业产业园数字农业智慧园区、窦店和大石窝市级现代农业产业园建设进展顺利。以老田农业等为代表的设施农业健康发展，中华蜂、磨盘柿等特色农产品产业化步伐加快。完成粮食播种面积 10 万亩、蔬菜播种面积 8 万亩任务，本地蔬菜市场自供率达到 30%。扶持壮大集体经济，集体经济强村比重达到 51.1%。持续开展“乡镇一对一”“万企帮万村”和河北省、内蒙古自治区、湖北省的 6 个地区对口帮扶工作，建立返低风险户、标准线边缘户两类重点人群帮扶台账，巩固低收入村、户脱低成果。

坚持创新为源。理顺中关村科技园房山园管理体制机制，成立“两区”专班，29 项重点任务加快推进，入库项目 241 个。参与服贸会，51 个“两区”项目实现集中签约。制定推进落实北京国际消费中心城市建设工作方案，龙湖熙悦天街开业运营，吸引 30 家区域首店入驻，长阳商圈活力值居全市第四。良乡大学城街区控规上报市规划自然资源委，中药研发等 6 项高校科技成果转化项目落地；北京基金小镇、北京金融安全产业园分别实现税收 20 亿元、4 亿元；建立清单企业走访闭环管理机制，落户异地回迁企业 76 户。

坚持整治为先。坚决打好污染防治攻坚战，通过国家卫生区复审，PM2.5 累计平均浓度为 34 微克/立方米，同比下降 2.9%。强化提升和优化空间，28 项“疏解整治促提升”任务全面收尾，拆除违法建设 345 万平方米、腾退土地 425 公顷。坚持精治共治法治，加大街面秩序、交通环境、公共设施破损等整治力度，提高城市精细化管理水平。发挥区城市管理指挥中心作用，实现市民服务热线、城乡指挥中心、综治中心等多网数据融合。完善“您来提、我来办”等工作机制，“每月一题”狠抓接诉即办高频问题治理，解决房产证难办问题 3986 户。推广“广阳经验”“王家磨做法”，完成 100 个基层治理示范点和 5338 个美丽庭院示范户创建。

坚持惠民为本。按照“快、严、准”要求全力抓好疫情防控，深入推进核酸检测和疫苗接种工作。聚焦群众“三心事”，完成区级 42 项民生实事、100 项重大民生项目，20 项历史遗留问题出库 11 项；多渠道促进城乡劳动力就业 9334 人；建设筹集各类政策性住房 3700 余套；加快推进清华附中、北京八中房山分校等优质资源引进。推进“平安房山”建设，开展“高墙大院”专项整治，消除隐患 1.9 万余项；完成政法队伍教育整顿任务，建设智慧平安小区，打造“一站式”解纷服务平台，诉源治理走在全市前列。

（张伟）

重要会议和活动

【领导干部大会】 2 月 7 日，全区领导干部大会以视频会议形式召开。会议就统筹做好全区春节期间相关重点工作进行安排部署。区委书记陈清、区人大常委会主任刘兵、区政协主席魏广勋、区委副书记刘学亮在主会场出席会议。

（张伟）

【区委 2021 年工作会】 2 月 20 日，区委以视频会议形式召开 2021 年工作会。区委书记陈清主持会议。区委副书记、区长郭延红，区人大常委会主任刘兵，区政协主席魏广勋，区委副书记刘学亮出席会议。会议上，学习中共十九届五中全会精神，全面落实中央决策部署和市委、市政府工作要求，对 2021 年全区党建、组织、宣传思想、统战、政法等工作进行部署，围绕“进入新发展阶段、贯彻新发展理念、构建新发展格局”，动员全区上下真抓实干、善作善成，全力推进“一区一城”新房山高质量发展。

（张伟）

【区领导到琉璃河镇调研】 3 月 18 日，区委书记陈清，区委副书记、区长郭延红，区委副书记刘学亮就琉璃河遗址保护工作到琉璃河镇调研。陈清一行到琉璃河镇黄土坡村、董家林村，实地察看村庄拆迁进展情况以及回迁安置房建设进展情况。随后召开座谈会，听取相关负责人关于董家林村、黄土坡村拆迁进展情况、回迁安置房建设情况和镇域规划编制情况的汇报，听取《琉璃河遗址保护规划（2020—2035）》《琉璃河考古遗址公园详细规划》编制、审批和实施情况的汇报。

（张伟）

【区委党的建设工作领导小组全体（扩大）会】 3月18日，房山区委党的建设工作领导小组全体（扩大）会议召开。会议听取区委党的建设工作领导小组成员调整情况，报告“十三五”时期基层党建工作情况，审议通过2021年工作要点，并安排部署基层党建工作。区委副书记、区长郭延红主持会议，区委书记、区委党建工作领导小组组长陈清出席会议并讲话，区委副书记刘学亮出席会议。

（张伟）

【蔡奇调研琉璃河遗址保护工作】 3月25日，市委书记蔡奇到房山区调研琉璃河遗址保护工作。蔡奇察看琉璃河镇黄土坡村腾退进展，了解回迁安置房建设工作。察看考古现场、出土文物，向一线考古工作者表示慰问。在琉璃河镇召开座谈会，感谢国家文物局对北京文物保护工作的重视和支持。蔡奇强调，琉璃河遗址是首都北京悠久建城史的珍贵物证，被誉为“北京城之源”，具有重要的历史价值、社会价值、文化价值和科学价值。要立足传承中华民族文脉、重现北京历史记忆的高度，充分认识琉璃河遗址保护的重大意义，聚焦打造北京下一个申遗项目，努力建成全国文化中心的一张“金名片”，打造具有国际影响力的标志性文化遗产。文化和旅游部党组成员、副部长，国家文物局党组书记、局长李群一同调研。

（张伟）

【中共十九届五中全会精神专题辅导】 3月29日，房山区举办中共十九届五中全会精神专题辅导班。区委书记陈清围绕学习贯彻中共十九届五中全会精神，结合全区政法队伍教育整顿工作，从把握新发展阶段、贯彻新发展理念、构建新发展格局、加强党的全面领导4个方面为全区处级正职领导干部进行专题辅导。市政法队伍教育整顿领导小组第六指导组组长靳增立，副组长庄伟，区委副书记、区长郭延红，区人大常委会主任刘兵，区委副书记刘学亮等区领导参加会议。

（张伟）

【区委城市工作委员会全体（扩大）会】 5月19日，区委城市工作委员会全体（扩大）会议召开。区委书记、区委城市工作委员会主任陈清主持会议，区委副书记、区长、区委城市工作委员会副主任郭延红，区委副书记、区委城市工作委员会副主任刘学亮出席会议。会议传达市委城市工作委员会会议精神，听取《中共北京市房山区委城市工作委员会成员名单》调整情况、《中共北京市房山区委城市工作委员会2021年工作要点》《房山区城市更新行动方案（2021—2025年）》《房山区城市更新专项小组工作方案》以及老旧小区、老旧楼宇、传统商圈、老旧厂房4种类型城市更新工作和《房山区建筑设计方案报审制度》的汇报，书面审议《中共北京市房山区委城市工作委员会2020年工作总结》。

（张伟）

【推进京津冀协同发展会】 6月4日，区委、区政府推进京津冀协同发展领导小组召开第三次会议。会议传达中央及北京市京津冀协同发展会议精神，听取房山区推进京津冀协同发展领导小组成员调整建议、房山区推进京津冀协同发展2020年工作完成情况及2021年工作要点的汇报。

（张伟）

【区推进全国文化中心建设领导小组工作会议】 6月4日，区推进全国文化中心建设领导小组召开工作会议。会议传达北京市推进全国文化中心建设领导小组2021年全体会议精神，听取房山区推进全国文化中心建设领导小组及办公室成员单位调整情况的汇报，审议《房山区推进全国文化中心建设2020年工作总结和2021年工作安排》《2021年房山区推进全国文化中心建设重点任务清单》。

（张伟）

【“两优一先”表彰大会】 6月23日，房山区“两优一先”表彰大会以视频会议形式召开。区委书记陈清，区委副书记、区长郭延红，区人大常委会主任刘兵，区委副书记刘学亮等领导出席大会。会议宣读区委《关于表彰房山区优秀共产党员、优秀党务工作者和先进基层党组织的决定》。区领导为老党员代表颁发“光荣在党50年”纪念章，为获房山区优秀共产党员、优秀党务工作者、先进基层党组织代表颁发荣誉证书。北京市“三优一先”代表、房山区优秀党员代表、房山区优秀党务工作者代表、房山区先进基层党组织代表作典型发言。与会人员集中观看专题片《百年辉煌心向党》。

（张伟）

【蔡奇到长阳镇调研】 8月24日，市委书记蔡奇到长阳镇调研并就《北京市接诉即办工作条例（草案）》征求基层意见建议。他强调，接诉即办是践行初心使命、落实以人民为中心发展思想的生动实践，是坚持党建引领基层治理的有效机制。各级党委政府要始终坚持人民立场，把群众的事放在心坎上，以接诉即办为重要抓手，通过立法把积累的经验做法固化下来，用党员干部的辛勤付出换来群众的获得感、幸福感。

（张伟）

【接诉即办工作部署会】 10月14日，房山区召开贯彻落实《北京市接诉即办工作条例》工作部署会。区委书记陈清，区委副书记、代区长阳波，区人大常委会主任刘兵，区政协主席魏广勋出席会议。各相关单位、乡镇（街道）、村（社区）负责人通过视频方式参加会议。会议部署房山区贯彻落实《北京市接诉即办工作条例》工作，通报接诉即办工作情况。

（张伟）

【警示教育大会】 10月20日，房山区以视频会议形式召开"以案为鉴、以案促改"警示教育大会。会议贯彻落实全市警示教育大会精神，深入分析反腐败形势任务，深挖问题根源，对推进全面从严治党不断向纵深发展再动员、再部署。区委书记陈清，区委副书记、代区长阳波，区人大常委会主任刘兵，区政协主席魏广勋出席会议。全区包括各村（社区）党组织书记在内的1400余名党员干部参加会议。

（张伟　伍玲瑶）

【八届区委第十六次全体会】 11月17日，中国共产党北京市房山区第八届委员会第十六次全体会议召开。区委书记陈清主持会议。会议听取中国共产党北京市房山区第九次代表大会筹备工作情况汇报。审议通过中国共产党北京市房山区第八届委员会工作报告（草案）和中国共产党北京市房山区第八届纪律检查委员会工作报告（草案），审议通过2021年区委常委会抓党建工作情况报告。明确于12月7日至10日在区会议中心召开区第九次党代会，大会实有代表329名。其中，各级领导干部166名，占50.46%；生产和工作一线代表163名，占49.54%。

（张伟）

【中共房山区第九次代表大会】 12月7日至10日，中国共产党北京市房山区第九次代表大会在区会议中心召开，应到代表329名，实到代表320名。区委书记陈清代表中国共产党北京市房山区第八届委员会向大会作题为《脚踏实地 真抓实干 担当有为 善作善成 全面推进"一区一城"新房山高质量发展》的报告。大会以书面形式下发中国共产党北京市房山区第八届纪律检查委员会工作报告以及全区党费收缴、使用和管理情况的报告。审议通过关于中国共产党北京市房山区第八届委员会工作报告的决议，通过关于中国共产党北京市房山区第八届纪律检查委员会工作报告的决议。会议选举产生新一届区委委员41人、区委候补委员8人、区纪委委员29人。

（张伟）

【中共房山区委九届一次全会】 12月10日，中国共产党北京市房山区第九届委员会第一次全体会议在区会议中心召开。会议审议通过中国共产党北京市房山区第九届纪律检查委员会第一次全体会议选举结果的报告。选举产生中国共产党北京市房山区第九届委员会常务委员会委员陈清、阳波、王明哲、吕晨飞、张厚明、陈广利、李祥成、郗琳（女，满族）、张明智、周同伟、李进伟，陈清当选为中国共产党北京市房山区第九届委员会书记，阳波、王明哲当选为副书记。

（张伟）

【八届区委常委会】 2021年，房山区八届区委常委会召开45次。主要如下：

第215次会议　1月6日，八届区委常委会第215次会议在区政府426会议室召开。会议听取并原则同意区政府党组、区人大常委会党组、区政协党组、区法院党组、区检察院党组关于2020年主要工作和2021年工作安排的汇报。

第217次会议　1月27日，八届区委常委会第217次会议在区政府426会议室召开。会议传达北京市十五届人大四次会议和北京市政协十三届四次会议精神。听取并原则同意关于区人大常委会主任、副主任工作分工的汇报。

第 219 次会议　2 月 7 日，八届区委常委会第 219 次会议在区政府 426 会议室召开。会议通报市委、市政府安全生产第七督察组关于对房山区安全生产督察的反馈意见，审议通过《房山区对北京市委、市政府安全生产第七督察组督察反馈意见整改方案》。传达市委书记蔡奇在首都文明委全会暨深化文明城区创建工作会议上的讲话精神，审议通过《房山区创建全国文明城区三年行动计划（2021—2023 年）》《房山区创建全国文明城区工作组织机构及工作职责》《房山区创建全国文明城区 2021 年工作方案》，听取并原则同意关于召开房山区文明委全会暨创建全国文明城区动员大会方案的汇报，人武部党委 2020 年主要工作及 2021 年主要任务和 2021 年度人武部党委（扩大）会议筹备情况的汇报。

第 220 次会议　2 月 19 日，八届区委常委会第 220 次会议在区政府 426 会议室召开。会议研究区委 2021 年工作会议有关事项，审议通过党建、宣传思想、统战、组织工作和政法工作等报告。

第 221 次会议　3 月 5 日，八届区委常委会第 221 次会议在区政府 426 会议室召开。会议传达 2021 年全市宣传、统战、组织部长会议，全市“扫黄打非”暨文化市场管理工作电视电话会议，市委平安北京建设领导小组 2021 年全体（扩大）会议等精神。听取并原则同意关于在全区开展党史学习教育有关工作的汇报。审议通过《区委常委会 2021 年工作要点》。

第 222 次会议　3 月 10 日，八届区委常委会第 222 次会议在区政府 426 会议室召开。会议传达市委常委、组织部部长魏小东到房山区调研时的讲话精神，审议通过《房山区人大常委会党组 2021 年工作要点》《房山区人大常委会 2021 年工作要点》《房山区政府党组 2021 年度工作要点》《房山区政协党组 2021 年工作要点》《房山区政协常委会 2021 年工作要点》《房山区政协 2021 年度协商工作计划》。

第 223 次会议　3 月 17 日，八届区委常委会第 223 次会议在区政府 426 会议室召开。会议传达市“两区”工作领导小组第二次会议精神，听取“两区”建设工作进展情况汇报。审议通过《2021 年区委区政府重点工作分工方案》《2021 年区委区政府重点工作督查督办方案》《区法院党组 2021 年工作要点》《区检察院党组 2021 年工作要点》《房山区委理论学习中心组 2021 年学习计划》。

第 224 次会议　3 月 26 日，八届区委常委会第 224 次会议在区政府 426 会议室召开。会议传达市委书记蔡奇围绕“精心保护好北京历史文化遗产金名片”主题到房山区调研时的重要讲话精神，传达市委财经委员会第九次会议、市领导开展“加快建设国际科技创新中心”现场推进会、市委城市工作委员会全体（扩大）会议、北京冬奥组委暨北京市运行保障指挥部第一次调度会、北京市推进全国文化中心建设领导小组会议精神。审议通过《房山区 2021 年办好重要民生实事项目分工方案》《房山区“十四五”时期深化推进“疏解整治促提升”专项行动工作方案》《房山区“疏解整治促提升”专项行动 2021 年工作计划》。

第 226 次会议　4 月 7 日，八届区委常委会第 226 次会议在区政府 426 会议室召开。会议传达中共中央总书记习近平在福建考察调研期间重要讲话精神，听取并原则同意关于一季度全区“疏解整治促提升”专项行动开展情况暨拆违腾地工作情况的汇报，关于一季度全区污染防治攻坚战及环境执法工作开展情况的汇报，关于 2020 年度安全生产和消防工作考核结果及 2021 年一季度安全生产形势情况的汇报。审议通过《关于北京市委、市政府安全生产第七督察组督察反馈意见整改落实情况的报告》《房山区关于全面落实危险化学品安全生产工作的实施意见》和《2021 年度房山区调查研究工作安排意见》。

第 228 次会议　4 月 21 日，八届区委常委会第 228 次会议在区政府 426 会议室召开。会议传达近期中央及市委改革系列会议精神，听取并原则同意关于全区一季度经济社会发展形势分析的汇报，关于 2020 年首都环境考评结果及 2021 年一季度城乡环境综合治理考评情况的汇报，关于调整区委全面深化改革委员会委员及专项小组设置和专项小组组长、副组长的建议。审议通过《“十四五”时期房山区重要改革举措清单》《房山区委全面深化改革委员会2021年工作要点》《关于全面推进乡村振兴加快农业农村现代化的工作措施》《房山区全面建立“林长制”的实施方案》《房山区全面推行“田长制”的实施方案》。

第229次会议　5月12日，八届区委常委会第229次会议在区政府426会议室召开。会议传达中共中央总书记习近平在广西考察期间重要讲话精神，听取并原则同意关于全区村和社区“两委”换届选举有关情况的汇报。

第230次会议　5月26日，八届区委常委会第230次会议在区政府426会议室召开。会议学习《领导干部干预司法活动、插手具体案件处理的记录、通报和责任追究规定》《司法机关内部人员过问案件的记录和责任追究规定》《关于进一步规范司法人员与当事人、律师、特殊关系人、中介组织接触交往行为的若干规定》，传达北京市党政代表团赴内蒙古自治区对接东西部协作工作有关精神，审议通过《房山区贯彻落实国家统计局统计督察反馈意见整改工作方案》《房山区党务公开实施办法（试行）》《中共北京市房山区委关于加强新形势下党的督促检查工作的实施办法》，关于评选推荐“全国农村留守儿童关爱保护和困境儿童保障工作先进个人”有关工作的汇报。

第231次会议　6月2日，八届区委常委会第231次会议在区政府426会议室召开。会议审议通过《房山区落实耕地保护空间工作实施方案》《房山区关于构建现代环境治理体系的实施方案》。

第232次会议　6月11日，八届区委常委会第232次会议在区政府426会议室召开。会议传达6月3日、6月9日市委常委会会议精神和6月10日市委教育工作领导小组专题会议精神，听取并原则同意关于全区“我为群众办实事”实践活动进展情况的汇报。

第234次会议　6月23日，八届区委常委会第234次会议在区政府426会议室召开。会议听取并原则同意关于房山区国家森林城市创建工作开展情况的汇报，关于北京市房山区第七次全国人口普查主要数据成果的汇报，关于2021年统筹规范督查检查考核有关工作的汇报。

第235次会议　7月7日，八届区委常委会第235次会议在区政府426会议室召开。会议传达中共中央总书记习近平在青海考察期间重要讲话精神，在参观“‘不忘初心、牢记使命’中国共产党历史展览”时重要讲话精神，在中央政治局第三十一次集体学习时重要讲话精神。审议通过《房山区关于落实〈北京市行政复议体制改革实施方案〉的工作方案》。

第237次会议　7月21日，八届区委常委会第237次会议在区政府426会议室召开。会议听取并原则同意关于2021年上半年全区经济社会发展形势分析的汇报，关于2021年上半年全区税收及一般公共预算收入完成情况的汇报，关于2021年上半年全区重要民生实事项目进展情况和2021年上半年全区“疏解整治促提升”专项行动进展情况的汇报，关于2021年上半年全区安全生产情况及形势分析的汇报，关于房山区人民政府与中关村发展集团签订《“构建新型政企关系”全面合作协议》有关工作的汇报。

第239次会议　7月27日，八届区委常委会第239次会议在区政府426会议室召开。会议传达市委十二届十七次全会，“推进北京国际消费中心城市建设”现场推进会及市长陈吉宁到房山区调研经济社会发展等精神，听取并原则同意关于区委八届十五次全会筹备情况的汇报，关于2021年上半年全区污染防治攻坚战及环境执法工作情况的汇报，关于2021年第二季度全区城乡环境检查工作情况的汇报。会议决定：在区会议中心召开中国共产党北京市房山区第八届委员会第十五次全体会议。对《陈清同志在区委八届十五次全体会议上的工作报告》修改完善后，提请区委全会审议。

第241次会议　8月4日，八届区委常委会第241次会议在区政府426会议室召开。会议传达国务院和北京市疫情防控有关会议精神，听取并原则同意关于区和乡镇人大换届选举准备工作的汇报，区政府党组、区政协党组 2021 年上半年工作开展情况的汇报。

第 243 次会议 8 月 11 日，八届区委常委会第 243 次会议在区委 434 会议室召开。会议传达中共中央总书记习近平在西藏考察期间重要讲话精神，听取并原则同意房山公安分局党委、区法院党组、区检察院党组关于 2021 年上半年工作开展情况的汇报，关于房山区农村饮水计量智能化建设项目的汇报。

第 244 次会议 8 月 18 日，八届区委常委会第 244 次会议在区委 434 会议室召开。会议听取并原则同意区总工会、团区委、区妇联关于 2021 年上半年工作开展情况的汇报。

第 245 次会议 8 月 25 日，八届区委常委会第 245 次会议在区政府 426 会议室召开。会议传达市委书记蔡奇到房山区调研指示精神，《市政府办公厅关于严肃工作纪律改进调研会议工作的通知》文件精神，研究进一步改进作风严肃调研会议纪律有关工作。审议通过《房山区第 37 个教师节庆祝方案》。

第 246 次会议 9 月 1 日，八届区委常委会第 246 次会议在区政府 426 会议室召开。会议传达市委教育工作领导小组专题会议精神，听取关于全区“双减”工作开展情况的汇报，听取并原则同意关于市委第六巡视组巡视、市委第四巡视组规自领域专项巡视、中央宗教工作督查等反馈问题未完成整改事项进展情况的汇报，关于 2020 年全面从严治党（党建）工作考核反馈意见整改进展情况的汇报，关于 2020 年全市基层党建述职评议考核会点评问题及视频反馈问题整改情况的汇报。审议通过《房山区落实北京市建设现代化经济体系实施方案工作措施》《房山区关于中央生态环境保护督察整改落实方案》《房山区农村集体经济薄弱村增收工作方案》《房山区关于深入推进新业态、新就业群体党建工作的实施方案》《房山区关于进一步严格村干部管理监督的意见》。

第 247 次会议 9 月 16 日，八届区委常委会第 247 次会议在区政府 426 会议室召开。会议传达学习《中共中央关于加强对“一把手”和领导班子监督的意见》《北京市关于加强对“一把手”和领导班子监督的若干措施》等文件精神。听取并原则同意关于召开房山区红十字会第六次会员代表大会筹备情况的汇报。审议通过《关于落实〈推动城市南部地区高质量发展行动计划（2021—2025 年）〉的实施方案》。

第 250 次会议 10 月 13 日，八届区委常委会第 250 次会议在区政府 426 会议室召开。会议听取并原则同意关于 2021 年 1 季度—3 季度全区“疏解整治促提升”专项行动进展情况的汇报，关于 2021 年 1 季度—3 季度全区重要民生实事项目进展情况的汇报，关于 2021 年 1 季度—3 季度全区安全生产情况及形势分析的汇报。审议通过《房山区落实〈北京市中央生态环境保护督察整改销号工作办法（试行）〉实施方案》。

第 252 次会议 10 月 20 日，八届区委常委会第 252 次会议在区政府 426 会议室召开。会议传达中共中央总书记习近平在陕西榆林考察期间重要讲话精神，听取并原则同意关于 1 季度—3 季度全区经济社会发展形势分析、税收及一般公共预算收入完成情况、污染防治攻坚战及环境执法工作情况的汇报，关于第四批“引支工程”人才评选工作情况的汇报。审议通过《房山区禁止燃放烟花爆竹实施方案》《房山区鼓励优秀人才到村任职激励保障实施办法（试行）》。

第 253 次会议 10 月 27 日，八届区委常委会第 253 次会议在区委 434 会议室召开。会议审议通过《区委宣传部、区司法局关于在全区开展法治宣传教育的第八个五年规划（2021—2025 年）》。

第 254 次会议 11 月 3 日，八届区委常委会第 254 次会议在区政府 426 会议室召开。会议传达学习中央人大工作会议精神。审议通过《房山区进一步加强和规范安全生产督察工作实施意见》。听取并原则同意关于 2021 年第三季度全区城乡环境综合治理与建设工作情况的汇报，关于深入推进“我为群众办实事”实践活动有关情况的汇报。

第 256 次会议 11 月 17 日，八届区委常委会第 256 次会议在区政府 426 会议室召开。会议传达学习贯彻中共十九届六中全会、市委人才工作会议精神，听取并原则同意关于区第九次党代会筹备工作有关情况的汇报。会议决定：12 月 7 日至 10 日，在区会议中心召开房山区第九次党代会。预备会议半天，正式会议 3 天。对区第九次党代会有关文件修改完善后，提请区委八届十六次全体会议审议。

第 257 次会议　11 月 24 日，八届区委常委会第 257 次会议在区政府 426 会议室召开。会议听取并原则同意《北京市房山区人民代表大会常务委员会工作报告（讨论稿）》的汇报，关于《政府工作报告（讨论稿）》《中国人民政治协商会议北京市房山区第八届委员会常务委员会工作报告（讨论稿）》、关于《房山区 2021 年国民经济和社会发展计划执行情况与 2022 年国民经济和社会发展计划（草案）的报告》的汇报。

第 259 次会议　12 月 1 日，八届区委常委会第 259 次会议在区政府 426 会议室召开。会议听取并原则同意关于《房山区法院工作报告（讨论稿）》《房山区检察院工作报告（讨论稿）》的汇报及《房山区推进落实北京国际消费中心城市建设工作方案（2021—2025 年）》。

（张伟）

【九届区委常委会】 2021 年，房山区九届区委常委会召开 3 次。主要如下：

第 1 次会议　12 月 10 日，九届区委常委会第 1 次会议在区会议中心东会议楼 12 会议室召开。会议听取并原则同意关于区九届人大一次会议大会主席团名单、大会主席团常务主席名单和秘书长名单的汇报。会议研究区人大常委会、区政协党组副书记任免事项，审议通过九届区委常委会工作分工。会议决定：齐文东任区人大常委会党组副书记，任正宽不再担任区人大常委会党组副书记职务；王永年任区政协党组副书记，吕守军不再担任区政协党组副书记职务。区委组织部向市委组织部履行书面报备程序，待审核批准后，以区委名义印发实施。区委办以区委名义将区第九次党代会相关情况报市委。

第 2 次会议　12 月 22 日，九届区委常委会第 2 次会议在区政府 426 会议室召开。会议传达学习市委十二届十八次全会、“加快建设全球数字经济标杆城市”现场推进会等精神。听取并原则同意关于 2021 年房山区平安文化市场建设和“扫黄打非”工作开展情况及 2022 年工作计划的汇报。

第 3 次会议　12 月 29 日，九届区委常委会第 3 次会议在区政府 426 会议室召开。会议传达近期中央、市委改革系列会议精神。听取并原则同意关于调整区委全面深化改革委员会成员的建议。审议通过《区第九次党代会报告重点任务分工方案》《房山区 2022 年办好重要民生实事项目分工方案》《房山区创建“基本无违法建设乡镇（街道）”工作方案》。

（李献勇）

组织工作

【概况】 2021 年，房山区组织工作坚持以习近平新时代中国特色社会主义思想为指导，落实新时代党的建设总要求和新时代党的组织路线，坚持“六为”工作思路，推动组织工作高质量发展，各项工作均取得新成绩，为房山“十四五”良好开局提供组织保证。围绕“五好”目标，一体推进区、乡镇领导班子及区总工会、区妇联、区工商联、区红十字会等群团组织和 5 个民主党派换届工作。创新采取“自荐报名+入户走访”工作机制，完成 199 个社区、459 个村“两委”换届选举工作。深入开展“访民情、解民忧、暖民心”大走访活动，各街乡累计入户 13.6 万余户，解决各类诉求 1346 件，相关信访量较上次换届减少 50%。选派干部人才到河北省、内蒙古自治区、湖北省的 6 个地区开展对口帮扶协作。深化“1+8+24”党建责任体系，推动各级党委（党组）班子成员建立党支部工作联系点 398 个，构建“全员抓党建”工作格局。完善“平战结合”组织动员体系，推动 81 个服务项目进小区（村），创建“广阳式”基层治理示范点 100 个。打造新业态、新就业群体“37℃+”党建服务品牌，挂牌成立一批暖心驿站、“小哥加油站”“职工之家”。培树 21 个党支部工作法、推出 16 个区级基层党建品牌，培养首批“四能四有”型党支部书记 20 名。为全区 2900 余个党支部统一编发《党支部规范化建设学习手册》，编制党支部规范化建设“52要”口诀。完成全国“两优一先”、北京市“三优一先”、房山区“两优一先”评选表彰工作。制作“七一”专题片《百年辉煌心向党》，推出基层党建舞台剧《广阳故事》和中华人民共和国成立前老党员系列专题片《初心永驻》，为8051名老党员颁发“光荣在党50年”纪念章，推出先进典型100余个。牵头开展“我为群众办实事”实践活动，推动全区110余家机关企事业单位3.4万名在职党员回社区（村）报到，开展各类志愿服务活动1967场次。组织4470名党员干部“上一线、做贡献”，助力社区疫情防控。实施农村后备人才星火计划，选派村党组织第一书记，启动实施新一轮“连心共建”工程。举办处级领导干部学习贯彻中共十九届五中全会精神专题研讨班、“一把手”专业化能力提升系列培训等50期，累计培训7500余人次。全年，发展党员1496名，完成连续5年以上长期未发展党员村整改工作。提拔科级领导公务员122人，招录公务员110人。对20家单位的选人用人和领导干部不担当不作为问题进行专项检查。制定印发《房山区“十四五”时期人才发展规划》等文件，举办海外学人中心房山行、创新成果科普大篷车巡展等活动，实施第四批“引支工程”人才评选，接收环境保护专家9名，引入牙髓保存工作室。举办人才政策宣讲会12场，培训指导企业300余家。办理国内外埠人才引进50人、留学人员引进33人、新办北京市工作居住证484个。

（王奇）

·组织建设·

【走访慰问活动】 1月13日至2月10日，由区委组织部牵头，全区集中开展以“访民情、解民忧、暖民心，做群众贴心人”为主题的走访慰问活动。参与走访慰问活动的区四大部门领导、乡镇（街道）和区直机关干部及农村“两委”干部总计8000余人次，走访重点慰问对象3万余户。6月20日至30日，开展部分优秀共产党员、生活困难党员、老党员、老干部和烈士遗属、因公殉职党员干部家属等的走访慰问。全区25名区领导参加走访慰问活动，慰问各类群体133人次，发放慰问资金及慰问品106万余元。

（王伟　贾卓）

【党建述职评议考核】 2月9日，区委组织部以视频形式召开2020年度乡镇（街道）党（工）委书记、系统党（工）委书记抓基层党建述职评议考核会。12个乡镇（街道）、4个系统的党（工）委书记进行现场述职，其他乡镇（街道）及系统党（工）委书记进行书面述职。会议结合2020年度各乡镇（街道）各系统党（工）委在压实党建工作责任、夯实党建工作基础、强化党建工作创新等方面的情况，特别是在党建引领和保障“疏整促”、人居环境整治、乡村振兴基层治理等方面的实际表现逐一进行现场点评。就全面从严治党、党风廉政建设和反腐败工作情况，党建引领基层治理情况和落实意识形态工作责任制情况进行集中点评。

（吴小东　李炜）

【“桶前值守”志愿服务】 3月15日，区委组织部印发《2021年全区党建引领垃圾分类社会动员工作要点》，发动社会各方力量参与垃圾分类工作，推动居民垃圾分类意识和习惯养成。截至年底，全区5.89万名党员、志愿者累计参与“桶前值守”23.5万余小时。

（吴小东　曲长亮）

【首批16个区级基层党建品牌正式发布】 4月2日，区委党建办召开房山区基层党建品牌发布会，全程进行网络直播。发布会公布全区首批16个区级基层党建品牌名单，分别是拱辰街道南广阳城“契约治村”工作法、大石窝镇王家磨村“五治”工作法、区法院厉莉爱心团队、区人民检察院隗永贵青春为民服务队、北京中医药大学房山医院红色流动医院先锋队、城关街道东坟村“环形互动”工作机制、大石窝镇村党组织书记“双述双评”、南窖乡红色暖心瓶志愿服务队、区司法局多元调解先锋队、拱辰街道北关东路社区“五情联动”社区治理工作法、燕山迎风六里社区“五味党课”教育培训工作法、区委教育工委榜样示范引领工程、西潞街道苏庄三里社区“育网式”工作法、燕山“惜时励志”机关青年晨讲、大安山乡卫生院党旗下的“红色天使”、窦店镇窦店村“旗帜领航”工作法。

（吴冬青　陈金　莫凡）

【基层党组织党建工作】　5月6日，区委组织部印发《房山区党建引领“广阳式”基层治理示范点创建活动实施方案》。5月25日，印发《2021年全区基层党建工作重点任务清单（55项）》。9月16日，召开党建引领物业管理工作推进会、街道工作专班专题会，持续推动党建引领物业管理提高“三率”工作。12月22日，印发《房山区抓党建促乡村振兴工作实施方案》。截至年底，下拨城乡基层党组织服务群众经费25580万元、基层党组织党建活动经费1612.21万元、正常离任村党组织书记生活补贴582.41万元、村干部基本报酬4494.4万元。在全区创建完成100个党建引领“广阳式”基层治理示范点。全区小区物业覆盖率98.1%，业委会（物管会）组建率100%，物业企业、业委会（物管会）党组织覆盖率100%。

（吴小东　曲长亮）

【党员代表工作】5月7日，区委组织部制定下发《关于进一步加强和规范党代表工作室有关工作的通知》，明确“九个一”（即设立一个工作室、悬挂一个统一标识、指定一名联络员、制定一个接待计划、公布一个代表简介、悬挂一套工作制度、配发一个工作文件盒、配备一个民意意见箱、做好一个接待记录）标准抓好党代表工作室规范化、标准化建设和日常管理。截至9月30日，20个乡镇选出新一届党委委员200人，新一届纪委委员120人，同步选举出新一届乡镇党代表2528人，完成市委下达的各项指标任务。截至10月26日，全区51个选举单位选举产生区第九次党代会代表330名（代表选出后，有1名代表党组织关系转出，代表资格自动终止）。代表中，各级领导干部166名，占50.46%。生产和工作一线代表163名，占49.54%。

（张凯娜　李炜　王久芳）

【行业及新业态、新就业群体党建工作】　5月14日，区委组织部联合区司法局印发《房山区关于加强律师行业党的建设工作实施方案》、联合区委网信办印发《房山区关于加强互联网企业党的建设工作实施方案》，把党的领导落实到互联网、律师工作和队伍建设全过程、各方面。年内，集中开展新业态、新就业群体党建工作，成立区委组织部牵头抓总，区委网信办、南区邮政管理局指导推动，18个行业主管部门、25个乡镇（街道）协同配合的新业态、新就业群体党建工作专班，召开党建工作联席会6次、各类座谈会商会17次，刊发《房山区新业态、新就业群体党建工作专刊》5期。

（马易君　邵佳　张凯娜）

【“红擎爱企日”活动】　5月27日，区委组织部正式启动“红擎爱企日”活动，并确定每月27日为“红擎爱企日”，明确结合“我为群众办实事”实践活动，围绕深化放管服改革开展便企、惠企、利企办实事活动。截至年底，共开展活动8期，累计服务企业580余家、2600余人次。

（马易君　邵佳）

【“两新”组织党建工作】　6月16日，经八届区委常委会第232次会议审议通过《房山区关于落实〈关于推动“两新”组织强党建促发展的若干措施〉的实施意见》，明确4个方面18项具体任务措施，深化、细化“两新”组织强党建、促发展的具体举措。全年，新发展“两新”组织党员146名，从“两新”组织中推选区级“两代表一委员”206人，评选区级“两优一先”4名，建立新阶层联谊组织12个；开展“两新”组织庆祝建党100周年系列主题活动11项，举办房山100家民营企业合作交流大会，推动企业间深度合作；选定12家非公企业党组织参与新一轮“连心共建”工程，15家重点企业与集体经济薄弱村结成帮扶对子。动员、引导“两新”组织落实“四方”责任，5000余名非公企业员工在居家办公期间自发参与社区（村）志愿服务；突出抓好新业态新就业群体、互联网企业、律师行业等重点行业党建工作，建立社区“37℃+暖心驿站”、团区委“小哥加油站”、总工会“职工之家”等服务阵地200余个。5个非公企业党建品牌项目获评全市100个“两新”组织“党建强、发展强”党建品牌项目，部分企业及企业负责人获评“非公党建示范单位”“党员驿站示范点”“全国道德模范”“2021北京榜样”等荣誉称号。

（张凯娜　马易君）

【建党 100 周年系列庆祝活动】 6 月，区委组织部印发《关于做好“七一”前后有关工作的通知》，组织全区各系统、各部门、各单位立足实际、统筹安排，开展“七一”期间各项活动。以“坚定不移跟党走、建功立业新时代”为主题，组织“两新”组织开展“红擎大讲堂”党史学习教育专题示范培训、“百年辉煌心向党”——“两新”组织“永远跟党走”主题宣传教育等活动。根据中央、市委有关要求，组织基层党（工）委为全区党龄达到 50 周年，一贯表现良好的党员，颁发“光荣在党 50 年”纪念章，总计 8051 人获“光荣在党 50 年”纪念章。

（王伟　贾卓　张凯娜　邵佳）

【“共产党员献爱心”捐献活动】 6 月至 8 月，全区集中组织开展“共产党员献爱心”捐献活动，66151 名党员群众参加活动，捐款总计 4012698.79 元。

（王伟　贾卓）

【基层党建品牌创建工作培训会】 8 月 31 日，区委党建办以视频会议形式组织召开深化红色使命领航工程——2021 年基层党建品牌工作培训会。主讲人以《基层党建品牌创建概述》《如何写好基层党建品牌材料》《区级基层党建品牌创建解析》为题，重点就区级基层党建品牌的创建方法、党建品牌材料撰写规范等内容进行系统讲解。全区各系统、各乡镇（街道）党（工）委党建工作主管领导及 2021 年区级基层党建品牌申报单位相关负责人 170 余人参加培训。

（吴丽华　吴冬青）

【村（社区）党组织分类提升】 11 月 8 日，区委组织部印发《关于实施村级组织分类提升计划的通知》。12 月 27 日，印发《关于开展 2021 年度村和社区党支部评星定级工作的通知》，对 105 个四星、五星村（社区）党组织进行资格联审，对确定的 10 个市级软弱涣散村和 1 个市级后进社区进行集中整顿。

（吴小东　曲长亮）

【村党组织第一书记选派】 12 月 2 日，区委组织部召开全区第一书记总结暨选派会。会上总结第五批第一书记工作，为 56 个集体经济薄弱村、10 个软弱涣散村、1 个红色美丽乡村试点村及 2 个帮扶村选派 69 名第六批村党组织第一书记。

（吴小东　曲长亮）

【“连心共建”工程】 12 月 22 日，区委组织部印发《关于以“双联双促”为主题实施新一轮“连心共建”工程的安排意见》，安排 105 个区直单位、区属国有企业等与 105 个社区（村）结对共建，着力推动组织下沉、资源下沉、力量下沉。12 月 28 日，印发《关于以“双联双促”为主题实施新一轮“连心共建”工程的安排意见》。

（吴小东　曲长亮）

【部分基层党组织设置调整】 年内，根据《中国共产党党组工作条例》《关于北京市房山区深化事业单位改革试点实施方案的批复》《关于调整房山区部分行政执法机构设置的批复》等文件，对部分单位党组（党工委）设置进行调整。6 月，成立中共北京市房山区城市管理指挥中心党组、中共北京市房山区投资促进服务中心党组，撤销中共北京市房山区城市管理综合行政执法局党组。11 月，成立中共北京市房山区委中关村科技园区房山园工作委员会，撤销中共北京西南良乡物流基地管理委员会党组、中共北京高端制造业（房山）基地管理委员会党组、中共北京石化新材料科技产业基地管理委员会党组、中共北京现代农业示范区房山园管理委员会党组、中央休闲购物区长阳核心区管理委员会党组。

（吴小东　曲长亮）

【“两优一先”和“三优一先”评选表彰】 年内，根据中央、市委有关要求，区委组织部做好全国“三优一先”（全国优秀共产党员、全国优秀党务工作者、全国优秀基层党组织书记和全国先进基层党组织）和北京市“三优一先”（北京市优秀共产党员、北京市优秀党务工作者、北京市优秀基层党组织书记和北京市先进基层党组织）评选表彰对象推荐工作。其中，周口店镇黄山店村党支部被评为“全国先进基层党组织”，房山公安分局京港澳高速窦店公安检查站党支部书记、站长张库等 10 人被评为“北京市优秀共产党员”，区教师进修学校党委副书记边红等 3 人被评为“北京市优秀党务工作者”，拱辰街道南广阳城村党支部书记、村委会主任石印起等 4

人被评为“北京市优秀基层党组织书记”，北京中医药大学房山医院党委等 7 个基层党组织被评为“北京市先进基层党组织”。根据区委《关于开展房山区“两优一先”评选表彰工作的通知》要求，评选出区融媒体中心许亚辉等 100 名优秀共产党员、区税务局刘阳等 100 名优秀党务工作者和区生态环境局机关第十一党支部等 100 个先进基层党组织。

（王伟　贾卓）

【基层党组织建设及党员发展】 年内，对各党（工）委上报 2021 年发展党员计划进行实名制批复，共批复发展党员计划 1496 名。截至年底，全区基层党组织 2943 个，其中党委 131 个、党总支 126 个、党支部 2686 个。全区党员 81012 名。其中，女性党员 28931 名，少数民族党员 2575 名，35 岁以下党员 10757 名，大专以上学历党员 41826 名，建制村党员 28372 名，社区党员 25374 名，“两新”组织党员 8170 名。

（王伟　贾卓）

【党费管理】 年内，按照市、区委相关规定，全区全额返还 25 个党（工）委 2020 年度非公有制企业、社会组织党组织和离退休干部党组织党费总计 935651.81 元。

（王伟　贾卓）

【5 个非公企业党建品牌项目获市级评定】 年内，经单位推荐、市级部门联审、综合评估、工委审议等环节，浩鸿达科技发展公司党支部“匠心先锋 智能风控”、京源中科科技公司党支部“红帆引领 智量天下”、燕化正邦党委“共促共融”、北京四联创业化工集团党支部“四重四联四赢”、今日东方家政公司党支部“今日东方携手奔小康”5 个非公企业党建品牌项目，获评全市 100 个“两新”组织“党建强、发展强”党建品牌项目。

（张凯娜　邵佳）

【党建宣传】 年内，区委组织部向市委组织部报送视频课件 44 集。其中，《初心永驻》系列片获市委组织部 2021 年党员教育电视片观摩交流活动一等奖，《连队讲条例——〈中国共产党支部工作条例（试行）〉解读》系列微动漫获三等奖。截至年底，“党建房山”公众号关注人数 3.01 万余人，全年推送党的建设相关内容 760 篇，图文总阅读量 77.73 万人次。

（吴丽华　陈金）

·干部管理·

【乡镇领导班子换届】 年内，区委组织部研究制定《关于做好 2021 年乡镇领导班子换届工作的意见》《关于在乡镇（街道）领导班子中配备优秀年轻干部的工作方案》和《关于严肃换届纪律加强换届风气监督的通知》。5 月 24 日至 6 月 11 日，抽调 48 名干部，组成 8 个考察组，对 20 个乡镇进行换届考察，同步对 3 个街道进行组织考察。围绕“绘出好蓝图、选出好干部、配出好班子、树立好导向、形成好气象”的目标，对照“三区一节点”功能定位、全区“三大战略”需要以及地区发展实际，综合考虑干部年龄、经历、专长和性格等因素，完成 20 个乡镇和 3 个街道的领导班子配备工作，总计调整干部 121 人，其中提拔 48 人；20 个乡镇 248 名处级党政领导班子成员中，全日制本科以上学历人员占班子成员总数的 40.7%，较换届前提高 14.7 个百分点；乡镇党政领导班子成员平均年龄比换届前下降 2.7 岁；“80 后”干部占比较换届前提高 14.3%。

（齐佳音　刘克龙　吕劲松　刘超　闫晓岑）

【换届监督】 年内，区委组织部建立“1+1+N”工作制度体系（即 1 个《关于严肃换届纪律加强换届风气监督的通知》、1 个《严肃换届纪律加强换届风气监督工作方案》，“N”即巡回督查、联查联办和快查快结等配套工作方案），明确“两层、四面、十八项”重点工作，突出教育、警示、预防“三个在先”，累计开展谈心谈话 7200 余人次，专题培训 8400 余人次，组织观看《警钟长鸣》1.1 万余人次，签订承诺书 4590 余份，发放提示卡片 1.2 万份、提示函 2200 余份、提醒短信 13.6 万余条，张贴宣传海报 1900 张，1.6 万人在线开展换届纪律“云承诺”，强化真督实导，完善换届风气“三员”机制，开展 4 轮巡回督查、3 轮重点督查和 2 轮现场督导。

（李德海　马真真）

【干部队伍建设】 年内，区委组织部落实党要管党、全面从严治党特别是从严管理干部要求，坚持新时期好干部标准，选拔心中有责、眼里有活、执行有力的干部，调整处级干部18批399人次。明确职级晋升条件、标准，规范晋升程序，科学滚动使用职数，134人晋升四级调研员及以上职级层次。按照乡镇换届工作要求，每个乡镇配备1名“88后”干部，每个街道配备1名“85后”干部，其中“90后”干部5人。开展优秀年轻干部库调整工作，新调整入库年轻干部29人，在库年轻干部达到213名；结合年度招录计划，新招录选调生4人，均为“双一流”高校硕士研究生。落实对口支援选派干部人才帮扶工作要求，有计划培养锻炼干部，选派9名党政干部、50名专业技术人才参与对口帮扶工作。选调2批30名干部到区城市管理指挥中心参与“接诉即办”，抽调510名干部参与社区（村）疫情防控，选派15名干部开展创城工作，选调26名干部到村任第一书记。

（齐佳音　刘超　闫晓岑）

【干部考核指标更新】 年内，区委组织部根据中央和市委考核工作精神以及区委重点工作，动态调整考核指标，全国文明城区创建工作作为专项考核纳入考核模块，形成“绩效+党建+专项+群众满意度”四维考核模式。

（吕劲松）

【领导干部报告个人有关事项】 年内，区委组织部完成892名区管干部报告个人有关事项集中填报工作。对416名领导干部进行抽查核实，其中重点查核325人、随机抽查91人，查核验证6人。2021年随机抽查如实率98.9%，比2017年度提升26.2个百分点，创近5年新高，在全市排名第二。

（李德海　马真真）

·干部教育培训·

【中共十九届五中全会精神专题研讨班】 3月29日至4月1日，房山区举办处级正职领导干部学习贯彻中共十九届五中全会精神专题研讨班。区委书记陈清，区委副书记、区长郭延红作专题辅导报告。全区203名正处职领导干部参加培训。4月15日至4月17日，举办全区处级领导干部学习贯彻中共十九届五中全会精神专题研讨班，通过线上线下相结合的形式开展培训，930名处级干部参加学习。

（褚萌　刘英俊）

【干部教育培训】 4月21日，区委组织部根据《干部教育培训工作条例》《房山区贯彻落实〈2018—2022年北京市干部教育培训规划〉的实施意见》要求，结合全区重点工作任务和阶段安排，制定印发《房山区2021年干部教育培训班次计划》。全年，采取线上线下相结合的方式，围绕“十四五”规划、推动文旅融合高质量发展、依法行政、“两区”建设、财源建设、区情等内容，开展“一把手”专业化能力提升系列培训、乡镇组织部部长培训、党史教育网上专题培训、中青年干部培训、公务员初任培训等培训活动，涉及42个项目50期班次，培训全区处职领导干部、正科级优秀年轻干部、新任科级干部等6447人。

（褚萌　杨曦辰　刘英俊）

·公务员管理·

【公务员管理】 年内，区委组织部办理公务员调动431人，其中组织任命124人、工作需要调整岗位59人、机构改革转隶44人、安置军转干部2人、公务员招录（含选调生）202人。截至年底，全区公务员和参公人员总计4581人（含法、检）。其中，公务员4064人，参公群团组织61人，参公事业456人；女性2008人，少数民族238人，非中共党员493人。

（张文杰　任同会　彭进兴）

·人才工作·

【优秀人才关心关爱活动】 1月，区委组织部开展“家庭关爱活动”，对9名本人或其配偶、子女由于疾病或突发性事故等原因导致家庭生活出现困难的人才进行关爱支持，发放关爱资金4.5万元。开展2021年春节前优秀人才走访慰问活动，慰问享受国务院特殊津贴人员、市区各类优秀人才548人，发放慰问品、慰问金共计35万余元。

（刘佳　申奇锦　闫文强　晏子龙）

【"人才京郊行"专题宣传】 2月，区委组织部开展第12批"人才京郊行"挂职专家专题宣传活动，通过"党建房山"微信公众号等平台对在房山区挂职的10名"人才京郊行"专家风采和工作成果进行集中宣传展示。

（申奇锦 刘垚萌）

【1人入选北京市留学人员回国创业启动计划】 3月，房山区推荐的北京拓疆者智能科技有限公司首席执行官隋少龙入选北京市留学人员回国创业启动计划。

（晏子龙 刘垚萌）

【人才保障政策出台】8月，区委组织部印发实施《房山区人才工作领导小组2021年工作要点》，提出强化人才工作理论武装和顶层设计、全力服务地区高质量发展、统筹推进重点领域人才队伍建设、持续强化人才服务保障能力、加强对人才的政治引领和政治吸纳5个方面17项工作任务。印发实施《房山区"十四五"时期人才发展规划》，统筹谋划"十四五"时期全区人才工作，提出推进队伍建设体系化、政策支持精准化、人才环境生态化、引用方式市场化、管理决策科学化"五化"主要任务以及5项重点工程。11月，印发实施《房山区乡村人才振兴专班工作方案》，提出加快培养农村生产经营人才、加快培养乡村公共服务人才等5项工作任务，全力推动乡村振兴发展。12月，印发实施《〈"两区""三平台"建设干部人才支撑三年行动计划（2021—2023年）〉的实施措施》，从组织机构创新、完善引才制度、优化人才发展服务环境等5个维度提出具体措施，为"两区"建设提供人才政策保障。

（刘佳 申奇锦 闫文强 张骏 马漪宁）

【人才工作领导小组调整】 11月，对照市委人才工作领导小组构成，区委人才办对房山区人才工作领导小组进行调整，区人才工作领导小组调整为区委人才工作领导小组，明确区委书记为组长，区长为第一副组长，相关区领导为副组长的领导组成，小组成员单位由34家调整为39家。

（申奇锦 马漪宁 王杞）

【"引支工程"人才评选】 11月，区委组织部印发《关于公布房山区第四批"引支工程"入选人员名单的决定》，开展全区"引支工程"人才评选工作，评选出高端制造、新材料领域高层次人才3人、团队2个，支持资金700万元。

（刘佳 申奇锦 闫文强）

【外国人到华工作许可受理点设立】 12月，为推进国际人才服务体系建设，房山区设立外国人到华工作许可区级受理点，制定《房山区办理〈外国人来华工作许可〉工作手册》，为外籍人才在房山工作提供便利。

（申奇锦 闫文强 马漪宁 刘垚萌）

·机关党建·

【区直机关基层党组织书记述职评议工作会】 1月28日，2020年度房山区直机关基层党组织书记述职评议工作会召开。会议采取现场述职与书面述职相结合的方式进行，32名基层党组织书记现场述职，其余31个基层党组织书记书面述职。区直机关工委书记、副书记、委员结合"五片十督"对32名基层党组织书记履职情况进行逐一点评，区直机关工委书记对2021年区直机关党建重点工作进行安排部署。

（康海剑）

【"百人话百年"微党课】 3月23日至7月1日，区直机关工委通过区融媒体中心全媒体平台播放"百人话百年"党史微党课。该党课是区直机关工委面向系统内63个基层党组织5000名党员，挑选101名代表组成讲课团队，从党的百年历史中选取101个事件，制作推出的党史系列微视频，共播出101集。党课播出后，有85期被"学习强国"学习平台采用，国家级、市级、区级媒体采播410条，网络点击量超2800余万次。《北京市党史学习教育简报》第2期、《北京信息（中国共产党成立100周年北京庆祝活动领导小组筹备专刊）》第11期先后刊登相关信息。

（王占荣）

【"两优一先"评选系列活动】 年内，区直机关工委开展"两优一先"推荐评选工作，评出系统内优秀共产党员、优秀党务工作者各10名，先进基层党组织 10 个；择优推出区级优秀共产党员、优秀党务工作者各 7 名，区级先进基层党组织 6 个，市级优秀共产党员 1 名，区生态环境局第十一党支部被评为市级先进基层党组织。区直机关工委以“两优一先”评选为抓手，举办“说说我身边的共产党员”主题演讲比赛，53 名选手讲述身边优秀共产党员的先进事迹。举办“响应号召　再创辉煌”——区直机关工委“两优一先”先进事迹报告会，从系统“两优一先”先进典型中选取市（区）级优秀党员、区级优秀党务工作者、市级先进基层党组织先进事迹进行宣讲。

（王倩）

宣传工作

【概况】　2021 年，房山区宣传工作坚持以习近平新时代中国特色社会主义思想为指导，坚决落实中央决策部署、市委工作要求和区委工作安排。以首都发展为统领，以庆祝中国共产党成立 100 周年为主线，以开展党史学习教育和创建全国文明城区为载体，稳中求进、守正创新，担当举旗帜、聚民心、育新人、兴文化、展形象的使命任务，促进全区人民在理想信念、价值理念、道德观念上紧紧团结在一起，为推动“一区一城”新房山建设提供坚强的思想保障和强大的精神动力。坚持把开展党史学习教育作为重大政治任务，区委宣传部组织全区各单位从严落实“规定动作”，创新“自选动作”，高标准高质量完成党史学习教育各项任务。把创建全国文明城区作为实施“十四五”规划一号工程，实施日询、周查、月点评、季调度、年考核机制和乡镇（街道）综合考核办法，落细重点任务，巩固拓展创建成果。加强各级党委（党组）理论中心组学习，组织区级理论中心组开展集中学习与交流 38 次。推进西山永定河文化带建设，创新打造 2021 北京西山民俗文化节，完成没有共产党就没有新中国纪念馆展陈提升，推出原创百姓宣讲剧《北京西山那抹红——没有共产党就没有新中国》，举办“人民的心声”北京市庆祝中国共产党成立 100 周年专场演出、“庆祝建党百年　喜迎冬奥盛会”2021 春季北京国际长走大会等大型活动 20 余场次。做好没有共产党就没有新中国纪念馆“人民的心声　历史的旋律”主题展等 8 个主题展览的展陈布置工作，接待参观 3.5 万余人。健全意识形态工作责任体系，对 49 家单位党组织的意识形态工作情况开展巡察检查。围绕庆祝中国共产党成立 100 周年等重大主题，组织主题联合采访 12 次，统筹市级以上媒体通过“台、报、网、微、端”等途径，刊发房山区报道 1.5 万余篇。2021 年，全区网信工作压紧压实网络意识形态工作责任和网络安全工作责任，组织开展房山区“4•29”首都网络安全日直播活动、“百年光辉耀房山”主题宣传、国家网络安全宣传周房山文艺汇演等活动，对全区 34 家单位的近 50 个系统开展攻防演练，强化网上正面宣传和风险防控，切实维护全区网络安全工作。

（刘嘉　林吉）

【首都网络安全日直播活动】　4 月 29 日，区委网信办围绕“网络安全同担，网络生活共享”，聚焦青少年健康安全用网，开展房山区“4•29”首都网络安全日直播活动。活动在“央视频”APP、“北京房山”官方微博及 APP、“新浪新闻”APP 等平台直播，全区中小学生观看率 93%，在线观看超 100 万人，覆盖面超 2 亿人次。

（田春子）

【区委网络安全和信息化委员会第三次会议】　5 月 14 日，区委网络安全和信息化委员会第三次会议召开。会议审议通过《关于调整区委网络安全和信息化委员会组成人员名单》《区委网络安全和信息化委员和 2022 年度工作完成情况》《区委网络安全和信息化委员会 2021 年工作要点》。

（林吉）

【2021 春季北京国际长走大会】　5 月 29 日，2021 春季北京国际长走大会暨第二十六届房山旅游文化节正式开幕。该届大会紧扣庆祝建党 100 周年，以“庆祝建党百年　喜迎冬奥盛会”为主题，设置全长 6 千米的环湖生态路线“奋斗之路”和全长 16.5 千米途经地质博物馆、东甘池大坝、水源头、三座

庵村、三座庵村花田、基金小镇广场的“传承之路”2条长走线路。总计8000余名爱好者参与活动。新华社、中央电视台、《人民政协报》《北京日报》、北京广播电视台等媒体进行报道。

（高士军）

【“人民的心声”大型专场演出】 6月16日，由市委宣传部、中国电视艺术家协会、市文联、市广播电视台和房山区共同主办的“人民的心声”北京市庆祝中国共产党成立100周年专场演出在霞云岭乡堂上村举办，是北京市“永远跟党走”群众性主题宣传教育活动的重要组成部分。该活动以融器乐、声乐、舞蹈于一体，以童声合唱、民乐演奏、霸王鞭舞蹈等方式，多角度呈现的《没有共产党就没有新中国》这首歌，以全体人员同唱《没有共产党就没有新中国》落幕，房山区千余名党员群众代表参加活动。

（高士军）

【网络安全演练】 6月，区委网信办联合房山公安分局对全区34家单位的近50个系统，开展攻防演练，全面检验全区党政机关信息系统与重点行业信息系统安全防护和应急处置能力，针对演习中发现的各单位的突出问题，于6月25日召开全区网络安全攻防演练总结大会，进一步排查、分析、化解辖区网络安全领域重大风险，提高全党政机关和重要行业部门与网信和公安的协同联动水平，提升辖区网络空间综合防御能力。

（史啸思）

【“百年光辉耀房山”主题宣传】 7月，区委网信办围绕建党百年和党史学习教育，统筹“网络名人”、辖区内政务新媒体、社会自媒体等资源，在“北京房山”新浪官方微博发起“百年光辉耀房山”主题宣传活动。通过学党史、打卡房山红色地标，挖掘房山红色历史文化底蕴，发挥新媒体矩阵作用，调动区内40余家新媒体账号，在微博、抖音、微信公众号等平台积极参与话题宣传、互动，发布原创或转发相关话题内容1000余篇。截至11月9日，“百年光辉耀房山”话题阅读量超3.4亿，视频总播放量超4000万次。

（田春子）

【重大活动组织】 7月，区委网信办牵头开展中国共产党成立100周年大会房山区观众组织、信息核准等工作，组织1800余名观众3次到国家体育场、天安门广场参加中国共产党成立100周年文艺演出和庆祝大会。

（林吉）

【2021北京西山民俗文化节】 9月19日至21日，“慢品大西山 探秘人之源”2021北京西山民俗文化节在周口店镇黄山店村举办。活动以周口店镇作为西山民俗文化节的主会场，设南窖、十渡和史家营3个分会场。整合全区文艺演出队伍、非物质文化遗产项目、特色美食和商品，以文化节为平台，全面展示全区经济、社会、文化建设成果。活动3天演出10余场，采取线上线下融合互动的方式，活动现场及国家文化云、快手等线上线下参与80万余人次。

（高士军）

【扶持优秀实体书店建设】 10月，区委宣传部启动2021年度实体书店扶持项目征集工作。经过项目申报、项目初审、专家组材料审读、实地踏勘、集中评议，21家实体书店入选2021年度房山区实体书店扶持项目，优秀书店类项目18家，三进书店类项目3家。

（高士军）

【数字乡村试点工作】 11月，区委网信办牵头组织区农业农村局、区经济和信息化局、良乡镇等20余家单位，接受中央网信办、农业农村部组织的数字乡村试点现场验收和专家评审。房山区数字乡村试点工作通过中期验收。

（林吉）

【《云瞰房山》航拍片上线】 12月14日，《云瞰房山》航拍片上线。以云瞰房山视角为切入点，融入“三大文化组团”、三乡联动、红色文化等元素，制作6分钟航拍片。推动航拍片走进区“两会”会场，在“学习强国”学习平台、今日头条等重点平台广泛推介，带动全区100余家政务新媒体、社会自媒体转发。

（王萌）

【原创百姓宣讲剧创排提升】 年内，区委宣传部在百姓宣讲剧《北京西山那抹红》（第三部）基础上，深度挖掘全区红色文化优势资源，围绕庆祝中国共产党成立100周年，结合党史学习教育宣讲工作要求，继续创排提升房山区原创百姓宣讲剧《北京西山那抹红——没有共产党就没有新中国》。在北京市民族文化宫大剧院、房山区梦想剧场、房山区各乡镇（街道）巡演11场，直接受众1万余人。北京电视台、《北京日报》《中国文化报》《北京青年报》、千龙网、房山电视台、“北京房山”微信公众号等媒体进行宣传报道。

（韩霞）

【“永远跟党走”百姓宣讲团】 年内，区委宣传部开展“永远跟党走”主题百姓宣讲活动，面向全区基层党员群众开展巡讲13场，线上线下受众53万余人。

（韩霞）

【意识形态工作】 年内，区委宣传部研究修订《房山区党委（党组）意识形态工作制实施细则》，明确总体要求，监督考核等内容，建立会商研判、情况通报等7项机制，推动意识形态工作责任制落实落细。组织召开区意识形态风险会商研判4次，围绕敏感节点、重点工作，分析全区意识形态领域风险点，研究制定应对措施。组织召开公共空间艺术品推进会2次，开展公共空间艺术品巡查3次、艺术品铭牌核查1次，完成相关艺术品拆除工作，做好新增艺术品审核工作。结合区委巡查和全面从严治党检查，对区委办、区人大机关等49家单位意识形态工作责任制落实情况开展专项检查，督促各单位强化责任意识，切实把意识形态工作责任制落到实处，织密织牢安全防护网。

（韩霞）

【“学习强国”学习平台管理】 年内，区委宣传部加强学习组织管理，组织学习管理员培训，下发《关于进一步推进“学习强国”学习平台工作的通知》，制定“日统计、周总结、月通报”制度，下发周总结、月通报41次，建立学习奖励机制，发放奖励书籍718本，提高党员学习积极性。助推党史学习教育，强调选用党史学习教育推荐频道资源作为学习内容，推送120道党史学习题目，1部自制主题微纪录片和10余篇主题征文优秀稿件，并获“学习强国”学习平台优秀组织奖。加强内容建设，围绕庆祝中国共产党成立100周年等宣传重点，向平台推送区内各类优质内容，共有570余条节目被平台采用。

（韩霞）

【疫情防控主题宣传】 年内，区委宣传部围绕打好疫情防控攻坚战，持续强化正面引导，组织召开新冠肺炎疫情防控宣传舆论组工作调度会，前置研究、协调部署新闻宣传、舆情引导各项工作，通过一图读懂、飞播字幕等及时发布权威信息，做好政策解读及健康提示；结合“上一线、做贡献”实践活动，挖掘新闻线索，《北京日报》、北京电视台《北京新闻》先后刊播《乐活城小区封控管理 各类物资送货到家 居民贴出“辛苦了”》《“大家一起努力，一定能战胜疫情！”》等房山“战疫”系列报道。

（王萌）

【9个专版报道引领舆论导向】 年内，区委宣传部围绕庆祝建党百年，为民办实事，高质量发展，区党代会、区“两会”召开等重大节点，先后在《北京日报》《北京晚报》《北京商报》推出相关成就类专版报道。1月23日《北京日报》专版《房山：“高精尖”产业打造“智造之城”》；6月23日《北京日报》专版《〈没有共产党就没有新中国〉诞生地唱响“人民的心声”》；6月25日、29日《北京晚报》《北京日报》《北京商报》专版《房山区扎实开展“我为群众办实事”实践活动 把好事办好 把实事落实》《传承红色基因 房山发展美丽乡村》；12月10日《北京日报》6—7通版《厚积薄发看房山 全面推进“一区一城”高质量发展》《北京晚报》专版《“数”说过去五年！ “一区一城”新房山实现高质量发展》；12月16日、17日，《北京日报》《劳动午报》专版《房山踏上新征程 再创新佳绩》

（王萌）

【3次登上中央电视台《新闻联播》】 年内，区委宣传部围绕庆祝建党100周年，党史学习教育、高质量发展等重大节点、重点工作，主动对接央级媒体，通联新闻素材，高点位推介全区经济社会发展成果。4月17日，7月15日，9月8日，中央电视

台《新闻联播》专题节目《(沿着高速看中国)京昆高速:沿小康大道 看千里变迁》、联播快讯《庆祝中国共产党成立100周年全国公益电影主题放映暨大型融媒体行动〈跟着电影走乡村〉北京专场》《2021年服贸会闭幕 成果丰硕》3次聚焦房山坚持高质量发展、融入京津冀协同发展大局的举措成效。

(王萌)

【特色宣传工作】 年内,区委宣传部围绕统筹防疫和发展、政法队伍教育整顿、“高精尖”产业发展、乡村振兴、生活垃圾分类等重大主题,聚焦“政法队伍教育整顿‘开放日’”“氢能产业论坛”“智能应急装备产业论坛”“2021长走大会”“西山民俗文化节”“王家磨做法”“三乡联动”等重点工作,先后组织新华社、中央电视台、北京日报社等中央、市级媒体联合采访15次。通过“现场报道+线上推稿”,全面展现房山区“防疫和发展‘两手抓、两手硬’”“创新引领战略深入实施”“高精尖项目加快落地”“边远山村振兴加快推进”等良好态势,发布相关重头报道520余条次。聚焦区党代会、区“两会”召开节点,在《北京日报》《农民日报》《北京晚报》《劳动午报》及“长安街知事”等主流媒体,推出《厚积薄发看房山》《房山:踏上新征程再创新佳绩》等通版专版、特稿,新华社、人民网等20余家重量级媒体刊发系列通稿,联合今日头条大数据推送,全网各平台转发量600余条次,达到人群370余万人,系列成就类专版特稿实现“集束式”宣传效应。围绕城关街道原香漫谷底商使用问题、拱辰街道翠林漫步小区物业管理问题、长阳镇九洲溪雅苑地下车库管理问题,完成3期北京电视台《向前一步》节目录制。梳理中央、市级媒体涉房报道亮点,为开展好新闻宣传工作提供参考建议。全年,制发《房山早读热点》365篇,制发《房山外宣动态》24期。

(王萌)

【庆祝中国共产党成立100周年系列活动】 年内,区委宣传部围绕庆祝中国共产党成立100周年,总体策划、整体安排房山区庆祝中国共产党成立100周年系列活动。包括宣传环境布置、《青山忠魂——老帽山六壮士》专场演出、红色文艺宣传队下基层展演、内部印刷《房山革命斗争图史》4项工作。通过多种途径,突出仪式感、体验感,寓教于剧、寓教于演,吸引群众广泛参与。

(高士军)

【网宣员专题培训】 年内,区委网信办聘请中国传媒大学新闻学院教授、北京日报社首席评论员、中央网信办核心网评员、字节跳动新媒体专家等,围绕互联网宣传、新媒体视频拍摄、评论文章写作、新闻评论撰写等开展专业培训。全区500名市、区级负责宣传工作的人员及网评员参加。

(林吉)

【北京市网络评论先进集体】 年内,区委网信办围绕中央、市、区要事、热事撰写网评文章829篇,其中14篇被市委网信办“燕鸣”引导账号发表。完成重大新闻时事评论53次,发表评论11665条,参与“京彩好评”短视频引导工作,供稿202篇,视频播放量超1亿。12月,被市委网信办评为“北京市网评工作突出贡献的集体”。

(郭焕玉)

统战工作

【概况】 2021年,房山区统战工作在区委的正确领导下,以庆祝中国共产党成立100周年和党史学习教育为主线,以深入贯彻落实《中国共产党统一战线工作条例》为重点,以换届工作为抓手,加强党外代表人士队伍建设,推进各领域统战工作创新发展。履行“地方党委对本地区统一战线工作负主体责任”职责,加强区委统一战线工作领导小组制度机制建设,充实完善领导小组成员单位,由29家调整为31家。健全完善民族宗教、民营经济、新的社会阶层、港澳台侨和海外统战工作联席会和联席会议制度。制定《房山统一战线系统开展党史学习教育暨庆祝建党100周年主题教育实践活动方案》,完成鸟巢观演和天安门广场观礼人员的组织工作。打造窦店镇窦店村全国民族团结进步创建示范单位,完成少数民族村经济发展扶持项目绩效评价，推进少数民族乡村振兴发展。开展和谐寺观教堂创建和“五进”宗教活动场所活动，完善宗教活动场所管理制度和监督体系建设，促进宗教与社会主义社会相适应。探索“互联网+”新模式，通过“一站式”服务，为企业纾困解难，强化非公经济人士理想信念教育。经调研和摸排，选取5个重点园区及5个重点楼宇成立基层新联会组织，打造统战工作示范点。完成“浓情中秋、情系两岸”京台基层线上交流活动，组建房山区侨界联合会，举办房山区侨界联合会第一次代表大会。做好台胞子女升学、归侨身份认定等政策咨询和服务工作，推进港澳台侨和海外统战工作深入开展。

（刘战威）

【“同心志愿者”服务队成立】 2月24日，房山区统战系统“同心志愿者”服务队成立。该组织由统战成员组成，主要开展志愿服务活动。在房山区创建全国文明城区大会上，区委书记陈清为“同心志愿者”服务队授旗。

（李永培）

【楼宇园区新的社会阶层人士统战工作推进会】 3月25日，区委统战部与区委组织部联合召开楼宇园区新的社会阶层统战工作推进会。5个产业园区负责人和5个乡镇（街道）党委的主管领导参加会议。通过参观、经验介绍、情况交流、现场解答等方式对楼宇园区新阶层统战工作进行交流和研讨。会议要求，要在摸底调查的基础上，完善建档工作；在具备条件的楼宇园区授予统战工作站牌匾；严格时间节点，强化责任落实，成立10个新联合会或党外人士联谊会；组织推广试点经验，在全区推广落实，为新的社会阶层人士提供参与社会治理和社会服务的平台。

（李永培）

【第十届“百个家庭百棵树”台胞公益植树活动】 4月11日，区委统战部与市台湾同胞联谊会、北京台资企业协会共同举办第十届“百个家庭百棵树”公益植树活动。在京台胞、台商、台生260余人参加活动。该活动自2012年开展以来，连续举办10年，累计参与2300余人次。

（杨森）

【区委统战工作领导小组2021年第一次全体会议】 4月15日，区委统战工作领导小组2021年第一次全体会议召开。会议传达市委统战工作领导小组全体会议精神，审议通过《中共北京市房山区委统一战线工作领导小组成员名单》《中共北京市房山区委统一战线工作领导小组关于加强和改进专项工作机制的方案》《中共北京市房山区委统一战线工作领导小组2021年统战工作要点》《中共北京市房山区委统一战线工作领导小组贯彻落实〈北京市关于加强新时代民营经济统战工作的实施意见〉重点任务分工方案》。

（李永培）

【2021年统战干部及党外代表人士培训班】 6月17日至18日，区委统战部举办2021年统战干部及党外代表人士培训班。就《中国共产党统一战线工作条例》、党史、国际国内经济政治形势等进行培训。区委统战工作领导小组成员单位、各乡镇（街道）统战工作主管领导和工作人员，各民主党派、知联会、工商联、民族宗教界以及新的社会阶层等代表人士240余人参加培训。

（张京生　王宇昊）

【市委统战部领导到房山区调研】 7月15日，市委常委、统战部部长孙梅君围绕“接诉即办”“每月一题”到房山区调研养老机构收费和服务工作。孙梅君到随园养老中心，察看中心智慧化管理平台运行情况，详细询问机构各项收费、服务内容等情况，并深入了解入住老人们的生活体验。座谈会上，孙梅君听取房山区养老服务工作汇报，与2家养老机构负责人及行业专家进行交流。

（李永培）

【统战工作站授牌仪式】 10月15日，房山区举办统战工作站授牌仪式，集中为25个乡镇（街道）统战工作站授牌，实现全区乡镇（街道）、园区统战工作站全覆盖。

（黄晋芳）

【“两岸婚姻家庭交流联谊会活动”举办】 10月23日，由市台办主办的“两岸婚姻家庭交流联谊会活动”在房山举办。通过走进乡村看变化、互动交流谈感受、亲子活动叙情谊等系列活动，促进两岸婚姻家庭之间的感情联络和交流融合。30名大陆配偶及两岸婚生子参加活动。

（杨森）

【民营经济联席会】 10月29日，区委统战工作领导小组召开民营经济联席会议，部署民营企业产权保护社会化服务体系工作。会议审议通过《房山区民营企业产权保护社会化服务体系建设工作方案》，并就相关工作提出具体要求。

（黄晋芳）

【房山区侨界联合会成立】 11月20日，房山区侨界联合会成立大会在区会议中心召开。会议选举产生房山区侨界联合会第一届委员会和领导班子。该联合会是由归侨、侨眷组成的人民团体，代表总计45名。

（张放　李永培）

【9个新的社会阶层联谊会建立】 年内，房山区在燕山地区、城关街道、西潞街道、拱辰街道、长阳镇的楼宇及北京高端制造业（房山）基地、经济开发区、良乡大学城和文化产业园区分别建立新的社会阶层联谊会。

（李六五）

机构编制

【概况】 2021年，区委编办围绕中心、服务大局，坚持“六为”工作思路，以推进机构职能优化协同高效为着力点，巩固深化机构改革成果，稳步推进开发区管理机构改革、事业单位改革和综合行政执法改革，统筹配置机构编制资源，着力提升保障能力和管理效能，为全面推进“一区一城”新房山高质量发展，加快实现厚积薄发，提供坚实的机构编制保障。

（历程）

【区委编委2021年第一次会议】 3月31日，区委编委2021年第一次会议在区委434会议室召开。会议听取并原则同意关于区委宣传部、区发展改革委等51个部门上报的事业单位改革方案和区投资促进服务中心等4家单位的机构职能编制规定有关事项的汇报，关于区市场监管局申请增设接诉即办指挥办公室事项的汇报，关于区委组织部加挂“中共北京市房山区委非公有制经济组织和社会组织工作委员会”牌子事项的汇报。区委编委主任、副主任和委员参加会议。

（历程）

【区委编委2021年第二次会议】 5月19日，区委编委2021年第二次会议在区委643会议室召开。会议听取并研究中关村科技园区房山园管理体制机制调整方案。听取并原则同意关于琉璃河遗址管理区管理体制机制设置方案的汇报，关于城市管理指挥中心机构职能编制规定有关情况的汇报，关于城市管理综合执法局职能配置、内设机构和人员编制规定有关情况的汇报。区委编委主任、副主任、委员和相关区领导、部门领导参加会议。

（历程）

【规范区属议事协调机构管理】 6月11日，八届区委常委会第232次会议审议通过《北京市房山区议事协调机构管理办法》。6月18日，中共北京市房山区委办公室、北京市房山区人民政府办公室印发《北京市房山区议事协调机构管理办法》，进一步规范区属议事协调机构运行管理。

（历程）

【优化登记赋码服务】 年内，区委编办扎实做好事业单位法人登记管理工作，全力推进僵尸事业单位法人登记注销工作，清理完成比例达90%。做好机关群团统一社会信用代码赋码工作。1月1日，正式启动《事业单位法人证书》电子证照试点工作，全年发出电子证照366张。

（历程）

【事业单位改革试点工作完成】 年内，按照全市深化事业单位改革试点工作的要求，房山区完成事业单位改革试点工作任务。涉改机构精简123个，其中处级机构精简4个、科级机构精简119个，精简比例达到29.85%。涉改处级事业单位由42个减少至38个，其中正处级机构由16个减少至15个，副处级机构由26个减少至23个。区城市管理指挥中心由区城市管理委所属副处级事业单位调整为区政府直属正处级事业单位；撤销区山区人口迁移事务中心、燕山东流水工业区管理委员会；区林果科技服务中心降格为副处级，燕山交通管理指挥中心、燕山成人教育中心降格为正科级。调整区教委成人职业学校体制机制，撤销北京市房山区拱辰街道办事处社区成人职业学校等 23 个乡镇（街道）社区成人职业学校，职责及编制划归北京开放大学房山分校。以良乡第二中学等4个事业单位为试点，建立政事权限清单，理顺政事管办关系。以良乡医院为试点，探索事业单位章程管理。

（历程）

【中关村房山园体制机制改革】 年内，根据区委常委会审议通过的《北京市房山区规范开发区管理机构促进开发区创新发展实施方案》《中关村科技园区房山园管理体制机制调整方案》要求，区委编办完成开发区管理机构清理规范暨中关村科技园区房山园体制机制改革。按照“撤多建一”原则，整合高端制造业基地管委会、石化新材料基地管委会、中央休闲购物区管委会、良乡物流基地管委会和现代农业示范区管委会 5 家机构，组建合署办公的房山区委中关村科技园区房山园工作委员会、中关村科技园区房山园管委会，统一管理区内高端制造业基地、石化新材料产业基地等12个第二产业园区；由区金融服务办承担北京互联网金融产业园、北京基金小镇的园区管理职责；区农业农村局牵头管理良乡现代农业产业园、窦店现代农业产业园、中粮生态谷项目等 5 个园区，属地乡镇负责具体管理工作，形成区、镇共管的现代农业产业园区管理体制；中央休闲购物区核心区管理职责由长阳镇承担，探索实行区政合一的管理体制；中关村科技园区房山园管委会对各个纳入管理的园区规划统筹、土地统筹、建设统筹、产业统筹、管理统筹、政策统筹、资源统筹和整体服务配套统筹职能，形成全区第二产业各园区协同发展、优势互补的“一盘棋”；重点理清区经济和信息化局、区科委、区国资委、区重大项目办、良乡大学城管委会、属地乡镇政府与中关村科技园区房山园管委会的工作关系、职责分工，理清区农业农村局与属地乡镇的职责界限；中关村科技园区房山园企业服务中心由归口区经济和信息化局管理，调整为中关村科技园区房山园管委会代管，编制从 28 名增至 98 名；结合各园区产业定位、发展规模，成立高端制造产业工作部、新材料产业工作部、生命健康产业工作部、信息产业工作部、良乡经济开发区工作部 5 个专门机构，派驻相关园区，建立服务企业专厅，开展一站式服务。

（历程）

【综合执法改革】 年内，区委编办贯彻落实《北京市关于深化综合行政执法改革实施方案》，推进行政执法权限和力量向基层下沉。调整区城管执法局为区城市管理委管理的副处级行政执法机构，区城管执法局燕山分局更名为区城管执法局燕山分队并相应调整为正科级；完成区住房城乡建设委、区市场监管局、区生态环境局和区交通局综合执法队 4 个处级执法机构的调整和区园林绿化局、燕山交通综合执法队等 8 个科级执法机构的组建。

（历程）

【街道行政管理体制改革评估】 年内，按照《北京市街道行政管理体制改革评估工作方案》精神，区委编办对全区 7 个街道行政管理体制改革落实情况进行实地评估检查。通过召开 7 次街道干部座谈会，与 66 名街道社区代表分别座谈，对 5000 余名社区居民开展群众满意度调查，并征求区委组织部、区民政局等 12 个区直部门意见，反馈结果是街道职能定位更明确，街道机构设置更合理，工作落实更有力。同时，司法所、统计所下沉，解决街道“小马拉大车”问题。

（历程）

【机构设立与挂牌】 年内，区委编办按照“一街（乡镇）一所”的要求，在区内所有乡镇（街道）分别设立区市场监管局所属的市场监管所，不再保留区原有的 11 个工商所和 24 个食药监所。区委组织部加挂中共北京市房山区委非公有制经济组织和社会组织工作委员会牌子。区文化和旅游局加挂北京市房山区文物局牌子，区文化和旅游局资源保护利用科更名为文物保护科。区农业农村局加挂北京市房山区乡村振兴局牌子。

（历程）

【空编使用核准】 年内，区委编办为全区各单位办理编制核准使用审批 307 件，核准编制使用 917 名，其中审批使用行政编制 126 名、执法专项编制 47 名、政法专项编制 12 名、统计专项编制 8 名、全额拨款事业编制 683 名、差额拨款事业编制 41 名。

（历程）

【事业单位领导职数备案】 年内，区委编办办理全区各事业单位空缺领导职数使用备案 41 件，备案空缺领导职数使用总计 80 名，其中备案使用副处级领导职数 2 名、正科级领导职数 29 名、副科级领导职数 49 名。

（历程）

政策研究

【概况】 2021 年，区研究室以习近平新时代中国特色社会主义思想为指导，坚持“六为”工作思路，坚持把政治建设摆在首位，深入开展党史学习教育，高质量完成综合文稿起草、调研组织，党建研究等工作，完成区内立项课题 24 个。创新工作思路，统筹协调改革工作，组织区委深改委会议 4 次，年度 24 项改革任务全面完成。组织改革办主任办公会，重点听取 10 个改革专项小组工作汇报。总结提炼大石窝镇王家磨村探索“美丽庭院”小微改革工作，选取城关街道东坟村、大石窝镇辛庄村、窦店镇北柳村等为试点村，进行改革探索。制作《习近平在浙江》《改革参阅合集》等学习资料，刊发《改革参阅》40 期。党建引领基层治理的“广阳经验”被列入 2021 年全市“微改革”“微创新”典型案例。在《北京改革情况交流》刊发文稿 4 期，在《中国改革报》刊发专版 5 期，宣传全区改革工作的新成效、新亮点。

（王鹏华）

【调研工作培训班】 5 月 18 日至 19 日，区研究室在天湖会议中心举办为期 2 天的 2021 年度全区调研工作培训班。课程包括综合文稿起草、分区规划解读、“十四五”规划纲要解读、调查研究工作、交流研讨等，213 人参加培训。

（王鹏华）

【调研课题推进会】 9 月，区研究室在天湖会议中心分 4 个批次召开 2021 年度全区调研课题推进会，覆盖区直部门、乡镇、区领导年度调研课题，69 个单位 94 人参会。

（王鹏华）

【综合材料起草】 年内，区研究室对标对表中央及市委全会精神，高质量起草区第九次党代会、区委八届十五次全会报告、决议和讲话等综合文稿。完成向市领导汇报材料，起草在区委书记月度工作点评会上的发言、市委书记蔡奇到房山区调研时的汇报、市委环保督察谈话提纲等材料；完成区级重要讲话材料，起草全区党史学习教育专题党课材料、在学习贯彻中共十九届六中全会精神宣讲报告会上的辅导报告、在区委理论学习中心组专题辅导报告（扩大）会上的讲话提纲和区委工作会、区政府全体会、城乡环境整治大会上的讲话提纲等综合文稿。

（王鹏华）

【刊物建设】 年内，区研究室遴选区内、区外及外埠优秀调研成果在《决策参考》刊发，共刊发《决策参考》38 期，为区领导决策提供有价值的参考服务，区领导作出批示 6 条。印发《房山调研》第 5 期。

（温馨）

【调研成果】 年内，区研究室取得多项调研成果。其中，《关于南窖乡挖掘与利用红色资源的实践与思考》在中央政策研究室《学习与研究》和市委研究室《北京调研》刊发，《关于北京基金小镇高质量发展的思考与建议》在《北京调研》刊发。《河北镇培育“三铁四 JING”党建品牌创建“六边四达”美丽家村》等区内调研成果在《北京农村经济》《京郊调研》等市级刊物发表。《关于加强干部专业化能力培训的探索与思考》获 2020 年度“郊区党建”征文一等奖。

（王鹏华）

【改革工作】 年内，区研究室根据市委改革办工作要求，起草完成 2 次全市区委改革办主任会议发言提纲。每月按时上报改革任务推进和完成情况。建立全区改革总台账和月报制度，逐一分解改革工作要点，督促专项小组加快改革任务落实。针对年初确定的 8 项重点改革督察事项，分批开展督察。

组织召开4次区委深改委会议，传达学习中央、市委系列改革会议精神，审议通过《关于调整区委全面深化改革委员会委员及专项小组设置和专项小组组长、副组长的建议》等文件，年度24项改革任务全面完成。组织召开改革办主任办公会议，重点听取10个改革专项小组工作推进情况汇报，督促各小组办公室抓紧抓实各方面改革工作。制作《习近平在浙江》一、二、三册和《改革参阅合集》等系列改革学习资料，并下发各改革专项小组办公室和各乡镇（街道）学习借鉴。编辑刊发《改革参阅》40期，《关于以乡村景区化运营推动“三乡联动”重点村高质量发展的几点建议》等获区领导批示5条。

（莘风）

【改革成果宣传】 年内，区研究室在《北京改革情况交流》上刊发“接诉即办”“诉源治理”等4期反映全区改革新成效的文稿。党建引领基层治理的“广阳经验”被列入2021年全市“微改革”“微创新”典型案例。房山区提升基层治理水平、党建改革创新、诉源治理、党建引领快递行业发展、检察服务e站等重要改革内容，在《中国改革报》上刊发5期专版。

（莘风）

【改革试点探索】 年内，区研究室深入总结提炼大石窝镇王家磨村探索“美丽庭院”小微改革工作，选取城关街道东坟村作为年度改革试点村进行深化探索，选取大石窝镇辛庄村、窦店镇北柳村为试点村，开展“乡风文明积分制”小微改革工作，试点村的村容村貌、乡风民俗有明显改善，村内崇德向善的文明新风正在加速形成。选取十渡镇西太平村为试点村，在借鉴农村职业经理人等改革路径的基础上，着力推动“乡村转型+人才服务”等试点工作。

（莘风）

【市级重点调研课题结题】 年内，区研究室结题并上报2021年度区委书记市级关注课题“关于立足新发展阶段 贯彻新发展理念 构建新发展格局 全力推进‘一区一城’新房山高质量发展的思考”。

（温馨）

【全市调研评选申报】 年内，区研究室总结2020年至2021年调研工作，筛选5篇优秀调研成果，编印《区领导调研报告汇编》《全区优秀调研报告汇编》等，整理印刷并上报《2020—2021年度第十五届北京市调查研究工作先进单位评比申报材料》《2020—2021年度第十五届北京市优秀调研成果评比申报材料》。

（温馨）

保密工作

【概况】 2021年，全区保密工作以问题为导向，加强宣传教育力度，强化检查“利剑”作用，为房山发展提供服务保障。针对党员、干部、群众等不同群体开展分层次保密宣教活动。组织开展全区保密干部业务培训班。开展考试考务、建党百年、资质单位双随机、自查自评督导等各项保密检查工作，确保国家秘密安全。

（赵婷婷）

【保密专题培训】 6月，房山区举办保密干部业务培训班，邀请北京交通大学保密学院教授现场教学，全区130余名保密干部参加培训。在新任科级干部和初任公务员培训班上开展保密“两识”教育，强化保密教育实效。为区委组织部、区政务服务局、区城管执法局等单位进行专题保密授课，提高机关干部保密意识。

（赵婷婷）

【保密宣传】 11月，房山区专版刊登《北京市保守国家秘密条例》全文，营造保密宣传社会氛围。组织开展“中国共产党成立100周年纪念保密作品征集活动”，共征集保密书法、绘画作品44件。

（赵婷婷）

老干部工作

【概况】 2021年，房山区离退休干部工作坚持精准服务理念，以信息化、精准化、规范化建设为抓手，加强离退休干部党的建设，利用“五个课堂”的学习平台，引导全区离退休干部党史学习。利用房山红色资源，开展系列宣讲活动，让党史学习教育“活”起来。通过开展各项特色活动，组织广大离退休干部融入创建全国文明城区、公民道德建设、垃圾分类、物业管理、疫情防控等工作，发挥老党员示范引领作用。参与关心教育下一代工作，教育引导青少年“扣好人生第一粒扣子”。树牢精准理念，为离退休干部办实事解难事。发挥党建研究会作用，推进党建引领老干部工作向基层延伸。坚持落实离休干部离休费保障机制、医药费保障机制、财政支持机制，做好离休干部高龄养老工作，持续开展爱心配送、爱心帮扶、爱心邮包等服务活动。推进信息化建设与传统方法优势互补、深度融合，不断扩大“北京老干部”服务管理系统和微信公众号服务范围。结合工作实际，科学客观地评价全区各老干部工作单位责任制落实情况。

（张文龙）

【“一老一小话党史”主题教育活动】 5月27日，区关心下一代工作委员会到首都师范大学附属房山小学开展“颂歌献给党——首都青少年庆祝中国共产党成立100周年学党史 颂党恩 一老一小话党史”主题教育活动。邀请解放军原铁道兵部队抗美援朝志愿军战士、区退役军人局军休二所老干部第二党支部书记刘雯清讲课。刘雯清结合解放战争、抗美援朝战争经历，用通俗、质朴的语言，讲述战火纷飞岁月里刻骨铭心的往事与回忆，在校师生参加活动。

（张文龙）

【离退休干部庆祝建党100周年主题宣讲】 6月29日，区委组织部、区委老干部局、区融媒体中心联合举办“学史明理 学史增信 学史崇德 学史力行”房山区离退休干部庆祝中国共产党成立100周年主题宣讲活动。离退休干部重温入党誓词，高唱《没有共产党就没有新中国》，有关代表分别以党的建设是“平西抗日战争胜利的重要法宝”“永远的丰碑”“对幸福的感悟”等为题进行宣讲。离退休干部代表、离退休干部党支部书记支委代表、“五老”代表等60余人参加活动。

（张文龙）

【多元化学习形式】 年内，区委老干部局通过强化老干部党校课堂主阵地作用，丰富老干部大学课堂学习形式，发挥社区课堂就近优势，突出掌上课堂教育作用，实现网上课堂创新发展等方式，引导全区离退休干部形式各样的学习活动。每季度至少举办1次专题学习班，邀请教授进行专题辅导。利用专业班课前、课间10分钟，老干部大学学员微信群等，组织开展专题学习。29个社区课堂通过视频学习、网络学习、实践学习、互助学习等方式，为老干部学习提供便利。短信平台推出“百年百期”党史内容，定期向1100余名离退休干部发送动态学习短信1.2万余条，收集意见建议、心得体会等100余条。利用“北京老干部”APP、老干部微信公众号开展党史专题报告6场3000余人次。推进信息化网络教育教学系统建设，投资20多万元购置移动录播设备，录制党史课程、专题讲座、初心讲堂等课程，充实管理平台视频资源，实现随时点播学习。利用房山红色资源，组织离退休干部到霞云岭乡堂上村、区党群活动中心、平西抗日战争纪念馆等“红色地标”打卡。以“永远跟党走”为主题，开展书画摄影展、诗朗诵、《没有共产党就没有新中国》MV拍摄，进社区开展文艺演出等活动。组织老干部参加全市“离退休干部向党说句心里话”“支部书记谈党建”“入党志愿书陈列展”等活动。

（张文龙）

【宣讲活动】 年内，区委老干部局以讲好红色故事、传承红色基因为宗旨，组织老干部宣讲团开展宣讲，共举办线上线下专题宣讲17场，受众近千人次。各离退休干部党支部开展庆祝建党100周年党史宣讲61场，受众2000余人次；在红色教育基地宣讲25场次，受众700余人次。

（张文龙）

【离退休干部培训】 年内，区委老干部局举办离退休干部党支部支委培训班，邀请房山区入选全市“百堂优秀党课展播”的优秀代表，围绕党史学习教育、弘扬伟大抗疫精神等方面，讲授专题党课。举办区情通报会，邀请区委副书记、区长阳波为离退休干部进行区情通报。邀请区委党校教授作专题讲座，开展“迎建党百年 永远跟党走”联合主题党日活动。持续开展“生活垃圾分类理论辅导”线上知识讲座，有针对性地解读垃圾分类工作重点，普及理论知识。

（张文龙）

【助力基层党建】 年内，区委老干部局持续发挥党建研究会离退休干部分会、社区工作指导员和非公经济组织党建工作指导员作用，协助社区党组织和非公企业党组织建强支部班子、强化党建引领、落实组织制度、严肃换届纪律、加强党史教育。党建研究会离退休干部分会，到街道社区、老干部工作单位开展调研，指导所属成员单位开展课题调研，提炼总结离退休干部党建行之有效的方法和经验，为强党建促发展作贡献。

（张文龙）

【老干部志愿服务】 年内，区委老干部局开展“增添正能量、共筑中国梦”活动，以全区 75 支老党员先锋队为旗帜，组织离退休干部参与社会面防控、创建全国文明城区、垃圾分类、物业管理、疫情防控等工作。组织 2500 余名离退休干部到居住社区参与疫情值班值守 9700 余人次。以“垃圾分类我践行，共建美好新家园”为主题，组织老干部宣讲团开展线上线下宣讲活动，传播绿色健康环保生态理念。

（张文龙）

【关心下一代工作】 年内，区委老干部局紧贴青少年思想实际，组织离退休干部开展“小手拉大手”“一老一小话党史”“中华魂”等主题教育活动，加强青少年党史、国史教育，教育引导青少年树立正确的人生观、价值观，“扣好人生第一粒扣子”。参与“家校社”共育工作，开展爱国主义教育和心理辅导等工作。走访慰问特殊困难儿童，对留守儿童及监护人做好关爱保护方面的政策解答。

（张文龙）

【离退休干部生活待遇保障】 年内，区委老干部局坚持落实离休干部离休费保障机制、医药费保障机制、财政支持机制。做好离休干部提高生活待遇、养老服务津贴发放、去世离休干部无工作配偶医疗免缴、抗战时期离休干部提高享受报销医疗费待遇等工作。向区属企业核拨 2021 年度企业离休干部保障经费 48.7 万元，发放养老服务津贴 5.27 万元。做好高龄养老工作，开展志愿服务、购买社会服务，持续开展爱心配送、爱心帮扶、爱心邮包等服务活动，提供个性化“一对一”精准服务。开展特殊困难退休干部摸底调查工作，对生活困难的退休干部发放帮扶资金，解决实际困难。

（张文龙）

党校工作

【概况】 2021 年，区委党校（区行政学院）围绕区委、区政府工作要求，严格落实党建工作责任制，强化理论中心组学习及专题辅导，组织参加中央党校、市委党校、市社会主义学院组织的培训班，全面提升教师队伍理论素养和专业技能。加大课程研发力度，形成一批形式多样、内容丰富的学习教育特色课程体系。注重学术研究，在学术期刊发表文章 3 篇。以党史学习教育为主线，开展“红色故事宣讲”和“理论政策宣讲”，累计宣讲 260 余场，受众 4 万余人。推出“2+1”教学法，开展“云党课”培训。全年，举办培训 13 班次，培训干部 2010 人次。

（王双柱）

【校地合作】 3 月 10 日，区委党校领导班子一行到中国社会科学院大学，商讨校地合作事宜。双方就加强理论研究、信息资源共享、科研咨政互动、人才培养对接、实训基地建设等方面初步达成合作共识。

（王双柱）

【教育培训】 年内，区委党校在主体班增设《中国共产党的辉煌历程和优良传统》《中国共产党百年奋斗历程与宝贵经验》《运用大历史观观察中国共产党为国家和民族作出的伟大贡献》《百年未有之大变局与中华民族伟大复兴》等党史系列专题课及 2 次“红色马安”现场教学课，让“红色故事”走进课堂。以群众喜闻乐见的形式展现房山抗战英雄人物和事迹，并作为党校授课体系的一部分。实现“红色故事宣讲”和“理论政策宣讲”相结合，用“两个红色故事”和“一节党史课”组合推出“2+1”教学法。创新培训渠道，多维度开展“经典诵读”。在主体班次授课前，全员齐声诵读《共产党宣言》等经典原著。拓展培训渠道，开展“云党课”，以线上线下相结合的方式“送课下乡”。全年，举办各级各类培训 13 班次，累计培训干部 2010 人次。

（王双柱）

【课程研发】 年内，区委党校通过专题研究、集体备课、研磨课程、统一安排授课任务等方式，研发《中国共产党诞生的历史必然性及其意义》《中国共产党为什么能》《中国共产党百年奋斗历程和基本经验》《党的十九届五中全会精神》等 24 个专题课；研发“没有共产党就没有新中国纪念馆”“平西抗日战争纪念馆”“红色马安”“红色背篓”“老帽山六壮士”等 6 个现场教学课程；研发关于党支部工作规范化的“如何组织召开党支部委员会会议”“党支部换届选举”等 4 门实训课程；研发“习近平生态文明思想”“乡村振兴”等专题课程。其中，“《没有共产党就没有新中国》的诞生及时代价值”专题课在北京市党校系统第五届精品课评选中获二等奖。

（王双柱）

【红色宣讲】 年内，区委党校推进红色宣讲进课堂、进机关、进学校、进农村、进社区、进企业、进部队，“送课百堂 宣讲百场”。截至年底，累计宣讲 260 余场，受众 4 万余人。

（王双柱）

【教务工作】 年内，区委党校在职研究生教育完成 1 个班 24 学时的授课任务。2018 级在职研究生班 63 名学员完成论文答辩，全部毕业。2018 级在职研究生班是区委党校最后一期学历班。

（王双柱）

【学术研究】 年内，校内教师分别在《学习时报》《领导科学》《中共乐山市委党校学报》上刊发文章 3 篇；教职工全员参与的《关于物业管理中的党建引领问题》调研文章得到区领导批示，获区直机关调研课题二等奖。

（王双柱）

党史编研

【概况】 2021 年，房山区党史工作以党史学习教育为契机，加大红色资源开发力度，出版《中国共产党北京市房山区历史（1929—2012）》《房山革命斗争图史》，编写《房山区简史》。对标对表扎实推进党史学习教育，联合相关部门集中开展房山史志宣传月活动，以开设学习专栏，参加节目录制，深入基层宣讲，探索建立“史志驿站”等形式，广泛宣传“房山故事”，持续发挥史志文化走进基层、服务群众的作用。加强队伍培养与建设，每月开展“史志微论坛”活动。注重党史成果开发利用，参与没有共产党就没有新中国纪念馆展陈提升、《接管北平干部在良乡培训专题展》等 10 余个展览的审核。为《没有共产党就没有新中国》音乐剧创作、《初心永驻》专题片拍摄、房山区“永远跟党走”“四史”知识竞赛等工作提供权威资料与指导意见。

（王静）

【党史学习教育专题宣讲】 5 月，区史志办主任负责人作为党史学习教育区委宣讲团成员，到佛子庄乡、南窖乡开展党史学习教育专题宣讲，深刻阐释开展党史学习教育的深远意义，明确开展党史学习教育的重点内容和目标要求。基层党员干部群众参加宣讲报告会。

（王静）

【《中国共产党北京市房山区历史（1929—2012）》出版】 6 月，《中国共产党北京市房山区历史（1929—2012）》由中共党史出版社公开出版。该书采用编年体和纪事本末体相结合，全面、系统、客观记述从房山第一个党组织成立至 2012 年期间，中国共产党领导房山人民进行革命、建设、改革、发展的历史进程和伟大成就，全书 44.6 万字，照片 53 张。该书是全区宣传思想文化建设、推进全国文化中心建设、建党百年宣传等重点工作之一。是全市第一批出版的《中共北京市区县历史丛书》之一。该书出版后，作为房山区党史学习教育的辅助教材，面向全区 2000 余个基层党组织和处级领导发放 4000 余本。

（王静）

【史志宣传月活动】 6 月，区史志办以“共享伟大荣光 共铸复兴伟业——庆祝中国共产党百年华诞”为主题，联合区委宣传部、区委党建办、区融媒体中心等部门，面向全区集中开展房山史志宣传月活动。活动期间，区史志办在区融媒体中心、“党建房山”微信公众号同步开设《奋斗百年路 启航新征程——房山区党史知识》学习专栏，参与北京新闻广播《丰碑》栏目、房山电视台《Fun Hill 面对面》栏目的录制，并以房山方志馆为中心，依托窗口单位、人员密集场所，探索设立“史志驿站”，以点带面，逐步推动方志馆阵地体系建设，讲好“房山故事”。在区政务服务大厅、房山新华书店等人流量较大的区域设立首批“史志驿站”，驿站提供的房山党史、房山地情资料等书籍为广大群众了解房山历史提供便利。

（王静）

【《房山革命斗争图史》印刷】 10 月，由区委宣传部、区史志办、区文联摄影家协会和区档案馆共同编写的《房山革命斗争图史》内部印刷。该书收录照片 164 张，采取以图串讲的形式，以“房山革命斗争”为主题，聚焦房山革命活动的重大事件、重要人物、重要场所及其所承载历史内涵，以丰富的图片、翔实的文字，展示房山革命斗争光辉历程。

（王静）

【《房山区简史》初稿完成】 年内，区史志办启动编写《房山区简史》工作，成立 7 人组成的编写专班，专班参考文献、考古和最新研究成果，着力编写一部内容翔实、体例严谨、贯通古今、全面客观记述房山历史的综合性著作，推进学习“四史”活动向深、向广延伸发展，为广大党员干部、群众了解房山历史提供简明教材。截至年底，完成初稿。

（王静）

【党史成果开发利用】 年内，区史志办为没有共产党就没有新中国纪念馆展陈提升、《接管北平干部在良乡培训专题展》的布展、长操房良联合县展陈提升等 10 余个展览，以及革命文物保护利用工程、音乐剧《没有共产党就没有新中国》创作、系列专题片《初心永驻》拍摄、革命歌曲创作、房山区“永远跟党走”“四史”知识竞赛等工作提供史志资料和意见建议。

（王静）

【史志微论坛】 年内，区史志办开展“史志微论坛”——“学党史 上讲台”活动。该活动与党史学习教育同步启动，每月安排 1 名党员登台讲课，分享党史学习心得，讲述身边故事，形成“党员都是学员、学员争做教员”的浓厚氛围，激励全体党员将党史学习教育融入工作、融入日常，做到学有所思、学有所悟、学有所得。

（王静）

党史学习教育

【概况】 3 月至 12 月，房山区坚持把开展党史学习教育作为重大政治任务，紧扣“学史明理、学史增信、学史崇德、学史力行”的总要求，从严落实“规定动作”，积极创新“自选动作”，建立周报月调度等 10 项领导小组工作机制，创新领导干部带头学等“七学”形式，形成“四级联动”学习教育体系；建立“5+258”指导工作体系，形成“三高三强”“三上三下”等督促指导方法；以庆祝建党 100 周年为契机，深入实施红色使命领航工程，推出“百人话百年”“四点半红色课堂”、红色故事宣讲团等特色做法，打造“人民的心声 历史的旋律”主题展、百姓宣讲剧《北京西山那抹红——没有共产党就没有新中国》、党建舞台剧《红色基因永传承》等红色精品；始终践行以人民为中心的发展思想，广泛开展“我为群众办实事”实践活动，巩固完善“访民情、解民忧、暖民心”和“上一线、做贡献”2 个机制，建立“一站式司法确认机制”“广阳经验”等24项为民服务长效机制，解决“办证难”等一批群众急难愁盼问题，推动房山区党史学习教育高站位、高标准、高质量开展。区四套领导班子及全区101家单位1100余名处级以上领导干部、2700余个基层党组织8万余名党员，普遍受到全面深刻的历史自信、理论自觉、政治意识、性质宗旨、革命精神、时代责任教育，广大基层党组织的创造力、凝聚力、战斗力显著提升，达到“学党史、悟思想、办实事、开新局”的效果，全区上下呈现出党史学习氛围浓、干事创业劲头足、地区发展质量高、群众受益口碑好的态势。

（韩霞）

【党史学习教育动员大会】 3月10日，房山区党史学习教育动员大会以视频会议形式召开。会议传达中共中央总书记习近平在党史学习教育动员大会上的重要讲话精神及北京市党史学习教育动员大会精神，对全区党史学习教育进行安排部署。区委书记陈清，区委副书记、区长郭延红，区人大常委会主任刘兵，区政协主席魏广勋，区委副书记刘学亮出席会议。陈清在动员大会上讲话指出，在全党开展党史学习教育，是以习近平为核心的党中央立足党的百年历史新起点、统筹“两个大局”、为动员全党全国满怀信心投身全面建设社会主义现代化国家而作出的重大决策，是当前和今后一个时期全区的一项重大政治任务，全区各级党组织要迅速行动起来，高标准高质量完成好党史学习教育各项任务。

（韩霞）

【党史学习工作方案印发】 4月22日，房山区印发《全区党史学习教育工作方案》。该方案规定，党史学习教育贯穿2021年全年，以县处级以上领导干部为重点，面向全体党员开展。学习内容涵盖深入学习领会中共中央总书记习近平在党史学习教育动员大会重要讲话精神、在庆祝中国共产党成立100周年大会上的重要讲话精神、在党史学习教育总结大会上的重要讲话精神、习近平《论中国共产党历史》《习近平新时代中国特色社会主义思想学习问答》《中国共产党简史》、用好党史重要参考材料7个方面，分3个阶段开展，即从动员大会到“七一”庆祝大会、从“七一”庆祝大会到中共十九届六中全会、从中共十九届六中全会到总结大会，坚持集中学习和自主学习相结合，规定动作和自选动作相结合，采取特色鲜明、形式多样的学习方式。

（韩霞）

【党史学习教育市级督导】 6月24日起，党史学习教育市委第五指导组到房山区指导检查43次，实地指导检查单位51家，实地调研全区“我为群众办实事”点位55个。在做好日常督促指导、掌握情况的基础上，重点通过实地走访检查、广泛听取意见，开展“面对面”访谈。召开专题座谈会，列席区四套班子理论学习中心组学习、专题党课、专题组织生活会等方式，综合平时审阅工作方案、检查“一级民生实事项目清单”进展、调阅档案资料等形式，对全区党史学习教育开展情况进行全面指导，推动中共中央部署和市委要求在房山落实落地。

（韩霞）

【党史学习教育区级督导】 6月，房山区组建5个区级党史学习教育指导组和258个二级单位指导组，与市委第五指导组建立督导联动机制，对不同层级、不同领域、不同对象，进行全程督导、质量督导、效果督导。通过实地指导、调研考察、列席参加组织生活会、列席中心组学习等方式，累计开展实地指导143次，实地走访检查139次，召开工作会议61次，挖掘先进典型74个，督导各级“我为群众办实事”项目清单100%完成，有效推动全区形成“区委、二级单位党组织、基层党支部、普通党员”“四级联动”学习教育体系，呈现出一级抓一级、层层抓落实工作格局，实现全区上下同频共振、层层压茬推进，学习教育覆盖到每个党组织、每名党员。

（韩霞）

【党史学习教育专题党课】 “七一”前后，区委书记陈清带头为全区党员干部讲党课，全区局级领导讲党课30余场次、处级领导讲党课700余场次，各党支部书记给所在支部党员讲党史学习教育专题党课1次，全面讲好党的创新理论和党的基本知识、光荣历史、优良传统。组织全国劳模、全国道德模范候选人等群体，打造“核桃树下微党课”等党课品牌。

（韩霞）

【党史学习教育专题组织生活会】 “七一”前后，全区2700余个基层党组织8万余名党员，召开党史学习教育专题组织生活会4300余场次。领导干部以普通党员身份参加所在党支部的专题组织生活会，与支部党员面对面交流，分享党史学习体会、交流思想、听取意见、剖析问题、查找不足。区委指导组通过政策指导、审阅材料、列席旁听、调研访谈等形式，对专题组织生活会进行督促指导。

（韩霞）

【党史学习教材配备】 党史学习教育期间，房山区在全面摸底调查的基础上，依托“1+8+24”党建工作责任体系，确保基层党组织全部配备习近平《论中国共产党历史》《毛泽东邓小平江泽民胡锦涛关于中国共产党历史论述摘编》《习近平新时代中国特色社会主义思想学习问答》《中国共产党简史》4本指定学习材料，为2080个党支部配发4070套，452个社区（村）党员活动室（图书室）配发1956套，党员干部配发6.2万余册。为广大党员干部配发《中华人民共和国简史》《改革开放简史》《社会主义发展简史》3本参考学习材料1.6万余册。

（韩霞）

【党史学习教育专题学习】 年内，房山区举办党史学习教育专题读书班，邀请党史学习教育市委宣讲团成员、驻区高校马列主义学院院长、市委党校专家作专题辅导报告，全区党员干部3000余人听报告。举办房山区处级正职领导干部专题研讨班、处级领导干部进修班等。党史学习教育作为干部教育培训的重要内容和必学内容，累计举办各类培训班13期，培训干部7390余人次。区委坚持率先垂范、以上率下，将党史学习列为区委理论学习中心组重点学习内容，深入学习中共中央总书记习近平在党史学习教育动员大会上重要讲话精神、中共中央总书记习近平“七一”重要讲话精神、中共十九届六中全会精神、中共中央总书记习近平在福建、广西、青海、西藏、陕西等7次考察期间重要讲话精神等内容，总计开展学习研讨38次，处级以上领导干部撰写学习体会2092篇。全区101家单位主动对标对表，同步开展专题学习交流1000余次。各基层党组织利用主题党日、“三会一课”等形式，以学习研讨、诗词征文、专题笔会、知识竞赛、宣传宣讲等方式，开展学习2万余场次。

（韩霞）

【党史学习教育专题宣讲】 年内，房山区组织开展学习贯彻中共中央总书记习近平“七一”重要讲话精神专题宣讲报告会，邀请专家解读“七一”重要讲话精神。组建“党史学习教育区委宣讲团”“房山区学习贯彻中共中央总书记习近平‘七一’重要讲话精神基层宣讲团”“房山区学习贯彻中共十九届六中全会精神宣讲团”等，通过“理论+文艺”等形式，深入一线广泛开展“七进”宣讲，全区各单位创新宣传宣讲形式，推动党史学习教育深入基层、深入人心。各级领导干部带头宣讲4000余场次，受众达40余万人次。

（韩霞）

【党史学习教育工作机制】 党史学习教育开展以来，房山区对标对表中共中央部署和市委要求，第一时间成立由区委书记和区长为组长的党史学习教育领导小组，对全区党史学习教育负总责，下设“1办7组”负责日常工作，推动落实相关工作，拧紧责任链条、形成工作合力。制定下发全区党史学习教育实施方案、党史学习教育工作方案、党史学习教育巡回指导方案等文件90余件，确保党史学习教育的各项要求细化实化具体化；建立党史学习教育各工作组定期汇报制度、指导工作周报月调度制度，民生实事项目挂销账制度、宣传培训保密制度、信息报送制度等10项工作机制，确保学习教育规范化制度化。累计组织区级层面党史学习教育相关会议30余次，确保各项部署要求落地落实。

（韩霞）

【青少年宣传教育】 年内，房山区坚持把握青少年特点、贴近青少年需求，引导广大青少年深读党史、学思践悟。与思政课相融合，推出百节线上党课，开设“四点半红色课堂”，编创示范性主题团课《为祖国而歌》、绘本《长操村，一段红色的记忆》和主题微课《英勇杀敌保家园》等走进全区2000余个班级，纳入中小学课后服务内容，带动10万余名青少年共同上好党史大课、国情大课、思政大课。深入开展“童心向党——同上一堂党史课”主题教育活动，全区教育系统近3万余名师生共同参与。组织92所辖区中小学7万余名师生，参与“唱支歌儿给党听”实践活动，在传唱经典中听党话、跟党走。全区1450个团支部召开党史专题学习会6291次，开展党史学习教育专题团日活动3865次，覆盖团员青年21.7万人次。“青春房山”微信公众号开设党史学习专栏，累计发布党史学习教育系列文章202条、总阅读量约63万次，主题活动得到中央电视台、《中国青年报》《北京青年报》等20余家媒体刊播。

（韩霞）

【“我为群众办实事”实践活动】 年内，按照党史学习教育工作整体安排，扎实开展好全区“我为群众办实事”实践活动。房山区印发《关于在全区开展“我为群众办实事”实践活动实施方案》和《关于在“我为群众办实事”实践活动中推进“接诉即办”解决重点民生诉求的工作方案》。围绕市委提出的“六个方面”重点任务和人民群众身边的急难愁盼问题，组织全区各部门建立“三级实事项目清单”，区级层面建立实事项目72项，区直各单位共建立实事项目934项，各乡镇（街道）共建立实事项目1227项，各村（社区）共建立实事项目4454项。同时，坚持加强党建引领，将“我为群众办实事”与“党旗在基层一线高高飘扬”活动统筹开展，在全区广泛开展“三个一”活动，利用“访民情、解民忧、暖民心”常态化联系服务群众机制和“上一线、做贡献”实践机制，营造“一线有我、我在一线”的良好氛围。

（王伟　侯有越）

【党史学习教育主题宣传】 年内，房山区依托中央、市属和区融媒体中心等各级各类媒体，聚焦庆祝建党100周年、党史学习教育特点、当地红色党史资源和为民办实事成效，通过开展“奋斗百年路启航新征程”主题系列联合采访，推出“党史学习教育”专题专栏等，广泛发布动态报道和先进典型，新华社、《人民日报》、中央电视台、《北京日报》、北京电视台、“学习强国”学习平台等阵地及媒体平台，先后刊播发相关报道3700余条次。

（王萌）

北京市房山区
人民代表大会常务委员会

综　述

2021年，区人大常委会深入学习贯彻习近平新时代中国特色社会主义思想，深入学习贯彻中共十九届六中全会和中央人大工作会精神，贯彻落实市委全会和市委第六次人大工作会议精神，以政治建设为统领，推动人大制度和人大工作与时俱进持续发展。开展“我为群众办实事”实践活动，制定实施方案，对接乡镇（街道）、社区（村），领导干部带头加强“一对一”结对子，助力解决基层单位和群众反映的实际困难，推动党史学习教育走深走实。聚焦中心任务，依法履行宪法法律赋予的各项职责。

坚持工作监督，助推经济社会高质量发展。围绕经济发展开展监督。听取审议财政预决算、审计等报告，对审计查出问题整改落实情况进行跟踪检查，对重点支出项目开展事前绩效评审监督，提高资金使用效益。对全区债券资金管理使用方面问题及后续整改情况进行跟踪检查，听取审议区政府关于2021年新增地方政府债务限额及区级预算调整方案的议案，常委会在调研论证的基础上作出决议，有效支持区域重大项目建设，防范和化解到期债务风险。听取审议国有资产管理情况综合报告，对企业国有资产管理情况专项报告的审议意见落实情况进行跟踪监督，推动国有资产管理水平提升。听取审议房山区新场景工作情况的报告，对全区高精尖产业、现代商贸服务业、全域旅游、现代农业产业发展情况进行视察，助推全区经济提质增效。围绕环境建设开展监督。听取审议区政府关于生态环境状况和环境保护目标完成情况的专项报告，推动全区空气质量持续改善。组织代表对水源地管理和保护、农村人居环境整治中污水处理和美丽庭院建设情况进行视察，推进水环境治理进程，促进农村环境改善。听取审议2021年新一轮百万亩造林绿化工程、京津风沙源治理、太行山绿化工程的建设成果的报告并进行视察，推动绿色空间增量提质，促进森林城市创建。组织代表对全区拆除违法建设情况进行视察，巩固和扩大违法建设整治成果。围绕民生改善开展监督。组织代表对房山区“十四五”卫生发展规划编制、卫生健康工作、教育资源合理配置均衡发展情况进行视察，全力推动教育卫生事业发展。听取审议城乡劳动力就业工作情况报告，推动政府相关部门加大稳岗支持力度。

对全区养老驿站建设、体育工作、回迁安置房建设和老旧小区改造情况进行视察，促进民生改善。

坚持法律监督，助推依法治区。加强法律法规实施情况监督。组织代表对《中华人民共和国野生动物保护法》《北京市医院安全秩序管理规定》《北京市突发公共卫生事件应急条例》进行执法检查，推动法律法规落到实处。对村（社区）"两委"换届工作相关法律法规实施情况进行监督，为房山区顺利完成村、社区"两委"换届发挥应有作用。加强对司法工作的监督。组织代表对房山区公共法律服务体系建设情况进行视察，对区检察院服务"六稳、六保"工作、生态修复民事公益诉讼以及检察服务 e 站建设运行情况进行视察，对区法院优化营商环境工作进行视察，促进法治房山建设。听取审议区政府关于在全区开展法治宣传教育第八个五年规划的报告，促进普法工作开展。听取审议区监察委关于开展廉政教育工作情况的报告，推动监察体制改革形成的制度优势转化为治理效能。做好规范性文件备案审查工作。组织"一府一委两院"及相关乡镇举行规范性文件备案审查座谈会，常委会专题听取规范性文件备案审查工作情况报告，提高备案审查能力水平，做到应备尽备、依法审查。

坚持强化服务保障，充分发挥代表主体作用。2 次组织市、区代表参加市人大履职专题培训班，促进代表知情知政；开展 3 次党史学习教育专题培训，着力提高代表政治素质和履职能力。规范提升代表"家站"建设，全区建成代表之家 30 个、代表联络站 416 个，健全代表联系群众的组织网络体系。强化履职活动效果。组织 28 名区八届人大代表向选民述职，实现八届代表应述尽述。组织市、区、乡镇三级人大代表通过代表"家站"履职平台对《北京市接诉即办工作条例（草案）》等征求意见建议，强化立法工作的民意基础。做好人大换届选举工作。深入落实市委、市人大常委会和区委工作要求，完成新一届区和乡镇人大代表选举工作，选举产生区九届人大代表 319 名、新一届乡镇人大代表 1290 名。在区九届人大一次会议上，完成区人大和区政府、区监委、区法院、区检察院换届任务。加强议案建议督办工作。健全议案建议办理和监督程序，制定议案建议办理工作监督检查方案，形成较为完善的督办工作机制。常委会听取审议议案办理情况报告，落实建议办理"双签制"工作，推进议案建议有效落实。区八届人大七次会议确定的 2 项 9 件议案得到较好办理；70 件建议全部办结。贯彻落实区委《关于新时代加强和改进人大工作的意见》，深入落实讨论决定重大事项制度，发挥人大职能作用；坚持宪法宣誓制度，激励国家公职人员忠于宪法、维护宪法、履行法定职责。坚持落实常委会党组和常委会制定年度工作要点制度，加强重点任务分解，明确责任到人，深入推动各项工作任务落地落实。深化常委会与"一府一委两院"联席会议制度，形成加强和改进工作的合力。

（张娅楠）

重要会议与决议、决定

【区八届人民代表大会第七次会议】 1 月 12 日至 13 日，房山区第八届人民代表大会第七次会议在区会议中心召开。268 名代表参加会议。会议听取和审议区政府工作报告、区人大常委会工作报告及区法院、区检察院工作报告，审查和批准房山区国民经济和社会发展第十四个五年规划和 2035 年远景目标纲要（草案）、房山区 2020 年国民经济和社会发展计划执行情况的报告及 2021 年国民经济和社会发展计划、房山区 2020 年财政预算执行情况的报告和 2021 年财政预算；补选刘兵为房山区第八届人民代表大会常务委员会主任，穆建山、方玉祥为房山区第八届人民代表大会常务委员会副主任，陈水为房山区第八届人民代表大会常务委员会委员，表决通过"北京市房山区第八届人民代表大会法制委员会主任委员人选名单"。

（张娅楠）

【区八届人大七次会议期间收到议案 23 件】 截至 1 月 12 日 18 时，区八届人大七次会议收到议案 23 件。按照议案内容分类，属于农业、农村、农民方面的 12 件，占 52.2%；教科文卫方面的 6 件，占

26.1%；城市建设和环境保护方面的 3 件，占 13%；财政经济方面的 2 件，占 8.7%。

（张娅楠）

【区八届人大常委会第四十七次会议】 3 月 12 日，区八届人大常委会第四十七次会议召开。会议通报市十五届人大四次会议精神，审议通过区人大常委会 2021 年工作要点，决定有关人事任免事项。

（张娅楠）

【区和乡镇两级人大换届选举工作】 4 月 7 日，区人大常委会组织召开 2021 年区、乡镇两级人大换届选举调研座谈会。会议传达市人大关于 2021 年换届选举工作有关精神，通报各乡镇（街道）基本数据和区人大换届选举前期开展工作情况。11 月 5 日，房山区完成区和乡镇人大换届选举投票工作。选举产生房山区第九届人大代表 319 名和新一届乡镇人大代表 1290 名。

（张娅楠）

【区八届人大常委会第四十八次会议】 5 月 27 日，区八届人大常委会第四十八次会议召开。会议听取区人大常委会法制办关于 2020 年度规范性文件备案审查工作情况的报告，决定有关人事任免事项。

（张娅楠）

【区八届人大常委会第四十九次会议】 7 月 14 日，区八届人大常委会第四十九次会议召开。会议听取和审议区政府关于房山区 2020 年环境状况和环境保护目标完成情况的报告；关于房山区新场景应用情况的报告；关于房山区 2021 年新一轮百万亩造林绿化工程、京津风沙源治理、太行山绿化工程建设成果的报告，决定有关人事任免事项。

（张娅楠）

【区八届人大常委会第五十次会议】 8 月 11 日，区八届人大常委会第五十次会议召开。会议审议通过关于区和乡镇人民代表大会换届选举时间的决定，关于区和乡镇人民代表大会换届选举工作方案，关于任命房山区选举委员会组成人员的决定，关于任命各乡镇选举委员会组成人员的决定，决定有关人事任免事项。

（张娅楠）

【区八届人大常委会第五十一次会议】 9 月 17 日，区八届人大常委会第五十一次会议召开。会议听取和审议区政府关于房山区 2020 年预算执行和其他财政收支情况的审计工作报告；2020 年财政决算和 2021 年上半年预算执行情况的报告；关于提请审议批准房山区 2021 年新增地方政府债务限额及区级预算调整方案的议案；关于房山区城乡劳动力就业工作情况的报告；审查和批准区政府 2020 年区级决算；审议通过关于接受孙国春辞去房山区第八届人民代表大会代表职务请求的决定；决定有关人事任免事项。

（张娅楠）

【区八届人大常委会第五十三次会议】 10 月 29 日，区八届人大常委会第五十三次会议召开。会议听取区政府副区长关于履职情况的报告；听取和审议区监察委关于开展廉政教育工作情况的报告；关于“抓住实施新一轮城南行动计划的有利契机，加速良乡大学城建设”议案办理情况的报告；听取和审议区政府关于“巩固农村人居环境整治三年行动成果，创建一批美丽庭院”议案办理情况的报告；表决通过关于接受部分人员辞去选委会职务的决定；决定有关人事任免事项。

（张娅楠）

【区八届人大常委会第五十四次会议】 11 月 19 日，区八届人大常委会第五十四次会议召开。会议学习贯彻中共十九届六中全会精神；学习贯彻中央人大工作会议精神；听取和审议关于在全区开展法治宣传教育的第八个五年规划（2021—2025 年）；审议通过关于房山区第九届人民代表大会代表资格的审查报告；讨论决定召开区九届人大一次会议的有关事项。

（张娅楠）

【区八届人大常委会第五十五次会议】 11 月 26 日，区八届人大常委会第五十五次会议召开。会议听取和审议区政府关于国有资产管理情况的综合报告和国有自然资源管理情况的专项报告，听取和审议区政府关于房山区 2021 年预算调整方案的报告；审查和批准区政府 2021 年预算调整方案；初审区政府关于 2022 年财政预算（草案）；审议通过区人大常委会工作报告（审议稿）。

（张娅楠）

【区九届人民代表大会第一次会议】 12月14日至17日，房山区第九届人民代表大会第一次会议在区会议中心召开。319名代表参加会议。会议听取和审议区政府工作报告、区人大常委会工作报告及区法院、区检察院工作报告，审查和批准房山区2021年国民经济和社会发展计划执行情况的报告及2022年国民经济和社会发展计划、房山区2021年财政预算执行情况的报告和2022年财政预算。会议选举刘兵为房山区第九届人民代表大会常务委员会主任，齐文东、穆建山、方玉祥、胡建光、周蕾为房山区第九届人民代表大会常务委员会副主任，29人为房山区第九届人民代表大会常务委员会委员；阳波当选为房山区人民政府区长，吕晨飞、周同伟、袁林、高武军、尹航、靳璐、刘金辉为房山区人民政府副区长；郗琳当选为房山区监察委员会主任，娄宇红当选为房山区人民法院院长，钟达先当选为房山区人民检察院检察长。会议表决通过房山区第九届人民代表大会财政经济委员会、城市建设环境保护委员会、法制委员会、教育科技文化卫生委员会、农村委员会、社会建设委员会。

（张娅楠）

【区九届人大常委会第一次会议】 12月21日，区九届人大常委会第一次会议召开。会议表决通过区人大常委会补选市人大代表办法，补选北京市第十五届人民代表大会代表。经现场无记名投票，谈绪祥、杨公鼎当选为北京市第十五届人民代表大会代表。

（张娅楠）

监督工作

【视察卫生健康规划编制情况】 3月18日，区人大常委会组织部分市、区人大代表视察房山区卫生健康规划编制情况。代表们实地视察房山区中医医院新址在建项目和新建拱辰街道社区卫生服务中心业务用房，听取房山区“十三五”时期卫生健康事业发展情况和“十四五”时期重点工作任务的报告。代表们对房山区卫生健康事业取得的成效给予肯定，提出加快房山第一医院迁址建设进度、提升医疗技术水平、坚持规划引领和问题导向、加大健康理念普及、更加关注科技信息化的运用和人文关怀等意见建议。

（张娅楠）

【视察区检察院服务“六稳”“六保”工作情况】 4月7日，区人大常委会组织部分区人大代表对区检察院服务“六稳”“六保”工作情况进行视察。代表们实地察看区检察院案件管理中心、检察服务中心，参观房山检察院依托检察服务e站服务区域发展的展览，观看党史学习教育和政法队伍教育整顿展板，听取区检察院《关于落实〈北京市人民检察院关于充分发挥检察职能保障首都经济社会发展的实施意见〉的工作方案》和依法服务保障“六稳”“六保”工作汇报。代表们对区检察院案件管理、检察服务e站等工作给予肯定，在加强工作宣传，注重法律监督、法律服务和深入落实司法政策等方面提出建议。

（张娅楠　赵悦 王欣桐）

【视察生态环境状况和环境保护目标完成情况】 4月13日，区人大常委会组织部分市、区人大代表就房山区2020年生态环境状况和环境保护目标完成情况进行视察。代表们实地察看中油北京销售有限公司第三加油站油气回收和移动源（尾气）监测点尾气监测等情况，听取区生态环境局相关情况的汇报。代表们对房山区生态环保方面取得的成绩给予肯定，并就如何发挥主体责任、加强科技治理、精细化管理、打好组合拳、加大宣传力度等方面提出意见建议。

（张娅楠）

【视察养老服务驿站建设运转情况】 4月20日，区人大常委会组织部分市、区人大代表对房山区养老服务驿站建设运转情况进行视察。代表们实地察看城关街道永乐园社区养老服务驿站和田各庄村幸福晚年驿站，听取区民政局关于房山区养老服务驿站建设运转等相关情况的工作汇报，围绕居家养老、智慧养老、医养结合、护理培训、规划建设移交等提出意见建议。

（张娅楠）

【视察现代商贸服务业发展情况】 4月21日，区人大常委会组织部分市、区人大代表对房山区现代商贸服务业发展情况进行视察。代表们实地察看龙湖房山天街、首创奥特莱斯、华冠物流园区发展情况，听取区商务局工作情况汇报，围绕基础设施项目建设、增设便民商贸网点、优化营商环境、大力发展夜间经济、电子商务、引进高端人才等方面提出意见建议。

（张娅楠）

【视察全域旅游暨民宿发展情况】 4月22日，区人大常委会组织部分市、区人大代表对房山区全域旅游暨民宿发展情况进行视察。代表们实地察看佛子庄乡上英水村第三空间云隐里民宿布局、房间设计、基础设施配套等情况，听取房山区全域旅游暨民宿发展情况汇报。代表们提出要加大宣传力度、打造精品线路、提升服务水平、引进重大项目、善于借机借力、讲好历史故事、与其他规划相衔接等意见建议。

（张娅楠）

【视察公共法律体系建设情况】 5月20日，区人大常委会组织部分市、区人大代表对房山区公共法律体系建设情况进行视察。代表们实地查看区公共法律服务中心、区矛盾纠纷多元调解中心，听取区司法局相关工作汇报，对区政府及相关部门立足法治房山建设、注重公共法律体系建设、服务百姓、服务经济发展的做法给予肯定，并在宣传、考核、矛盾排查、队伍建设等方面提出建议。

（张娅楠）

【视察教育资源合理配置、均衡发展情况】 5月26日，区人大常委会组织部分市、区人大代表对房山区教育资源合理配置、均衡发展情况进行视察。代表们到北京小学长阳分校（怡和校区）、北京工商大学附属小学查看校园环境和办学条件等情况，询问师资配置、教学管理等问题，听取区教委关于房山区教育资源合理配置、均衡发展情况的汇报。代表们围绕集团化办学、心理健康教育、德育、劳动教育等问题进行交流发言。

（张娅楠）

【检查《北京市突发公共卫生事件应急条例》落实情况】 6月4日，区人大常委会组织部分市、区人大代表对全区贯彻落实《北京市突发公共卫生事件应急条例》情况进行执法检查。代表们对长阳镇社区卫生服务中心进行问询、检查、核实。听取区卫生健康委关于贯彻落实应急条例情况的汇报。代表们对长阳镇贯彻落实《北京市突发公共卫生事件应急条例》工作给予肯定，提出要加强预案演练、平战结合、补齐卫生基础设施短板、提升防疫队伍建设、强化四方责任宣传和落实等意见建议。6月25日，区人大常委会主任刘兵带队对全区贯彻落实《北京市突发公共卫生事件应急条例》进行集中执法检查。根据集中执法检查的重点内容清单，对东方1956文化酒店（集中隔离点）、良乡医院发热门诊进行问询、检查、核实，听取区卫生健康委关于全区贯彻落实《北京市突发公共卫生事件应急条例》情况汇报。代表们对全区贯彻落实条例情况给予肯定，并就加强预案演练、卫生知识科普、人员培训、公共卫生专业人员队伍建设、医疗资金投入、医务人员待遇等提出意见建议。

（张娅楠）

【视察全区水源地管理和保护情况】 6月8日，区人大常委会组织部分市、区人大代表对全区水源地管理和保护情况进行视察。代表们实地察看窦店镇健源水厂、高端制造业水厂，阎村镇水厂及水源地管理和保护情况，听取区水务局、区生态环境局相关工作情况的汇报，就抓好农村水厂基础设施建设、多渠道加强水源地保护、加大监管和宣传力度、保障用水安全等方面提出意见建议。

（张娅楠）

【检查《北京市医院安全秩序管理规定》贯彻落实情况】 6月9日，区人大常委会执法检查组对房山区贯彻落实《北京市医院安全秩序管理规定》情况进行执法检查。执法组实地检查燕化医院和房山区中医医院的安检工作、警务工作室建设及运行、医警联动工作、安全监控中心运行、一键报警装置配备等情况，听取房山公安分局、区卫生健康委贯彻实施《北京市医院安全秩序管理规定》情况的汇报。

（张娅楠）

【检查野生动物保护法贯彻实施情况】 6月10日，区人大常委会组织部分区人大代表对全区贯彻实施《中华人民共和国野生动物保护法》情况进行执法检查。代表们实地察看牛口峪水库野生动物监测情况及上方山国家森林公园野生动物保护工作情况，听取区园林绿化局相关工作情况的汇报，建议要加大保护力度和宣传力度。

（张娅楠）

【调研全区新场景工作情况】 6月17日，区人大常委会组织部分市、区人大代表对全区新场景工作情况进行调研。代表们实地察看高教园区管委会城市大脑应用场景项目进展情况、北京高端制造业（房山）基地无人机森林防火项目进展情况，听取区科委关于新场景工作情况汇报，提出创新体制机制、加大宣传力度、跨部门联合推进、加强顶层设计、精准落地项目、保护创新主体合法权益、加快高校科技成果转化等意见建议。

（张娅楠）

【视察全区拆除违法建设情况】 7月7日，区人大常委会组织部分市、区人大代表对全区拆除违法建设情况进行视察。代表们到阎村镇大董村工业开发区、拱辰街道南关轻轨站南侧和大南关村拆违现场进行实地察看，了解违法建设和拆违腾地等治理情况，听取相关工作情况汇报。代表们对全区精准拆违、有情执法、平稳推进、全力治理违法建设工作予以肯定，并就加大资金投入、强化顶层设计、加强拆后监管、跟进销账问题等方面提出意见建议。

（张娅楠）

【视察区检察院检察服务e站情况】 7月8日，区人大常委会组织部分市、区人大代表对区检察院检察服务e站工作情况进行视察。代表们实地察看北京金融安全产业园检察服务e站、区检察院案件管理中心、检察服务中心，参观区检察院检查服务e站展览，观看检察服务e站专题片，听取区检察院相关工作情况汇报。代表们就加强宣传、拓宽服务领域等方面提出意见建议。

（张娅楠）

【视察区法院服务保障优化营商环境工作情况】 7月23日，区人大常委会组织部分市、区人大代表视察区法院服务保障优化营商环境工作情况。代表们实地察看长阳镇多元解纷诉调对接中心和矛盾纠纷多元调解中心衔接工作流程、“多元调解+速裁”工作机制等，参观区法院“系民心•铸法魂”文化建设主题展览，听取区法院服务保障优化营商环境情况和总体工作情况汇报。代表们就加强宣传和总结、探索便民措施、开展司法服务、加强精品案例以案释法等方面提出意见和建议。

（张娅楠）

【视察全区城乡劳动力就业及职业技能培训情况】 7月29日，区人大常委会组织部分市、区人大代表对全区城乡劳动力就业及职业技能培训情况进行视察。代表们实地察看德润鑫丰劳务派遣有限公司、区人力资源公共服务中心、区社会保险事业管理中心、区劳动人事争议仲裁院，听取区人力资源社会保障局关于全区就业及培训工作情况的汇报。代表们对全区就业工作给予肯定，围绕就业精准服务、按需培训、扶持社会第三方专业就业培训公司等方面提出意见建议。

（张娅楠）

【视察农村污水处理站运行情况和美丽庭院创建情况】 7月29日，区人大常委会组织部分市、区人大代表对农村污水处理站运行情况和美丽庭院创建情况进行视察。代表们实地察看窦店镇河口村、石楼镇杨驸马庄村，听取石楼镇政府和区妇联、区农业农村局、区水务局的相关工作汇报。

（张娅楠）

【视察区检察院生态修复民事公益诉讼工作】 8月26日，区人大常委会组织部分市、区人大代表对区检察院生态修复民事公益诉讼工作进行视察。代表们实地察看长阳镇朱岗子村民事修复地块现场。到区检察院召开专题座谈会，观看房山电视台《法治与生活》栏目报道的“朱岗子村民事公益诉讼案”处理经过，听取区检察院生态修复民事公益诉讼工作情况汇报。代表们就加大宣传力度、开展办案“回头看”及关注垃圾污染影响等方面提出建议。

（张娅楠　赵悦）

【检查《北京市生活垃圾管理条例》《北京市物业管理条例》贯彻落实情况】 9月24日，区人大常委会组织部分市、区人大代表对全区贯彻落实《北京市生活垃圾管理条例》《北京市物业管理条例》情况进行执法检查。代表们实地查看长阳镇朗悦嘉园社区、拱辰街道智汇雅苑社区垃圾分类和物业管理情况，良乡镇后石羊村垃圾分类、收集等情况，听取区住房城乡建设委、区城市管理委工作情况汇报。代表们对全区垃圾分类、物业管理工作给予评价，并就加强宣传、明确责任等方面提出意见建议。

（张娅楠）

【视察现代农业产业建设及发展情况】 9月29日，区人大常委会组织部分市、区人大代表就房山区现代农业产业建设及发展情况进行视察。代表们到良乡镇、窦店镇实地察看房山区现代农业产业园核心区、北京航天恒丰科技股份有限公司、凯达恒业农业技术开发有限公司，并就现代农业产业建设及发展情况进行座谈，听取区农业农村局相关工作情况的汇报。代表们就出台更加精准有效的支持政策、切实帮助解决设施用地、融资担保等问题提出意见建议。市规划自然资源委房山分局、区发展改革委和区财政局就代表提出的问题进行解答。

（张娅楠）

【视察全区回迁安置房建设和老旧小区改造情况】 10月21日，区人大常委会组织部分市、区人大代表对全区回迁安置房建设和老旧小区改造情况进行视察。代表们实地察看北京建工0023项目部、长阳棚改项目部回迁安置房建设及西潞街道苏庄一里老旧小区改造情况，听取相关工作情况的汇报。代表们对全区回迁安置房建设和老旧小区改造工作给予肯定，围绕科学规划、加大社会资本投入、推动数字经济发展等方面提出意见建议。

（张娅楠）

代表活动

【参加区检察院专题工作情况通报会】 2月4日，5名全国、市、区三级人大代表参加区检察院专题工作情况通报会。代表们听取相关工作汇报，观看检察服务e站宣传片及《认罪认罚在特殊环境下的适用考验——新冠肺炎疫情期间北京市首例妨害传染病防治案》专题片。代表们对区检察院工作给予肯定，并提出意见建议。

（张娅楠）

【参加建党100周年系列庆祝活动】 4月，区人大常委会推荐77名市、区、镇三级人大代表参加建党百年系列庆祝活动，完成政审、核酸检测、防疫筛查、健康监测等工作。6月25日，代表们参加在国家体育场举行的第二场专场文艺演出。7月1日，代表们参加在天安门广场举行的庆祝中国共产党成立100周年大会。

（张娅楠）

【专题培训班】 5月7日至8日，区人大常委会在全国人大北京培训基地举办《中华人民共和国全国人民代表大会和地方各级人民代表大会选举法》专题培训班。邀请全国人大常委会法制工作委员会国家法室处长梁菲讲授选举法和选举工作，全国人大代表资格审查委员会办公室原主任李伯钧讲授换届选举工作实务。各乡镇（街道）人大负责人和工作人员80人参加培训。

（张娅楠）

北京市房山区人民政府

综　述

2021年，在区委的坚强领导和统筹推进下，区政府坚持以习近平新时代中国特色社会主义思想为指导，落实市委、市政府工作要求，以首都发展为统领，坚持“六为”工作思路，驰而不息讲政治、硬作风、强执行，统筹推进疫情防控和经济社会发展，实现“十四五”良好开局。

区域功能定位深入落实。编制完成23个新城组团街区控规和8个乡镇国土空间规划。更新完善121项“一区一城”指标体系，“十四五”规划256项重点任务、53项区级专项规划稳步实施。出台《房山区农村宅基地及房屋建设管理办法（试行）》，田长制全面推行。城南行动计划完成27项重点任务和184亿元投资，京雄高速北京段、京良路西段全面开工。城市更新行动全面启动，区级项目储备入库76项，完成67万平方米老旧小区改造。

科技金融创新城建设实现突破。发挥“两区”建设专班作用，梯次推进241个入库项目。推动中关村科技园区房山园管理体制机制改革，中关村新兴产业前沿技术研究院全面运营。15家头部企业、12家“隐形冠军”企业、44家专精特新企业等实现入驻，上市挂牌企业增至21家，国家高新技术企业830家，规上工业总产值中高精尖产业产值比重达到47.1%。良乡大学城建设全面推进，街区控规编制完成，3个新型研发中心入驻企业6家，理工清科投入运营，累计建成26个国家和省部级重点实验室。京东方生命科技产业园智慧医工核心能力中心一期完成二次结构施工，北京高端制造业基地（房山）标准化厂房开工，中车轨道交通装备产业园地铁19号线列车交付使用，航景创新无人机森林灭火项目通过测试，氢能燃料电池研发空间投入运营。冬奥氢能保供项目实现量产，石墨烯种子园10个种子项目入园孵化。中粮健康科技园建成开园，航天恒丰基地项目签约落地。北京基金小镇、北京金融安全产业园分别实现税收20亿元、4亿元。周口店遗址、琉璃河遗址入选“百年百大考古发现”，琉璃河遗址保护规划正式发布。董家林、黄土坡2个村腾退搬迁全面完成，国际葡萄酒小镇博览馆开工建设，北京大熊猫科研繁育基地项目正式上报市政府。实施“三乡联动”发展，累计建成乡村民宿品牌99个、院落313个，集体经济强村比重达到51%。龙湖熙悦天街开业运营，吸引30家区域首店入驻。首创奥特莱斯入选首批市级旅游休闲街区，长阳商圈活力度居全市第四。“5G+区块链+AI”智慧政务服务场景落地，区级政务服务事项80%以上实现全程网办，异地回迁企业数量、京外迁入企业数量全市第一，1005家“服务包”企业地方级财政收入贡献实现快速增长。

生态宜居示范区建设成效显著。整治完成15条背街小巷，创建46条示范街巷、100个文明交通示范路口，通过国家卫生区复审、未成年人思想道德建设测评。“疏整促”专项行动 28 项任务全部完成，拆除违法建设 345 万平方米、完成量位列全市第二，腾退土地 425 公顷，“战略留白”26.7 公顷、“留白增绿”18.6 公顷；一般制造业提质 14 家，治理无证无照经营 117 家，新建生活性商业服务网点 32 个。持续开展“一微克”行动，PM2.5 年均浓度实现有监测数据以来最低值。全面落实河长制，综合巡河率 100%，6 个国、市考断面水质稳定达标；开展 6 个万人千吨水源保护区清理整治，建设用地污染地块安全利用率达到 100%。生态涵养区生态保护和绿色发展年度 40 项重点任务全部完成，新一轮百万亩造林完成 1532.9 公顷，公园绿地 500 米服务半径覆盖率达到 86%，燕房郊野公园建成，森林覆盖率提高到 37%。完成人口调控目标，常住人口城镇化率达到 78.1%。

城乡融合发展新格局加快形成。美丽乡村建设加快推进，112 个创建村通过市级考核验收，农村人居环境整治三年行动任务如期完成，累计新改建污水厂（站）60 座、管线 152 千米，农村地区无害化卫生户厕覆盖率达到 99.3%。大石窝牧原、石楼二商高标准生猪养殖场建成投产。启动实施 56 个集体经济薄弱村增收工作。统筹市区帮扶资金 2.05 亿元支持45个协作项目，推动突泉县等地乡村振兴发展。

保障和改善民生力度持续加大。引进清华附中等优质办学机构，规范治理校外培训机构 303 家。新建养老服务驿站 19 家，新增养老床位 230 张。社区卫生服务中心、服务站基本实现全覆盖，家庭医生重点人群签约覆盖率达 97%，急救呼叫满足率达 99%、居于全市前列。新建书店 24 家。棚改安置房开工建设 23002 套，交付 7750 套。建设筹集各类政策性住房 3700 余套，30 个老旧小区楼本体和公共区域改造完工，农村危房改造完成 1718 户并获国务院督查奖励。

社会治理水平不断提升。接诉即办解决率和满意率上升到 86.92%、90.46%，年度综合排名全市第八。全面推进垃圾分类，市级示范小区（村）达到 85 个；物业企业、业委会（物管会）党组织覆盖率达到 100%。创建基层治理示范点 100 个、美丽庭院 5338 户。完成全国“两会”、建党 100 周年等重大安保维稳任务，建立区领导包案工作机制，累计攻坚化解 86 件复杂疑难信访矛盾。持续推进安全生产专项整治三年行动、整改隐患 1.9 万项，关停拆除“高墙大院”715 家。

全面筑牢疫情坚实防线。持续加强重点区域、重点人群、重点场所常态化防控，推进院感防控、保供稳价、冷链食品监管、疫苗接种等防控措施。在新增京外关联本地确诊病例后，第一时间封控涉疫小区，最短时间内实现疫情全部清零。

（刘荣家）

重要会议和活动

【八届区政府第五次全体会】 2 月 18 日，房山区八届区政府第五次全体会议以视频会议形式召开。区委书记陈清，区委副书记、区长郭延红，区人大常委会主任刘兵，区政协主席魏广勋出席会议。会议的主要任务是深入贯彻落实中央、市、区一系列重要会议精神，对做好 2021 年政府各项工作进行再动员、再部署。

（刘荣家）

【区政府廉政工作部署会】 5 月 6 日，区政府召开廉政工作部署会。会议传达北京市推进依法行政工作领导小组（扩大）会议精神，听取全区依法行政工作情况汇报。

（刘荣家）

【琉璃河国家考古遗址公园规划建设工作交流会】 8 月 20 日，房山区召开琉璃河国家考古遗址公园规划建设工作交流会。中国文物学会会长、故宫博物院原院长单霁翔，北京市文物局局长陈名杰，区委书记陈清，区委副书记、区长郭延红，区委副书记刘学亮出席会议。会议听取琉璃河国家考古遗址公园工作进展、专项建设组工作规则和专家指导委员会建议名单等相关情况汇报；听取琉璃河国家考古遗址公园、特色小镇和博物馆概念策划合作意向，服贸会房山日活动现场琉璃河国家考古遗址公园项目发布和《万里走单骑——遗产里的中国》第二季启程发布计划，以及考古工作情况和计划等情况介绍。与会人员进行交流研讨。

（刘荣家）

【内蒙古代表团到房山区调研对接帮扶协作工作】 9月10日至11日，内蒙古察右中旗党政代表团到房山区对接协作工作。代表团到韩村河镇圣水峪村圣水莲庭民宿和十渡镇红色马安教育基地、西太平村、口子台民宿，实地考察文化旅游和民宿旅游项目、集体经济、旅游基础设施建设等情况，并听取相关介绍。10月19日，内蒙古兴安盟突泉县党政代表团到房山区就协作工作进行考察对接。代表团到韩村河镇韩村河村展览馆、窦店镇航天恒丰科技股份有限公司实地考察党建引领、美丽乡村建设等工作，并在长阳镇首创奥特莱斯参加2021年度房山区支援合作地区消费帮扶启动仪式暨“相约深情房山品味大美突泉”突泉县文化旅游、农特产品专场推介会。

（刘荣家）

【与丰台区结对协作】 11月25日，房山区党政代表团到丰台区开展结对协作对接交流活动。代表团到丽泽SOHO，参观丽泽金融商务区全貌，听取商务区规划建设情况汇报。在座谈会上，丰台区、房山区分别介绍区域经济社会发展情况及结对协作工作开展情况。12月28日，丰台区与房山区结对协作工作联席以视频会议形式召开。会议总结两区全年结对协作工作情况，对2021年更高质量开展结对协作工作提出要求。

（刘荣家）

【内蒙古支援合作】 11月27日至28日，房山区党政代表团到内蒙古兴安盟突泉县调研对接支援合作工作。代表团到北京韩建河山管业股份有限公司内蒙古分公司、曙光现代农业循环经济园区、聚美恒果生态农业科技有限公司、绿丰泉肉牛养殖基地，详细了解北京内蒙古协作工作进展、产业发展、企业运行等情况。看望慰问在北京韩建河山管业股份有限公司内蒙古分公司就业的脱贫户，并召开北京内蒙古协作工作联席会，双方就协作工作进展情况和下一步工作计划进行交流座谈。

（刘荣家）

【与清华大学附属中学签约】 12月22日，区政府与清华大学附属中学举行合作办学签约仪式。会上，与会人员听取关于合作办学主要内容及清华附中在房山区办学计划的介绍。双方正式签署《合作办学筹建协议》。

（刘荣家）

【八届区政府常务会议】 2021年，房山区八届区政府常务会议共召开26次。主要如下：

第94次常务会议　1月8日，八届区政府第94次常务会议召开。会议研究并原则同意《房山区对市委、市政府安全生产第七督察组督察反馈意见的整改方案》《房山区落实〈深化北京市新一轮服务业扩大开放综合试点 建设国家服务业扩大开放综合示范区工作方案〉〈中国（北京）自由贸易试验区总体方案〉的工作方案》《北京市房山区加强和规范事中事后监管的实施方案》《房山区“12345”市民服务热线“接诉即办”工作考核办法（试行）》《全国脱贫攻坚先进个人及先进集体推荐名单》。

第95次常务会议　2月26日，八届区政府第95次常务会议召开。会议传达学习中共中央总书记习近平对信访工作重要指示精神和市委书记蔡奇、市长陈吉宁批示要求，2021年北京市信访工作主要任务，对2021年信访工作进行安排部署。研究并原则同意《中共北京市房山区委审计委员会办公室房山区审计局2021年度审计项目计划》《房山区烈士纪念设施规划建设修缮管理维护实施方案》《北京市就业创业工作先进集体和先进个人推荐名单》《2020年度“北京市扶贫协作奖”推荐名单》。

第96次常务会议　3月11日，八届区政府第96次常务会议召开。会议研究并原则同意《2021年区政府工作报告重点分工方案》《房山区生活垃圾分类全流程精细化管理系统服务平台建设实施方案》。

第97次常务会议　3月22日，八届区政府第97次常务会议召开。会议宣布八届区政府领导分工调整情况。原则同意关于2021年人大议案、代表建议和政协委员提案交办的工作安排，《房山区2021年办好重要民生实事项目分工方案》《房山区“十四五”时期深化推进“疏整促”专项行动实施意见》《房山区深入打好污染防治攻坚战2021年行动计划》《全面推进乡村振兴加快农业农村现代化工作措施》《暂不参加本次换届选举村和社区意见》《北京市城乡社区治理先进集体和先进个人推荐候选名单》《全国农村留守儿童关爱保护和困境儿童保障工作先进集体和先进个人推荐名单》。

第 98 次常务会议　4 月 6 日，八届区政府第 98 次常务会议召开。会议研究并原则同意《房山区全面落实危险化学品安全生产工作实施意见》《关于北京市委市政府安全生产第七督察组督察反馈意见整改落实情况的报告》《房山区 2020 年环境状况和环境保护目标完成情况的报告》《京雄高速公路（北京段）工程征地拆迁工作框架协议主体变更三方协议》。

第 99 次常务会议　4 月 19 日，八届区政府第 99 次常务会议召开。会议研究并原则同意《房山区全面推行“田长制”实施方案》《房山区全面建立“林长制”实施方案》《房山区深化落实企业标准“领跑者”制度实施方案》《智天新航高性能减振功能部件产业化项目合作协议》，安排部署新型冠状病毒疫苗接种工作。

第 100 次常务会议　5 月 6 日，八届区政府第 100 次常务会议召开。会议研究并原则同意《房山区防止耕地“非粮化”稳定粮食生产工作方案》《房山区设施农业绿色高效发展实施方案》《2021 年北京市房山区加强和完善事中事后监管重点工作任务》《区教委、北京高端制造业（房山）基地管委会与首都师范大学合作办学协议》《区教委与首都师范大学附属育新学校合作办学协议》。

第 101 次常务会议　5 月 18 日，八届区政府第 101 次常务会议召开。会议研究并原则同意《房山区“十四五”规划纲要主要目标与任务分工方案》《房山区贯彻落实国家统计局统计督察反馈意见整改方案》。

第 102 次常务会议　5 月 25 日，八届区政府第 102 次常务会议召开。会议研究并原则同意与市自来水集团开展供水合作相关事项。

第 103 次常务会议　5 月 31 日，八届区政府第 103 次常务会议召开。会议研究并原则同意《房山区构建现代环境治理体系实施方案》《房山区落实耕地保护空间工作实施方案》及 2020 年度首都城市环境建设管理样板单位和突出贡献个人推荐名单，北京市生活垃圾分类推进工作先进集体和先进个人推荐名单。

第 104 次常务会议　6 月 18 日，八届区政府第 104 次常务会议召开。会议研究并原则同意《房山区关于落实〈北京市行政复议体制改革实施方案〉的工作方案》，研究《房山区 2021 年洪涝灾害防御工作方案》。

第 105 次常务会议　6 月 28 日，八届区政府第 105 次常务会议召开。会议研究房山区申请发行 2021 年地方政府再融资债券有关工作情况。

第 107 次常务会议　8 月 12 日，八届区政府第 107 次常务会议召开。会议传达北京市市长陈吉宁到房山区调研指示精神。研究并原则同意农村管水员在区协管员改革工作完成前继续按照原有管理模式执行的请示，《关于支持北京市燕房保障性住房建设投资有限公司运营发展整体方案》。

第 108 次常务会议　8 月 23 日，八届区政府第 108 次常务会议召开。会议传达市长陈吉宁关于严肃工作纪律、改进调研会议工作的要求。研究并原则同意《房山区人民政府关于行政区域内禁止燃放烟花爆竹的通告》《落实〈推动城市南部地区高质量发展行动计划（2021—2025 年）〉实施方案》《房山区 2020 年财政决算草案和 2021 年上半年预算执行情况报告》《房山区 2021 年新增地方政府债务限额及预算调整方案》《房山区 2020 年度预算执行及其他财政收支情况的审计结果报告》《房山区第 37 个教师节庆祝方案》《房山区农村集体经济薄弱村增收工作方案》《房山区农村集体经济薄弱村增收试验方案》《房山区 2021 年农村地区村庄冬季清洁取暖工作方案》《与中葡汇公司签订〈国际葡萄酒小镇一期项目（葡萄酒世界博览馆）投资运营合作协议〉》。

第 109 次常务会议　9 月 6 日，八届区政府第 109 次常务会议召开。会议研究并原则同意《房山区落实〈北京市中央生态环境保护督察整改销号工作办法（试行）〉实施方案》，北京市信访工作先进集体和先进个人推荐名单。

第 110 次常务会议　9 月 22 日，八届区政府第 110 次常务会议召开。会议研究并原则同意《房山区迎接第二轮北京市生态环境保护督察工作方案》，北京市农村工作先进集体和先进个人拟推荐名单。

第 111 次常务会议　9 月 29 日，八届区政府第 111 次常务会议召开。会议宣布八届区政府领导工作分工调整情况。研究并原则同意《房山区进一步加强和规范安全生产督察工作实施意见》《房山区 2021 年度安全生产督察工作方案》《北京房勘金地工程勘察设计有限公司产权转让方案》。

第 112 次常务会议　10 月 8 日，八届区政府第 112 次常务会议召开。会议研究并原则同意《关于 2021 年度第二批调整新增地方政府债券资金用途的请示》。

第 113 次常务会议　10 月 18 日，八届区政府第 113 次常务会议召开。会议研究并原则同意《房山区法治政府建设情况自查报告》《区委宣传部、区司法局关于在全区开展法治宣传教育的第八个五年规划（2021—2025 年）》《房山区禁止燃放烟花爆竹实施方案》《关于公布房山区征收农用地区片综合地价比例的通知》《房山区农村低收入群众危房改造工作方案（2021—2025 年）》《2021 年房山区符合政府安排工作条件退役士兵安置工作方案》。

第 114 次常务会议　10 月 28 日，八届区政府第 114 次常务会议召开。会议研究并原则同意《房山区推进落实北京国际消费中心城市建设工作方案（2021—2025 年）》，调整房山区农村地区村庄冬季清洁取暖优质型煤（兰炭）采购补贴相关事宜，研究《窦店物流基地项目规划实施工作方案》《北京京西培训中心机构改革实施方案》。

第 115 次常务会议　11 月 8 日，八届区政府第 115 次常务会议召开。会议研究并原则同意《2020 年度国有资产管理情况综合报告》《2020 年度国有自然资源管理情况专项报告》《“首都生态文明奖”先进集体和先进个人推荐名单》。

第 116 次常务会议　11 月 15 日，八届区政府第 116 次常务会议召开。会议研究并原则同意《2022 年固定资产投资和全区重点工程计划》《房山区规范互联网平台经济工作领导小组组建方案》《周口店中心小学宿舍楼及食堂改扩建项目实施方案》《行宫园小区供电线路改造方案》和关于拨付窦店镇窦店村 A 地块集体土地租赁住房项目专项资金的请示。

第 117 次常务会议　11 月 23 日，八届区政府第 117 次常务会议召开。会议研究并原则同意《政府工作报告》《房山区 2021 年国民经济和社会发展计划执行情况与 2022 年国民经济和社会发展计划（草案）报告》《房山区 2021 年预算调整方案和 2022 年财政预算（草案）报告》《房山区 2021 年财政预算执行情况和 2022 年财政预算（草案）报告》《房山区新一轮百万亩造林绿化工程 2022 年绿化建设方案》。

第 118 次常务会议　11 月 30 日，八届区政府第 118 次常务会议召开。会议研究《关于编制良乡组团 11 个街区控规及交评、环评、水评所需经费的请示》。研究并原则同意《关于房山新城拱辰街道中心区一至五街改造定向安置用房（二期）项目〈国有土地上房屋征收决定〉的请示》。

第 119 次常务会议　12 月 6 日，八届区政府第 119 次常务会议召开。会议研究并原则同意《房山区“七有”“五性”监测评价指标体系任务分解方案》《北京市房山区人民政府与清华大学附属中学签署合作办学筹建协议》。会议还研究关于申请追加公用经费有关工作。

（王京博）

【九届区政府常务会议】　2021 年，房山区九届区政府常务会议共召开 2 次。主要如下：

第 1 次常务会议　12 月 23 日，九届区政府第 1 次常务会议召开。会议研究并原则同意《房山区关于促进新城高质量发展提升新城综合承载能力的落实方案》《房山区 2022 年办好重要民生实事项目分工方案》《房山区创建“基本无违法建设乡镇（街道）”工作方案》《房山区 2021 年度首都绿化美化先进集体和先进个人推荐名单》。

第 2 次常务会议　12 月 27 日，九届区政府第 2 次常务会议召开。会议研究以区政府名义签署《北京 2022 年冬奥会和冬残奥会文化广场合作备忘录》，关于撤销石花洞旅游服务中心后实行收支两条线相关事宜。

（王京博）

政务服务

【概况】 2021年，区政务服务管理局以企业群众需求为出发点，以企业群众获得感为落脚点，稳步推进政务服务各项工作。精简审批事项，有序推进“告知承诺”，深化拓展“办好一件事”，全面提升营商环境4.0改革培训。推进区块链数据资源共享利用，持续优化“全程网办”系统，深化“综窗2.0改革”，“跨省区通办”实现突破，“好差评”系统全面覆盖，公共资源交易工作平稳推进。有序推进政府信息公开，政府网站建设深度集约。

（刘新）

【7人获评政务服务之星】 1月13日，市政务服务局联合首都精神文明办开展的第二届“北京榜样•政务服务之星”评选活动名单正式公布，房山区7人上榜，其中2人获“窗口之星”提名奖，5人获“贴心服务标兵”称号。

（刘新）

【房山区公共资源交易平台建设】 1月，根据北京市政府采购优化营商环境改革4.0版要求，为进一步优化营商环境，更好的服务市场主体，房山区公共资源交易平台全面上线政府采购项目电子交易系统，实现发布招标公告公示、下载招标文件、递交投标文件、开标、评标、中标结果公告等全流程电子化。该平台全年项目交易量428个，其中政府采购项目进场交易量359个，使用标室970次。

（刘新）

【房山区首例个人间存量房交易登记“不见面审批”】 2月1日，市规划自然资源委房山分局联合区住房城乡建设委、区税务局完成房山区第一例个人间存量房交易“不见面审批”登记。买卖双方要办理房山区某小区的存量房转移登记业务，卖方因急于收回购房款需要尽快办理产权证，但不便到场办理。该业务符合“不见面审批”条件，市规划自然资源委房山分局联合区住房城乡建设委、区税务局，共同配合帮助申请人“不见面”办理。申请人及经纪机构分别通过身份认证后，使用互联网填报交易双方和不动产的相关信息，登记部门和税务部门并联审核，申请人网上完成缴税并支付登记费。全流程实现“不见面”办理，申请人于当日通过“北京市不动产掌上登记中心”领取不动产登记电子证照。

（刘新　刘梦娇）

【房山区电子证照分中心建成】 2月4日，房山区电子证照分中心建成并完成综窗系统升级工作。该工作推进28类电子证照在142个政务服务事项线下办事场景中的应用，实现企业群众办事所需的电子证照材料现场无须携带、线上自动调取。

（刘新）

【房山智慧政务服务标准化试点项目获批】 3月12日，区政务服务局“北京房山智慧政务服务标准化试点”项目获国家标准委正式批复。该项目以响应政务服务改革新要求为宗旨，以房山政务服务管理局实践总结为基础，以“5G+区块链+AI”新技术应用与政务服务“新服务”为突破，通过持续发挥标准化的支撑和引领作用，助力“智搜、智问、智办、智检、智审、智监”的全流程智慧政务服务场景实现，推动房山区政务服务线上“一网通办”从“网上可办、网上深办”向“全程网办、全网通办”超越，线下“一窗受理”向“5G+区块链+AI引导办事”过渡，提升企业群众满意度，优化营商环境，塑造房山政务服务品牌形象。项目建设期2年。

（刘新）

【优化营商环境政策直播间】 4月21日，区政务服务局会同区发展改革委开通“优化营商环境4.0”政策直播间，对开办企业、财产登记、获得电力、办理建筑许可、纳税、普惠创新等营商环境指标，进行点单式宣讲。全年，组织3期10场主题直播活动，总计1.2万人次参与线上互动。

（刘新）

【证明事项清单】 4月26日，区政务服务局推出房山区第一批、第二批告知承诺制证明事项清单16项和房山区保留证明事项清单35项，在区政府网站公布，以规范政府管理行为，方便企业群众创业办事。

（刘新）

【预约办事系统升级工作】 5月21日，区政务服务局实现办事群众可预约当天业务，方便办事人合理安排预约时间；完善预约统计分析、预约详情功能，为政府决策提供数据分析支撑。

（刘新）

【房山区首张“多证合一”营业执照颁发】 自5月31日起，北京市对仅销售预包装食品的食品经营者，由“食品经营许可”改为“食品经营备案（仅销售预包装食品）”管理，并将“食品经营备案（仅销售预包装食品）”纳入北京市“多证合一”登记改革。仅预包装食品经营者通过北京市企业服务e窗通平台申请办理设立或经营范围变更登记，市场监管部门直接核发加载统一社会信用代码的营业执照。5月31日，区市场监管局向北京心悦辰瑜食品有限公司负责人颁发房山区首张“多证合一”营业执照。

（刘新）

【政务服务体系建设】 6月29日，乡镇政务服务好差评体系建设工作启动。该项目是通过系统对接、系统升级，构建的多角度评价、全方位覆盖、综合性应用的政务服务好差评体系，覆盖区政务服务中心、各专业厅、乡镇（街道）政务服务中心，并向村（居）政务服务站延伸。截至年底，覆盖区级政务服务中心综窗业务，不动产、社保等专业政务大厅、服务企业专厅、“房山通”APP、北京市投资项目在线审批监管平台等系统及领域。好差评系统应用延伸至乡镇（街道）和个别试点村（居）。办事群众在区级大厅及乡镇使用综窗系统参与评价1.8万次，好评率为100%。

（刘新）

【政务服务系统升级】 7月20日，区政务服务中心日报填报系统升级完成。升级后，系统能及时汇聚各部门办理情况并进行统计分析，促进各部门提高办件质量。10月7日，区政务服务局完成区服务企业专厅、办好一件事系统、“房山通”APP及预约办事系统升级。完成升级后，做到各系统技术架构保持一致性、先进性，实现多个系统应用联动、数据互通。

（刘新）

【“跨区通办”合作】 7月28日，房山区与西城区、东城区、丰台区、平谷区、密云区签署《关于实施政务服务“跨区通办”联动机制框架协议》，正式结成政务服务“跨区通办”合作伙伴。协议规定，6个区分别在区本级政务服务大厅互设专门的“跨区通办”窗口，负责承接办理“跨区通办”的政务服务事项。凡在上述各区申请的政务服务事项，均可在任意一个“跨区通办”窗口提交并申请办理，由“跨区通办”窗口工作人员负责业务指导咨询和收件，属地区政务服务中心窗口工作人员负责受理和出件，属地业务部门负责办理审批业务。开通“跨区通办”的业务包括经贸、烟草、新闻出版、建筑工程、道路工程等26项。

（刘新）

【《房山区政府信息和政务公开工作手册》修订完成】 11月，区政务服务局对《房山区政府信息和政务公开工作手册》进行修订完善，更新《中华人民共和国政府信息公开条例》，增加《政府信息公开信息处理费管理办法》《江苏省政府信息公开办理答复规范》等8篇文件供全区各乡镇（街道）、区政府各部门参考学习。

（刘新）

【《北京市房山区人民政府公报（2021）》编发】 12月，区政务服务局编发《北京市房山区人民政府公报（2021）》，收录以区政府名义印发文件25篇，以区政府办名义印发文件7篇，并通过政府网站和“房山政务”微信公众号同步对外公开。

（刘新）

【档案电子化工作】 年内，区政务服务局依托市级统建电子文件归档系统，升级改造区级审批系统，集成电子文件归档系统入口。完成全区40个区级部门及27个乡镇（街道）的182个电子档案账号配置，完成区级部门1036个事项配置。

（刘新）

【“房山通”APP政务服务客户端】 年内，“房山通”APP政务服务客户端覆盖区内全部政务事项，并通过互联网信息服务安全评估，取得信息系统安全等级备案证书。截至年底，实现区级 49 个部门 1778 个事项的办事指南在线查询，1182 个事项的在线办理。

（刘新）

【区政府门户网站运行平稳】 年内，区政府网站发布政府决策部署和文件信息，面向社会提供政务服务，建设政府与公众互动交流新渠道，打造面向企业群众的服务门户、数字门户、开放门户、应用门户。开设“综合新闻”“政务公开”“政务服务”“政民互动”“走进房山”5 个频道 75 个一级栏目、136 个二级栏目、102 个三级栏目。全年，发布各类信息 16900 条，建设“创文明城区 建幸福房山”“生态环境保护督察在房山”“房山爱企行动”等 7 个专题栏目，完成“办好一件事”引导式主题服务事项专栏设计制作 48 个。

（刘新）

外事及港澳台事务

【概况】 2021 年，在区委、区政府的领导下，全区对外工作坚持以习近平新时代中国特色社会主义思想和习近平外交思想为指导，以统筹抓好涉外疫情防控和对外交往为主线，制定《房山区外籍人士新冠病毒疫苗接种工作方案》，为在房山区工作、学习和生活的外籍人士接种新冠病毒疫苗 634 剂。落实《北京市“迎冬奥 促提升”国际语言环境建设专项行动方案》，对全区 2907 块外语标识进行检查和规范。设立外籍人士到华工作许可受理点，提供工作许可类信息咨询和证件办理服务。全年，填报外事参访项目总计 21 个。

（殷兆伟）

【线上外事活动】 3 月 11 日，区委书记陈清，区委副书记、区长郭延红通过视频方式，会见法国勃艮第大区科多尔省伯恩市市长阿兰•苏格诺，双方表达在葡萄酒产业开展合作交流的意愿，陈清欢迎法方参与房山区国际葡萄酒小镇建设。

（殷兆伟）

【区委外事工作委员会第三次全体会】 4 月 15 日，区委外事工作委员会第三次全体会召开。会议传达市委外事工作委员会全体会会议精神，审议通过区委外事委组成人员调整的建议、《区委外事委 2020 年工作完成情况》和《区委外事委 2021 年工作要点》。

（殷兆伟）

【房山区推进国际交往中心功能建设领导小组第二次全体会】 4 月 29 日，房山区推进国际交往中心功能建设领导小组召开第二次全体会。会议传达北京推进国际交往中心功能建设领导小组全体会会议精神，审议通过房山区推进国际交往中心功能建设领导小组成员调整的建议、《房山区推进国际交往中心功能建设领导小组 2021 年工作要点》。

（殷兆伟）

【优化区域国际语言环境】 7 月至 9 月，区外事办落实《北京市“迎冬奥 促提升”国际语言环境建设专项行动方案》，对全区 11 个应急避难场所、9 个轨道交通站点、5 个 AAAA 级旅游景区的 2907 块外语标识进行检查和规范，进一步优化区域国际语言环境。

（殷兆伟）

信访工作

【概况】 2021 年，房山区信访工作在区委、区政府的领导下，深入贯彻落实中共中央总书记习近平关于加强和改进人民信访工作的重要思想，围绕区委“六为”工作思路，完成以中国共产党成立 100 周年庆祝活动为核心的各项服务保障任务。建立健全工作机制，全面排查风险隐患，有效维护全区社会和谐稳定。落实信访事项首办责任制，推动实现“最多访一次”，提高群众满意度。在全区范围内设立村（社区）“我来办工作室”，主动听取群众诉求，就地化解群众矛盾。研究制定《房山区关于加强领导干部接访下访工作的意见》，推进领导干部接访下访常态化、制度化和规范化。督促指导全区各乡镇（街道）信访联席会议落实工作制度，持续加强信访宣传和业务培训。全年，信访事项及时受理率100%、按期办结率100%、群众满意率81.49%、初信初访一次性化解率 60.32%。房山区在北京市2021 年信访工作考核中位列全市第 2 名，连续 2年创造房山区信访考核最佳成绩。

（田宓）

【信访宣传活动】 5月28日，区信访办在全区范围内组织开展“永远跟党走，共筑连心桥”法治信访系列宣传活动。区信访办与各单位在乡镇（街道）、村（社区）等公共场所开展宣传，印发宣传材料3万份，制作宣传品2万件，为现场群众解疑释惑，引导群众依法逐级表达诉求。年内，利用“两微一端”平台，发布推送信访法规常识和全区信访工作动态。“房山信访”微信公众号发布150余条，政务头条号发布140余条。

（田宓）

【“我来办工作室”成立】 年内，区信访办在全区 658 个村（社区）成立“我来办工作室”，统一机构名称、统一人员组成、统一工作制度，通过“群众说事、主动问事、及时办事、集中议事”，推动实现矛盾随时排、诉求随时化、问题随时解，提升基层矛盾纠纷化解质效，全力解决群众“急难愁盼”问题，构建新时代基层信访工作新格局。

（田宓）

【信访积案化解】 年内，区信访办开展“信访积案化解年”活动，针对国家信访局交办房山区的303件疑难复杂信访积案，成立由区委政法委书记牵头的工作专班，制定工作方案，全力推动“事心双解”。总计审核化解295件，化解率达97.4%，高于全市平均化解率。

（田宓）

【案件复查审理】 年内，区信访办受理信访复查案件38件，审结35件。作出撤销复查意见17件，撤销率45%，保障信访人合法权益，提升复查公信力。14件复查意见进入市政府信访复核程序，全部得到维持，维持率 100%。加强案前引导分流，通过解答咨询、案前调解等方式案前化解50件，降低行政成本。

（田宓）

【包案与开门接访机制】 年内，区信访办根据区委常委会决定，确定区级重点矛盾 16 个，区级重点人24名，由13名区领导包案，基本化解重点矛盾9件，有效稳控矛盾7件。各重点时期，区、乡镇两级信访部门停休，双休日开门接访。全年，接访下访2000余人次，接访下访群众830余批1200余人次。

（田宓）

【矛盾纠纷排查】 年内，区信访办组织社会矛盾纠纷大排查2次、月排查8次，专项排查5次，总计排查重点矛盾71件，重点人189名，全部交办责任单位开展化解稳控工作。

（田宓）

【信访联席会议机制】 年内，区信访联席会议召开全体（扩大）会议2次、专题会8次，对重点矛盾研判会商，协调推动化解，30余名信访重点人诉求得到妥善解决。区信访联席会议印发通知，督促指导全区各乡镇（街道）信访联席会议落实工作制度。

（田宓）

应急管理

【概况】 2021年，区应急局深入贯彻中共中央总书记习近平关于安全生产和防灾减灾重要论述精神，聚焦全力护航建党百年庆祝活动服务保障总目标，推动安全生产和应急管理责任落实，实现全区安全生产形势持续稳定。以三年行动为统领，梳理“目标任务清单”249项，全部完成。形成“问题隐患清单”3300余项，销账率100%，上账隐患数量全市排名第一。建立隐患大排查信息报送平台，全区发现整改隐患2.7万余项。持续开展“高墙大院”、有限空间作业“清风行动”、冷库企业、液化石油气、储能电站、光伏发电、充电桩等专项行动。全年，区应急局检查生产经营单位 4402 家，立案466 起，文书下达率、人均立案量、人均罚款金额均全市排名第一。全区发生一般生产安全事故3起，死亡4人，未发生较大以上生产安全事故。完成《房山区“十四五”时期安全生产工作规划》《房山区“十四五”时期应急管理事业发展规划》编制工作。开展第一次全国自然灾害综合风险普查，完成各项防汛工作任务，未发生森林火灾。全面推进应急体系建设，通过应急演练、应急单兵系统、车载应急指挥平台等方式及应用，全面提升应急处置能力。

（黄安琪）

·应急预案建设·

【区安委会全体会】 1月22日至11月24日，区安委会办公室召开区安全生产委员会全体会暨防火安全委员会联席会议5次。会议总结2020年安全生产工作，部署2021年度安全生产重点工作；通报全区安全生产督查检查工作，三年行动工作开展情况，全区安全生产重点工作完成情况，城关街道瓜市村北京市城关永祥氧气站非法储存销售工业气体案件查处情况等；重点对中国共产党成立100周年前夕和中秋、国庆“两节”期间全区安全生产工作进行部署。应急、消防、城管、住建等有关部门对各领域重点工作进行专项部署。

（张文立）

【应急安全宣传教育活动】 5月，区应急局、区教委组织开展“应急小小守护者”绘画大赛活动，引导在校学生“学应急安全知识、懂自救互救技能、讲防灾减灾感受”，增强学生安全防范意识。80多所中、小学校参加活动，收集作品1700余幅，获奖作品90幅。区应急局联合区总工会开展“最美城市守护者”摄影比赛，从119幅参赛作品中评选作品84幅。6月16日，由区应急局主办、长阳镇政府协办，以“落实安全责任，推动安全发展”为主题的“‘6•16’安全宣传咨询日”活动在首创奥特莱斯举办，区应急局、区气象局、区水务局等21家区安委会成员单位，部分企业从业人员和辖区居民200余人参与现场宣传咨询活动，线上直播观众8.7万余人。安全生产月活动期间，总计发放“落实安全责任，推动安全发展”系列海报、宣传单页、宣传折页等宣传品5.71万余份，制作安全宣传橱窗59块，制作特色宣传展板76块。通过电子屏等在全区主要干道、公共场所播放安全标语1000余条，条幅203条，主题宣传灯旗100面，发放宣传品3.84万余份。

（秦宝　杨茹）

【安全教育培训】 年内，房山区面向工业企业主要负责人、安全管理人员、重点岗位人员等开展4期安全管理知识在线教育培训。该培训自4月20日起，为期8个月。内容包括中共中央总书记习近平关于安全生产的重要论述、安全生产法律法规、有限空间作业、涉危使用、涉爆粉尘等安全管理知识。截至年底，房山区报名参训工业企业365家，参训完成企业365家，参训人员1027人，总计培训29227课时。12月13日至24日，区应急局在北京煜圣金泰注册安全工程师事务所组织安全生产专职安全员业务线上培训。内容包括安全生产管理基本理论、新安全生产法解读、电器用电安全监管、安全生产标准化。培训分为4批次，391人参加培训，合格率100%。

（郑德雨　王建伟）

【应急队伍建设】 年内，房山区新组建2支区级应急综合救援队和15支乡镇（街道）应急志愿服务队。截至年底，应急救援队伍总计88支4244人，开展应急演练358次，参与人数4.3万余人次，主要涉及地质灾害、消防、防汛、防火、防疫突发事件演练等内容，有效检验各单位专项应急预案的科学性及可操作性。分别获京津冀应对燕山石化危化品事故协调联动专项应急演练一等奖和房山区水旱灾害防御专项演练二等奖。

（郑喜富）

·安全生产监督管理·

【市级安全社区创建】 1月，西潞街道、窦店镇获“北京市安全社区”称号并挂牌；12月，拱辰街道、长阳镇、阎村镇获“北京市安全社区”称号并挂牌。

（项鹏）

【市委、市政府安全生产督察整改】 2月7日，区委办、区政府办印发《房山区对北京市委、市政府安全生产第七督察组督察反馈意见的整改方案》。区安委会办公室对督察组反馈涉及全区问题和隐患逐项进行梳理，分解成政府层面 36 项问题和企业层面 108 项隐患，明确各项问题整改责任单位、整改措施和完成时限。聘请专家，组织相关部门，成立 2 个检查组，对涉及整改的 13 个乡镇（街道）和 14 个有关部门进行检查。4 月 14 日至 15 日，市委、市政府安全生产督察“回头看”第一组对房山区 2020 年安全生产第七督察组反馈问题整改情况开展督察“回头看”。督察组查阅整改资料 300 余份，实地抽查 6 个属地部门、7 家企事业单位整改落实情况，查出隐患 12 项，涉及企业 4 家。区安委会办公室对督察组反馈的问题立即安排部署、落实整改。截至 5 月 12 日，全部完成整改。

（陈莉莉）

【第二次安全生产条件普查市级抽查】 3 月 9 日至 17 日，按照市安委会办公室《关于开展北京市第二次生产经营单位安全生产条件普查工作的通知》要求，市应急局聘请第三方机构对房山区第二次安全生产条件普查工作开展质量抽查。通过召开工作动员会，安排专人跟随现场，协调入户核查工作，7 天内完成 3 个乡镇（街道）共 587 家生产经营单位的现场核查工作。市应急局普查数据质量抽查报告反馈，房山区台账数据总体合格率为 91.14%，安全生产条件普查数据录入总体情况较好。

（薛利）

【专项执法】 3 月 23 日至 4 月 23 日，区应急局组织开展为期 1 个月的电气使用安全暨严厉打击特种作业、特种设备作业人员“持假证上岗、无证上岗”专项执法行动，消除电气安全隐患 107 项，立案 4 起，罚款 2.5 万元。5 月 15 日至 8 月 30 日，开展建筑领域“四防”（即防高温、防坠落、防雷击、防中毒）“四打”（即打击违规作业、打击劳动防护用品违规配备、打击违规用电、打击安全设备设施违规使用设置），总计消除安全隐患 192 项，立案 35 起，罚款 27.85 万元。

（马志建　王建伟）

【危险化学品安全生产管理】 3 月 25 日，区应急局联合房山公安分局、房山消防救援支队召开会商会，对房山区危险化学品监管、打非治违相关工作进行分析研判，联合建立危险化学品警消政联动监管机制。6 月 10 日，以区委办、区政府办名义印发《房山区关于全面加强危险化学品安全生产工作的实施意见》，细化任务清单 53 项，明确各项重点工作责任部门及完成时限，全年完成任务清单 43 项。树立北京金隅窦店科技园作为三年行动示范园区，开展为期 1 个月的帮扶工作。推进智慧园区北京高端制造业（房山）基地与第三方机构合作推进应急指挥中心——园区综合管理平台建设。坚持目标任务“清单式管理”要求，确定 2021 年园区专项三年行动目标任务 35 项，完成 35 项，完成率 100%。园区所属有关乡镇（街道）、行管部门和园区管理单位共计检查园区内企业 4253 家次，发现隐患 2553 项，整改隐患 2472 项，行政处罚数量 30 起，行政处罚金额 14.7 万元。分别于 5 月 15 日至 6 月 30 日、9 月 16 日至 10 月 30 日，联合房山消防救援支队开展 2 次危险化学品重大危险源企业专项检查督导交叉检查工作。配合丰台、昌平、顺义、海淀、大兴和亦庄开发区完成对房山区 25 家重大危险源企业，172 处重大危险源的交叉检查工作，查出隐患 656 条，完成隐患整改 600 项，隐患整改率 91.5%。

（李杰　张培培　薛利）

【国家安全发展示范城市创建】 4 月 8 日，区安委会办公室印发《关于持续开展国家安全发展示范城市创建工作的通知》。6 月，按照市安委会办公室印发的《2021 年城市安全发展评价工作方案》相关要求，对评价内容进行细化分解，召开房山区 2021 年国家安全发展示范城市创建工作部署会，明确 9 项需现场复核的重点评价指标落实单位。6 月 28 日，开展自评，逐一对照评价标准，核对佐证材料，形成自评报告。8 月，完成市安委会办公室评审专家组对房山区现场复核评价。评审专家组分别对霞云岭乡四马台村白草畔沟泥石流隐患点、燕山石化等 12 处现场开展实地复核，并对城市总体规划及各类安全专项规划、城市生命线安全风险防控和各部门城市安全监管责任等 29 项指标要求内容进行资料核查。

（刘爽）

【车载应急移动指挥平台项目】 4月，区应急局启动购置车载应急移动指挥平台项目。主要内容为购置宇能中型客车1辆并对车辆进行改装，购置和安装包括车载卫星通信、单兵图像传输、800兆数字集群通信、应急调度、应急会商设备等应急指挥通信设备。改装车辆采用7米左右宇通客车底盘作为载车平台，改造后可乘坐10人，其中包括2名司机、1名操控人员、7名会商人员。截至年底，完成车辆改装，进行应急指挥通信设备安装调试工作。

（李春建）

【属地安全生产督察"回头看"】 5月22日至6月11日，区安委会办公室对河北镇、青龙湖镇、西潞街道等9个乡镇（街道）2020年督察反馈问题的整改情况进行"回头看"。通过听取汇报、沟通交流、查阅档案、直奔现场等方式，实地核查政府层面144项问题和53家企业的166项隐患，查阅资料300余份，形成一对一反馈意见，并督促落实整改。各被督察单位，严格按照反馈意见对各项问题进行进一步整改，确保督察取得实效。截至8月5日，全部完成整改。

（陈莉莉）

【防汛工作】 2021年汛期为6月1日至9月30日，区防汛办总计组织召开32次防汛会商会，各部门发布暴雨、地灾、洪水等预警信息58次，排查防汛隐患380处，关停景区景点、转移群众5次，关停民宿267处，转移群众11864人次，完成2021年防汛工作，实现"不死人、少伤人、城市不看海、财产少损失、不出现热点舆情"的工作目标。

（韩学军　袁晓霞）

【烟花爆竹禁燃】 9月27日，区政府印发《房山区行政区域内禁止燃放烟花爆竹的通告》。自2022年1月1日起北京市房山区行政区域内禁止燃放烟花爆竹。

（郑喜富）

【行管部门安全生产督察】 11月9日至12月6日，区委、区政府成立3个督察组，对区交通局、区体育局、区市场监管局等10个负有安全生产监管职责的单位进行综合性督察。督察组与被督察单位领导班子成员、安全科室负责人和相关业务科室负责人谈话94人次，查阅档案资料2000余份，延伸督察检查企业71家，发现问题105项、隐患413项。被督察单位根据反馈，及时消除问题隐患。

（陈莉莉）

【第一次全国自然灾害综合风险普查】 年内，根据第一次全国自然灾害综合风险普查工作要求，区应急局完成新增地质、气象、水旱等7大类29小类46项普查任务，采集调查数据近45万条。在全国率先开展气象、园林等单灾种评估区划和综合风险评估区划等工作。按照国务院普查办"边普查、边应用、边见效"的要求，完成普查成果应用系统建设，该系统包括风险评估与区划、重点风险隐患管理应用、"三高一低"热点分析应用、雨洪决策分析应用，包含业务模块24个、功能点124个，实现普查成果由静态数据转化为动态分析成果的重大跨越。

（韩学军　王琳）

【城市安全风险评估】 年内，区应急局按照《北京市城市安全风险评估三年工作方案（2019年—2021年）》要求，在建筑施工、市政、交通、商务、文化、旅游、危险化学品、工业、体育、园林绿化10个重点行业领域开展三年全覆盖的安全风险评估及管控工作，建立安全风险管控机制，全面推进安全生产预防控制体系建设。截至11月30日，全区完成5727家企业的风险辨识评估。其中，非小微企业1221家，小微企业4506家。完成2021年330家企业的安全风险评估，实现三年10个重点行业领域企业全覆盖。

（韩学军　王琳）

【"高墙大院"专项整治】 年内，区应急局组织各乡镇（街道）和有关行业部门持续开展"高墙大院"专项整治。截至年底，累计上账"高墙大院"单位1743家，有营业执照1104家，占比63.3%；无营业执照639家，占比36.7%。累计消除安全、消防、特种设备等问题隐患4168项，关停大院200家，拆除607家，面积127.7万平方米。

（傅星铭）

【液化石油气专项安全检查】 年内，区应急局会同区城市管理委、区城管执法局、区市场监管局、房山消防救援支队并邀请2名专家，研讨全区液化石油气非居民用户安全管理方式，探索切实有效的管理办法。结合各乡镇（街道）开展液化石油气专项工作现状和存在问题，向 21 个乡镇（街道）一对一印发液化石油气专项工作督办通知单，要求健全基础台账、强化执法检查、整改隐患、强化责任落实。全年，检查液化石油气非居民用户 3063 家，发现隐患 5900 项，整改隐患 5900 项，整改率 100%，收缴钢瓶 737 个。

（张文立）

【安全生产专项整治三年行动】 年内，房山区深入推进专项整治集中攻坚，坚持抓住“目标任务清单”和“问题隐患清单”2 个关键，围绕 3 个专题和 8 个行业领域，持续督促指导各单位加大执法检查力度，做好隐患问题排查挂账、落实整改、验收销账的闭环管理。梳理确定 2021 年度“目标任务清单”249 项，完成 249 项，完成率 100%；形成“问题隐患清单”3316 项，其中重大隐患 8 项、突出问题 5 项。整改 3316 项，销账率 100%。统筹全区安全生产隐患大排查工作，细化 11 个行业领域重点整治内容，指导各乡镇（街道）、各行业领域持续推进安全生产隐患大排查。共整改隐患 2.7 万余项。

（张文立）

【乡镇（街道）专职安全员执法检查】 年内，各乡镇（街道）安全员队伍共检查生产经营单位 61486 家次，发现问题隐患 30603 项，下达责改文书 10670 份。

（傅星铭）

【森林防灭火工作】 2020—2021 年度森防期，全区共接报森林火警 57 起，比 2020 年同期减少 34 起，下降 37%；发生森林火情 9 起，比 2020 年同期减少 2 起，下降 18%。2 小时处置率达 100%，区级森防队伍 30 分钟达到火场率 100%，未发生森林火灾，全区森林防火形势基本平稳可控。

（李会健）

【危险化学品经营许可】 年内，房山区严格审批程序，推进“放管服”改革和优化营商环境改革，高效开展危险化学品行政许可审批。区政务服务中心市场监管厅综合窗口受理许可申请 261 件。其中，受理危险化学品经营许可 202 件；受理危险化学品建设项目安全审查 4 件；受理第二、三类非药品类易制毒生产备案申请 1 件，受理第二、三类非药品类易制毒经营备案申请 11 件；受理危险化学品安全使用许可 2 件；受理烟花爆竹经营（批发）许可 1 件；受理生产安全事故应急救援预案备案申请 40 件。根据危险化学品（烟花爆竹）行政许可审定会议审定结果，对完成许可审批事项，及时发放许可证件。

（王晓薇）

【生产安全事故隐患排查】 年内，房山区全面落实《北京市生产安全事故隐患排查治理办法》文件精神，推动企业通过安全生产信息化系统开展隐患排查工作，根据《2021 年度安全生产和消防工作目标任务书》要求，制定全区隐患排查治理信息化推广企业数量。截至年底，完成推广 1758 家，完成 1500 家推广工作任务，完成率 117.2%。完成企业安全生产标准化创建 2590 家，其中三级标准化达标企业 178 家，小微岗位达标企业 2412 家，超额完成市级下达创建 600 家任务，完成率 432%。全区安全生产责任保险投保企业达到 5048 家，同比 2020 年增加 2042 家，增长 67.93%；保险费收入达 1273.36 万元，同比 2020 年增加 736.29 万元，增长 137.1%。全区企业安责险参保率为 48.81%，全市排名第五。全区 3000 家小微岗位达标企业“一企一标准一岗一清单”编制工作实现 3 个百分百，即：个性化标准清单及岗位清单制定率 100%、隐患排查治理制度完备率 100%、企业安全生产管理平台使用率 100%。

（郝维　杨雪峰　薛利　项鹏）

【企业安全生产专项整治工作】 年内，房山区持续开展涉爆粉尘企业事故隐患“清零行动”、冷库企业安全生产、有限空间作业安全生产“清风行动”等专项整治工作，针对涉爆粉尘企业“十大问题和隐患”及“6 项重点检查内容”，对 17 家涉爆粉尘企业开展“清零行动”回头看执法检查，重点检查除尘设备的运行维护、安全设备设施的使用、检维修作业的安全管理等，出动执法人员 178 人次，安全生产专家 89 人次，检查企业 89 家次，检查覆盖率 100%，发现各类隐患 32 处，全部整改完毕。聘请安全生产专家会同有关部门组成联合执法检查组开展4次联合督查，总计检查冷库企业1526家次，出动执法检查人员4474人次，发现隐患711项，消除隐患690项，立案17起，罚款28万元，拆除冷库2处。建立健全有限空间作业安全管理台账，使有限空间作业涉及中毒窒息、燃爆火灾风险得到全面辨识和管控，总计检查有限空间作业工业企业3456家次，出动执法人员9158人次，消除隐患1302项。建立倒排工期、定期调度、企业约谈等机制开展医药、化工企业专项整治，聘请化工安全仪表专家全程参与企业自查、审查评估、隐患整改、竣工验收等整治环节，全面完成化工安全仪表系统专项整治工作。

（任艳　王忠凯　杨雪峰　段震宇　付常荣　任国鹏）

【安全评价机构执业行为专项整治】　年内，按照市应急局《关于印发北京市安全评价机构执业行为专项整治方案的通知》要求，房山区成立专项整治工作领导小组，制定《房山区安全评价机构执业行为专项整治方案》，以整治安全评价机构弄虚作假、生产经营单位以虚假报告获取相关许可、安全评价机构出租出借资质、评价人员出租出借资格证书等问题为重点，首次对安全评价机构执业行为开展专项整治。全年，总计检查评价项目129个，对存在的问题逐一核实，全部整改。

（刘爽）

【重大危险源监测预警系统】　年内，房山区23家危险化学品重大危险源企业接入重大危险源监测预警系统，接入视频信号472路，监测点位1052处。区应急局实施“在线巡查+远程监管”，全年无各类风险预警，核查点位异常报警398次，摘除、恢复监测设备318家次，实现重大危险源100%监控，报警信号100%核查，预警信息100%化解，违法行为100%查处。

（孙涵）

·灾害防治·

【防震减灾科普活动】　5月6日至11日，区地震局在首师大附属房山学校、良乡二中、良乡二小、良乡小学举办4场“防震减灾移动科普进学校”活动。内容包括地震VR宣传车体验、烟雾逃生演练、心肺复苏体验、自救绳结体验、止血和包扎体验。5月9日，在拱辰街道一街社区举办“防震减灾移动科普进社区”活动，向社区群众发放防震减灾知识手册、围裙等防震减灾宣传品。依托区融媒体中心《房山新闻》《今日关注》等平台，以专题报道、稿件刊发、飞播字幕等形式，持续开展防震减灾科普宣传，营造全社会关心、参与防震减灾工作的氛围。

（刘洁　王春景）

【“5•12”防灾减灾日】　5月12日是第13个全国防灾减灾日，区应急局、区地震局、房山消防救援支队、区文化和旅游局、区园林绿化局、区气象局以“防范化解灾害风险、筑牢安全发展基础”为主题，在房山区府前广场举办2021年房山区防灾减灾日主题宣传活动。活动采取线上线下相结合的方式，多维度开展宣传活动。活动现场通过讲解、发放资料、有奖问答、体验交流等形式广泛宣传地震、火灾、防洪等防灾减灾安全知识，引导民众积极参与互动体验，从而提高群众对各类灾害防范应对基本技能。活动当日，现场参与人数300余人，线上直播观看人数10万余人。发放各类宣传材料2.5万余份。

（张春芳　刘洁　王春景）

【地震预警信息播发试点工作】　年内，区地震局利用区融媒体中心现有应急广播资源，加装自动预警终端，实现地震预警信息“村村响”，有效打通地震预警信息发布“最后一公里”，为最终实现地震预警信息在应急广播体系中快速播发提供技术支撑。

（谭磊　王春景）

【北京电视地震预警信息发布技术房山区试点工作】　年内，区地震局利用歌华有线机顶盒安装地震预警APK，实现地震预警信息自动播发。为实现歌华有线与地震预警系统全面对接，开展电视地震预警信息播发奠定基础。

（谭磊　王春景）

【信息员队伍建设】　年内，区地震局重新梳理全区灾害信息员队伍，灾害信息员总计775人，其中区级 3 人、乡镇（街道）级 98 人、村（社区）级 674 人，相关信息登记入库入册，实行定期更新。

（王春景）

【地震观测设施和观测环境保护】 年内，区地震局坚持每周对观测仪器进行常规检查，每季度对良乡水位仪器进行校测，定期开展监测设施巡查工作。对区内流体台 3 个、强震台 14 个、动物宏观观测点 7 个进行检查指导。本着合理布局、多种类发展原则对全区产业规模小、产业转型、网点过于集中的观测点进行调整，裁撤部分宏观点，并与中国联通房山分公司签订协议，对观测点远程监控项目实施动态管理。

（王春景）

【防灾减灾救灾体系建设】 年内，按照市应急局《2021 年灾害与物资保障工作要点》和《北京市救灾工作指导规程》要求，房山区建立《房山区自然灾害灾情会商工作制度》，对即时、专题、重大和年度灾情会商行为进行明确规范。梳理全区灾害信息员队伍，保持“区—乡镇（街道）—村（社区）”三级灾害信息员队伍总体稳定。完成应急队伍统计调查，总计 88 支 4244 人。摸清应急救援物资底数，全区 9 个部门储备应急物资共 731365 件。开展应急避难场所统计调查，全区共有应急避难场所 331 处 451.92 万平方米，人均 3.44 平方米，符合 2021 年 1.5 平方米的要求，符合《北京城市总体规划（2016 年—2035 年）》中 2035 年的要求。

（韩学军 王琳 张永立）

·社会救援·

【概况】 2021 年，房山蓝天救援队现正式队员 151 人，预备队员 409 人，志愿者 900 余人。所有队员均为业余志愿者，从事教师、医生、护士、会计、公务员等职业。主要开展山野救援、水上救援、城市走失人口救援，参与各种灾害事故救援行动，协助政府展开防灾、减灾走进社区、走进学校开展安全教育培训等。2021 年，房山蓝天救援队开展救援 139 次，出车 1708 台次，出队 2927 人次，成功救援 235 人；开展安全急救知识宣讲 9 次，出车 555 台次，出队 1011 人次；参与大型活动安保 38 次，出车 225 台次，出队 678 人次；开展生态环境保护 65 次，出车 331 台次，出队 656 人次。新冠肺炎疫情期间，该队出动车辆 2195 台次、队员 3288 人次，为高考考场、中考考场、超市等 1622 个场所提供义务消毒服务。该队得到《北京日报》、北京电视台多次报道，并连续 2 次登上“学习强国”学习平台。

（陈海军）

【山野救援】 3 月 6 日，房山蓝天救援队接到燕山东风二果园救援通知，立即组织 30 名队员开展救援。经过 1 小时的搜索，成功营救 1 名被困人员。4 月 25 日，接到周口店镇黄山店村坡峰岭被困人员求助信息，组织 15 名队员开展救援。经过 2 小时的搜寻，找到被困者。5 月 14 日，接到周口店镇车厂地区山野救援求助信息，组织 5 台车、10 名队员开展救援。经过近 2 小时的搜寻，找到被困人员并安全送下山。并分别于次日凌晨 12 时和 2 时许送至山下。6 月 27 日，接到周口店镇涞沥水被困山野人员求助信息，组织 17 名队员前往救援。经过 3 小时的搜寻，队员找到被困者，并护送至坡峰岭景区门口。6 月 30 日，接到周口店镇葫芦棚被困山林人员的求助信息，组织 21 名队员前往救援。经过 2 小时 30 分的搜寻，2 梯队队员找到被困者 2 名，分别于当日 24 时和次日凌晨 2 时许送至山下。7 月 10 日，接到周口店镇泗马沟村宝金山被困人员求助信息，集结 9 台车、15 名队员开展救援，经过 5 小时 40 分搜寻，找到被困者，于此日凌晨 4 时 45 分送下山并移交警方。8 月 14 日，接到河北镇半壁店山野救援信息，集结 8 台车、21 名队员开展救援。经过 4 小时的搜寻，找到被困人员 6 人并安全送下山。8 月 21 日，接到百花山山野救援信息，集结 5 台车、15 名队员开展救援。经过 4 小时的搜寻，找到被困老人。8 月 22 日，接到周口店山野救援信息，集结 5 台车、10 名队员开展救援。经过 8 小时的搜寻，队员于次日凌晨 3 时找到被困人员。9 月 7 日，接到九渡野山救援信息，集结 6 台车、12 名队员开展救援。经过 4 小时的搜寻，未找到被困者，于次日凌晨 2 时休整队伍。9 月 8 日 6 时，集结 9 台车、

18 名队员继续搜寻，历经 4 小时 40 分钟，找到被困者。9 月 13 日，接到佛子庄山野救援信息，集结 8 台车、17 名队员开展救援。经过 7 小时的搜寻，于次日凌晨 3 时找齐 9 名被困者，6 时 30 分成功送下山。10 月 8 日，接到泗马沟山野救援信息，集结 4 台车、13 名队员开展救援，经过 2 小时的搜寻，找到被困者。10 月 15 日，接到坡峰岭救援信息，集结 7 台车、19 名队员开展救援，经过 3 小时的搜寻，找到被困者。10 月 24 日，接到周口店山野救援信息，集结 10 台车、27 名队员开展救援。经过 5 小时的搜寻，找到被困者，并送下山移交警方。10 月 30 日，接到涞沥水救援信息，集结 12 台车、32 名队员开展救援。经过 3 小时的搜寻，找到 10 名被困者并送至山下。10 月 31 日，接到救援信息，集结 9 台车、24 名队员开展救援。经过 2 小时的搜寻，找到被困者并送至山下。11 月 27 日，接到救援信息，集结 17 台车、32 名队员开展救援，经过 7 小时 30 分搜寻，没有找到被困人。次日，出动 19 台车、37 名队员继续救援，经过 9 小时的搜寻，找到坠崖者，用担架抬至山下，移交警方。12 月 12 日，接到猫耳山 20 余人被困信息，集结 7 台车、15 名队员开展救援。经过 1 小时 20 分的搜寻，找到全部被困者。12 月 18 日，接到猫耳山山野救援信息，集结 8 台车、18 名队员开展救援。经过近 4 小时搜寻，找到 2 名被困者，送下山并移交警方。

（陈海军）

【走失人员救援】 4 月 5 日，房山蓝天救援队接到北市村走失老人信息，组织 13 名队员展开救援。经过 20 分钟的搜寻，找到老人并安全送至家中。4 月 19 日，接到窦店地区走失人员求助信息，组织 14 名队员开展搜救，经过近 1 小时的搜寻，找到走失老人。4 月 26 日，接到城关地区老人走失的通知，集结 11 台车、31 名队员开展城市搜救。经过 1 个多小时的搜寻，找到走失老人。5 月 5 日，接到燕山卧虎山附近走失人员信息，集结 5 台车、11 名队员开展救援。经过 1 小时的搜寻，找到走失者并移交家属。5 月 11 日，接到西潞南里社区老人走失信息，组织 29 名队员开展救援。经过 10 余小时的搜寻，于次日凌晨 1 时许在鲁村附近找到老人。5 月 17 日，接到石楼地区人员走失信息，组织 6 台车、8 名队员开展搜救。经过近 1 小时 20 分的搜寻，找到老人并送回家中。6 月 8 日，接到周口店地区走失求助信息，组织 31 名队员开展救援。经过 7 小时 30 分的搜寻，找到走失人员并移交警方。7 月 1 日，接到走失老人信息，集结 4 台车、13 名队员开展救援，经过 1 小时 20 分搜寻，找到走失老人并得到家属确认。8 月 2 日，接到走失人员救援信息，集结 12 台车、26 名队员开展救援。经过 1 小时的搜寻，找到走失人员。8 月 28 日，接到走失人员救援信息，集结 35 台车、43 名队员开展救援。经过 1 小时的搜寻，找到走失老人。

（陈海军）

【异地患者救援】 4 月 27 日，房山蓝天救援队接到城市搜救求助信息，立即组织 20 名队员开展救援。经过 4 个小时的搜寻，队员在良乡医院西侧红绿灯处找到患者，随即 5 名队员开车送患者及其家属到河北省荣军医院，做好与保定蓝天救援队工作对接后返京。

（陈海军）

【溺水人员救援】 7 月 9 日，房山蓝天救援队接到刺猬河水上救援信息，集结 17 台车、31 名队员开展救援。经过 9 小时的搜寻，发现溺水者，带上岸后移交警方。7 月 17 日，接到小清河救援通知，集结 12 台车、30 名队员开展救援。经过 5 小时的船上搜索与清理排沟，队员于次日凌晨 2 时冒雨找到溺水者。7 月 19 日，接到小清河救援通知，集结 17 台车、27 名队员开展救援。经过 1 小时 20 分的搜寻，找到落水者。8 月 28 日，接到长阳水上救援信息，集结 7 台车、17 名队员开展救援。经过 1 小时的搜寻，找到溺水者并移交警方。9 月 15 日，接到琉璃河水上救援信息，集结 14 台车、22 名队员开展救援。经过 5 小时 15 分搜寻，找到落水者，并打捞上岸。10 月 19 日，接到十二渡龙岗山庄水上救援信息，集结 15 台车、22 名队员开展救援，经过 3 小时的搜寻，找到溺水者。

（陈海军）

创建全国文明城区

【概况】 2021年，房山区把创建全国文明城区作为实施“十四五”规划一号工程，研究出台《房山区创建全国文明城区三年行动计划（2021—2023年）》《房山区创建全国文明城区 2021 年工作方案》，建立“1+1+9+24”的创城组织体系，制定3年行动计划、年度实施方案和问题清单，明确9个方面36项具体任务，明确100余个部门的具体责任。实施日询、周查、月点评、季调度、年考核机制和乡镇（街道）综合考核办法，落细重点任务，巩固拓展创建成果。深入开展思想道德引领、文明行为养成、诚信建设等十大行动，持续推进“文明驾车 礼让行人”、非法小广告、堆物堆料、车辆乱停放等专项整治行动，开展社区治理“五件小事”专项行动，创建100个文明交通示范路口，打造首批“30个社区（村）+30条街巷+3个农贸市场”区级示范点位。截至年底，创城实地考察综合成绩从全市倒数第一名升至全市第十名；网上申报材料合格率由上半年的57.95%（全市第五）升至72.59%，位居全市前列；群众参与率达到98.67%、满意度达到98.57%，全市排名第八位，两率均超过全市平均水平。未成年人思想道德建设工作测评总成绩达93.79分，在10个未获全国文明城区称号的城区中位列第三名。

（罗曼）

【创建全国文明城区动员大会】 2月22日，房山区文明委全体（扩大）会议暨创建全国文明城区动员大会以视频会议形式召开。区委书记陈清，市委宣传部副部长、首都文明办主任滕盛萍，区委副书记、区长郭延红，区人大常委会主任刘兵，区政协主席魏广勋，区委副书记刘学亮出席会议。会议传达首都文明委全会暨深化文明城区创建工作会议精神和首都精神文明建设工作暨背街小巷环境精细化整治提升动员部署会议精神，部署房山区全国文明城区创建工作。会上，为房山蓝天救援队、党员志愿者服务队、夕阳红志愿者服务队等8支志愿者服务队授旗。拱辰街道、窦店镇、星城街道、区城市管理委、房山蓝天救援队负责人作表态发言。

（罗曼）

【环境清洁日活动】 2月27日，房山区开展“创文明城区强爱卫行动建美丽家园”主题环境清洁日暨周末卫生日活动。该活动累计参与人员1.3万余人次，参与活动社区（村）583个，单位1030家，清理卫生死角4600余处，清理垃圾1300余吨，发放爱国卫生宣传品7200余份。

（罗曼）

【“创城”工作调度会】 3月9日至年底，房山区总计召开“创城”工作调度会10次，重点围绕房山区农贸市场及周边环境整治提升、未成年人思想道德建设、文明交通示范路口宣传引导志愿服务、创建全国文明城区实地检查和网上申报等工作进行安排部署。

（罗曼）

【全国文明城区创建培训会】 3月24日至年底，区创城办先后举办文明城区创建工作专项培训会，正处级领导干部及基层干部培训班，测评体系及材料申报专题培训班，商务领域、教育系统、文化和旅游行业专题培训会，文明交通示范路口志愿服务专项培训会等各类培训活动10次，对全区创城主管领导、正处级领导干部、基层干部、材料申报人员等进行相关专题培训，总计培训3万余人次。

（罗曼）

【文明路口创建】 3月26日，房山区启动“文明交通 你我同行”宣传引导志愿服务活动。8月25日，房山区召开“文明驾车 礼让行人”专项整治行动推进会，传达北京市有关会议精神，部署全区创建示范路口工作相关任务。9月2日，区委宣传部联合房山区交通安全工作部门联席会、区交通局、房山交通支队共同制定下发《关于在全区深入开展“文明驾车 礼让行人”专项整治行动方案》。9月15日，房山区全面启动“文明交通 你我同行”志愿服务上一线行动，做好全区100个示范路口志愿服务工作。结合交通设施、流量等实际情况，按照层级划分出市级示范路口4处、区级示范路口26

处、乡镇级示范路口 70 处。围绕“文明驾车、礼让行人”，统筹市、区两级媒体开展宣传报道，《北京日报》《北青社区报》等市级以上各类媒体平台，以及区属媒体推出各类报道 230 余条次。设计制作“礼让斑马线 文明房山行”主题宣传展板，并印发宣传单页以及《房山区文明交通志愿服务培训手册》等宣传品 4 万余册。组织开展以“礼让斑马线 文明交通行”为主题的新时代文明实践活动，14 个文明实践所组织开展 110 余场次活动，参与人数达 5000 余人次。12 月 29 日，在北京市“文明驾车 礼让行人”专项整治调度会上，房山区以《“谋、广、严、创”四步工作法，让礼让斑马线成为文明新风尚》为题，就文明路口创建工作作典型发言。

（罗曼）

【全国文明城区创建工作检查】 3 月 29 日，区委书记、房山区创建全国文明城区总指挥部总指挥陈清带队就创建全国文明城区工作开展拉练检查。区委副书记、区长、房山区创建全国文明城区总指挥部总指挥郭延红，区委副书记、房山区创建全国文明城区总指挥部副总指挥、办公室主任刘学亮参加检查。区领导到拱辰街道京南便民生活广场、西潞街道佳世苑北区实地查看市场环境建设、社区生活环境建设整治提升工作开展情况。随后召开座谈会，观看前期实地检查点位问题专题片，通报“创城”工作进展情况及存在的突出问题，安排部署“创城”市场环境建设、社区生活环境建设整治提升工作。5 月 8 日、6 月 5 日、8 月 30 日，区委书记陈清分别围绕“创城”“疏整促”、治理违法建设及“创建国家森林城市”“创建全国文明城区”开展拉练检查。

（罗曼）

【全国文明城区创建材料申报】 5 月，房山区启动 2021 年上半年测评数据网上申报材料收集审核工作。区创城办在对相关单位开展测评数据采集网上申报专题培训的基础上，于 6 月 30 日完成 2021 年上半年测评数据网上申报材料收集、指导、审核等工作，及时规范提报首都文明办。截至年底，房山区网上申报材料合格率由上半年的 57.95%（全市第五）跃升至 72.59%，位居全市前列。

（罗曼）

【“创城”工作推进会】 6 月 8 日至 18 日，区创城办组织 27 个乡镇（街道）分 11 场召开房山区创建全国文明城区小区（村）基础信息调查摸底工作部署会。7 月 16 日至年底，召开重点街道背街小巷和社区环境整治工作会、促进未成年人健康成长的社会文化环境工作组专题推进会、“文明驾车 礼让行人”专项整治行动推进会、文明示范路口宣传引导志愿服务工作部署会、2021 年“12•2”全国交通安全日活动工作协调会等 10 余次。

（罗曼）

【“制止餐饮浪费 践行光盘行动”活动】 年内，区委宣传部通过张贴海报、悬挂条幅、发放宣传材料、微信公众号，居民、青少年原创并演唱新说唱版《悯农》、快板《劝父》等方式，指导餐饮单位对用餐人员进行文明用餐宣传引导，督促餐饮单位加强行业自律，提倡供应“半份菜”，加强节约粮食、文明用餐管理。各机关企事业单位开展主题线上活动、晨讲、支部学习，学习中共中央总书记习近平关于制止餐饮浪费行为的指示精神，发起节俭用餐倡议，号召干部职工关注支持并积极参与，按需取餐，厉行节约。

（罗曼）

【“创城”主题宣传】 年内，区委宣传部统筹区属媒体全媒体平台，开设“学习习近平新时代中国特色社会主义思想”“创城进行时”等专题专栏，高频次发布理论文章、政策解读及工作动态；围绕“创建 100 个文明交通示范路口”“社区‘五件小事’”等重点，开展“创城”主题系列联合采访，持续深化正面引导，《北京日报》《北京青年报》等市级以上媒体平台刊发转载《力争创建全国文明城区，房山区要干这十件大事儿！》《房山：“创城”聚焦十大行动》《房山创建百处交通文明示范路口》《扮靓社区解民忧！房山“五件小事”激发创城“新动力”！》等相关报道 2600 余条次。

（王萌）

中国人民政治协商会议北京市房山区委员会

综　述

2021年，区政协围绕区委、区政府中心工作，履行政治协商、民主监督、参政议政职能，坚持建言资政和凝聚共识双向发力，为“一区一城”新房山高质量发展贡献政协的智慧和力量。2021年，区政协把深入学习贯彻习近平新时代中国特色社会主义思想和中共十九届六中全会精神作为重大政治任务，采取集中培训、专题讲座、学习研讨等形式，教育引导各界委员在学懂弄通做实上下功夫。全年，组织党组理论学习中心组学习24次，参加市政协报告会7次，开展委员培训2次，累计培训委员700余人次。制定党史学习教育实施方案，成立领导小组，领导班子成员带头作专题党课报告，组织开展集中学习并进行交流研讨。通过活动，将学习教育延伸覆盖到各界委员，增强委员履职的责任感和使命感。落实党对政协领导的各项制度规定。全年，向区委请示报告工作7次，召开党组会议15次，研究党建工作16项。严格落实意识形态工作责任制，落实党组工作规则，制定区政协党组、党组书记和其他党组成员抓党建工作责任清单。组织党员委员参加政协党组织活动，邀请党外委员参加临时党支部活动，增强政协党组织的引领力、凝聚力。围绕数字经济发展、创建全国文明城区、优化营商环境等全区中心工作，确定5项重点协商议题。组织召开协商议政会，形成情况报告报送区委、区政府，为区委、区政府决策提供参考。围绕城乡环境综合整治、创建全国文明城区等工作开展民主监督。聚焦“创城”工作，成立4个调研组，组织50余名委员围绕湿地恢复、废弃矿山修复等主题，开展监督活动。全年，组织25次特约监督活动，推动区委、区政府重点工作任务的落实。督办《全面推动〈北京市物业管理条例〉实施的提案》等重点提案，助推群众反映强烈的停车难、社区设施老化等问题逐步得到解决。全年，共收到委员提案149件，经审查立案136件，全部按要求办复。依托委员活动组和委员工作站，围绕维护消费市场安全等主题开展系列活动。配合市政协在北京农职院成立委员工作室。开展“我为群众办实事”实践活动，开展走访慰问、为民服务、连心共建等公益活动20余次。发挥政协统战作用，优先听取民主党派、工商联的意见，优先安排大会发言，办理党派团体提案。坚持与党派团体开展座谈走访、沟通联系，组织各界委员参加“五一口号”长走等联络联谊活动。重视文史工作，编辑出版《房山文史资料》第 34 辑和《图说燕都记忆》，发挥文史资料存史资政的作用。落实政协委员履职工作规则和考核办法，强化履职服务与管理。加强机关建设，完善机关各项工作规程，强化服务职能，提高工作效率。发挥区政协学习与履职服务信息化平台作用，开展网上履职活动，为委员履职创造便捷条件。组织机关党员干部深入社区开展“双报到”，持续创建“零感染”单位。深化全面从严治党，强化党风廉政建设。落实“两个责任”和“一岗双责”。制定区政协党组班子及成员全面从严治党任务安排，坚持民主集中制和“三重一大”制度，落实“三会一课”，利用专题党课、主题党日活动等形式，加强机关干部党性修养。落实中央八项规定及其实施细则精神，全年开展警示教育 10 次。落实会议活动报备制度，尽量减少会议、控制规模，调研活动减少陪同、减少报道。大力支持区纪委区监委派驻纪检组开展工作。收到区委第一巡察组反馈意见后，区政协机关制定整改方案，对巡察组提出的 3 个方面 10 条整改任务进行细化分解，全面进行整改。

（武文卓）

重要会议

【区政协八届四十一次主席会】 1 月 5 日，区政协八届四十一次主席会召开。会议听取《关于召开中国人民政治协商会议北京市房山区第八届委员会第五次会议的决定》《中国人民政治协商会议北京市房山区第八届委员会第五次会议日程》《中国人民政治协商会议北京市房山区第八届委员会第五次会议提案截止时间》调整情况的汇报，审议《中国人民政治协商会议北京市房山区第八届委员会常务委员会工作报告》等事项。

（武文卓）

【区政协八届五次会议】 1 月 11 日至 12 日，中国人民政治协商会议北京市房山区第八届委员会第五次会议在区会议中心召开。大会应到委员 272 人，实到委员 253 人。会议听取并审议区政协主席刘兵代表常务委员会作的政协房山区第八届委员会常务委员会工作报告，区政协副主席于英虎作的提案工作情况报告。委员列席房山区第八届人民代表大会第七次会议，听取并讨论政府工作报告及其他报告。补选魏广勋为政协房山区第八届委员会主席。会议通过关于政协房山区第八届委员会常务委员会工作报告的决议和政协房山区委员会第五次会议政治决议。

（武文卓）

【区政协八届常委会第二十二次会议】 3 月 15 日，区政协八届常委会第二十二次会议召开。会议传达学习区文明委全体（扩大）会暨全国文明城区动员大会精神、房山区深入推进“疏解整治促提升”促进生态文明与城乡环境建设推动全区高质量发展动员大会精神，通报《房山区政协 2021 年度协商工作计划》，审议通过《政协北京市房山区第八届委员会常务委员会 2021 年工作要点》等事项。

（武文卓）

【区政协八届常委会第二十三次会议】 9 月 3 日，区政协八届常委会第二十三次会议召开。会议听取区委常委、区纪委书记、区监委主任郗琳作的 2021 年上半年全区全面从严治党情况通报；听取区发展改革委关于经济社会发展情况和区政府办关于区政协八届五次会议以来提案办理情况的通报；审议《区政协八届常委会 2021 年上半年工作情况报告》；听取区政协提案委员会关于 2021 年上半年提案工作情况的汇报。

（武文卓）

【区政协八届常委会第二十四次会议】 11 月 30 日，区政协八届常委会第二十四次会议召开。会议审议通过《关于召开中国人民政治协商会议北京市房山区第九届委员会第一次会议的决定》《中国人民政治协商会议北京市房山区第九届委员会第一次会议建议议程》《中国人民政治协商会议北京市房山区第九届委员会第一次会议建议日程》等事项。

（武文卓）

【区政协九届一次会议】 12月13日至16日，中国人民政治协商会议北京市房山区第九届委员会第一次会议在区会议中心召开。大会应到委员310人，实到委员293人。会议听取并审议区政协主席魏广勋代表常务委员会作的工作报告、区政协副主席刘琼作的提案工作情况报告。委员列席房山区第九届人民代表大会第一次会议，听取并讨论政府工作报告和其他报告。选举魏广勋为政协房山区第九届委员会主席，王永年、杨冬立、耿纪民、谢宝元、刘琼（女）、王擎（女）为副主席，王文洪为秘书长，常务委员53人。会议通过政协房山区第八届委员会常务委员会工作报告的决议和政协房山区第九届委员会第一次会议政治决议。

（武文卓）

协商议政

【发挥红色基因在文旅融合发展战略中的促进作用议政会】 9月16日，区政协召开“传承红色文化，发挥红色基因在文旅融合发展战略中的促进作用”专题协商议政会。会上，区政协领导就协商议题推进情况作说明。区文化和旅游局负责人通报全区红色文化传承助力文旅融合发展情况。5名政协委员代表各子课题组分别围绕深入挖掘、梳理、研究房山红色文化资源，助力“一区一城”新房山建设；大力弘扬红色文化，构建新时代红色文化保护传承体系；营造红色文化氛围，以创新精神传承红色基因；在文旅融合发展战略实施中发挥红色文化的作用；打造史家营红色文化名片，推进文旅融合发展5个方面提出意见和建议。周口店镇、十渡镇群众代表做即席发言。

（武文卓）

【美丽庭院助力乡村建设议政会】 9月17日，区政协召开“加快推进美丽庭院示范创建，助力房山美丽乡村建设”议政会。区政协领导就协商议题推进情况作说明。区农业农村局负责人通报全区农村人居环境整治和美丽乡村建设情况；区妇联负责人通报全区美丽庭院创建工作情况。5名政协委员代表各子课题组分别围绕深度融入美丽庭院示范创建提升创建质量水平、健全完善美丽庭院创建长效机制、赋予美丽庭院创建灵魂促进乡村文化传承、以文明家庭创建为引领提升文明乡风创建水平、以党建为引领推动美丽庭院示范创建取得更大成果5个方面提出意见和建议。基层一线群众代表结合美丽庭院创建工作实际和自身感受进行发言。

（武文卓）

提案工作

【政协房山区八届五次会议收到委员提案149件】 截至1月11日14时，政协房山区八届五次会议期间，收到委员提案149件。经提案委员会审查，立案136件。其中，城建环保类提案54件，占39.7%；教文卫体类提案27件，占19.9%；经济科技类提案23件，占16.9%；“三农”类提案23件，占16.9%；社会法制类提案9件，占6.6%。提案办复率100%。

（郑明果）

【重点提案督办】 5月13日，区政协领导带领部分政协委员督办“关于通过利用‘互联网+’推动旅游业高质量发展的建议”提案。实地考察韩村河镇圣水峪村农业合作社和圣水莲庭民宿，听取区文化和旅游局负责人关于提案办理情况的汇报。委员们围绕提升文旅品牌、打造精品旅游线路、加强数字化基础设施建设、加大线上线下营销宣传力度等方面提出意见和建议。

5月18日，区政协领导带领部分政协委员督办“关于强化垃圾分类宣传工作，提升居民垃圾分类意识的建议”提案。实地考察北广阳城新区、南广阳城小区、琉璃河厨余垃圾就地处理站，座谈听取区城市管理委、区教委、区融媒体中心负责人关于提案办理情况的汇报。

5月20日，区政府、区政协领导带领部分政协委员督办“关于加强矿山生态修复，助力文明城区创建的建议”提案。市规划自然资源委房山分局负责人汇报关于提案办理的有关情况；史家营乡等4个乡镇介绍矿山生态修复工作进展情况；委员们围绕深度挖掘矿山文化、进一步提升生态产品价值、加强政策支持力度、发挥典型示范作用等方面提出意见和建议。

5月25日，区政协就“关于大力发展数字经济，推动全区经济社会高质量发展的建议”开展重点提案办理协商活动，就“关于加快房山数字经济发展，全面融入北京建设全球数字经济标杆城市大局”协商议题进行考察调研。委员们实地视察学科网（北京）股份有限公司、房山绿色云计算中心，听取区经济和信息化局负责人关于提案办理情况的汇报及全区数字经济产业发展情况的通报。

6月3日，区政协到高教园区管委会督办“关于建设国际人才社区，为打造具有国际竞争力的产业集群提供支撑的建议”提案。委员们实地视察新型研发中心、良乡大学城公园科苑、北京理工大学附属实验学校，听取高教园区管委会关于提案办理情况的汇报。委员们围绕坚持高点定位园区发展思路、导入优质科研资源，严把园区准入标准等方面提出意见和建议。

6月11日，区政协领导督办“关于在公交站点建造（恢复）临时休息座椅的建议”提案。实地考察黄辛庄东街公交站、岳琉路韩村河公交站新配置临时休息座椅情况，听取区交通局负责人关于提案办理情况的汇报。

6月17日，区政府、区政协领导带领部分政协委员督办“关于房山区民宿发展及运营模式的建议”提案。委员们实地视察周口店镇黄山店村民宿建设情况。听取区文化和旅游局负责人关于提案办理情况的汇报。委员们针对全区民宿发展提出深入挖掘区域民俗文化特点、建设提供精准专业化服务的游客服务中心、加强互联网多媒体平台宣传推介、打造具有浓郁房山地方特色的民宿品牌等建议。

（武文卓）

【政协房山区九届一次会议收到提案158件】 截至12月15日12时，区政协九届一次会议共收到提案158件。其中，民主党派、人民团体提案27件，委员单独或联名提案131件。按照类别划分：教文卫体类提案48件，占30.4%；城建环保类提案47件，占29.7%；经济科技类提案27件，占17.1%；社会法制类提案21件，占13.3%；“三农”类提案15件，占9.5%。

（武文卓）

调研与视察

【区政协到佛子庄乡调研】 3月9日，区政协领导带领相关人员围绕创建全国文明城区、庆祝中国共产党成立100周年、美丽乡村建设、产业发展等工作，到佛子庄乡进行专题调研。到西班各庄村和陈家坟村，实地查看循环经济产业园沿线（班陈路）环境整治提升情况，听取佛子庄乡创建全国文明城区工作思路和进展情况的汇报。

（武文卓）

【区政协到张坊镇调研】 3月24日，区政协领导带领相关人员，联合区妇联，围绕党史学习教育、庆祝中国共产党成立100周年、创建全国文明城区、美丽乡村建设等工作，到张坊镇进行专题调研。到西白岱村和大峪沟村进行入户走访调研，实地查看闲置农宅改造发展高端民宿工作情况，参观了解胜天渠水利工程建设情况，听取村域环境整治和美丽乡村建设工作汇报。

（武文卓）

【区政协到史家营乡视察】 5月8日，区政协组织课题组成员以“提升生态产品价值，打造文旅融合经济发展新地标”为主题，到史家营乡视察废旧矿山修复及文旅融合发展情况。委员们参观史家营乡煤炭矿业遗迹展示中心和利用废旧矿山生态修复成果建设的百瑞谷景区，听取相关负责人关于史家营乡进行废旧矿山生态修复，提升生态产品价值，发展绿色生态经济，逐步走上文旅融合发展道路情况的介绍。

（武文卓）

【政协委员到昌平区调研美丽庭院示范创建工作】 6月10日，区政协组织委员到昌平区调研美丽庭院示范创建工作并召开座谈会。调研组到兴寿镇下苑村和十三陵镇仙人洞村，实地考察村容村貌和以画家庭院、民宿庭院为代表的庭院建设，并听取镇、村两级基本情况及美丽乡村建设工作经验介绍。

（武文卓）

【政协委员到区城市管理委调研】 7月9日，区政协人资环建委组织部分委员、课题组专家到区城市管理委调研城市环境秩序综合整治工作并召开座谈会。区城市管理委、区城管执法局相关负责人介绍城市环境秩序综合整治工作进展情况；课题组专家针对发现问题渠道、乱停车现象整治和综合执法等方面提出指导建议。委员们围绕加大公共服务设施巡查力度、加强城市环境秩序综合整治宣传、提升市民整体素质等方面进行讨论并提出意见和建议。

（武文卓）

【政协委员调研城市指挥管理体系建设情况】 7月15日，区政协社法民宗委组织部分委员开展“推动全覆盖、精细化、智能化城市指挥管理体系建设”调研活动。委员们到长阳镇政府、区城市管理指挥中心调度大厅，实地考察两级城乡管理指挥体系建设情况。委员们围绕加快机构和人员整合、加强公共配套设施和提升智能化、精细化水平等方面提出意见和建议。

（武文卓）

专门委员会工作

【委员培训班举办】 4月13日，区政协举办2021年委员培训班。邀请北京市委党校、首都师范大学教授分别做中共十九届五中全会精神、党史学习教育等专题辅导；房山区创城工作负责人就房山区创建文明城区工作作专项报告。

（武文卓）

【纪念“五一口号”发布长走活动】 4月25日，为庆祝中国共产党成立100周年，纪念“五一口号”发布73周年，区政协、区委统战部在青龙湖水岸湿地公园举办“团结在光辉的旗帜下——政协委员永远跟党走”暨纪念“五一口号”发布73周年长走活动。区委统战部、青龙湖镇负责人，区政协委员、党外代表人士及区政协、青龙湖镇机关干部170人参加。

（武文卓）

【《房山文史资料》第34辑出版】 9月，区政协教文卫体委员会编辑的《房山文史资料》第34辑由中国文史出版社出版，全书33.1万字。书中收录35篇文章，分为“军政往来”“经济史话”“文卫史料”“人物春秋”“胜迹行踪”5个部分。

（武文卓）

【《图说燕都记忆》出版】 12月，《图说燕都记忆》由中国书籍出版社出版。全书分为“发现与溯源”“考古与发掘”“都城与文化”“传承、建设与保护”“未来与展望”5个部分12章，收录图片200余张，以“图说”为主线，求真求实为根本，挖掘其所蕴含的文化内涵和时代价值。

（武文卓）

【农业和农村委员会工作】 年内，区政协农业和农村委围绕“加快推进美丽庭院示范创建，助力房山美丽乡村建设”重点协商议题，组织政协委员到昌平区和城关街道、大石窝镇、蒲洼乡等11个乡镇（街道）开展调研。组织召开研讨座谈会、启动会、推进会6次。召开议政会，形成《关于“加快推进美丽庭院示范创建，助力房山美丽乡村建设”的情况报告》，分别报区委、区政府。开展提案办理跟踪、民主监督视察调研活动，组织部分委员召开深化农业供给侧结构性改革、推动种业高质量提案办理暨调研座谈会。围绕完善城乡要素融合机制政策，推动农业农村高质量发展；进一步壮大集体经济，助推新时代乡村振兴开展调研座谈；协助市政协成立“三农”领域市政协委员工作室，首次活动在房山举行。

（张台）

【教文卫体委员会工作】 年内，区政协教文卫体委员会以庆祝中国共产党成立100周年为契机，提出“传承红色文化，发挥红色基因在文旅融合发展战略中的促进作用”重点协商议题，通过调查研究形成1份总报告和4份子课题调研成果，为区委、区政府决策提供参考。编辑出版《房山文史资料》第 34 辑、《图说燕都记忆》。就争创房山“中华诗词之区”的建议，与相关部门沟通，进行重点督办。中华诗词学会授予房山区“中华诗词之区”称号，塑造“贾岛故里、诗韵房山”对外文化形象。围绕“区—乡—村三级医疗防控体系建设”进行民主监督视察活动。向市政协推送 2 篇庆祝中国共产党成立 100 周年征文的稿件，均被采纳。

（董永娟）

【人口资源环境和建设委员会工作】 年内，区政协人口资源环境和建设委员会围绕“推进城乡环境质量持续提升，助力房山区创建全国文明城区”重点协商议题开展履职活动，形成子课题建议材料 4 份、综合性建议材料 1 份，提出推动全区城乡环境质量持续提升的建议。强化民主监督，组织委员参与“强化垃圾分类宣传工作，提升居民垃圾分类”提案办理督办工作。

（蔡含玥）

【社会法制与民族宗教委员会工作】 年内，区政协社会法制与民族宗教委员会完成 2021 年度立法协商相关工作，提出意见建议 19 条。经梳理，为市政协提供意见建议 3 条，区政协副主席刘琼参加《北京市接诉即办条例（草案）》立法协商工作动员部署暨情况通报会时，就房山区政协开展《北京市接诉即办条例（草案）》立法协商工作进行典型发言。组织 5 名委员参加全区政法队伍教育整顿工作征求意见座谈会。指导海逸半岛社区委员工作站开展为民服务活动，全年收集社区群众意见建议 19 条，其中 3 个建议转化为提案，并督促相关部门办理落实。

（蔡含玥）

【经济委员会工作】 年内，区政协经济委员会围绕“关于进一步优化营科环境，构建产学研用协同的新格局”重点协商议题，组织相关委室和经济、科技界别委员成立课题组开展协商议政。到区内相关部门和单位，开展座谈调研视察 18 次，了解相关政策，把握企业需求，探讨相关问题，形成 4 个方面 12 条意见和建议。

（辛艳茜）

【科技委员会工作】 年内，区政协科技委员会围绕“关于加快房山区数字经济发展，全面融入北京建设全球数字经济标杆城市大局”重点协商议题，结合房山区实际，围绕“把握房山大力发展数字经济的着力点、强化培育数字产业新优势、高科技企业数字化新场景应用、数字化赋能传统产业”等现实问题，确定 5 个子课题。通过开展调研、视察、座谈等协商活动，提出整体推进“加快房山区数字经济发展”的 5 个方面 14 条意见和建议。

（刘鹏昊）

【学习委员会工作】 年内，区政协学习委举办 2021 年区政协委员培训班。组织委员深入学习中国共产党党史、中共十九届五中全会精神、房山区创建全国文明城区等相关内容；利用履职信息化平台，通过线上会议形式，组织委员参加市政协系统 2021 年社情民意信息工作会、市政协关于“学党史：看精神、看国家、看道路”等报告会。在区政协学习与履职服务信息化平台推送中共十九届六中全会公报和决议；组织委员参加中共十九届六中全会精神宣讲报告会。与区委统战部联合举办“团结在光辉的旗帜下——政协委员永远跟党走”“五一口号”长走活动；组织委员到北京铁军纪念馆、“长城红馆”红色体验基地参观学习、录制庆祝建党百年“唱支山歌给党听”短视频、唱响《没有共产党就没有新中国》短视频、与人民政协网联合制作《百年同心路——与委员同访》专题节目；组织委员到天安门广场参加庆祝中国共产党成立 100 周年大会和大型文艺演出；参加重温百年路，永远跟党走——纪念中国人民抗日战争暨反法西斯战争胜利 76 周年，北京第 35 届卢沟桥醒狮越野跑活动之“云上跑”活动。

（张颖巍）

纪检　监察

综　述

2021年，区纪委区监委聚焦服务保障中国共产党成立100周年庆祝活动、保障冬奥会和冬残奥会等政治任务跟进监督，围绕严肃换届纪律开展监督，为干部调整、评优评先等工作出具党风廉政意见792人次，配合换届完成廉政核查49批次1万余人。开展新冠肺炎疫情防控专项监督检查10083次，发现并督促整改问题156个。对110余个单位全面从严治党（党建）主体责任履行情况进行检查考核。进一步规范信访受理办理工作流程，接受检举控告类信访举报2091件。加大专项交办工作督办力度，中央巡视组、市纪委交办的60件督办件均办结，督办件办结率100%。开展集中治理重复信访、化解信访积案专项工作，处级干部信访举报量下降近40%。持续保持惩治腐败高压态势。全年，共立案93件，结案122件，给予党纪政务处分114人，给予组织处理8人，留置5人，移送检察机关1人。加大对政法系统腐败惩治力度，处置涉及政法系统干部问题线索40件。对16个区直部门和国有企业党组织开展常规巡察，发现问题488个，实现区委一届任期内巡察全覆盖目标。启动巡察“回头看”，对8个二级单位党组织和12个村（社区）党组织开展巡察。做好巡察“后半篇文章”，推动534个问题整改落实，移交问题线索12条。强化纪律教育，在基层开展纪法教育宣讲19次，对60名拟提拔处级领导干部进行任前廉政测试，在重要时间节点编发提醒短信32万余条，通报曝光11人。选取7个“四风”观测点，对“四风”问题全方位监测，推动健全基层减负长效机制。督促落实支援合作“四个不摘”要求，纠治乡村振兴领域突出问题。全年共查处群众身边腐败和作风问题20人。把惩治“沙霸”“矿霸”等背后腐败和“保护伞”作为常态化“打伞破网”工作重点，纳入行业领域整治重点监督内容，区纪委扫黑办获北京市扫黑除恶专项斗争先进集体称号。精准监督推进工单办理，主动筛查问题工单4396件，下发问题工单处理情况核查函27批537件。优化“室组”联动配合机制，加强对派驻机构问题线索处置的监督指导。不断加强对案件线索和审查调查工作的“闭环式”管理。加大与公检法等部门的协调协查力度，进一步规范涉案款物处置流程和职责。以“接诉即办”监督为抓手，落实“我为群众办实事”实践活动，以监督推动解决实际问题30件。坚持刀刃向内，处理反映纪检监察干部问题线索12件。区监察委首次向区人大报告专项工作，推进监察工作法治化。邀请特约监察员列席各类重要会议，加强外部监督。

（伍玲瑶）

【区纪委八届六次全会召开】　2月8日，中国共产党北京市房山区第八届纪律检查委员会第六次全体会议召开。会议学习十九届中央纪委五次全会、市纪委十二届六次全会精神。总结2020年纪检监察工作，对推进全面从严治党和纪检监察工作高质量发展进行部署。区委常委、区纪委书记、区监委主任李威代表区纪委常委会作题为《推进新时代纪检监察工作高质量发展，以优异成绩庆祝中国共产党成立100周年》的工作报告。全会审议通过区纪委常委会工作报告和区纪委八届六次全会决议。

（伍玲瑶）

【为服务保障建党100周年庆祝活动开展监督检查】 3月22日，区纪委区监委印发《中国共产党成立100周年房山区庆祝活动监督工作方案》和《关于庆祝建党100周年监督工作建立有关工作机制的通知》，聚焦服务保障建党100周年庆祝活动开展监督检查。成立房山区庆祝活动领导小组监督组，建立健全“双周报告、月度推进”等工作机制，采取清单化和台账式管理，运用“室组地”联动模式，组织开展监督检查104次，有效推动全区服务保障任务落实落地。

（伍玲瑶）

【涉粮问题专项巡察】 9月27日至11月16日，根据市委统一部署和区委工作安排，区委对区商务局（区粮食和物资储备局）开展涉粮问题专项巡察。该轮巡察共发现问题20个。

（伍玲瑶）

【首次向区人大常委会报告专项工作】 10月29日，房山区监委副主任、代主任郗琳就廉政教育开展情况向房山区第八届人民代表大会常务委员会第五十三次会议作专项工作报告。这是房山区监委成立以来首次向区人大常委会报告专项工作。

（伍玲瑶）

【区纪委九届一次全会召开】 12月10日，中国共产党北京市房山区第九届纪律检查委员会第一次全体会议召开。会议以无记名投票方式选举产生区纪委常务委员会委员9名。其中，郗琳为区纪委书记，栗桂平、张广新、马亚军为区纪委副书记。

（伍玲瑶）

【疫情防控监督工作】 年内，区纪委区监委紧盯“四方责任”，聚焦社区防控、市场防疫、社会面防控等重点领域、重要环节，健全“日报告、周调度、月推进”工作机制，综合运用“提示单”“监督重点”“监督手册”等方式，通过日常监督、联合检查、动态抽查督导“回头看”等方式，统筹经济社会发展和常态化疫情防控开展专项检查10083次，发现并督促整改问题156个，谈话提醒3人，批评教育1人。

（伍玲瑶）

党风廉政建设

【全面从严治党（党建）工作考核】 5月9日，以区委办名义印发《关于〈2020年房山区全面从严治党（党建）工作考核情况通报〉和〈2021年房山区全面从严治党（党建）工作考核实施方案〉的通知》。完成2020年全面从严治党（党建）工作考核，完成区内110家处级单位政治生态分析研判，反馈问题1200余个。协助区领导完成2020年房山区全面从严治党（党建）工作考核现场带队督查党组织20家、约谈领导班子乡镇（街道）25个、区直单位4家。印发《2021年房山区全面从严治党（党建）工作考核和政治生态分析研判工作的实施方案》，全面部署2021年全面从严治党（党建）工作考核。

（伍玲瑶）

【全面从严治党警示教育巡展】 6月21日，房山区纪委监委在城关街道启动全面从严治党警示教育巡展，并开始在全区23个乡镇（街道）和燕山地区进行巡展，以展板形式展示中共中央总书记习近平关于全面从严治党的重要论述，中央纪委、市纪委和区纪委全会精神，全面从严治党相关数据。

（伍玲瑶）

巡察工作

【八届区委第十一轮巡察】 3月11日至6月11日，八届区委开展第十一轮巡察，对区委办、区政府办、区人大机关、区政协机关、区人民法院党组、区发展改革委党组、区委社会工委区民政局、区财政局党组、区人力资源社会保障局党组、区生态环境局党组、区委农工委区农业农村局、区市场监管局党组、区国资委党委、区机关事务服务中心、昊远隆基公司党委、区供销合作总社党委16个单位党组织开展巡察，实现一届区委任期内巡察全覆盖任务。该轮巡察共发现问题488个，向相关职能部门移交意见建议4条。

（伍玲瑶）

【八届区委巡察“回头看”】 9月6日至10月15日，为巩固巡察整改成效，八届区委启动巡察“回头看”，对区住房城乡建设委党组、区交通局党组、区商务局党组、区文化和旅游局党组、区应急局党委、区审计局党组、区体育局党组、高教园区管委会党组、区融媒体中心党组、石花洞风景名胜区管理处、区葡萄种植及葡萄酒产业促进中心、区残联党组 12 个二级单位党组织和拱辰街道送变电社区和梨村，城关街道东街村，长阳镇碧桂园社区和水碾屯一村，窦店镇望楚村，周口店镇车厂村，石楼镇双孝村 8 个村（社区）进行巡察“回头看”。该轮巡察共发现问题144个。

（伍玲瑶）

【中央生态环保督察反馈问题专项监督】 年内，区纪委区监委紧盯中央生态环保督察和市生态环保督察，强化生态环境保护职责落实，推动相关单位严格履行“党政同责”“一岗双责”要求。推动26项整改任务按时整改，查办中央环保督察重点关注件33件，追责问责13人。

（伍玲瑶）

执纪审查

【强化换届选举正风肃纪】 1月，区委印发《关于加强房山区村和社区“两委”换届选举正风肃纪工作的方案》，会同区委组织部、房山公安分局联合印发“三个严禁”文件。牵头成立区正风肃纪组，加强村“两委”换届选举以及乡镇（街道）和区级换届选举工作的跟进监督。实行换届问题线索统一管理制度，严格5日内办结，核查办结相关问题线索30件，给予党内警告2人，批评教育1人，谈话提醒1人。推动党组织纪委书记或纪检委员兼任村（居）务监督委员会主任，实现兼任村务监督委员会主任330人，占比74.2%；兼任居务监督委员会主任163人，占比85.7%，在全市排名靠前。

（伍玲瑶）

【《房山区创建全国文明城区2021年督查工作方案》印发】 3月16日，区纪委区监委印发《房山区创建全国文明城区2021年督查工作方案》，在全区开展创建全国文明城区督查工作。成立督查组，下设“一办十组”，办公室设在党风室，对应区创建全国文明城区8个专项工作组，成立8个督查小组，对应各乡镇（街道）分指挥部，成立2个督查小组，建立“两调度”“两清单”工作机制。截至年底，各督查小组共参加会议439次，专题调研83次，专项检查1245次，提醒谈话26次，发现并督促整改问题204个。

（伍玲瑶）

【政治生态分析研判】 3月，区纪委协助区委完成区委及区委领导班子成员2020年政治生态评估，完善区委政治生态分析研判报告和区委常委个人政治“画像”。对区内110家处级单位2020年政治生态情况进行综合研判，并逐一形成政治生态情况报告。

（伍玲瑶）

【“四风”监测观测点设置】 4月23日，区纪委区监委分别在区民政局、城关街道、琉璃河镇、霞云岭乡、西潞街道苏庄三里社区、长阳镇公议庄村、河北镇河北村设置“四风”观测点7个，全面开展“四风”监测，每月收集观测数据，定期分析研判，上下联动开展整治。截至年底，报送数据12次2万余项。

（伍玲瑶）

【享乐奢靡“四类”问题专项整治】 5月7日，区纪委区监委印发《关于开展违规发放津补贴或福利违规收送名贵特产和礼品礼金、违规吃喝问题专项整治工作的通知》《关于开展违规配备使用公务用车专项整治工作的通知》，在全区开展享乐奢靡“四类”问题专项整治工作。截至年底，发现并督促问题整改 57 个，对比研判公款消费数据 11 万余条，查处违反中央八项规定精神问题 28 人。

（伍玲瑶）

【停车收费领域腐败和作风问题专项整治】 6 月 25 日，区纪委区监委结合党史学习教育“我为群众办实事”实践活动，印发《关于在全区开展停车收费领域腐败和作风问题专项整治的工作方案》，在全区开展停车收费领域腐败和作风问题专项整治。建立健全“两清单”“两台账”工作机制，督促停车主管部门完善全区公共资源经营性停车场台账，推动 5 个停车场完成交通部门备案，核查涉嫌低价出租停车场问题线索 1 件。

（伍玲瑶）

【违法占地、违法建设行为报告工作实施方案印发】 8 月 7 日，区纪委区监委印发《房山区委关于贯彻落实全市党员、干部和公职人员涉违法占地、违法建设行为报告工作的实施方案》，组织全区党员、干部和公职人员 10 万余人开展报告工作。

（伍玲瑶）

【民生领域小微权力监督】 年内，房山智慧监察平台累计录入民生政策信息 201 项、补贴补助资金发放数据 565 万余条、农村基层工程项目建设实施信息 1873 项，换届后农村“两委”干部及其直系亲属个人有关信息 3 万余条。经数据比对分析共发现城乡特困救助供养补贴超期发放、公共租赁住房补贴等异常数据 2800 余条。通过下发核查函、提醒函等方式推动纠正违规领取公租房补贴 14 人，追缴补贴资金 7.42 万元，对 1 名党员干部隐瞒收入违规申报领取补贴问题给予党纪处理。

（伍玲瑶）

派驻工作

【区管企业纪检监察体制改革】 年内，区纪委区监委分类施策推进区管企业纪检监察体制改革。加强调研，分析区管企业干部队伍状况和岗位需求，制定完善改革实施方案，选优配强区管企业纪检监察机构负责人队伍。根据企业实际，建立与区管企业之间的直接联系与监督机制，分层分类对企业监察对象行使监察权，强化对区管企业纪检监察工作的业务指导和监督检查，推进区管企业纪检监察体制改革落地见效。

（伍玲瑶）

【派驻机构改革】 年内，区纪委区监委深化派驻机构改革。建立健全派驻机构履职尽责制度规范，切实加强对派驻机构的工作指导和业务监督。优化“室组”联动配合机制，确保上下贯通、信息共享，进一步加强对派驻机构问题线索处置的监督指导。科学划定监督范围、科学整合干部资源，进一步优化派驻机构干部队伍结构。

（伍玲瑶）

民主党派　工商联

民主党派

【概况】 2021 年，房山区有 7 个民主党派。其中，中国国民党革命委员会北京市房山区总支部（简称民革房山区总支），下属 5 个基层支部，有党员 122 人；中国民主同盟北京市房山区总支部委员会（简称民盟房山区总支），下属 5 个基层支部，有盟员 129 人；中国民主建国会北京市房山总支部委员会（简称民建房山区总支），下属 5 个基层支部，有会员 130 人；中国民主促进会北京市委员会房山区总支（简称民进房山区总支），下属 3 个基层支部，有会员 72 人；中国农工民主党北京市委员会房山总支（简称农工党房山区总支），下属 3 个基层支部，有党员 91 人；中国致公党北京市房山区支部委员会（简称致公党房山区支部），有党员 38 人；九三学社北京市委员会房山工委（简称九三房山区工委），下属 3 个支社，有社员 119 人。

（刘战威）

【民进北京市委与房山区开展专项民主监督工作对接】 4 月 25 日，民进北京市委专职副主委吴森堂率专家组成员到房山区，与中共房山区委常委、统战部部长唐海蛟就专项民主监督工作与房山区进行对接并交流座谈。双方围绕对口房山区开展专项民主监督工作方案（草案）进行协商讨论，区发展改革委、北京高端制造业（房山）基地、北京新材料产业基地、良乡高教园区主管负责人汇报相关情况，与会专家针对有关问题提出意见和建议。

（李永培）

【九三学社房山区工委换届】 6 月 26 日，九三学社北京市房山区工委召开换届大会。九三学社房山区工委 50 余名社员参加会议。大会选举产生九三学社房山区第二届工委委员。刘琮当选为主任委员；苏燕玲、张妍、刘铭、王福科、肖松涛、乌兰当选为副主委；肖松涛当选为秘书长。

（张京生　王宇昊）

【民建房山区总支部委员会换届】 6 月 27 日，中国民主建国会北京市房山区总支部委员会召开换届选举大会。大会选举产生 9 名民建房山区总支部委员会委员。在房山区总支部委员会全体会议上，高峰被推选为主任委员，王浩、戎绒、田继成、安欣被推选为副主任委员。

（张京生　王宇昊）

【房山区召开民主党派工作会】 7 月 16 日，房山区召开民主党派工作会。会议学习中共中央总书记习近平在庆祝中国共产党成立 100 周年大会上的讲话和万鄂湘代表各民主党派、工商联和无党派人士在庆祝中国共产党成立 100 周年大会上的联合贺词。会议听取各民主党派、工商联、知联会、新联会上半年工作开展情况和下半年工作设想，并对下半年统战工作进行部署。

（张京生　王宇昊）

【各民主党派为河南省献爱心】 7月23日，河南省遭遇历史罕见特大暴雨。房山区各民主党派开展为河南省献爱心活动。截至8月5日，房山区各民主党派、工商联企业会员为河南省捐款捐物合计700余万元。各民主党派从不同角度了解灾情，提供科学援助和物资调配，用行动帮助受灾群众重建家园，恢复生产生活。

（李永培）

【致公党房山区支部换届】 8月21日，致公党房山区支部召开换届大会。会议选举产生第三届支部委员会委员。在第三届支部委员会第一次全体会议上，袁泽路当选主任委员，杨广泽、王媛、刘宁当选为副主任委员。

（张京生　王宇昊）

【“推进城南行动计划”专项民主监督启动】 8月30日，为贯彻落实市委《关于支持各民主党派市委开展专项民主监督工作的实施方案》，民进中央副主席、北京市人大常委会副主任、民进北京市委主委庞丽娟率队到房山区启动为期3年的“推进城南行动计划”专项民主监督工作，并开展专题调研座谈。庞丽娟就房山区立足“三区一节点”功能定位，坚持“六为”工作思路，实施创新驱动、文旅融合发展、重大项目带动“三大战略”，凝心聚力提升房山区域发展质量和效益，补齐城市公共服务和基础设施短板，加强城市精细化治理，开展“推进城南行动计划”专项民主监督工作，推动实现“厚积薄发”；就民进房山区总支部的骨干会员培养和履职所需领域代表人士发展等方面，进行座谈交流。启动会后，民主监督专家组实地调研北京高端制造业（房山）基地，并围绕房山区加快产业转型升级、构建高精尖产业体系、良乡大学城建设、推进西山永定河文化带保护建设等方面工作进行座谈交流。

（张京生　王宇昊）

【民盟房山区总支换届】 9月11日，中国民主同盟北京市房山区总支部委员会召开换届大会。会议选举产生新一届民盟房山区总支部委员会委员。在民盟房山区新一届总支部委员会第一次全体会议上，选举产生新一届民盟领导班子，王擎当选为民盟房山区第二届总支部主委；张海波、马军、赵君倜、刘辉、王学丽当选为副主任委员。

（张京生　王宇昊）

【民革房山区总支换届】 9月11日，中国国民党革命委员会北京市房山区总支部召开换届大会。会议选举产生民革房山区总支部新一届基层委员会，李梁当选为主任委员；陈晓燕、肖海静、王亚利、冯大军当选为副主任委员。

（张京生　王宇昊）

【民盟传统教育基地揭牌】 9月29日，民盟中央、民盟北京市委在霞云岭乡堂上村没有共产党就没有新中国纪念馆举行“民主同盟传统教育基地”揭牌仪式暨民盟房山区总支部“盟员之家”授牌仪式。民盟中央副主席、北京市政协副主席、民盟北京市委主委程红，中共房山区委书记陈清等领导参加活动。程红和陈清共同为“民盟传统教育基地”揭牌。“民盟传统教育基地”在房山区挂牌成立，搭建开展“学习中国共产党史•讲好多党合作故事”政治共识专题教育的平台，为社会各界了解民盟、了解多党合作制度开启新窗口。“民盟传统教育基地”揭牌仪式后，民盟北京市委、中共房山区委统战部在房山区霞云岭乡上石堡村举行民盟房山区总支部“盟员之家”授牌仪式。民盟中央宣传部副部长温华军，中共房山区委常委、统战部部长陈广利，民盟北京市委秘书长严为为民盟房山区总支部3个“盟员之家”授牌。

（张京生　王宇昊）

【致公党房山区支部助力对口支援地区察右中旗】 10月1日，致公党房山区支部与房山区对口支援地区察右中旗在首创奥特莱斯，共同举办察右中旗农特产品展销活动。活动中，与会人员观看协作建设项目成果宣传片，详细了解北京与内蒙古东西部协作建设相关工作成果，参观、品尝牛羊肉、乳制品、燕麦等察右中旗农特产品，观看“乌兰牧骑”民族风情文化表演。致公党房山区支部通过搭建展销平台，引进察右中旗优质农特产品，扩大产品影响力，促进牧民增收。

（张京生　王宇昊）

【民进北京市委到房山区开展专项民主监督调研】 12月20日，民进北京市委到房山区就“国际消费中心城市建设”开展专项民主监督调研，实地调研首创奥特莱斯和北京熙悦天街，详细了解房山区国际消费中心城市建设情况，并召开座谈会听取相关部门工作情况介绍，民进课题组专家与相关部门负责人进行互动交流。民进北京市委对房山区取得的工作成绩表示肯定并总结回顾 2021 年房山区专项民主监督工作开展情况。

（张京生　王宇旻）

【民盟房山区总支召开总结表彰会】 12 月 25 日，民盟房山区总支部召开 2021 年度总结表彰大会暨中共十九届六中全会宣讲会。会议从思想政治、组织建设、参政议政、社会服务等方面对 2021 年民盟房山区总支部工作进行全面总结，制定《2022 年能力提升实施方案》。授予 6 名盟员“特殊贡献奖”，15 名盟员“优秀盟员奖”。宣讲会向全体盟员宣讲中共中央十九届六中全会精神，传达区党代会、人代会、政协会会议精神。

（张京生　王宇旻）

房山区工商业联合会

【概况】 2021 年，新发展企业会员 63 家。强化思想政治引领，持续提升民营经济人士综合素质。开展多形式多内容党的路线方针政策学习培训，确保非公经济人士始终沿着新时代中国特色社会主义道路前进。举办“风华百年•翰墨华章”书画精品展，征集书画作品 500 余幅，经初评、复评和终评，展出精品画作 150 余幅。加强工商联组织建设，完成换届。制定《房山区工商联机关深入基层、深入企业调查研究制度》，推动“大走访大调研”活动常态化、制度化。设立“红擎爱企日”，将每月 27 日设为“红擎爱企日”。联合区有关部门举办“企业劳动争议处理技巧”专题讲座，区非公党建“光彩红擎”云平台同步线上直播。线下 110 家企业、线上 106 家企业 960 余人参与活动。全年，为企业办实事 30 余件。打造民企合作平台。对 25 家优质、高成长民企进行展板展示、12 家民企实物展示、2 家民企发布新产品、5 家民企推出合作交流项目，引导民企对接合作，搭建民营企业互联交流平台、创新发展合作平台。搭建普惠金融服务平台，为民营企业提供融资服务。多次与建设银行、邮储银行进行座谈交流，通过召开政银企对接会，签订银行与民营企业战略合作协议，为民营企业提供授信融资、资金管理、供应链金融、个人融资等多样性、针对性、全方位的综合性服务。加大金融机构对民营企业的支持力度，实现银地业务协同、资源共享、互利共赢。全年，为中小企业融通资金近 10 亿元。强化参政议政能力，展现非公经济新作为。组织会员企业完成“全国工商联民营企业信息直报系统”关于民营企业运营状况、营商环境和企业用电调查问卷填报 200 余次。召开房山区民营企业百强调研与发布工作推进会，全区 24 个乡镇（街道）统战部及工商联基层商会共同完成百强民营企业调研工作。房山区 12 家企业入围北京市工商联发布的 2021 北京民营企业“1＋4”百强榜单。发挥非公经济代表人士在市、区人大和政协担任代表和委员的优势，围绕全区政治、经济、文化、社会、生态领域的重要问题和热点、难点问题，在深入调研和实地考察的基础上，撰写议案和提案。为充分发挥工商联界别委员作用，为民企发展服务，召开征集 2022 年市政协协商议题建议工作会。在区政协九届一次会议期间，以团体、个人或数人联合提交的政协提案 22 件，约占区政协立案件总数的 13.4%。推出一批有典型示范作用的党建工作品牌。在北京市“两新”组织党建品牌评选中，燕化正邦党委“共促共融”党建品牌、京源中科科技公司党支部“红帆引领、智量天下”党建品牌、北京四联创业化工集团党支部“四重四联四赢”党建品牌、今日东方家政公司党支部“今日东方携手奔小康”党建品牌入围全市 100 个“两新”组织“党建强、发展强”党建品牌项目。

（王川）

【科技赋能助力民营经济健康发展暨新会员授牌仪式】 3 月 19 日，区工商联结合学党史助力民企发展，组织 20 多家新会员企业到北京航天奥祥通风科技股份有限公司、北京周氏时珍堂药业公司 2 家科技型、创新型企业，开展科技赋能助力民营经济健康发展活动，并现场为新会员授牌。

（王川）

【服务民营企业融资协议签订】 3 月 29 日，区工商联与建行房山支行签订服务民营企业融资合作协议。区工商联党组书记陈建民，建行房山支行党委书记、行长李桂娟签订合作协议。根据协议，双方将利用建行数字普惠及开放平台，完善“三惠合一”海外新模式，共建民营经济数字化服务机制，以专门团队、专属服务、专有技术和专业解决方案，服务房山民营经济高质量发展。

（王川）

【区工商联十一届六次执委会议召开】 3 月 29 日，区工商联十一届六次执委会议召开。会上审议通过《房山区工商联工作报告》《房山区工商联领导班子和领导机构工作制度》《房山区工商联（商会）副主席（副会长）轮值制度》《房山区工商联发展会员工作制度》，并聘请 5 名退休老干部为区工商联党风廉政建设监督员、民营经济健康发展指导员、工商联事业宣传员。

（王川）

【税企座谈会】 4 月 27 日，区工商联与区税务局共同举办“税收惠民办实事 深化改革开新局”座谈会。区税务局各业务科室的主要负责人及 10 家民营企业代表参会。座谈会上，区税务局纳税服务科介绍北京市及房山区税务局便民办税服务举措，企业家代表分别发言，并提出建议。

（王川）

【“光彩红擎”云平台助力民营企业开展党史学习教育】 5 月 10 日，区工商联运用“互联网+”思维，创新学习载体，探索学用结合模式，联合区委组织部、区私个协打造具有房山特色的“光彩红擎”云平台，推动党史学习教育走深走实，用“党史红”推动实现民营企业的“业绩红”，真正把党史学习智慧“软实力”转化为企业发展的“硬效益”。

（王川）

【百家民营优秀企业合作交流大会召开】 5 月 31 日，区工商联联合区委组织部、区市场监管局以“党建引领、创新驱动、合作赋能”为主题，举办房山百家民营优秀企业合作交流大会，有 100 家民营企业参加。会上，与会人员集体观看《房山区非公党建“光彩红擎”宣传片》，现场发布《房山区促进“碳达峰、碳中和”行动倡议书》，倡议全区民营企业行动起来，携手同进，打造绿色家园。大会以推动民营企业“强党建、促发展”为目标，以开展“我为群众办实事”实践活动为契机，按照“企业有所需，我们有所应”工作思路，立足全区经济社会发展形势，搭建民营企业合作交流平台。5 家优质、高成长科技企业进行现场交流，2 家创新企业进行新产品发布。

（王川）

【为民营企业开展融资服务活动】 6 月 7 日，区工商联围绕“学党史、悟思想，办实事、开新局”的要求，开展“我为群众办实事”实践活动，与邮储银行房山支行召开为企业融资服务座谈会，双方就解决企业融资问题进行讨论并达成共识。7 月 23 日，区工商联与邮储银行房山支行举行为民营企业融资服务座谈会暨签约仪式，民营企业家代表 40 多人参加座谈会。

（王川）

【区工商联十一届七次执委会议召开】 6 月 28 日，区工商联在北京金融安全产业园召开十一届七次执委会议。会议传达中央和市委换届文件精神，对换届工作进行专题研究，讨论通过关于召开房山区工商业联合会（商会）第十二次代表大会的决议，安排领导机构人员述职、征求意见等工作，对换届工作作出安排部署。

（王川）

【共建合作签约】 7 月 29 日，区工商联联合春雷精审公司党支部与史家营乡党委开展乡企结对共建合作签约仪式暨座谈活动。仪式上，史家营乡党委和春雷精审公司党支部分别介绍各自的基本情况及发展思路，并签署结对共建协议书。与会人员就合作内容、发展方向进行座谈，并对史家营乡的发展建言献策。

（王川）

【涉民营企业产权保护纠纷多元化解机制建设】 9 月 2 日，区工商联与区法院、区司法局、区矛盾纠纷多元调解中心联合召开工作洽商会，商讨涉民营企业产权保护纠纷多元化解机制建设。参会人员对房山区涉民营企业产权保护纠纷多元调解机构设置、工作机制建设及运行模式等进行探讨。

（王川）

【区工商联与突泉县工商联签订友好合作框架协议】 9月8日，区工商联与内蒙古自治区兴安盟突泉县工商联开展对接工作，内蒙古自治区兴安盟行政公署一行11人实地参观考察北京金融安全产业园并进行座谈。会上，区工商联与兴安盟突泉县工商联签订友好合作框架协议。协议约定：双方将就立足两地区“十四五”发展总体规划，引导两地商会组织和民营企业参与“万企兴万村”行动，建立两地工商联定期沟通互访、精准招商对接、商会联系合作等工作机制，搭建平台，加强两地企业人才沟通交流；探索两地高新技术企业、研发机构产业链关联合作模式；不定期协同举办项目推介和产品展销活动等方面进行合作。

（王川）

【集体经济薄弱村对接工作】 10月初，区工商联在会员企业中组织引导动员，由区农业农村局组织召开农村集体经济薄弱村企业结对帮扶对接会，15家重点企业负责人、有关乡镇主管领导和薄弱村党支部书记参加会议。并与区农业农村局等相关部门协商民营企业参与对接帮扶具体事宜和15家重点企业进行分析评估的基础工作。

（王川）

【民营企业产权保护社会化服务体系工作协调会召开】 10月29日，区统战工作领导小组民营经济联席会议办公室，在区工商联二楼会议室组织召开民营企业产权保护社会化服务体系工作协调会。会上介绍房山区民营企业产权保护社会化服务体系建设工作推进情况及工作方案。强调加强调研走访，深入了解民营企业产权保护的现状、存在的困难和问题以及意见建议；加强法制宣传，开展普法讲座，进一步增强企业守法诚信意识；创新方法，推进民营企业产权保护工作；建立联系机制，常态化开展沟通交流，着力打造更好的营商环境，助力民企健康发展。

（王川）

【消费帮扶推介活动】 11月2日，区工商联会同区商务局、区国资委、区发展改革委支援合作办等相关部门与内蒙古兴安盟突泉县政府联合举办“相约深情房山、品味大美突泉”突泉县文化旅游、农特产品专场推介活动，动员民营企业共同参与消费帮扶活动。突泉县8家地方农特产品生产加工企业与北京市85家农特产品营销企业参加推介活动，以绿丰泉雪花牛肉、春州小米、五谷杂粮为代表的绿色农特产品在活动现场签订意向订购协议20余份，农特产品意向订单销售额达40余万元。

（王川）

【区工商联（商会）第十二次代表大会召开】 11月29日，北京市房山区工商业联合会（商会）第十二次代表大会在区会议中心召开。房山区非公经济人士代表150余人参加会议。大会听取并审议通过区工商联党组书记陈建民代表第十一届执委会向大会作的题为《凝心聚力 担当进取 在全力助推新房山建设厚积薄发中谱写新篇章》的工作报告。大会投票选举产生由89名执委组成的房山区工商业联合会第十二届执行委员会。区工商联第十二届执委会第一次全体会议选举产生房山区第十二届工商业联合会（商会）新一届领导班子。高武军当选为房山区工商联主席、商会会长。

（王川）

【维护民营企业合法权益】 年内，区工商联推进民营企业产权保护社会化服务体系建设，促进房山民营企业加快发展。制定《关于建立民营企业产权保护社会化服务体系的实施方案》，明确17个相关单位责任，并与7个单位签订协议。会同区税务部门举办“税收惠民办实事 深化改革开新局”民营企业座谈会，帮助企业懂政策、得实惠。继续用好与区检察院建立的检察服务e站，畅通诉求渠道，着力提供“专业化、体系化、品牌化”的法治服务，打通服务企业“最后一公里”。与区司法局、区私个协、区律协联合印发《关于深入开展民营企业“法治体检”专项活动服务疫情防控和复工复产的实施方案》，开展民营企业“法治体检”服务周活动，以“专业队伍＋特色服务”联动方式，推出 8 项具体服务措施，深入重点企业进行“一对一”体检服务。开展民营企业“法治体检”公益性法律活动和“助企惠民春季行”，通过法律讲座、专题培训和以案释法等形式，普及与企业经营活动相关的法律知识，提高依法经营水平。全年，为 184 家中小微企业提供法律服务 2183 次，2 家公证处为 26 家中小微企业办理涉疫情相关公证 114 件。发挥纳税人权益保护中心作用，开展维权活动，维护企业合法权益。开展“春雨润苗”专项行动，推出 3 大类主题活动 31 项服务措施，举办小微企业专项直播培训、开展社会保险、所得税等相关内容培训，有 2 万余人次参加培训。建立诉前调解机制，会同区人力资源社会保障局等部门在有关企业建立内部调解委员会。完善营商环境法治体系和多元化纠纷解决机制，引导民营企业依法维权、诚信诉讼，将矛盾纠纷解决在基层，化解在萌芽状态，维护民营企业合法权益。全年，开展调解 249 件，调解金额约 2.7 亿元。与区司法局和区律协合作，选聘政治素质高、业务能力强、热心社会公益事业的律师组建律师团。发挥律师在矛盾纠纷调解方面的专业优势和实践优势，解决法律争议，化解矛盾纠纷，指导帮助民营企业完善法人治理结构和各项规章制度，消除法律风险，提高依法经营水平。全年，向各类会员企业提供法律咨询与诉讼服务 3255 人次，处理诉讼案件 557 件，诉讼金额 3.3 亿元。

（王川）

人民团体

房山区总工会

【概况】 2021年，区总工会坚持围绕中心服务大局，在疫情防控常态化的背景下，组织动员全区广大职工群众团结奋战、创新开展工会工作，助推“一区一城”新房山高质量发展。推荐评选全国五一劳动奖章1人、全国工人先锋号1个，全国五一巾帼标兵岗1个，首都劳动奖状1个、奖章6名，北京市工人先锋号2个，在市区媒体广泛宣传先进事迹。开展“寻足迹、听党话、跟党走”“颂歌献给党”等宣传教育活动，各基层工会举办334场次，参与职工2.58万人次。开展“我为职工办实事”实践活动，以“工会进万家”调研走访、“公益班车”下基层、夏送清凉等为主要内容，为职工办实事27件；慰问一线单位11家，劳模、技能人才、困难职工等383人次，投入经费52.76万元。组织建党百年系列活动。“五一”前夕，组织劳模工匠、一线职工4000余人，与全总文工团拍摄《唱支心歌给党听》MV，录制《没有共产党就没有新中国》MV，唱响全区广大劳动者永远跟党走的坚定理想信念，2个MV分别在全总网站、腾讯、“学习强国”学习平台等平台播出。开展“颂歌献给党”活动，征集合唱视频作品35个，摄影作品100余张，区法院工会报送的MV《不忘初心 砥砺前行》入选全国100首优秀作品。组织25名劳模代表、职工代表参加中国共产党成立100周年庆祝大会。开展职工志愿服务，高考期间设立志愿服务点，发放暖心伴考包285个，服务高考考生和家长5600余人次。开展垃圾分类宣传工作，组织宣传活动156次，发放材料9402份，组织职工参与桶前值守2.35万人次。开展消费帮扶，各级工会采购脱贫地区产品210.27万元。持续开展职工职业技能竞赛，提高职工技术水平，增强岗位竞争力，结合重点岗位举办技能竞赛2项、岗位练兵2项，参与职工460人次。创建职工创新工作室，评选区级创新工作室9家；开展素质建设工程通用能力培训380人次；上报创新助推项目6个，创新发明专利39个；在职职工职业发展助推计划助推职工97人次，发放助推款9.66万元。开展机关干部赴基层蹲点工作，走访调研36次，征求意见建议20条。推进网约送餐员、商场信息员、快递员等八大群体入会，吸纳会员9316人。组织开展新业态、新就业群体专项慰问行动，慰问职工2000余人次，组织免费健康体检1207人，累计投入经费112.56万元。依托党群服务中心等设施因地制宜建设区域职工之家12家，依托新华书店、惠妮美容美发等门店设置对外开放暖心驿站48家。扩大工会组织覆盖面。在全区范围内开展“安康杯”竞赛活动，全区累计27家企业1.19万名职工群众参与。2021年，加大工会经费审计力度，审计基层工会35家，离任审计5次。加强工会干部队伍建设，组织新任工会主席培训班、服务能力提升专题班等线上线下培训，参与职工 942 人次。全年，区总工会以非公企业和“两新”组织为建会工作重点，通过“双沟通”的形式开展基层建会工作。全区新建百人以上独立基层工会 2 家，联合工会 5 家，百人以下工会组织 38 家，新增会员 1.27 万人。全区有独立基层工会 1556 家，会员 18.42 万人。

（刘晔）

【春节系列慰问活动】 春节前夕，区总工会开展走访慰问系列活动，看望慰问全国劳模 13 人，市级劳模 271 人，送去慰问金及补助共计 32.2 万元；为春节期间在一线坚守岗位的 15 家单位送去价值 14.5 万元的慰问品；开展文化下乡“送春联”活动，组织房山区书法家撰写春联和“福”字各 1 万幅，投入经费 35 万元。

（刘晔）

【“同心接力绣党旗”活动】 4 月 9 日，北京市总工会主办，房山区总工会承办的“寻足迹听党话跟党走”职工主题宣传教育活动在霞云岭堂上村《没有共产党就没有新中国》诞生地举办。劳模工匠等在内的各行各业 210 名劳动者接力传递绣党旗，用一针一线绣出首都劳动者爱党爱国情怀。

（刘晔）

【“唱支心歌给党听”活动】 4 月 11 日，区总工会配合全总文工团开展“中国梦 劳动美——永远跟党走 奋进新征程”主题宣传教育活动。全总文工团 30 余名演职人员和房山区劳模代表、职工群众代表共 300 余人一起在红色教育基地《没有共产党就没有新中国》词曲创作地拍摄《唱支心歌给党听》MV。

（刘晔）

【“录制快闪讴歌党的百年辉煌”活动】 4 月 18 日，区总工会组织劳动模范、一线劳动者、学生及群众 400 余人齐唱歌曲《没有共产党就没有新中国》，以快闪形式讴歌党的丰功伟绩，唱响全区广大劳动者永远跟党走的坚定理想信念，用歌声表达对党的感情。

（刘晔）

【“谈谈我身边的共产党员”主题演讲比赛】 5 月 31 日，区总工会举办“谈谈我身边的共产党员”主题演讲比赛，来自机关支部、社工支部的 8 名参赛选手讲述身边党员的动人故事。

（刘晔）

【“公益班车”下基层活动】 6 月 4 日，区总工会到位于长阳镇的普乐园爱心养老院开展庆祝中国共产党成立 100 周年“公益班车”下基层慰问活动，为普乐园爱心养老院的老人们送去帮扶产品红薯粉条、香油以及洗护用品 400 份，表达对老年人的关心和关爱。

（刘晔）

【区总工会第六届委员会第七次全体会议】 6 月 25 日，区总工会召开工会第六届委员会第七次全体会议，工会第六届委员会 23 名委员参加。会议审议通过《第七次代表大会议程（草案）》《第七次代表大会主席团、秘书长名单（草案）》《大会选举办法（草案）》，并提出《代表资格审查委员会建议名单（草案）》。

（刘晔）

【房山区工会第七次代表大会】 7 月 13 日，房山区工会第七次代表大会在区会议中心召开，全区各行各业 209 名代表出席会议。大会总结房山工会第六次代表大会以来的工作，选举产生新一届工会领导班子。齐文东当选为区总工会主席，李建坡、隗合红、彭菲、苏玉（兼职）、王飞（兼职）、巴金鹏（兼职）当选为副主席。

（刘晔）

【就建立律师行业工会组织沟通会】 8 月 17 日，区总工会、区司法局、区律师协会等相关单位就建立律师行业工会组织工作召开沟通会。会议介绍组建行业工会相关流程，工会会员入会的权利与义务，针对和会员所享受的各项福利等情况做详细说明。

（刘晔）

【西潞街道大南郊园区非公企业建立工会座谈会】 9 月 3 日，区总工会到房山区大南郊汽配城进行蹲点，并通过沟通会的形式促进园区非公企业建会。区总工会一行参观汽配城的整体环境，了解运营情况，听取大南郊汽配城的发展历程及未来规划，随后就园区非公企业建立工会等工作进行座谈。

（刘晔）

【新业态、新就业群体工会工作推进情况座谈会】10月15日，区总工会召开新业态、新就业群体工会工作推进情况座谈会。城关街道、拱辰街道、西潞街道、长阳镇、窦店镇总工会主席参加座谈。会上，5名乡镇（街道）总工会主席就新业态、新就业群体工会工作开展情况进行汇报，结合实际情况介绍工作开展的做法以及亮点，探讨现阶段遇到的问题，围绕如何推进新业态、新就业群体工会工作提出意见和方案。

（刘晔）

【燕山总工会推进新业态、新就业群体工作会】10月26日，区总工会机关干部赴基层蹲点暨燕山总工会推进新业态、新就业群体工作会在北京八亿时空液晶科技股份有限公司三楼会议室召开。房山区总工会党组书记、常务副主席李建坡及相关部室负责人，燕山总工会、工业区工会联合会及服务站工作人员参会；北京八亿时空液晶科技股份有限公司有关领导参加座谈。

（刘晔）

【司法警察技能竞赛颁奖仪式】12月24日，2021年度房山区职工职业技能竞赛——司法警察技能竞赛颁奖仪式在区法院举行。区总工会、区法院、区检察院、区人力资源社保局领导出席颁奖仪式。该次司法警察技能竞赛中，王中见、罗美辰等12人分获一、二、三等奖及优秀奖，赵然、张晓野被评为优秀工作者，区检察院和区法院获优秀组织单位称号。

（刘晔）

【拱辰街道总工会37℃+关爱快递小哥理发站正式启动】12月30日，拱辰街道总工会37℃+关爱快递小哥理发站启动仪式暨“新就业、新业态劳动者工会爱心服务工作站”揭牌仪式在拱辰街道阳光邑上社区举行。区委组织部、区总工会和拱辰街道有关领导，慧妮美容美发负责人及快递小哥代表共计40余人参加活动。

（刘晔）

【职工服务工作】年内，区总工会依托工会会员卡，开展免医事服务费、节假日特色活动等，服务职工54.61万人次，投入经费579万元。做好两节送温暖、“三八”助单亲、金秋助学等活动，慰问一线单位14家，困难职工、单亲女职工66人次，投入资金37.2万元。开展温暖基金应急救助、大病医疗临时救助58人次，发放救助金30.34万元；市温暖基金“一元捐”“十元捐”活动，募集捐款金额排名全市第一。申报市级购买服务项目3个，开展区级购买社会组织服务项目9项，服务职工4000余人次，投入资金38万余元。

（刘晔）

【职工互助互济工作】年内，全区职工互助保障投保7.65万人，理赔1602人次，发放理赔金331.58万元；“暖•互助”二次报销受益职工5.95万人次，发放补助金1037.67万元。

（刘晔）

【职工权益维护工作】年内，维护劳动关系和谐稳定。区总工会推进维权保障工作，在规范企业（行业）集体协商工作上持续发力，百人以上企业集体合同签订和质效评估工作同步进行和完成，全区累计签订区域性集体合同 46 份，单独签订集体合同132份，行业集体合同3份，覆盖企业1016家，职工7.84万人。落实民主管理工作，区属国有企事业单位全部建立职代会制度和厂务公开制度，建会百人以上非公有制建制率 90.2%。加大工会劳动法律监督力度，受理劳动争议调解案件1624件，为职工挽回经济损失530万元；受理职工法律援助申请328件，惠及职工420人次；将“接诉即办”工作与“12351”职工服务热线相结合，解决职工群众的关心事、操心事，完成派单 296 件。开展服务农民工普法宣传活动4次，组织和谐劳动关系“法治体检”3次。

（刘晔）

【职工之家建设】年内，区总工会夯实职工服务阵地建设。按照“实用、实际、实效”原则，创建市级示范职工之家2家，评选区级先进职工之家19家、职工小家4家，新建百人新建会单位职工之家3家，职工暖心驿站88家，母婴关爱室21家；推树全国最美工会户外劳动者服务站点3家，北京市最美工会户外劳动者服务站点4家。加强社会心理服务体系建设，全区有北京市职工心灵驿站18家。

（刘晔）

【疫情防控慰问】 年内，区总工会两节慰问、夏送清凉等活动以疫苗接种人员、进京卡口工作人员、医院一线工作者为重点，发放慰问物资 30.5 万元，涉及 15 家单位和 7 个乡镇。因疫情继续落实小微企业工会经费全额返还政策，惠及企业 458 家，返还经费 988 万元。

（刘晔）

【职工文化体育活动】 年内，区总工会发挥职工书屋的文化功能和育人功能，开展职工读书月、“网聚职工正能量 争做中国好网民”等活动，建设健康文明、昂扬向上、全员参与的职工文化，建立市级职工书屋示范点 2 家、便利型读书站点 1 家、劳模书架 1 人，区级职工书屋示范点 27 家；各基层工会组织各类读书活动 890 场次，参与职工人数 1.4 万人。依托职工文化体育活动中心，举办送春联、培训班、送服务下基层等活动，为职工会员免费提供乒乓球、台球活动场地，服务职工 6.3 万人次。组织基层工会和广大职工参加市级文体活动，在首都职工乒乓球赛、健身操舞比赛等活动中获团体、个人荣誉 11 项。

（刘晔）

共青团房山区委员会

【概况】 2021 年，团区委以庆祝中国共产党成立 100 周年为主线，打造有理想、有本领、有担当的共青团，为建设“一区一城”新房山贡献青春力量。完成《房山区“十四五”时期青少年事业发展规划》编制，并以房山区青年工作联席会议办公室名义下发。按照全团“学党史、强信念、跟党走”的总要求，把中共十九届六中全会精神纳入团干部教育培训课程，引导团员青年听党话、跟党走，用实际行动践行“请党放心，强国有我”的青春誓言。开展“我为群众办实事”主题实践活动。举办房山区“青年文明号”优质服务示范月、“青年文明号”开放月活动，100 余家单位参与活动近 400 场，服务群众 7 万余人次；做好青少年权益和困境青少年帮扶工作。动员区青联委员，驰援河南省灾区。提高政治站位，组织庆祝中国共产党成立 100 周年系列活动。做好城市志愿服务工作。在城关街道、拱辰街道、西潞街道和长阳镇设置 4 个城市志愿服务站和 6 个重点社区，开展红色宣讲、文明引导等多种类别志愿活动。举办“建党百年正青春 跟党奋进新时代 全民共建文明城”暨庆祝中国共产党成立 100 周年系列活动。加强网络舆情引导。筑牢网上共青团阵地，突出团属媒体属性，开设《青春房山和你一起学党史》专栏，用身边人、身边事激发青少年拼搏奋斗的正能量。全年，“青春房山”公众号发布图文 1250 篇，总阅读量 154.3 万人次。聚焦党政中心，参与全国文明城区创建。开展未成年人思想道德建设工作。动员团员青年、少先队员参与“创城”工作。发挥区少工委“双主任”制作用，做好全区少先队各项工作。开展庆祝中国共产党成立 100 周年少先队主题实践活动。组织优秀少先队员、“最美”学生、首都新时代好少年等代表开展“永远跟党走——唱支歌儿给党听”主题党团队日活动。组织开展“学党史、强信念、跟党走”系列主题教育实践活动。开展“百年祭英烈 文明我先行”“红领巾心向党”主题教育实践活动、万人入队仪式、首都少年先锋岗、党史知识竞赛、红色故事会等活动。全区 1972 家团支部全年累计开展党史学习专题团日活动 6854 次，覆盖团员青年 574378 人次。打造房山青少年党史教育品牌，开发“红色故事我来讲”和“红色微课忆初心”等红色原创品牌项目。探索阶梯式成长评价激励机制。坚持党建带团建带队建，夯实基层组织建设。完成村（社区）团组织换届工作。推进全区少先队组织建设。扩大社会领域团组织有效覆盖，成立共青团北京高端制造业基地工作委员会，打造团建助推产业园区发展的工作品牌。

（齐欣 董芳）

【“在京一起过大年”主题活动】 1 月 21 日至 2 月 25 日，房山社区青年汇开展“留在北京过大年”活动 88 场，服务青年 2735 人。“在京一起过大年”系列活动为全区留京青年提供个性化、多样化的服务，让广大青年体验新春氛围，感受家的温暖。

（齐欣 董芳）

【“两节”送温暖走访慰问】 1月至2月，团区委、区青联在元旦、春节期间开展走访慰问活动，为快递从业青年、一线建筑工人、困境青少年等7类青年群体送去防疫物品、米面油、学习用品等物资共计430余份，价值15万余元。

（齐欣 董芳）

【学雷锋志愿服务活动】 3月5日，团区委、区委宣传部、区委政法委、区委社会工委区民政局共同开展学雷锋志愿服务活动。活动中，社区青年汇志愿者代表全区志愿者发出“庆建党百年 创文明城区 建幸福房山”学雷锋志愿服务倡议。参加活动的领导为“创建文明城区学雷锋志愿服务站点”单位代表授牌，为10名“2020最美房山人”年度榜样人物颁发荣誉证书。区内各委办局、银行、医院、社区等15个志愿服务组织，为200余名群众提供志愿服务。房山区消防志愿者服务队、房山蓝天救援队、阳光综合应急救援志愿服务队现场为群众演示应急救援方法，展示公共安全技能，科普安全知识。房山区委社会工委区民政局社工志愿服务队、房山区私营个体经济协会学雷锋小组、房山邮储银行志愿服务队、北京遨游志愿服务队、良乡医院志愿者服务队、建设银行房山支行志愿服务队、房山社区青年汇志愿服务队为群众提供志愿者注册介绍、义务理发、理财知识宣讲、医疗义诊、冬奥知识普及、垃圾分类互动体验等便民服务。

（齐欣 董芳 罗曼）

【2021年房山区小微志愿服务品牌项目支持计划】 3月至10月，团区委开展“庆建党百年 创文明城区 建幸福房山”2021年房山区小微志愿服务品牌项目支持计划，为“幸福房山‘救’在身边”“青少年在行动 垃圾再生创新工作站”等30个入围项目提供活动资金、物资装备、项目指导等支持与保障。各志愿服务组织围绕文明实践、文化教育、服务民生、生态文明、安全应急、卫生健康、社会治理7个方面开展特色志愿服务活动100余场。

（齐欣 董芳）

【庆祝中国共产党成立100周年系列活动】 4月23日，团区委在霞云岭乡堂上村举办“建党百年正青春 跟党奋进新时代 全民共建文明城”暨庆祝中国共产党成立100周年系列活动。组织全区党员、团员和少先队员拍摄《为祖国而歌》主题宣传片，并创作《平西抗日烽火的礼赞》诗朗诵，全面展示抗日战争以来平西地区各个时期房山青年接续奋斗的青春史诗。在全市率先发布100个红色故事、50节红色团队微课、8集红色动漫、30个红色志愿品牌项目和红色图书《为祖国而歌》等红色原创品牌项目，启动寻红色足迹主题团队日体验、给革命先烈一封信征集、“唱支歌儿给党听”网络歌咏比赛等中国共产党成立100周年系列主题教育实践活动。举办“学党史、强信念、跟党走”主题团课、《没有共产党就没有新中国》歌曲合唱。全区500余名青少年参加活动。团区委中国共产党成立100周年主题教育活动直播实现收看浏览量超260余万人次，获中央电视台、《中国青年报》《北京青年报》等20余家媒体刊播。

（齐欣 董芳）

【“青年文明号”优质服务示范月活动】 4月27日，团区委启动2021年度“青年文明号”优质服务示范月活动。区直机关、教育系统、政法系统、卫生系统、税务系统、水务系统、路政系统、企业系统、乡镇（街道）等行业领域的66家“青年文明号”集体以及12家创建集体围绕“创建文明城区 房山青年在行动”活动主题，通过“树立文明服务理念”“增强文明服务意识”“打造精品服务品牌”等内容，开展各类活动，服务广大人民群众。示范月活动期间，各参与集体开展各类活动160余场，服务群众3万余人次。内容涵盖志愿公益、技能培训、政策宣讲、窗口服务、普法宣传、医疗义诊、心理咨询、安全生产等。

（齐欣 董芳）

【“创文明城区 青年在行动”主题活动】 4月起，团区委开展“创文明城区 青年在行动”主题活动。由团区委全体机关干部、社区青年汇社工以及社区志愿者组建志愿服务队，针对社区公共区域烟头、白色垃圾等环境卫生问题，每周2个半天到社区内开展专项清理行动，同时通过互动游戏的形式向过往居民宣传发放创建文明城区宣传单及注册志愿者宣传单，号召社区居民注册成为志愿者，积极参与“创城”活动，从自身做起、从小事做起，助力“创城”。全年，累计开展活动16场，共70名志愿者参与志愿服务，服务时长达480小时。

（齐欣　董芳）

【2021—2022年度房山区“青字号”品牌创建评选活动启动】 5月6日，团区委启动2021—2022年度房山区“青字号”品牌创建评选活动。在全区各行业领域评选出“青年文明号”“青年突击队”“青年岗位能手”等先进集体和个人。截至5月中旬，团区委收到24家单位上报的33个“青年文明号”创建项目；12家单位上报的15支队伍参加房山区“青年突击队”评选项目；50家单位上报的50名个人参加房山区“青年岗位能手”评选项目。经过活动组委会评审，上报集体和个人符合创建活动条件。

（齐欣　董芳）

【2021春季北京国际长走大会志愿服务】 5月29日，团区委组织中国社会科学院大学、北京工商大学、北京理工大学、北京中医药大学、首都师范大学、北京经贸职业学院6所学校1000名志愿者，为2021春季北京国际长走大会8000余名长走爱好者提供方位指引、咨询服务、秩序维护、加油助威和认证物发放等志愿服务。

（齐欣　董芳）

【庆祝中国共产党成立100周年房山区城市志愿者工作】 6月12日至7月5日，团区委完成庆祝中国共产党成立100周年房山区城市志愿服务工作。房山区在拱辰街道昊天广场、西潞街道西潞大街、城关街道城关东大街、长阳镇长阳公园设置4处城市志愿者服务站，在拱辰街道、西潞街道和城关街道选取6个社区作为重点社区。团区委组织480名城市志愿者为群众提供信息咨询、义务指路、秩序维护、文明劝导等便民服务1620人次，并开展红色教育、党史学习、邻里守望等志愿服务活动累计100余场，服务时长4000余小时，服务群众1万余人次。

（齐欣　董芳）

【村（社区）团组织换届选举完成】 根据团市委《关于进一步加强村和社区团组织建设的通知》要求，结合全区村（社区）“两委”换届工作，团区委按照先社区团支部、后村团支部的顺序，通过“大走访”去“空壳化”等前期筹备，于6月底，全区各村（社区）2014个团组织全部完成换届选举。

（齐欣　董芳）

【“责任致敬青春”行动计划】 7月下旬，团区委按照团市委统战部“责任致敬青春”行动计划相关部署，开展“青春同心 永远跟党走”党史学习教育实践活动，走一趟红色寻访、唱一首红色赞歌，并制作短视频和MV上报至团市委。房山青联组建3个“青联委员服务团”开展技术支持、电商培训、人才培训等服务活动，助力乡村振兴，累计开展活动6场。开展“青力青扶”教育支援工程，动员青联委员和社会力量为房山区京蓼学校、房山区周口店博识学校等7所小学筹建“希望小屋”。

（齐欣　董芳）

【驰援河南省救灾救援工作】 7月，团区委、区青联动员青联委员发挥青联资源平台优势，主动伸出援手，为河南省灾区募集爱心善款。收到爱心善款37700元，按照灾区实际需求，购买矿泉水16000余瓶、方便面250箱、卫生纸2000余提等救援物资分2批送到河南省新乡市李源屯灾民安置点和河南省周口市扶沟县郊一中灾民安置点。另通过北京市青少年发展基金会特别开通的援助河南救灾善款通道为灾区捐款约1万元。

（齐欣　董芳）

【暑期高校大学生社会实践活动】 7月至8月，团区委联合区人力资源社会保障局、高教园区管委会开展房山区第十届暑期高校大学生社会实践活动。全区20余家行政机关、企事业单位提供100余个岗位，包括中国社会科学院大学、北京理工大学、北京中医药大学、北京邮电大学等京内大学生以及房山籍在京外上学的学生100余人参加活动。

（齐欣　董芳）

【中国青年企业家房山行活动】 9月23日至24日，团区委邀请中国青年企业家协会、北京市青年企业家协会70余名青年企业家，开展中国青年企业家房山行活动。中国青年企业家协会到中关村新兴产业前沿技术研究院、北京高端制造业（房山）基地、北京基金小镇、周口店镇红色背篓精神传承教育基地和黄山店村进行实地考察。通过举办论坛、推介会等形式，详细了解房山区“两区”建设情况和经济社会发展情况。

（齐欣　董芳）

【2021 年房山区基层团干部培训班举办】 9 月 27 日至 29 日，团区委举办 2021 年房山区基层团干部培训班。各委办局、乡镇（街道）、部分企业的 60 名团干部参加培训。培训班为期 3 天，采用集中授课、现场教学和专题研讨相结合的方式，重点开设党史学习教育、区情知识、“两区”建设、全面从严治党、参观调研等专题内容。

（齐欣　董芳）

【青年文明号开放月活动】 11 月 1 日，团区委启动 2021 年度青年文明号开放月活动。活动历时 2 个月，12 月 31 日结束。全区各系统行业的 66 家青年文明号集体以及正在参与创建的 41 家青年集体以“青年文明号•向祖国报告•创城在行动”为主题，集中开展青年文明号“4+N”活动。全区各级青年文明号集体、创建集体结合岗位特点围绕活动主题和要求，开展活动 232 场，3505 名青年参与活动，服务群众 42900 余人次。

（齐欣　董芳）

【关爱新业态、新就业群体暖心行动】 11 月 8 日，团区委开展“心理赋能 感受首都温度——关爱新业态、新就业群体暖心行动”。活动采用心理服务测评问卷方式，为快递小哥等群体提供心理压力状况测评，包括基本情况、心理压力、压力应对及心理服务需求等。累计邀请 20 个快递站点参与活动，对 97 名快递小哥进行心理测评，并为小哥提供个体测评报告。全年，开展快递从业青年关爱服务月，针对快递从业青年群体开展走访调研、慰问关爱、政策宣讲培训等活动。在华冠购物中心、长阳半岛广场等商圈设立“爱心驿站”，在 35 家社区青年汇建立“小哥加油站”，解决快递、外卖小哥“饮水难、休息难”等实际问题。

（齐欣　董芳）

【房山青联第六次主席办公会召开】 11 月 8 日，按照北京市青年联合会第十二届委员会委员换届工作进度安排和相关要求，房山青联召开第六次主席办公会，审议并通过关于推荐 10 名北京市青联第十二届委员拟推荐人选的提议。

（齐欣　董芳）

【房山青联增补 17 名委员】 11 月 14 日，区青联秘书处召开主席视频办公会，按照青联组织办法各项工作流程要求，完成区青联四届二次委员增补工作。增补委员 17 名。截至年底，房山区青年联合会第四届委员会委员 216 名。

（齐欣　董芳）

【“京小团”公益理发志愿服务日活动】 11 月 27 日，团区委组织绿萝志愿服务队在顺丰速运时代广场营业点，开展“京小团”公益理发志愿服务日活动。志愿者为快递小哥提供义务理发服务。团区委为 35 名快递小哥送去保温壶等慰问物资，并了解、倾听他们在工作和生活中的实际困难和需求，主动对接社区青年汇、志愿服务等团属资源，提供力所能及、切实有效的服务。

（齐欣　董芳）

【资助学校链接软硬件资源项目】 年内，团区委与中国青基会、北京青基会等联系，链接优势资源，从提高师生学习能力的“软件”平台和改善青少年学习、活动的“硬件”条件两方面入手，免费为张坊小学、大石窝小学引入广州摩翼信息英语学习平台，为阎村中心校引入“现代汽车梦想之屋”项目，为青龙湖中心校引入“美育教室”，为石楼中心校引入“沙驰图书馆”，为张坊中学引入“电脑教室”等项目。价值 50 余万元，覆盖学生 5000 余人。

（齐欣　董芳）

【被害未成年人救助】 年内，团区委做好被害未成年人的救助工作，开展“我为青年办实事”主题实践活动。与房山公安分局、区检察院、区民政局、区教委等部门共同行动，开展司法救助服务 130 余人次。解决未成年被害人入读寄宿制学校等问题。

（齐欣　董芳）

【青少年权益和困境青少年帮扶工作】 年内，团区委开展主题培训、司法救助等 200 余场，发放各类助学金 16.62 万元，受助学生 152 人。

（齐欣　董芳）

【“建党百年正青春 跟党奋进新时代”主题活动】 年内，房山社区青年汇以中国共产党成立 100 周年为契机，组织全区社区青年汇开展“建党百年正青春 跟党奋进新时代”主题活动。通过“唱革命歌曲”“讲红色故事”“观红色影片”“踏红色之旅”等活动，引导社区青年、青少年重温革命历史、传承红色基因，增强听党话、跟党走的思想和行动自觉。全年，累计组织活动282场，覆盖青年5640人。

（齐欣　董芳）

【青年汇建设】 年内，团区委动员青年力量，主动参与社会基层治理。发挥社区青年汇阵地作用，成立青年汇运营支持中心，拓展社区青年汇服务青年功能。全年累计开展群体活动1726场，社会服务项目111个，组织培育75个，资源开发13个，外展宣传374次，新增18至35岁联系青年累计8034人。常态化开展志愿服务工作，完成2021春季北京国际长走大会等重大活动志愿服务保障工作，开展房山区小微志愿服务品牌项目支持计划，为30个入围项目提供活动资金、物资装备、项目指导等支持与保障。持续推进志愿者实名注册工作，为团体、个人提供注册、项目发布、时长记录等相应的技术支持和培训。截至年底，“志愿北京”平台累计注册实名志愿者25.6万人，发布志愿项目7660个，累计注册志愿团体4548个，累计志愿服务时长4954万余小时。

（齐欣　董芳）

【基层团组织规范化建设】 年内，团区委持续基层团组织规范化建设。完成村（社区）团组织换届选举。加强乡镇（街道）共青团工作保障，推进北京市基层团建督导员向区级青少年事务社工转变保障工作，每个乡镇（街道）团（工）委配备1名青少年事务社工。开展“对标定级”工作，评出五星级支部79家，四星级支部333家，三星级支部762家，对低于60分的8家支部，进行整改提升。深化区域化团建，组织动员全区团员青年回社区（村）报到，参与志愿服务活动，每名团员全年参与志愿服务时长不少于20小时。全年，11784名团员回社区（村）报到参与志愿服务活动，累计服务时长8万余小时。

（齐欣　董芳）

【“两新”组织建团工作】 年内，团区委推动“两新”组织建团工作。重点建设青年聚集的园区团工委，成立共青团北京高端制造业基地工作委员会，打造团建助推产业园区发展的工作品牌。2021年，新建社会领域团组织396家。

（齐欣　董芳）

【青年榜样】 年内，团区委开展区内先进典型选树。在全团范围内发掘和培养优秀青年集体和青年人才，特别是发掘在疫情防控期间表现特别优秀的集体和个人，开展青字号品牌各项工作。经过初期评审、中期评估对参评集体和个人上报材料的集中审查整理，评选出2021年度“青年文明号”集体29个，“青年突击队”14支、“青年岗位能手”20名。推荐杨帆获评“首都最美志愿者”，北京蓝天救援队房山分队获评“首都最佳志愿服务组织”，“向毒品Say NO——禁毒志愿服务行动项目”获评“首都最佳志愿服务项目”，119名志愿者获北京市第七批五星级志愿者称号，推荐成教中心志愿服务队“魔豆e家”、BUCM中医学院青年志愿者协会“中医药文化进社区”项目获2021年首都志愿服务项目大赛银奖及首都最佳志愿服务项目称号，区文化活动中心（区图书馆）志愿服务分队“少儿亲子故事会”、阳光综合应急救援志愿服务队“阳光护航”项目获提名奖。

（齐欣　董芳）

【“厨余垃圾清运车上的破袋分离装置”获奖】 年内，开展2021年房山区青少年“创城有我 科技创城”系列活动之“做好垃圾分类 创建文明城区”活动。北京小学长阳分校的学生郭曦泽自主发明的“厨余垃圾清运车上的破袋分离装置”获第十六届宋庆龄少年儿童发明奖铜奖（该赛事被教育部确定为2021—2022学年面向中小学生的全国性竞赛活动）及第二十五届全国发明展览会金奖。

（齐欣　董芳）

【困境青少年奖励、资助项目】 年内，团区委开展困境青少年奖励、资助项目。面向全区困境青少年，开展“2019—2020年度中国平安希望奖学金”“希望之星1+1”项目助学金、“2021年度学子阳光”项目和“中国茅台•国之栋梁”项目的申请与奖助学金的发放工作。发放奖助学金16.62万元，覆盖152名未成年人。

（齐欣　董芳）

房山区妇女联合会

【概况】 2021年，区妇联发挥妇联组织优势，团结引领全区广大妇女和家庭主动融入全区发展大局，在服务区域发展中贡献巾帼力量。夯实妇联组织基础。完成第五次妇女代表大会换届选举工作，增设挂职副主席1名，配齐配强第五届区妇联领导班子，形成专兼挂齐备的成员架构。完成27个乡镇（街道）、435个村、191个社区妇联换届工作，全区选举产生妇联执委近万人。向新业态、新就业群体拓展妇联组织覆盖和妇女服务内容，通过推动6个基层站点建设，制作投放连心卡、爱心毛巾、评选“最美家庭”2户、建立“驿姐”“驿家”微信群9个、推选乡镇（街道）妇联执委2名、区妇女代表1名。巩固美食大赛成果，打造特色庭院民宿。对挖掘出的获奖作品形成“房山宴”品牌，编印成培训教材，争取市级资金30万元，联合区文化和旅游局对全区精品民宿和民俗旅游户及有需求的农村妇女等提供“房山宴”特色美食技能培训，累计培训480人。推动实施“巾帼创城同心行”主题实践活动。通过组织开展妇女思想道德建设领航、家家幸福安康、妇女维权服务、美丽庭院创建、巾帼志愿服务暖心、创城巾帼风采展示“六大工程”，组织动员全区广大妇女和家庭参与“创城”工作，实现人人争做“创城”最美女性，家家争做“创城”最美家庭的新风尚。常态化开展寻找“最美家庭”活动。全年，评选出“房山区最美家庭”429户；“首都最美家庭”8户；“全国最美家庭”1户。开展垃圾分类“家”行动专题宣传。强化家庭教育工作。组建54人的家庭教育师资库，以及“北京中医药大学房山科普讲师团队”等10支家长学校师资团队。全年，全区195个社区全部成立家长学校，实现100%全覆盖。开展主题宣传教育活动。利用“三八”节、“国家安全日”“国际反家庭暴力日”等重要节点，开展宣传教育活动。依托北京市妇联、北京市律协平台，举办6场“巾帼维权•送法到家”、《中华人民共和国民法典》宣讲活动。组织各乡镇（街道）妇联开展宣传活动60余场，发放宣传材料8000余份。持续开展“云”普法活动。利用微信工作群、“房山女性”平台，围绕“国家安全知识”、《中华人民共和国民法典》为主要内容开展普法知识有奖竞答活动。强化维权机制，做好妇女信访接待工作。为妇女提供法律服务、心理咨询、矛盾化解等服务，做好婚姻家庭矛盾纠纷典型案例选树。做好“12345”派单妇联信访事项以及自接信访的办理工作，共接待信访49件，结案率100%。科学实施北京妇女创新创业项目。扶持北京满庭芳生态观光园有限公司等10个“北京农村妇女创新创业项目”，带动147名妇女实现就业增收。加强各项实用技能培训。开展植物种植培训85场，覆盖20个乡镇96个村5000余个家庭。开展剪纸、编织、瑜伽等各类培训274场，9000余人次参与。开展DIY亲子园、少儿国画等儿童培训92期，1900余人次参与。组织开展“十三五”终期指标统计监测工作。完成并发布《房山区“十四五”时期妇女儿童发展规划》。

（李灿）

【2021年房山区庆祝“三八”国际妇女节活动】 3月3日，房山区庆祝“三八”国际妇女节111周年活动在区文化活动中心举行。活动围绕“巾帼心向党 百年正辉煌”主题，以房山妇女事业发展为主线，截取中国抗战、中华人民共和国成立、改革开放和中国特色社会主义新时代4个时期，聚焦房山妇女事业发展涌现的典型事迹、杰出人物。区直七大系统妇工委主任、各乡镇（街道）妇联干部、全国三八红旗手及各行各业先进女性代表及部分曾分管和支持妇联工作的老领导参加活动。

（李灿）

【垃圾分类“家”行动】 3月4日、5日，区妇联在长阳镇和城关街道重点区域开展垃圾分类“家”行动主题宣传活动，向周围群众发放宣传品。同时，各乡镇（街道）妇联进行同步宣传，采取线上线下结合的方式，营造生活垃圾分类家庭齐参与的社会氛围。开展“最美家庭一带十”活动，每户“最美家庭”带动十户普通家庭，宣传垃圾分类知识，指导践行垃圾分类。通过建立记录台账，印制发放“最美家庭”宣传员马甲和垃圾分类宣传页，号召妇联执委、妇女代表、巾帼志愿者进村、进社区、入楼门、入户开展垃圾分类宣传工作。带动4万户家庭自觉参与垃圾分类。

（李灿）

【“5•15”国际家庭日活动】 5月14日，区妇联在区文化活动中心梦想剧场举办“最美家庭 赞歌百年”、“5•15”国际家庭日暨庆祝中国共产党成立100周年活动。活动由走向胜利、走向春天、走向复兴3个篇章组成。历年获评的150户区级“最美家庭”代表参与演出。与会领导分别为全国家庭工作先进集体、第一季度“首都最美家庭”及房山区“最美家庭”代表颁奖。

（李灿）

【红色家风故事接力宣讲活动】 6月19日，由全国妇联统一部署，区妇联主办的“颂党恩 传家风”红色家风故事接力宣讲活动在霞云岭乡举行。活动现场播放全国妇联“颂党恩 传家风”红色家风故事宣讲活动宣传展示短片。北京市宣讲团成员、堂上村老党员李增军介绍《没有共产党就没有新中国》词曲创作过程。宣讲员郑迪先、张文柳等人讲述红色家风故事、传承红色家风、弘扬家国情怀。活动结束后，全体人员参观没有共产党就没有新中国纪念馆。

（李灿）

【“巾帼心向党 创城同心行”主题活动举办】 6月22日，区妇联主办的“巾帼心向党 创城同心行”主题活动在拱辰街道党群服务中心举行。会上为10个房山区家长学校讲师团队颁发聘书，50余人参加活动。

（李灿）

【社区家长学校活动举办】 6月至9月，区妇联专门针对全区社区家长学校设计亲子绘画类30场、儿童安全教育类20场、垃圾分类小课堂17场，共67场活动，参与人数1300余人。组建54人的家庭教育师资库，以及“北京中医药大学房山科普讲师团队”等10支家长学校师资团队，为家长学校活动提供师资补充。全区家长学校自主开展活动935场，30000多个家庭参与。

（李灿）

【乡镇（街道）妇联换届工作完成】 7月至9月，房山区完成27个乡镇（街道）妇联组织换届工作。乡镇（街道）妇联均配备主席1名、专职副主席1名、兼职副主席2名。乡镇（街道）妇联主席由同级党政领导班子中的女性领导兼任，原则上，配备正科实职专职妇联副主席。连选连任的专职副主席，可以由一级、二级主任科员或四级调研员担任。对于不具备条件的，妇联主席可由热心、熟悉妇联工作的四级及以上调研员（女性）兼任，专职副主席可由四级及以上主任科员担任。截至年底，全区27个乡镇（街道）中，四级调研员兼任妇联主席的1人，其他均由党政领导班子中的女性兼任。专职副主席中，四级调研员3人，正科实职14人，一级主任科员5人，二级主任科员2人，三级主任科员2人，四级主任科员1人。

（李灿）

【房山区第五次妇女代表大会召开】 10月29日，房山区第五次妇女代表大会在区会议中心召开。会议听取并审议房山区妇女联合会第四届执行委员会工作报告；选举房山区妇女联合会第五届执行委员会。选举王红英为区妇联主席，张会东、刘月辉为专职副主席，肖婧、闫永红、彭菲、张莉华为兼职副主席，王金红为挂职副主席。全区各条战线的146名妇女代表参会。

（李灿）

【《房山区“十四五”时期妇女儿童发展规划》发布】 12月30日，《房山区“十四五”时期妇女儿童发展规划》由房山区妇女儿童工作委员会正式发布。《房山区“十四五”时期妇女儿童发展规划》以“全国两纲”为总领，对接《北京市“十四五”时期妇女儿童发展规划》。由房山区妇女儿童工作委员会办公室组织，邀请共青团中国社会科学院大学委员会参与规划编制，经过2轮的征求意见最终发布。

（李灿）

【“美丽庭院”创建工作】 年内，区妇联在“美丽庭院”创建工作中推广“王家磨做法”，将一家一户的美丽庭院连成线；将一街一巷的美丽邻里连成片；将一村一品的美丽家园连成景。打造成房山农村环境的靓丽风景、农村产业的重要内容、农民增收的便利渠道。根据不同功能，在全区推出25个特色创建试点村，重点围绕特色民宿、特色种植、特色文化3类特色庭院进行打造，为农民增收创造条件。2021年，累计创建美丽庭院示范户10381户。王家磨村、东坟村、瓜市村、杨驸马庄村、太和庄村、东村、大安山村等村成为创建典型。

（李灿）

房山区科学技术协会

【概况】 2021年，房山区有乡镇（街道）科协25个，村（社区）科普工作站619个，科普工作站站长、科普宣传员1230余人。全区有园区科协（企业）53家，其中2021年新成立企业科协2家。全区有市级创新簇企业19家，其中2021年新建成市级创新簇科技企业1家。抓住全国科普日、科普之春等节点，发挥科普宣传阵地作用，组织开展群众性科普活动。结合“三下乡”活动，组织动员群众参与2021年全国农民科学素质网络知识竞答、北京市公民科学素质大赛，惠及群众4万余人，发放宣传品资料1万余份。举办“科技引领时代 智汇点亮生活”及“5•30”全国科技工作者日庆祝活动。开展《房山区全民科学素质行动计划纲要实施方案（2021—2025年）》编制工作，巩固全国科普示范区成果。开展房山云科普大讲堂之《首都科学讲堂燕都分讲堂》系列线上科普演讲、房山科普剧社公益巡演，与区融媒体中心合作推出《科学与生活》栏目，完成长阳滨河公园科普示范公园建设并组织开展生态科普活动，继续实施“科学小记者+探秘房山”项目，举办青少年科技节等各类青少年科普活动，组织群众参与各类线上科普活动等，提升全民科学素质。推进基层科协组织建设规范化、科普项目实施规范化。组织召开乡镇（街道）科协工作会，安排部署全年重点工作，开展业务培训。制定实施《房山区科协科普（科技）项目评审专家库管理办法（试行）》，组织开展“新时代文明实践基层科普行动计划”，实施2021年房山区乡镇科普示范（教育）站评选项目。依照《房山区科普示范社区（村）标准化建设评类标准》，在每个乡镇打造1至2处优秀村（社区）科普工作站，调动基层科协组织开展科普工作的积极性、主动性和创造性，提升基层科普服务能力。推进科普志愿服务队建设，为25个乡镇（街道）科协统一制作印有“房山区科普志愿服务队”标识的各类科普志愿服务物料10万余件。截至年底，吸纳科普志愿者800余人，并完成“志愿北京”线上注册，累计志愿服务时长500余小时。

（田硕　王婧　马昊）

【2021年房山区青少年科技节】 4月7日，区科协联合区教委，在良乡镇官道中心小学开展以“喜迎建党百年 播撒科学种子 共创文明城区”为主题的2021年房山区青少年科技节活动。科技节历时3天，良乡镇官道中心小学为主会场，西石羊完全小学及邢家坞完全小学为分会场，近1200人参与活动。

（田硕）

【乡镇（街道）科协工作会召开】 4月9日，区科协组织召开2021年乡镇（街道）科协工作会，会议安排部署2021年度新时代文明实践基层科普行动计划项目、区科普示范（教育）基地、区科普示范社区（村）、创新驱动工程、建设房山区科普志愿者队伍等科普工作任务。

（王婧）

【科技嘉年华进校园活动】 6月1日至20日，北京市科协主办，房山区科技活动中心、北京理工大学附属实验学校承办的科普资源巡展“天地之美 万物之理”科技嘉年华活动，走进北京理工大学附属实验学校。活动现场展示科普设备36件、科普拼图28件。50名北京理工大学物理学院研究生志愿者进行科普指导、演示和解说，全区近500组家庭参加嘉年华活动。

（陈亚男）

【房山区全国科普日主场活动】 9月11日，区科协在长阳公园组织开展2021年房山区全国科普日主场活动——生态科普教育专场。活动以生态健步讲堂+生态科普有奖问答形式开展，北京生态修复学会的专家以《森林与健康》为主题带着现场群众走进公园小森林，科普森林里的动物、植物、湿地生态系统等知识，长阳镇的50余名群众参与活动。

（谢珊珊）

【北京市公民科学素质大赛房山区线下活动】 9月28日，北京市科协主办，区科协、北京科技报社承办的2021年北京市公民科学素质大赛房山区线下活动在智汇雅苑社区举办。活动中，6名参赛选手进行公民科学素质大赛现场竞答，评选出一等奖1名、二等奖2名、三等奖3名。

（王婧）

【房山区金融科技安全主题科普展】 9月28日，区科协主办、北京金融安全产业园承办、中国互联网金融协会指导的房山区金融科技安全主题科普展在北京金融安全产业园正式开展。展览以“金融科技创新 守护美好生活”为主题，以房山区金融科技创新转型发展为主线，通过学习党史、红色金融史、金融科技技术发展以及技术成果应用场景案例等科普知识，展示区域发展及金融科技创新变革。1000余人参观。

（谢珊珊）

【“创森”主题科普活动】 年内，区科协围绕“创建国家森林城市”任务，依托全区现有公园资源，发挥科协系统科普资源优势，在长阳滨河公园设立86处科普宣传栏和科普标识。围绕森林资源保护、美丽庭院建设、生态与健康等内容，在蒲洼乡东村、房山四中、城关街道瓜市村等地，开展5场主题科普讲座。

（谢珊珊）

【房山区科普剧社系列活动】 年内，区科协房山科普剧社到阎村镇、良乡镇、梦想剧场、城关街道、泰和•睿园养老院开展科普文艺演出活动。活动采取科普演出、科学实验、有奖问答、文艺歌舞等形式，涉及科学科普、党建党史、疫情防控、社会关切和热点话题等。区科协科普剧社获第三届北京科学传播大赛科学表演组二等奖，区科协获优秀组织奖。

（马昊）

【首都科学讲堂燕都分讲堂】 年内，区科协依托北京科学中心“首都科学讲堂”院士名家资源，以“解读科学精神”为主线，以“当今科学热点”为话题，面向农民、市民、未成年人、公务员等群体，打造“首都科学讲堂燕都分讲堂”平台。截至年底，播出55期，总点击量75万次，平均每期播放量1.3万次。讲堂采取线上展播形式，定期筛选贴近地区实际情况、群众喜闻乐见、科普知识丰富的讲座视频进行展播。

（马昊）

【利用新媒体开展科普活动】 年内，区科协与区融媒体中心持续合作，开设《科学与生活》板块，定期向公众推出具有权威性、科学性、趣味性的优质科普资讯，引导社会公众自觉养成科学文明的生活方式，全年发布40期。区科协持续应用“房山云科普”微信公众号发布科普资讯、传播科普知识。全年，发布180余篇。

（王婧）

【企业科协组织建设】 年内，区科协不断推动科协组织向园区、企业和驻区高校延伸，采取单独组建、区域联建、行业统建相结合的形式，鼓励引导园区、企业发展科协组织，组建中小型企业科协联盟等符合区域特点的科协组织。有2家科技企业新成立科协组织。截至年底，全区有园区（企业）科协53家。

（马昊）

【“科学小记者+探秘房山”品牌科普活动】 年内，区科协联合区委宣传部、区教委、区文化和旅游局开展“科学小记者+探秘房山”品牌科普活动。全年，采取线上+线下结合的方式开展10场活动，其中7场为线上活动。“科学加”APP、一直播、新浪微博等平台的在线观看突破30万人次，5篇小记者的作品被刊登在《北京科技报》上。“科学小记者+探秘房山”项目被首都精神文明建设委员会办公室评为2021年度首都未成年人思想道德建设工作创新案例。

（董宏建）

【第 21 届北京青少年机器人竞赛】 年内，区科协组织房山区青少年参与第 21 届北京青少年机器人竞赛。获三等奖 4 项，区科协获组织单位奖。

（马昊）

【企业创新簇认证和创新服务工作】 年内，区科协指导北京盈和瑞环境科技有限公司、北京喜庆民丰农业发展有限公司、北京飞航吉达航空科技有限公司、北京美康堂医药科技有限公司、航天（北京）食品技术研究院 5 家科技企业建成区级创新簇，其中北京喜庆民丰农业发展有限公司建成市级创新簇。促成北京化工大学、北京市农林科学院、安徽中医药大学等高等院校，科研院所的专家与企业开展项目深度合作。截至年底，全区有市级创新簇企业 19 家。

（马昊）

【2021 年房山区乡镇科普示范（教育）站项目】 年内，区科协指导各项目单位开展 2021 年房山区乡镇科普示范（教育）站申报工作，征集申报项目 19 项。经过调研评审，中科天利示范（教育）站、北京四方中医药文化博物馆、史家营矿业遗迹展览中心、食用菊花特色科普教育（示范）站、中华蜜蜂繁育科普教育基地获得认定。

（田硕）

【“新时代文明实践基层科普行动计划”】 年内，区科协指导各项目单位开展申报市、区“新时代文明实践基层科普行动计划”工作，共征集项目 17 项，推荐市级科普项目 8 项。其中，《龙骨魂》科普舞剧编创与公演、“科普果•树新风”科普资源建设项目、果树农业科普阵地建设和房山科学嘉年华——“科普惠万家”系列科普活动获市级评定和资助。智能数字化科普宣教能力提升活动项目、蜜源中草药植物及蜂产品宣教提升、共享科技盛宴发展绿水青山、京南农民蔬菜技能实训基地建设项目获区级评定。

（田硕）

【“科技小院”品牌项目建设】 年内，区科协与北京农学会、北京农业职业学院签订科技小院共建协议，集中市、区优质农业资源，精准对接小院科技需求。以小院发展带动农民增收致富，推进乡村振兴。以周庄村科技小院为试点，引入食用菊花、药用菊花、观赏菊花 380 种；推广悬崖菊、案头菊等 8 个类型的艺菊造型技术；指导 10 余户村民经营菊花宴；研发菊花酒、菊花酥、菊花皂等特色产品；引入无土栽培及肥水一体化技术，节省水肥，防病增产。带动村民 93 户 372 人，收入 189.5 万元。实现该村及周边村民就业 500 余人。形成食用菊绿色生产技术规程，带动该村和周边地区上下游产业的发展，并将周庄村科技小院的经验在延庆区 2 个镇、3 个村和 1 个企业进行示范推广。周庄村科技小院被评选为“十佳北京科技小院”，被市科协作为党史学习教育“我为群众办实事”典型案例推荐到中国科协，北京电视台、《北京日报》等媒体进行专题宣传报道。

（谢珊珊）

【科技助力乡村振兴】 年内，区科协以推动科技套餐工程都市型现代农业示范基站建设和房山区科技小院建设为重点内容，协调组织北京农学院、北京农职院及市属学会和院校专家，汇集系统资源，以基层需求为导向，与基层建立合作联系机制，定期深入基层开展技术指导、培训、生态科普、送医下乡。开展专家技术指导 30 余次，选育红花、紫苏、急性子、金银花、蒲公英、薄荷、黄芩 7 种中草药种子 265 千克。组织中小学、大学学生实践活动 10 次，共计 500 人次。开展中医药保健知识讲座 10 次，受益群众 150 人次。

（谢珊珊）

【科普资源行活动】 年内，房山区科技活动中心在疫情防控常态化运行下进行全面改造提升。于 6 月、10 月分别举办 2 期以“感触科技，乐享生活”为主题的科普资源行活动，展览展示科学表演秀、冰壶体验、医疗健康、生态科学等 40 件展品，受众 400 余人。

（陈亚男）

【科技校园行巡展】 年内，房山区科技活动中心开展北京流动科学中心房山馆校合作科技互动体验“校园行”巡展活动，分别走进北京理工大学实验附中、北京十二中朗悦学校、房山第四中学、首都师范大学附属房山学校4所中小学，展示流动科普设施展品20余件，4000余名师生参观体验。

（陈亚男）

法　治

政法委与综治

【概况】　2021年，区委政法委以抓好中国共产党成立100周年庆祝活动安保维稳为主线，以开展政法队伍教育整顿为保证，以深化平安房山建设为基础，突出抓好维护政治安全、矛盾纠纷排查化解、扫黑除恶常态化、政法系统党建队建等重点工作。全力做好重大活动维稳安保。统筹牵动公安、信访、网信等相关单位和全区各乡镇（街道），做好全国“两会”、中国共产党成立100周年庆祝活动、中共十九届六中全会等重大活动安保维稳工作。区委政法委主要领导带队到重点乡镇、乡村卡口、社会面防控重点区域等进行专项检查22次；分管领导深入一线开展实地督导检查50余次。开展第一批政法队伍教育整顿。强化学习教育，坚持党史学习教育与教育整顿学习教育环节统筹推进、贯穿全年。深入查纠整改，开展专项整治，梳理形成顽瘴痼疾整治内容43类182项，出台相关制度机制55项，制定持续整改措施90项。集中推出一批便民利民措施，在区级层面重点推动全区外围治安检查站优化升级改造和智慧平安小区建设2个“亿元”投资项目，政法系统各单位出台60项便民利民措施。推进平安房山建设。推进市域社会治理现代化试点，设立“一办十组”，指导各专项组建立工作架构、制定专项工作方案，细化工作指引和评价考核标准，落实月报告、工作会商、目标管理等工作机制。推进扫黑除恶常态化，以区委、区政府名义印发《房山区关于常态化开展扫黑除恶斗争巩固专项斗争成果的实施方案》，建立健全重点行业平安建设协调、线索发现流转核查、监督执纪问责等8项机制，全力推进信息网络、自然资源、交通运输、工程建设四大行业领域专项整治。推进平安房山基层基础建设，“雪亮工程”通过终验并投入使用，铁路沿线“消隐促建”专项行动清理整治隐患问题131项，砍伐沿线危树5600棵。30个治安重点地区整治持续推进。深化法治建设。完成年度法治建设领域改革任务，深化民事诉讼程序繁简分流改革，推动市场监督管理行刑衔接改革。统筹推进诉源治理、司法责任制配套改革等重点工作。开展青年普法志愿者法治文化基层行活动，组织各单位开展“法律十进”“十进百家、千人普法”活动160余场次。推动27个乡镇（街道）设立公共法律服务站和620个村（居）设立公共法律服务室。推动青龙湖镇马家沟村“无诉讼村”试点建设及周边村“无诉讼村朋友圈”共建。持续开展“我群众办实事”实践活动，217项实事项目全部落实落地，开展“五进”活动618场，为群众解决困难诉求问题1730件，建立长效机制6项。服务保障发展中心工作。牵头负责全区严格进京管理工作组，全面加强进京管理，严防疫情输入扩散。深入属地乡镇开展外围卡口督导检查40余次。发挥严厉打击私挖盗采专班作用，查处相关问题22起，先后拘留30人，形成严打高压态势。牵头成立“创城”法治和安全环境建设工作组，深入推进社会治安综合治理、安全生产、普法宣传等相关工作。

（赵文斌）

【严厉打击私挖盗采工作专题会召开】 1月15日，房山区召开严厉打击私挖盗采工作专题会。区委政法委、房山公安分局、市规划自然资源委房山分局、区水务局以及各乡镇（街道）相关主管领导参加会议。会议总结2020年工作总体情况，并部署2021年全区严厉打击私挖盗采工作，各参会单位分别进行表态发言。

（安海民）

【严厉打击私挖盗采集中整治活动】 1月，区严厉打击私挖盗采工作专班办公室组织有关职能部门及乡镇（街道）开展为期1个月的集中整治专项活动，保持对打击私挖盗采的高压态势。

（安海民）

【政法队伍教育整顿工作】 3月18日，房山区召开全区政法队伍教育整顿动员部署会，部署政法队伍教育整顿工作。3月26日，房山区召开全区政法队伍教育整顿征求意见座谈会，人大代表、政协委员、企业家、律师、人民陪审员、案件当事人和特约监督员等9名代表应邀参加会议。4月1日，市政法队伍教育整顿第六指导组到京港澳高速兴礼检查站调研指导教育整顿工作进展情况。4月2日，房山区以“弘扬英模精神，激励忠诚担当”为主题，举办全区政法队伍教育整顿英模先进事迹宣讲报告会。政法各单位干警代表参加活动。4月19日，房山区召开政法队伍教育整顿工作推进会。会上，通报全区教育整顿学习教育环节进展情况，并对查纠整改环节的工作进行部署。4月22日，全国政法队伍教育整顿中央第一督导组北京小组第一下沉组组长房凌春一行6人到房山区开展督导。区委书记、区政法队伍教育整顿领导小组组长陈清汇报房山区政法队伍教育整顿工作开展情况。5月21日至24日，全国政法队伍教育整顿中央第一督导组到房山区，围绕查纠整改环节中的问题线索核查、顽瘴痼疾整治等重点任务开展下沉督导工作。6月7日，市政法队伍教育整顿第六指导组召开房山区调研座谈会。6月8日，市委常委、政法委书记，市教育整顿领导小组副组长兼办公室主任齐静到房山区调研督导教育整顿查纠整改环节工作推进情况，实地检查区多元解纷诉调对接中心“一站式”多元调解+速裁工作机制运行情况，听取房山区委、区政法单位工作进展情况汇报。6月16日，全国政法队伍教育整顿中央第一督导组北京小组第四下沉组组长刘慧玲带队到房山区，就查纠整改环节评估验收工作对房山区进行下沉督导。6月23日，全国政法队伍教育整顿中央第一督导组北京小组副组长谢海洋带队到区检察院下沉督导。6月24日，市政法队伍教育整顿第六指导组、房山区政法队伍教育整顿办组成联合复评验收组，分别对区法院、区检察院、区司法局3家政法单位开展复评验收工作。7月7日，房山区召开政法队伍教育整顿总结大会。大会通报全区政法队伍教育整顿工作情况。

（赵文斌）

【政法队伍教育整顿警示教育大会】 4月1日，房山区召开全区政法队伍教育整顿警示教育大会。市政法队伍教育整顿第六指导组组长靳增立等到会指导。区纪委副书记、区监委副主任马亚军通报全区政法队伍违纪违法典型案例并作廉政教育报告。区政法队伍教育整顿领导小组办公室全体成员，区委政法委、房山公安分局、区法院、区检察院、区司法局班子成员，全区政法系统干警代表参加会议。5月25日，房山区召开全区政法队伍教育整顿第二次警示教育大会。市政法队伍教育整顿第六指导组到会指导。

（赵文斌）

【法治宣传进社区活动】 4月2日，区委政法委、区法学会组织区法学会会员、区法院刑庭员额法官在拱辰街道行宫园社区开展“我为群众办实事——法治宣传进社区”活动。50余人参加活动。

（刘雁飞）

【推进市域社会治理现代化试点工作专题会召开】 4月23日，房山区召开推进市域社会治理现代化试点工作专题会议。区委常委、政法委书记王永年出席会议并讲话，区委政法委分管日常工作的副书记李文亮主持会议。区委政法委副书记赵书国就做好市域社会治理现代化试点工作进行安排部署，房山公安分局、区应急局、区委社会工委区民政局进行交流发言。

（安海民）

【反邪教宣传“六进”活动】 4月下旬，区委政法委集中组织各乡镇（街道）开展反邪教警示教育宣传活动。各乡镇（街道）结合自身特点向居民宣传反邪教的重要意义和基本常识。工作人员以贴近群众、贴近实际的形式，开展反邪教宣传“零距离”普法活动。

（丁颖）

【全区党政领导干部严格执行“三个规定”集中宣讲】 5月26日，房山区开展全区党政领导干部严格执行“三个规定”集中宣讲暨公开承诺活动，活动由区委书记陈清主持。市教育整顿第六指导组副组长庄伟围绕“三个规定”制定实施的定位背景、主要内容以及北京市落实“三个规定”的基本情况等内容为房山区领导干部进行集中宣讲。陈清代表房山区党政领导干部承诺，严格执行“三个规定”要求。区“四套班子”成员集体签署《房山区党政领导干部执行落实“三个规定”公开承诺书》。

（刘雁飞）

【“三个规定”“万长”大宣讲行动】 5月26日至6月4日，区委政法委在全区范围内组织开展“三个规定”“万长”大宣讲，房山公安分局、区法院、区检察院、区司法局主要领导带头、28名班子成员深入全区104家区直部门、乡镇（街道）宣讲“三个规定”主要内容、政策界限、典型案例、重大意义等。

（赵文斌）

【区矛盾纠纷多元调解中心与多元解纷诉调对接中心合署办公】 5月，区矛盾纠纷多元调解中心与多元解纷诉调对接中心合署办公，带动辖区非诉解纷资源全部入驻，打造“一站式”纠纷解决服务平台。截至年底，处理矛盾纠纷12593件，其中非诉化解4845件、速裁快审7748件。

（罗峥）

【2021年禁毒工作培训】 9月16日，房山区禁毒办举办2021年禁毒工作培训。各乡镇（街道）、派出所主管领导和禁毒专职社工120余人参加培训。

（姜晓绪）

【区委政法委获全国“节约型机关”称号】 9月，国家机关事务管理局、中共中央直属机关事务管理局、国家发改委、财政部联合公布第一批国家级“节约型机关”建成单位，区委政法委获“节约型机关”称号。

（赵文斌）

【《中华人民共和国反间谍法》宣传“六进”系列活动】 11月1日，区委国安办通过张贴海报、发放宣传品、观看宣传教育片等形式，组织开展《中华人民共和国反间谍法》宣传“六进”系列活动。活动期间，发放反间谍宣传教育主题海报5000余张、宣传品及知识手册1000余套。

（孟凡伟）

【“双百”法治“云宣讲”活动】 11月30日，区法学会通过网络会议形式，组织开展“双百”法治“云宣讲”活动，邀请中国人民公安大学法学院副教授、博士生导师史全增进行宣讲。区法学会会员100余人参加活动。

（刘雁飞）

公　安

【概况】 2021年，房山公安分局以中国共产党成立100周年庆祝活动和冬奥会“两件大事”安保为主线，全面筑牢首都西南门户屏障。实现命案侦破率100%、“两抢”破案率100%、扬言极端线索处置率100%、外围疫情拦截率100%，刑事拘留同比上升29.8%、治安拘留同比上升28.6%、伤害案件破案率同比上升8.6%、九类案件（即寻衅滋事、敲诈勒索、非法拘禁、故意毁坏财物、聚众斗殴、开设赌场、组织卖淫、强迫卖淫、强迫交易）破案率同比上升7.4%、入室盗窃破案率同比上升49.9%、抓获电信诈骗嫌疑人同比上升385.7%、收缴烟花爆竹同比上升231.3%、抓获黑摩的违法人员同比上升78.9%、打击黄赌违法犯罪同比上升47%。年内，围绕中国共产党成立100周年、国庆、中共十九届六中全会、北京冬奥会和冬残奥会等重大活动，严密构建“一部、一办、七战区、十五组”组织架构，为完成各项安保维稳任务提供组织保障。依托“1+4+1+X”（1个指挥部、4个技术支撑、1个业务牵动、X个协助处置）合成作战机制，拘留极端扬言116人，稳控280人。针对拆迁拆违警情，妥善处置现场纠纷、扰序、滋事警情392件。发现上报涉政谣言8560余条，刑事拘留8人，教育训诫54人，舆情引导1.4万余条。全力投入疫情防控持久战，优化外围查控“三长七岗制”（即站长、段长、岗长，视频指挥岗、检查核录岗、前端分流岗、出站疏导岗、应急处置岗、查获处置岗、综合内勤岗），制作《涉疫查控工作指南》口袋书，组织9个公安检查站、2个临时检查站和22个乡村卡口，核查车辆2166.5万辆、人员2701.8万人，劝返涉疫车辆8.9万辆、人员12.9万人。贯彻11月17日北京市疫情防控新政策，监测分析站外域内人员轨迹，向一线查控岗精准推送白名单数据11.8万条，同步增设查控车道8条，增配智慧云广播对讲系统、液压汽车拖车器等设施设备。依托市公安局“疫情社区防控落地核实反馈平台”，第一时间协助落地排查。配合区社区防控组和疾控中心，核实密接及关联人员47人。对9家重点医院、25个集中隔离点、166个临时核酸采集点、4566个疫苗接种点开展秩序维护，确保1518名隔离观察人员、37.5万人次采集核酸人员、275万人次接种疫苗人员平稳有序。辖区新增京外关联确诊病例后，对阎村镇乐活城、千禧家园小区90栋居民楼7503人，部署54名警力开展24小时定点巡控值守和封闭管理。围绕侵财案件，精准研判各类重点线索100条，连续打掉3个“跑分洗钱”团伙，抓获26人，涉案资金流水达3亿余元。围绕涉众型经济犯罪，打掉一骗取老年群体信任的非法吸收公众存款犯罪团伙，刑拘5人，核实涉及房山、通州、石景山等区投资人员近800人、资金3000万余元。围绕突发敏感案件，实现即发7起命案全部告破，连续11年保持命案侦破率100%。抓获盗窃电动自行车及电瓶嫌疑人90人，街头发案量下降40%，成功经验在市公安局推广。强化黄赌乱象治理，铲除黄赌窝点183个，拘留1037人，实现黄赌警情同比下降8%。保持对生态环境犯罪零容忍，破获以“韩村河非法倾倒垃圾案”“河北非法采矿案”“南窖内外勾连盗窃原煤案”为代表的重大敏感案件62起、抓获150人。收缴汽柴油981升、冰毒27.5克、管制刀具等各类违禁品1900件。针对国庆节返京高峰，精准支援100名警力，实现车辆最长拥堵时间同比缩短30分钟，最长拥堵距离同比缩短0.9千米，拥堵警情同比下降78%。建成琉璃河考古遗址公园警务站，配备力量90人。实行巡警、特警、武警、携犬警、森林公安“五警捆绑”作战，冬奥安保期间实现全区街头警情环比下降87.8%。累计查处非法烟花爆竹案件51起，收缴4297箱、重30.8吨，拘留65人，收缴非法烟花爆竹数在全市公安系统排名第一。推进队伍教育整顿，制定具体任务清单61项，建立长效机制19项，一次性完成评估验收。搭建“一总五分七专班”组织体系，围绕9个方面、27项具体内容开展自查，组织开展谈心谈话1947人次，开展3轮次清理整治，排查全局办公场所472处，检查电脑2675台、文件70128份，清理封存图片、视频491个。执法效能全面增强，巡检警情、案件、涉案物品等19.2万余件次，发现并整改问题1.1万余件，介入指导各类刑事案件698件，促进逮捕效能提升至126.1%、在全市公安系统排名第四。督察各类执勤点600余个，下发《督察提示单》583份，《督察通知书》22份，纠正各类问题583个。

（张永红）

【1人获全国公安楷模】 1月1日，《中共公安部委员会关于组织开展向第四期全国“公安楷模”学习活动的决定通知》，房山公安分局京港澳高速窦店公安检查站党支部书记、站长张库被评选为“全国第四届公安楷模”。

（张永红）

【110主题宣传活动】 1月10日，房山公安分局在首创奥特莱斯主会场和各派出所辖区分会场，组

织开展“一心为民110，砥砺奋进新征程”主题宣传日活动。活动现场宣传110知识和防范知识，展示特警枪械技战术科目、演示警犬扑咬和搜毒技能。主会场设置宣传展板10余块，发放各类宣传资料1000余份，发放宣传礼品600余件。

（张永红）

【临时检查站启动】 2月1日，为严密疫情防控工作，筑牢首都外围防线，房山公安分局启动蒲洼临时检查站。

（张永红）

【处突拉动演练】 2月6日，房山公安分局组织街面处突警力视频拉动演练。通过视频监控、4G图传、移动警务终端等可视化指挥系统，对拱辰、西潞派出所辖区街面处突警力房101、房102、房6001、房8001车组进行视频拉动演练。街面各处突车组反应迅速、装备齐全，仅用7分钟，4个车组全部到达集结地点，并能够熟练使用移动警务终端向分局回传现场视频。

（张永红）

【“两会”食品供应监督检查】 2月24日至3月11日，北京卓宸畜牧有限公司承担全国“两会”会议驻地食品原材料供应任务。房山公安分局治安支队和良乡派出所落实专警经营工作机制，监督检查单位“三集中”（即集中管理、集中换装、集中住宿）、“十专”（即专用场地、专人采购、专人加工、专人检验、专人登记、专人保管、专库存放、专车运输、专人押运、专用标识）、“GPS”货物出库铅封过程等专项措施落实情况，保障食品供应专人、专车安全无误，完成全国“两会”食品供应安保工作。

（张永红）

【反诈骗宣传】 3月2日，房山公安分局刑侦支队协同长阳派出所民警对辖区群众开展反诈骗宣传。民警向群众介绍电信诈骗高发的类型特点以及易被骗群体特征，针对群众提出的问题进行逐一讲解，并指导群众安装全民反诈APP，活动发动群众200余人。

（张永红）

【考试安保任务完成】 3月20日、27日，2021年度第二次高考英语听说机考考试和中考英语听力机考考试在房山区设18个考点、56个考场，7000余名考生参加考试。房山公安分局投入警力128人次，发动保卫干部及保安员等基层防控力量226人次，严格组织考点学校内部及周边定点值守、巡控检查，完成考试安保任务。12月11至19日，2022年度中高考英语听说机考、高考美术类专业统一考试、北京市录用公务员考试、国家统一法律职业资格考试主观题考试、大学英语四六级考试及分局辅警招录笔试等9项考试举行。房山区设考点40处，考场1061个，涉及考生36384人。为确保9项考试安全顺利进行，房山公安分局投入警力318人次，发动保卫干部及保安员等基层防控力量389人次，完成考试安保工作。

（张永红）

【实战大轮训】 4月1日，房山公安分局举行派出所实战大轮训开班仪式，局属各派出所现职副队长（副主任）、各检查站副职领导，以及各单位推荐的业务骨干，40名学员参加轮训。

（张永红）

【反恐应急实战演练】 4月25日，房山公安分局组织房山区2021年文娱场所反恐应急实战演练，演练模拟房山区某文化娱乐场所内，突发纵火、劫持警情，房山公安分局迅速启动相关预案，组织相关单位围绕场所应急、人员疏散、先期处置、反劫持、消防急救等科目开展实战演练。

（张永红）

【网络安全日宣传直播活动】 4月29日，房山公安分局警务支援大队联合相关部门，围绕“网络安全同担，网络生活共享”主题，聚焦青少年健康用网，开展“4•29”首都网络安全日宣传直播活动。直播活动在中央电视台、“北京房山”APP、“北京房山”官方微博、“学通房山”公众号等平台进行同步直播，观看2.7万余人次。

（张永红）

【危化行业反恐综合演练】 5月20日，房山公安分局组织人员参加房山区危化行业反恐综合演练。演练分为劫持车辆、冲闯袭击、应急响应、封控救治、定位搜捕、环境监测、排爆勘察、洗消抢修8个科目进行。

（张永红）

【视频侦查电子物证实验室正式运行】 5月24日，房山公安分局视频侦查电子物证实验室揭牌，房山公安分局视频侦查电子物证实验室正式建成并运行。

（张永红）

【急救工作培训】 5月25日至28日，房山公安分局警务保障处组织开展急救工作培训，局属各单位64人参加。参训民警在培训教师的专业指导下进行心肺复苏，AED使用和外伤包扎等内容的训练，并进行实操考试。

（张永红）

【北京国际长走大会安保任务完成】 5月29日，2021春季北京国际长走大会暨第二十六届房山旅游文化节在长沟镇世界地质公园博物馆举办，各界群众8000余人参加大会。房山公安分局投入警力308人，完成北京国际长走大会安保任务。

（张永红）

【安全防范宣传活动】 6月17日，房山公安分局联合区检察院开展安全防范宣传活动。其间，宣传组分别到新镇街道原新街社区和北京核工业医院开展反诈宣传大讲堂。民警和区检察院检察官就常见电信网络诈骗案件、非接触式犯罪防范、“全民反诈”APP功能作用等对群众和医护人员进行分析讲解，并发放宣传品及宣传手册。

（张永红）

【“古尔邦节”安保工作完成】 7月20日，房山公安分局完成“古尔邦节”安保任务。节日当天，房山区内3座清真寺接待穆斯林群众750余人（其中境外人员18人），房山公安分局出动60余名警力，确保穆斯林群众安全过节。

（张永红）

【抽调警力支援外围检查站】 8月2日，房山公安分局组织召开第一批抽调警力支援外围检查站动员部署会。从相关职能部门和拟提拔领导干部中抽调66名警力支援外围检查站疫情防控工作。

（张永红）

【城乡结合部集中清理整治】 8月27日，房山公安分局人口管理和基层工作大队组织相关单位80余人对区级城乡结合部重点挂账地区拱辰街道东关村、南关村、大南关村开展集中清理整治。检查加油站16家、出租房146家、出租大院57家、门店29家、宾馆旅店4家、医院5家，核录人员752人，车辆113辆，发放消防安全海报500余张、流动人口自主申报折页800余份，发现消防隐患72处，现场清理违规停放电动车11辆，没收煤气罐8个，消防处罚2起，罚款5000元。

（张永红）

【民俗文化节安保工作】 9月19日至21日，房山公安分局治安支队完成区委宣传部在周口店镇黄山店村，南窖乡南窖村、水峪村，史家营乡百瑞谷景区，十渡镇十渡景区举办“慢品大西山 探秘人之源”2021北京西山民俗文化节安保工作。房山公安分局出动警力70人，协调其他救援力量100余人。在活动现场成功处置1起突发事件，救助受伤儿童1起，反制无人机5架。

（张永红）

【清查行动】 9月28日，房山公安分局到阎村派出所一线指导清查工作。房山公安分局相关部门出动80余名警力，对阎村镇大紫草坞村、大董村、后十三里村及周边区域展开集中清查，检查医院2家、宾馆5家、加油站10家、各类门店37处、出租房屋92家，发放宣传材料200余份，签订反恐责任书95份，抓获嫖娼人员2人。

（张永红）

【清查管控专项行动】 11月6日，房山公安分局对易窝住上访人员的阎村镇大紫草坞村开展“多兵种、大兵团”清查管控专项行动。行动分为6个战区，组织出动各种力量727人（其中警力427人、其他社会力量300人），累计检查出租房屋444户，检查流动人口248人、常住人口389人，发现消除各类安全隐患问题77处，查封6家经营性场所，进行防范宣传493人次，签订责任书214份，查获并收缴危险物品8件。

（张永红）

【房山区三级反诈分中心建立】 11月10日，房山公安分局依托“反诈联席会议”制度，构建符合房山区域特点的反诈体系，在拱辰地区举行房山区三级反诈分中心启动仪式。截至年底，房山区新建拱辰、长阳、城关、窦店、燕山5个三级反诈分中心。

（张永红）

【枪支弹药监管和护运工作完成】 12月2日、5日，房山公安分局危险物品管理大队完成市青少年射击锦标赛房山区体校枪支弹药安全监管和全程护运工作。

（张永红）

【对鲁村集中清理整治】 12月10日，房山公安分局出动220余名警力、其他社会力量300余名，对外来人口集中居住的良乡镇鲁村开展集中清理整治。检查房屋190户，检查流动人口496人、常住人口159人，发现消防隐患106处，当场整改78处，收缴非法液化气瓶26个，制止电动自行车充电16处，查封2处，罚款600元，取缔非法加工小作坊1家。

（张永红）

【冬奥会火种展示活动安保任务完成】 12月24日，北京2022年冬奥会火种展示活动在燕山石化体育运动中心羽毛球馆举办，房山公安分局出动警力35人，完成北京2022年冬奥会火种展示活动安保任务。

（张永红）

【重点地区整治】 年内，房山公安分局收缴暂存违规飞行“低慢小”器具37台，新登记流动人口29.7万余人，处罚违法出租房24.3万余元。对阎村镇大紫草坞村、良乡镇鲁村开展大兵团集中清整，消除各类安全隐患207处，并成功平稳移交属地落实村民自治责任，实现“清整一片、干净一片、管住一片”，根源治理的经验做法转发推广全市学习。

（张永红）

【高铁警卫安全检查】 年内，房山公安分局创新属地乡镇日常检查、区直部门牵动清查、公安机关全面彻查、区委政法委定向复查“四查”模式，上账整改高铁沿线突出隐患77件，完成视频监控二期工程和34.9千米护栏安装，推动4个“疏整促”点位上账整治，做到500米范围内基础数据全掌握、隐患全清除。反复踏勘、多次推演，精心制定警卫勤务方案，压紧压实片长、段长、岗长责任，确保25次警卫任务绝对安全。

（张永红）

【反恐防恐工作】 年内，房山公安分局发挥区反恐办职能，组织召开反恐工作会14次，对全区380家重点目标管理单位开展涉恐隐患排查326次。燕山石化公司落实反恐防范标准物技防建设，经验做法在全市推广。组织市液化石油气公司、中国原子能科学研究院等10家重点单位，培训从业人员3000余人。

（张永红）

【严厉打击涉疫违法犯罪】 年内，房山公安分局依法严厉打击涉疫违法犯罪，拘留315人、罚款15人、警告14人。创新“全天候查处、全链条打击、全方位严密”模式，破获一系列代驾进京、人员绕行检查站违反防疫政策案件，先后刑事拘留4人、治安拘留28人。立足“7×24小时”舆情监测机制，发现并稳妥处置涉疫舆情124件，特别是围绕7件涉疫谣言，迅速落实核查、封控、溯源等措施，确保社会治安大局持续稳定。

（张永红）

【社会面防控】 年内，房山公安分局开展“冰锋•2022平安冬奥”社会面6大攻坚战等专项行动。全年，破案3371起，刑事拘留1929人，治安拘留3394人。其中，破获八类案件（即故意杀人、故意伤害、放火、爆炸、劫持、强奸、绑架、抢劫）194起、电信网络诈骗877起、经济案件403起、入室盗窃179起、盗非案件135起、涉车盗窃61起。

（张永红）

【社会治安秩序整治】 年内，房山公安分局依托“会商、处罚、管控”三联动模式，会同属地政府部门开展黑摩的整治，开展联合执法136次，拘留扰序人员271人，打击成绩在全市排名第五，工作方法转发北京市公安局学习。

（张永红）

【严打涉危涉爆违法犯罪】 年内，房山公安分局严打涉危涉爆违法犯罪，创新“人力情报+便衣侦控+面上清查”三位一体打击模式，刑事拘留47人、治安拘留293人，查获汽柴油113.2吨、危险气体1439瓶、其他危险化学品69.4吨，有力消除潜在风险隐患。

（张永红）

【严打电信诈骗犯罪】 年内，拱辰、长阳、城关、窦店、燕山 5 个反诈分中心，处置预警线索 91 万余条，劝阻成功率 99.83%，为群众挽回经济损失 2.5 亿余元。受理电信网络诈骗案件 664 起，同比下降 26.9%，实现全区电诈发案由升转降的拐点。举办“房山反诈护民安”拦截资金返还仪式，向 51 名事主返还资金 355 万元。依托“房山警方在线”“房山人口”公众号等新媒体，在微博、微信、抖音、今日头条等平台发送推文 3932 篇。

（张永红）

【完善公共安全监管力量】 年内，房山公安分局围绕辖区六大繁华商圈，规范大中型商场三支队伍建设，落实“十户联防”“一店一警”标准。开展全区 421 所中小幼校园“一校一警”早晚高峰勤务，指导各校园及二级以上医院安装一键报警器 784 个。完成国际房车露营展览会、长走大会等大型活动安保 5 项 8 场。完成森林公安转隶属关系，循环检查 3139 次，排查火灾隐患 180 个，发放宣传提示单、告知书 2.7 万余份。开展警种融合执法，现场处罚各类违法 20 万余起。

（张永红）

【爱警暖警工作】 年内，房山公安分局依托“平安房山之星”风采展，挖掘先进集体 3 个、先进个人 19 人，京港澳高速窦店公安检查站被公安部授予集体一等功。督办维权案件 204 件，打击处理侵权 214 人。开展战时慰问 25 次、战时巡诊 440 余次，发放防疫物资 189 万余件，举办安保期间民警子女托管班，服务保障 42 人。开展咨询、测评、讲座、危机干预等心理健康服务 420 人次。慰问困难民警 565 人，发放慰问金 46.3 万元，为全警投保工会职工互助保障险综合险，报销各类费用 69 万余元。

（张永红）

附：案件选介

【破获涉嫌帮助信息网络罪】 2 月 26 日至 3 月 2 日，房山公安分局刑侦支队会同辖区派出所推进“断卡”专项行动（断卡行动是为了打击治理电信网络新型违法犯罪，依法清理整治涉诈电话卡、物联网卡以及关联互联网账号的行动。2020 年 10 月 10 日，国务院召开会议，决定在全国范围内开展该活动），7 名涉卡犯罪嫌疑人因涉嫌帮助信息网络罪被刑事拘留。其中，嫌疑人崔某某，涉案卡内金额 58 万元；王某某，涉案卡内金额 120 万元；张某某，涉案卡内金额 194 万元。

（张永红）

【破获重大运输毒品案】 3 月 24 日，房山公安分局刑侦支队牵动相关单位破获一起重大运输毒品案，抓获涉嫌运输毒品的杨某某，起获毒品麻古（冰毒片剂）1184 粒（重 123.64 克）。经查，杨某某对从外地驾车运输毒品至北京拟进行毒品交易的犯罪事实供认不讳。杨某某因涉嫌运输毒品罪被刑事拘留。

（张永红）

【打掉销售假冒注册商标商品犯罪团伙】 5 月 15 日，房山公安分局组织指挥处、刑侦支队等部门 100 余名警力，打掉一销售假冒注册商标商品的犯罪团伙，抓获以王某某为首的 34 名涉案嫌疑人，当场查扣大量假冒伪劣国际品牌化妆品。经查，王某某等 34 名涉案嫌疑人因涉嫌销售假冒注册商标的商品罪被刑事拘留。

（张永红）

【打掉制售假酒窝点】 8 月 26 日，房山公安分局治安支队会同琉璃河派出所打掉一个制售假酒窝点，抓获违法犯罪嫌疑人李某某、朱某某和段某某 3 人。现场查获假茅台酒 500 余瓶、散装白酒 3 桶，以及生产、制造假茅台酒的工具和包装材料，涉案金额达 150 余万元。经查，犯罪嫌疑人李某某、朱某某和段某某 3 人因涉嫌假冒注册商标罪被刑事拘留。

（张永红）

【破获诈骗案】 8 月 27 日，房山公安分局刑侦支队破获系列诈骗案，抓获违法犯罪嫌疑人李某某、赵某 2 人。经工作，2 人对利用低价出租汽车收取押金，租期结束后以等待查询违章、退款流程时间长等理由拒不退还承租人押金的事实供认不讳。初步核实被骗事主40余人，涉案金额40余万元。经查，李某某和赵某被刑事拘留。

（张永红）

【**破获特大跨境电信网络诈骗案**】　9月9日，房山公安分局刑侦支队破获特大跨境电信网络诈骗案。2020年12月20日，受害人李某某报案遭遇“杀猪盘”诈骗，房山公安分局刑侦支队会同云南、贵州等地警方抓获以杨某某为首的18名犯罪嫌疑人，并固定关键涉案证据。经查，杨某某等18名犯罪嫌疑人被刑事拘留，初步核实案件56起。

（张永红）

【**打掉特大诈骗团伙**】　9月27日，房山公安分局刑侦支队打掉一特大诈骗团伙，抓获违法犯罪嫌疑人刘某某、丁某某等34人。经调查，刘某某等人在微信群发布中央领导人署名书法作品，打着国家领导人的旗号利用“普渡经济平台”进行诈骗，非法获利达5000余万元。刘某某、丁某某等34人被刑事拘留。

（张永红）

【**破获全区首例破坏计算机信息系统案**】　12月6日，房山公安分局治安支队牵动青龙湖派出所破获房山区首例破坏计算机信息系统案，抓获犯罪嫌疑人张某。经查，张某破解无人机系统，使用破解版无人机2次在房山区、东城区实施黑飞，并对在二手交易平台出售其他破解版无人机的犯罪事实供认不讳。张某因破坏计算机信息系统罪被刑事拘留。

（张永红）

检　察

【**概况**】　2021年，区检察院依法履行宪法法律赋予的刑事、民事、行政、公益诉讼“四大检察”职能，为大局服务、为人民司法，依法审查办案4796件、同比增长79.56%。围绕中国共产党成立100周年、冬奥会筹办等安保任务，做好涉检矛盾化解稳控。立足打击犯罪保护人民，突出惩治各类刑事犯罪4252件，抓好矛盾化解稳控、严惩涉疫犯罪、持续推进扫黑除恶工作；突出维护清朗网络秩序，开展“断卡”行动，起诉电信网络诈骗、网络赌博、帮助信息网络犯罪、泄露个人信息等犯罪93人；依法从严打击对利用邪教组织破坏法律实施犯罪、冒用国家机关和国家领导人名义招摇撞骗、诋毁英雄烈士名誉等恶性案件。围绕疏解整治促提升专项行动，对污染环境、私挖盗采等犯罪从严惩处，起诉14件40人。加强公益保护力度，依法办理公益诉讼案件106件，就中央环保督查反馈的垃圾处置、地下水超采等问题，立案审查、督促整改落实；办理非法采矿、破坏生态环境、破坏军事光缆等公益诉讼系列案件。与区水务局、区园林绿化局等部门建立协作机制，就防汛抗旱、河道清“四乱”、林木保护等开展联合行动4次，推动永定河流域治理。助力乡村振兴，制定“依法保障乡村振兴十条措施”，主动与区农业农村局联系会商，共治涉农管理漏洞，助力美丽乡村建设。严惩金融诈骗、破坏金融管理秩序犯罪44件54人；妥善办理涉及投资者千余人的“致富立信”非法集资案，将释法说理、矛盾化解贯穿办案始终。加强产权司法保障，组建知识产权检察办公室；依法严惩破坏市场经济秩序犯罪195人。强化刑事诉讼监督，对违法侦查、不当审判、违规执行等问题，依法纠违63件、抗诉3件、发出检察建议8件；加强行刑衔接，建议行政执法机关移送涉嫌犯罪6件，公安机关已立案5件，防止有案不移、以罚代刑。强化民事诉讼监督，依职权主动监督人民法院审判、执行行为，审结案件158件、提请抗诉2件、发出检察建议50件，法院采纳整改率达94%。深化检察服务e站，线下设站点、线上推程序。检察服务e站获评2021年全国检察机关十佳品牌。对接“12345”市民热线、畅通案件线索渠道，依法开展短租房治理、扬尘治理、耕地保护、健身器材管理等公益诉讼专项行动，向有关机关提出检察建议16件。对群众信访接诉即办，接待来访895批1341人次。加大农民工讨薪案件办理力度，依法支持起诉78件、涉农民工78人、涉案金额100余万元。切实加强法治宣传。检察官深入机关、学校、企业、街道、乡村、军营开展法治宣传百余场，受众达10万余人。

（赵悦　姜鹏）

【行政申诉案实质性化解工作推进会召开】 3月5日，在市检察院指导下，区检察院召开高某行政申诉案实质性化解工作推进会。贯彻落实最高人民检察院开展行政争议实质性化解要求，实现案结事了政和，服务保障优化营商环境，维护人民群众合法权益。

（车梦遥）

【不起诉公开训诫活动】 3月30日，区检察院在房山区妇女和儿童活动中心检察服务e站，对贾某、于某进行不起诉公开训诫，2名区人大代表应邀出席。

（肖红　李道遥）

【工地扬尘问题公益诉讼检察建议获回复】 4月2日，区检察院收到城关街道办事处落实工地扬尘问题公益诉讼检察建议整改书面回复。被建议单位组织人员对其他8个地块同时进行渣土清运及防尘网苫盖工作。累计动用人工约1350工日，苫盖面积约23万平方米。

（刘洪　陈建忠　车梦遥）

【短租住房规范经营座谈会召开】 4月21日，区检察院组织召开短租住房规范经营座谈会，邀请房山公安分局、区住房城乡建设委、区委网信办、拱辰街道办事处、长阳镇政府等单位参加。促进短租住房规范经营，预防违法犯罪情况的发生。

（王志远）

【公开听证宣传周系列活动】 6月6日至11日，区检察院开展“检察听证：让公平正义看得见”——第二届新时代检察宣传周活动。组织检察长接待、律师座谈、普法宣传、检察听证等活动10场。推进检察听证工作，以公开促公正、以公平赢公信。

（张益）

【全市首例侵犯公民个人信息案提起公益诉讼】 7月7日，区检察院针对兰某侵犯公民个人信息案向区法院提起全市首例个人信息保护刑事附带民事公益诉讼，请求法院判令被告兰某在国家级媒体向社会公众赔礼道歉、彻底删除非法获取的公民个人信息、注销侵权用网络账号，并支付赔偿金。2018年以来，被告兰某在未取得教师资格证书、办学许可证的情况下，为进行和推广非法教学活动，通过QQ、微信等通信平台多次非法获取公民个人信息，并在教学活动停止后，以出售、交换公民个人信息非法获利1.8万余元。经鉴定，被告兰某非法获取的公民个人信息共计810余万条，被侵权主体遍布北京、天津、贵州、上海、重庆等地。检察机关认为，被告兰某利用互联网非法获取并向他人提供海量公民个人信息，严重侵扰私人生活安宁，扰乱个人信息正常的收集、使用秩序，损害社会公共利益，依法应当承担刑事责任和相应的民事责任。

（景宏晨）

【全市首例未成年人追索抚养费支持起诉案办结】 7月26日，区检察院在办理张某、王某某涉嫌虐待罪一案中，贯彻未成年人全面综合司法保护理念，发挥检察机关民事检察职能，支持被害人向法院提起民事诉讼，办结全市首例未成年人追索抚养费支持起诉案。

（李春琳　王志远）

【争议6年的行政案件成功化解】 8月18日，区检察院对一起争议6年的拆迁补偿安置行政诉讼监督案件开展行政争议实质性化解，促成案件达成和解。申诉人主动撤回监督申请。

（刘洪　陈建忠　车梦遥）

【涉民营企业刑事“挂案”撤案监督案件听证会召开】 8月30日，区检察院就涉民营企业刑事“挂案”撤案监督案件——唐某某涉嫌职务侵占案、涉及农村民生工程的王某某诈骗案等系列疑难复杂案件，召开听证会，区人大代表、法学专家等人参加听证。

（郭月霞　李艳）

【反洗钱工作方案制定】 9月9日，为贯彻落实中共中央关于反洗钱工作的决策部署和市委、高检院、市院的要求，加强区检察院惩治洗钱犯罪工作力度，规范打击洗钱犯罪各项工作机制，为防范化解重大金融风险提供有力司法保障，区检察院研究通过《房山区人民检察院关于全面深化推进反洗钱工作的实施方案》。

（隗立娜）

【区检察院与北京工商大学法学院签署检学共建协议】 9月16日，为促进法学理论与司法实践深度融合，检校共同推进法治中国建设，区检察院与北京工商大学法学院签署检学共建合作协议。区检察院、北京工商大学法学院有关领导和教师代表参加仪式。

（罗彩竹 姜玲杰）

【向未成年人家长制发首份督促监护令】 10月12日，区检察院向一涉案未成年人张某某的监护人制发首份督促监护令。明确监护人应正确履行监护职责，并联合公安、社工组织等对张某某监护人进行家庭教育指导，要求其转变教育理念，更新教育方式，提升亲子沟通和监护能力。

（王志远 李春琳）

【涉案困境未成年人保护座谈会召开】 10月13日，区检察院与区民政局召开关于涉案困境未成年人保护座谈会。促进检察机关的司法救助和民政部门的社会救助有效衔接。区检察院、区民政局有关领导参加座谈。

（李春琳 王志远）

【行刑衔接工作座谈会召开】 11月25日，为贯彻落实《中共中央关于加强新时代检察机关法律监督工作的意见》，推进市场监督管理领域行刑衔接工作，健全食品、药品、知识产权等安全治理体系，畅通、规范衔接协同程序，区检察院与区市场监督管理局召开行刑衔接工作座谈会，梳理行刑衔接工作情况，并就行政执法与刑事司法中存在的问题进行研讨。

（李伟 陈庆松）

【宪法进校园普法宣传活动】 12月1日，区检察院开展宪法进校园系列普法宣传活动。通过网络课堂的形式，为北京市府学胡同小学朝阳学校四年级的260多名学生讲授主题为“培养宪法精神 拒绝不良行为”的法治课。依托良乡大学城检察服务e站，检察官走进北京工商大学，为该校500余名师生开展“预防电信诈骗 守护平安校园”主题讲座。

（赵睿 张敏 于柏枝 隗永贵）

【区检察院与石景山区检察院召开结对共建座谈会】 为贯彻全国基层检察院建设工作会议精神，深化落实第十一次北京市检察工作会议关于加强基层基础建设的工作要求和《北京市检察机关基层院结对共建工作实施方案》，开展基层院结对共建工作，推动检察工作高质量发展，12月30日，区检察院与石景山区检察院召开结对共建座谈会，两院班子成员及部分中层干部参加会议。

（王欣桐 王丽斌 罗彩竹）

【检察服务e站建设】 年内，区检察院深化检察服务e站，线下设站点、线上推程序，科技赋能、建造检察业务综合平台。线下，结合检察职能陆续在窦店村、北京基金小镇、北京金融安全产业园、北京高端制造业（房山）基地、良乡大学城、区妇联、燕山地区及部分街道、社区建立13个实体站点，开展普法宣传、惩治犯罪、矛盾化解等工作，解决人民群众“三心事”，不断辐射检察服务的覆盖面，建造“家门口的检察院”。线上，方便群众随时随地反映诉求，检察服务e站小程序访问量已超10万余次、群众留言1.5万余条、直接解决群众信访100余件，一键直达解决诉求，打造“掌心里的检察院”。检察服务e站获评2021年全国检察机关十佳品牌。

（李伟 王丽斌 张敏 赵睿 赵悦）

法 院

【概况】 2021年，区法院坚持以“努力让人民群众在每一个司法案件中感受到公平正义”为目标，围绕中心、服务大局，司法为民、公正司法，全年新收案件41278件，审结40885件，结收比及结案均衡度均保持全市基层法院第一。全力维护辖区安全稳定，妥善审理全市首例妨害安全驾驶案，审结的全区首例刑事附带民事环境公益诉讼案获评北京法院“疏解整治促提升”司法保障优秀案例。常态化推进扫黑除恶斗争，坚持完善“八专一体”特色工作机制。集中开展涉诉重复信访、化解信访积案专项工作，提前实现完成率100%，严格落实疫情防控常态化工作，组织多批干警下沉社区，妥善审理涉疫案件180余件。服务保障区域高质量发展，联合区市场监管局、区生态环境局建立行刑衔接联动机制。持续优化营商环境，全力助推法治政府建设，推进切实解决执行难。参与市域社会治理现代化，加强一站式多元解纷机制和诉讼服务体系建设，深化“接诉即答、接单即办”诉源治理工作。推进民事诉讼繁简分流改革和“多元调解+速裁”工作，“多元调解+速裁”结案18339件，在同期民事结案量中占比71.55%，居全市基层法院前列。全面推进政法队伍教育整顿，筑牢廉洁自律防线，严格执行防止干预过问案件“三个规定”，强化纪检监察与案件评查工作衔接。持续提升队伍司法能力，举办“星空云课堂”及类案培训67场，加大审判业务研究及专业人才培养力度，评选出第二届“房山法院审判业务专家”10名，12个案例入选最高人民法院司法案例研究所编辑的《中国法院2021年度案例》系列丛书，11篇调研论文获奖。行政审判庭获评全国五一巾帼标兵岗，河北法庭获评全国青年文明号，法警大队获评人民法院司法警察先进集体，辛崇增获评全国法院办案标兵、首都精神文明建设奖。

（郭艳茹）

【政法队伍教育整顿开展】 3月23日，区法院召开政法队伍教育整顿动员部署会，全面推进队伍教育整顿工作。围绕学习教育、查纠整改、总结提升3个环节，制定各类计划方案13项，为群众办实事33项，推出便民利民措施15项，回应群众需求。开展查纠整改，落实全方位案件评查机制，严格评查改判发回重审案件、涉诉信访案件、大标的额民商事案件、审限变更案件，切实优化审判质效。落实顽瘴痼疾整治，问责干警33人次，建立《房山法院贯彻落实“三个规定”的实施办法》等9项制度，在市第六指导组和区教育整顿办联合复评验收中取得较好成绩。开展教育整顿“回头看”，制定整改措施22项并推进完成，对区委巡察院党组反馈的34项问题全部完成整改。

（郭艳茹）

【多元解纷诉调对接中心成立】 5月20日，区法院建成多元解纷诉调对接中心，与区矛盾纠纷多元调解中心同时揭牌，人民调解、行业调解、律师调解、行政调解等非诉解纷力量全面入驻，从机制到场所无缝对接，搭建起“一站式”“全链条”纠纷解决平台，得到中央政法委、市委政法委高度肯定，被作为全市市域治理现代化典型经验推广，被列为房山政法系统为民办实事三大区级举措之一。截至年底，多元解纷诉调对接中心处理矛盾纠纷11400余件，其中非诉化解4500余件，速裁快审6900余件，诉前调解案件平均办理时长29.85天，速裁快审案件平均审理期限30.3天。

（郭艳茹）

【全区首例刑事附带民事环境公益诉讼案审结】 6月，区法院审结房山区首例刑事附带民事环境公益诉讼案件。被告人金某在未取得采矿许可证的情况下，先后在坨里村西南两地擅自开采建筑用砂，违反矿产资源法相关规定，其行为已构成非法采矿罪，被判处有期徒刑6年，并处罚金6万元。区检察院提起附带民事公益诉讼，金某就其犯罪行为给生态环境造成的损害承担相应的赔偿责任，区法院责令被告人金某赔偿生态环境修复费等各项损失777.84万元。该案获评北京法院“疏解整治促提升”司法保障优秀案例。

（王奉帅）

【法治营商环境持续优化】 年内，区法院对照2020年营商环境评价整改方案，提升审判执行质效，1年以上长期未结案件同比下降69%，民商事案件平均实际审理天数比全市法院平均审理时间缩短22天。拓展推广“云司法”，在线庭审率112.71%，排名全市基层法院第一，民商事案件电子送达裁判文书比106.82%，均同比大幅提升。

（郭艳茹）

【诉源治理工作】 年内，区法院依托诉源治理统一管理平台，和区城市管理指挥中心共同推进与“12345”接诉即办平台对接。发挥示范性判决等多种形式指导作用，推动市场主体自行解决千余件商品房预售合同纠纷。发挥人民法庭矛盾化解防线作用，依托“星夜调解室”“社区网格化调解”等法庭特色品牌和23个法官工作站，对接矛盾纠纷多元调解分中心、基层组织、社区党群工作站等非诉解纷力量，诉前化解各类矛盾纠纷 2000 余件，发布诉源治理白皮书、预警提示单，助力乡镇基层治理。推动执源治理工作，建立调解案件督促履行机制，对全区各乡镇（街道）进行万人起诉率、执行联动协作考核，全力推动矛盾纠纷“化于未发、止于未诉”。

（郭艳茹）

【“切实解决执行难”深入推进】 年内，区法院不断完善综合治理执行难工作格局，突出规范执行、阳光执行、善意文明执行，深化执行案件繁简分流，开展执行工作规范化专题培训，打造执行信访系统，执行信访办结率 100%。持续推进“六稳六保”专项执行行动，启动雷霆执行行动，执结涉民生案件 1300 余件。将协助执行纳入基层社会治理网格化管理，助推建立跨部门、跨地区、跨行业的守信激励和失信惩戒联动机制。以河北法庭为试点探索人民法庭“立审执”一体化工作，试点以来届满履行期限的调解案件自动履行率达到 86%。

（郭艳茹）

【精准普法创新开展】 年内，区法院召开典型案例新闻通报会 10 场，以“普法巴士”“小乐说法”“不会演剧场”特色品牌为抓手，开展订单式、定制化精准普法 100 余次。拍摄的《心眼》《速裁先锋》分别获全国法院第八届“金法槌奖”微视频类一等奖、微电影类三等奖，《法庭十二时辰》和《法官日记》入选庆祝中国共产党成立 100 周年全国法院“优秀微电影微视频作品”。连续两年获评全国法院司法宣传与通联工作先进单位，获评北京法院新闻宣传工作先进单位、北京市“七五”普法先进集体。

（郭艳茹）

【民事诉讼繁简分流改革】 年内，区法院巩固拓展多元调解+速裁“1+6”工作格局，畅通调解、速裁和精审衔接流转机制。“多元调解+速裁”结案 18339 件，在同期民事结案量中占比 71.55%。落实民事诉讼繁简分流改革，严格程序转换，推进案件轻重分离、快慢分道、提质增效，“小额诉讼+简易程序”适用率达 89.61%，居全市基层法院前列。立案庭获“2020 年度多元调解与速裁工作先进单位”，2 个调解速裁团队获评十佳调解速裁团队和先进调解速裁团队。

（郭艳茹）

司法行政

【概况】 年内，区委全面依法治区委员会办公室和区推进依法行政工作领导小组办公室履行职责，统筹推进法治建设工作。研究制发《区委全面依法治区委员会 2021 年工作要点》《房山区 2021 年推进法治政府建设工作要点》《2021 年度区政府依法行政考核指标》《房山区关于落实北京市加强法治乡村建设三年行动计划（2020—2022）的实施方案》等文件。在全区范围内普遍进行法治政府建设示范项目创建、评选，择优参评市级项目评审活动。完成市、区级依法行政考核工作，实现依法行政考核全覆盖。做好文件合法性审查和研提意见工作，全年审查重大行政决策、行政规范性文件、合同协议等各类文件 157 件。推进行政复议监督指导和争议化解工作实效。强化执法协调监督，研究制定《2021 年房山区行政执法考评指标》，组织《中华人民共和国行政处罚法》等专题培训 2 次，提高执法队伍执法水平。围绕“三八”妇女节、“4•15”国家安全教育日、“12•4”国家宪法日等时间节点组织开展各类普法宣传活动 1127 场。策划推出“老姚说法”抖音普法节目、“线”在普法栏目，设置公交车站法制宣传橱窗，提升普法宣传的覆盖面和影响力。编制完成《区委宣传部、区司法局关于在全区开展法治宣传教育的第八个五年规划（2021—2025 年）》，全面提升公民法治素养。全区 28 个村（社区）通过评审，获“2021 年北京市民主法治示范村（社区）”称号，西潞街道苏庄村获“全国民主法治村”称号。2021 年，区委全面依法治区委员会守法普法协调小组获北京市“七五”普法先进集体。加强对 300 多名社区矫正对象和 2000 余名刑满释放安置帮教人员的严格管理，强化分类精准管控。全年，累计开展社区矫正重点人员排查1523人次，坦检线索排查826人次，查阅案卷3761本，实地走访4590次，进行个别谈话教育4658人。聚焦减证便民、普法宣传、人民调解、法律援助、公证服务、特殊人群管控等方面，通过组织开展“司法行政开放日”，开展矛盾纠纷大排查、大化解，开通法援、公证、鉴定绿色通道，提供上门办理法律援助、公证、司法鉴定等一系列措施，着力解决群众的“急难愁盼”问题。全年，全系统开展“我为群众办实事”实践活动130余次，为群众办实事、解难事100余件。

（胡曦）

【房山区首个美容美发行业纠纷人民调解委员会成立】 3月29日，区司法局联合区市场监管局、区美容美发行业代表等，在区市场监管局举行北京市房山区美容美发行业纠纷人民调解委员会揭牌仪式。是房山区成立的首个美容美发行业纠纷人民调解委员会。

（胡曦）

【法律进景区活动】 4月9日，区司法局到霞云岭乡堂上村《没有共产党就没有新中国》歌曲诞生地开展送法进景区系列宣传活动。向参与群众讲解国家宪法日的由来和宪法的法律地位、基本原则、赋予公民的权利和义务等相关内容，发放《中华人民共和国宪法》读本200本，《中华人民共和国民法典》宣传册200份，法律援助相关折页150张，小毛巾、指甲刀、手提袋等宣传品600余份，现场解答法律咨询20余人。

（胡曦）

【区委全面依法治区委员会执法协调小组工作会议召开】 4月28日，区委全面依法治区委员会执法协调小组召开第三次全体（扩大）会议。会议审议并通过《房山区委全面依法治区委员会执法协调小组2021年工作要点》《关于增补区委全面依法治区委员会执法协调小组成员的建议》；通报全区2020年行政执法数据监测情况；部署市政府《关于取消和下放一批行政执法职权的决定》落实工作。

（胡曦）

【区委全面依法治区委员会第三次会议召开】 5月14日，房山区召开中共北京市房山区委全面依法治区委员会第三次会议。会议传达学习中央全面依法治国工作会议精神、北京市全面依法治市工作会议精神和北京市委全面依法治市委员会第四次会议精神。审议通过关于调整区委全面依法治区委员会委员、区委全面依法治区办及司法协调小组领导成员名单的建议，以及《中共北京市房山区委全面依法治区委员会关于2020年度工作情况的报告》《中共北京市房山区委全面依法治区委员会2021年工作要点》。

（胡曦）

【刑满释放人员安置救助工作会商会召开】 6月10日，区司法局组织召开刑满释放人员安置救助工作会商会，大石窝镇政府、大石窝派出所、区民政局、区人力资源社会保障局、区医保局等相关部门负责人参加会并明确相关工作分工。

（胡曦）

【新修订《中华人民共和国行政处罚法》专题培训】 6月17日至18日，区司法局举办新修订《中华人民共和国行政处罚法》专题培训。全区各乡镇（街道）综合执法队队长、司法所所长、法制审核人员，各行政执法部门法制机构负责人，共130余人参加培训。培训内容结合工作实际，就新修订《中华人民共和国行政处罚法》实施对行政执法工作的影响、行政执法“三项制度”、年度行政执法考评指标进行解读。

（胡曦）

【区委全面依法治区委员会守法普法协调小组第三次会议召开】 7月9日，房山区召开区委全面依法治区委员会守法普法协调小组第三次会议。会上，传达市委全面依法治市委员会守法普法协调小组第五次会议及区委全面依法治区委员会第三次会议精神。会议审议《在全区开展法治宣传教育第八个五年规划（2021—2025）》《2021年房山区普法依法治理工作要点》《房山区普法责任制清单（第三批）》《房山区创建全国文明城区提升法治宣传教育群众知晓率的工作方案》。

（胡曦）

【2021 年“法律明白人”法治专题培训】 7 月 27 日至 28 日，区司法局举办为期 2 天的 2021 年“法律明白人”法治专题培训班。23 个乡镇（街道）司法所所长及“法律明白人”代表 79 人参加。培训采取理论知识讲解与实操模拟相结合方式进行，分别讲解习近平法治思想、调解技巧和《中华人民共和国民法典》及农村常见法律问题等适合农村“法律明白人”工作需要的内容。

（胡曦）

【“社区邻里节 法治促和谐”主题宣传活动】 10 月 16 日，区司法局联合拱辰街道在府前广场开展“社区邻里节 法治促和谐”主题宣传活动。发放《中华人民共和国民法典》《北京市文明行为促进条例》《北京市物业管理条例》等法律法规宣传折页 200 余份，布袋、毛巾等宣传品 300 余份，为现场群众普及生活常见的法律知识。

（胡曦）

【社区矫正对象开展集中教育活动】 10 月 20 日，区司法局组织社区矫正对象到红色背篓精神传承教育地开展集中教育活动。活动以红色背篓精神为主题，社区矫正对象参观红色背篓精神展览馆，观看《红色背篓》电影节选和《小背篓大情怀》微电影，最后重走一次背篓路。25 名社区矫正对象参加活动。

（胡曦）

【“八五”普法启动大会召开】 12 月 30 日，房山区召开“七五”普法总结暨“八五”普法启动大会。区守法普法协调小组成员、全区 65 家普法责任制单位、各乡镇（街道）主管领导和相关科室负责人以及获北京市“七五”普法先进集体代表和个人参加会议。会议通过视频会的形式召开，主会场设在房山区政府 434 会议室，各部门、各乡镇（街道）设分会场。会议全面总结“七五”普法工作，部署“八五”普法工作。

（胡曦）

【28 个村（社区）获“2021 年北京市民主法治示范村（社区）”称号】 12 月 31 日，房山区开展北京市民主法治示范村（社区）创建工作，各乡镇（街道）申报创建北京市民主法治示范村（社区）31 个。经过评选，拱辰街道南广阳城村等 28 个村（社区）获“2021 年北京市民主法治示范村（社区）”。

（胡曦）

【行政复议】 年内，区司法局收到行政复议申请及咨询 495 件，案前有效化解 207 件，立案审查 288 件，立案数量同比上升 22.9%。组织、承办、协调区政府作为被告在全市法院发生的行政诉讼案件 167 件、区政府作为被申请人在市政府发生的复议应答案件 333 件。相关区领导作为区政府机关负责人出庭应诉一审行政案件 4 件。

（胡曦）

【行政规范性文件审核】 年内，区司法局审查重大行政决策、行政规范性文件、合同协议等各类文件 157 件。按照《中华人民共和国民法典》、行政处罚法和优化营商环境要求，组织全区各单位对区政府行政规范性文件、本单位行政规范性文件 85 件进行排查清理。

（胡曦）

【普法宣传】 年内，区司法局组织开展各类普法宣传活动 1127 场。将普法融入文明城区创建工作，策划推出“老姚说法”抖音普法节目、“普法课堂”线上普法栏目，设置公交车站法治宣传橱窗，制作文明城区创建主题宣传品 2 万份，印发“致全区创城一封信”3.2 万份。

（胡曦）

【行政执法协调监督】 年内，区司法局研究制定《2021 年房山区行政执法考评指标》，组织新修订《中华人民共和国行政处罚法》等专题培训 2 次，协调解决行政执法疑难问题 56 件次，承办区政府批办事项（包括城管二次职权下放、区政府实施房屋征收拆迁强制执行程序、代区政府答复及审查群众来信申请）25 件，依法对区政府责成强制拆除案件审核 6 件，涉及面积 1.6 万余平方米。

（胡曦）

【人民调解】 年内，全区有村（居）人民调解委员会 654 个，专兼职人民调解员 2584 人。走访矛盾纠纷排查 25892 人次，调解矛盾纠纷案件 5885 件，调解成功率达 98%。

（胡曦）

【律师工作】 年内，全区有执业律师209人，律师事务所63家（不含燕山地区）。律师办理法律事务14107件，为153家企业提供法律咨询3349人次，14名律师参与区领导信访接待日接待68次。开展律所日常巡查检查82家次，非现场检查300次，给予行政处罚2件（警告）。

（胡曦）

【法律援助】 年内，全区受理法律援助案件1580件，提供法律帮助2230人次，解答群众来电来访法律咨询22924人次。

（胡曦）

【公共法律服务工作】 年内，全区有参与村级公益法律服务律师事务所21家，律师81名，为全区618个社区（村）提供免费法律服务29615人次。开展“七有”“五性”法律咨询指标监测指导督促工作，全区完成39596件，全年完成指标131%，超额完成任务。

（胡曦）

【社区矫正和安置帮教工作】 年内，全区累计开展社区矫正进行个别教育6076人次，实地走访3981人次，执行市司法局社区矫正等级防控预案开展网上监督检查、实地矫正业务监督检查及安保、未成年调查等专项监督检查3957次，扫黑除恶坦检线索排查826人次。对刑满释放安置帮教人员开展视频会见111人次，排查2836人次。

（胡曦）

【公证办理】 年内，全区有公证机构1家（不含燕山地区）。完成法律事务21828件，办理各类公证5139件，优先为96家中小微企业提供法律咨询486次，办理涉疫情相关公证362件。

（胡曦）

附：房山区2021年获“北京市民主法治示范村（社区）”

拱辰街道南广阳城村
西潞街道太平庄村
阎村镇开古庄村
河北镇河南村
大石窝镇辛庄村
石楼镇梨元店村
城关街道东坟村
良乡镇东石羊村
窦店镇窦店村
史家营乡西岳台村
南窖乡大西沟村
青龙湖镇马家沟村
十渡镇前头港村
长沟镇太和庄村
大安山乡中山村
周口店镇泗马沟村
蒲洼乡议合村
佛子庄乡西安村
张坊镇北白岱村
霞云岭乡上石堡村
长阳镇佛满村
长阳镇军留庄村
琉璃河镇立教村
韩村河镇郑庄村
拱辰街道伊林郡社区
西潞街道海逸半岛社区
城关街道永兴达社区
星城街道第四社区

军　事

人民武装

【概况】 2021年，房山区国防动员工作以习近平新时代中国特色社会主义思想，特别是习近平强军思想为指导，贯彻军委主席负责制，深入贯彻新时代军事战略方针，持续深化习近平视察卫戍区重要讲话精神贯彻落实，举旗铸魂强固根本，聚焦强敌谋划打赢，军地联动深化改革，依法履职从严治部，紧盯重点落地落实，以军事斗争动员准备为牵引，以提高备战打仗能力为核心，主动履行职能，夯实民兵工作，严格落实党管武装，完善制度机制，推进规范化建设，建强干部骨干队伍，坚持问题导向对标对表抓建设，坚持一手抓疫情防控，一手抓年度任务完成，稳中求进抓好落实，为全力助力推进“一区一城”新房山高质量发展，推进房山区国防动员工作创新发展。2021年，完成全国“两会”安保执勤任务，动用民兵1万余人次；完成新兵征集任务；民兵队伍全面建设质量和遂行任务能力得到新的提升。完成国防动员潜力统计调查、高中及大学的学生军训工作、黑飞事件快速处置、新兵欢送大会等。

（王进）

【资产大清查工作】 2月，根据卫戍区《资产大清查工作方案》，区人武部开展资产大清查工作。第一时间制定区人武部清查方案，召开会议进行部署，成立相关组织，明确分工及职责。形成原始账、实物账、价值账、综合账，通过对装备资产、房地产资源、设备器材、无形资产4个方面2690条资产逐条进行核对。全年，参加上级各类推进会6次，参加全区组织数据会审5次，上报各种数据、总结、报表30余次，完成清查工作。

（王进）

【全国“两会”民兵执勤任务】 3月3日至13日，根据卫戍区通知要求，经区委、区政府批准，区人武部组织房山区民兵225人，在房山区与河北省交界的8个乡镇15处治安卡点配合房山公安分局，完成为期10天的2021年全国“两会”安保执勤任务。

（王进）

【民兵应急分队集训】 5月8日至14日，区人武部组织7名民兵教练员参加卫戍区在顺义民兵训练基地组织的集训任务。5月17日至28日，区人武部组织民兵参加卫戍区在朝阳民兵训练基地组织的民兵应急专业分队轮训，获会操和内务作风评比第一名。

（王进）

【参加房山区2021年水旱灾害防御专项演练】 5月14日、17日、18日、19日、20日，区人武部组织区应急分队队员，参加区水务局在崇青水库组织的2021年房山区防汛抗旱联演联训。

（王进）

【区民兵防化分队集训】 5月22日至28日和5月31日至6月11日，区人武部在区民兵训练基地（周口店娄子水村）组织民兵防化分队专业集训。

（王进）

【组织专武干部培训】 6月15日至19日，区人武部组织全区基层武装部部长和干事58人，开展专武干部培训。

（王进）

【民兵连授旗】 7月22日，区人武部在北京航景创新科技有限公司举行民兵森林灭火应急排成立授旗仪式。区委常委、区人武部部长李祥成为应急排授旗，并做动员讲话，号召入队民兵一定要牢记入队宣誓的誓言，为国防工作贡献自己的力量，自觉把掌握的无人机尖端技术服务于国防部队建设需要。

（王进）

【“军事日”活动】 9月17日，落实党管武装制度要求，区人武部组织区“四套班子”领导到部队参加“军事日”活动。活动中，区领导向部队赠送慰问品，参观连队文化建设和观摩内务展示。增强领导班子成员的国防意识。

（王进　张云鹏）

【第21个全民国防教育日活动】 9月18日，区人武部组织房山区第21个全民国防教育日活动，区委常委、区人武部部长李祥成到燕山影剧院、房山龙湖天街商场和农业职业学院开展宣传活动，全区其他乡镇、高校同步开展活动。

（王进）

【新任职武装部部长参加卫戍区集训】 10月17日至22日，房山区8名新任基层武装部部长参加市委组织部和卫戍区联合举办的任职集训暨资格认证工作。

（王进）

【正规化建设及军官考核】 10月18日，卫戍区政治工作部到房山区检查区人武部正规化建设工作及军官考核工作。区委书记陈清汇报区人武部建设情况。区人武部全体现役干部参与检查考核。

（王进）

【基层专武干部、基干民兵轻武器实弹射击训练】 10月27日至28日，区人武部组织乡镇专武干部和基干民兵骨干在部队靶场，进行轻武器实弹射击训练。

（王进）

【武器装备换季保障工作】 10月，区人武部完成装备车辆的换季保养工作，落实战备要求，保障各项任务的顺利开展。

（王进）

【区委常委议军会召开】 11月10日，区委常委会召开议军会。议军会由区委书记陈清主持。会议听取2021年度房山区国防后备力量建设和双拥工作情况，会议研究审议区人武部机关正规化建设事项。

（王进）

【民兵调整改革和组织整顿工作】 年内，房山区开展民兵调整改革和组织整顿工作。以蓝天救援队、京源科技、航景创新等为重点，高质量完成基干民兵整组任务。

（王进）

【征兵工作】 年内，经过体格检查、文化审查、政治审查的层层筛选，完成2021年征兵工作，其中大学生比例达到94%。

（王进）

【军事设施保护工作】 年内，房山区完成军事设施保护工作。12月26日，房山区完成第二批次军事设施划定，是全市第一家完成划定任务的；完成航拍避让区域上报任务，按照市军保办要求，对涉及房山区乡镇（街道）数据避让区域进行上报，避免发生失泄密问题。

（王进）

【军队停止有偿服务处置遗留问题工作完成】 年内，军队停止有偿服务处置遗留问题工作完成。历时3年，房山区的8个遗留问题基本解决。

（王进）

【训练资源普查】 年内，根据卫戍区通知要求，开展训练资源普查。区人武部组织专人开展对训练基地场地、训练（模拟）器材、营区训练保障配套条件、训练信息资源、训练保障装备、训练弹药、教育训练经费7类76项统计数据的整理填报工作。

（王进）

【送喜报活动】 年内，区人武部接收喜报 54 份（其中二等功喜报 3 份、三等功喜报 16 份、“四有”喜报 35 份），并会同区退役军人局为立功受奖军人家庭登门送达喜报、核发奖励金。

（王进）

人民防空

【概况】 2021 年，区人防办推进人防指挥通信能力建设。推进信息化项目建设。新建和升级改造指挥所，高标准完成区级人防指挥所视频矩阵和控制设备升级改造工作。做好专业整组训练工作。重新对各人防专业队功能进行细化和分类。做好防空袭方案修订和人口疏散地域项目建设。完成全民国防教育日全区警报试鸣工作。以网格化管理模式对全区人防工程进行分片管理，强化区人防办、属地乡镇和管理使用单位三级人防工程安全管理体制，层层落实安全责任。区人防办与全区乡镇（街道）、人防工程管理使用单位签订承诺书，各乡镇（街道）与辖区内重点工程使用管理单位签订年度安全生产目标承诺书。加强应急保障能力建设。联合良乡高教园区管委会和北京理工大学开展以“防范化解风险，筑牢安全发展基础”为主题的北京市人民防空防灾应急支援演练活动。参与演练活动的师生、志愿者和群众达 580 余人，通过演练检验人防应急队伍的组织指挥和应急处置能力，提升广大师生和人民群众的防空防灾意识以及应急自救互救能力。完成全国“两会”、庆祝中国共产党成立 100 周年等活动应急值守备勤任务。完善人防应急救援体系建设。结合防空防灾工作实际，完成各项突发事件应急预案的修订工作，并联合属地乡镇（街道），对应急避难场所开展例行检查，确保应急避难场设备设施完整齐备、各项功能完善可靠。在长阳镇加州水郡北区社区公园建设人防广场，在拱辰绿湾星苑社区利用社区活动室建设人防宣传室，完善人防元素，突出人防特色，作为人防示范社区，为推动全区人防社区建设起到引领示范作用，使人防的社会影响力进一步扩大。全年，区人防办接收“12345”工单 21 件，市人防办派发协调解决工单共 223 件，其中 182 件为普通地下室、41 件涉及人防诉求。

（马畅）

【人防建设现场调研】 1 月 8 日，区人防办到良乡镇刘丈村，拱辰街道鸿顺园社区、长虹社区进行人防建设现场调研指导，主要针对社区人防专（兼）职工作人员设置、组织机构、制度规范、人防志愿者队伍组建、人防文化活动室设置以及社区人防志愿者培训、防空防灾应急亭、人防工程标识、防空防灾宣传栏、疏散引导标识、人员掩蔽标识牌设置安装等相关情况进行调研。

（马畅）

【人防安全知识培训】 3 月 5 日，燕山人防工作站志愿者在北京石油化工学院燕山校区开展家政从业人员人防安全知识培训。培训内容包括居家消防安全，用电、燃气安全，家庭隐患排查，火场如何逃生，自然灾害预警知识，老年人突发疾病处理，创伤救护，心肺复苏和 AED 的使用等。培训采取理论与实操相结合的方式。

（马畅）

【人防应急演练】 5 月 10 日，在北京理工大学良乡校区开展人防应急支援演练。活动由市人防办主办，区人防办承办，良乡高教园区管委会和北京理工大学协办。高教园区管委会和各高校应急救援分队 180 余人观摩演练。北京理工大学师生、人防志愿者、区人防办工作人员等 400 余人参加演练。6 月 25 日，区人武部在首创奥特莱斯开展人防工程防汛应急演练。演练以人防工程进水引发车辆和财产损失为背景，重点演练快速响应、先期处置、现场指挥、支援抢险、善后处置等环节的应急处置行动。通过演练，达到规范指挥流程，锻炼应急抢险队伍，解决指挥协调、队伍配合等问题，提升应急抢险救援能力。

（马畅　王进）

【防空警报鸣响】 9 月 18 日是全国第 21 个全民国防教育日。区人防办组织人防社区开展全民国防教育活动。10 时市民防局发布警报试鸣命令，警报控制分中心工作人员按照指令启动警报鸣响系统，全区警报全部鸣响，依次试鸣预先警报、空袭警报、解除警报，每种警报鸣放时间 3 分钟、间隔 7 分钟，10 时 23 分试鸣结束，用时共计 23 分钟。全区警报鸣响率 100%。警报试鸣期间，区内 50 余个人防社区分别组织开展主题为“迈向强国新征程 军民共筑强军梦”的宣传活动。各社区结合疫情防控实际情况，以室外活动为主，现场悬挂人防宣传横幅，发放人防宣传资料，利用社区显示屏滚动播放人防知识等形式开展活动，面向居民普及人民防空知识和技能。共展示宣传展板 100 块，发放宣传手册 3500 本，宣传品 5000 余份。

（马畅）

【人防工程防汛检查】 年内，区人防办采取分组包片方式开展人防工程防汛检查。区人防办机关全体工作人员分成 5 组，分片包干，对属地人防工程汛期安全开展检查。重点检查各单位应急队伍及防汛物资准备、排水设施是否畅通情况、汛期 24 小时值守情况，做到险情早发现、早报告、早处置，消除事故隐患，确保地区安全稳定。

（马畅）

【人防社区建设】 年内，房山区将社区人防建设纳入区 2021 年重要民生实事项目。2021 年房山区人防社区建设项目涉及 5 个街道 50 个社区。区人防办实地走访 50 个社区，与社区工作人员确认施工点位 1000 余处。通过与社区工作人员、居民座谈等方式，征集意见建议，详细研究建设方案、整合社区资源。每个社区都建立社区人防领导小组，设定专兼职工作人员，组建 10 至 15 人的人防志愿者队伍。区人防办制定年度人防工作计划，建立《社区人防组织机构图》《社区人防职责》《人防志愿者管理制度》《防空防灾设备管理制度》等管理制度。结合“一社区一方案”编制《社区人民防空人口疏散与人员掩蔽方案》，组织疏散演练 60 场次。组建 50 个社区人防志愿者队伍 1000 余人，集中培训社区人防骨干和志愿者 100 余人。

（马畅）

【地下停车位建设】 年内，区人防办利用人防工程为社区提供人防停车位 2814 个，完成全年 800 个停车位建设任务的 352%，进一步缓解地上停车难的问题。

（马畅）

【人防宣传教育】 年内，区人防办利用“3•1”国际民防日、“5•12”防灾减灾日、国防教育日、“10•31”人民防空创立日等重要时间节点开展宣传教育活动 200 余场次，发放宣传册 5000 余本，宣传品 10000 余份。利用“房山人防”微信公众号开展防空防灾知识宣传 108 条，向市、区报送信息 78 条。建立“房山人防社区”微信群，定期发布人防宣传活动的通知、经验交流、防空防灾知识等信息。

（马畅）

【依法行政】 年内，区人防办制定 2021 年度依法行政考核任务清单，执行“双随机、一公开”，加强事前事中事后全过程监管，全面推进依法行政。查处违法行为 2 起，无行政复议和行政诉讼情况发生。全年，检查人防工程累计出动人员 1000 余人次，发现隐患 26 处，立即整改 24 处，查处违法违规使用人防工程行为 2 起，处罚金额 6.2 万元。

（马畅）

经济管理

综合调控

【概况】 2021年，区发展改革委贯彻落实区委、区政府重大决策部署，立足新发展阶段，贯彻新发展理念，融入新发展格局，以推动高质量发展为主题，坚持“六为”工作思路，当好“参谋部”、建好“项目库”、储备“工具箱”、成为“人才池”，统筹疫情防控和经济社会发展工作，为房山区经济社会的发展贡献力量。区发展改革委密切关注区域经济形势，召开3次13场全区经济社会发展形势座谈会，做好经济运行监测和分析调度，牢牢稳住经济社会基本盘。2021年，全区地区生产总值实现818.4亿元，不变价增长7.7%；一般公共预算收入实现85.53亿元，同比增长14.0%；实现固定资产投资337.6亿元，建安投资175.3亿元，超额完成市级任务，固定资产投资总规模达到500亿元、建安投资规模达到200亿元；统筹做好疫情防控和复工复产，积极落实惠企政策，惠及企业4.74万家次，累计金额30.3亿元。稳步推进项目审批和投资支持，经发改部门审批、核准、备案项目170项，总投资751.22亿元。统筹“十四五”规划实施，印发“十四五”规划纲要，推进256项具体任务、121项“一区一城”指标落实落细，稳步发布实施53项专项规划。编制实施新一轮城南行动计划，完成27项重点任务和184亿元年度投资。深入推进“疏整促”专项行动，完成拆除违法建设、疏解一般制造业、“留白增绿”等28项市级任务目标。加强扶贫协作与协同发展，区对口支援与协作推进服务中心获中共中央、国务院“全国脱贫攻坚先进集体”称号。纵深推进京津冀创新、产业、生态、交通等各领域协同发展。持续优化营商环境，完成4.0版改革政策67项区级任务，“服务包”企业扩容至1005家。保障民生工程建设，100项重大民生项目完工18项、在建38项、推进前期手续44项；5项重要事项有序推进。

（杨帆）

【营商环境优化提升】 7月15日前，区发展改革委完成《房山区进一步优化营商环境更好服务市场主体重点任务清单》，涉及31个责任部门67项改革任务。年内，加大《北京市优化营商环境条例》《北京市进一步优化营商环境更好服务市场主体实施方案》（4.0版政策）宣传力度，围绕7大环境改革，采取线上线下相结合的方式开展3次系列直播活动，总访问量达到37.81万人次，网友互动交流1.14万条。针对企业间不动产交易登记，在全市率先推出“全流程随同办”服务。推行“一区一照+证照联办+告知承诺”改革，市场主体进入“准入即准营”新模式。加快推进智慧政务服务大厅建设，房山智慧政务服务标准化试点正式获国家标准化委员会批准。建立人才服务微中心，集中为人才提供“一站式”专业服务，打通园区人才服务政策落地“最后一公里”。开办《秋生与老穆》政策花式宣讲小剧场，采取通俗易懂的宣传形式解读政策。

（李英）

【落实《北京市建设现代化经济体系实施方案》】 10月1日，以区委、区政府名义印发《房山区落实〈北京市建设现代化经济体系实施方案〉工作措施》。年内，区发展改革委围绕“落五子”、国际科技创新中心、国际消费中心城市、数字经济等重点内容，结合房山特色，发挥良乡大学城、北京新材料产业基地、北京高端制造业（房山）基地、北京基金小镇等特色资源优势，构建科技创新引领、制造优势突出、文旅金融开放、区域城乡协调为鲜明特征的现代化经济体系。坚持问题导向和改革导向，梳理全区建设现代化经济体系的现状问题，形成70项问题清单，并制定70项工作措施。

（王世熙）

【《房山区“十四五”时期能源发展规划》印发实施】 12月，区发展改革委牵头制发《房山区“十四五”时期能源发展规划》。规划总结“十三五”时期房山能源领域的工作成效，提出“十四五”时期能源发展的指导思想、发展目标、重点任务、重大项目和保障措施，是指导“十四五”时期房山能源发展的纲领性文件。

（杨铮）

【统筹“十四五”规划落地实施】 年内，区发展改革委印发《北京市房山区国民经济和社会发展第十四个五年规划和二〇三五年远景目标纲要》及256项重点任务分工方案，更新完善121项“一区一城”指标体系并完成年中、年终评估工作，制定监测调度方案，保障“十四五”时期各项任务落实落细。举办“十四五”规划专题培训班13场次，涉及100余家单位600余人。统筹推进53项专项规划编制工作，印发实施34项，其余19项陆续通过区领导审议。

（杨帆）

【年度计划报告完成】 年内，区发展改革委完成《房山区2021年国民经济和社会发展计划执行情况与2022年国民经济和社会发展计划报告》，系统分析计划任务和指标完成情况，总结全年重点、亮点工作，确立2022年发展计划和目标、主要任务和措施。该报告经区第九届人民代表大会第一次会议审议通过。

（杨帆）

【经济运行监测调度】 年内，区发展改革委持续开展经济运行监测和态势分析，动态掌握主要经济指标情况，强化跟踪、预警和调度，协调解决相关问题。会同区委研究室、区统计局组织全区主要经济部门、重点乡镇（街道）、重点园区、重点企业以及金融机构召开3次13场全区经济社会发展形势座谈会。按照“以月保季、以季保年”原则，加强对支撑经济增长的12项主要指标统筹调度，召开14次经济指标调度会。高标准编制完成月度经济运行督查专报和经济社会发展形势分析报告。

（杨帆）

【投资目标超额完成】 年内，区发展改革委围绕全年投资任务目标，按照市级投资调控与项目推进工作部署和区委、区政府工作要求，突出“四抓”工作路径，抓续建、抓新开、抓增量、抓储备，坚持高位调度、专班调度、项目化调度工作机制，利用信息化手段加强项目监测管理，加快推动重点项目开复工，投资保持较高增速和强度。2021年，全区固定资产投资完成市级任务的102.3%，建安投资完成市级下达任务的103.7%。

（张元旦）

【复工复产领域疫情防控】 年内，区发展改革委落实会商调度、信息日报、督查督办等制度，牵头组织防控组例会29次，形成复工复产工作日报150期，完成市级督办事项44项。紧抓常态化疫情防控，检查各类生产经营场所251234家次，公示高风险问题4781个，全部落实整改；排查进口非冷链货品669批次12140件，2726家企业及场所常态化核酸检测情况。加强风险人员排查，排查各类生产经营场所45084个，完成大数据排查落位首派单4211人、横转单1782人，均按照相关要求纳入管控。

（郭吉祥）

【复工复产服务保障】 年内，区发展改革委落实“新六条”等惠企政策，惠及企业47411家次、金额30.3亿元，主动服务解决企业诉求。指导推进驭势科技纳入《北京市首台（套）重大技术装备目录》，为企业在市场推广方面争取政策支持。协助企业解决融资问题，推荐北京思卓博瑞科技有限公司等5家中小微企业参加市级金融支持专场活动。做好企业供应链保障工作，为4家企业53辆运输车辆进行物资供应车辆备案。

（郭吉祥）

【重点课题研究】 年内，区发展改革委围绕全区工作，开展“2021年房山区经济社会发展研究报告”“2021年房山区‘三大战略’运行评估报告”“2021年房山区实现稳增长重要经济社会发展指标动态分析报告”“房山区融入以首都为核心的现代化都市圈研究”“房山区推进国际交往中心功能建设研究”等重点课题研究，为“一区一城”高质量发展提供理论支撑。

（杨帆）

【中小微企业运行监测】 年内，区发展改革委会同区税务局等5家单位建立协同监测机制，动态掌握全区税收、社保、市场主体变动等情况，研判企业发展形势，及时提出应对措施建议，推动区内企业持续健康发展。建立完善企业数据库，在库企业134749家，其中科技创新类企业1384家，城市运行类企业438家，民生保障类企业23895家，其他类企业109032家。

（郭吉祥）

【市区重点工程建设】 年内，区发展改革委统筹推进市区重点工程建设。手续办理方面，联合住建、规自部门成立项目落地和投资调度工作组，按照方案编制、多规初审、立项审批、多规会商、施工许可等审批环节进行细化梳理，及时跟进协调解决项目手续办理问题，确保项目尽早落地建设。项目实施方面，抓好原材料供应、施工队伍组织等各项工作，加快施工进度，尽快形成更多实物工作量，及时纳统形成有效投资。蓝翠鸟资源综合利用项目、长阳镇起步区2号地学校、高性能固态锂电池标准厂房项目、氢能燃料电池研发生产项目、葡萄酒世界博览馆、北京石化新材料科技产业基地标准化厂房项目6项房山区主责市级重点工程全面开工。

（郭庆）

【重大民生项目】 年内，区发展改革委将13大类重大民生项目和工作具体到100个项目和5个重大事项，坚持高位调度、专班调度、项目化调度工作机制，加快推动民生工程建设。5项重大事项有序开展，100项民生项目完工18项、在建38项、推进前期手续44项。

（张元旦）

【“疏整促”专项行动】 年内，区发展改革委强化对“疏整促”各项工作的统筹、协调、调度、督导力度，在深化疏解、强化整治、优化提升上狠下功夫，坚持问题导向，将主动治理与接诉即办紧密结合。制定实施2021年工作计划，完成28项“疏整促”任务，推动拆违销账352.8万平方米、完成量位列全市第三，腾退土地434.3公顷，“战略留白”26.7公顷、“留白增绿”18.6公顷。

（王鹏）

【长阳地区整治提升】 年内，区发展改革委全面梳理长阳地区城市化进程中出行难、上学难、就医难等10个方面58个问题，形成体检报告，以“宜居、精治、繁荣、智慧、和谐”长阳为目标，聚焦承接、转型、提升等重点工作，切实解决长阳城市治理问题。长阳整治提升4大类35个项目取得成效，3项社会治理任务完成，区划调整加紧推进。以“深化难点堵点问题攻坚、加快补齐服务短板、推动产业转型突破、促进职住平衡和产城融合”为目标，坚持硬件软件一起抓，启动编制新一轮长阳行动方案，有效解决社区治理现实问题。

（隋晓晨）

【新一轮城南行动计划实施】 年内，区发展改革委制定房山区《关于落实〈推动城市南部地区高质量发展行动计划（2021—2025年）〉的实施方案》，从科技创新、产业发展、功能提升、协同联动、城乡发展5个方面，提出建设城南创新、活力、宜居、开放、乡村振兴“五个新高地”的发展目标，5年计划实施项目84项，计划完成投资1200亿元。2021年，完成投资136亿元，27项重点任务全部按计划推进。

（孙霖霖）

【智库合作交流机制建立】 年内，区发展改革委与中国社会科学院大学、北京工商大学等6所在京高校及科研院所加强战略合作，搭建服务区域经济社会发展的智库平台，为区委、区政府决策提供重要支撑。3月，与北京市经济与社会发展研究院签署战略协议，成立北京经济社会发展（房山）研究基地。6月18日，与北京工业大学签署战略协议，成立产学研联合培养研究生基地。

（杨帆）

【重大投资储备项目】 年内，区发展改革委申请市级资金支持，申请重大投资项目谋划经费1000万元，编制完成《房山区重大投资项目谋划工作方案》，确定“围绕落功能定位、落规划任务，补短板、强弱项，紧密衔接全区中心工作，聚焦生态环境、高精尖产业、文旅融合、基础设施、社会民生、乡村振兴六大领域，谋划储备一批重大投资项目”的工作思路，为投资实现稳增长、区域经济社会发展奠定坚实基础。

（喻凤英）

【对口支援合作】 年内，区发展改革委严格落实“三个保持”“四个不摘”要求，继续强化与各支援合作地区联系对接，精准实施资金支持、劳务协作、产业扶持、消费帮扶、结对帮扶、人才支援6大重点领域帮扶措施，统筹市、区帮扶资金2.05亿元支持45个协作项目，助力察右中旗、突泉县、巴东县和房县4地建立健全巩固脱贫攻坚成果长效机制。2月25日，区对口支援与协作推进服务中心获中共中央、国务院“全国脱贫攻坚先进集体”称号。

（胡中琦）

【生态涵养区建设】 年内，区发展改革委全面落实市委、市政府《关于推动生态涵养区生态保护和绿色发展条例》，编制印发《房山区落实生态涵养区生态保护和绿色发展实施意见2021年重点任务计划》，建立月度调度机制，协调解决重难点问题，40项建设任务全部完成。

（王娟）

【公共服务项目建设】 年内，区发展改革委持续优化审批服务，全面推进社会公共服务领域项目落地。长阳起步区2号地九年一贯制学校建设工程项目开工建设，总建筑面积56991平方米，总投资35548万元，拟新建72个班，提供2880个学位。新批复区级公共服务项目3项，包括：批复民政社会综合服务中心初步设计概算，总投资4046.18万元；批复良乡镇中心区官道消防站可行性研究报告，总投资2130.82万元；批复西潞街道社区卫生服务中心可行性研究报告，总投资3000万元。

（白锐）

【重大文旅项目】 年内，区发展改革委全力推进重大文旅项目进展工作，乐高主题乐园选址方案上报市规划和自然资源委，北京大熊猫科研繁育基地设计方案上报市政府，国际葡萄酒博览馆开工并完成土护降施工。

（方磊　裴爱杰）

【依法行政工作】 年内，区发展改革委制定《规范性文件制定与备案制度》《公平竞争审查制度》，完成公平竞争审查工作专项考评细则要求的各项工作。制定并公示《2021年行政执法检查（含双随机抽查）计划》，全年线上检查211个项目，线下检查6个项目，行政检查中未发现被检查对象存在违法行为，未实施行政处罚。公示2020年法治政府建设年度情况报告及2020年行政执法统计年报。全年公示行政许可26件。完成市发展改革委及区政务服务局安排的电子印章刻制授权使用工作。依法完成1起行政诉讼案件应诉工作。

（李永智）

【与丰台区结对协作】 年内，区发展改革委围绕乡镇结对、旅游产业发展、公共服务岗位就业合作等重点领域，加强与丰台区结对协作，建立“区级领导牵头、定期联络对接、部门具体落实”3个层级的工作推进机制，通过共商、共治、共建、共享生态保护和绿色发展成果，实现共赢发展。

（王娟）

【山区绿色产业发展】 年内，区发展改革委加快推进旅游休闲步道体系和山区绿色产业发展。韩村河镇孤山口生态休闲旅游基础设施建设工程开工，佛子庄乡西班各庄村旅游文化商业项目主体结构完工。推进霞云岭乡、十渡镇、蒲洼乡三乡联动，打造“红绿融合实践地、乡村振兴示范地”，霞云岭乡没有共产党就没有新中国纪念馆展陈提升项目、低收入民宿建设项目完工。北部山区人口迁移和南沟永久避险安置房项目稳步推进，良乡安置房项目全面完工，具备入住条件；大石窝镇半壁店安置房项目4栋住宅楼进行主体施工，3栋住宅楼主体已封顶。

（方磊　裴爱杰）

【基础设施建设】 年内，区发展改革委推动基础设施重大项目建设，市郊铁路城市副中心线（西段）整体提升工程长阳站控制性节点于12月16日实现开工。编制印发《房山区“十四五”时期基础设施建设发展规划》。深入贯彻落实市委、市政府《关于促进平原新城高质量发展提升平原新城综合承载能力的实施方案》，制定《房山区关于促进新房山高质量发展提升综合承载能力的落实方案》，确定全面增强吸引力、持续提升核心竞争力、不断激发发展活力三大发展目标，明确14个方面34项主要任务，于12月23日通过区政府常务会审议。

（梁思佳）

【“服务包”机制】 年内，区发展改革委按照全市统一部署，强化“服务包”工作专班统筹调度能力，形成1005家服务企业规模，建立区、乡镇（街道）两级“服务包”工作体系［区级“服务包”企业280家，乡镇（街道）级“服务包”企业725家］，以服务对象清单、重大项目清单、服务事项清单3个清单为抓手，对企业进行集中走访，与企业加强规划、政策、项目、财税和资源等方面对接，完善区领导、总管家、行业管家、服务管家、责任部门五级服务体系，为企业提升精准、精细、务实、高效的服务。全年，1005家企业实现区级税收37.9亿元，占区级税收总额（50.83亿元）的74.5%，同比2020年增长41%。加大对企业诉求办理力度，全年共办结218项企业诉求。

（李獒）

【经济体制改革任务完成】 年内，区发展改革委组织协调有关部门完成3项经济体制改革任务。完成2021年疏解整治促提升专项行动各项任务指标；完成全面落实《北京市优化营商环境条例》，构建“5G+区块链+AI”智慧政务服务体系；完成加大国资国企改革力度，全力推进全民所有制企业改制工作。

（李永智）

【全社会节能】 年内，区发展改革委围绕“节能降碳，绿色发展”的宣传主题，充分考虑疫情防控因素，采取线上线下相结合的模式，线上利用门户网站及微信公众号开展“云”视界、“云”课堂、节能知识“云”竞赛等一系列“云”上节能周活动，2万余人参与。线下组织11个行业主管部门和21家重点用能单位开展现场宣传活动，动员全社会广泛参与，倡导低碳生产生活方式，普及应对气候变化知识，提升公众低碳意识，引领低碳生活新风尚。

（杨铮）

【京津冀协同发展项目】 年内，区发展改革委持续强化区域产业协同联动发展，打造承接平台，涞水县中电科涞水电子科技园和北京公交智造产业园加紧建设。建设带动性强的重大项目，涿州国家农业科技园区入驻国家重大科技基础设施模式动物表型与遗传研究项目、国家玉米全程机械化生产科技创新基地项目、国家级无病毒葡萄原原种培育基地建设项目等8个项目。国家作物分子育种创新中心开工建设。加快推进京津冀交通一体化建设，京雄高速公路（北京段）、北京市郊铁路城市副中心线整体提升工程（北京西至良乡段）、京良路西段加快推进，西太路改建工程北京段和河北段同步开工建设。

（胡中琦）

【资源综合利用项目建设】 年内，区发展改革委持续推动资源综合利用项目，房山区循环经济产业园项目达产运行，全年通过焚烧生活垃圾发电1.1亿千瓦时。长阳生活垃圾转运站可行性研究报告、长沟生活垃圾转运站项目建议书取得市发展改革委可研批复，阎村生活垃圾转运站取得市发展改革委前期工作计划单，全部建成后可增加生活垃圾转运能力1250吨/天。

（杨铮）

【价格监测与调控】 年内，区发展改革委提高价格监测预警能力，加强价格调控力度，全区消费价格比2020年上涨0.7%，涨幅低于全市0.4个百分点。做好生活必需品和防护用品保供稳价工作，对10个种类284个品种的商品、服务价格数据进行监测、采集和上报。开展农产品种植意向、成本投入、产值收益等调查工作，为17户农产品成本调查户颁发国家发展改革委农产品成本调查牌匾和证书。组织区商务局、区市场监管局等单位对大型超市、农贸市场进行价格巡查，确保市场价格平稳。聚焦停车收费、物业收费和商业电价等问题，受理“12345”市民服务热线和来电政策咨询。加强义务教育阶段学科类校外培训收费管理，会同区教委完成全区民办中小学学费、住宿费及学科类培训的校外培训机构相关数据统计。

（吴德峰）

【价格认定】 年内，区发展改革委按照《价格认定规定》要求，规范价格认定行为，遵循依法、公正、科学、效率的原则，做好涉案财物价格认定工作。全年，办理价格认定案件994件，办结案件并出具《价格认定结论书》585件，认定总金额2306.37万元，出具《补充材料通知书》409件。

（张新文）

财 政

【概况】 2021年，房山区财政收入完成131.9亿元，比2020年下降18.9%。其中，一般公共预算收入85.5亿元，比2020年增长14.0%；政府性基金预算收入完成46.2亿元，比2020年下降47.0%。全区财政支出完成287.4亿元，比2020年下降1.5%。其中，一般公共预算支出243.6亿元，比2020年下降4.1%；政府性基金预算支出43.4亿元，比2020年增长15.3%。抓好成本管控，逐步降低行政运行成本，针对2021年部门预算中的基本支出及项目支出涉及会议费、培训费等支出的进行一定比例压减。加大盘活存量资金力度，截至年底，统筹盘活存量资金62.66亿元。结合绩效评价结果对2021年项目支出预算进行压减，压减年初预算资金0.11亿元。完善保障体系，民生水平稳步提升。强化民生兜底保障。投入社会保障和就业资金35.69亿元，织密织牢民生保障网。加强公共卫生体系建设。投入卫生健康资金19.89亿元，支持做好疫情常态化防控，全面实施公共卫生应急体系建设3年行动计划，保障基层医疗卫生机构正常运转。加快构建优质公平的教育服务体系。投入教育资金56.01亿元，加大教育人员公用经费保障力度，大力推进学校教育发展。加强住房安居保障。投入资金34.65亿元，落实保障性住房运营及房租补贴，实施老旧小区改造，加快推进棚户区改造项目，切实改善群众住房条件。支持市、区两级民生实事顺利开展。投入资金12亿元，支持市、区两级民生实事落实落细，集中解决环境卫生、出行便利、文化需求、居住条件等问题。实施创新引领战略。对接“两区”“三平台”，推动“五新”政策落实。投入资金14.8亿元，支持北京石化新材料基地、北京高端制造业（房山）基地加快完善基础设施建设及环境提升改造，支持北京互联网金融安全产业园、北京基金小镇、良乡大学城提质升级。实施重大项目带动战略。投入重大项目资金7.82亿元，支持京东方生命科技产业基地、中关村新兴产业研究院等项目加快推进。实施文旅融合发展战略。投入文化旅游资金6.71亿元，加快周口店、琉璃河、云居寺三大文化组团建设，加大“三乡联动”建设力度，全力打造京西南精品生态旅游、红色旅游线路。实施乡村振兴战略。投入农林水资金28.3亿元，持续推进美丽乡村建设，支持改善农村人居环境，全面提升乡村公共服务水平。支持全国文明城区创建。投入“创城”资金0.11亿元，支持创建全国文明城区总指挥部开办运转；投入交通运输资金2.54亿元，支持提升道路照明、交通标志标识等市政基础设施建设。

（赵连鑫　尤雪静）

【会计专业技术资格无纸化考试】 5月15日、16日、22日，房山区2021年度会计专业技术资格初级无纸化考试分别在房山区成人教育中心、首都师范大学良乡校区、北京工商大学良乡校区举办。应到考生9481人，实到考生4669人，缺考4812人，参考率为49.2%。 9月4日至5日，全国会计专业技术中级资格无纸化考试在房山区成人教育中心、北京中医药大学良乡校区、北京工商大学良乡校区、北京农业职业学院所辖院校举行。设 51 个考场。考试报名人数 13531 人次，实际参考 5898 人次，参考率 43.59%。

（李兆卓）

【一般公共预算收入突破 85 亿元】 2021 年，全区区级一般公共预算收入完成 85 亿元的总量目标，实现 85.5 亿元，同比增长 14.0%，在全市收入增速排名第二位；地方级一般公共预算收入完成133.6亿元，同比增长 14.9%，在全市收入增速排名第三位。

（罗磊）

【2021 年全区财政支出完成情况】 2021 年，全区财政支出完成 287.4 亿元，比 2020 年减少 4.5 亿元，下降 1.5%。其中，一般公共预算支出 243.6 亿元，比 2020 年减少 10.4 亿元，下降 4.1%；政府性基金预算支出 43.4 亿元，比 2020 年增加 5.8 亿元，增长 15.3%；国有资本经营预算支出 4331 万元，比 2020 年增加 1768 万元，增长 69.0%。

（陈涛）

【国家级试点项目申报】 年内，区财政局全力申报国家级试点项目，争取中央资金。作为北京市唯一建设试点，房山区先后获批 3 个国家级项目。分别为北京市房山区“紫色家园”国家级田园综合体建设试点，房山区水系连通及水美乡村建设试点，周口店乡村振兴示范区。

（李小娟　陈文娟）

【水系连通及水美乡村建设项目】 年内，区财政局整合现有财政政策，统筹各级各类资金，配合区水务局制定房山区水系连通及水美乡村建设试点项目实施方案。经财政部、水利部联审，房山区成为全市唯一入选水系连通及水美乡村建设的试点区，争取中央财政资金 8000 万元。项目建成后，房山区大石河流域 7 段，总长 16.65 千米的河道全部连通，解决入河口封堵、河道干涸断流、沟道淤积、岸坡凌乱等问题，改善沿线村庄人居环境，展示水美乡村形象，真正实现看山望水的美好愿景。

（李小娟　陈文娟）

【周口店乡村振兴示范区资金支持】 年内，区财政局争取中央彩票公益金，助力周口店乡村振兴示范区建设。截至年底，项目完成财政评审及政府采购程序，及时拨付启动资金，保障项目的顺利推进。配合相关部门、乡镇共同推动项目实施，做好项目进度款拨付和项目绩效管理，确保项目早完成、早见效。

（李小娟　陈文娟）

税　务

【概况】 2021 年，房山区完成各项税费收入（含社保）230.4 亿元，比 2020 年增长 14.1%。其中，房山地区完成 141.1 亿元，比 2020 年增长 20.6%；燕山地区完成 89.3 亿元，比 2020 年增长 5.2%。区税务局搭建税务、社保、乡镇（街道）三级信息采集平台，确保 3.7 万户社保费应征户培训辅导全覆盖。全年，完成各项社会保险费 95.51 亿元。开展国有土地使用权出让收入专项调研，准确掌握土地出让收入规模数据，全年完成非税收入 4.86 亿元。全面助力区域经济发展。制定服务区域经济发展 18 条措施及重点税源走访计划，重点关注区域瞪羚企业、拟上市企业经营状况、困难和诉求，提供个性化政策辅导，为 153 户“服务包”、167 户重点税源企业建立“一户一档”，提供个性化、定制化服务。“银税互动”签约银行增至 8 家，全年授信小微企业 169 户，信贷金额 2.67 亿元。持续推进税收征管改革。强化精确执法，优化税务执法方式，深入推进专票电子化改革，落实执法责任。推进精细服务，依托自然人电子税务局，解决 7247 条纳税人实际诉求。实行“日日扫描、实时分析、定向推送”的专项任务机制，及时推送 1000 余户次优惠政策的“温馨提醒”，帮助 237 户纳税人享受政策红利。为京雄高速承建方开辟办税绿色通道。提升精准监管，构建“信用+风险”新型管理方式。全年，推送 232 批 5625 户次风险核查任务，形成入库税款及滞纳金 1.11 亿元。推动精诚共治，实现二手房交易“房产建成年代”信息电子化查询，4000 余户纳税人每户可缩短近 1 天的办税时间。不断优化税收营商环境。持续开展“我为纳税人缴费人办实事暨便民办税春风行动”,开展7期小呼中心开放日活动。制定接诉即办“五步闭环管理”方法，探索“未诉先办”工作机制，工单响应率始终保持100%。精准服务“春雨润苗”和“专精特新”，与区工商联共同举办税企座谈会，累计服务小微企业超3.7万户次。聚焦减税降费主题。从疫情期间税收优惠政策、增值税期末留抵退税等政策方面入手，不断优化退税工作流程与机制，动态跟踪政策成效，逐月开展政策执行分析和风险应对，确保政策落实到位。2021年，房山地区企业享受新出台政策累计减税降费4.91亿元。将补缴不动产权证印花税纳入不动产交易综合服务窗口集成办理,避免市民因缴纳2.5元印花税反复跑，相关内容被新华每日电讯报道，并作为深改应用场景予以全市推广。成立“红生工作室”,发挥“服务管家”优势，解决纳税人缴费人涉税“疑难杂症”，被评为房山区职工创新工作室。打通历史遗留项目办证路径，推动解决世界名园等小区467户居民“办证难”历史遗留问题。助力区“三乡联动”规划，为山区360余户个体工商户提供免费“票e送”，解决山区纳税人领票难问题。

（封菁洋）

【首笔个人存量房交易全程网上办理】 2月1日，区税务局完成首笔个人存量房交易全程网上办理业务。纳税人从提交过户资料到领取房本，全程仅用半天时间。区税务局主动联合区住房城乡建设委、区不动产登记等部门，依托北京市不动产登记领域网上办事服务平台和电子税务局平台，优化业务流程、精简办税材料，实现个人存量房交易登记传输资料、审程网上办。

（封菁洋）

【专票电子化扩围工作】 2月1日，国家税务总局和北京特派办联合督导组一行5人，到区税务局现场督导增值税专票电子化扩围工作落实情况。联合督导组重点听取各职能组关于专票电子化工作开展情况的介绍，通过金税三期系统详细查看相关岗位职责权限设置情况，并以调查问卷的形式征集对该项工作的意见建议。

（封菁洋）

【历史遗留项目契税申报工作】 2月10日，为加速解决历史遗留项目契税申报问题，切实维护纳税人权益，区税务局成立“世界名园历史遗留问题项目”专项小组，为纳税人办结5笔“世界名园历史遗留问题项目”契税申报业务，并于当日发放不动产权证书，获纳税人好评。

（封菁洋）

【税收趣味“云”竞赛】 4月19日，区税务局开展税收趣味“云”竞赛，为纳税人送上税收大礼包。开展线上税收竞赛活动，并在办税服务厅醒目位置张贴活动通知，以前期收集掌握纳税人广泛关注的税收话题，制作税收竞赛试题，根据答题正确率角逐出获奖者并给予奖励。

（封菁洋）

【特约监督员“走流程”活动】 4月14日，区税务局开展特约监督员“走流程”活动，邀请人大代表、政协委员及企业代表等特约监督员走进办税服务厅实地参观、亲身体验办税过程，并围绕“问需求、查风险、优服务、促作风、树形象”主题召开专题座谈会。在办税服务厅，特约监督员体验新办企业登记、纳税申报、个人所得税完税证明开具、U key发放与发票领用等业务流程，观摩网厅业务办理流程。

（封菁洋）

【现金税费征缴自查情况汇报暨迎检准备工作培训会召开】 5月14日，北京市税务局现金税费征缴自查情况汇报暨迎检准备工作培训会在区税务局召开。东城区、西城区、朝阳区、丰台区、石景山区、门头沟区、房山区、燕山办事处等9个税务局汇报现金税费征缴自查工作开展及整改情况，收入规划核算处对税收票证管理规定落实标准、税款专户管理等工作进行培训，并对做好第三季度迎接国家税务总局检查进行部署。

（封菁洋）

【房山区经济工作专班税务专题培训会举办】 6月16日，区税务局联合区发展改革委举办房山区经济工作专班税务专题培训会。会上，介绍全区主要税收情况、重点园区及企业的税收完成情况，税费组税收工作中存在的主要问题以及下一步工作思路，并提出在以后工作中各单位要进一步拓宽沟通渠道，协调帮助企业解决问题和困难，确保房山区税费组税收工作顺畅开展，促进区域经济健康发展。

（封菁洋）

【“春雨润苗”小微企业专项直播培训会】 6月18日，区税务局联合区工商联举办“春雨润苗”小微企业专项直播培训会。直播内容为小微企业相关税收政策，由货物与劳务科、所得税科、社会保险和非税收入科业务人员进行直播讲解，直播互动466人次。

（封菁洋）

【首笔“先税后证”机制下个人股权转让业务】 9月1日，区税务局办理首笔“先税后证”机制下的个人股权转让业务。第一税务所（办税服务厅）个人股权转让窗口为纳税人生成并打印发放房山区首个个人股权转让业务纳税申报编码，企业办税人员持该纳税申报编码到区市场监管局成功办理股权变更登记。

（封菁洋）

【法税联动破解监管企业涉税难题】 9月29日，区税务局与北京市第二中级人民法院合作，促成1户监管企业清偿欠税本金366.81万元。区税务局第一时间核实企业经营异常、多期欠税，以及企业账户被法院监管，无法自主缴纳税款的情况。联合区法院研究相关法律条款、明确工作思路，向北京市第二中级人民法院发函，请北京市第二中级人民法院协助税务机关清缴欠税，科所联动完成共计64份缴款书开具入库相关工作。

（封菁洋）

【区税务局与中国农业银行房山支行联席会议召开】 11月4日，为做好社会保险费征收工作，多维度服务房山区缴费企业，区税务局与中国农业银行房山支行召开联席会议。会上，双方就社保费现阶段征收工作及未来合作模式进行交流探讨，进一步加强沟通协作，快速解决缴费人问题，保障缴费人权益。

（封菁洋）

审　计

【概况】 2021年，区审计局聚焦重大政策部署落实，按照“应审尽审、凡审必严”的要求，加强对财政支出预算和政策的审计监督，实现区一级预算单位数据分析审计全覆盖，重点行业、基层单位进行现场审计；研究制定《房山区领导干部经济责任审计和自然资源资产离任审计工作规划（2021—2025年）》，采取经济责任审计和自然资源资产审计双轨制“1加N”的模式，推进领导干部经济责任和自然资源资产审计工作全覆盖；加大低收入增收产业、口袋公园、棚户区改造、河道综合整治、环境治理工程等民生资金和项目审计力度；落实《关于深化国有企业和国有资本审计监督的若干意见》要求，协调有序推进区属国有企业和国有资本审计工作。按照“揭露问题、规范管理、促进改革、提高绩效”的原则，对良乡医院、房山区第一医院经营管理情况开展绩效审计，选取涉及医改落实、医疗质量、运营效率、持续发展、满意度评价5个方面34个指标，科学分析比对医疗业务指标和财务数据，全面评价医院整体社会效益，揭示医院管理方面存在的突出问题，提出改进建议，在推动优化公共资金、国有资产和国有资源配置方面发挥作用。同时，强化绩效审计意识，在财政、经济责任和专项资金等各类审计项目开展过程中，对被审计单位在履行职责时管理、分配和使用公共资金、国有资产和国有资源是否实现预定目标或达到既定标准进行监督检查，对审计事项的经济性、效率性、效果性、公平性、环境性等作出评价，促进政府各部门强化管理提升绩效。发挥政策跟踪、预算执行、经济责任审计三大平台作用，统筹运用内部审计和社会审计等资源，采取项目“一拖N”、审计事项委托“嵌入”等形式，实现50个审计项目统筹，占全年审计任务的30.8%，涉及36个单位，实现“一审多项”“一审多果”。开展审计整改“回头看”，梳理近3年来审计发现问题整改落实情况，紧盯不足和问题，实行“问题清单”和“整改清单”台账动态管理，在协同办公系统中增加审计整改模块，依据审计报告反映问题，按5类19项标准，分门别类建立“问题清单”和“整改清单”，明确责任人员，实现整改到期日自动报警提示，强化跟踪督促责任，确保审计查出问题全部整改到位。全年，完成审计项目129个，其中审计127个，专项审计调查2个。查出主要问题金额201733万元，出具审计报告和专项审计调查报告187篇，被批示、采用24篇次。审计处理处罚金额47434万元，审计促进整改落实有关问题资金65529万元；核减投资额29958万元。审计提出建议249条，被采纳163条；促进被审计单位建立、健全规章制度3项；提交审计信息48篇，被批示、采用94篇次。向社会公告审计结果70篇。

（蒋万赋）

【跟踪审计】 年内，紧紧围绕重大政策措施落实情况，以中央直达资金使用情况、优化营商环境、促进就业等内容为重点，组织开展重大政策跟踪审计工作，按季度向区政府、市审计局提交审计结果报告，审计结果报告多次得到区领导批示。

（陈莉）

【财政审计监督】 年内，按照《中华人民共和国预算法》的要求，组织开展2020年预算执行及其他财政收支情况审计，重点对“四本预算”安排和使用情况，以及决算编制的真实性、合法性进行审计。涉及资金量约500亿元，提出审计建议2条，全部督促整改完毕。采取数据审计与现场审计结合的方式，实现对全区65个一级预算单位数据分析审计全覆盖，对2个二级预算单位现场延伸审计。审计发现问题13类49个。

（陈莉）

【经济责任审计】 年内，区审计局开展并完成经济责任和资源审计项目10项，涉及8名处级领导干部，出具审计报告12份、审计结果报告9份、自然资源审计意见书4份、审计决定2份。涉及审计资金量114.24亿元，查出违规行为金额593.60万元，查出管理不规范金额5886.15万元，应缴财政535.69万元，向被审计单位提出审计建议37条，3个被审计单位根据审计建议制定内控制度。审计发现问题均为领导责任。按照五年规划，完成首年“1加N”林业资源审计闭环工作。

（王冬梅）

【固定资产投资审计】 年内，区审计局加强对棚户区改造等民生工程，河道综合整治、环境治理工程等领域审计，完成审计项目24项，审计资金量569.32亿元，查出管理不规范金额3.58亿元，核减工程款金额2.19亿元，应归还原渠道金额1.41亿元，违规金额3.86万元，提出有针对性的合理化审计建议65条。完成审计信息6篇。

（卢卫民）

【企业审计】 年内，区审计局完成企业审计项目6个，其中国有企业审计2个，专项审计2个，专项审计调查2个。审计资金量5710683.65万元，查出主要问题金额100677.42万元，其中违规金额13841.01万元、管理不规范金额86836.41万元；出具审计报告、专项审计调查报告、审计专报7篇，被批示、采用5篇次。审计处理处罚金额100677.42万元，其中应上缴财政金额13597.98万元、应调账处理金额46008.44万元、其他金额41071万元。出具审计决定书2份。审计促进整改落实有关问题资金298.83万元。审计提出建议15条，被采纳15条；促进被审计单位健全规章制度2项；提交审计信息3篇，被采用3篇次。

（王东旭）

【农业审计】 年内，区审计局对2019年度、2020年度低收入增收产业项目资金及使用情况，2019年新一轮百万亩造林绿化工程项目及资金管理使用情况，2018—2020年口袋公园项目资金管理和使用情况及区生态环境建设办公室2017年至2020年京津风沙源治理工程资金管理及使用情况进行审计，审计资金量8.52亿元，提出审计建议15条。

（张栃凝）

【内部审计工作质量检查】 年内，贯彻落实《北京市内部审计规定》和房山区政府依法行政考核的要求，结合房山区预算执行情况审计项目，区审计局开展区一级预算单位的内部审计制度建立健全情况监督检查。检查结果表明，全区新建或完善内部审计制度比2020年增长37.0%以上，其中一级预算单位同比增长80.6%。

（刘鸿斌）

【城市运行管理审计】 年内，区审计局坚持跟踪审计与工程结算审计相结合，完成城市绿化景观提升、城市道路工程、交通设施建设改造、积水点治理及污水治理等城市管理领域审计项目16项，审计资金量70.35亿元，查出管理不规范金额193.63万元，核减工程款金额7736.47万元，违规金额25.90万元，提出有针对性的合理化审计建议37条，完成审计信息6篇、审计专报1篇。

（杨红伟）

【数据分析云计算审计应用平台】 年内，满足信息化办公及数据分析审计工作需要，区审计局完成数据分析云计算审计应用平台项目的开发与验收工作。项目的主要内容包括：升级服务器硬件、开发审计协同办公平台和大数据采集统计应用平台，并对移动办公网络和审计专网进行安全改造。

（邓佳明）

统　计

【概况】 2021年，区统计局落实市委、市政府、市统计局关于做好统计督察整改的各项工作安排和要求，聚焦问题，压实责任，健全制度，推动统计督察整改工作落地落实。修订《房山区统计质量全过程管理办法》《关于加强统计数据质量监管工作的通知》《房山区部门统计工作报表制度》《房山区统计巡查工作办法》，制定《统计业务工作和数据质量控制检查评估表》《房山区统计工作综合考评实施方案》《房山区2020年统计年报和2021年定期统计工作方案》《房山区防范和惩治统计造假、弄虚作假责任制实施办法（试行）》，在全市率先将防范和惩治统计造假、弄虚作假责任制的执行落实情况纳入区级依法行政考核内容，推动改革干部政绩考核机制。落实统计巡查制度，持续推动统计督察整改工作见行见效。围绕“一区一城”新房山建设思路，在做好各专业常规统计监测和预警预判的同时，强化重点工作、重点区域、重点企业、重点指标、重点时段等方面的调研监测。在北京市高质量监测体系的基础上，根据数据的可获得性和房山实际，开展房山区高质量发展水平测算。围绕市场总消费，GDP运行，城南行动产业发展成效，“七有”“五性”监测，高质量发展监测，北京国际消费中心城市建设监测评价成果等内容，有针对性地深入挖掘统计数据，进一步加大数据解读力度，切实提高统计服务政府、服务社会公众的能力和水平。全年，完成调查任务5项。其中，结合地域发展需要，自主开展“一刻钟社区服务圈”居民满意度调查和2021年房山区全面从严治党（党建）工作考核民意调查2项调查。落实人口普查后续工作。高质量完成人口普查技术总结。按照全市的统一安排，全面回顾综合试点、户口整顿、建筑物标绘及普查小区划分、清查摸底、正式登记、比对复查6个阶段业务工作流程、工作亮点和工作成效。围绕区委、区政府重点工作及重要民生实事以及社会各界关注的热点、难点问题，向28个成员单位征集11项意向课题，报请区领导批准后，有针对性地对6个课题进行深度开发。强化执法，以“双随机”常规检查为基础，以查询书专项检查为重点，以迟报检查、举报查处等工作为补充，开展统计执法检查。2021年，全区完成执法检查422家。其中，常规检查85家，调查单位基本情况检查243家，专项检查87家，迟报案件7家。对4家违法情节较重的企业按一般程序立案查处，对20家单位按简易程序给予当场警告的行政处罚。强化业务培训，提高统计业务水平。按照国家、北京市统一要求，修订完善《房山区2021年统计年报和2022年定期统计工作方案》，成立年定报工作领导小组。结合疫情防控常态化和乡镇（街道）统计所转隶工作新形势，培训工作采用“线上培训”+“线下督导”方式，以“面培+腾讯会议”的形式开展。采用各种会议形式共开展49场培训，培训5200余人次。强化数据全过程管理，对数据审核评估全过程进行记录，按季度填写《统计业务工作和数据质量控制检查评估表》，严把数据入口、优化数据采集、强化数据审核，确保数据不重不漏。借助新媒体平台，在“房山统计”官方微信公众号上开设“统法同学”法制宣传专题栏目，发送统计法律法规、文件解读、典型案例等内容；借助全国法制宣传日、统计开放日等重要时间节点，通过微信、讲座、走基层调研等方式，以“线上+线下”的形式强化统计法律宣传，加强社会公众对统计法的认知。借助国家统计督察的契机，推动统计法律法规进党校，将其纳入公务员初任培训、科级任职培训等培训考核内容。房山区第七次全国人口普查领导小组办公室被国务院第七次全国人口普查领导小组评为“第七次全国人口普查先进集体”。

（王海星）

【“五一”期间中央休闲购物（CSD）核心区消费品市场监测】 “五一”期间，区统计局开展“五一”期间中央休闲购物（CSD）核心区消费品市场监测。与区商务局召开座谈会，就各自掌握的信息进行沟通，实现部门间的信息共享；与区商务局建立日常部门沟通机制，牵头制定专项监测方案，搭建“五一”定向监测平台，建立数据交流和共享机制，采取以零售业月报所涉及指标为参考，以商品购进额、商品销售额、商品库存额等数据为切入点的监测方式，密切监测“五一”期间整体促销活动，做到数据的有效衔接，及时把握市场运行特点。强化信息整合，把握市场特点。区统计局对现有信息进行整合。监测重点不仅包含首创奥特莱斯、长阳半岛广场、绿地缤纷城、房山龙湖天街等商场，同时也包含波士畅达、汇宝行、奥之旅等成交量较大的汽车销售 4S 店。通过跟踪各类商品的市场变化情况，摸清区域内物资供应情况、价格情况、销售情况，从而把握市场运行特点和行业发展趋势，起到监测实效。强化检查指导，促进相互交流。区统计局关注企业经营动向，重点检查企业报表情况，并与数据变化较大的企业及时沟通，了解其增减变动原因。通过对核心区重点企业进行实地走访、电话访问、召开座谈会等方式，提前了解企业针对“五一”采取的促销活动情况，并重点关注企业在经营、报表等方面遇到的困难，对存在问题及时与企业沟通解决，保障“五一”期间数据质量。在监测工作结束后，对采集的统计数据信息化，对统计数据变化较大的监测对象做好数据挖掘和因素分析，准确把握全区消费品市场发展趋势，发挥统计对政府决策的服务职能。

（牛硕）

【统计开放日宣传工作】 9 月 29 日，国家统计局房山调查队围绕“赓续红色血脉，奋进统计未来”主题，到蒲洼乡东村开展统计宣传工作。通过播放视频宣传片，帮助山区居民了解劳动力、住户、价格、农业等调查工作流程、数据产生过程及调查。现场设置互动交流环节，就山区居民关心的问题进行答疑解惑。

（王艳艳）

【中小微企业生产经营情况监测】 年内，为了解 2021 年中小微企业生产经营情况、薪酬和用工情况、政策享受情况、外迁变动等情况，区统计局开展 2021 年中小微企业生产经营情况监测工作。基层统计所与所辖区内抽中调查单位，通过电话、微信等方式联系，初步了解企业近段时间生产经营情况，按照调查方案要求和房山区域企业发展特点，分专业分地区开展中小微企业生产经营情况监测调查。向调查对象普及调查目的、中小微企业优惠政策等信息，提高调查单位配合度，协助调查单位完成问卷填报。协同有关部门，有针对性地抽选区内特色企业开展调研，了解企业在融资研发、用工薪酬、政策享受等方面情况和对政府诉求。利用主动出击方式，整理企业在填报问卷过程中遇到的特殊情况和开放题调查内容，确保出现问题在第一时间得到解决。整理调查在数据采集、审核过程中遇到的各种典型事例，以监测结果为依据，做好趋势分析，确保全面真实反映中小微企业经营情况，为政府部门了解中小微企业生产经营情况和需求，制定相关政策提供第一手统计资料。

（王雪芳）

【乡村旅游统计监测】 年内，区统计局开展乡村旅游统计监测。灵活采用微信、电话等形式做好“横纵沟通”，全面了解房山区休闲农业、乡村旅游现状及影响。通过与区农业农村局、区文化和旅游局等部门沟通联络，及时了解各部门的活动及安排情况，有针对性地制定监测指标。关注石楼镇草根堂、周口店镇姥姥家、十渡镇陌上花开等具有代表性的乡村旅游经营单位及精品民宿，通过监测门票收入、住宿收入、餐饮收入、接待人次等指标，全面了解房山乡村旅游经济运行效果。加强与乡镇（街道）统计所的沟通，根据重点监测单位及精品民宿所属乡镇（街道），采取“一对一”方式与相关统计所联系，确立专门的数据监测负责人，建立数据变动联络机制，及时了解乡村旅游经营单位及精品民宿运营情况。强化数据审核，提高监测质量。通过微信、QQ 群等平台，开展统计宣传教育，提升村级统计站及乡村旅游单位的统计意识、明确统计责任，确保数据真实、准确、高质。健全名录库管理，及时纳统新增观光休闲及乡村旅游农户。全面查清房山区域内名录库涉及的乡村旅游单位及乡村旅游农户的生产经营状况，包括企业名称、组织机构代码或统一社会信用代码、单位负责人及统计负责人、单位的联系方式、营业状态等相关指标。重点对新增户进行情况监测，加强后续追踪，提高数据质量，并通过实地查看、电话、微信、QQ 等方式核实，全面反映出房山区域内乡村旅游单位及乡村旅游农户的实际生产经营情况，做到“数据有根源，报表精准细，应统尽统”。按照属地管理原则，建立统计监测台账，对比乡村旅游单位及乡村旅游农户上年同期数，关注重点指标的增减、变动情况，从数量关系、逻辑关系等方面进行细致审核，对历史数据、环比数据多角度关联审核，重点关注报表的完整性、指标逻辑关系和极值等问题。对审核中出现的问题及时进行汇总整理，逐级反馈，提出有针对性地改进措施，提升上报数据质量。强化需求分析，提升统计服务。区统计局对 2021 年乡村旅游统计监测收集的数据和调研资料进行分类和汇总整理，利用各部门数据进行对比审核，发挥统计分析报告的预警作用，摸透观光休闲和乡村旅游产业发展中面临的影响和趋势性问题，提高信息分析的精准性和时效性。通过跟踪监测，对波动异常的乡村旅游单位及乡村旅游农户进行电话问询或实地走访，全面掌握影响数据变动的原因，对采集数据进行定性定量分析，为区政府及相关部门提供有针对性的统计服务。借助北京市农村统计信息平台的数据优势，开展全方位、多视角的统计分析服务工作，及时监测预警房山乡村旅游发展中存在的问题，提出对策建议，提供优质服务。

（孟宪洋）

【贸易企业核查】 年内，区统计局按照市统计局关于《北京贸易企业定期核查办法的通知》的有关规定，开展贸易企业核查。梳理企业名单，确定 8 家企业为最终核查对象。联合执法队对 8 家企业进行实地走访，详细讲解核查相关文件。听取基层统计人员意见建议，与企业负责人和财务人员交流，及时准确掌握企业新情况。从不同角度了解企业经营规模是否符合限额标准要求、年度及季度营业收入、年度和月度商品销售额、月度通过公共网络实现的商品销售额等相关指标的准确性与完整性。区统计局根据核查结果，汇总相关数据，撰写核查情况报告。针对核查的情况进行整理、汇总和归类，分析企业统计的重点、难点及盲点问题，进行后期反馈，落实数据核查成果。对更换统计人员的单位、受疫情影响大的单位实时监测，增加联系频率，第一时间掌握企业的新情况，确保企业的数据质量。持续跟踪，对于数据波动较大的单位，进行不定期复查，持续跟踪企业的经营情况，做好常态化数据核查工作，不断提升消费品市场统计工作的数据质量。

（崔晋）

【联合执法】 年内，区统计局多维度开展联合执法工作。围绕统计执法检查重点指标与易错指标对企业开展专项检查，重点开展专业年定报报表以及重点指标的比对核查，多维立体进行执法、核查、指导、服务，提升企业统计业务水平。按照区市场监管局工作部署，发挥统计部门专业优势，发起部门联合“双随机”执法，制定一批次 50 家检查单位的联合执法计划。在工业领域开展专项试点，聚焦工业产值与生产者价格等重点指标，创新尝试与国家统计局房山调查队联合执法。推进部门间联合执法纵深发展，全方位检验调查单位数据质量的同时，实现执法资源的统筹配置，既能加大执法力度，提高执法的覆盖面，又能切实减轻企业负担，进一步优化营商环境。严格执行《北京市统计系统“双随机、一公开”监管工作规范》《北京市统计系统“双随机、一公开”工作指引》，严格落实随机抽查监管，深化配套制度机制建设，建立并完善覆盖广泛、体系完整、衔接高效的统计执法检查事中和事后监管机制。强化业务指导，大力提升执法工作效能。立足房山区统计工作实际，加大对业务科室提供的统计违法线索的执法检查，重点对统计基础工作薄弱、数据质量问题较多、数据波动异常、存在问题突出的单位开展执法检查。规范企业的统计基础工作，保障源头数据质量。

（陈青）

【固定资产投资统计工作培训】 年内，区统计局对全区各单位党政主要领导及分管项目工作的领导进行固定资产投资统计工作培训。会上，分别对固定资产投资项目入统工作进行详细解读，就入统常见问题进行针对性的解答，对全区固定资产投资情况进行简要分析。培训通过使用实际固定资产投资项目入统案例，使全区各单位党政主要领导及分管领导“一把手”受训人员对固定资产投资项目入统工作有直观、深刻的了解，对助推全区固定资产投资工作顺利开展、提高统计数据质量起到重要作用。全区各乡镇（街道）、区直单位及各委办局“一把手”，约 200 人在培训主会场及各单位分会场参加培训。

（王超）

【生活性服务业连锁统计工作】 年内，区统计局开展辖区单位生活性服务业连锁统计。明确产业概念界定与分类范围，做好企业认定工作。明确企业业务活动和连锁店的分布情况，确保认定企业符合生活性服务业连锁企业要求。做好统计法律法规知识的宣传，明确企业填报统计报表的权利与义务，增强企业统计人员的法律意识和统计报表重要性的认知度，提高企业配合程度，确保企业全部上报。抓审核，提高数据质量。在数据审核上采用库外和模板审核相结合、规上和规下不同重点的方式，保证上报数据质量的准确性。围绕业务活动对企业进行逐家审核，补全企业行业代码、分类名称和代码等企业信息。对所有企业的营业额再次进行分乡镇确认，核实是否包括增值税，核实营业额和门店数、人员等指标变动较大的企业，结合疫情影响和企业经营情况进行综合审核和评估分析。加强对规上单位的审核，做好经营情况表与财务表 f 203 表和 201 表的表间审核，包括营业额、期末从业人员与财务表营业收入、人员本期和同期的表间审核和对比，门店总数与 201 表产业活动单位的表间审核。

（岳小利）

【中小微企业调查监测工作】 年内，为深入了解疫情常态化情况下，房山区域范围内中小微企业生产经营、薪酬和用工、融资、政策享受、外迁变动等情况，进一步梳理中小微企业诉求，对可能出现的问题及时预警，精准有效的支持中小微企业发展提供数据支撑，区统计局开展中小微企业调查监测工作。基层统计所与所辖区内抽中调查单位通过电话、微信等方式取得联系，初步了解企业近段时间生产经营情况，按照调查方案要求和房山区域企业发展特点，分专业、分地区开展中小微企业生产经营情况监测调查。对前期还在经营，但在调查时新停业单位了解停业具体原因，做好中小微企业经营状况监测预警工作。针对房山区域内抽中的调查单位，分专业、按地域划分专业科室和乡镇统计所各自负责范围，对于新迁入迁出单位及时做好工作协调，各专业、各乡镇统计所与调查单位沟通联系，确保调查问卷能够按时填报，向调查对象普及调查目的、北京市出台的中小微企业优惠政策和政府部门对中小微企业的关注度等信息。对于有填报困难的调查单位，协助调查单位完成问卷填报。针对调查结果按照区域重点行业、重点企业和重点指标，全方位多角度开展分析，有效提升统计分析研究的精度、深度和力度；运用调查数据，分析区域内中小微企业的总体经营情况、企业薪酬和用工、资金和融资、政策享受情况和企业诉求；利用调查结果，整理企业在填报问卷过程中遇到的特殊情况和开放题的调查内容，梳理该次调查在数据采集、审核过程中发现的新情况新问题，以调查结果为依据，分行业做好调查分析，为政府部门了解各行业中小微企业生产经营情况和需求，制定相关扶持政策提供第一手调查资料。

（姜博洋）

【统计巡查】 年内，为贯彻落实中央《关于深化统计管理体制改革提高统计数据真实性的意见》《统计违纪违法责任人处分处理建议办法》《防范和惩治统计造假、弄虚作假督察工作规定》，区统计局结合统计督察整改工作要求，对区医保局、良乡经济开发区、琉璃河镇政府 3 个部门开展 2021 年房山区统计巡查工作。区统计局梳理总结巡查中发现的问题，归纳出各部门存在的共性和个性问题，针对问题提出相应整改意见，帮助统计基础薄弱部门完善统计原始资料台账，介绍其他部门可借鉴的经验做法。夯实统计基础，对于查出的具体问题，向巡查对象反馈，为巡查对象更好地开展统计工作提出可行性意见和建议。

（沙松奇）

【极端天气农业统计监测】 年内，区统计局开展极端天气农业统计监测工作。区统计局第一时间启动《房山区极端天气农业统计监测工作方案》，开展数据监测。依据房山区蔬菜、瓜果种植重点区域，明确监测范围，确定监测内容，主要为受灾农作物品种和面积、设施破损情况、农产品价格走势、预计影响产值情况，是否缴纳相关保险及保险赔付等情况。极端天气发生后，组织统计所工作人员与村级统计员深入田间地头，实地踏查农作物种植受损情况以及设施农业损坏情况，并建立受灾台账，详细记录受损面积和经济损失。区统计局随时关注极端天气影响，采用微信、电话等方式做好“横纵沟通”，及时掌握基层情况。加强部门间的横向沟通，与区农业农村局、区水务局、区气象局等重点行业部门建立沟通联系制度，及时全面掌握农作物生长及产量等重点指标变化情况。加强与重点乡镇统计所的纵向沟通，指定村级统计人员和农业生产单位统计人员为专门信息员，采取“一对一”方式收集农业生产情况变化信息，填写调查表，撰写情况说明，建立数据变动联络机制，及时反馈农业生产情况。区统计局高度关注极端天气对全区农业造成的影响，密切跟踪重点乡镇面临的困难和问题，及时、准确地进行全区农业相关报表的审核、上报工作，严把数据质量，强化统计服务作用。基层统计员严格按照规定进行初步登记，对监测内容进行人工初审，各统计所对监测情况进行复审，汇总后形成监测报告上报。区统计局对各乡镇上报的监测数据、监测报告进行汇总、评估，确保数据真实准确。根据监测获得的数据，有针对性地开展农业生产情况分析，撰写《极端天气对农业影响情况报告》，发挥统计部门的预警预判机制，为区委、区政府及时掌握情况和相关部门制定措施提供依据。

（孟宪洋）

国有资产监管

【概况】 2021 年，区国资系统全面贯彻落实市、区委决策部署，统筹疫情防控和国资国企改革发展，各项工作稳中有进。截至年底，区国资委直接监管的 19 家企业，资产总额 633.1 亿元，同比增长 21.4%；所有者权益 131.3 亿元，同比增长 27.9%；交税 25.3 亿元，同比增长 14.4%，完成国有资本保值增值率 100.7%，实现国有资产保值增值目标。全民所有制企业公司制改革工作全面完成。根据《北京市国有企业公司制改革工作方案》和区政府工作要求，区国资委牵头负责推进房山区全民所有制企业公司制改革工作，全面完成房山区 30 家全民所有制企业改革工作。推进企业重组整合。完成宏达永顺、橡胶塑料厂 2 家企业股权划转，引进战略投资者，推进房堪金地股权转让。历史遗留问题推进解决。成立清理企业历史遗留问题领导小组，梳理国资系统历史遗留问题 97 项，建立清单台账，并将清单分解到班子成员，逐项推进解决。全面启动企业清理整顿工作。针对长期未经营、工商吊销的三级以下企业开展清理整顿，采取整合重组、注销等形式予以规范，减少管理层级和户数，优化资本布局，促进企业健康持续发展。建立健全国资监管长效机制的原则。全年，出台《北京市房山区国有企业违规经营投资责任追究暂行办法》《关于受党纪政务处分的监管企业负责人薪酬扣减实施办法》等 6 个规范性文件。制度执行进一步规范。全面执行《北京市国资委关于贯彻落实〈企业国有资产交易监督管理办法〉的意见》和《房山区国资委监管企业国有资产评估管理实施细则》，严把交易程序审核关，防范资产流转风险。2021 年，共审核 9 家企业的 16 项交易行为，完成国有资产公开交易 11 项，实现国有资产交易增值 13.56 万元。国有资本收益收缴工作按时完成。完成 2021 年国有资本经营预算收益收缴申报工作，实现资本收益 4977.02 万元。定期召开经济分析会，听取企业经营状况和指标完成情况汇报，分析经济形势，促进企业完成全年任务指标。开展专项审计和降杠杆降成本减亏损、债务监测、近 3 年保值增值情况等专项检查，全面摸排监管企业资金投向、经济布局等情况，实现企业运营状态和经营成果的动态监测。根据企业功能类别下达 2021 年度企业负责人经营业绩考核目标，完善企业业绩考核的科学性和严谨性。风险防控措施不断提高。发挥法律顾问参谋、助手作用，对改革重组、产权交易等重大决策行为和规范性文件出台提供法律意见，提高运用法律手段解决实际问题的能力。董事会建设更加规范。严格执行《房山区区属国有企业董事会年度工作报告制度实施意见（试行）》，按时完成评价及反馈工作，督促企业董事会认真履职，促进企业董事会依法行权履职。国企推动区域经济发展作用稳步提升。良乡经济开发区和良工工业基地共引进企业 3822 家，注册资本金 336.3 亿元；燕鸿担保、龙盛源等融资企业积极应对市场变化，拓宽融资渠道，创新业务品种，提供担保业务 999 笔，在保金额 95.89 亿元。民生保障工作稳步推进。新城投公司承担的 0607 街区 7 个安置房地块完成主体结构封顶及屋面工程施工，剩余安置房项目主体结构进入封顶阶段；水务企业累计供水 1403 万吨，处理污水 420 万吨，承接河道治理和民生、惠民工程在施项目 6 项；园林绿化企业实施山区造林工程 5 项，栽植面积 6866.7 公顷；新华书店承接“一区一书城”项目，发挥“书店+”的经营理念，将良乡门店打造成为集阅读展示、培训活动等为一体的具有房山特色的综合性书城。定期召开安全生产工作专题会，开展安全隐患排查，累计检查国资监管企业 205 家次，出动 528 人次，整改隐患 263 处。制定《房山区国资系统“12345”“接诉即办”工作考核评价管理办法》，推动“接诉即办”向“未诉先办”主动治理的转变。全年，接办“12345”“接诉即办”平台派单 350 件，双满工单 197 件。

（高珊娜）

【企业重组】 4 月 1 日，北京市房山橡胶塑料厂全部产权无偿划转至北京市房山区工业总公司工作完成。4 月 6 日，北京宏达永顺市场经营服务有限责任公司全部产权无偿划转至北京京房国鑫物资有限责任公司工作完成。

（高珊娜）

【《北京市房山区国有经济“十四五”发展规划》印发】 10 月 13 日，区国资委会同区发展改革委发布实施《北京市房山区国有经济“十四五”发展规划》。明确“十四五”时期优化产业布局与结构调整、深化国资国企改革以及加强党的领导和党的建设等方面的路径和举措。

（高珊娜）

【股权转让】 12 月 29 日，按照房燃集团与北京北燃实业集团有限公司下属北京炼焦化学厂签订的《供热资产转让协议》，房燃集团将第三笔资产转让价款 17510062.79 元（最后一笔转让款）全部上交至区国资委。至此，燃气转让工作全部完成。

（高珊娜）

【全民所有制企业公司制改革工作全面完成】 根据《北京市国有企业公司制改革工作方案》和区政府工作要求，区国资委牵头负责推进房山区全民所有制企业公司制改革工作。截至 12 月底，房山区 30 家全民所有制企业改革工作全面完成。

（高珊娜）

【企业离退休老干部管理工作】 年内，企业离退休干部服务管理中心发放离退休干部离退休金，物业服务补贴，采暖费，离休干部遗属生活费，企业退休干部生活补贴，一次性抚恤金，丧葬补助金等共计 146 万余元；发放退休职工取暖补贴、洗理费、物业服务补贴、工亡遗属生活费、工伤职工住院伙食补贴、独生子女父母一次性奖励等共计 102 万余元。

（高珊娜）

【国有资本收益收缴工作完成】 年内，房山区完成 2021 年国有资本经营预算收益收缴申报工作，实现资本收益 4977.02 万元。

（高珊娜）

【董事会规范建设】 年内，区国资委严格执行《房山区区属国有企业董事会年度工作报告制度实施意见（试行）》，按时完成评价及反馈工作，督促企业董事会认真履职，共受理董事会工作报告、测评表、审议意见 562 份，促进企业董事会依法行权履职。

（高珊娜）

【政府采购任务完成】 年内，政府采购中心完成政府采购 45 次，采购预算资金 1.37 亿元，实际采购金额 1.32 亿元，节约资金 523.7 万元，节约率 3.82%。

（高珊娜）

【依法治企】 年内，区国资委发挥法律顾问参谋、助手作用，对改革重组、产权交易等重大决策行为和规范性文件出台提供法律意见，不断提高运用法律手段解决实际问题的能力。全年，组织企业法务主管及相关科室负责人在线学习法治讲堂 4 期，500 余人次。对拟出台的规范性文件、拟签订的合同等进行合法性审查，审查合同及协议 10 余件，提出审查修改意见 40 余条，确保决策的科学性、规范性、合法性。

（高珊娜）

【帮扶工作】 年内，结合"万企兴万村"工作，国资系统 13 家（含 1 家二级企业）企业帮扶对接外埠内蒙古察右中旗、突泉县共 13 个脱贫村（含示范脱贫村 1 个），投入资金 132.4 万元；国资系统 13 家企业对接房山区 9 个乡镇的 13 个经济薄弱村，投入资金 11.7 万元；2021 年度购买脱贫地区农特产品资金共 11.5 万元。

（高珊娜）

市场监管

【概况】 2021 年，区市场监管局严格监管执法，提升服务水平，统筹做好疫情防控和市场监管工作，维护辖区市场秩序和谐稳定。区市场监管局作出登记注册、食品药品、医疗器械以及特种设备使用登记等行政许可共计 35456 件；全区企业年报率 91%，个体工商户年报率 88.96%，农民专业合作社年报率 94.34%。加强食品生产、流通、餐饮环节全链条、全过程监管，推动食品行业品质升级，持续巩固北京市食品安全示范区创建成果。加强农贸市场食品安全监管和督导检查。实现辖区内特殊食品经营企业、化妆品经营企业全覆盖监管。加强药品药械监管力度，层层筑牢安全防线。完成区级食品监督抽检 2549 件，合格率 98.54%；药品、医疗器械、化妆品监督抽检 660 件，合格率 99.54%；启动不合格食品药品后期核查处置 46 件，有效发挥发现和防范食品药品安全风险隐患作用。完成特种设备定期检验 10720 台；针对加油站、商场超市、集贸市场等开展计量执法检查 319 家次；完成强制检定器具数 23011 台（件）；全年共办理投诉举报 20849 件；检查"五类"之外市场主体 53865 家次，发现问题 4334 家，责令改正 4334 家，公示不合格主体 4149 家；办理行政处罚案件 5671 件，罚没款 1389.33 万元，有效震慑违法违规行为，维护消费者合法权益和市场秩序稳定。推动企业复工复产，停征中小微企业特种设备检验费 104 万元；截至年底，全区共有市场主体 143969 户。提升政务服务效能，着力优化营商环境。推进"证照联办+告知承诺"许可模式改革，辖区 2 家企业实现"准入即准营"。实施"多证合一"登记改革新举措，惠及市场主体 913 家。推进"先税后照"改革平稳落地，惠及市场主体 1026 户。实行延时服务，全年惠及办事群众 1700 余人次。强化接诉即办工作力度，全年办理投诉举报 28682 件，工单量位居全区前列，联系率 99.53%，解决率 93.96%，满意率 96.34%，综合成绩 96.02。

（张俊清）

【化学危险品监管】 春节期间，区市场监管局对北京市唯一一家烟花爆竹存储、批发企业——北京市熊猫烟花有限公司开展专项执法检查，对初检不合格产品进行封存。做好所属零售网点的管理工作，引导顾客文明、安全燃放烟花爆竹。年内，联合区城管委对辖区内商场、建材市场销售的燃气灶具及附件开展专项执法检查，并委托第三方检验检测机构对其进行产品质量抽检。抽检燃气灶具产品 10 组，燃气器具附件 10 组，均合格。

（张俊清）

【无传销乡镇创建工作】 第一季度，区市场监管局以区打传办的名义开展 2020 年创建无传销乡镇（街道）工作。区打传办按照《房山区无传销乡镇（街道）、社区（村）考核认定实施细则》的要求，对申报无传销乡镇（街道）的单位进行考评，并征求区打击传销联席会议成员单位的意见。各单位通过开展创建活动，有效开展打击传销宣传教育工作，营造防控和打击传销的良好社会舆论氛围，着力建立健全打击传销、维护社会稳定的长效机制，依法严厉打击和有效防范传销违法犯罪行为，从根本上铲除滋生传销的土壤，形成“政府牵头、部门联动、群众参与、齐抓共管”的良好局面。房山区 24 个乡镇（街道）被评为无传销乡镇（街道）。

（张俊清）

【区餐饮单位标准化布局】 4 月 1 日，区市场监管局主要参与起草的《餐饮环节布局流程设置标准化示范单位》北京市地方标准正式实施。在区市场监管局的培训指导下，星巴克、肯德基、必胜客、海底捞等连锁餐饮企业，参照《餐饮服务单位餐饮服务场所布局设置规范》北京市地方标准的要求，对经营场所进行合理布局设置。打造全市首批“标准化布局示范店”以及“餐饮环节标准化综合体”，向社会作出示范。

（张俊清）

【知识产权保护合作机制建立】 4 月 23 日，区市场监管局与区检察院签署《全面保护知识产权工作机制》。以全面加强知识产权保护为主要突破口，开展知识产权保护合作，坚持严格保护、统筹协调、重点突破、同等保护，坚决贯彻落实房山区关于强化知识产权保护的行动方案，加强部门联动，不断完善保护制度，共同推进涉及知识产权案件的案源治理工作，推动构建涉知识产权案件治理新模式。

（张俊清）

【反传销宣传教育活动】 上半年，区市场监管局开展打击传销宣传活动，在各社区、大型商业广场等地开展以“打传销、反欺诈、促和谐”为主题的宣传活动，号召群众自觉抵制传销行为，做到不参与传销、不为传销活动提供任何条件、发现传销行为及时向有关部门反映。累计出动执法人员 156 人次，接待群众咨询 600 人次，发放宣传材料 5300 余份。

（张俊清）

【个体工商户登记注册业务入住政务服务大厅】 9 月 7 日，区市场监管局将个体工商户登记业务会同区政务局纳入政务服务大厅。在新设立企业服务专区增加“企业开办（含个体工商户）窗口”，在咨询台以及窗口摆放办事指南、政策宣传等材料。全年，作出登记注册、食品药品、医疗器械以及特种设备使用登记等行政许可 74222 件（次、台、份）。其中，市场主体营业执照登记核准 65864 件（涉及市场主体 32404 户）；食品类 5327 件；药械类 1063 件；共受理及办理特种设备使用登记许可 1952 台，受理资质类行政许可 15 份。

（张俊清）

【2021 年“质量月”活动】 9 月 15 日，区市场监管局举办以“深入实施质量提升行动 大力推进质量强国建设”为主题的 2021 年“质量月”活动暨北京高端制造业（房山）基地质量基础设施“一站式”服务启动仪式。活动现场设有资料发放、业务咨询、检测服务等 10 余个展台，发放质量常识、工程、特种设备等相关质量知识宣传手册及宣传品 3000 余份。其间到相关企业进行调研，了解经营企业数量、生产规模、质量基础设施等情况；围绕“计量、标准、认证认可、检验检测、质量管理、知识产权”等方面进行质量服务需求的收集，为“一站

式”活动提供产业所需的技术服务、咨询和一体化解决方案奠定基础；组织召开质量知识讲座，邀请国家质量专家开展“首席质量官的使命和担当”相关质量知识讲座，帮助企业解决申报北京市政府质量奖及高质量发展过程中遇到的困难和问题，增强企业核心竞争力。

（张俊清）

【重点领域监管】 年内，区市场监管局贯彻中共中央关于疫情防控的重要指示精神，实行周末半数在岗，每天抽调机关人员支援基层所开展疫情防控检查。以食品生产、流通、餐饮、市场环节为重点领域，加强冷链食品监管和冷库风险排查，处置冷链涉疫突发事件 20 余起。强化疫苗监管，对辖区 34 家疫苗接种点进行全覆盖检查。加强药店登记报告和闭环管理，收集四类药品信息近 53 万条，筛检发热病人 4000 余人。

（张俊清）

【“五类”之外市场主体疫情防控检查】 年内，区市场监管局持续开展“五类”之外市场主体疫情防控措施落实情况检查工作，加大公示力度，实行“回头看”，有效规范市场主体落实防疫措施。全年，检查“五类”之外市场主体 53865 家次，发现问题 4334 家，责令改正 4334 家，公示不合格主体 4149 家。

（张俊清）

【防疫物品专项整治】 年内，围绕疫情防控，区市场监管局制定辖区药品流通领域专项、药品网络销售专项、药品兴奋剂专项及医疗器械质量风险排查治理 4 个专项。通过专项治理、日常监管、飞行检查、抽样检查以及带教检查等手段，对药械监管的重点区域、重点品种、重点环节，进行地毯式风险排查，检查药品经营企业 556 家次，医疗器械经营环节 1024 家次，器械网络经营企业 125 家次。组织执法人员围绕核酸检测试剂、口罩、防护服、隔离衣等防疫物品的采购、储存和养护内容，对辖区二级及以上的 8 家医疗机构开展全覆盖检查，未发现违法使用器械情形；重点针对辖区使用核酸检测试剂的 10 家使用单位开展试剂专项检查 31 家次；病毒采样管检查 29 家次，口罩、防护服等防疫类医疗器械检查 56 家次，无菌植入专项检查 48 家次，体外诊断试剂专项检查 43 家次，医美专项检查 8 家次。截至年底，对 70 家医疗机构开展 286 家次的现场检查，出动执法人员 858 人次。其中，包括对 8 家二级以上医疗机构开展 78 家次的现场检查。

（张俊清）

【市场主体准入登记注册】 年内，区市场监管局作出登记注册、食品药品、医疗器械以及特种设备使用登记等行政许可 35456 件。其中，市场主体营业执照登记核准（不含个体）30825 户次（其中新设立市场主体 9416 户次，变更登记市场主体 18208 户次，注销登记市场主体 1592 户），食品类 2317 件，药械类 745 件，共受理及办理特种设备使用登记许可 1558 台（件），受理资质类行政许可 11 份。

（张俊清）

【“证照联办+告知承诺”许可模式改革】 年内，区市场监管局推进“证照联办+告知承诺”许可模式改革工作。连锁企业北京市华冠科技发展有限公司和必胜客餐饮连锁企业实现“准入即准营”，为企业节省开业时间和成本。

（张俊清）

【绿色审批通道开通】 年内，区市场监管局为医疗器械企业出口备案开通绿色通道，许可时限由原来的 7 日压缩为 1.5 日办结，压缩审批时限 75%。全年，为辖区医疗器械企业 62 批次产品，共计 200 万余人份新型冠状病毒肺炎检测试剂盒办理医疗器械出口备案。

（张俊清）

【数据分析助力区财源建设工作】 年内，区市场监管局依托市场主体登记数据资源，挖潜数据信息，分析市场主体发展趋势，发挥数据辅助决策作用。开展 2021 年上半年房山区市场主体迁入迁出分析，完成 7 月、8 月、9 月房山区市场主体数据分析的月报，以及区市场监管局第三季度经济分析报告，逐步形成并制定完善区市场监管部门市场主体数据月度分析制度，为服务房山区经济高质量发展提供支持。

（张俊清）

【市场主体年度报告公示】 年内，区市场监管局开展市场主体年度报告公示工作。全区企业年报率91%，个体工商户年报率88.96%，农民专业合作社年报率94.34%，安全、重点领域（特设、疫苗）企业年报率100%，外商代表机构年报率100%。

（张俊清）

【事中事后监管】 年内，区市场监管局牵头建立全区事中事后监管工作联席会议制度，将全区34个部门纳为成员单位，明确任务职责。进一步完善“两库一单”和抽查计划制定，对5879户主体发起“双随机、一公开”抽查，以公正监管促进公平竞争。加强信用监管，强化年报工作和经营异常管理，依法将10252户企业列入经营异常名录，将3820户企业列入严重违法企业名录，清理长期停业未经营市场主体1875户，办理冒名登记案件101件。

（张俊清）

【非法三、四轮机动车专项整治】 年内，区市场监管局制定《北京市房山区市场监督管理局打击制、售非法电动三、四轮车辆违法行为专项行动工作方案》，与公安部门进行对接，建立协作机制，对非法电动三、四轮机动车采取查封、扣押等行政强制措施。在卡口检查中，立案1起，没收非法四轮车15辆。配合公安部门开展平安四号收网行动，对辖区13个乡镇的35个点位进行联合检查。

（张俊清）

【消防产品监督检查】 年内，区市场监管局与区消防救援支队建立联动机制，推动信息共享，提高监管效能，开展消防器材产品专项监督检查工作和消防安全“夜查”行动，抽检消防产品11组，均合格。

（张俊清）

【电动自行车专项治理】 年内，区市场监管局制发《北京市房山区市场监督管理局关于开展违规生产、销售电动自行车专项治理工作方案》《北京市房山区市场监督管理局电动自行车及蓄电池产品专项整治工作方案》等文件，成立房山区市场监督管理局电动自行车及蓄电池产品专项整治工作领导小组，在全区范围内开展电动自行车和蓄电池产品生产、销售、储存、维修主体排查，全面建立主体台账并动态更新。制发《电动自行车规范经营告知书》《电动自行车销售商户守法经营承诺书》《消费者使用电动自行车宣传告知书》《北京市房山区市场监督管理局行政约谈记录》，对各电动自行车经营主体开展行政约谈，签订承诺书，并要求各经营主体在门店显著位置张贴《电动自行车规范经营告知书》及《消费者使用电动自行车宣传告知书》。

（张俊清）

【产品质量抽检】 年内，区市场监管局抽检成品油49组，车用尿素15组，涂料、胶粘剂15组，抽检结果均合格。抽检学生文具11组，校服9组，抽检结果均合格。抽检成人服装40组，纸制品9组，刹车片10组。其中，成人服装产品不合格14组，并立案处理。

（张俊清）

【认证认可领域监管】 年内，区市场监管局加强对检验检测机构资质认定管理，完成辖区内45家CMA获证企业2020年度统计调查数据和年度报告初审工作；对辖区的7家建材检验检测机构开展专项监督检查，重点对各机构出具的检验（检测）报告进行检查；对区内CMA机构网络交易情况进行摸排，开展打击网售假冒检验检测报告违法行为专项整治行动；完成2021年度辖区检验检测机构监督抽查，重点对辖区内12家涉及生态环境监测、机动车检验、食品检验、国土资源检验检测、水利水质监测等重点领域的检测机构开展监督检查，发出责令改正通知书4份。通过对辖区3C获证生产企业进行梳理，将涉及机动车辆、电线电缆、安全玻璃等产品生产的企业作为重点，就产品名称、规格型号与认证证书是否一致、认证标志使用是否规范、是否存在伪造、冒用、超范围、超期使用认证证书、认证标志等进行检查，对企业主要负责人宣贯强制性认证相关法律法规，要求企业合法经营。

（张俊清）

【特种设备法定检验】 年内，区市场监管局完成特种设备定期检验10720台，与2020年同期相比增加875台，增幅为8.9%。其中，电梯定检9220

台，起重机械定检380台，压力容器定检92台，锅炉内检145台，锅炉外检295台，场内机动车定检588台。完成安全阀及阀门校验2260台，电梯改造监检18台，锅炉安装修理监检8台，压力容器产品制造监检96台。

（张俊清）

【食品药品抽检】 年内，区市场监管局完成区级食品监督抽检采样2474件，完成检验2285件，发现不合格样本13件；完成药品、医疗器械、化妆品监督抽检586件，发现不合格样本1件，并进行立案处理。

（张俊清）

【餐饮企业食品安全大检查】 年内，区市场监管局对连锁餐饮企业门店（包括直营、合作、加盟等形式）开展大检查。以在大众点评、口碑、美团、饿了么等网络平台上关注度高、评论数多的以及电视台美食节目中介绍的各类网红餐饮门店为重点。检查内容包括原材料进货、人员健康管控、操作间环境卫生、食品加工过程、食品贮存情况以及网络订餐6个方面。对检查中发现的食品安全问题，责令立即整改，整改期间停止线上经营。全年，组织大检查推进工作会议2次，出动执法人员792人次，检查各类餐饮单位401家次，发现存在问题127家，均停止线上经营行为并立案调查。

（张俊清）

【冷链环节食品安全监管】 年内，区市场监管局按照疫情防控总体要求，加强对涉及冷链存贮的餐饮企业监督检查。重点检查进口冷链食品是否进入“北京冷链”追溯平台，实现“应上尽上”。全年，在冷链食品追溯平台中审核通过餐饮企业134家，驳回申请17家。加大对餐饮单位冷库的检查力度，要求餐饮单位严格进口冷链食品全程防控，没有检验检疫合格证明、没有核酸检测阴性报告、没有消毒证明、没有追溯信息的，一律不得采购、使用。督促餐饮单位从业人员按时完成核酸检测，并对进口冷链食品和生产经营环境，定期核酸检测，确保防疫措施落实到位，共检查涉及冷链餐饮单位268家次，张贴《房山区市场监督管理局防控监督检查表及五类之外市场主体疫情防控存在问题公告》24件。

（张俊清）

【药品监管】 年内，区市场监管局监管医疗机构1138家次，出动执法人员近3000人次，二级以上医疗机构检查覆盖率100%；麻卡单位检查覆盖率100%，对公立医疗机构“国家带量采购”中选药品实施重点检查。全年，查处药品领域案件38件，其中使用环节3件，开展药品抽验183批次，按时完成全年计划，药品合格率99.5%。收到药品不良反应536例。

（张俊清）

【价格执法专项检查】 年内，区市场监管局采取专项检查、定点抽查等方式，先后对水、电、气、暖等7个领域开展执法检查。联合区民政局组织全区60家行业协会召开“房山区行业协会商会治理整顿工作会议”，并组织对10家行业协会涉企收费问题开展抽查。落实停车收费专项检查工作，制定停车收费执法专项行动方案，组织市场所对辖区142家备案停车场开展逐一检查。开展转供电环节价格相关专项检查，对2家主体违规收费行为责令退费165.1万元，惠及终端用户215户。

（张俊清）

【商标注册】 年内，全区新增注册商标16422件，注册商标总量达87836件。全区专利授权量3888件，比2020年同期增长22.1%。其中，发明专利702件，实用新型专利2568件，外观设计专利618件。有效发明专利拥有量2882件。

（张俊清）

【校外教育培训机构专项治理】 年内，区市场监管局成立校外教育培训机构专项工作领导小组，召开校外培训机构执法工作专题会商会。会同区教委、房山公安分局、区检察院等部门反复研究治理工作；第一时间对101家机构在登记备案系统进行标注，禁止其办理变更、备案、注销等相关登记业务；成立5个专项执法组，分批分次摸排机构基本信息、实际经营情况，涉案金额及学员规模，并逐一发放行政告诫书，要求各机构暂停招收学科类和语言类新学员；开展错峰执法检查，以晚间、周末、法定节日等校外教育培训活动活跃时段为切入点，采取现场突击检查等方式，加大对校外培训机构的执法检查力度。截至年底，全区无证校外教育机构全部停止授课。

（张俊清）

【网络消费纠纷突出问题专项整治】 年内，区市场监督管理局结合“网络消费纠纷突出问题”，制定《北京市房山区市场监督管理局网络消费纠纷突出问题专项整治工作方案》，成立网络消费纠纷突出问题专项整治工作领导小组，对问题存在比较集中的网络销售“三无”产品或产品质量不过关、网络交易退费赔偿纠纷、商家虚假宣传3个方面确定为整治工作的重点。接收网络消费纠纷问题线索138个、实地检查网站及网店经营者258个、督促电商经营者删除违法商品信息24条；查处涉网案件118件，罚没款369.81万元。

（张俊清）

【儿童化妆品专项整治】 年内，区市场监管局开展儿童化妆品专项整治。区市场监管局以全面检查为基础，突出重点单位；针对儿童化妆品开展监督抽检，重点检查是否存在非法添加激素行为；定制“化妆品不是药品”宣传牌，发放至各母婴专卖店、大型商超等经营者的儿童化妆品专柜。检查儿童化妆品经营单位575家次，出动执法人员1200余人次，抽检儿童化妆品32批次，发放《化妆品监管管理条例》1000余本，发放宣传牌300余个。

（张俊清）

【直销宣传教育进校园】 年内，区市场监管局联合良乡大学城管委会共同开展以“抵制传销 净化校园 ”为主题的宣传教育活动。与良乡大学城管委会联合印发《打击传销、规范直销宣传教育进校园实施方案》，在入驻的5所高校全面开展主题宣传教育活动。制定《“抵制传销 净化校园”文化作品征集方案》，在校园网、广播、校报等校内媒体广泛开展打击传销、规范直销宣传教育活动。把防范传销作为毕业生就业指导、离校教育以及新生入学教育的重要内容，有针对性地做好防范教育，提高学生对传销的免疫力。

（张俊清）

烟草专卖与管理

【概况】 2021年，房山烟草专卖局不断深化“三户管理”，强化针对大户的重点监管，梳理确定大户守法级别，实施差异化精准监管，确保卷烟落地销售；深化无证户“一治一理”，开展无证户调研，定期梳理、更新无证户档案，联合市场监管部门合力破解无证治理难题；加强对异常户的梳理、分类与治理转化工作，借助专卖信息化平台，大力开展问题户筛查治理，不断提升异常户的精准预警和监管能力，确保异常户的“户户落实”。1月至11月，开展重点大户监管977户次，辖区累计超5倍均值购进客户销量占比5.83%，同比2020年降低2.92个百分点；开展无证户专项治理，查处违法案件3起；开展异常户核查790户次，共转化296户。优化烟草制品零售点合理布局。组织修订《烟草制品零售点合理布局规定》及实施细则。通过多方调研，在合理布局规定中细化市场区域类型，组合运用“间隔”“数量”等标准，科学设置市场单元，合理满足消费需求，防止无序过度竞争。完善许可证实地核查工作流程，加强持证户监测及许可证新办趋势分析，强化烟草专卖零售许可证管理，合理配置辖区卷烟零售市场资源，规范烟草制品流通秩序。截至11月底，房山区持证零售客户2816户，规模保持平稳增长。巩固“红剑100”专项行动工作成果，与交通、邮政等部门合作，开展物流寄递环节调研，持续维护物流寄递企业管理台帐，加大对重点分拨中心、重点地区、主要交通干道的错时监管和突击检查，防范违法违规寄递卷烟行为。联合区市场监管局、区教委等部门开展“守护成长”专项行动，组织实施电子烟专项检查，加强对电子烟监管以及中小学周边卷烟市场环境治理。组织开展“9•18”福宁街专项治理行动及“10•6”特殊业态专项治理行动，治理异常经营行为，降低经营风险。开展零售户、卷烟规格2个维度的异动分析，防止局部异常引发卷烟外流大要案件的发生，提高真烟异常流动治理的实效性。1月至10月，房山区跨省、区外流卷烟21.58万支，同比降低57.8%。成立零售终端建设专项工作组和攻关小组，建立以积分制管理为工作主线，“云 POS”系统、诚信互助小组、终端形象提升、零售客户培训多点发力的“1+4”零售终端管理模式，优化终端服务，提升终端建设工作水平。截至11月，共建设“云 POS”现代终端780户，客户覆盖率为29%；建成优质数采客户134户，占“云 POS”客户的17.18%；开通并应用聚合支付客户147户，占“云 POS”客户的18.85%；完成形象提升客户23户；组建诚信互助小组152组，覆盖率为96.92%。构建品牌发展新格局。制定《2021年度品牌培育工作实施方案》，选取主销规格15个，关注规格12个，培育规格3个以及2021年新品4个层级。1月至11月，重点品牌销量同比增长3.2%，“主销”规格销量同比增长10.82%。

（杨婉晨）

【破获涉烟违法案】 1月14日10时20分，房山烟草在拱辰街道二街村一零售店内进行执法检查，当场查获中华（硬）、中华（软）、都宝（新）等共计56个品种448条，涉案金额8.43万元。经鉴定，涉案卷烟均为真品卷烟。6月16日9时35分，房山烟草联合区市场监管局在房山西大街一零售店内进行执法检查，当场查获红塔山（软经典）、中华（金短支）、天子（中支）等共计190个品种违法卷烟571条，涉案金额11.48万元。经鉴定，涉案卷烟均为真品卷烟。12月2日15时12分，房山烟草在燕山一零售店内进行执法检查，当场查获违法卷烟共计43个品种305条。经鉴定，中华（软）、中华（硬）、南京（雨花石）等共计34个品种226条为真品卷烟（国产），涉案金额6.66万元；中华（5000出口）、玉溪（硬扁DF）、中华（中支专供出口）等共计4个品种48条为真品卷烟（出口倒流国产卷烟），涉案金额0.72万元；中华（双中支）、中华（金中支）、苏烟（硬细支金砂专供出口）等共计5个品种31条为假冒注册商标且伪劣卷烟，涉案金额1.47万元。

（杨婉晨）

【烟草销售情况】 1月至11月，房山烟草实现卷烟销量49219箱，同比增长2.07%；实现利税34599万元，同比增长4.1%；重点品牌销量同比增长3.2%；市场净化率93%；可控费用率同比降低，初步达到年初预计的主要工作目标。

（杨婉晨）

【烟草主要经济指标稳步向好】 1月至11月，房山烟草主要经营指标稳步向好，销量增幅高于全市平均水平0.11个百分点。辖区社会库存总量为1860箱，同比降低26.66%。存销比为0.44，同比降低0.2。卷烟零售价格指数为100.15，同比上涨3.52。

（杨婉晨）

农业　农村

综　述

2021 年，房山区农林牧渔业总产值实现 32.1 亿元，同比下降 3.5%。其中，农业产值实现 12.8 亿元，增长 18.9%；林业产值实现 15.2 亿元，下降 11.7%；牧业产值实现 3.5 亿元，下降 24.9%；渔业产值实现 0.3 亿元，增长 28.5%；农林牧渔专业及辅助性活动实现 4230.3 万元，下降 21.9%。组织召开区委农村工作领导小组会议和农村工作会议，制定落实《房山区关于全面推进乡村振兴加快农业农村现代化的工作措施》等文件，编制完成“十四五”时期房山区乡村振兴战略建设规划和现代农业发展规划，统筹推进乡村全面振兴。组建乡村“五大振兴”工作专班，每个专班由 1 位区级领导和 1 个区直单位牵头，分别制定专班工作方案，全面推动乡村产业、人才、生态、文化和组织振兴。推动农村人居环境整治由“清脏”向“治乱”拓展，由村庄公共区域向农户庭院、村庄周边延伸拓展，城乡结合部地区村庄整治任务全部完成，坚持每月专题调度、部署，定期开展“村庄清洁日”活动，组织专项检查 11 次，督导巡查 1217 村次，发现问题点位 2.1 万余处次，累计发动农民群众投工投劳 25.6 万人次，拆除私搭乱建 658 处，清理农村生活垃圾 11.3 万处、村域河塘沟渠 6922 条、畜禽养殖粪污等农业生产废弃物 1805 处、乱堆乱放 6.1 万处、违章广告残破污损牌匾和乱贴乱画 5.5 万处，农村人居环境持续改善。美丽乡村建设加快推进，列入市、区民生实事工程的 112 个村庄完成市级考核验收。以周口店镇黄山店村为龙头的 8 个村成功申报北京市唯一一个国家级乡村振兴示范片区。完成 1035 户农村问题户厕整改和 65 个村庄卫生室标准化建设。现代农业建设步伐明显加快。完成窦店镇、长阳镇全国农业产业强镇项目建设，窦店镇成功创建第一批北京市级现代农业产业园，大石窝镇市级现代农业产业园建设进展顺利、石楼镇获得第三批创建资格。开展高效设施农业建设和高效宜机型设施蔬菜棚室建设，葡萄酒、磨盘柿、香椿等乡村特色产业不断扩大，培育一批以老田农业为代表的优质农产品基地，农民合作社和家庭农场示范化水平不断提升，现代农业产业体系初步形成。全面落实“田长制”，构建“田长制”三级网络，在 424 个有耕地保护任务的村建立由 436 名田管员组成的巡田员队伍。6027 亩高标准农田建设任务和 2.88 万亩耕地保护空间复耕任务全部完成。完成农业领域“留白增绿”9.27 公顷任务并通过市级验收。加快农产品质量安全认证，全区绿色有机认证农产品产量 8561 吨，完成市级任务指标的 125%。开展农业废弃物回收利用，地膜和农药包装废弃物回收率达到 90%以上。持续强化设施农业监管，开展设施农业及农业园区区级季度巡查、“大棚房”问题专项清理整治行动“回头看”，遏制农地“非农化”。组织

3 家农业企业参加服贸会，协议投资近 10 亿元。举办 2021 中国农民丰收节房山秋收节活动，弘扬中华民族传统农业文化。加强农业投入品监管，建立农药经营电子信息化监管系统，农药经营单位从原有的 78 家优化到 25 家。不断强化农业执法队伍能力建设，全面提升监督执法效能，围绕重点领域，以“绿剑行动”“亮剑行动”“利剑行动”等品牌执法行动为重点，开展专项执法行动 60 余次，联合执法行动 10 余次。累计出动执法人员 18.5 万人次，开展执法检查 9.2 万个次，立案 504 起（结案 500 起），罚没金额 39 万元，人均检查量 948.5 件、人均办案量 5.2 件，主要指标在全市 16 个区中继续名列前茅。房山区农业综合执法大队代表北京市参加农业农村部组织的农业综合行政执法改革跨省交叉互评工作。

（周玉辉）

【2 个村被列入第四批北京市特色专业示范村拟认定名单】　1 月 5 日，北京市农业农村局发布《关于拟认定第四批北京市特色专业示范村名单的公示》。大石窝镇辛庄村（杏鲍菇）、石楼镇梨园店村（水果洋葱）入选。截至年底，房山区有全国一村一品示范村镇 10 个，北京市特色产业村（特色专业示范村）7 个。

（周玉辉）

【食用农产品合格证制度】　截至 1 月 22 日，房山区为 9 个乡镇的 138 家主体和 150 户小农户开具食用农产品合格证。食用农产品合格证是农产品销售者履行农产品质量安全责任的佐证书，合格证上标明农产品的名称、数量（重量）、生产者信息（姓名、产地、联系方式）、开具日期、承诺声明；开具合格证要承诺不使用禁限用农药、不使用非法添加物、遵守农药安全期、兽药休药期规定，销售的食用农产品符合农药兽药残留食品安全国家标准。

（闫广艳）

【2021 年国家农产品质量安全县农产品监督抽查工作完成】　2 月 22 日，按照《北京市农业农村局关于协助开展 2021 年国家农产品质量安全县农产品监督抽查工作的通知》要求，区农业农村局农业综合执法大队协助农业农村部食品质量监督检验测试中心（济南）完成对房山区的蔬菜样品抽检工作，涉及 2 个乡镇、8 个基地，共计 23 个样品。

（周玉辉）

【春季农资打假专项行动】　2 月底至 5 月初，区农业综合执法大队抽调执法人员成立 4 个专项检查小组，针对农药、兽药、肥料、饲料和饲料添加剂、农机、种子农资产品生产经营单位，在全区范围内开展春季农资打假专项执法行动，重点打击无证经营、制售假劣农资、超范围经营、档案台账不完备、包装标识不规范等违法违规行为。出动执法人员 283 人次，车辆 45 车次，检查农资生产经营企业 126 个次，立案 65 起。

（高红元）

【绿色、有机和地理标志农产品认证工作】　3 月 5 日，房山区继续跟进有机农庄项目，对北京金福圣农业观光有限公司等 2 家有机农庄工作开展情况进行实地检查。同时，对 1 家预认证绿色农产品的企业进行指导，确保企业高效地完成绿色食品认证。

（闫广艳）

【第三批北京市级现代农业产业园申报工作】　4 月 21 日，北京市农业农村局网站发布《关于第三批北京市级现代农业产业园名单公示公告》。石楼镇（主导产业特色养殖+蔬菜）被列入拟批准创建名单进行公示。截至年底，房山区有国家级现代农业产业园 1 个、市级现代农业产业园 1 个。其中，房山区现代农业产业园于 2019 年被农业农村部、财政部认定为国家级现代农业产业园，窦店镇于 2017 年获市级现代农业产业园创建资格，已验收认定成功。大石窝镇于 2018 年获市级现代农业产业园创建资格，正在建设之中。

（周玉辉）

【农村人居环境整治情况市级核查验收】　6 月 13 日至 15 日，市农业农村局对房山区 23 个乡镇（街道）371 个村农村人居环境整治情况进行核查验收。房山区平均得分 96.6 分，高于全市平均分 0.9 分，在全市排名第六。其中，十渡镇（得分 99.29 分）被列入全市 10 个整治效果较好的乡镇。

（周玉辉）

【15 个品牌入选“北京优农”品牌名录】 6 月 22 日，北京市农业农村局市场与信息化处与市农优站联合举办第十八届农交会表彰工作会暨“北京优农”品牌认定工作动员会。对京一根老手艺粉条等 29 个“最受欢迎农产品”品牌进行表彰。“北京优农”名录由北京农业产业化龙头企业协会等 6 家单位共同认定，共评选 130 个“北京优农”品牌。房山区凯达恒业、燕都中原、南河北星、皇城货郎等 15 个品牌（其中企业品牌 11 个、产品品牌 4 个）被纳入品牌目录。

（周玉辉）

【周口店镇成功申报国家级乡村振兴示范区】 7 月 23 日，经过组织申报、省级评选、部门综合评定，以周口店镇黄山店村为龙头的 8 个村成功申报国家乡村振兴示范区项目，成为全国 40 个重点支持示范区项目之一，也是北京市唯一一个国家级示范区。该项目涉及周口店镇西部山区的 8 个村，包括拴马庄村、黄山店村、泗马沟村、涞沥水村、黄元寺村、长流水村、北下寺村和葫芦棚村。

（周玉辉）

【京西稻作文化遗产保护项目】 8 月 26 日，京西稻作文化遗产保护项目启动。项目涉及大石窝镇高庄村、十渡镇西河村、长沟镇甘池村和沿村、石楼镇坨头村和大安山乡西苑村 5 个乡镇 6 个村。工程建设内容包括灌溉水渠清淤 3780 平方米，整理梯田用地及周边 8900 平方米，稻作文化展馆修缮 360 平方米，水稻籽种更新 638.61 亩；购置旋耕机 21 台，真空包装机 2 台，碾米机 1 台，太阳能照明杀虫灯 100 盏。项目年底建设完成。

（闫广艳）

【有机农庄建设项目】 9 月 3 日，房山区有机农庄建设项目通过建设单位、施工单位、监理单位及专家组验收。该项目按照实施方案要求，在北京泰华芦村种植专业合作社和北京金福圣农业观光有限公司开展“四个体系”“两大系统”（“四个体系”:有机种植技术体系的建设、有机农产品质量控制体系的建设、有机农庄组织运营管理体系的建设、有机农产品品牌营销体系。“两大系统”:有机农庄生物多样性系统、农业废弃物循环利用系统）建设，形成房山区有机农庄建设的 2 种典型模式；研发引入土壤修复改良、功能性植物、本土有益昆虫、纳米膜发酵等技术，发展火龙果、洋葱等特色品种，进一步丰富示范园区有机生产技术体系；注册 2 个农产品品牌商标，设计制作 2 个科普长廊、2 套农产品包装箱，开展 300 余人次的现场培训观摩以及系列新媒体宣传。

（闫广艳）

【房山区秋收节】 9 月 23 日，由区委、区政府主办的 2021 年中国农民丰收节•房山区秋收节在北京生态谷智慧农场开幕。活动现场设置农产品展示区、农耕文化展示区、房山区“三农”形象展示区、乡村振兴促进法宣传区、“美丽乡村健康跑”比赛区。推介“源味体验、乐享房山休闲农业乡村游”“幽岚山谷精品线路”2 条美丽乡村休闲旅游精品景点路线。近 200 人参加现场活动。北京电视台、千龙网、搜狐、腾讯网等媒体对“房山区秋收节”活动进行宣传报道，2 万余人通过手机、电视等媒体观看现场直（转）播。10 月 29 日，房山区秋收节闭幕式在大石窝镇高庄村举办。同时，举办水稻收割节。现场设置主舞台区、水稻收割体验互动区、机械收割展示区，对辖区农产品进行推介，为百姓增收搭建服务平台，振兴消费，助农增收。

（闫广艳　周玉辉）

【新一批区级农业龙头企业认定完成】 9 月，根据《北京市房山区农业产业化重点龙头企业认定和动态监测管理办法（试行）》，经企业申报、乡镇（街道）初审推荐、区农业农村局审核，房山区完成新一批区级农业龙头企业认定工作。北京窦店恒升畜牧养殖中心等 8 家企业被认定为区级农业产业化重点龙头企业；北京天蜂奇科技开发有限公司等 7 家企业被认定合格；北京瀚海盛达国际生物技术有限公司等 10 家企业被认定不合格，不再享有区级农业产业化重点龙头企业称号。截至年底，全区有区级农业产业化重点龙头企业 15 家。

（周玉辉）

【“房山区全程农业标准化示范基地建设项目”专家论证会】 10 月 14 日，“房山区全程农业标准化示范基地建设项目”专家论证会召开。5 名专家实地考察北京玉树种植专业合作社、北京窦店恒升畜牧养殖中心等 7 家基地。经质询讨论，认为 7 家基地的主体资质、基础设施和管理条件基本符合全程农业标准化示范基地建设条件。其中，北京窦店恒升畜牧养殖中心在标准化生产设施、全程质量控制管理等方面优势相对突出，一致推荐北京窦店恒升畜牧养殖中心为项目实施单位。

（周玉辉）

【3个项目通过绩效考评】 10月29日，有机肥替代化肥、拖拉机和联合收割机污染物减排控制装置加装、生态园区创建3个项目通过绩效考评。考评期间，专家组成员听取项目负责人对项目的实施进度、实施效果、经费开支、技术推广等方面的汇报，并审阅相关文档。专家对3个项目给予肯定，同时针对项目存在的不足提出意见和建议。

（闫广艳）

【田间学校培训】 截至12月底，农民田间学校建设项目开展培训329次，培训农户5723人次。培训内容包括平菇冬季管理技术要点、农产品质量安全技术、土壤消毒和生物修复技术等新技术10项，推广农业新品种15个，新装备2项。

（闫广艳）

【农业机械安装卫星定位系统】 年内，按照北京市农业农村局《关于做好2021年度拖拉机和联合收割机污染物排放控制装置加装工作的通知》要求，房山区制定《房山区2021年农业机械尾气污染物排放控制装置（卫星定位系统）加装项目实施方案》，对辖区内207台已加装尾气污染物减排控制装置的农业机械安装卫星定位系统。

（闫广艳）

【房山区农业综合节水关键技术集成示范推广项目完成】 年内，区农服中心承担的区科委2020—2021年房山区科技计划重点课题——“房山区农业综合节水关键技术集成示范推广项目”，按照考核指标要求全部完成。项目以“生态、循环、节约”为目标，研究日光温室两大种植茬口番茄、黄瓜东西向栽培模式下水肥管控技术，研究与推广草莓、西甜瓜精量滴灌施肥技术，集成示范展示设施蔬菜东西向栽培水肥一体化、设施膜面集雨、果类蔬菜膜下滴灌灌溉施肥、食用菌倒挂式微喷降温保湿、智能移动式微喷用于集约化基质育苗等节水节肥技术模式。通过该项目的实施，建立技术辐射示范区面积1100亩，示范区年节水136.5立方米/亩，年总节水15.0万立方米。

（闫广艳）

【农业废弃物回收利用】 年内，房山区开展农业废弃物回收利用工作。制定《农业投入品废弃物回收处置工作方案》，回收废旧地膜1万亩，废旧棚膜64吨、农业包装废弃物200万个、废旧滴灌管带30吨，养殖业防疫废弃物9吨，初步建立地膜及农药包装废弃物回收处理机制，地膜和农药包装废弃物回收率达到90%以上，全部进行无害化处理。

（闫广艳）

【惠农补贴工作】 年内，房山区落实耕地地力保护、基本菜田补贴等生产性政策。按照全市的统一部署，制定耕地地力保护补贴、基本菜田蔬菜生产补贴的实施方案，对种植粮食、蔬菜等作物地块给予补贴，其中耕地地力保护补贴面积6.5万亩、资金1963.2万元，基本菜田蔬菜生产补贴面积2.9万亩、资金1532万元。落实有机肥、绿色防控产品、季节性裸露农田扬尘抑制关键保护性耕作技术等推广应用补贴工作，促进有机肥替代化肥、节药增效及扬尘治理工作。分别制定实施方案，公开遴选供肥企业、参与绿色防控产品的经销商和植物医生。其中，推广应用有机肥3.1万吨、补贴资金1506万元，绿色防控补贴面积4.4万亩、补贴资金350万元，耕地扬尘管控完成深松整地1万亩、秸秆粉碎还田2.5万亩、少免耕播种2.5万亩，补贴资金245万元。开展农机购置补贴工作。共发放补贴资金3132.9万元，补贴机具103台套，包括打捆机、北斗远程监测终端、轮式拖拉机、旋耕机等。农机报废补贴工作全面启动，报废自走式玉米联合收割机1台，补贴资金2万元。

（闫广艳）

种植业

【概况】 2021年，全区蔬菜（含食用菌）播种面积9.15万亩，产量18.64万吨；粮食播种面积10.72

万亩，总产量4.03万吨。与2020年同期对比播种面积增长12.67%、产量增长14.93%。夏粮（小麦）2.90万亩，秋粮7.82万亩。全年粮食总产量4.03万吨，完成市级任务指标110.0%。其中，夏粮1.14万吨，夏粮亩产395.43千克；秋粮2.88万吨，秋粮亩产368.10千克。制定印发《房山区防止耕地“非粮化”稳定粮食生产工作方案》，建立工作机制，明确相关成员单位及各乡镇（街道）年度工作任务和部门工作分工，全面推进房山区防止耕地“非粮化”工作的开展。持续推进耕地土壤污染防治工作，制定《2021年房山区耕地分类管理工作方案》。持续推进化肥农药减量增效，制定农药、化肥、农膜等投入品和废弃物污染防治年度工作方案。推广测土配方施肥、农作物病虫害统防统治与全程绿色防控。化肥、农药利用率持续保持在40%和45%的较高水平。

（闫广艳）

【食用农产品合格证试点督导检查】 1月25日至29日，区农服中心配合市农优站和技术支持单位对房山区15家市级食用产品合格证制度试点基地开展主体信息核实和现场出证指导，并核查15家试点企业实际生产情况，安排试点企业设计安装展示牌，实现问题农产品有源可溯、去向可追、责任可查，保障食用农产品全程质量安全。

（闫广艳）

【农作物有害生物监测防治合同签订】 1月28日，区农服中心植控中心与北京慧田蔬菜种植专业合作社、北京金冠果业有限公司、北京玉树种植专业合作社、北京龙冠山庄农业有限责任公司、北京昊联海成农业有限公司、北京颐景园种植专业合作社、北京正欣荣泰农业发展有限公司、北京泰华芦村种植专业合作社、北京景欣农业发展中心、北京金利农机服务专业合作社、北京沃联福农业开发有限公司、坨头村续连杰12家单位和个人签订2021年农作物有害生物监测合同。合同对甲（植控中心）乙（12家单位和个人）双方责任，及乙方的监测内容、方法及时限都作出明确规定。利于促进基层监测工作有序开展，提升房山区农作物病虫害防治水平。

（闫广艳）

【房山区设施蔬菜棚室建设项目通过专家论证】 3月3日，区财政局、区农业农村局组织相关专家对房山区设施蔬菜棚室建设项目进行论证，专家组听取项目单位的汇报，经质询和讨论，专家组一致认为该项目符合市级相关政策，内容清晰，方案可行。同时，根据专家提出的意见及建议完善项目实施方案。

（闫广艳）

【“上方山香椿”地理标志农产品保护工程项目】 3月12日，区农服中心到“上方山香椿”核心产区对接地理标志保护工程项目。该项目重点围绕地理标志农产品“上方山香椿”促进综合生产能力，生产标准化、产品特色化、身份标识化、全程数字化水平推进，产品知名度、美誉度和市场占有率，农民增收带动作用，乡村特色产业发展方面进行。“上方山香椿”不仅是地理标志农产品，还是全国“一村一品”示范产品和全国名特优新农产品。截至年底，“上方山香椿”核心产区家家户户都种植香椿，是香椿专业村。地理标志农产品保护工程的实施能够促进香椿标准化生产和品牌化销售，拓展延伸香椿主导产业链，带动核心产区农民增收，为香椿产业发展注入新的活力，从而形成“小香椿、大产业”的高质量发展新格局，扩大地理标志农产品品牌影响力。

（闫广艳）

【高标准农田建设项目获市级批复】 3月16日，房山区高标准农田建设项目获市农业农村局批复。项目批复总金额1800万元，总面积401.85公顷，涉及7个镇11个村。建设内容包括更新水泵65套、安装主管道54075米、喷灌设备2486套、新建井房20座、修复田间道路1551米等。

（周玉辉）

【2021年春季农田统一灭鼠工作】 3月26日至4月25日，区农服中心植物疫控中心督导专业技术人员在阎村镇小十三里村小麦田开展鼠药布放示范工作。2021年房山区春季农田统一灭鼠在阎村镇、窦店镇、琉璃河镇等9个乡镇的粮田、菜田及设施田间布放灭鼠物资，示范灭鼠面积约1.5万亩。

（闫广艳）

【地理标志农产品保护工程项目研讨会召开】　3月30日，区农服中心在韩村河镇圣水峪村组织召开地理标志农产品保护工程项目研讨会。市农业农村局和区农业农村局相关领导出席研讨会。与会人员实地查看香椿主题文化园建设地址、高山香椿绿色高效标准园建设地址、香椿加工场项目建设地址、香椿文化节主会场地址、“古椿园”建设地址，对圣水峪村基本情况及地标产品上方山香椿发展情况和“上方山香椿”的产业发展思路等内容进行座谈，对“地理标志农产品保护工程项目”实施的必要性和可行性、地理标志农产品的现状、项目实施单位基本情况、项目建设目标、建设内容及规模等内容进行研究讨论。

（闫广艳）

【北京市地理标志农产品保护工程项目实施方案专家论证会召开】　3月30日，区农服中心邀请市农业环境监测站、中国农业大学的5位专家对2021年房山区地理标志农产品保护工程项目实施方案进行论证。专家通过对地理标志农产品的现状、实施地理标志农产品保护工程的必要性、项目建设目标、建设内容及规模等方面进行详细的论证。专家一致认为，该项目的实施，有利于深入挖掘保护传统农耕文化，有效推动地理标志农产品生产标准化、产品特色化、身份标识化和全程数字化发展；该项目围绕增强综合生产能力、提升产品质量和特色品质、加强品牌建设、推动身份标识化和全程数字化4个方面，突出“一标一品一产业”，有效推进区域特色产业升级，项目内容合理、重点突出、可操作性强，建议尽快组织实施。

（闫广艳）

【温室全程机械化试验】　4月1日，北京市果类蔬菜创新团队岗位专家秦贵和国家大宗蔬菜创新团队岗位专家宋卫堂，到房山综合试验站开展温室全程机械化试验方案的落实工作。主要是对温室的改造、农机装备落实和调试人员指定等方面进行细化。从旋地、起垄、覆膜和定植环节开展全程农机作业，并对农机农艺结合中产生的问题加以汇总整理和解决。前期在果菜团队岗位专家的指导下，开展2次对接工作，就试验的目标方案进行讨论修改和完善。

（闫广艳）

【2021年推广应用有机肥项目中期质量监督抽查】4月13日，区农服中心开展2021年推广应用有机肥项目中期质量监督抽查。完成有机肥配送3500吨，按照方案要求每500吨采集1个样品进行监督检测，对房山区4家肥料企业配送到位的有机肥选取北京惠众会得种植合作社、韩村河镇东营村经济合作社等7个基地现场抽取样品7份，送到第三方检测机构进行检测。同时，对肥料配送签收单、申请表等材料进行现场检查，对存在的问题进行纠正，指导企业按照合法合规的程序完成有机肥补贴工作，抽样结果全部合格。

（闫广艳）

【国家补贴农机烘干室现场核查】　4月14日，区农服中心会同乡镇相关工作人员与生产厂家对4个乡镇10套烘干室进行现场核验。对该批次烘干室的所有设备都进行现场核对、面积测量、名牌核对，并询问是否有违法占地行为，补贴企业法人现场签字盖章。10套烘干室全部通过验收。

（闫广艳）

【农机技术培训会】　4月29日，区农服中心联合区农业综合执法大队举办农机操作技能、促进农机安全使用、普及国补农机政策及房山区季节性裸露农田扬尘抑制关键保护性耕作技术项目实施等内容的培训会。区内农机专业合作社主要负责人员及部分乡镇主管农机人员20余人参会。会上，讲解国家补贴农机政策、农机操作技能及农机安全使用的重要性，对季节性裸露农田扬尘抑制关键保护性耕作技术2020年实施情况、存在问题进行总结。项目监测设备的厂家技术人员对监测设备的使用、维护及注意事项进行讲解。

（闫广艳）

【补贴有机肥质量监管与抽样工作】　6月9日，区农服中心联合区农业执法大队和种植业推广站开展2021年补贴有机肥质量监管与抽样工作。按照实施方案的要求，2021年推广应用有机肥31250吨，每500吨有机肥抽取1份样品进行检测。对由北京金龙源科技有限公司、北京艾克赛德生物工程有限公司、北京丰泰民安生物科技有限公司配送的有机肥抽取 19 份样品，涉及石楼镇支楼村、坨头村、二站村，阎村镇南梨园村、张庄村，窦店镇板桥村、田家园村，周口店镇黄山店村、周口村，良乡镇张谢村 5 个乡镇 10 个村。抽检样品送至第三方检测公司进行检测，检测结果全部合格。

（闫广艳）

【“三夏”农机执法检查】 “三夏”期间，区农业综合执法大队开展“三夏”农机执法检查。在农机作业现场，重点对小麦收割机、打捆机、玉米播种机等农机具进行执法检查。检查农业机械证书、牌照、农机操作人员操作证件是否齐全，灭火器是否安全有效，农机安全防护装置是否齐备等。出动执法车辆 21 车次，执法人员 160 人次，检查量 52 个。发放《农业机械安全监督管理条例》《北京市农业机械安全监督管理规定》《农机安全生产手册》《致广大农机从业人员的一封信》等材料 1100 余份，开展现场安全教育培训 5 次 80 余人，悬挂农机安全横幅 25 条。

（高红元）

【基本农田环境质量长期定位监测工作】 截至 6 月 16 日，按照《2021 年北京市基本农田环境质量长期定位监测工作方案》要求，区农服中心完成 14 个乡镇 16 个基本农田环境质量长期定位监测点位的情况调查、GPS 定位、拍照、土壤样品采集工作。采集土壤样品 18 个，填写调查表 16 份，制备 20 目、100 目共 72 份。

（闫广艳）

【农作物有害生物防治项目培训】 7 月 30 日，区植物疫控中心针对 2021 年农作物有害生物防治项目，开展技术培训。重点对草地贪夜蛾监测预警、定点作物用药情况监测，甜菜夜蛾性诱技术等进行讲解，30 余人参加培训。结合项目内容为房山区 8 个粮经作物种植大户、12 个蔬菜生产园区发放草地贪夜蛾、甜菜夜蛾和斜纹夜蛾 3 种性诱捕器及诱芯，性信息素黄蓝色板和 10 种新型高效低毒药剂等防控物资。通过项目开展植保新技术、新农药引进及示范推广，提高广大种植户绿色防控理念，保障农产品安全。

（闫广艳）

【2021 年实际种粮农民一次性补贴工作完成】 截至 7 月，房山区 2021 年实际种粮农民一次性补贴工作完成。该补贴发放对象为辖区范围内，具体包括利用自有承包地种粮的农民，以及流转土地种粮的大户、家庭农场、农民合作社、农业企业等新型农业经营主体。原则上应补给承担农资价格上涨成本的粮食生产者，补贴标准为 10 元/亩。通过主体申报，村、镇审核、汇总上报，区级审核、汇总。全区有 18 个乡镇 249 个村的 26949 个补贴主体，补贴面积为 85968.01 亩，补贴资金为 859680.1 元。

（周玉辉　闫广艳）

【土壤生态环境保护和耕地质量提升示范项目通过验收】 9 月 1 日，房山区土壤生态环境保护和耕地质量提升示范项目通过专家组验收。项目重点围绕设施菜田、露地菜田开展土壤生态环境保护和耕地质量提升模式研究，实施范围覆盖 5 个乡镇、12 家生产主体 220 亩优先保护类耕地地块。通过项目实施，土壤病原菌数量实现有效控制，长期评价点位土传病害、线虫发生风险由中等水平下降至较低水平，土壤板结、盐渍化等亚健康状况得到改善，优化菜田土壤生态保护和耕地质量提升模式，确保优先保护类耕地质量不下降。该项目 1 月启动，8 月底全部完成。

（闫广艳）

【设施蔬菜产业集群建设项目通过专家论证】 9 月 17 日，区财政局、区农业农村局组织相关专家对房山区设施蔬菜产业集群建设项目实施方案进行论证。专家组听取项目单位的汇报，经质询和讨论，专家组一致认为该项目对推动房山区设施农业降成本、补短板、增效益，引导高效设施蔬菜产业形成集聚，进一步提高设施蔬菜产业整体生产能力和综合效益，具有较好的可行性。同时，根据专家提出的意见及建议完善项目实施方案。房山区设施蔬菜产业集群建设项目包括集约化育苗场建设、专业镇建设、加工仓储流通能力建设、生产管理及产销服务建设等。

（闫广艳）

【生物降解地膜甘薯示范田完成】 10 月 20 日，区农服中心、区种植业技术推广站与北京市农业技术推广站专家到周口店、石楼等乡镇完成示范地块降解地膜的取样工作，并对产量进行初步测定，与常规栽培地块比较，亩增产5%至7%，增产效果显著。频繁使用地膜会加剧农业污染，为进一步从源头解决地膜污染严重问题，2021年区种植业技术推广站在琉璃河、石楼、周口店等乡镇甘薯种植地块开展生物降解地膜的示范工作，示范面积200亩。使用生物降解地膜可以起到省工、节本、增产增效、减少地膜对土壤环境的危害等作用。

（闫广艳）

【"三秋"工作】 截至10月31日，房山区"三秋"工作全面完成。秋粮收获7.66万亩，完成秋播小麦2.90万亩，完成计划的100%。在2021年的"秋收"生产中，区农服中心做好农机检修、植保防控、技术指导、物资准备等"三秋"生产准备工作，对820台（套）农机具进行检修。强化植保防控。加大病虫监测频度，通过电视、报纸、广播、微信及时发布病虫发生信息和防治措施，采取统防统治，提高防治效果，做到早监测、早预警、早防治。做好农业技术指导。抽调种植、植保、土肥、农机等农业技术人员到全区农业生产第一线，对农户和种植基地开展技术指导。做好"三秋"物资准备工作。全区储备秋播小麦籽种44万千克，各种肥料700吨；全区投入大中型拖拉机、玉米联合收获机、小麦播种机及其他各类配套农机具820台（套），满足种植户"三秋"期间农资、农机需求。入秋后，房山区降水偏多，为加快秋收秋种进度，确保秋粮颗粒归仓，提高冬小麦播种面积。区农服中心组织技术人员指导农民进行排水散墒，逐个地块摸清秋粮作物成熟时间、土壤墒情、田间积水等状况，细化抢收方案，分类施策，抢收快收，确保成熟一块收获一块。并利用电话、微信、村喇叭广播、现场指导、印发名册等方式广泛宣传，调动农民种粮积极性。

（闫广艳）

【耐低温榆黄菇品种培育后代出菇试验菌棒制作完成】 11月5日，区农服中心种植业技术推广站制作完成耐低温榆黄菇品种培育后代出菇试验菌棒，处于发菌阶段。全年，开展耐低温榆黄菇远缘杂交育种试验，共设计220个杂交组合，获得具有锁状联合的杂交后代16个，经过菌丝体阶段长势筛选，选择8个长势较旺盛的后代进行出菇试验。

（闫广艳）

【首批全国生态环保优质农业投入品（植保产品）应用试点】 11月19日，房山区组织北京市广泰农场有限公司、北京泰华芦村种植专业合作社等7家蔬菜生产企业开展全国生态环保优质农业投入品（植保用品）试点申报，提交试点申请登录表、承诺书、植保用品应用技术规范及相关资质证明，并出具推荐意见。经国家农安中心专家技术评审和网上公示，房山区7家植保产品应用单位率先被纳入首批全国生态环保优质农业投入品（植保产品）应用试点范围，并公布试点编号。试点工作从源头规范农业投入品使用，保证农产品质量安全和品质特色，也为农业投入品减控减施、农业高质量发展和公众食物营养与健康奠定基础。

（闫广艳）

【大安山乡生态休闲农业项目】 12月21日，区农服中心组织设计、施工、监理单位对大安山乡生态休闲农业项目进行四方验收。项目建设内容包括新建浆砌块石步道7128米、生态挡墙3220米，新修地堰11100米、防腐木护栏5536米、蓄水池3座，铺设引水管线12714米，新建水池1座，新修生态围挡1748米，种植金叶复叶槭204株、金枝国槐1420株。种植杏树、枣树、苹果树、山楂树、西梅树共200亩7360株。

（闫广艳）

【有机肥项目效果监测工作完成】 年内，种植业推广站全区布设31个化肥减量监测点和土壤培肥效果监测点，开展项目实施点施肥和土壤养分情况监测。监测数据表明：2021年推广有机肥部分替代化肥技术，化肥施用折纯量平均减少5.17千克/亩，按推广应用面积测算总减少化肥折纯量162.2吨。项目实施后期土壤养分指标与实施前相比都有不同程度提高，有机质、全氮、有效磷、速效钾分别提高0.45克/千克、0.039克/千克、14.0毫克/千克、23.4毫克/千克，通过有机肥培肥地力，土壤质量得到提升。

（闫广艳）

【粮食丰收】 年内，据调查数据显示，房山区粮食播种面积共计107234亩，比2020年增长12.7%。其中，夏粮28959亩，比2020年增长39.7%；秋粮78275亩，比2020年增长5.2%。粮食总产量40263.3吨，比2020年增长14.9%。其中，夏粮11451.3吨，秋粮28812.0吨，秋粮占粮食总产量的71.6%。

（张政霞）

【蔬菜设施农业项目】 年内，房山区推进蔬菜设施农业项目。2021年高效设施农业建设试点良乡镇北京中泽凯华农业科技有限公司，建设连栋智能温室面积116.06亩。完成项目规划设计。设施农业以奖代补资金项目有序推进。编制《房山区设施蔬菜棚室建设项目实施方案》《2020年房山区工厂化及林下蔬菜生产补贴实施方案》，工厂化及林下蔬菜生产补贴完成乡镇申报统计工作，设施蔬菜棚室建设项目完成3种标准棚室的评审，同时形成房山区设施农业奖补资金项目方案，并报市农业农村局审核。设施蔬菜产业集群建设项目进展顺利。

（闫广艳）

养殖业

【概况】 2021年，全区实现牧业产值3.5亿元。二商石楼、牧原大石窝2家生猪养殖基地，实现生猪存栏10万头，超额完成市级下达的任务指标。加强对全区6个公路动物防疫监督检查站的检查及49个非指定路口的巡查，保障进京动物及动物产品安全。开展禁养区规模养殖清退。制定《房山区畜禽养殖禁养区内规模养殖场清退方案》，经八届区政府第98次专题会审议通过后正式印发。禁养区内3家规模养殖场完成2家清退，另一家长阳三元奶牛三场选择京雄高速拆迁政策，2021年年底完成退出。65家因“非洲猪瘟”停养的生猪规模登记备案场中有52家选择政策清退并完成清退。继续加大指导服务和巡查检查力度，督促企业落实主体责任和乡镇属地管理责任。分行业成立种养殖巡查队伍，同时利用全科农技员的驻村优势，发挥区动物疫控中心、区域动物防疫室、村级动物防疫员三级动物防疫体系作用，加强对畜禽免疫、制度落实等工作情况的巡查检查。对现有养殖场（户）进行技术指导、安全生产、动物防疫、粪污处理、疫情防控等方面常态化的宣传指导、巡查检查，及时掌握行业动态，发现问题及时整改，确保行业全年零事故。开展畜禽养殖粪污治理。保持全区规模化畜禽养殖场粪污处理设施装备全覆盖并稳定运行，实现畜禽粪污综合利用率达到92%以上。加强动物防疫工作落实。按照市级部署和各项动物防疫要求，制发畜禽动物疫病防控相关工作文件，定期召开全区动物防疫工作会议，全面落实“春防”“秋防”“犬防”等各项动物防疫工作，提高企业、乡镇、防疫室等防疫责任意识，应免尽免，未发生重大动物疫情。2021年群体免疫抗体合格率达到部颁标准。持续落实“非洲猪瘟”防控工作，做到防控措施不变、力度不减，协调属地政府，确保牧原大石窝基地、二商石楼基地周边防疫安全。

（闫广艳）

【23个乡镇动物防疫站撤销】 3月31日，撤销23个乡镇动物防疫站，其职责和编制划给房山区农业技术综合服务中心，增加内设机构防疫一至八室。

（闫广艳）

【中草药防治鱼病技术宣传】 5月7日至6月25日，房山区养殖业技术推广站开展水产养殖节水技术宣传，技术人员走访琉璃河镇、窦店镇、石楼镇等乡镇重点养殖场，向养殖场（户）宣传中草药防治鱼病技术，介绍中草药防治鱼病技术的优势及使用说明，发放宣传资料36份。中草药防治技术是利用中医、中兽医的理论研究出的高效、绿色的天然物中草药制剂防治细菌真菌性疾病，优势在于施用到水中后，不会对水体造成污染，也不会在鱼体内造成残留。

（闫广艳）

【牧原大石窝生猪养殖基地正式投产】 5月31日，房山牧原大石窝生猪养殖基地从牧原集团河南省滑县牧原10场调运的第一批270头种猪到场，房山牧原大石窝生猪养殖基地正式投产运营。该基地位于大石窝镇辛庄村，占地16.1公顷，由牧原集团投资2亿多元建设，设计生产能力为存栏7.5万头，年出栏15万头，全年日均可供北京市场300至400头。该场为楼房式设计，设施高端、设备先进、管理规范，养殖粪污实现种养联动、就近消纳，是全市智能化、信息化、集约化的万头规模猪场之一。该场2020年4月30日开工建设。截至年底，实现生猪存栏4.5万头、出栏6.8万头。

（周玉辉　闫广艳　符秀玲）

【渔业名优品种繁育技术提升】 6月1日，房山区养殖业技术推广站邀请北京市水产研究所专家到琉璃河镇、石楼镇现场指导锦鲤和松浦镜鲤孵化、育苗养殖技术。专家现场指导繁育技术，对孵化环境、育苗技术提出改进建议，提高锦鲤和松浦镜鲤的孵化率和成活率。房山区引进优良品种和先进养殖技术，通过示范推广锦鲤和松浦镜鲤繁育和养殖技术，优化全区渔业养殖结构，提高渔民收入。

（闫广艳）

【生猪跨省调运“非洲猪瘟”检测工作】 6月3日至18日，区农服中心动物疫病预防控制中心对辖区生猪养殖场外埠调入生猪调运闭环进行“非洲猪瘟”监管，开展“非洲猪瘟”检测1123份，其中运输车辆检测样品138份，隔离观察期首次检测样品985份，检测结果均为阴性。

（闫广艳）

【“奶牛保姆行动”】 6月10日，房山区动物疫病预防控制中心奶牛创新团队联合北京市奶牛创新团队疫病岗位专家侯引绪，实地走访窦店镇森茂奶牛场开展“奶牛保姆行动”。专家进行疫病诊断和技术指导，解决牛蹄病高发难题。询问驻场兽医发病情况，根据患病牛临床检查结果，进行专业解答，指出由蹄皮炎引发的一系列疾病问题，根据病情提出治疗方案。

（闫广艳）

【和平鸽放飞检疫保障任务完成】 6月中下旬，区农业综合执法大队开展动物检疫演练，分别对无鸽群和有鸽群演练熟悉鸽子检疫操作程序。6月30日15时，现场查看鸽群健康状况，对1.3万只信鸽，2辆专业放鸽车进行严格消毒，严格按照程序出具《动物检疫合格证》，发现问题及时解决排除，保障7月1日参加中国共产党成立100周年的和平鸽飞翔活动顺利进行。

（高红元）

【“非洲猪瘟”常态化防控工作】 上半年，按照GB/T 18648-2020“非洲猪瘟”诊断技术标准，区农服中心对生猪养殖环节、屠宰环节、调运环节开展“非洲猪瘟”病毒检测与监测工作。1月至6月，检测样品8957份，涉及养殖场（户）日常排查、外埠调运生猪隔离期和调运车辆、饲料检测2967份，屠宰场环境和运输车辆监测357份，屠宰场宰前检疫208份，外埠调入白条及副产品检测5425份，并出具科学有效的检测数据。

（闫广艳）

【生猪屠宰环节非洲猪瘟自检实验室检测能力比对工作完成】 为加强非洲猪瘟防控工作关口前移，进一步强化生猪屠宰环节非洲猪瘟检测工作，保证检测结果的准确性和可靠性，房山区首次组织全区生猪屠宰企业实验室进行非洲猪瘟病毒检测能力比对工作。7月14日，房山区完成生猪屠宰企业非洲猪瘟病毒检测能力比对工作。区农服中心组织制定《房山区生猪定点屠宰企业非洲猪瘟检测能力比对方案》，北京燕都立民屠宰有限公司参加比对试验。严格开展实验室活动。北京燕都立民屠宰有限公司实验室领取比对样品，遵守实验室生物安全操作规范，在规定时限内上报检测结果，报告清晰，数据完整，结果符合率100%。

（闫广艳）

【浮漂式多功能养殖水体水质在线监测系统推广】 8月18日，区农服中心在石楼镇大路广翼水产研究中心、琉璃河镇李庄渔场开展浮漂式多功能养殖水体水质在线监测系统试验及推广工作。对养殖企业技术人员进行培训。该系统采用无源供能方式，集合溶氧、水度、pH、氨氮、气温、湿度、光照度、电量等水质和气象数据监测功能，通过NB-IOT网络实时上传数据信息，供用户通过微信随时进行接收、查询、分析和处理，并可及时向用户发送相关预警信息。

（闫广艳）

【二商肉食集团房山石楼生猪养殖基地正式投产运行】 9月1日，二商石楼生猪养殖基地正式建成，从内蒙古调运的首批300头种猪进场隔离饲养，二商肉食集团房山石楼生猪养殖基地正式投产运行正式装猪投产。二商肉食集团房山石楼生猪养殖基地是北京市“菜篮子”工程生猪稳产保供的重点项目，总投资超过5亿元，总建筑面积约14万平方米，包括种猪繁育舍1栋五层、育肥猪舍2栋五层、洗消中心、污水处理站、生产辅助用房等。项目结合养殖行业发展特点，采用国际先进的养殖理念，立体楼房饲养模式，实现生猪养殖饲喂自动化、生物安全化、营养科学化、排放绿色化。达产后可实现年存栏生猪6.5万头、年出栏育肥猪12.5万头。该场2020年2月29日开工建设，于2021年8月31日建成。

（闫广艳 周玉辉）

【2021年秋季动物防疫工作部署会召开】 9月1日，房山区召开2021年秋季动物防疫工作部署会。区农业农村局相关科室人员参会。会议传达区重大动物疫情指挥部下发的关于开展2021年秋季动物防疫工作的通知，强调2021年要重点加强羊布病、炭疽病等人畜共患病的防控工作。要求动物疫病免疫、养殖环境消毒、疫病防控宣传等相关工作做到应免尽免，免疫覆盖率达100%。

（闫广艳）

【种质资源普查】 截至9月30日，房山区完成畜禽种质资源普查。该次普查涉及全区有资源行政村294个，共采集数据及线索695条，收集猪、牛、羊等畜禽和蜂资源共19个畜种，118个品种，群体数量85.5万头（只）。完成水产养殖主体普查31户，收集资源涉及青草鲢鳙、鲟鱼、草金鱼等14个品种。全部录入普查系统并完成上报。

（闫广艳）

【秋季动物集中免疫抗体监测工作】 截至10月13日，根据《关于开展2021年秋季动物防疫效果评估的通知》要求，房山区随机抽检畜禽样品849份，其中牛羊样品257头份、禽类样品447只份、犬样品145头份。区农服中心动物疫控中心对抽检样品进行禽流感、口蹄疫、新城疫、狂犬病、小反刍兽疫5种疫病免疫抗体监测。抗体监测共计2407个次，其中禽流感H5N1 Re-11抗体合格率84.1%、禽流感H5N1 Re-12抗体合格率88.8%、H7N9抗体合格率80.1%、口蹄疫抗体合格率77.1%、新城疫抗体合格率76.7%、狂犬病抗体合格率87.6%、小反刍兽疫抗体合格率65.9%。区农服中心动物疫控中心以通报形式将重大动物疫病集中免疫抗体抽查监测结果进行反馈，对部分项目免疫不达标的乡镇，及时强化补针补免，确保辖区内重大动物疫病免疫抗体水平常年维持在70%以上，防止因免疫不到位而引发疫情。

（闫广艳）

林果业

【概况】 2021年，房山区累计完成林木有害生物防治3.46万公顷。其中，飞机防治2.01万公顷，飞行200架次；人工地面防治1.45万公顷，投入人工14.4万人次。全区无公害防治率达到99.68%，测报准确率达到97.21%，种苗产地检疫率达到100%，无林木有害生物成灾。实施科技项目13个，其中延续2个、新立11个。组织专家下乡活动，开展培训7期，培训131人次。全区育苗单位153家，办证面积772.36公顷，总产苗量849.86万株。

（李晓鹏）

【组建综合执法队】 1月，房山区整合林木林地湿地保护、森林防火、野生动物保护、林木种苗和植物检疫、自然风景区保护等行政处罚、行政强制职能，组建北京市房山区园林绿化综合执法队。该机构为正科级行政执法机构，承担房山区园林绿化局全部行政执法职责。

（杨生美）

【第八个“世界野生动植物日”主题宣传活动举办】 3月3日，以“推动绿色发展，促进人与自然和谐共生”为主题的第八个“世界野生动植物日”

科普宣传活动在牛口峪湿地公园举办。市园林绿化局、市检察院、北京野生动物保护协会、北京市野生动物救护中心、区园林绿化局、区检察院等相关部门参与活动。活动采用直播方式举行，现场放归国家一级保护动物黑鹳、北京市一级保护动物大斑啄木鸟、北京市二级保护动物翘鼻麻鸭 3 只野生鸟类，并就野生动植物保护、管理、法律等相关问题与直播间的观众进行答疑互动。

（王嘉晨）

【野生动物保护专项联合执法】 3 月 29 日，区园林绿化局联合房山公安分局、区农业农村局、区交通局、区市场监管局等部门出动 20 人次，5 车次，针对长阳镇大宁隆盛花鸟鱼虫市场周边区域开展破坏野生动物资源违法犯罪行为专项执法检查。检查中，未发现问题。

（王嘉晨）

【房山区森林防火中心成立】 3 月，北京市房山区园林绿化局林业产业发展服务中心更名为北京市房山区森林防火中心。该机构为区园林绿化局所属公益一类事业单位，机构规格为正科级，经费形式为财政补助（全额），核定事业编制 7 名，其中科级领导职数 1 正、1 副。承担落实防火巡护与视频监控、火源管控、防火设施建设与管理、防火宣传教育、火情早期处理等职责。

（杨生美）

【春季飞防工作完成】 4 月 13 日，房山区春季林业有害生物飞机防治工作完成。该次春季飞防共计 30 架次，防治面积 3000 公顷，涉及 11 个乡镇（街道）及有林单位，主要防治春尺蠖。

（汪东仁）

【2021 年新一轮百万亩造林绿化工程完工】 5 月 25 日，房山区完成 2021 年新一轮百万亩造林栽植 1532.9 公顷。2021 年新一轮百万亩造林年度计划任务指标 1366.7 公顷。

（王娜）

【房山区生态林投保森林综合保险】 5 月，房山区为 103905.4 公顷生态林投保森林保险，共涉及 15 个乡镇 200 个行政村和 2 个国有林场。

（刘颖）

【第三代美国白蛾防控工作】 9 月，房山区成立第三代美国白蛾防控工作专班。建立防控监测巡查档案，绘制美国白蛾发生分布图以及防治作业图，增援乡镇防治药剂 4.9 吨，三轮车式打药机、电动喷雾器等 288 台，高枝剪、手剪手锯等 330 套。出动高射程打药机 50 台次、出动人员 120 人次。

（周晓然）

【花卉产业】 年内，全区鲜切花产量 27.7 万支，花卉企业 24 个，花卉市场 2 个，花卉从业人员 401 人。

（刘颖）

【蜂产业】 年内，全区蜂群总数 3.02 万群，蜂蜜产量 52.85 万千克，总产值达到 1359.82 万元。

（刘颖）

【果树产业】 年内，区园林绿化局加强新优品种的引进、技术指导与管理，新发展果树 74.07 公顷，栽植各类果树 4.87 万株，推广有机化栽培 266.67 公顷，施用有机肥 800 万千克。果品产量 1396.65 万千克、果品产值 0.42 亿元。全区 79 个观光果园采摘量 49.22 万千克，采摘收入 620.50 万元，接待游人 14.70 万人次。

（刘颖）

农村经营管理

【概况】 2021 年，房山区开展农村集体经济薄弱村帮扶专项行动，确定集体经济薄弱村 56 个，印发《房山区农村集体经济薄弱村增收工作方案》。明确盘活资产、发展物业经济、培育经营主体、创办服务实体 4 条增收路径，制定“五年目标三年完成，两年巩固提高”全面消除集体经济薄弱村工作目标。深化区领导包村帮扶，保障对接帮扶单位全覆盖。中央、市级资金扶持项目进入实施建设阶段。56 个集体经济薄弱村经营性收入超过 10 万元的有 52 个，超额完成市级任务 20 个村的 160%。严格落实“村地区管”，针对村集体所拥有的农用地、经营性建设用地、房屋涉地资产实施“村地区管”，强化区级政府管规划、管用途、管合同、管程序、管监督、管查处的权责，规范村集体经营行为，保证集体资产合理利用。印发《房山区农村产权流转交易管理办法（试行）》，并在全区实施，累计审核通过154份，进一步规范村集体经营行为，保证集体资产合理利用，维护村集体经济利益。农村宅基地管理有序展开。《房山区农村宅基地及房屋建设管理办法（试行）》由区政府印发并在全区实施。组织召开农村宅基地及房屋建设管理工作会议。组织23个乡镇（街道）主管领导、业务科室负责人等390人，举办农村宅基地管理培训班。起草《农村宅基地及房屋建设管理工作实施方案》，严格落实区级主导、乡镇政府主责、村级主体的工作原则。脱低帮扶成果扎实巩固，完成两类重点人群不返低的任务，高质量完成10个低收入产业帮扶项目。支持初见成效的低收入产业项目提档升级，建设8个低收入增收产业项目。制定出台加强脱低资产管理工作的意见，规范脱低资产后续运营管理。“三资”监管稳步推进。组织开展“三资”监管检查和财务公开检查。为进一步规范农村集体资金、资产、资源的监督管理，修改完善《关于进一步规范农村集体资金、资产、资源监督管理工作的办法》。完成农村土地流转合同检查工作，签订流转合同5389份，合同签订率100%。开展农村集体经济合同清查整改工作，审查各类农村集体经济合同13729份，进一步规范合同内容。先后启动韩村河镇韩村河村、周口店镇新街村产权制度改革和良乡镇、西潞街道、青龙湖镇等“二绿”范围内6个乡镇级集体产权制度改革工作，逐步构建归属清晰、权能完整、流转顺畅、保护严格的农村集体产权制度，保护和发展团体成员的合法权益。合作社规范提升行动初见成效。科学合理、统筹使用中央、市级扶持资金，开展合作社规范提升行动，指导10家合作社开展农产品初加工、市场营销等建设，新培育北京圣水太行种植专业合作社等5家区级示范社。开展家庭农场示范区建设，培育36家家庭农场进行示范创建，并重点指导石楼镇、周口店镇开展示范镇创建工作。

（于青）

【2020年全国固定观察点专项调查完成】 1月15日，根据农业农村部《关于开展2020年常规调查和下半年专项调查的通知》要求，房山区开展并完成2020年全国固定观察点专项调查工作。对40户记账户情况及村基本情况进行全年专项调查，涉及报表600余张，对采集数据进行审核并录入到固定观察点系统中。

（于青）

【新增3家市级示范社】 2月22日，北京市农业农村局网站公布2020年北京市农民专业合作社示范社名录。经各区申报推荐、市促进农民专业合作社发展联席会议成员单位联合评审，房山区北京月联兴种植专业合作社、北京颐景园种植专业合作社、北京沃联福种植专业合作社被认定为第六批北京市农民专业合作社示范社。截至年底，房山区有市级示范社22家。

（周玉辉）

【稳妥推进农村土地流转】 截至2月底，房山区家庭承包经营的土地面积为39.0万亩。家庭承包土地经营权流转总面积25.1万亩〔其中出租（转包）面积4.3万亩，入股面积196.64亩，其他方式流转面积20.7万亩〕，主要是大户、企业经营和平原造林项目的流转。全区平均流转价格为1527.3元。

（于青）

【《房山区农村宅基地及房屋建设管理办法（试行）》印发】 3月1日，北京市房山区人民政府印发《关于印发〈房山区农村宅基地及房屋建设管理办法（试行）〉的通知》。该办法共9章35条，适用于全区农村宅基地及利用宅基地新建、改建、扩建及翻建房屋的申请、审批和建设管理等相关工作。

（于青）

【低收入两类重点人群常态化监测】 3月31日，根据市农业农村局《2021年巩固低收入农户帮扶成果工作要点》要求，加强对标准线边缘户和返低风险户的监测和帮扶，房山区印发《关于做好巩固低收入农户帮扶成果相关工作的通知》。要求各乡镇健全防止返低的监测机制，对标准线边缘户和返低风险户这两类重点人群实施常态化监测，并建立精准帮扶台账与收入台账，巩固低收入农户帮扶成果，防止返低。

（于青）

【农村集体财务公开检查】 3月至12月，区经管站指导各乡镇（街道）开展农村集体财务公开检查。下发《北京市房山区农业农村局关于进一步做好农村集体财务公开检查工作的通知》，要求村级集体经济组织按照财务公开相关制度要求，严格公开时间，规范公开内容。每月对乡镇（街道）的财务公开工作进行检查，针对检查发现问题，定期下发整改通知，建立问题台账，督促乡镇（街道）立行立改。

（于青）

【低收入帮扶检查】 4月9日，区农业农村局印发《关于进一步做好低收入帮扶工作的通知》，对低收入帮扶情况进行乡镇自查和区级检查，主要检查内容包括低收入两类重点人群精准帮扶台账建立情况，制定的一户一策帮扶措施及帮扶措施的落实进展等情况。

（于青）

【区级农民合作社示范社规范运营情况检查】 5月6日，区农业农村局印发《关于开展区级农民合作社示范社规范运营情况检查工作的通知》，对80家区级示范社规范运营情况进行全面检查。

（于青）

【房山区农村集体产权制度改革工作培训会召开】 5月13日至14日，房山区农村集体产权制度改革工作培训会召开，23个乡镇（街道）的55名工作人员参加培训。会议主要内容是深化农村集体产权制度改革工作培训和长阳镇介绍镇级集体产权制度改革工作经验，进一步提高乡镇（街道）对改革工作的重视程度，明确任务目标和工作程序及重点。

（于青）

【社会救助帮扶确保“应保尽保”】 5月20日，房山区组织各有关乡镇依托到户帮扶责任人等，对303户两类重点人群逐户摸排，宣传社会救助政策，动员、协助低收入农户提交社会救助申请，确保动态实现符合条件的社会救助“应保尽保”。

（于青）

【2020年农村土地流转合同检查】 5月21日，按照市农业农村局《关于开展2020年农村土地流转合同检查工作的通知》要求，规范土地经营权流转管理，区农业农村局印发《关于开展2020年农村土地流转合同检查工作的通知》，明确检查范围、检查内容和检查时限，要求各乡镇严格按照检查内容对本镇域内的土地经营权流转情况进行检查。

（于青）

【新增3家国家级农民合作社示范社】 6月28日，农业农村部公布2020年国家级农民合作社示范社名单，房山区大石窝镇“颐景园”、韩村河镇“沃联福”、河北镇“黄土坡”3家种植专业合作社被认定为国家级农民合作社示范社。截至年底，全区有市级以上示范社22家，其中国家级示范社17家。

（周玉辉　于青）

【农民合作社规范提升行动】 7月14日，区农业农村局印发《房山区关于开展农民合作社规范提升行动的实施方案》，正式启动农民合作社提升行动。

（于青）

【2020年度村级公益事业专项补助资金审计】 7月至9月，区经管站组织23个乡镇（街道）对村级组织正常运转专项补助资金管理使用情况开展审计。审计结果表明，2020年房山区461个村应收专项补助资金10510万元，实收专项补助资金10510万元。全区公益事业专项补助资金及时足额拨付到村，未发现截留、挪用和滞留的现象，各村资金的管理使用符合制度规定，总体情况良好。

（于青）

【农民负担执法检查】 7月至10月，区经管站组织23个乡镇（街道）开展对加强村级组织和新型农业经营主体负担监管、严格监管涉农收费和价格、完善和规范一事一议筹资筹劳管理和农民负担重点领域治理的检查工作。检查中，未发现侵害农民权益和加重村集体负担的行为。

（于青）

【《关于进一步规范村级集体土地经营管理工作的试行办法（修订版）》印发】 8月5日，《关于进一步规范村级集体土地经营管理工作的试行办法

（修订版）》印发，进一步强化区级政府管规划、管用途、管合同、管程序、管监督、管查处的权责，加强农村集体土地经营管理，规范村级集体土地等资产经营行为，保障村集体资产合理利用。

（于青）

【房山区农村集体产权制度改革回头看】 8月6日，区农业农村局印发《关于开展房山区农村集体产权制度改革回头看活动的通知》，明确自查整改工作的总体任务目标、重点内容、时间安排及工作要求等。

（于青）

【两类重点人群住房情况排查】 8月10日，按照北京市农业农村局、北京市住房和城乡建设委员会、北京市财政局《关于开展2021年农村低收入标准线边缘户和返低风险户危房改造工作的函》要求，区农业农村局组织各有关乡镇对低收入标准线边缘户和返低风险户两类重点人群住房情况逐户摸排，并将排查结果反馈至区住房城乡建设委，配合区住房城乡建设委开展危房评定。

（于青）

【强化低收入帮扶工作】 9月3日，房山区为防止低收入标准线边缘户和返低风险户返低，下发《关于进一步强化低收入帮扶工作的通知》，进一步强化责任落实，要求帮扶责任人主动入户，乡、村两级对各户家庭人员情况、收入情况核实测算，排查是否存在有返低风险，并制定切实可行的帮扶措施，确保不出现返低情况。

（于青）

【《房山区农村集体经济薄弱村增收工作方案》印发】 9月6日，区农业农村局印发《房山区农村集体经济薄弱村增收工作方案》，主要包括指导思想、工作原则、任务目标、增收路径、措施保障及工作要求6项内容。明确利用3年时间全面消除56个集体经济薄弱村，后2年进行巩固提高的任务目标，进一步明确结对帮扶机制，借鉴原低收入村帮扶机制，在市级对接基础上，深化区领导包村帮扶，区级单位、企业结对帮扶的帮扶举措，保障56个薄弱村对接帮扶单位全覆盖。

（于青）

【农村宅基地管理培训】 9月9日至24日，区农业农村局组织全区23个乡镇（街道）的主管领导、业务科室负责人、业务骨干和村级负责宅基地管理工作的人员390余人，举办3期农村宅基地管理培训班。重点讲解农村宅基地法律法规、市区宅基地及房屋建设管理政策解读和座谈，并对宅基地及房屋建设管理工作提出具体要求。

（于青）

【《房山区农村产权流转交易管理办法（试行）》印发】 9月17日，按照市政府办公厅《关于引导农村产权流转交易市场健康发展的若干意见》、市政府《关于进一步加强农村集体土地管理，加快建立健全“村地区管”机制的指导意见》有关精神，以及对开展农村产权流转交易相关工作的考核要求，房山区制定《房山区农村产权流转交易管理办法（试行）》。

（于青）

【全区集体经济薄弱村对接帮扶工作】 10月19日至20日，房山区分两期（农业龙头企业、民营企业）召开集体经济薄弱村企业结对帮扶对接会，为薄弱村党组织书记、民营企业搭建对接交流平台，面对面、一对一促进有效对接。

（于青）

【2021年低收入标准线边缘户和返低风险户收入调查】 11月10日，区经管站下发调查工作通知，组织乡镇开展2021年度低收入边缘户和返低风险户收入调查工作。各乡镇成立动态监测工作组，对各户收入入户核查。经村级初审、乡镇复审、公示等民主程序完成调查工作。

（于青）

【农村宅基地及建房审批管理政策落实情况专项检查】 12月3日，市农业农村局、市规划自然资源委、市住房城乡建设委组成联合检查组对房山区农村宅基地及建房审批管理政策落实情况进行专项检查。区农业农村局、市规划自然资源委房山分局、区住房城乡建设委组成联合迎检工作组，陪同市级检查组开展专项检查并汇报房山区农村宅基地及建房管理工作情况。检查工作重点抽查城关街道和周口店镇的宅基地及建房审批管理联审联办工作机制建立情况、审批档案管理情况、动态巡查情况、农村宅基地建房施工情况等。

（于青）

【2021年度农村集体资产年度清查】 12月23日，区经管站印发《关于做好房山区2021年度农村集体资产年度清查的通知》，全面启动农村集体资产年度清查工作。明确清查登记时点、对象、方式、清查事项和具体要求。

（于青）

【房山区被认定为北京市第一批家庭农场示范区】 12月27日，根据《北京市农业农村局关于公布2021年市级示范家庭农场及家庭农场示范区的函》，在各区申报推荐、专家评审、网站公示的基础上，房山区被认定为北京市第一批家庭农场示范区，“老田农业”等25个家庭农场被评为北京市第一批市级示范家庭农场。

（于青）

【区级农民合作社示范社培育创建】 年内，房山区开展区级农民合作社示范社培育创建工作，评定“玉树”“圣水太行”“南河菜缘”“王家磨”“恒昌隆达”5家专业合作社为区级示范社。

（于青）

【中央、市级财政转移支付资金支持农民合作社建设和生产托管服务项目】 年内，房山区开展中央、市级财政转移支付资金支持农民合作社建设和生产托管服务项目建设工作，10个市级以上示范社、36个家庭农场项目建设通过验收，2个示范镇及示范区创建成功。

（于青）

【“村地区管”】 年内，按照《关于进一步规范村级集体土地经营管理工作的试行办法》，对村集体所拥有的农用地、经营性建设用地、房屋涉地资产实施“村地区管”。强化区级政府管规划、管用途、管合同、管程序、管监督、管查处的权责，规范村集体经营行为，保证集体资产合理利用。经村级申报、乡镇审核、区农业农村局征求相关部门意见、区政府专题会审核、履行“三资”监管程序、办理相关手续的审批程序，审核通过出租集体土地和房屋资产154份。

（于青）

【“三资”监管检查】 年内，区经管站在收集乡镇（街道）反馈意见（建议）的基础上，修改完善检查指标，对23个乡镇（街道）农村集体资产监管服务中心的“三资”监管事项以及68个村级集体经济组织的“三资”管理情况进行检查。督促相关乡镇（街道）整改问题、举一反三、查找根源、健全制度，确保治根本、管长远、见实效。

（于青）

美丽乡村建设

【概况】 2021年，房山区扎实推进社会主义新农村建设。制定《2021年房山区农村人居环境整治工作方案》《2021年房山区农村人居环境整治考核评分细则》，各乡镇人居环境整治情况列为每月第一次区政府常务会通报事项。落实农村人居环境整治“月检查、月通报、月曝光”工作制度。继续完成104个村美丽乡村建设，完成剩余61个村的规划编制；列入市、区民生实事工程的112个村庄通过市级考核验收。开展农村户厕问题摸排整改。对摸排出的1035户问题户厕进行全面整改。完成厕所革命实施效果评估工作，累计摸排农村公厕723座、户厕16万余户，录入系统审核完毕。制定《房山区2021年农村地区村庄冬季清洁取暖工作方案》，压实“煤改清洁能源”运维保障和售后服务监管工作体系，构筑“三级两维”管理模式（三级，即区统筹调度、镇协调监督、村下沉到户；两维，即企业售后维修、区域应急维修）。做好技术培训工作。全年，培训村级管护员680人次，入户巡查13万户。应对煤炭市场价格波动、煤炭供应紧张局面，完善型煤补贴机制。强化部署，指导乡镇与供煤企业建立应急供煤机制，根据农户订购数量按时配送到户，制定预留存储计划，保障计划外用煤；加强管理，防范倒卖政府补贴燃煤套利行为；落实责任，主要领导、主管领导带队进村入户，检查配送情况。

在既定时间内，全区 17 个乡镇（街道）152 个村 2.7 万吨型煤配送到位。做好应急准备，提前开通区级服务、运维调度热线，24 小时有人值守；维修企业加强自检，查找不足，提前检修车辆，保障出行；监督检查企业售后网点 42 个、应急维修网点 3 个、备案维修人员 203 人，确保维修人员到岗待命、备品配件、应急取暖设备调配充足。农村卫生室标准化建设提前 1 个月完成市级任务，65 个村卫生室标准化建设业务用房全部完工投入使用。加强日常巡检，检查沼气集中供气站、分布式光伏发电站、太阳能公共浴室 85 次，下发整改通知书 3 份。协调技术人员帮助张坊镇片上村排查沼气输配气管漏气点位，排除安全隐患。完成 4 座沼气站、4 座压缩天然气站资产登记工作。完成 34 座停用“两气”工程拆除、22 座秸秆气化站焦油底泥处理工作。开展农村疫情防控巡查工作。截至年底，检查城乡结合部 1698 村次、卡口 2059 次、“七小”场所 1662 次，向乡镇反馈问题 1119 个。做好农村人居环境基础设施管护工作，联合区财政局组织开展 2020 年度人居环境基础设施管护项目事后绩效评价工作，踏勘 23 个乡镇 150 个村，实查 8 项管护事项，质量指标基本实现。推进农村住房质量提升试点工作。确定十渡镇马安村和城关街道东坟村为农村住房治理提升试点村。推进传统村落规划编制。房山区 6 个传统村落，南窖乡南窖村、水峪村保护发展规划获市级批复，佛子庄乡黑龙关村、蒲洼乡宝水村发展规划通过区级审查并上报市规划自然资源委，大石窝镇石窝村、史家营乡柳林水村保护发展规划正在修改完善中。

（郁建伟）

【农村地区供暖保障工作】 1 月 5 日至 8 日，受强冷空气影响，北京地区出现“速冻式”剧烈降温过程。区农业农村局提前部署，要求各乡镇、房山供电公司、北京燃气房山公司、清洁能源取暖设备区级服务平台，落实好市、区有关部门通知要求，确保及时解决群众的正常取暖需求。加强与电力、燃气的沟通协调调度，按需求及时启动应急预案，对问题点位迅速处理，确保“迎峰度冬”期间农村清洁取暖能源供应保障平稳运行。1 月 6 日至 8 日，共启动电力应急抢修 3 次，燃气部门因燃气表冻坏启动应急抢修 5 次。做好取暖设备运维保障和应急抢修工作。发挥区、镇、村三级售后服务体系作用，加强 24 小时值守，通过 4 部 24 小时服务热线，快速处理报修工单的接派工作，调度村级协管员、设备售后人员及时到现场协调、维修。6 日至 8 日，共接用户报修 459 单，均督促企业及时上门维修并完成跟踪回访；启动应急维修 4 次，提供临时替代和应急取暖设备 9 台次。区农业农村局派出 4 个工作小组下村入户，对用户反映的重点、难点问题，第一时间予以核实、协调、处理，做好用户安抚工作。6 日至 8 日，共入户 120 余户。

（郁建伟）

【美丽乡村项目建设推进会】 4 月 7 日，区农业农村局组织召开美丽乡村项目建设推进会。美丽乡村项目总监理和 8 家分区监理、2019—2021 年度美丽乡村 5 家设计公司参加会议。各参会单位分别汇报美丽乡村项目建设进展情况。全区美丽乡村项目建设任务村庄 361 个。截至 3 月底，通过部门审查 289 个，签订施工合同 229 个，其中整村完工 37 个（4 个市级试点村竣工验收）、基本完工 67 个、正在进行污水改造 32 个。

（陈焱）

【村级管护员非采暖季培训】 4 月 9 日至 28 日，房山区分 6 个片区组织开展 2021 年度“煤改清洁能源”取暖设备村级管护员非采暖季培训。聘请原中国供暖供冷协会专家组组长邓有源重点讲解热泵、燃气壁挂炉使用常识，常见故障判断等专业知识。由运维中心片区管理员就管理制度、巡检常见问题处理、表单填写、资料收集等内容进行综合培训。培训会后统一对管护员进行开卷答题测试。培训应到村级管护员 343 人，实到 312 人，培训签到率 91%。对于因特殊原因未参加培训的管护员，片区管理员逐一进行现场培训、发放巡检资料、答题测试，确保培训工作全覆盖。

（郁建伟）

【2021 年农村地区“煤改清洁能源”取暖设备长效管护服务工作座谈会】 4 月 23 日，区农业农村局召开房山区 2021 年农村地区“煤改清洁能源”

取暖设备长效管护服务工作座谈会。9 个“煤改清洁能源”重点乡镇责任科室负责人、区级第三方运维负责人、12 家中标设备企业售后服务负责人参加座谈。会议通报 2020—2021 年采暖季房山区清洁取暖“接诉即办”工作办理情况和取暖设备运维管护工作开展情况。2020—2021 年采暖季全区共接到清洁取暖类工单 1950 件，比 2019—2020 年同期诉求量减少 258 件，同比减少 12%，诉求量在全市 13 个区县排名第七；诉求量占安装总量比为 1.48%，比值在全市第二低。

（郁建伟）

【光伏发电（并网）项目安全检查】 4 月 26 日至 29 日，区农业农村局对全区新农村建设中涉及的光伏发电（并网）项目开展集中全覆盖安全检查。共出动检查人员 14 人次，检查家次（点位）36 个，涉及 20 个乡镇（街道）的 34 个村和 2 家农业企业。其中，在运行 29 家，运行状况良好。检查中要求各负责人做好设备设施的维护、保养和定期检测，保障安全运行，确保不发生安全事故。

（郁建伟）

【农村基础设施管护考核工作】 6 月中旬至 7 月中旬，区农业农村局开展为期 1 个月的农村基础设施管护现场随机抽查工作。共检查 140 余个村的基础设施管护情况。对于现场发现的问题，要求乡镇（街道）、村委会立行立改，并开展回头看工作。组织开展财政绩效评价工作。配合区财政局、绩效专家通过现场踏勘和资料审查，全面、客观评价管护工作实效。

（郁建伟）

【2 个村入选北京市美丽休闲乡村名录】 10 月 9 日，北京市休闲农业“十百千万”畅游行动暨门头沟休闲农业推介会召开。北京市农业农村局现场发布 2021 年北京市美丽休闲乡村名录，全市 20 个村入选。房山区大石窝镇王家磨村和十渡镇西太平村入选。

（周玉辉）

【王家磨村入选 2021 年中国美丽休闲乡村】 11 月 12 日，农业农村部公布 2021 年中国美丽休闲乡村名单和 2010—2017 年中国美丽休闲乡村监测合格名单。全国有 254 个乡村入选 2021 年中国美丽休闲乡村，房山区大石窝镇王家磨村入选 2021 年中国美丽休闲乡村，周口店镇黄山店村和南窖乡水峪村监测合格。截至年底，全区有中国美丽休闲乡村 6 个。

（周玉辉）

【村庄人居环境整治工作检查】 11 月 15 日至 18 日，区农业农村局对辖区内京昆高速 1 千米范围内的城关街道、青龙湖镇、窦店镇、石楼镇、长沟镇、韩村河镇、张坊镇、大石窝镇 8 个乡镇（街道）35 个村庄农村人居环境整治情况进行检查。检查发现问题 909 处，平均每个村庄 25.97 处。其中，村容村貌整治问题为 572 处，占 62.93%；农村生活垃圾治理问题为 306 处，占 33.66%；农村生活污水治理 30 处，占 3.30%；农村厕所革命 1 处，占 0.11%。相关问题点位反馈给乡镇，立行立改。

（杨志勇）

【2020 年农村地区冬季清洁取暖工作完成】 截至 12 月 31 日，全区 17 个乡镇（街道）152 个村累计配送优质型煤 2.7 万余吨。面对煤炭市场供应紧张、煤价上涨、大风寒潮天气等因素，区新农村中心协助乡镇调配型煤，确保正式采暖日户户有煤。并形成书面报告，经八届区政府第 114 次常务会审议通过，在原有补贴基础上，增加区财政补贴，落实市委、市政府关于不因煤价涨而增加农民负担的工作要求。

（郁建伟）

【65 个村卫生室标准化建设业务用房投入运行】 年内，房山区按照“一村一室”的原则，制定并印发《房山区农村卫生室标准化建设工作方案》和《关于加快推进农村卫生室标准化建设业务用房的通知》。10 月底，65 个村卫生室标准化建设业务用房全部完工并投入运行。

（刘宗泽）

【村庄冬季清洁取暖】 年内，区农业农村局继续对未实施“煤改清洁能源”村庄供应优质型煤（兰炭），确保未实施“煤改清洁能源”村庄住户温暖过冬。制定并印发《关于印发〈房山区 2021 年农村地区村庄冬季清洁取暖工作方案〉的通知》，明确由属地乡镇（街道）负责优质型煤（兰炭）的政府采购、配送工作，10 月 31 日前，完成配送工作。建立台账，监理到户。由乡镇（街道）依据用户申请经复核后形成配送台账，由监理单位对优质型煤（兰炭）配送到户进行全过程监理，并对配送量进行核对确认，加强抽检，确保质量。由监理单位分批次对配送的优质型煤（兰炭）进行抽样送检，确保燃煤质量符合《低硫煤及制品环保技术要求》（DB11/T 097-2019）。

（郁建伟）

工业和信息化

工　业

【概况】 2021年，面对新冠疫情形势和经济下行压力双重影响，区经济和信息化局一手抓新冠疫情防控不放松，一手抓企业复工复产不懈怠，精心组织筹划、精准服务对接，通过落实各项防控措施、抓实重点企业带动、争取上级政策支持、“五个名单”“服务包”等一系列行之有效的举措，统筹推进疫情防控和经济社会发展，全力做好“六稳、六保”工作，力促企业“在危机中育新机，于变局中开新局”。全年，房山区规模以上工业总产值实现894亿元，比2020年增长21.1%。规模以上信软服务业实现营收40.4亿元。扣除疫情因素后，规模以上工业企业产值增速在全市排名第二，在城市发展新区中排名第一。全年，完成产业双挂账固定资产投资46.6亿元，建安投资28.9亿元。完成工业固定资产投资30.9亿元，在全市16个区中排名第三。

（李静怡）

【“构建新型政企关系”合作协议签署】 5月28日，房山区与中发展集团正式签署“构建新型政企关系”全面合作协议。

（李静怡）

【2021年服贸会房山区“两区”建设项目签约】 9月6日，“生态宜居示范区、科技金融创新城——2021年服贸会房山区‘两区’建设项目签约仪式”在首钢园会场举办。签约活动现场，中国文物学会会长单霁翔推介琉璃河遗址等房山文旅资源，并宣布全国首档沉浸式世界遗产探索互动综艺节目《万里走单骑——遗产里的中国》第二季，从周口店遗址启程。现场签约环节中，签订琉璃河遗址、国际葡萄酒小镇等4个文旅类项目，老田农业高效设施等农业类项目5个，北理工研发中心、恒动氢能等高精尖项目18个，以及神州数码数字预付卡、喜马拉雅等科技金融类项目8个，其他项目13个。形成51项成果，按成果类型分，协定协议类5项、投资类27项、成交项目类11项、权威发布类2项、联盟平台类5项，首发创新类1项。涉及北京高端制造业（房山）基地的签约项目有10余家企业，包含高精尖项目和数字金融项目两大类，签约的企业有恒动氢能、喜马拉雅、阳光七星投资集团等。房山区参加文旅服务、金融服务和电信、计算机和信息服务3个线下专题展。

（李静怡　王佳梵）

【良工开发区纳入中关村科技园区房山园】 11月，按照《北京市房山区规范开发区管理机构促进开发区创新发展的实施方案》，北京良工工业开发区被纳入新成立的中关村科技园区房山园管理委员会统一管理。

（张鹏博）

【“创客北京2021”创新创业大赛房山赛区颁奖典礼】 12月7日，第六届“创客中国”北京市中小企业创新创业大赛暨“创客北京 2021”创新创业大赛房山赛区颁奖典礼在北京金融安全产业园岚羽会议中心举办。赛事由北京市经济和信息化局、北京市财政局指导，由房山区人民政府主办，房山区经济和信息化局、房山区财政局承办，以“创客北京•创新房山”为主题。房山赛区于 7 月 29 日正式启动，7 月 30 日初赛评审完成，8 月 2 日复赛结束。从初赛报名的 104 个项目中评选出 40 个参赛项目参与复赛的路演，涵盖医药健康、能源材料与环保、高端制造、人工智能等赛道的优质项目。经角逐，企业组和创客组共 20 个项目晋级市赛。

（李静怡）

【北京市房山区工业总公司转制】 12 月 9 日，根据北京市全面深化市属国资国企改革工作推进小组办公室关于印发《北京市国有企业公司制改革工作方案》的通知要求，北京市房山区工业总公司完成由全民所有制企业变更为有限责任公司（国有独资）的改制工作，改制后名称为北京市房山区工业（集团）有限公司。

（张鹏博）

【北工大中宇智能信息系统工程中心从金太阳公司退股】 12 月下旬，为配合北工大贯彻落实《国务院办公厅关于高等学校所属企业体制改革的指导意见》，深化高等学校所属企业体制改革，北京市金太阳药芯焊丝有限公司完成原股东方北京工大中宇智能信息系统工程中心以减资方式退股工作。注册资金由 1395.03 万元减至 976.51 万元，北京市房山区工业（集团）有限公司成为唯一股东。

（张鹏博）

【众创空间】 截至年底，全区有 29 家众创空间，其中国家级众创空间 5 家、北京市众创空间 11 家、中关村创新型孵化器 5 家、中关村海创园 1 家。29 家众创空间新增入孵双创企业 1223 家，累计入驻 12322 家，实现总收入 239 亿元，税收 8.4 亿元。

（李静怡）

【区工业（集团）有限公司经济指标】 截至年底，区工业（集团）有限公司资产总额 52114 万元；全年完成营业总收入 6800 万元，同比增长 15.3%；利润总额完成 513 万元，完成区国资委计划指标的 103%；区国资委合并统计 19 家企业完成税收 163 万元。

（张鹏博）

【高精尖产业】 年内，房山区 2+1 高精尖产业实现产值 416.5 亿元，占全部产值比重达到 47.76%。其中，高端制造业实现产值 97.3 亿元，占全部产值比重 11.16%；新材料实现产值 293.5 亿元，占全部产值比重 33.66%；医药健康产业实现产值 25.7 亿元，占全部产值比重 2.95%。

（李静怡）

【高精尖联审会】 年内，房山区高精尖联审会办公室落实《房山区高精尖用地政策实施方案》《房山区重点产业项目准入标准》，加强产业发展的引导，支持对促进产业创新和对产业转型升级有重要支撑的高精尖项目入园入区发展。全年，组织召开高精尖产业项目联审会 6 次，审核通过高精尖产业项目 21 个。

（李静怡）

【“两区”建设】 年内，房山区出台《房山区“两区”建设 2021 年工作要点》，明确 41 项工作任务。市级“两区”建设任务——建设面向全国的第三方自动驾驶测试平台完成，并进入北京市“两区”建设第一批改革创新实践案例。编制房山区“两区”建设普惠政策解读材料（第一批），梳理出国家、市级和区级政策 47 条。强化项目梯次推进，成立招商引资专班并入驻中发展集团，与中发展集团签署“构建新型政企关系”全面合作协议，委托中发展集团负责全域招商引资和产业服务，拟共同成立首期规模 2 亿元的房山区高精尖产业发展基金。承接优质外溢资源，举办全球智能应急装备大赛、创客中国大赛、中关村氢能发展论坛等重大活动，借助“两区”建设的开放平台，持续发力推进招商引资，优化营商环境，为企业落地房山提供全流程、全链条服务。

（李静怡）

【营商环境】 年内，房山区全力保障和服务企业发展，加强“五个名单”管理。针对“重点支撑企业、重点扶持企业、重点培育企业、重点孵化平台、重点外资项目”，建立可进可出的动态调整机制。突出头部企业服务。结合领导干部走访企业、“服务包”

等制度举措，建立区领导联系企业需求清单，通过确定问题责任单位并加强督导，帮助企业协调解决一批重点、难点问题。全年，走访调研企业 182 家，汇总各类问题 126 项，其中 112 项初步落实。支持中小企业发展。制定《房山区落实促进中小企业发展政策法规重点任务分工方案》，持续优化中小企业发展环境。推动“放管服”改革，落实一网通办，工业和信息化固定资产投资备案事项实现网上全流程办理，并实现电子印章应用。落实优化营商环境 3 年行动计划，统筹推进 27 项任务。实行禁限项目“零准入”，严格执行《北京市新增产业的禁止和限制目录》。全年，办理项目备案 82 个。对乡镇出租集体土地事项进行审核，累计出具 19 份审核意见。

（李静怡）

【疏解整治】 年内，房山区疏解退出一般制造业企业 7 家，利用腾退空间引入高精尖产业项目 1 家，开展存量制造业企业智能化、绿色化改造 1 家。开展 2016—2020 年一般制造业企业疏解退出“回头看”，市级任务的 165 家和区级任务的 84 家完成退出企业均无反弹情况。

（李静怡）

【规划实施】 年内，《房山区“十四五”时期工业发展规划》《房山区“十四五”时期“高精尖”产业发展规划》正式发布实施，《房山区“十四五”信息化发展规划》编制完成。

（李静怡）

【重点企业项目】 年内，房山区落实重大项目带动战略，推动“2+1”产业重点项目建设。中车轨道交通装备产业园、北京金融安全产业园二期、史河科技特种机器人、亮道智能自动驾驶等重点项目，集联光电高性能液晶材料项目竣工投产和投入运营；京东方生命科技产业基地数字医院推进征地，智慧医工核心能力中心一期完成二次结构施工、二期地下连廊开工建设；氢能燃料电池研发生产项目，研发空间投入使用，产业化合作协议通过政府专题会。理工清科分子智能海绵材料应用产业化项目签约落地，嘉民房山大健康产业园项目二期、龙源绿色环保型智能配电设备等重点项目实现开工。无人机灭火系统完成实弹演练和上海消防研究所认证，编制《房山区无人机森林灭火试点方案》，完成 3 套森林灭火试点系统的备货备产以及人员培训。房山 5G 自动驾驶示范区面向全国的第三方自动驾驶测试平台完成搭建。京东房山亚洲一号项目推进中。北京理工大学、北京中医药大学、北京工商大学 3 个新型研发中心加快建设，北理工分子智能海绵材料项目投入运营。

（李静怡）

【中小企业服务】 年内，区经济和信息化局组织开展企业减负和优化营商环境、中小微企业融资监测、小微企业报表等中小企业情况调查。核实处理涉及韩村河镇、长沟镇拖欠莘县蓝火新能源科技有限公司和兰州兰煤节净能源有限公司企业购置（兰炭）账款。启动 2021 年中小微企业融资监测工作。

（李静怡）

【新产品研发】 年内，北京金太阳药芯焊丝有限公司自主研发新产品 E71T-GS 自保药芯焊丝，解决需随身携带二氧化碳气瓶进行气体保护焊接的传统模式。在焊丝产品实用性、焊接操作便捷性、技术质量稳定性上较传统焊条及 E71T-1 气保护药芯焊丝有很大的提升。通过设备工具工装设计改进，将原有焊丝需通过拔丝设备两次拉拔到最终直径 1.0 毫米，改为一次性直接拉拔。解决板材焊接过程变形大的工艺问题，突出体现 E71T-GS 自保药芯焊丝焊接热能量小、焊接变形小，焊接成形好、飞溅小的特点。

（张鹏博）

【良乡经济开发区经济指标】 年内，北京良乡经济开发区实现技工贸总收入 435.3 亿元，实现利润 11.23 亿元，工业总产值 33.06 亿元；实现税收 17.10 亿元，比 2020 年增长 7%。开发公司及下属 2 家子公司全年收入 9903 万元，利润总额 6073 万元，净资产收益率 3.91%，国有资产保值增值率 104.07%。开发区企业总数 21788 家，2021 年引进企业 3446 家，注册资金 301.77 亿元。

（张静）

【良工工业基地经济指标】 年内，良工工业园区税收突破 4.5 亿元（计划 36954 万元），完成全年任务的 124%，同比增长 42.1%；区级收入完成 12060

万元（计划 9628 万元），完成全年任务的 125.3%，同比增长 43.4%。

（张鹏博）

信息化建设

【概况】 2021 年，房山区信息化建设稳步推进。发挥信息化对经济社会发展的驱动引领作用，推动政府治理体系和治理能力现代化水平不断提升。加快布局新基建，全面落实《房山区加快新型基础设施建设行动方案（2020—2022 年）》。加快布局新基建。全年，建成 5G 通信基站 720 个，改造完成农村地区有线网络光纤入户 5857 户。推动智慧城市建设。启动房山区大数据基础设施建设工作，形成《房山区大数据基础设施建设方案》。依托区政务云、大数据平台项目，推进各政务信息系统上云、入链。严格政府投资信息化项目评审，对分散、独立的政务信息系统进行整合，推动部门间数据共享交换。起草《关于房山区"十四五"时期智慧城市建设有关情况的汇报》，明确智慧城市主要建设任务和发展方向。统筹社会信用体系建设。落实"双公示"制度，编制以信用为基础的新型监管机制实施方案、重点工作任务和考核办法，房山区公共信用信息服务平台和信用房山门户正式上线运行。

（李静怡）

【智慧城市建设】 年内，房山区推动智慧城市建设。启动房山区大数据基础设施建设工作，对"电子政务外网升级"和"政务云建设"方案进行整合，形成《房山区大数据基础设施建设方案》，推动数字政府建设。依托区政务云、大数据平台项目建设，推进各政务信息系统上云、入链，推动部门间基础数据共享互通。对标对表市级智慧城市发展行动计划，撰写《关于房山区"十四五"时期智慧城市建设有关情况的汇报》，明确全区智慧城市主要建设任务和发展方向，部署智慧城市建设项目。规范政府投资信息化项目管理，对全区政务信息系统和政务信息化建设现状进行梳理，编制完成《关于房山区政府投资信息化项目整合工作的调研报告》《房山区政务信息系统整合实施方案》。做好无线电管理、政务外网安全管理、网络安全防范和通信保障工作，确保信息化领域零事故。

（李静怡）

【数字经济】 年内，房山区发展数字经济。中恩云数据中心一期部分试运行。云创互通数据中心设备进场安装调试。德信致远一期正在安装机柜，二期主体建成待验收。电信云边端设施等项目有序推进。支持云数据产业发展，启动云数据中心评估工作，围绕云数据中心项目建设进度、运营管理模式、能耗指标使用、投产后效益等情况进行研究，对综合运行情况进行监测分析与评估。与各云数据中心运营企业建立信息报送机制，及时掌握云数据产业建设发展情况。

（李静怡）

【社会信用体系建设】 年内，房山区编制以信用为基础的新型监管机制实施方案、重点工作任务和考核办法，房山区公共信用信息服务平台和信用房山门户正式上线运行，全量公示"双公示"信用信息。全年，公示行政许可信息 7079 条，行政处罚信息 11116 条，对 1103 条失信记录进行信用修复初审，组织政务诚信评价、商务诚信评价、"双公示"评估、城市信用监测、严重失信行为专项治理工作，开展信用进企业、进社区宣传活动和公益性培训，推进北京金融安全产业园创建北京信用管理服务创新先导园区和信易+应用建设。

（李静怡）

【信息化项目评审】 年内，区经济和信息化局开展信息化项目评审工作。持续完善政府投资信息化项目审核流程，共审核信息化项目 71 个。

（李静怡）

中关村科技园区房山园

【概况】 2021 年，中关村科技园区房山园管委会落实房山分区规划，以推动重点项目实施、加快园区开发建设、全力服务入驻企业为主线，完成各项工作任务。立足重点任务，全力推进园区经济高质量发展。房山园高新技术企业总收入完成 556.5 亿元，同比增长 14.5%；企业的盈利能力和研发投入持续增长。房山园高新技术企业实现利润 24 亿元，同比增长 21.8%；研究开发费用完成 22 亿元，研发强度 4.0；固定资产投资完成 21.6 亿元，建安投资完成 13.2 亿元。规划引领高质量发展。会同区经济和信息化局编制发布《房山区氢能产业发展规划》，编制完成《房山区促进氢能产业发展暂行办法》初稿和《"十四五"房山新材料产业创新发展的思路与对策》初稿。推动重大项目建设。京东方智慧医工核心能力中心项目完成二次结构施工，卫蓝总部及高性能固态锂离子电池研发中心建设项目主体结构已完成，航景创新无人机森林灭火项目通过国家测试，天仁道和正式投产运营，中车北京轨道交通装备产业园竣工投产。石墨烯种子园稳定运营，10 家企业入园孵化，"中关村（房山）氢能产业园"挂牌成立，31 家企业入驻园区；环宇京辉（二期）完成主体结构验收；八亿时空（二期）项目检测中心楼体封顶。中粮健康科技园建成开园，20 家企业入驻园区，56 家企业完成实体注册。京东"亚洲一号"项目取得市发展改革委立项批复，启动征地工作。企业创新成效明显。中关村新兴产业前沿技术研究院全面运营；八亿时空年产值达 10 亿元，实现税收 1 亿元；中国化学科研院获评 2021 年度北京市知识产权试点单位；四联集团进入民营企业五百强；航天三发牵头完成的"航天复杂构件国产五轴高效精密加工成套工艺与制造系统及示范应用"项目获北京市科学技术进步一等奖；高盟新材料、集联光电、环宇京辉 3 家企业获批设立北京市博士后实践基地。深化招商引资模式。推广"前店后厂"模式，依托中关村前沿技术研究院进行研发，北京高端制造业基地标准厂房就地产业化，吸引航景创新、史河科技、恒动氢能等一批优质企业入驻。服务企业能力不断提升。建立领导干部联系企业制度，全力满足企业职工的交通、住房、就医、就学的需求，协助企业申报市、区扶持项目，支持企业做大做强。政企合作，推进"两区""三平台"建设。构建新型政企关系。房山区与中发展集团正式签署构建新型政企关系全面合作协议，依托中关村发展集团专业的科技服务优势，全面对接中关村科技租赁、中关村担保等公司，在成果转化、项目落地等方面为企业提供深度服务和专项服务。举办首届中关村氢能发展论坛，国际智能应急装备大赛暨中关村智能应急装备产业发展论坛等活动，组织各园区参加服贸会、科博会、中关村论坛、机器人大会等活动。建设完成自动驾驶测试平台。房山区唯一的市级"两区"建设试点任务——面向全国的第三方自动驾驶测试平台建设完成，该平台集"检验检测、示范运营和综合应用服务"功能为一体。

（宋维新）

【智慧农场重装开园】 1 月 1 日，中粮生态谷公司与馥裕农科公司签署合作协议，制定农场提质规划，馥裕农科累计投入资金约 5000 万元对农场进行升级改造，打造全新的智慧农场。5 月 1 日，北京生态谷智慧农场重装开园。

（金鹏）

【京东方智慧医工核心能力中心项目建筑主体封顶】 1 月 27 日，北京高端制造业（房山）基地园区北京京东方生命科技产业基地京东方智慧医工核心能力中心项目建筑主体封顶。

（王佳梵）

【"百家重点实验室进千家企业"专场对接会召开】 3 月 22 日，高端制造业基地管委会联合中关村前沿技术公司邀请首都科技条件平台及区委组织部、区经济和信息化局、区科委等有关部门在中关村新兴产业前研技术研究院举办"惠企政策进园区暨首都科技条件平台房山工作站 2021 年度'百家重点实验室进千家企业'专场对接会"。活动吸引 30 余家企业参加。

（王佳梵）

【2021 年中关村氢能发展论坛活动举办】 5 月 21 日，首届以"助力绿色冬奥 引领能源变革"为主题的 2021 年中关村氢能发展论坛在燕山石化接待中心召开。干勇、曹湘洪等 5 位院士参加，围绕"碳 3060"、绿色能源、科技冬奥、氢能产业发展等课题进行深入探讨。活动上，发布《房山区氢能

产业园发展规划（2021—2030）》，中关村（房山）氢能特色产业园正式揭牌、首批7个氢能项目签约入驻氢能产业园。

（刘荣家）

【首届全球智能应急装备大赛】 5月28日，以“匠心智造、创领应急”为主题的首届全球智能应急装备大赛启动仪式及新闻发布会在北京房山中关村新兴产业前沿技术研究院举行。作为2021中关村论坛的系列活动，大赛由北京市科学技术委员会、中关村科技园区管理委员会、北京市经济和信息化局、北京市应急管理局、房山区人民政府、中关村发展集团股份有限公司、北京理工大学主办；北京高端制造业（房山）基地管理委员会、北京中关村前沿技术产业发展有限公司、北京中关村国际会展运营管理有限公司、中国安全产业协会消防技术创新专委会联合承办。海内外的200余个项目报名参赛。8月11日，首届全球智能应急装备大赛初赛专家评审会召开。初赛对应急救援无人机和应急救援机器人2个赛道的参赛项目进行综合评审，评选出各赛道30强。9月7日，大赛复赛在北京高端制造业（房山）基地举办，通过线上、线下路演比拼，评选出2个赛道前十强。9月24日，在周口店镇，20家企业进行实战比拼，经过无人机定点抛投、机器人侦查越障、灭火救援等科目的考核，决出大赛一、二等奖和优胜奖。最终，重庆中岳航空航天装备智能制造有限公司获一等奖，河南省猎鹰消防科技有限公司、北京航景创新科技有限公司等获二等奖。9月28日，以“匠心智造、创领应急”为主题的首届全球智能应急装备大赛颁奖仪式在中关村国家自主创新示范区展示中心举行。重庆中岳航空航天装备智能制造有限公司、长沙市云智航科技有限公司、北京力升高科科技有限公司、上海合时智能科技有限公司等8家公司的优秀项目在颁奖礼上签约落地北京房山。

（李静怡　王佳梵　刘荣家）

【中车北京轨道交通装备产业园开园】 6月8日，北京高端制造业（房山）基地的中车北京轨道交通装备产业园开园，北京中车长客二七轨道装备有限公司生产的北京地铁19号线首列车投产下线。19号线列车具有主动障碍物检测、信号互联互通等多项智能化功能，是北京市第一条铝合金车体的全自动运营线路，其运行时速为120千米。

（王佳梵）

【高端基地灭火救援实战演练活动】 6月11日，高端基地管委会组织开展储能场所灭火救援实战演练活动。区应急局、区消防救援支队进行现场指导。园区内40余家企业的安全主要负责人和安全主管进行观摩学习，100余人参加活动。

（王佳梵）

【中国青年企业家房山行活动】 9月23日，中国青年企业家房山行活动在北京高端制造业（房山）基地举办。青年企业家一行了解基地建设及发展情况，参观天宜上佳高新材料有限公司展厅及研发生产车间，了解企业生产经营情况；调研航景创新科技有限公司在基地“前店后厂”模式及整体运行情况；参观研究院生活服务配套设施；体验5G自动驾驶车辆；在研究院国际会议中心举办中国青年企业家助力房山区“两区”建设论坛和房山区推介会。

（王佳梵）

【京东“亚洲一号”项目取得立项批复】 10月22日，京东“亚洲一号”项目取得市发展改革委核准批复，有序推进征地工作。落实《北京物流专项规划》，提升房山区产业项目的质量和水平，促进土地节约集约利用。按区政府指示，确保按期落地京东“亚洲一号”项目。

（冯小龙）

【氢能产业园在高端制造业基地挂牌】 10月，氢能产业园在北京高端制造业（房山）基地挂牌。北京高端制造业（房山）基地高温垃圾转化制氢油及氢能产业示范项目完成高温垃圾气化制氢、储油加氢等主体装置建设，项目展厅启用、氢能巴士具备示范运营条件。

（王佳梵）

【中粮健康科技园入选第五批北京市创业孵化示范基地】 11月1日，北京市人力资源和社会保障局正式发布第五批北京市创业孵化示范基地拟认定名单，中粮健康科技园位列其中。

（金鹏）

【首个科技服务驿站揭牌】 11月26日，由中关村房山园管委会和中关村科技服务有限公司、北京中关村前沿技术产业发展有限公司共同主办的“中关村社区”——首个科技服务驿站揭牌仪式在中关村新兴产业前沿技术研究院举办。

（王佳梵）

【新材料基地管委会和物流基地管委会园区改革人员转隶】 12月，区物流基地管委会划转至中关村房山园管委会，共9名编制，新材料基地管委会划转至中关村房山园管委会，共11名编制10名干部。

（王扬）

【中关村房山园挂牌成立】 12月7日，区委中关村科技园区房山园工作委员会、中关村科技园区房山园管理委员会正式挂牌成立。区委中关村房山园工委为区委派出机构，主要负责贯彻落实党的路线、方针、政策，中共中央决策部署、市委和区委的工作要求，坚持和加强党的全面领导，负责本机关及所属单位党的基层组织建设、思想建设和党员队伍建设及“两新”组织党建工作。中关村房山园管委会为区政府派出机构，机构规格正处级，主要负责贯彻落实国家有关法律法规、政策以及中关村管委会、区委、区政府的相关政策和工作要求；负责研究拟订园区的发展战略和规划，协调整合各类创新资源，通过对中关村房山园各功能区的规划统筹、土地统筹、建设统筹、产业统筹、管理统筹、政策统筹、资源统筹和整体服务配套统筹，开展园区创新创业、高新技术研发及其成果产业化、科技金融、人才资源、中介组织、知识产权保护等方面的促进和服务工作；承担园区内生产经营单位的安全生产情况监督检查，协助有关部门依法履行安全生产监管职责；管理企业服务专厅。

（宋维新）

葡萄酒产业

【概况】 2021年，房山酒庄葡萄酒产业以打造中国最规范的酒庄葡萄酒产区为目标，以打造房山紫色名片、北京紫色会客厅和享誉全球的世界美酒特色产区为己任，推进并提升酒庄的建设水平和综合效益，夯实种植基础，把握酿造关键，突出品牌打造，以创新为引领，以科技为支撑，以产业融合为手段，走农、文、旅高度结合之路，不断推进房山酒庄葡萄酒产业升级发展。截至年底，房山区有酒庄19家，酿酒葡萄总种植面积13000余亩，房山葡萄酒产量1200吨，近200万瓶，年产值近6亿元。在华冠购物中心、龙湖天街设立线下的展览展示平台；新增坡峰岭景区和石花洞景区葡萄酒销售专柜。在北京市龙潭湖公园等4家园艺驿站设立葡萄酒宣传展示柜。与京东达成合作意向，搭建房山葡萄酒产区销售平台。根据酒庄需求优化课程安排，组织开展房山酒庄葡萄酒产区2021年度春季培训班、技术交流会、田间指导等形式多样的培训。结合产业发展实际，组织编写《房山葡萄酒——酿酒葡萄管理历》系列技术指导文件，录制田间打药等操作规程视频指导酒庄实际生产。完成优良品种选种引育及推广工作。推广莱恩堡公主、北红、北玫等优良酿酒品种，指导拉曼酒庄、沃德酒庄、龙熙堡酒庄完成优良抗性葡萄苗木种植任务。为丹世红（西石府）、瑞登堡和拉曼酒庄争取建设用地指标。年度和紫雾酒庄主体建设及装修取得阶段性成果。年度酒庄酒厂建设封顶。紫雾酒庄整体建设和外立面装修均完成，酒厂内部装修达到生产要求。张坊丹世红、拓普威酒庄建设用地手续和年度酒庄生产线建设手续办理取得突破。协调区经济和信息化局为丹世红、拓普威酒庄变更酒堡酒厂建设项目备案投资额，协调区市场监督管理局完成紫雾酒庄生产线验收，并取得生产许可证。酿酒葡萄种植面积不断增加，品种园建设逐步完善。指导拉曼酒庄新种植北玫、北红抗寒品种共100亩。

（高宏超）

【4家酒庄获优级以上果品气候品质评价】 1月25日，按照北京市气候资源和果品品质相关性评估标准，北京市气候中心和区气象局对辖区莱恩堡、丹世红、紫雾、瑞登堡4家酒庄进行为期1年的主要天气气候条件分析，经过详细的分析评价，莱恩

堡、紫雾、丹世红 3 家酒庄 2020 年度气候品质等级认定为特优，瑞登堡酒庄 2020 年度气候品质等级认定为优。

（张秋杰）

【莱恩堡酒庄葡萄酒获 2 枚国际葡萄酒大赛金奖】 7 月 5 日，在第 28 届比利时布鲁塞尔国际葡萄酒大奖赛上，长阳莱恩堡酒庄生产的 2019“和”系列赤霞珠干红、美乐干红 2 款房山酒庄葡萄酒斩获大赛金奖。

（李华德）

【房山酒庄葡萄酒入选“北京生态礼物”】 在首都绿化委员会举办的北京生态礼物征集活动中，房山酒庄葡萄酒成功入选“北京生态礼物”。11 月 23 日至 25 日，“房山酒庄葡萄酒”正式入驻东城区、西城区和朝阳区的 4 家市属园艺驿站“北京生态礼物”展区。

（高宏超）

【房山葡萄酒产区获“中国葡萄酒小产区”认证】 12 月 29 日，经过中国酒业协会及行业评审专家近 1 年调研、考察，综合产区基本气候、土壤环境、酿酒品质、所获奖项、销售与民生等因素，房山葡萄酒产区成为国内第 4 家通过“中国葡萄酒小产区”认证的葡萄酒产区。据调查：房山地区自古就有种植葡萄、酿造葡萄酒的传统，房山地区欧亚种葡萄栽培始于元明时期。民国十七年（1928 年）《房山县志》有葡萄、山葡萄记载。《房山农业志》记载，1955 年房山有种植葡萄产量的官方统计数据，且从历年统计数据看，房山葡萄种植产量呈逐年增长趋势。1995 年，房山葡萄酒开始进入现代产业化发展阶段，北京太阳葡萄酒有限公司、北京波龙堡葡萄酒业有限公司先后成立，开始生产房山葡萄酒。2010 年前后，房山葡萄酒产业提出以“原产地、国际化、个性化、酒庄酒”为发展理念，以打造“葡萄酒品质一流、风格独特，酒庄生态优美、功能齐全”为目标，进入葡萄酒产业快速发展阶段和酒庄建设高峰期，北京莱恩堡国际酒庄、北京龙熙堡葡萄酒业有限公司、北京紫雾采邑酒业有限公司、北京京沃德酒庄有限公司、北京仙露堡葡萄酒业有限公司等十几家酒庄先后建立并进入生产阶段。

（张秋杰）

【2021 北京房山葡萄酒文化节】 年内，房山区举办 2021 北京房山葡萄酒文化节——酒庄行系列活动。葡萄酒文化节利用线上宣传手段，以 2 名体验官深度实地体验酒庄的形式，录制完成 4 期共计 12 家酒庄的文旅融合宣传体验片，挖掘和宣传长阳莱恩堡世界葡萄酒博物馆、青龙湖丹世红陨石酒窖、葡萄藤烤串、南窖祥莱堡万米无阶梯葡萄步道、张坊龙熙堡喀斯特地貌长墙等具有网红打卡属性的酒庄专属特点。通过视频、微信、抖音等平台的推广，全方位、立体化的展示房山酒庄葡萄酒产区生态、多元、融合的文旅形象，激发游客到房山来探索酒庄秘境的欲望，房山酒庄文化、葡萄酒文化融入市民生活。

（高宏超）

【酒庄葡萄园现场考核工作】 年内，房山区葡萄种植及葡萄酒产业促进中心组织区内专家对 15 家酒庄的葡萄园进行现场考核，并对考核结果进行总结和反馈，指导酒庄科学管理、安全生产，提高各酒庄田间管理水平，为酒旅融合发展奠定坚实基础。

（张秋杰）

建筑业　房地产业

建筑业

【概况】 2021 年，房山区建筑业市内完成产值 69.8 亿元，同比下降 6%；上缴税金 19.9 亿元，同比增长 18.7%。全年，审批新设立企业 404 家，增项企业 46 家，升级企业 15 家，日常变更企业 856 家。全区有资质建筑业企业 3064 家，其中施工总承包企业 1110 家，专业承包企业 1620 家，施工劳务企业 334 家。

（张轩婧）

【建筑工程建设】 5 月 28 日，自住型商品房项目竣工。工程位于韩村河镇韩村河村，属于共有产权房，建筑面积 143149.61 平方米。剪力墙结构，工程总投资 47037.39 万元。2018 年 4 月 25 日开工，北京鑫博置业有限公司建设，北京房勘金地工程勘察设计有限公司勘察，北京本土建筑设计有限公司设计，北京韩建集团有限公司施工，北京京盛工程建设监理有限公司监理。

6 月 8 日，综合性商业金融服务业及公交场站设施用地项目（7-1#商业楼等 2 项和 8#商业楼）竣工。工程位于长阳镇，7-1#商业楼等 2 项建筑面积 44427.3 平方米，包括 7-1#商业楼、7-2#连廊，其中 7-1#商业楼地上六层、地下二层，7-2#连廊地上五层。框架结构，工程总投资 13781.74 万元。8#商业楼建筑面积 44036.62 平方米，包括 8#商业楼，地上 6 层，地下 3 层。框架结构，工程总投资 13724.49 万元。7-1#商业楼等 2 项和 8#商业楼项目于 2019 年 3 月 29 日开工，北京首开龙湖盈泰置业有限公司建设，中航勘察设计研究院有限公司勘察，中国电子工程设计院有限公司设计，中建一局集团建设发展有限公司施工，北京赛瑞斯国际工程咨询有限公司监理。

8 月 26 日，文科楼（Ⅰ）等 12 项［北京理工大学良乡校区三期（教学楼组团）］项目竣工。工程位于北京理工大学良乡校区内，建筑面积 107006 平方米。框剪结构，工程总投资 50500.28 万元。2017 年 12 月 15 日开工，北京理工大学建设，明达海洋工程有限公司勘察，中国建筑设计研究院有限公司设计，中国建筑第二工程局有限公司施工，北京中景恒基工程管理有限公司监理。

9 月 18 日，中粮科技园标准厂房及配套附属设施建设项目（2#宿舍等 38 项）工程竣工。工程位于琉璃河镇，建筑面积 146045.5 平方米。框架结构，工程总投资 51386.03 万元。2019 年 1 月 28 日开工，中粮（北京）农业生态谷发展有限公司建设，中材地质工程勘查研究院有限公司勘察，北京墨臣工程咨询有限公司设计，中建一局集团建设发展有限公司施工，建研凯勃建设工程咨询有限公司监理。

（张海燕）

【征收工作情况】 8 月 10 日，房山新城拱辰中心区一至五街改造定向安置用房（二期）项目鞋厂家属楼 13 户国有土地上房屋征收工作启动。房山新城拱辰街道中心区一至五街改造定向安置房（二期）项目于 2008 年启动，建设单位为北京良乡城市建设开发有限公司，拆迁范围包含一至五街 5 个村及直管公房等单位。房管所及其他产权单位被拆迁居民计划安置在拱辰街道 FS00–LX07–0095 地块内，该地块上还有 2 栋家属楼 19 号、21 号楼未拆迁完成。截至年底，全区有在拆迁项目 14 个，其中办理拆迁许可证项目 8 个、完全自主腾退项目 4 个、国有土地征收项目 2 个。全年，累计实现集体土地宅基地签约 631 户、国有住宅 12 户，实现拆迁腾退清零项目 8 个。

（何英伟）

【城关中心区棚户区改造土地开发项目】 城关中心区棚户区改造土地开发项目位于城关中心区内，涉及燕房组团 3、5、6、7、9 共 5 个街区，共 10 个行政村（洪寺村、迎风坡村、塔湾村、北关村、西街村、东街村、南关村、南街村、北市村及丁家洼村），涉及拆迁住宅 3953 户、非宅 1425 宗。项目规划总用地面积 233 公顷，规划总建筑面积约 300.59 万平方米，计划总投资约 187 亿元。实施主体为北京燕房新城投资有限公司。截至年底，该项目累计完成拆迁改造住宅 3758 户，非宅 1255 宗；累计开工安置房 9458 套，竣工 4789 套。其中，2021 年竣工 2277 套，包括南街 0088 地块 642 套，南街 0092 地块 604 套，东街 0105 地块 659 套，北关顺城 0043 地块 224 套，北关顺城 0045 地块 148 套。累计完成投资 146.57 亿元。

（隗立迎）

【长阳镇黄管屯村棚户区改造土地开发项目】 长阳镇黄管屯村棚户区改造土地开发项目位于长阳镇黄管屯村，涉及拆迁住宅 227 户，非宅 108 宗。项目用地面积约 87.62 公顷，其中规划建设用地面积 13.34 公顷。规划总建筑面积 33.09 万平方米，其中安置房建筑面积 7.52 万平方米 576 套。计划总投资 35 亿元。实施主体为北京福洲房地产开发有限公司。截至年底，该项目累计完成拆迁改造住宅 203 户，非宅 108 宗。其中，2021 年 6 月 576 套安置房完成竣工验收，实现回迁入住。累计完成投资 22.11 亿元。

（隗立迎）

【长阳镇 06、07 街区棚户区改造土地开发项目】 长阳镇 06、07 街区棚户区改造土地开发项目是承接西城区人口疏解定向安置房项目，涉及张家场、牛家场、保合庄、朱岗子、杨庄子、长营、高岭、马厂 8 个村，涉及拆迁住宅 1056 户，非宅 591 宗。项目总用地面积 489 公顷（含同步实施整理面积 228 公顷），规划总建筑规模 268 万平方米，其中安置房建筑规模 210 万平方米 14647 套。项目分 7 个片区实施，计划总投资 350 亿元。实施主体为北京市房山新城置业有限责任公司。截至年底，该项目累计完成拆迁改造住宅 1045 户，非宅 546 宗；累计开工安置房 9414 套；累计完成投资 138.36 亿元。

（隗立迎）

【琉璃河镇中心区洄城等 5 村棚户区改造土地开发项目】 琉璃河镇中心区洄城等 5 村棚户区改造土地开发项目位于琉璃河镇，涉及洄城、二街、三街、刘李店、李庄（部分）5 个行政村，涉及拆迁住宅 2209 户，非宅 147 宗。项目用地面积 236.18 公顷，规划总建筑面积 202.17 万平方米，其中安置房建筑面积 62.48 万平方米 5174 套。项目分 6 个片区实施，计划总投资 109.61 亿元。实施主体为北京住总京房房地产开发有限公司。截至年底，该项目累计完成拆迁改造住宅 1526 户，非宅 108 宗；累计开工安置房 410 套；累计完成投资 21.84 亿元。

（隗立迎）

【阎村镇棚户区改造及环境整治项目】 该项目位于阎村镇，涉及大紫草坞村、小紫草坞村、前沿村、炒米店村、元武屯村、肖庄村 6 个行政村以及后沿村、小董村少量征地，涉及拆迁住宅 3746 户 13532 人。阎村镇棚户区改造及环境整治项目总建设用地规模 252.81 公顷，规划总建筑面积 160.57 万平方米，其中安置房建筑面积 70.64 万平方米。计划总投资约 149.65 亿元。项目分 5 个片区实施，实施主体为北京京房兴业置地有限公司。截至年底，该项目完成元武屯村 372 户住宅，15 处非宅的拆迁腾退工作，实现拆迁拔点；累计完成投资 11.85 亿元。

（隗立迎）

【农村危房改造】　年内，房山区创新农村危房改造工作模式。在全市首创统一建设的建造方式下，统筹乡镇、施工单位为无能力建房群众进行房屋改造。针对4类重点对象和低收入群众，房山区危房改造工作在全国树起“房山样板”，获国务院办公厅督查激励，奖励资金500万元。推进村镇建设工作。推动小城镇基础设施建设项目，完成2018—2020年，抗震节能农宅建设项目的审计工作。做好农村房屋安全隐患排查整治工作，全区累计排查农村房屋146528户。

（张轩婧）

【老旧小区综合整治】　年内，城关、拱辰和西潞3个街道的30个老旧小区（包括房屋建筑本体和小区公共区域）综合整治工作全部完工。惠及居民6813户19076人。2021年，计划改造的15个老旧小区综合整治工程均开工。完成老旧小区加装电梯6部，实现新开工电梯12部。在拱辰街道、西潞街道2个试点探索老旧小区综合整治有机更新实施路径，推进房山区老旧小区改造引入社会资本参与工作。配合相关部门推进市政专业管线改造，协调安排好各项工程时序，推进水电气热与老旧小区更新改造同步进行，避免重复施工。

（张轩婧）

【建筑节能】　年内，区住房城乡建设委严格执行民用建筑节能80%设计标准；新建建筑全面执行绿色建筑一星级标准，2个项目通过二星级设计标识绿色建筑标知评价，建筑面积10.64万平方米；公共建筑电耗限额管理工作稳步推进，全区435栋公共建筑纳入公共建筑能耗限额管理系统，并通过年度考核。

（韩书新）

【招投标监督管理】　年内，招标投标监管方面，完成项目入场45项。其中，施工28项，监理15项，建设规模178.57万平方米，投资额68.29亿元。全年，招标完成工程40项。其中，施工25项，监理13项，面积156.92万平方米，合同额56.09亿元。

（孙雪莹）

【规范建筑市场】　年内，全区在监工程总数233项，建筑面积1158.33万平方米，线性工程长度6.84万平方米，单体共计1858个。区住房城乡建设委严厉打击违法发包转包分包、无证施工等违法行为。采用委托第三方检测机构、群众参与监督等多种监管手段，抓工程及预拌混凝土生产企业质量、安全管理。持续推动施工质量安全风险分级管控及隐患排查治理双重预防体系建设，持续开展深基坑、起重机械、高支模专项治理。加大工地扬尘治理力度。持续开展专项行动，着力从抓督导检查、抓严格执法、抓关键环节、抓日常巡查、抓“系统”建设等方面加强施工现场扬尘精细化管理，确保完成大气污染防治任务。加强预拌混凝土企业行业管理工作，完成7家预拌混凝土企业（房山区在产共8家）密闭化升级改造，持续改善生态环境质量。全年，实施行政检查3005次，作出行政处罚163起，处罚金额369.94万元，人均执法量264件。

（张轩婧）

【施工许可办理情况】　年内，全区核发施工许可证77项，总投资额77.23亿元，建设规模245.14万平方米（含低风险工程2项，建设规模5355.83平方米）。其中，房屋建筑工程41项，建设规模169.99万平方米；市政基础设施工程8项，建设规模3.39万平方米；装饰装修工程28项，建设规模75.15万平方米。全年，累计核发施工登记意见函9项，建设规模37.16万平方米；核发施工准备函3项，建设规模13.82万平方米。

（董金强）

房地产业

【概况】　2021年，房地产行业固定资产投资完成181.3亿元，同比增长4.9%。其中，建安投资69.6亿元，同比增长12.8%。房地产业实现税收收入27.0亿元，同比增长11.6%。房屋开复工面积817万平方米，同比下降2.9%。其中，新开工面积79.4万平方米，同比下降30.7%；房屋竣工面积60.8万平方米，同比下降51.7%。商品房销售面积90.5万平方米，比2020年增长47.0%。全年，审批棚改项目资金714笔，总额62.96亿元。完成棚户区拆迁改造439户，棚改安置房新开工1259套，棚改安置房竣工2853套，棚改拆迁拔钉子2个（阎村镇元武屯村片区项目和长阳镇黄管屯村二片区项目），按时完成市级年度考核任务指标。起草签订琉璃河棚改项目实施协议补充协议，签订长阳镇黄管屯及0607棚改项目政府购买服务补充协议。完成城关中心区棚改（南关、北市居住地块）土地整理工作，实现挂牌入市。

（吕春元）

【住房保障工作】 年内，房山区建设筹集各类政策性住房任务3700套，实际筹建3787套，竣工3781套。建设筹集各类政策性住房3787套，完成全年任务指标比例为102%；竣工（基本建成）3781套，完成比例为100%。公租房实物注资及政策性住房产权转让工作稳步推进。制定《关于支持燕房投资公司运营发展工作方案》，8个定向安置房项目，4个公租房项目完成与燕房投资公司的交接转化工作。不断加大共有产权住房、集体土地租赁住房项目建设及公租房资格备案、公开配租及市场租房补贴发放力度。截至年底，具备销售条件的共有产权住房项目6个6629套，销售3411套，去化率为51.4%。全区开工集体土地租赁住房项目4个3058套。全区公租房申请家庭已保障家庭达到7969户，备案轮候家庭降至8481户，保障率48.44%，比2020年年底保障提升率13.54%，全市排名第5名。市场租房补贴申领家庭达到915户，同比增长367%；全年发放保障房租金补贴2824万元，收缴租金3116万元。精准配租人才住房，面向良乡大学城各高校教职工及园区入驻企业职工配租拱辰街道富禧良公租房360户。

（赵亮亮）

【保障房盘活的“房山”模式】 年内，房山区创新保障房盘活的“房山”模式，由区级住房保障平台公司引领，统筹区域项目资源，形成综合实施理念。将区内剩余安置房、限价商品房、经济适用房等闲置房源整体打包，收购转化，即补充公租房的房源，重新利用区内闲置房源。截至年底，收购转化公租房、保障性租赁住房703套。

（赵亮亮）

【房地产调控】 年内，房山区严格执行房地产调控政策，房地产市场运行平稳。办理商品房预售许可12个，预售面积67.82万平方米；办理现房销售备案180个。全年，成交商品房81万平方米，同比增长41.1%。住宅成交均价30665元/平方米；商办成交均价15415元/平方米。入市住宅库存83.2万平方米，去化周期为14个月，比2020年同期缩短11个月，处于合理库存区间。

（刘静）

【逾期未安置项目清理工作】 年内，房山区纳入市级台账的4个逾期未安置项目全部实现开工建设。其中，拱辰街道黄辛庄村安置房项目和城关街道楮榆树安置房项目均取得建设工程施工许可证，拱辰街道一至五街定向安置房项目取得施工登记意见函，拱辰街道吴店村安置房项目取得“土护降”施工准备函。

（张轩婧）

商贸服务业　金融业

商贸服务业

【概况】　2021 年，全区实现社会消费品零售额 373.9 亿元，同比增长 9.5%。外贸进出口总额完成 11.3 亿美元，同比增长 11.9%。实现实际利用外资 1 亿美元，同比增长 7.0%。生活性服务业“六化”（规范化、连锁化、便利化、品牌化、特色化、智能化）水平大幅提升，粮食安全扎实稳步落实，外经贸工作有序推进，全区商务工作总体保持稳中有进的良好发展态势。

（宋祥博）

·商业流通规划与发展·

【“北京消费季”活动举办】　4 月至 12 月，区商务局牵头协调相关部门，制定《2021 北京消费季房山区活动方案》，利用“五一”、端午节、七夕节、中秋节、国庆节等节点，依托“新场景”“新趋势”“新能级”“新势力”“新体验”5 大板块，围绕购物消费、时尚消费、数字消费、信息消费、美食消费、文化消费、旅游消费、体育消费 8 大主题，围绕夜经济、直播带货等消费热点，推出具有房山特色的消费品牌和活动，促进人气回暖、销售回升。

（宋祥博）

【窦店物流基地建设】　5 月，在窦店物流基地工作推进会上，房山区确定《窦店物流基地实施方案》，确定开发主体、土地开发模式、规划方案，并上报市政府批准实施。区商务局组织召开专题会议，确定窦店物流基地开发将以“集体土地自主腾退+集体土地租用占地”模式开展，物流基地计划用地约 1.08 平方千米。截至年底，《窦店物流基地一期产业用地规划综合实施方案（初稿）》制定完成。

（宋祥博）

【《“十四五”时期现代生活性服务业发展规划》编制完成】　10 月，《“十四五”时期现代生活性服务业发展规划》编制完成。《“十四五”时期现代生活性服务业发展规划》将发展基础和现状分析作为重点环节，深入剖析生活性服务业发展不平衡、不充分问题，以及制约行业发展的痛点、难点，特别是农村地区的生活性服务业品质提升，结合房山区优势提出具体发展思路以及可落地、可实施的具体措施，以此作为“十四五”时期生活性服务业发展重要依据。

（宋祥博）

【《房山区推进落实北京国际消费中心城市建设工作方案（2021—2025 年）》编制完成】　12 月 1 日，《房山区推进落实北京国际消费中心城市建设工作方案（2021—2025 年）》经八届区委常委会第 259 次会议讨论通过并正式印发。形成“1+6”框架体系，即：1 个工作方案和 6 个配套文件，配套文件包括区级领导小组、消费空间布局图、重点项目清单、重点任务清单、重点服务单位清单、政策清单。《房山区推进落实北京国际消费中心城市建设工作方案（2021—2025年）》推动实施8个方面25项重点任务，以商业、文化、教育、旅游、体育、医疗、信息等领域为重点，加快消费转型升级，增强消费对经济发展的基础性作用，助力北京建设成为具有全球影响力的国际消费中心城市，更好地满足人民日益增长的美好生活需要。

（宋祥博）

【生活性服务业“六化”程度稳步提升】 截至年底，全区社区有各类便民商业网点2882个，其中便利店（超市）665个、蔬菜零售410个、早餐423个、美容美发419个、家政服务41个、洗染106个、末端配送741个、便民维修77个，城市社区基本便民服务功能覆盖率达到100%，社区网点连锁化率达到49%。其中，2021年，全区累计建设提升蔬菜零售、便利店（超市）、早餐、美容美发等基本便民商业网点32个。根据业态分类，蔬菜零售8个、便利店（超市）12个、早餐8个、美容美发4个，全区生活性服务业“六化”程度明显提升，服务功能更加完善，居民生活更加便捷。

（宋祥博）

【全区居民生活“便利性”不断提高】 年内，区商务局利用地下空间补建便民商业网点，完成房山区第一家地下便民商业网点——隆禧生鲜超市，覆盖西潞园、北潞园、拱辰星园等小区8000多户居民，有效弥补老旧小区商业设施短缺问题。鼓励本土商超企业华冠超市联合京东推出“京心”APP，利用京东集团数字化优势，连通华冠线下直营门店，为消费者提供便利化服务。截至年底，“京心”APP在所有华冠超市上线，丰富生活性服务业供给，切实提高居民便利性。

（宋祥博）

【市场改造升级持续推进】 年内，区商务局落实市商务局关于社区菜市场（农贸市场）转型升级方案，在首创奥特莱斯、华冠超市、西潞街道、长阳镇开展线下消费帮扶展销活动5次，升级改造东风、一里、五里、六里4家市场，市场硬件设施得到整体提升。

（宋祥博）

【长阳商圈消费规模达10亿级】 年内，龙湖熙悦天街开业。长阳商圈各商业载体空间超50万平方米，年销售额约达44亿元，年税收约7300万元，年吸引京内外消费群体达百万人次。《北京市商圈活力研究报告》显示，长阳商圈综合排名第四，成为引领京西南消费的新引擎。

（宋祥博）

【商贸物流体系建设】 年内，华冠配送中心二期完工，启动京东亚洲一号物流园建设，《京东亚洲一号物流园一期地块规划综合实施方案》完成。

（宋祥博）

【全区营商环境持续优化】 年内，区商务局按照《北京市房山区进一步推进公平竞争审查工作的实施意见》，制定《房山区商务局贯彻落实2021年质量工作任务实施方案》，着力培育优质服务品牌及推广，不断优化提高全区商业服务业基础设施水平和延伸服务水平，加强顾客权益保障力度，全面提高房山区商业服务业质量和水平。

（宋祥博）

【供销总社完成主要经济指标任务】 年内，区供销总社实现营业收入3517万元。实现利润总额883万元，完成国资委下达计划420万元的210.24%，净资产收益率完成2.67%，完成国资委下达计划0.98%的272.45%。上缴各项税金997万元。

（陈玉）

·市场运行与管理·

【粮食宣传活动】 5月25日，区商务局围绕粮食科技周“科技助力节粮减损，创新保障优粮供给”主题，在首创奥特莱斯购物中心组织开展宣传活动，向市民发放粮食科普宣传系列材料，向居民宣传科技人才兴粮兴储、粮油健康消费、绿色仓储、节粮减损、现代仓储物流、物资能源安全等各项知识，累计发放宣传册1000份。

（宋祥博）

【天恒乐活城、千禧家园防疫物资保障工作】 8月，天恒乐活城和千禧家园社区出现疫情后，区商务局第一时间赶赴现场，并坚守抗疫工作第一线，负责疫情防控物资调拨和生活物资保障工作。按照区委、区政府工作部署和相关工作程序，分别从区救灾物资储备库、北京市房山粮油贸易有限公司、北京市宏联物资有限公司、北京华冠商业科技发展有限公司、中石化太平加油站等单位调拨各类防疫物资、生活必需品 291291 件，为疫情防控提供物资保障。

（宋祥博）

【防疫物资供应有力】 年内，区商务局继续发挥物资保障组成员单位作用，做好防疫物资供应工作，对荣康、康宇 2 家口罩生产厂生产储备情况进行日监测并报送市粮食和物资储备局，对区政务局、区城管执法局、区交通局等重点单位进行口罩等防疫物资调拨供应，继续加强对 160 余万件库存防疫物资管理，保障应急之需，并做好数据统计汇总、核对审计、资金申请拨付工作。

（宋祥博）

【生活必需品市场监测】 年内，区商务局开展生活必需品市场监测，每日收集、汇总 7 家连锁超市、4 家农贸市场和蔬菜园区的蔬菜、肉类、米面油等 48 种生活必需品的产销、库存和价格数据，汇总分析形成《房山区生活必需品价格监测情况》日报，每日向市生活必需品供应保障专班报送《房山区生活必需品政府储备调控计划表》。督促指导企业做好保供稳价工作，传达市、区疫情防控工作要求，督促指导区内重点商业加大蔬菜等生活必需品备货力度，做好春节、“五一”、端午期间货源保障工作，确保生活必需品不脱销、不断档，保证市场供应。

（宋祥博）

【防疫防控专项检查】 年内，区商务局履行市场防疫组成员单位职责，不定期对重点乡镇、冷链物流、商贸餐饮企业进行防疫防控专项检查。1 月，牵头市场防疫组对大安山乡、河北镇、长阳镇等地检查督导；6 月，组织区市场监管局、区卫生健康委等单位联合对重点冷链物流企业督导检查。疫情期间，区商务局依托区商务局安全生产检查队，每天派出 2 个检查组，督导各企业严格落实员工上岗前测温、门口对顾客测温、劝阻不戴口罩顾客、经营场所定时消毒、拆除门帘、设置“一米线”、使用北京健康宝等防控措施，确保防控措施落实到位。

（宋祥博）

【重点行业从业人员核酸检测】 年内，区商务局按照市疫情防控组要求，每周对快递外卖、农贸市场等重点行业从业人员、生产经营环境、货品进行核酸检测，同步抓好货物、环境检测，强化数据分析，做好监测预警，累计检测从业人员 406001 人，检测点位（外环境）129110 个，检测货品 35594 个，结果均为阴性。

（宋祥博）

【相关行业人员疫苗接种】 年内，区商务局按照市、区两级文件精神，及时制定下发工作通知，明确责任分工，细化工作任务，及时做好疫苗接种工作，多次发送通知要求属地政府和行业主管部门对市场领域从业人员接种情况进行再摸排、再动员，做到应接尽接。全区市场领域从业人员接种 39905 人，接种加强针 37719 人，接种率 94.5%。

（宋祥博）

【粮食安全责任制】 年内，区商务局按时、足额拨付粮食风险基金资金 700 万元；健全全区应急供应网点，87 个网点覆盖全部 25 个乡镇（街道）；组建以 2 家企业为核心的粮食配送体系，日粮油应急配送能力达 1500 吨。采用竞价销售、竞价采购的方式完成 8000 吨区储备小麦轮换工作，有效落实粮食安全责任制。

（宋祥博）

【粮食应急供应网点建设】 年内，区商务局核实规范区保供企业北京华冠商业科技发展有限公司应急供应网点建设情况，将该公司在区内销售粮油的 60 家直营门店，全部确定为区粮食应急供应网点，将北京金点点商贸有限公司的 20 家超市门店也纳入区粮食应急供应网点，2 家保供企业的应急网点共覆盖全区 18 个乡镇（街道）。对于网点未覆盖的 7 个深山区乡镇，区商务局要求当地政府明确 7 家单位作为粮食应急供应网点。截至年底，全区有 87 个应急供应网点，覆盖全部 25 个乡镇（街道），确保应急情况下的粮食供应需求。

（宋祥博）

【粮食领域执法检查】 年内，区商务局持续开展行政检查，明确检查对象，突出重点，确保对纳入国家粮食局粮食直报系统的9家粮食企业监督检查覆盖率100%。坚持日常监管、专项检查与“双随机”检查相结合，有计划、有重点开展粮食质量、储粮安全、生产安全、防汛安全检查，组织检查企业31户次，出动检查人员111人次。经查，房山区粮食质量安全稳定，政策性用粮使用规范，粮食应急管理工作落实到位。

（宋祥博）

【安全隐患督查检查】 年内，区商务局督查检查队出动检查人员3396人次，检查企业1132家次，开展防疫措施、消防、安全生产、反恐、有限空间、燃气、垃圾分类等行业检查，发现隐患543处，全部整改完毕。

（宋祥博）

【重点工作专项治理】 年内，区商务局重点围绕政法系统“雪亮工程”、有限空间作业安全生产“清风行动”、国家安全发展示范城市建设、“高墙大院”专项整治等专项工程，与区市场监管局、区城市管理委等执法部门联合检查，落实安全生产工作的各项指示和要求，推进安全生产隐患排查整治，加强监督检查，及时发现并消除安全隐患，确保不发生安全生产事故，全力确保安全稳定。组织系统内344家企业上安全责任险，在各系统排名中位列第一。

（宋祥博）

【救灾物资管理工作】 年内，区商务局完成救灾物资搬迁、原库区腾退、新库租赁、设备安装等工作，包括架子拆装、物资码放、分库分区、登记清点、办公用房拆除、办公物品处理、人员安排、隐患排查等，组织召开应急、财政、商务三家工作会，积极协调过期报废物资处理、轮换等工作，推动依法依规轮换、报废工作加快进行。组织进行救灾物资保险等工作，确保救灾物资安全。2021年房山区共调拨：12平棉帐篷296顶、单帐篷250顶、被褥762床、行军床938张、脸盆600个、马扎1000个、苫布25个、军大衣50件。

（宋祥博）

【成品油行业管理】 年内，区商务局完成成品油行政许可事项29件（注销新设6件、变更23件）、延期歇业事项9件，依法将29件行政许可事项信息及时、准确地进行公开。按照《关于开展2021年度成品油零售经营企业年度定期检查工作的通知》，开展成品油零售经营企业定期检查工作，重点关注企业安全资质和油气回收、监控系统等方面经营设施情况，全年完成成品油经营资格年度检查事项122件。

（宋祥博）

·外资外贸·

【2021服贸会房山交易分团组织工作完成】 9月2日至7日，2021中国国际服务贸易交易会在北京举办，区商务局牵头起草《2021年中国国际服务贸易交易会北京市交易团房山分团工作方案》，依据《2021年中国国际服务贸易交易会北京市交易团房山分团工作方案》做好组织报名、活动保障工作，办理嘉宾、交易团、参会人员证件501件，申请公务用车证件4个，并完成北京日、房山集中签约活动涉及区领导行程的部分服务保障及防疫工作。

（宋祥博）

【外资外贸审批备案】 年内，全区新设外商投资企业40家，合同外资金额13380万美元。企业年度报告完成176件，其中外商投资初始报告67件、变更报告109件。办理对外贸易经营者备案登记业务企业203家，办理服务外包及软件合同登记事项4家，合同金额合计397万美元。

（宋祥博）

【外经贸发展专项资金初审工作】 年内，区商务局继续落实市商务局关于申报支持外贸企业提升国际化经营能力项目的相关通知，组织区内外贸出口企业参与资金申报。完成2020年度（第一批、第二批）支持外贸企业提升国际化经营能力项目资金拨付材料初审工作，共计52个项目，初审金额125.9万元。完成2021年第一批支持外贸企业提升国际化经营能力项目申报工作，涉及17家企业申报的45个项目。完成市商务局外贸高质量发展专项资金支持项目申报，4家企业符合资金支持标准。

（宋祥博）

【跨境贸易便利化培训】 年内，区商务局持续跟踪区内重点外贸企业生产经营情况，及时了解重点外贸企业诉求，开展“送政策入企业”工作，开展跨境贸易业务线上培训20次，推送培训课件20余次，培训区内重点外贸企业1000余家次。

（宋祥博）

金融业

【概况】 2021年，区金融服务办在区委、区政府的领导下，紧抓服务实体经济、防控金融风险、深化金融改革重点任务，着力推进北京基金小镇、北京金融安全产业园建设发展。截至年底，金融业税收18.2亿元，比2020年增长230.4%。金融业地区生产总值完成53.0亿元，比2020年增长1.1%。发挥北京基金小镇资源优势，设立国内首支S基金——北京清科和嘉二期投资管理合伙企业（有限合伙），探索拓宽股权投资和创业投资退出渠道；对外资机构提供一站式的注册咨询服务和管家式的企业服务，吸引全市首家外资私募证券投资基金管理人（新加坡DTL量化投资管理公司）在北京基金小镇注册（北京道泰量合私募基金管理有限公司）。参加2021年中国国际服务贸易交易会——金融服务专题展，全方位展示“以服务实体经济为目标，以提升金融生态环境，打造金融产业微中心为主旨”的房山金融产业特性，筹办2021年北京国际金融安全论坛，不断提升房山金融产业形象。对接北京小微企业金融综合服务平台，结合“畅融工程”，建立金融服务实体经济的常态化对接机制，为银企交流合作打通渠道。有27家金融机构入驻房山区小微企业金融综合服务平台，共上线融资产品58款，在线注册有融资需求企业120家，通过平台获得融资1148万元。鼓励银税对接，增加信用贷款投放比例。鼓励金融机构创新产品和服务，不断健全信用体系建设，增加科创企业知识产权质押贷款、供应链金融、应收账款融资等，促成区内7家银行机构与税务部门签约。引进新机构落户房山区，丰富金融业态，光大银行房山支行入驻房山区并正式开业，协助招商银行完成初步选址。优化金融服务，助力中小企业良好发展。引导辖区内金融机构落实各项中小企业扶持政策，加大对“三农”支持力度。助力乡村振兴。编制《“十四五”时期房山区金融创新发展战略研究》和《“十四五”时期房山区金融业发展规划》，通过各项评审并完成结题报告。引导区内企业上市融资发展，做好上市规范引导。加强对重点企业走访服务，通过实地考察、交流座谈等形式走访重点企业和项目30余次。紧抓北交所成立新机遇，与全国股转公司进行多次沟通，初步达成建设新三板房山基地和保持业务密切合作的意向。发挥北京市企业上市综合服务平台作用，组织区内企业进行线上培训20余期。稳妥推进“玖富普惠”网贷平台清退化解工作。坚持对融资性担保公司的经营管理和内控风险情况月监测、年审查，定期对区内小额贷款公司的经营数据和运行进行监测，加强对典当行和融资租赁公司监督管理，确保合法合规经营，防控金融风险。

（胡娟）

【2021年度市、区两级创业孵化示范基地授牌仪式】 1月18日，2021年度市、区两级创业孵化示范基地授牌仪式在北京金融安全产业园举行。通过申报、初审、评分考核等程序，北京金融安全产业园获得第五批认定。

（胡娟）

【《私募基金投资者保护手册》发布】 2月3日，中国证券监督管理委员会北京监管局、中国证券投资基金业协会、北京基金小镇投资者教育基地联合发布《私募基金投资者保护手册》，并举办私募基金监管新规解读系列培训会。

（胡娟）

【金融服务乡村振兴对接会举办】 5月7日，北京市地方金融监督管理局、人民银行营业管理部、北京银保监局、北京市农业农村局在北京金融安全产业园，组织召开金融服务乡村振兴对接会。会议邀请在京金融服务乡村振兴政府工作部门、金融机构以及70多家涉农企业，140余人参会。

（胡娟）

【“投教走入基层党建”主题活动】 5月15日，证监会在北京举办2021年“5•15”全国投资者保护宣传日活动。北京基金小镇投资者教育基地承办的“投教走入基层党建”主题活动，作为全国各地同步开展的4个代表性特色投教活动之一，在大会上面向全行业进行展播推介。

（胡娟）

【北京首家外资私募证券基金管理人签约入驻北京基金小镇】 9月，北京首家外资私募证券基金管理人签约入驻北京基金小镇。

（胡娟）

【北京基金小镇投教基地情况】 9月，北京基金小镇投资者教育基地正式成为“国家级投资者教育基地”。年内，北京基金小镇投教基地与北京证监局、中国证券投资基金业协会联合举办私募基金监管新规解读系列培训会，发布《私募基金投资者保护手册》；联合11家量化私募基金机构，举办合规发展座谈会，发布《量化私募基金管理人投资者保护倡议书》；与中国证券投资基金业协会、证监局共同开展“走入长走大会”“走入社区”“走入老龄人群”等投教活动；在2021国际服贸会上，组织开展基金知识服贸行、投教整点课堂、投教知识有奖问答等投教活动；与战略合作伙伴联合举办公益性投教课109场，参与人数488.11万人；在中国房山世界地质公园博物馆设置投资者教育专区，开展针对青少年群体的“投资者教育日”活动。结合传统文化进行策划创作，与中国证券投资基金业协会共同推出“二十四节气”系列投教作品；紧跟市场热点，制作发布“警惕杀猪盘”“识别套路贷”“谨防飞单风险”等相关投教视频；全年，制作投教宣传页、三折页、机场过检卡、长图、海报、鼠标垫、购物袋、扇子、口罩等投教产品96种，发放5.9万余件；撰写及发布投教相关文章1349篇；投教电子产品点击量547.16万次；结合“3•15”投资者保护月、“5•15”全国投资者保护宣传日、基金知识普及月等活动，联合北京证监局、中国证券投资基金业协会在北京首都国际机场T2、T3航站楼的值机大厅，CIP通道、VIP室等区域，针对性制作、投放公益投教广告，宣传覆盖量1092.65万次，广泛传播投教、金融知识，促进私募基金行业高质量发展。

（胡娟）

【《量化私募基金管理人投资者保护倡议书》发布】 10月15日，在“服务量化 携手发展——量化私募基金管理人合规发展”座谈会上，北京基金小镇投资者教育基地联合11家量化私募基金机构共同发布《量化私募基金管理人投资者保护倡议书》。

（胡娟）

【中国私募基金风险管理研究中心正式成立】 10月17日，在中国证监会投资者保护局、中国证监会北京监管局、中国证券投资基金业协会的指导下，中央财经大学、北京基金小镇投资者教育基地与多家知名会计师事务所、律师事务所等机构共同发起的“中国私募基金风险管理研究中心”成立。该中心将开展风险测评、预警、管控等相关研究，为私募基金监管、投资、风险处置提供科学的依据和标准，为投资者教育、基金管理人合规风控管理提供有力的支撑。

（胡娟）

【北京金融安全产业园获评“2021年度北京市企业创新信用领跑园区”】 12月28日，2021信用北京暨（第七届）信用中关村高峰论坛采取线上、线下结合的方式在北京召开。北京金融安全产业园获评“2021年度北京市企业创新信用领跑园区”。

（胡娟）

【金融风险防范和打击非法集资宣传】 年内，区金融服务办在全区范围内开展2021年房山区防范和处置非法集资宣传活动。通过电视台、网站、微信公众号等多种渠道播放防范非法集资公益广告片，发放防范非法集资宣传折页8万余册，提高社会公众风险防范和责任自担意识。

（胡娟）

【银行存贷款余额情况】 截至年底，全区金融机构人民币各项存款余额1956.7亿元，比2020年增加46.9亿元，增长2.5%。其中，个人存款余额1316.7亿元，比2020年增加125.1亿元，增长10.5%。金融机构人民币各项贷款余额618.2亿元，比2020年增加56.6亿元，增长10.1%。

（张帆）

【融资性公司】 截至年底，房山区有融资性担保公司2家。新增860笔业务，新增金额81.58亿元，在保1064笔，在保金额89.69亿元。

（董皓玮）

【小额贷款公司】 截至年底，房山区12家小额贷款公司累计发放贷款32831笔，累计贷款金额19.37亿元。其中，面向农户、农村企业发放贷款842笔，累计贷款金额13.21亿元。

（董皓玮）

【企业上市情况】 截至年底，房山区在主板上市企业3家、科创板1家、创业板2家、港交所2家、新三板挂牌企业12家。全区拟上市、挂牌企业共7家。

（杨凯）

【基金小镇总体发展情况】 截至年底，北京基金小镇入驻基金产业及相关机构1610家，注册资本1763亿元。2021年，实现税收14.5亿元，累计纳税约30.2亿元。依托中国首家投资者教育基地、中国首部私募基金评价体系、中国首家基金业纠纷人民调解委员会等方面构筑多层次、全维度的基金业风险防控及处置体系；运用数据服务平台尽调云，实现全面、动态、精准、穿透的综合监测监控。全年，举办“线上+线下”投资论坛、项目路演等活动60余场，深化品牌建设，不断扩大和提升社会影响力。

（胡娟）

【北京金融安全产业园发展情况】 截至年底，北京金融安全产业园引进入驻机构734家。年内，有序推进国家级社会管理与公共服务综合标准化试点，搭建标准体系框架，发布标准体系，培育社会管理和公共服务标准化品牌。引进宝奇智运、国信融信、海鹰泰初等重点企业，完善园区产业生态；与神舟数码签订战略协议，在区块链、金融安全、数字金融、数字农业等方面建立长期、全面合作关系，打造区块链、数字金融和金融安全产业生态体系。链接应用场景，建设“5G+区块链+AI”智慧政务服务大厅、普惠金融智能数据服务平台，运用区块链沙箱和数链中心，实现科技赋能。加强财源建设，加强专员配置及与各部门的联动，建立重点税源企业联系制度，及时了解企业经营状态、发展规划，创新管家式服务体系，依托产业园公共服务中心，打造三层管家矩阵式结构。2021年，实现税收4亿元，累计实现税收超22亿元。

（胡娟）

【各行业资金托管账户情况】 截至年底，有34家机构通过房山区预付资金信息管理平台进行资金监管，累计监管金额154.27万元。

（胡娟）

旅游业

综　述

2021 年，全区旅游产业发展规模不断壮大。坚持规划引领，编制完成《房山区“十四五”时期国际旅游休闲区建设发展规划》，编制《房山区“十四五”时期文化和旅游建设发展规划》，制定《房山区文化和旅游发展五年行动计划》，明确具体任务和目标，推动规划落地见效。重大文旅项目加快推进，全面推进琉璃河国家考古遗址公园规划建设，编制完成乐高主题乐园选址方案及北京大熊猫科研繁育基地项目规划综合实施方案，国际葡萄酒小镇博览馆项目开工建设。以周口店、琉璃河、云居寺三大文化组团为龙头，推出学习教育红色游、文化地质研学游、乐山乐水亲子游、美丽乡村休闲游等主题线路支撑首都西南国际精品旅游线路建设。长阳首创奥特莱斯旅游休闲街区入选首批 12 家“北京市级旅游休闲街区”，百瑞谷、森林乡居等 6 家文旅企业入选 2021 北京网红打卡地推荐榜单。促进乡村旅游发展。持续推进霞云岭乡、蒲洼乡、十渡镇三乡联动发展，堂上村没有共产党就没有新中国纪念馆展陈提升完成，龙门台村红色教育基地启用，东村风貌明显提升，十渡大街环境得到有效治理，红色马安品牌效应突显，推出“三乡有礼”品牌，实施线路联动、运营联动、宣传联动，推动乡村振兴。大力发展精品民宿，建成乡村民宿品牌 99 个、院落 313 个，姥姥家、森林乡居、云岭山房、圣水莲庭等品牌成为京郊旅游热点。大石窝镇王家磨村被评选为第三批全国乡村旅游重点村，黄山店村入选《2021 世界旅游联盟——旅游助力乡村振兴案例》，张进刚入选 2021 年度乡村文化和旅游能人支持项目名单。发挥区域地质资源优势，推出周口店镇官地村“探索岩石秘密，感受地球起伏”主题研学产品，上线石花洞风景区“定制研学课程”，全面开拓房山研学旅行发展新格局。石花洞获“中国五佳研学旅游洞穴”称号。修德谷、药王谷、世界地质公园博物馆、北京生态谷智慧农场被评为北京市文化旅游体验基地。持续推广北京源文化名片和国际精品旅游线，加快开发特色文旅产品，推出“千名摄影师走进房山世界地质公园——百景选胜”影像作品征集、春季北京国际长走大会暨第二十六届房山旅游文化节、2021 精品民宿主题影像作品征集巡展等系列文旅活动，开展北京市“大厨下乡”结对帮扶活动，推动“文化走出去”和“旅游引进来”。全区接待游客量 440 万人次，同比增长 93%。

（李建斌）

旅游文化活动

【房车露营展览会和房车露营大会】 3 月 18 日至 21 日，第 21 届中国（北京）国际房车露营展览会、第27届中国国际房车露营大会在长阳镇房车世界•北京房车博览中心举行。展会由中国汽车工业协会房车委员会、21世纪房车、房车世界主办，北京露营者房车展览有限公司承办。户外房车展厅 25 万平方米，600 余家国内外知名房车、零配件、户外露营用品展商参展。在为期4天的展览会上，现场交易量达 2071 台，总订单成交额超过 9 亿元，展会观众到场约 13.6 万人次，现场全球首发 2021 年度的全新车型数量达 100 余款。

（李建斌）

【参加 2021 年中国国际服务贸易交易会】 9月2日至 7 日，区文化和旅游局参加 2021 年中国国际服务贸易交易会，通过“文化+旅游、科技、创意”等形式，推介房山的历史文化资源和自然风光，展现文旅融合创新发展的丰硕成果，并推出 30 条精品旅游线路。交易会上，区文化和旅游局召开文旅项目推介会，发布《房山区 2021 年服贸会文旅项目推介手册》，推出 5 大类 20 个项目，现场签订琉璃河国家考古遗址公园、国际葡萄酒小镇等文旅项目 4 个，形成线下文旅项目成果 7 个。

（李建斌）

【第 22 届中国（北京）国际房车露营展览会】 10月 14 日至 17 日，中国汽车工业协会房车分会、21 世纪房车、房车世界主办，房车世界（北京）科技有限公司承办的第 22 届中国（北京）国际房车露营展览会在北京房车世界举行。展会规模达 12 万平方米，房车整车、房车底盘、房车零配件、户外装备、露营地、旅游路线、景点、旅游用品等国内外知名品牌参展。展会除国内外优质房车相关产品的展览展示，从产业发展、市场营销、消费体验等多角度、多层次地组织内容丰富、形式多样的同期活动。同期，举办中国房车产业发展研讨会、中国房车经销商年度沙龙、中国十大品牌颁奖典礼、2021 新车新品发布会，“如何选择一辆适合您的房车”讲座、“如何规划一次完美的房车旅行”“21RV 房车家族多彩之夜”“房车家族车友趣味活动”等活动。针对不同参与者的需求提供相应的服务，为广大房车爱好者提供全面闭环产业链的专业房车户外露营盛会。累计 10 万余人参加展会。

（李建斌）

旅游产业发展

【推出 2 条清明节红色旅游主题游线路】 4月1日，区文化和旅游局以“缅怀•踏青”为主题，推出红色背篓探寻之旅和慢品西南生态之旅 2 条清明节红色旅游主题游线路，让市民和游客以庄重、责任和充满仪式感的方式祭奠先人、缅怀先烈。

（李建斌）

【通过第七届全国民宿大会承办能力评估】 4月19 日至 21 日，第七届全国民宿大会承办能力评估专家组对大会申办城市之一的房山区进行考察评估。4 月 21 日，第七届全国民宿大会房山区承办能力评估结果通报会在天湖会议中心举行。评估专家组组长罗健强就评估结果进行通报，并就评估过程中发现的问题提出整改建议。房山区通过第七届全国民宿大会承办能力评估。

（李建斌）

【15 条房山精品旅游线路发布】 4 月 28 日，区文化和旅游局在 2021 北京消费季——“乐享房山快乐生活”启动仪式上发布 15 条精品旅游线路。发布的 15 条房山精品旅游线路融合区域内知名景区、精品民宿、非遗文化等文旅元素。其中，学习教育红色游 4 条，文化地质研学游 4 条，乐山乐水亲子游 4 条，美丽乡村休闲游 3 条。

（李建斌　绳楠楠）

【房山区获《我的桃花源》5 项大奖】 7月16日，在北京电视台举办的人间桃源•大美京华《我的桃花源》年度盛典暨第二季启动仪式上，揭晓 5 大奖项名单，房山区获 5 个奖项，位列全市第一。其中，没有共产党就没有新中国纪念馆获桃源主题线路奖，蒲洼乡蘑菇基地获桃源特色产业奖，百瑞谷景区获桃源美景奖，修德谷素宴获桃源美食奖，姥姥家民宿获桃源美宿奖。

（李建斌　蔡亚南）

【“房山红色旅游精品线路”在高德地图导航平台上线】 7月17日，“房山红色旅游精品线路”在高德地图导航平台上线。线路串起国道108线房山段沿线130千米的河北烈士纪念碑亭、大安山烈士碑亭、房良联合县政府（遗址）抗战纪念馆、中共房良联合县第一农村党支部纪念馆、王家台烈士陵园、没有共产党就没有新中国纪念馆、兵工厂和平西抗日战争纪念馆8个红色旅游打卡点。

（李建斌）

【石花洞入选“最美溶洞”优秀案例】 7月29日，在品橙旅游主办的2021年C盘点系列“最美溶洞”线上会议上，石花洞入选“最美溶洞”专家推荐优秀案例和“最美溶洞”行业口碑优秀案例。

（李建斌）

【石花洞被评为“中国五佳研学旅游洞穴”】 8月13日，在“2021中国•重庆绿色发展实践论坛”上，“北京石花洞”以丰富的岩溶地质资源和完善的研学旅游体系，被中国地质学会洞穴专业委员会评为“中国五佳研学旅游洞穴”。

（李建斌）

【2家A级旅游景区通过质量等级市级复核】 8月31日，由市文化和旅游局委托北京市旅游协会组成的市A级旅游景区复核检查组到房山区进行景区质量等级复核。周口店遗址（AAAA）和北京莱恩堡国际酒庄（AAA）景区通过质量等级市级复核。

（李建斌　马春雨）

【京津冀文化旅游一体化发展合作协议签订】 9月25日，西城区、丰台区、房山区、大兴区，天津市西青区、东丽区、静海区，石家庄市，保定市，张家口市和河北雄安新区“八区三市”文化和旅游局签订推进文化旅游一体化发展合作协议，构建联动共享体系。组建“京津冀文旅一体化发展联盟”，采用多边合作、双边合作的形式，就文化演艺“联姻”、公共服务“联享”、产业发展“联手”、宣传推介“联动”、市场秩序“联管”等内容开展全方位务实合作。

（李建斌）

【4项文创产品上榜2021“北京礼物”】 10月15日，市文化和旅游局主办的2021“北京礼物”旅游商品及文创产品大赛，在中国国际展览中心第九届北京国际旅游商品及旅游装备博览会开幕式上发布榜单，330项作品上榜，包括总榜单TOP100以及六大主题子榜单230项。其中，河北镇妇联发起的创业项目爱家手工艺坊的“红色记忆手作”、青龙湖镇水峪村北京“非遗火绘葫芦传习基地”的盘U盘葫芦创意小U盘、莱恩堡“和”系列马瑟兰干红葡萄酒、光景房山纸雕灯4项文创产品入围TOP100榜单。

（李建斌　绳楠楠　王艳华　贺泠淇）

【北京修德谷文化传播有限公司被评为“北京中医药文化旅游示范基地”】 11月，市文化和旅游局联合市中医管理局开展第五批“北京中医药文化旅游示范基地”评选工作。经过全市征集、各区推荐、专家评审及现场踏勘等环节，7家机构被评为“北京中医药文化旅游示范基地”，6家机构被评为“北京中医药文化旅游建设基地”。其中，北京修德谷文化传播有限公司被评为“北京中医药文化旅游示范基地”。

（李建斌）

【4家基地入选市文化旅游体验基地100家名单】 12月2日，市文化和旅游局发布100家文化旅游体验基地名单。其中，修德谷、药王谷被评为传统文化体验基地，中国房山世界地质公园博物馆被评为科技科普体验基地，北京生态谷智慧农场被评为乡土农耕文化体验基地。

（李建斌　绳楠楠）

【6家文旅企业入选2021北京网红打卡地推荐榜单】 12月6日，2021北京网红打卡地推荐榜单正式发布。经网络公开投票，评出“自然景观”“人文景观”“文化艺术”“街区园区”“新消费场景”“夜间经济”“科技创新和数字经济”“阅读空间”“酒店及精品民宿”“餐饮及创新零售”10大主题100个北京网红打卡地推荐名单和196个提名推荐。百瑞谷景区、修德谷传统文化体验基地、天毓山庄、采薇山舍、森林乡居度假酒店、智慧长阳美术馆火车文化主题餐厅入选2021北京网红打卡地推荐榜单。

（李建斌）

【长阳首创奥特莱斯旅游休闲街区入选市级旅游休闲街区】 12月14日，经各区申报、专家评审，市文化和旅游局、市发展改革委审核，长阳首创奥特莱斯旅游休闲街区等12家街区被评为“北京市旅游休闲街区”。

（李建斌）

【2021房山冬季旅游精品线路发布】 12月17日，区文化和旅游局设计推出乡村休闲游、博物馆奇妙游、踏雪寻欢游、探洞温暖游、溶洞休闲游、冰瀑冰灯浪漫游、冰雪温泉游、古寺文化游8大主题冬季旅游精品线路，线路涵盖房山旅游资源40余处，每条主题线路包括“主题内容、行程推荐、周边游玩”3个部分。

（李建斌）

乡村旅游

【概况】 2021年，区文化和旅游局推进乡村旅游发展。全区有星级民俗户254户，乡村旅游特色业态41家，星级民俗村18个。2021年乡村旅游接待83.5万人次，比2020年增长29.7%。

（李建斌）

【王家磨村入选全国乡村旅游重点村名录】 8月2日，文化和旅游部、国家发展改革委公布第三批全国乡村旅游重点村名单（199个）和第一批全国乡村旅游重点镇（乡）名单（99个）。大石窝镇王家磨村入选第一批全国乡村旅游重点镇(乡)名单。截至2021年年底，房山区有周口店镇黄山店村、十渡镇平峪村、张坊镇穆家口村、大石窝镇王家磨村4个全国乡村旅游重点村。

（李建斌）

【黄山店村入选《旅游助力乡村振兴案例》】 10月20日，在“2021世界旅游联盟研究成果”新闻发布会上，世界旅游联盟发布《2021世界旅游联盟——旅游助力乡村振兴案例》。世界旅游联盟通过向社会各界广泛征集120个相关案例，根据可量化的效果、创新性、可复制性、积极的社会影响、可持续性和提交材料质量等标准，确定50个典型案例，覆盖全国31个省（区、市）。其中，北京市入选2个案例，周口店镇黄山店村入选。

（李建斌）

【“大厨下乡”成果展示活动】 12月2日，市文化和旅游局主办，区文化和旅游局、市旅游行业协会、市烹饪协会承办的2021年北京市乡村厨神大赛暨“大厨下乡”成果展示活动在周口店镇黄山店村红色背篓教育基地举办。全市10个区的乡村民宿厨师组成17支代表队参加北京市首届“乡村厨神”美食大赛。天毓山庄、修德谷代表房山区参加比赛。活动现场发布京郊美食地图、美食手册、10条京郊精品旅游线路。其中，房山区“养生美线•隐世村落 闲庭信步”线路入选。

（李建斌 孙静）

2021年房山区A级景区一览表

表1

景区名称	等级	公布时间	所属地区
云居寺风景名胜区	AAAA	2001年11月2日	大石窝镇
石花洞风景名胜区	AAAA	2002年2月	河北镇
十渡风景名胜区	AAAA	2006年1月23日	十渡镇
周口店北京人遗址博物馆	AAAA	2006年1月23日	周口店镇
圣莲山风景区	AAAA	2006年1月23日	史家营乡
韩村河旅游景村	AAA	2001年11月2日	韩村河镇
仙栖洞景区	AAA	2007年6月7日	张坊镇
上方山国家森林公园	AAA	2007年10月9日	韩村河镇

续表 1

景区名称	等级	公布时间	所属地区
白草畔自然风景区	AAA	2007 年 10 月 9 日	霞云岭乡
百花山自然风景区	AAA	2010 年 9 月	史家营乡
青龙湖水上乐园	AAA	2010 年 9 月 14 日	青龙湖镇
房山世界地质公园博物馆	AAA	2012 年 12 月 20 日	长沟镇
西周燕都遗址博物馆	AAA	2012 年 12 月 20 日	琉璃河镇
北京首创奥莱休闲驿站	AAA	2014 年 4 月 7 日	长阳镇
张坊古城古战道遗址	AAA	2005 年 12 月 12 日	张坊镇
龙门生态园	AAA	2015 年 4 月 10 日	韩村河镇
金水湖景区	AAA	2017 年 8 月 3 日	霞云岭乡
中粮智慧农场	AAA	2017 年 11 月 16 日	琉璃河镇
北京莱恩堡国际酒庄	AAA	2017 年 12 月 13 日	长阳镇
北京百瑞谷景区	AAA	2018 年 11 月 9 日	史家营乡
银狐洞景区	AA	2001 年 9 月 14 日	佛子庄乡
没有共产党就没有新中国纪念馆	AA	2007 年 10 月 9 日	霞云岭乡
中华石雕艺术园	AA	2007 年 10 月 9 日	大石窝镇
窦店清真寺	AA	2014 年 10 月 29 日	窦店镇
坡峰岭风景区	AA	2014 年 10 月 29 日	周口店镇

注：资料由区文化和旅游局提供。

中国房山世界地质公园

【概况】 2021 年，中国房山世界地质公园地质遗迹保护水平有效提升。完成房山岩体二期保护围栏 500 米。公园溶洞标识牌 28 块，地质遗迹说明牌、警示牌 6 处以及防破坏设施的改造建设工作。完成十渡园区地质遗迹调查工作，形成调查报告，充实地质遗迹数据库，提升地质遗迹保护水平。科普教育功能不断强化。完成第 52 个世界地球日、“博物馆日”等主题活动。做好中国房山世界地质公园微信公众号科普信息发布，围绕周口店地质作用与演化研究成果，拍摄制作地学科普动漫。完成地质公园微电影、地学科普图书编印等工作，完成《房山世界地质公园发展史》初稿编写。先后走进昊天学校、北京第一实验小学房山分校、长沟镇东良各庄村开展地学科普宣传和科普讲座。组织房山城关小学、北京十二中朗悦学校等开展“学党史 知党情 跟党走”“探秘地质公园博物馆”等爱国主义教育基地及北京市中小学生社会大课堂活动。与中国地质科学院、地质出版社签订研学示范与推广合作协议，组织中国地质大学、海淀第三实验小学开展研学旅行活动。2021 年，累计服务学校 25 所、学生 7000 余人，发放各类宣传资料 2 万余份。完成中国房山世界地质公园网络迁移升级工作。完成“生态宜人 美丽房山”地质科普类节目的拍摄及播出，制作公园科普短视频 30 集。合作交流内容持续扩大。参加第七届国际地质公园网络培训班，湘西世界地质公园年会，与克罗地亚帕普克世界地质公园、中国地质科学院、中国地质大学（北京）、长白山自然保护地管理中心开展合作交流，分享公园建设管理经验。与北京大学合作开展研学旅行活动 2 期，推进中国地质大学（北京）自然文化研究院房山分院落地有关工作。加强与世界地质公园执行局对接，完成公园 2022 年进展评估表、进展报告的撰写提交工作，为做好 2022 年中国房山世界地质公园第四次评估工作打下基础。重点任务工作稳步推进。结合 2018 年再评估反馈意见，围绕游客中心、标识体系及地质旅游生态环境建设等方面，继续开展园区调研，制定 2022 年再评估迎检工作方案，并通过区政府专题会议审议，进入实施准备阶段。完成博物馆展陈改造提升工程、外挂石材加固工程，提升博物馆科普服务和安全保障水平。中国房山世界地质公园博物馆获北京市文化旅游体验基地称号。2021 年，博物馆接待游客约 3.3 万人次。八大园区接待游客约 500 万人次，实现综合收入约 11 亿元。

（顾宇）

【“综合勘查技术——北京房山野外基地”通过评估】 1 月 13 日，市规划自然资源委与中国房山世界地质公园管理处联合申报的“综合勘查技术——北京房山野外基地”被自然资源部批准命名为“自然资源部野外科学观测研究站”。首批国家级“野外科学观测研究站”共 52 个项目，其中北京 2 个，在地质遗迹保护、生物多样性保护、生物资源利用和区域社会经济可持续发展等方面开展长期定位观测、试验示范与科学研究，为区域生物多样性保护、生态屏障建设等提供有力的科技基础支撑。

（顾宇）

【短视频《“武”动房山世界地质公园》发布】 3 月 19 日，中国房山世界地质公园管理处发布短视频《“武”动房山世界地质公园》。用短视频形式将中国传统武术和中国房山世界地质公园园区景观相融合，以园区景观或标志性景物展示为主平台或表演背景，通过表演中国传统武术形式，让武术振奋人心的气势展现园区独特景观。

（顾宇）

【第 52 个世界地球日主题系列活动】 4 月 22 日，第 52 个世界地球日主题系列宣传活动启动仪式在中国房山世界地质公园博物馆举办。活动内容围绕“珍爱地球 人与自然和谐共生”的主题，城关小学的 6 名学生代表宣读《2021 年世界地球日倡议书》，在场 300 余名小学生发起“关爱地球，建设美丽房山”创建全国文明城区的签名，开展“关爱地球”主题画征集，启动地学科普动漫及视频拍摄、地学科普图书编印，引导社会公众树立“绿水青山就是金山银山”和“人与自然和谐共生”的理念，倡导广大民众投身于建设生态文明的实践中去。

（李建斌　顾宇）

【中国房山世界地质公园“百景选胜”摄影作品发布会】 4 月 30 日，中国房山世界地质公园管理处在区文化活动中心举办“千名摄影师走进房山世界地质公园——百景选胜”影像作品征集活动总结暨优秀作品发布会。征集来自北京市、河北省、安徽省等摄影家协会千余名摄影爱好者的影像作品万余幅，评选优秀摄影作品 100 余幅，视频作品 100 余部，印制画册 1000 册。“百景选胜”获奖作品内容涵盖中国房山世界地质公园范围内的园区风光、地质景观、动植物种和文化非遗 4 个方面。

（顾宇）

【中国房山世界地质公园博物馆提升改造项目完成】 7 月 5 日，中国房山世界地质公园博物馆提升改造项目开工；11 月 15 日，项目竣工；11 月 18 日，验收完工。该项目总投资 824.58 万元，主要对博物馆内沙盘及标识系统、探索宇宙展区、地质瑰宝展区等 9 个区域进行改造，通过展陈改造提升提高博物馆的整体旅游环境和服务接待水平，改善游客旅游体验，增加游客满意度，促使公园发展不断上档次、上水平，进一步发挥“世界地质公园”品牌效应。

（顾宇）

【参加第九届联合国教科文组织世界地质公园大会】 12 月 14 日至 16 日，第九届联合国教科文组织世界地质公园大会在韩国济州岛举办。中国国家林业和草原局组织国家地质公园网络中心、世界地质公园网络办公室、中国 41 处世界地质公园及相关候选地部门单位代表线上参加。中国房山世界地质公园参加网络会议，并参加第一届世界地质公园网络电影节活动。

（顾宇）

【中国房山世界地质公园博物馆获《藏品有话说》荣誉证书】 12月28日，中国房山世界地质公园博物馆录制的《见证历史的“史家营无烟煤”》在《藏品有话说》栏目播放，听众达到253.2万人。获《藏品有话说》献礼建党百年主题活动荣誉证书。

（顾宇）

【2021年度地质遗迹联合巡查】 年内，区园林绿化局、中国房山世界地质公园管理处联合属地乡镇，对《中国房山世界地质公园地质遗迹保护名录》内重点遗迹开展2021年度中国房山世界地质公园地质遗迹联合巡查工作。全年，开展联合巡查8次，巡查地质遗迹点155处，发现未开发溶洞保护等问题3处，形成巡查报告2份。

（顾宇）

旅游管理

【概况】 2021年，区文化和旅游局不断加大旅游市场整治力度，确保旅游行业安全有序。落实安全生产主体责任，与各乡镇签订《文化文物旅游行业安全管理目标责任书》，制发《房山区文化、文物和旅游行业2021年安全工作方案》《房山区旅游行业防汛工作指引》等文件。“五一”“十一”期间启动假日应急指挥体系，确保假日文旅市场平稳有序。强化汛期应对，重点对9家地质灾害景区和10家普通涉山涉水景区以及34处地质灾害点位的防汛工作进行督导。开展突发应急处置综合演练，提升旅游行业企业处置突发事件的能力。全年，受理行政审批43家，全区文化旅游审批备案单位775家。完成北京周口店北京人遗址博物馆、北京莱恩堡国际酒庄的复核工作。推进文明旅游、志愿服务工作及文明旅游宣传教育，营造文明和谐的旅游环境。全年，受理群众投诉783件，解决率61.6%，满意率87.3%。

（李建斌）

【2021年文化和旅游行业安全工作部署会召开】 4月2日，区文化和旅游局召开2021年房山区文化和旅游行业安全工作部署会。各乡镇（街道）主管文化、旅游领导，文化、旅游重点单位安全负责人等80余人参加会议，其他行业单位安全负责人400余人同步参加视频会议。会议要求，加强全区文化旅游行业安全与应急管理工作，做好清明节假日旅游安全服务保障工作，确保清明节期间全区文化和旅游行业的安全稳定。

（李建斌）

【寻找“家乡·味道”特色美食培训班启动】 4月13日，区文化和旅游局联合区妇联、区人力资源社会保障局，依托北京宏圣职业技能培训学校，在今日东方培训基地举办寻找“家乡·味道”特色美食培训班。培训班开办9期，每期3天，累计培训180人。培训面向全区民宿和民俗户从业人员。培训内容包括房山特色桌宴——“养生宴、菊花宴、回门宴、山菇宴、药膳、十二八席、姥姥家桌饭”等。

（李建斌）

【民宿安全督导检查】 4月开始，为落实市委、市政府安全生产第七督查组督察反馈意见，确保对民宿实施有效的安全生产管理（监管），区文化和旅游局联合相关属地，对青龙湖镇、周口店镇、十渡镇、张坊镇、韩村河镇、佛子庄乡等乡镇的民宿进行安全生产检查。检查企业27家，督导发现问题15处均限期责令整改，并要求相关企业严格按照《乡村民宿建筑消防安全规范》执行。

（李建斌　石岩）

【行业疫情防控、安全生产、行业防汛工作大检查】 7月31日、8月1日，区文化和旅游局分5个检查组，对星级饭店、社会旅馆、民宿（俗）户、景区、网吧、电子游艺、演出场所等191家文旅行业经营单位开展疫情防控、安全生产、行业防汛督导检查。出动检查人员102人次，出动检查车辆34台次，发现问题86处。发现问题中，疫情防控类问题55处，现场要求立即整改；涉及安全生产、行业防汛方面问题31处，现场立即整改18处，其余13处问题责令整改。

（李建斌　张仲宇）

【《房山区“十四五”时期国际旅游休闲区建设发展规划》发布】 12月31日，区文化和旅游局会同区发展改革委正式发布《房山区“十四五”时期国际旅游休闲区建设发展规划》。

（李建斌）

【旅游宣传】 年内，区文化和旅游局以“北京之源 休闲房山”为品牌形象，按照“月有安排、季有高潮、连珠成串、此起彼伏”的思路，采用线上与线下全方位、广覆盖的联动宣传，打造房山文旅IP形象。在“文旅房山”微信公众号推出十大文化旅游打卡地，在中央电视台《地理中国》栏目播出《探密孔水洞》、腾讯视频播出《红色经典唱响的地方》；与区融媒体中心合作的《文化纪事》播出50期；与北京卫视合作拍摄《我的桃花源》房山系列节目8期，获5大奖项，位列全市第一。中国首档世遗揭秘互动纪实节目《万里走单骑——遗产里的中国》第二季从周口店出发。

（李建斌）

交通　邮政

道路建设

【概况】　2021 年，辖区内公路总里程 3151.1 千米，公路覆盖密度 158.4 千米/百平方千米；县级以上普通公路 MQI 为 92.31，PQI 为 89.03；乡村公路 MQI 为 84.52，PQI 为 77.96，中等路以上比例为 90.29%。按行政等级分：国道 299.5 千米，省道 127.4 千米，县道 611.3 千米，乡道 959.0 千米，村道 905.9 千米，专用公路 248.0 千米。按技术等级分：高速公路 100.5 千米，一级公路 136.4 千米，二级公路 557.4 千米，三级公路 590.2 千米，四级公路 1766.6 千米。公路桥梁 850 座（81054.6 米）。按行政等级分：国道桥梁 338 座（48563.1 米），省道桥梁 117 座（13349.4 米），县道桥梁 179 座（11844.4 米），乡道桥梁 130 座（4244.44 米），村道桥梁 71 座（2349.8 米），专道桥梁 15 座（703.5 米）。公路隧道 9 座（3071 延米），按行政等级分：省道隧道 3 座（1563 延米），县道隧道 4 座（321 延米），乡道隧道 2 座（1187 延米）。全年累计完成普通公路建设养护投资 0.88 亿元。其中，县级以上公路大修工程 1 项，中修工程 9 项，合计 22.6 千米；地灾防治工程 1 项，绿化工程 4 项，公路安全隐患治理工程 1 项，合计 134.4 千米；乡村公路绿化工程 34 项 52.41 千米；乡村公路水毁恢复工程 67 项 8.14 千米。

（王心茹）

【乡村公路“路长制”实施】　7 月 1 日，房山公路分局印发《房山区全面推行乡村公路路长制实施方案》，建立区、乡镇（街道）、村三级路长和区级路长办公室、乡级路长办公室两级路长办公室的组织体系、责任体系、管理体系，明确各单位、人员职责及主要工作任务。制定《房山区路长制工作考核办法》，覆盖全区乡村公路管理。依据实施方案组织对 23 个乡镇（街道）落实情况进行季度考核，促进乡镇（街道）履行乡村公路建设养护主体责任，深化房山区乡村公路管理养护体制改革。

（高国林）

【水毁应急和地灾抢险】　7 月 18 日 14 时 49 分，房山公路分局巡查发现贾金路（X019）K4+700 处（史家营乡元阳水村）山体塌方（山体极不稳定），造成整幅道路阻断，未造成人员伤亡。7 月 18 日 20 时 30 分，清理完毕，共计百余立方米，交通恢复通行。7 月 20 日 9 时 42 分，巡查发现兴阳线（G234）K357+150 处（河北镇三福村）山体塌方，造成整幅道路阻断，未造成人员伤亡。7 月 20 日 19 时 44 分，清理完毕，共计百余立方米，交通恢复通行。7 月 21 日 8 时 24 分，巡查发现房东路（X009）K19+150 处（河北镇河东村）山体塌方，造成整幅道路阻断，未造成人员伤亡。8 月 9 日 10 时 00 分，抢通完毕，约 400 立方米，交通恢复通行。2021 年汛期降雨频繁且雨量较大，国道 108 复线 K12+800 处接连发生落石现象，据北京市规划自然资源委员会关于房山区 G108 复线 K12+800 处崩塌预警险情的函，经过研判后，该位置存在崩塌隐患，9 月 26 日 20 时 00 分，进行断路。10 月 15 日，正式开工抢修。11 月 14 日，完成对山体的凿除工作。

（王心茹）

【贾金路路面修复工程竣工】 10 月，贾金路路面修复工程竣工。技术等级为公路三级，行政等级为县级道路，路面宽 7 米，路基宽 8.5 米，修复性养护工程路段为 K0+000—K16+700，全长 16.7 千米。主要施工内容包括路面病害处理、桥梁病害处理、新建道路结构、港湾改造、完善排水设施、增设交通安全设施、种植乔木、地被播种等。

（王心茹）

【2 条村路入选“最美乡村路”】 11 月 25 日，市交通委公布 2021 年度“最美乡村路”名单，史家营乡百草畔路、霞云岭乡四马台路入选。

（高国林）

【良常路南延工程完工】 12 月，良常路南延主体工程全部建设完成。良常路南延作为京津冀交通一体化对接项目，是连接北京与雄安新区的重要快捷通道，也是疏解非首都功能的重要交通支撑，并被列入市重点建设项目、城南行动计划。项目起点琉璃河镇务滋村，终点市界，全长 5.9 千米，技术等级为一级公路。项目总投资 49430 万元。项目主要包括道路、桥梁、排水、交通、绿化和环保等工程。项目 2018 年 12 月开工建设。

（王心茹）

【西太路改建项目开工】 12 月，西太路改建项目开工。西太路北起房山区十大路，南与首都地区环线（张涿高速）连接。该工程项目起点位于十渡镇西石门村，终点位于北京市界，道路全长约 5.5 千米，公路二级标准，设计速度 40 千米/小时，路面宽 7 米，路基宽 10.5 米，建设内容包括道路、桥梁、交通工程、绿化等，总投资 1.5 亿元。

（胡学军）

【乡村公路承载体普查完成】 12 月，房山区完成乡村公路承载体普查。根据《房山区第一次全国自然灾害综合风险普查工作方案》，房山公路分局实施乡村公路承载体普查。完成基础设施乡道 957.87 千米、村道 896.20 千米、桥梁 201 座、隧道 2 座数据普查及信息填报 2067 条；完成灾害风险点现场调查及信息填报 123 条。

（高国林）

【2021 年乡村公路水毁设施恢复工程】 年内，降水量显著高于 2020 年，造成 12 个乡镇 114 条乡村公路发生设施水毁，其中 11 个乡镇 67 条乡村公路水毁规模较大需采取工程措施恢复。经八届区政府第 109 次常务会议通过，属地乡镇以直接委托方式实施 2021 年乡村公路水毁设施恢复工程，工程总投资 2901.96 万元。房山公路分局探索形成统一设计标准、统一控制单价、统一管理模式、统一合同范本的“四个统一”应急抢险工程行业管理模式，在时间紧、任务重的情况下，推动水毁恢复工程有效实施。

（高国林）

【公路安全隐患治理工作】 年内，房山公路分局开展公路安全隐患治理。治理工程涉及兴阳线、大件路、凯旋大街、大窦路、琉陶路、公韩路、顾八路、西环路、刘夏路、龙下路、房窑路、郑满路 12 条道路，总长 132.34 千米。主要完成交通标志安装 370 套、标线施划 25531 平方米、步道改造 1440 平方米等。

（王心茹）

【路网设施建设】 年内，房山区交通量调查设备达到国省干线和主要县级道路全覆盖。可变情报板设备达到重点路线、重要节点设置。视频监控设备完成大规模更新和上云工作，二道河、九道河、长操 3 座隧道实现视频监控无间隙覆盖。在进京主要道路上，建设 12 个点位共 24 套卡口设备。不停车检测设备通过节点建设，初步完成由点到面的区域性检测和非现场执法。

（王晓飞）

公共交通建设与运输

【概况】 2021 年，房山区有公交运营线路 125 条，全年开行 232 万车次，运送乘客 9001 万人次；巡游出租汽车企业6家，个体出租业户16户，出租汽车4270辆，出租汽车驾驶员5617人；区域运营电动小客车企业1家，车辆500辆，驾驶员170人；省际客运企业1家，省际客运线路12条，车辆11辆；旅游客运企业5家，运营车辆216辆；汽车租赁企业18家，备案车辆724辆。普通货运业户3830户，普通货运车辆19400辆；危险货物运输企业共31户，危运车辆595辆。水运游船单位2户，船舶56条。机动车维修企业备案336户，其中一类52户，二类134户，三类150户。驾驶员培教练场1家（玉山教练场），驾驶员培训机构6家（平鹤驾校、岳各庄驾校、科普驾校、嘉安驾校、育英驾校、门交驾校）。停车企业140家，备案经营性停车场161家。其中，备案路外公共停车场131家，公建配建停车场16家，单位大院停车场10家，驻车换乘停车场4家。有经营性停车位30709个；从业人员190人；汽车充换电站1座（房安电动出租）。地铁房山线客流为6606.59万人次，日平均客流量约18.1万人次；地铁燕房线客流量为952.40万人次，日平均客流量约2.61万人次。北京昊港出租汽车公司新增5辆旅游包车。

（刘玉东）

【“黑修理”联合执法检查】 5月20日，区交通局联合区生态环境局、长沟镇政府在长沟镇房易路一线对6家维修企业开展联合执法检查。重点针对无备案从事机动车维修和不按规定上报信息、不按规定进行安全生产、企业车间环境脏乱差等违法违规行为进行联合检查和整治。检查中，出动执法人员9人次，执法车辆3车次，开具的代理事项告知书业户6起，关停“黑修理”1起，降类1起（二类降三类），实施行政处罚4起。

（刘玉东）

【运输企业失信行为治理】 5月，根据信用中国网站通报的失信企业名单，区交通局开展运输企业失信行为专项治理行动。对企业的失信情况进摸排，核实存在失信问题的企业23家并对失信企业建立台账。对严重超限超载运输失信企业进行专项整治。截至年底，对6家失信企业采取停业整顿处罚。同时，结合质量信誉考核拟定将严重超限超载运输失信企业评定为B级，对已核实失信问题的企业进行重点约谈并签订承诺书。对所属23家存在失信行为的企业进行重点集体约谈，并签订规范经营、合法经营、诚信经营的承诺书，监督引导企业遵规守纪，诚信经营。

（刘玉东）

【“两客一危”专项检查】 6月18日至28日，区交通局联合区交通支队、区应急局等部门开展“两客一危”专项检查。对辖区内31家化危企业运营资质、应急预案的制定及应急演练开展、GPS监控台账、是否使用非居民用液化石油气瓶、责任书和保证书签订、安全例会开展、安全基础设施配备、车辆一日三检、车辆技术状况、电子运单使用、从业人员教育培训、建党100周年庆祝活动期间办理通行证等情况进行全覆盖、无死角、全方位检查。联合执法出动执法人员76人次，车辆31车次，开具入户监管检查单31份，发现企业存在安全会议召开次数不足、食堂使用居民液化石油气瓶、未按规定开展应急演练、未及时办理停车场变更手续、GPS监控人员不在岗等10余个安全隐患和问题，执法人员按规定对企业进行处罚并责令其对存在的问题进行立即整改，消除安全隐患。

（刘玉东）

【新开通2条公交线路】 6月25日，新开F50路，首末站为首发物流—房山马家坟村。中途设站：首发物流、蓝光海悦城小区（开往房山马家坟村方向）、蝶翠苑路口（开往首发物流方向）、月华小区、太平庄通尚苑、太平庄明慧嘉园、蝶翠苑、阎村车辆段、地铁阎村东站、后沿村、小紫草坞路口、房山张庄、南上岗路口、大马村、小马村、西庄户路口、房山果各庄村、房山果各庄北站、高家川、房山豆各庄路口、房山豆各庄、青龙湖路、宜青街小区、房山马家坟村。12月31日，新开903路，首末站为阎村桥公交场站—河滩。沿途设站：阎村桥公交场站、苏庄西街南口、地铁苏庄站、苏庄东街南口、地铁良乡南关站西、西潞南大街、良乡西门、西潞园、良坨路口（开往河滩方向）、良乡体育中心、渔儿沟村、行宫小区西门、良三路南口、贺照云村南、贺照云村、山坡村、庄户村、丰台河西村、南宫滨河路、东王佐、南宫北站、云岗、云岗北区、佃起村、张家坟、朱家坟、赵辛店北、北京十中、长辛店南口、长辛店北口、杜家坎南、地铁园博园站、园博园三号门、园博园四号门、园博园五号门、中国园林博物馆、芦井、园博园六号门、漫水桥、卧龙岗村东、卧龙岗村、栗园庄、小园村、石门营、永定镇何各庄、石龙工业区、艾洼、上岸（开往阎村桥公交场站方向）、上岸北站、新石路口、新华路口、新城大街北口（开往阎村桥公交场站方向）、惠康家园北口、葡萄嘴路口北、葡东小区、倚山嘉园、滨河西区、双峪、新桥大街、河滩。

（刘玉东）

【停车有偿错时共享】 依据《关于推进本市停车设施有偿错时共享的指导意见》，区交通局对加州水郡居住区周边的公共建筑配建等停车设施开展摸排，以创新、协调、绿色、开放、共享为理念，从停车精治、共治、法治入手，统筹资源，开展错时共享。7月5日，完成CSD第二综合停车场错时共享工作，提供错时共享车位194个，补充停车缺口，缓解CSD第二综合停车场周边地区停车难、停车乱问题。

（刘玉东）

【突发交通事故处置】 7月13日，一辆满载聚乙烯的拖挂大货车自东向西经过田各庄铁路监护道口时，货物突然发生倾倒，车辆及货物堵在道口中央，致使双向铁路及通过道口的车辆行人通行受阻。当班监护员上前查看情况，协助驾驶员拨打救援电话。按照“先防护、后处理”的原则，立即按响反向报警器，通知铁路部门道口发生事故。同时在事故车辆周边设置路障及警示标志，指挥引导车辆行人有序交替通过，保证道路畅通，防止车辆行人滞留在道口中间。

（刘玉东）

【督促企业落实控制满载率要求情况】 8月1日，按照区疫情防控紧急会议精神，区交通局与地铁房山线、地铁燕房线、市公交集团客六分公司、大兴机场巴士房山线联系，督促企业按照规定，采取有效措施严格控制车厢内满载率。8月4日，区交通局执法人员到地铁房山线逐站了解客流情况，并在房山线苏庄站区、花乡东桥站区督促站区做好车站限流工作，严格控制列车满载率。各地铁车站对客流进行实时监控，如超过规定数值，接到限流指令后，车站随即采取分级限流措施，严格控制列车满载率。

（刘玉东）

【备案停车场无障碍车位规划情况排查】 8月16日至20日，为保障特殊人群出行生活，区交通局检查房山区重点区域停车场无障碍停车位规划情况。包括CSD停车场、长阳共享际停车场、昊天假日酒店停车场、龙湖天街地下停车场、国泰百货停车场、金花商业大厦停车场、五矿停车场等。各个停车场均存在划线颜色不鲜明、轮椅通道不规范、无立式标志等问题。经现场检查，督促规划整改，各单位积极配合实施整改，完善保障无障碍车位建设。

（刘玉东）

【交通运输行业有限空间作业检查】 8月17日，为汲取北京市朝阳区“7•30”有限空间作业事故教训，区交通局印发《关于做好当前交通运输行业有限空间作业安全生产工作的通知》，举一反三，切实采取有效措施。对交通运输行业中涉及到有限空间作业的企业进行检查，结合夏季高温作业特点，坚持问题导向，紧盯重点领域，突出关键环节，查处违法行为，消除事故隐患，规范作业行为。通过有限空间作业重点内容的执法检查，督促企业从制度建立、标识设置、装备配备、安全协议、应急处置、现场管理等方面加强管理，提高有限空间作业的风险意识，切实防止违规作业、防止盲目施救，推动企业落实主体责任。出动人员710人次，车辆355车次，检查355家次，发现问题5处，包括未按要求标识有限空间类型、未按要求设置警示标识、有限空间作业台账内容不完善。执法人员要求企业立即整改，经复查，隐患问题全部整改到位。

（刘玉东）

【冷链运输企业防疫防控监管】 8月，新冠肺炎疫情多点发生、局部暴发，区交通局开展专项执法，做好冷链运输企业的防疫防控工作。开展冷链企业专项检查，对卓辰、燕都立民、华冠等重点冷链运输企业进行联合执法检查，对企业疫情防控要点、制定疫情防控相关方案、如实登记装运货物信息、人员接种疫苗等情况进行检查，消除防疫防控安全隐患，规范冷链运输企业的运营行为。对查出的问题督促整改，巩固治理成果。对在检查中发现的企业存在个别司机口罩佩戴不规范、雇佣专用车辆登记手续不健全、进场不登记健康宝等问题，责令企业立即进行整改，并对重点企业进行回头看，督促企业做好防疫防控工作。

（刘玉东）

【共享单车正式入驻城关街道】 根据《北京市房山区互联网租赁自行车规划方案》，城关街道完成蓝牙道钉电子围栏点位施划。9 月 1 日，哈啰单车开始正式入驻城关街道。

（刘玉东）

【全区域电子围栏管理】 9 月开始，为规范共享单车停放秩序，结合电子围栏技术在房山区逐步推行电子围栏管理。截至年底，建设完成道钉电子围栏 98 处，虚拟电子围栏 283 处，总计 381 处。电子围栏管理是通过在指定区域规划出 P 点停车位，凭借 GPS 高精度识别和提示，形成一道隐形的停车桩，共享单车须停入指定区域才能完成锁车操作，并终止计费。该举措可以有效解决用户骑完以后乱停放问题。

（刘玉东）

【机动车维修企业检查工作】 10 月 15 日至 18 日，区交通局对琉璃河镇公韩路沿线、窑上村沿街机动车维修企业开展执法检查。重点针对无照从事机动车维修和超范围从事机动车维修经营、环境脏乱等违法违规行为进行整治。出动执法人员 10 人次，执法车辆 4 车次，检查企业 11 户，查处有经营执照但没有道路运输机构开具的代理事项告知书业户 8 起，关停 10 家“黑修理”业户。

（刘玉东）

【铁路监护道口应急处置】 10 月 20 日，下坡子铁路监护道口在接车关闭栏门过程中，1 辆轻型货车，未服从监护员指示停车等候，强行驶入道口与栏门发生碰撞，造成栏门损坏，并卡在栏门处致使车辆停在道口中间，火车无法正常通行。当班监护员立即进行应急处置，按照“先防护、后处理”的原则，按响反向报警器通知铁路部门道口发生事故的同时拦停火车。成功避免一起火车与货车相撞的事故。

（刘玉东）

【机动车维修企业疫情防控检查】 10 月 22 日至 25 日，区交通局对岳琉路韩村河路段、青龙湖和河北镇等辖区内周边沿线的机动车维修企业开展疫情防控检查。重点检查维修业户的疫情防控政策落实情况、企业安全生产责任制落实情况、经营环境卫生情况、露天作业情况等。执法检查出动执法人员 5 人次，执法车辆 3 车次，检查业户 7 户次，限期整改 1 户。

（刘玉东）

【维修、货运等服务事项实现“一网通办”】 11 月 15 日起，“货运车辆道路运输证注销”和“机动车维修经营网上备案注销”事项与交通部“互联网道路运输便民政务服务系统”对接，增加办事渠道，方便企业办理业务。全年，区交通局审批区级行政许可、备案、服务事项 45304 件。新审批系统受理办结 38902 件（线上审批办结 26346 件、线下审批办结 12556 件）、小客车业务 6317 件、出租业务 85 件。

（刘玉东）

【“有位失管”车位排查】 区交通局牵头在全区范围内开展“有位失管”车位排查。截至 11 月 17 日，完成 703 个不合规车位的抹除工作。

（刘玉东）

【化危企业双随机执法检查】 11 月，区交通局通过对化危企业的双随机执法检查，发现北京燕东畅达运输有限公司驾驶员手机 APP 操作不当、手机无信号、车载定位数据未及时上传、且没有严格按照制度操作等因素而导致出现有轨迹无运单的安全运输隐患，执法人员责令该公司实施逐车检查同时通过技术培训帮助企业解决问题，不留死角，杜绝此类现象再次发生。11 月 11 日，区交通局针对企业安全运输出现的问题，对该公司车辆进行逐车检查，并邀请智慧货运运营业务技术员上门进行业务培训，宣贯危险品运输相关的法律法规，规范操作流程，解答该公司驾驶员在运输过程中遇到的问题，提高驾驶员的能力水平，及时帮助企业消除安全隐患。该公司全体管理人员、驾驶员参加培训。

（刘玉东）

【机动车维修企业联合执法检查】 12月22日，区交通局联合区生态环境局、良乡镇政府沿良常路开展联合执法检查。检查中，出动执法人员12人次，执法车辆3车次，关停“黑修理”1户，消除安全隐患3个，责令立即整改3件。通过联合执法，规范机动车维修经营活动，维护机动车维修市场秩序，助力大气环境改善，有效遏制“黑修理”业户违法行为反弹。

（刘玉东）

【公交线路优化调整】 年内，全区调整36条公交线路。

（刘玉东）

2021年房山区公交线路调整一览表

表2

序号	调整时间	线路名称	调整站点
1	2月6日	F40路	首站由福兴延长至祖村，增设祖村、祖村西、小南洛北、南洛东、南洛村、南洛南、福兴东站；末站调整至燕山体育馆，增设富燕新村、宏塔小区、燕山体育馆站，取消房山北关北、富燕新村东门、燕化二一八公交场站
2	2月6日	F31路	首末站调整为大石窝公交场站—房山三岔，取消长兴大街北口—石窝沿线路由及设站
3	2月6日	F55路	首末站调整为大石窝公交场站—大石窝镇南河村东，增设大石窝公交场站站，取消房山体育场—大石窝镇政府沿线路由及设站
4	2月6日	F19路	双向增设长海御墅、甘池路口、黄元井村北口、三座庵站
5	2月6日	F21路	双向增设辛庄检查站
6	2月6日	F23路	双向增设东庄子南、河北法庭、房山河南村口、辛庄检查站站点
7	2月6日	F24路	双向增设东庄子南、河北法庭、房山河南村口、辛庄检查站站点
8	2月6日	F77路	双向增设堆金台、安子江路口站
9	3月26日	895路	增设莲花池下车站
10	3月26日	F61路	双向增设炒米店路口站
11	5月26日	839路	首末站调整为东坟公交场站—刘家窑桥西，增设东坟公交场站、东坟村西口（单向）、顾册东口（单向）、北市、房山南关南、房山南关立交桥北（单向）、房山医院路口（单向）站点
12	5月26日	837路	首末站调整为东坟公交场站—车厂村北，增设东坟公交场站、东坟村西口（单向）、顾册东口（单向）、北市、房山南关南、房山南关立交桥北（单向）、房山医院路口（单向）、栗周路、栗周路西口、车厂村、车厂村北站点
13	5月26日	专92路	调整路号为F92路
14	5月26日	646路	双向增设良乡大角站
15	5月26日	F13路	双向增设炒米店路口站
16	5月26日	F34路	双向增设地铁良乡大学城站东站，房山韩营→地铁广阳城站北方向增设良乡北关站

续表 2-1

序号	调整时间	线路名称	调整站点
17	6月25日	836路	东行方向增设地铁大石河东站
18	6月25日	917路	东行方向增设地铁大石河东站
19	8月26日	646路	双向增设送变电公司南站
20	8月26日	896路	双向增设送变电公司南站
21	8月26日	951路	双向增设送变电公司南站
22	8月26日	971路	双向增设送变电公司南站
23	8月26日	993路	双向增设送变电公司南站
24	8月26日	F28路	双向增设送变电公司南站
25	8月26日	F35路	双向增设送变电公司南站
26	8月26日	896路	双向增设黄管屯站，原黄管屯站更名为黄管屯北
27	8月26日	952路	双向增设黄管屯站，原黄管屯站更名为黄管屯北
28	8月26日	F36路	取消阎村、炒米店路口、阎村桥站，增设首发物流站、詹庄北、焦各庄村南站
29	9月25日	F27路	增设房山岳各庄西、龙门口村、天开寺站，取消龙门口站
30	9月25日	F33路	首末站调整为薛庄村—篱笆房客运站，增设房山兴隆庄北、长阳一村西、碧桂园东、金域公园小区、芭蕾雨悦都小区、篱笆房客运站；取消两间房、前柳、陈家房、房山河口、长阳一村、天骄俊园小区、碧波园、地铁广阳城站北站点
31	9月25日	F74路	首末站调整为薛庄村—篱笆房客运站，增设北白、南召中学、西地村南路南口、西地村南、西地村北、西地村南路北口、昊天温泉家园、良乡火车站路口、送变电公司南、送变电公司、黄辛庄路口（开往薛庄村方向）、长阳一村西、碧桂园东、金域公园小区、芭蕾雨悦都小区、篱笆房客运站；取消八间房村、南白路口、路村小学、路村、保兴庄、西南召、东南召西站、石村、常舍、务滋小学、务滋村、务滋村北、辛庄户路口、良乡北关、良乡北关北、房山区政府、行宫小区南门、送变电公司路口西（单向）、行宫小区东门、吴店西里、黄辛庄东里、龙华苑小区、黄辛庄路口西、长阳一村、天骄俊园小区、碧波园、地铁广阳城站北
32	11月26日	F2路	首末站调整为南梨园南—南梨园南。增设南梨园南、南梨园、南梨园北
33	11月26日	F28路	首末站调整为周庄村南—地铁广阳城站北。增设窦店路口东、京南嘉园、迎宾南街南口、交道广电路口、启航街、启航街路口（开往地铁广阳城站北方向）、弘安路、智怡嘉园、圣福洲周转房小区、小高舍南、小高舍、大高舍、大高舍北、亚新一里、小十三里路口、小十三里北口、大十三里、大十三里北、房山肖庄南站、房山肖庄、翠柳大街、佳世苑小区、苏庄大街、苏庄中路、苏庄东街、良乡东关、昊天公园南门、良乡伟业嘉园、竹园街、竹园街北站、梅花庄新村、梅花庄新村东（开往地铁广阳城站北方向）、小西庄村北。取消窦店镇政府—西潞南大街、良乡医院—原香小镇沿线各站及福兴站。金隅建材学校站更名为北京金隅科技学校

续表 2-2

序号	调整时间	线路名称	调整站点
34	11 月 26 日	F11 路	双向增设迎宾南街北口站
35	11 月 26 日	F68 路	双向增设琉璃河中心小学、窦店村东、窦店路口东站
36	12 月 13 日	F50 路	由房山马家坟村延长至坨里北站，增设房山马家坟北口、小苑上村、小苑上北站、青龙湖镇水峪东口、青龙湖镇水峪、石梯、化工厂家属区、坨里北站

【驾培行业风险隐患排查治理】 年内，区交通局执法人员对区内驾培机构开展监督检查，检查中发现各驾培机构存在培训过程中一车多人、盗刷学时现象。15 分钟一次定时拍照，照片不合格。培训过程中教练员存在乱收费行为。场内工作人员违反企业规定拦截学员报名等。针对以上问题，按照《机动车驾驶员培训管理规定》的要求，区交通局自 5 月 27 日开始暂停嘉安驾校、岳各庄驾校、平鹤驾校、育英驾校、科普驾校、门交驾校的网上报名工作并对其下发整改通知书，要求各单位立即进行整改；同时要完善各项管理制度，落实企业主体责任、强化内部管理、加强对员工的素质教育。通过 2 周的整改，各驾校的教学行为不断规范，提高培训质量，符合计时培训相关规定。截至年底，全部开通网上报名业务。全年，出动执法人员 168 人次、检查驾培机构 84 户次。

（刘玉东）

【铁路监护道口安全监管】 年内，为抓好铁路道口的安全管理，提高道口的工作质量，区交通局开展经常性的日查夜巡活动，利用视频监控系统不断加大视频监控检查力度。年内，检查道口（包括视频检查）7800 处次。通过检查，及时处理检查过程中发现的安全隐患和违章违纪行为。全年，通报批评严重违纪监护员 3 名，确保道口工作的安全运转，成功避免 2 起道口安全事故。截至 12 月 31 日，全区铁路监护道口安全接送火车 55016 列。其中货车 51058 列、客车 3958 列。

（刘玉东）

【城乡交通运输一体化发展水平自评估工作】 年内，按照市交通委《关于开展城乡交通运输一体化发展水平自评估工作的通知》要求，开展 2020 年房山区城乡交通运输一体化发展自评相关工作，房山区自评估总分为 98.09 分，为 AAAAA 级。

（刘玉东）

【新增更新纯电动出租车 1145 辆】 年内，辖区 6 家巡游出租汽车企业新增更新纯电动出租车 1145 辆。其中，北方出租汽车有限公司 959 辆、北京华旅出租汽车有限公司 40 辆、北京昊港出租汽车公司 57 辆、北京银华出租汽车有限公司 28 辆、北京万建出租汽车有限公司 34 辆、北京兴运出租汽车有限公司 27 辆。

（刘玉东）

【房山区 800 千米以上线路及卧铺客车退出运营】 年内，北京九龙祥和客运有限公司四惠站—白山、六里桥站—横山县、六里桥站—乌海、四惠站—丹东市、赵公口站—突泉县、新发地站—扎赉特旗、新发地站—潢川、新发地站—霍林郭勒市共 8 条 800 千米以上线路全部退出运营，20 辆卧铺车全部退出运营。

（刘玉东）

【新增 2 家旅游客运企业】 年内，房山区新增 2 家旅游客运企业。其中，北京市晟铭旅游客运服务有限公司于 7 月 5 日成立，车辆 90 台；北京华宇汽车租赁有限公司于 8 月 6 日成立，车辆 10 台。

（刘玉东）

交通管理

【概况】 2021 年，房山交通支队发布指挥调度指令 6.5 万余条，各级路面指挥领导上路 1026 人次，检查岗位 9357 人次。结合高峰勤务要求，合理调整岗位警力部署，全年调整执勤岗位 642 岗次。以新冠肺炎疫情防控为重点，结合公安部“减量控大”“冰锋•平安冬奥”专项行动，以中国共产党成立 100 周年安保为中心，完善各类处置突发事件方案、预案 267 份，逐一编制处置程序、措施，完成疫情防控和路面交通事故等突发情况的处置工作。全年，接各类报警 81377 起，其中事故报警 35376 起、拥堵报警 1887 起、其他警情 44114 起。房山交通支队联合有关部门执法现场处罚交通违法行为 16.2 万余起，查处违法停车 11.41 万起，查处非司机 317 起，拘留 332 人；查处货车违法 11.93 万起，查处尾气不合格违法 0.8 万起，查处涉牌违法 1.1 万起。开展交通安全宣传活动 177 场次，印发宣传品 3.2 万份，宣传受众 4.4 万人，新闻媒体刊发信息 632 条。房山交通支队管界发生各类交通事故 26030 起，与 2020 年同期 18282 起相比，起数上升 7748 起，上升 42.4%。其中，简易程序处理交通事故 25493 起（与 2020 年同期 17926 起相比，起数上升 7567 起，上升 42.2%），占事故总数的 99.6%；一般程序处理交通事故 537 起，伤 432 人，死亡 94 人，与 2020 年同期相比，起数上升 51%，伤人数上升 43%，亡人数上升 9%。

（孙兆国）

【长走大会交通安保任务完成】 5 月 9 日，春季北京国际长走大会在长沟镇举行。为确保活动顺利进行，房山交通支队精心组织、周密部署、采取有力措施强化交通环境整治和秩序维护，出动警力 105 人次，部署岗位 47 处，完成长走活动交通安保任务。

（王建队）

【情报信息提升交通管理能力】 6 月，房山交通支队成立情报打击专班。根据“12345”舆情、“随手拍”“云瞳”系统、“雪亮”工程、安全监管平台以及区治超办等 8 个数据源，探索出集中整合整理、海量关联查询、多维智能比对、综合分析研判、信息对流互动等工作法。截至年底，房山交通支队累计分析数据 127535 条，确定违法高发点位 19 处，核查违法货车 917 辆（其中重点违法货车 500 余辆），安全隐患重点单位 109 家；依据情报线索共处罚货车违法 79548 件，处罚 78 家，罚款 144 万元，禁驶车辆 421 辆。

（李凯）

【庆祝中国共产党成立 100 周年交通安保任务完成】 年内，按照市交管局统一部署，房山交通支队做好中国共产党成立 100 周年各项交通安保任务，制定各类交通安保方案 52 份，完成交通警卫任务 52 次。

（王建队）

【道路通行能力提高】 年内，房山交通支队与房山公路分局协调，完成 10 处路口“千灯万带工程”设施建设。解决市民停车难问题。与区城市管理委协调，在长阳规划二十七路等 3 条道路设置夜间限时停车区；协助区交通局规划第三期路侧电子停车位 2867 个，涉及 29 条道路。全年，办理“小案件、小纠纷、小事情”“12345”信访 2896 件，办理人大代表、政协委员建议提案 5 件。做好交通组织优化渠化工作。组织召开专项研商会议 35 次，现场协调会 89 次，实地踏勘 107 次，优化渠化路段、路口 15 处。

（李凯）

【辖区路面秩序治理】 年内，房山交通支队组织开展“减量控大”“两打一整”“平安代号行动”“国道 107 线文明样板路创建”“三清三个一批”“两严两保”治超、“货车涉牌违法专项打击”“校车违法打击整治”“交通秩序综合治理”“电动三四轮车重点违法整治”“超标电动自行车专项治理”以及“冰锋 2022 平安冬奥”等 20 余项专项整治行动，为“平安北京”建设打下坚实的工作基础。开展专项执法行动，查处摩托车违法 1393 起，查处非机动车违法 1.88 万起，查处行人违法 0.6 万起；查处电动三四轮车重点违法 0.8 万起，扣留电动三四轮车 191 辆，查处扣留超标违法电动自行车 1073 辆。

（李凯）

【科技管理水平提升】 年内，房山交通支队申报“612”项目（即交管局建信号灯项目）最终确定点位 128 处，全部“亮灯”完工。开展信号灯排查整治工作，摸排 158 处整改 28 处；夏季树木遮挡非现场执法设备修剪 49 处。开展区级文明示范路口交通设施需求统计工作，摸排 26 处点位。将燕山地区及良乡高教园地区 26 处非现场执法设备准备接入北京市交警“云瞳”平台。

（李凯）

【道路安全隐患消除】 年内，房山交通支队在道路占路施工工作中采取“主动作为、主动排查、主动监管、主动巡查”的“四个主动”工作措施，消除道路交通安全隐患。先后召开道路施工监管会议 23 次，检查、勘查道路及施工现场 127 次，批准占掘路施工 80 余件、市交管局推送的占道施工 28 项、道路开口 17 项，整理占路施工案卷、并装订 100 余份。6 月，用足“双下放”（即市交管局给房山交通支队局属道路交通设施维护经费）项目新建交通标志 114 面，更换交通标志 8 面、补装护栏 357 扇，施划交通标线 5222.23 平方米。

（李凯）

【交通协管工作】 年内，交通协管员参与交通秩序整治行动 890 余次，出动 8200 余人次，劝阻纠正各类违法 7.3 万起，粘贴违法停车告知单 10.1 万张；参与辖区重大交通秩序维护任务 21 次、专项勤务保障任务 113 次，投入协管员 8100 余人次。

（李凯）

【重点单位安监执法】 年内，房山交通支队联合区应急局、区交通局等执法部门，会同各乡镇（街道）深入专业运输单位开展安全大检查，对存在交通安全隐患的单位坚决采取限改、禁驶、罚款等安监执法措施，督促单位及时消除安全隐患。全年，对 1088 家单位下发限改通知书，对 777 家单位 1461 辆车采取禁驶措施，对 168 家单位罚款 245 万元。

（邱少强）

【100 处交通文明示范路口创建】 年内，房山区启动市级、区级、乡镇级三级共 100 处示范路口创建工作，从人员、培训、资金、宣传、执法、监督 6 个方面落实保障机制。区内 90 个委办局全部定期参与志愿服务活动，驻区高校、企业广泛参与。投入资金 346 万元，对示范路口交通组织进行优化，增加交通设施，制作观景小品、宣传栏、宣传海报、短视频进行推广。通过创建行动，“礼让斑马线”在驾驶员心中形成共识，路口交通秩序明显改观，路口交通亡人事故和舆情“零发生”。

（杨洋）

【道路隐患排查治理】 年内，房山交通支队梳理交通事故亡人点段，并在第一时间组织道路产权单位、属地、相关科室和交通大队开展分析论证，排查隐患，制定治理措施及完成时限。组织召开分析论证会 62 次，治理隐患 69 处。会同房山公路分局、区城市管理委、首发公司等道路产权单位开展隐患治理工作，研究治理措施，治理市级挂账治理隐患 25 处，动态排查治理隐患 137 处。

（武文东）

【交通事故预防】 年内，房山区以中国共产党成立 100 周年庆祝活动服务保障为核心，结合全区实际，持续净化路面交通秩序，推进交通安全隐患排查治理，全力打造平安房山交通环境。全年，房山区交通事故亡人数 94 人比 2019 年（113 人）相比下降 17%，控制在全年指标 110 人的 85%。生产安全道路运输事故起数和亡人数（20 起、亡 21 人）与 2019 年（30 起、亡 31 人）相比，分别下降 33% 和 32%。

（杨洋）

邮 政

【概况】 2021 年，中国邮政集团公司北京市房山区分公司累计收入完成 25866 万元，完成预算进度 100.03%，同比增长 20.42%；总成本费用累计完成 25443 万元；经营利润累计完成 2929 万元，完成预算进度 102.24%。全区有邮政局所 47 处，邮路及投递线路 284 条，邮路及投递线路长 11269 千米，邮政储蓄点 26 处，特快专递点 47 处。全年，完成邮政业务总量 22339.6 万元。函件出口 230.6 万件，进口 174.0 万件；包裹出口 699.5 万件，进口 848.7 万件；特快专递出口 3.1 万件，进口 166.3 万件。征订报纸累计 1679.2 万份，订销杂志累计 59.9 万份。

（逯录）

【网点建设】 年内，中国邮政集团公司北京市房山区分公司阜盛西街邮政支局和福泽路、高佃路、知兴西路邮政所4处新设立邮政营业场所开业并投入运营。

（逯录）

【网点用邮环境持续改善】 年内，中国邮政集团公司北京市房山区分公司为便民利民，改善用邮环境，为各网点制作低位台席标识20个、人型展架16个、无障碍地贴16个、无障碍坡道指示牌94个。全区47个营业网点无障碍服务设施全面达标，成为冬残奥会无障碍精品示范网点。

（逯录）

【邮校合作】 年内，中国邮政集团公司北京市房山区分公司与北京理工大学良乡校区建立合作，建设校内“邮政综合便民服务站”，为封闭式管理的校园提供用邮便利的同时，也为有创业意向的在校学生提供实践平台，获市邮政管理局、北京市邮政分公司及校方教职工、学生们的认可和好评。

（逯录）

【寄递业务提速】 年内，中国邮政集团公司北京市房山区分公司在交道支局建设区内集散中心，并利用环形分拣设备实现智能化改造，提升区域出口的集包能力，投递员出班时限提前1至2小时，有效提升交道揽投部处理能力和运行质量。

（逯录）

【任期制和契约化管理】 年内，中国邮政集团公司北京市房山区分公司为四级领导干部及支局长29人举办签约仪式，完成“任期制”试点各项工作，以实现干部能上能下、薪酬能高能低，不断增强领导人员的市场意识和竞争意识，有效激发领导人员干事创业的热情与活力。

（逯录）

生态环境

综　述

2021年，污染防治攻坚战各项指标任务首次全面完成。全区PM2.5累计平均浓度为34微克/立方米，同比下降2.9%，全市排名并列第十。按照市级扣除沙尘影响比例，降尘量累计均值为4.1吨/平方千米•月，同比下降24.1%。挥发性有机物减排3%，完成年度任务。全区6个国、市考断面均达到考核要求，集中式饮用水水源水质持续达标，地下水质量保持稳定。土壤环境质量总体保持良好，建设用地污染地块安全利用率达到92%以上。完成“十三五”应对气候变化控制目标，超额完成“十三五”主要污染物总量减排任务。注重全区统筹治理。谋划全区生态环境工作，在各区中首先印发实施“十四五”时期生态环境建设规划。区委生态文明办统筹协调全区扬尘、秋冬季攻坚、环保督查等工作，印发文件19份。发挥创城指挥部生态文明建设工作组办公室职能，完成工作组各项任务。注重全流程治理，以“五严”（严守生态线、严把准入关、严密监测网、严管污染源、严惩违法者）为要求，构建环保监管闭环，推动污染防治攻坚战向深度延伸、广度拓展。依法治理提升。全面推进依法行政，组织法制培训10期，与区法院、区检察院签署“共建联动机制”，以司法共建提升生态环境法治化水平。年内，区生态环境局获首都生态文明奖先进集体，1人获首都生态文明奖先进个人。2人获生态环境部重点行业企业用地土壤污染状况调查工作表现突出个人称号，在市生态环境系统开展的岗位建功系列活动中，获团体奖5个，个人奖8个。

（万璐）

环境质量

【2021年房山区空气质量首次全面达标】 2021年，全区PM2.5年均浓度和O_3浓度分别为34微克/立方米、153微克/立方米，首次同步达到国家二级标准；PM10、NO_2、SO_2年均浓度分别为58微克/立方米、26微克/立方米、3微克/立方米，一氧化碳（CO）浓度为1.1毫克/立方米，各项大气污染物实现协同改善，全区空气质量首次全面达标。全区优良天数达到281天，占比77.2%。其中，一级优天数为103天。2021年出现重污染日5天，比2016年减少38天，降幅高达88.4%。夏季秋季PM2.5重污染基本消除。

（肖楠　刘海军）

【科学应对空气重污染天气】 年内，房山区全力削峰降增速。严格落实空气重污染应急应对机制，启动5次黄色预警和5次内部管控。

（万璐）

环境监测

【环境监测能力提升】 年内，区生态环境局从源头上加强污染源监测。环境监测更加精准。针对重点地区，建立高密度VOCs在线监测体系，开展对辖区内重点VOC排放企业的走航监测。全年，获取监测数据26445个。

（万璐）

环境治理

【蓝天保卫战工作】 年内，区生态环境局开展"一微克"行动，实现空气质量再提升。连环行动强短板。结合不同季节污染特点，压茬实施"春风行动"、裸地治理、降"三尘"、治"渣车"强化管控等专项行动，高压治理污染源。"专病"特治降扬尘。围绕扬尘突出问题，开展扬尘管控专项行动，专项督查215轮次。对口帮扶助提升。针对空气质量排名靠后乡镇（街道），一对一开展精准帮扶57次。狠抓秋冬季"0.1微克"行动，完成秋冬季双指标。

（万璐）

【碧水保卫战工作】 年内，区生态环境局碧水保卫战接续全面达标。国家、市级考核断面数由3个增至6个，水环境质量不断提升。精准掌握入河排口，通过"查、测、溯"，全面摸清全区现有排口情况。区域协同机制更完善。为确保一河清水送雄安，在联防联控基础上，实施联席会议制度，加大联合执法力度。水源地安全更有保障。完成集中式饮用水水源地评估和万人千吨水源保护区"划、立、治"工作。地下水治理成效显著。官庄地下水水质持续好转，污染区面积明显减少，特征污染物浓度大幅削减。注重以生态治生态。谋划琉璃河镇域水环境综合治理示范项目，提出治污水、净中水、蓄雨水、用好水，以生态办法解决生态难题。

（万璐）

【净土保卫战工作】 年内，区生态环境局在净土保卫战中坚持稳扎稳打。在土壤治理方面更注重打基础、利长远。强化建设用地受污染地块"入口"管理，建立房山区疑似污染地块名单并动态更新，加强危险废物污染防治管理，确保土壤安全。推进26家土壤污染重点监管单位开展隐患排查和自行监测工作，明确重点监管企业土壤和地下水环境质量；检查56家高、中风险企业开展隐患排查整改工作，督促各企业及时完成重点场所、重点设施设备的新一轮隐患再排查；对危险废物产生单位开展培训工作，帮助相关从业人员开展危废规范化管理工作。

（万璐）

【生态安全】 年内，房山区强化"绿盾"点位监督整改，2020年136个问题点位，整改完成126个，剩余点位按计划推进。2021年9个问题点位全部整改完成。八渡水文站、拒马河水生野生自然保护区违规旅游设施及小水电站清理完成。严格辐射安全，办理辐射安全许可证审批39件，放射性同位素备案申请1209件，检查涉辐射单位131家次，辐射环境总体良好。严防环境污染事件，检查危废产生单位1291家次，发现违法行为33起，参加环境应急演练4次。全区全年未发生突发环境应急事故。完成重大节日活动的环境保障工作。

（万璐）

环境监督执法

【环境监察能力提升】 年内，区生态环境局从源头上加强环境监察力度，环境监察更加高效。全年，查处环境违法行为16528件（其中固定源581件，移动源15947件），合计罚款1554.30万元。

（万璐）

【生态环境政务服务工作】 年内，区生态环境局以"我为群众办实事"为抓手，以"接诉即办"工作为突破点，解决企业和群众诉求。建立"接诉即办”管家机制，与各乡镇（街道）合力解决群众生态环境诉求。加大执法力度，将问题解决在未诉前，承办工单同比减少 50%。开展审批服务“进门走访”，做好一次性告知，及时更新环保知识问答、“微环评”微信公众号。提供前期咨询服务项目 60 余个，办结建设项目环境影响评价 51 件。

（万璐）

【固定源环境执法检查】 2021 年，区生态环境局累计组织开展包装印刷、汽车制造、石油化工、家具、餐饮、危废经营、排污许可证后监管等领导批示专项执法检查行动 30 余项，检查污染源 14542 家次，查处环境违法行为 581 件、罚款 1090 万元；适用《中华人民共和国环境保护法》配套办法案件 23 起，其中查封扣押案件 22 起，移送公安部门行政拘留案件 1 起 1 人。

（万璐）

【生态环境宣传活动】 年内，区生态环境局开展生态文明理念宣传，“环保房山”微信公众号、微博发布信息 1512 条，在北京电视台等媒体原创 276 条，被千龙网等主流网络媒体转载 387 条。组织房山区“6•5”世界环境日宣传活动暨创建文明城区“红绿蓝•生态眼”社会志愿者联盟启动活动、“文明创城、绿色出行、低碳生活”主题活动等 40 余次。

（万璐）

城乡规划与建设

规划与自然资源管理

·城乡规划·

【概况】 2021年，市规划自然资源委房山分局核发“多规合一”房建类会商意见66件，市政类50件；核发建设工程规划许可155件，低风险项目8个。坚持规划引领，推进各层级规划编制。启动街区总面积65.39平方千米，启动街区面积占“十四五”期间编制计划的100%，排名全市第一。启动编制15个镇域国土空间规划，并形成初步成果。街区控规管控范围内的第一批轨道微中心共4处，均已开展控规编制，开展编制率100%。长阳镇06、07街区等地名规划获得批复。通过良乡站微中心一体化统筹推进周边街区规划实施，实现城市功能更新、站城融合发展，激活城市周边土地的功能、交通、景观一体化发展，将良乡站地区打造成为市郊铁路副中心线的重要节点，一体化方案已正式上报。以周口店镇黄山店村为试点，研究推动乡村更新的规划和用地政策保障机制，助力乡村产业转型升级。严守“双控”目标。实施建设用地减量发展，探索建立区域建筑规模管控机制。制定和实施《房山区2021年度城乡建设用地减量实施方案》，完成建设用地减量腾退约1.5平方千米。研究制定《房山区建筑规模管控意见（试行）》，形成对建筑规模的调控、管理、监督检查、维护管控的闭环管理机制和总量控制、动态统筹、精准投放的实施模式，推动城市可持续发展。建立多元数据统合分析平台，强化公众参与，增加“12345”热线及居民满意度分析，聚焦功能定位与发展目标、规模管控与用途管制、生态环境与自然资源、产业发展与要素配置等重点领域，分析5年连续数据，形成体检评估核心结论。结论显示：房山区常住人口持续稳定增长，用地结构正向优化，城乡建设用地较2016年减量26.08平方千米。城市空间结构持续改善，新增建筑规模符合“三团多点”总体布局，规划实施严格按总规要求深入落实。为保障全市人口疏解工作，克服困难，2天内核发房山区长阳镇06、07街区棚户区改造土地开发项目划拨决定书；转变思路、多项举措，解决“京石二通道（大苑村—市界段）高速公路工程”供地手续问题，市、区两级重点项目填报率和推进率均为100%，位列全市第一。

（刘梦娇）

【国际葡萄酒小镇一期项目规划许可核发】 1月14日，市规划自然资源委房山分局核发国际葡萄酒小镇一期项目规划许可。国际葡萄酒小镇一期项目位于城关街道，总建筑面积28124.17平方米，其中地上建筑面积19705.26平方米、地下建筑面积8418.91平方米。2018年，区政府与法国波尔多葡萄酒文化与文明基金会签署合作备忘录，拟将法国波尔多葡萄酒博物馆引入房山。国际葡萄酒小镇一期项目是落实房山区“三区一节点”功能定位，带动全区红酒产业发展的重点项目。

（刘梦娇）

【美丽乡村规划通过审议】 1月7日，房山区召开2020年度创建村美丽乡村规划第4次联席会。蒲洼乡芦子水村、张坊镇张坊村等20个村庄规划经审议获得通过。4月13日，区政府对2020年最后一批村庄规划进行批复。至此，房山区第一批150个、第二批151个美丽乡村规划全部获批，第三批61个村庄规划全部通过区政府联席会审议。

（刘梦娇）

【石楼次高压A调压箱及进出线工程项目核发“多规合一”初审意见】 1月14日，按照区政府2020年会议纪要第9期相关会议精神，为保障石楼镇重点工程燃气接入，做好市政保障服务工作，同时完善周边小区燃气供应市政条件，市规划自然资源委房山分局将石楼次高压A调压箱及进出线工程项目推送“多规合一”平台，与市国家安全局、区发展改革委等相关部门共同研究，核发该项目“多规合一”初审意见。

（刘梦娇）

【高教园区公共租赁住房项目规划验收完成】 1月20日，市规划自然资源委房山分局完成房山区高教园区公共租赁住房项目锅炉房及1#楼等16项规划验收。该项目位于良乡大学城范围内中央设施区西区南，毗邻西南六环，总建设用地面积55460.14平方米，总建筑面积181246.74平方米，该次规划验收总建筑面积162356.17平方米。

（刘梦娇）

【公共空间艺术品普查登记工作完成】 1月22日，房山区共采集220余件艺术品数据信息录入北京公共空间艺术品数字化管理信息系统，完成公共空间艺术品相关作品名称、落成时间、建设单位、详细地址、摆放环境、作者、坐标、作品尺寸及材料工艺等信息入库工作。

（刘梦娇）

【房山区首个简易低风险工程建设项目】 1月，市规划自然资源委房山分局核发北京市华兴机械厂轴承齿轮2号库房改造项目建设工程规划许可证。该项目位于城关街道马各庄村，总建筑面积408.15平方米，均为地上。该项目通过网上申报方式于1月8日进入社会投资简易低风险工程“一站通”服务系统，是2021年房山区首个简易低风险工程建设项目。4月20日，市规划自然资源委房山分局于1个工作日完成北京市华兴机械厂轴承齿轮2号库房验收工作，并将核验意见交付建设单位。

（刘梦娇）

【快速核发崇秀街北段道路工程建设工程规划许可证】 3月1日，市规划自然资源委房山分局依法依规快速核发崇秀街（原东环路）北段道路工程建设工程规划许可证。从接件到发件仅用时1个工作日。崇秀街（原东环路）北段道路工程位青龙湖镇，北起北环路南用地线，南至青龙湖大街北用地线刘东路，道路全长为435米，规划为城市次干路，红线宽30米，设计速度40千米/小时。

（刘梦娇）

【6项建设工程获规划许可证】 3月23日，市规划自然资源委房山分局核发北京高端制造业（房山）基地高性能固态锂电池项目产业化厂房建设1#试验车间等6项建设工程规划许可证。许可总建筑面积约4.7万平方米，其中地上建筑面积约4.3万平方米、地下建筑面积约0.4万平方米。北京高端制造业（房山）基地高性能固态锂电池项目产业化厂房建设是2021年北京市“3个100”重点工程，也是房山区落实《北京市人民政府关于加快科技创新构建高精尖经济结构用地政策的意见》有关精神，由区属国有企业建设标准化厂房，用于构建高精尖经济结构的重点项目。

（刘梦娇）

【低风险项目全流程案例】 3月29日，市规划自然资源委房山分局完成能通数据中心产业化项目分界室项目不动产登记工作，形成房山区第4个简易低风险工程建设项目全流程案例。该项目位于阎村镇，总建筑面积49.5平方米。该项目完工并通过规划验收后，仅用5个工作日便完成地名命名、门楼牌管理及不动产登记等手续办理工作。

（刘梦娇）

【良乡大学城主园区及拓展区控规通过审查】 4月12日，良乡大学城主园区及拓展区控规通过市规划自然资源委审查并上报市政府。该次街区控规研究范围主要以主园区及拓展区东区为主，总用地面积12.37平方千米。主园区依托5所高校，打造科教核心区；拓展区东区推动高校科研成果转化，打造科技创新区，补足居住配套、公共服务等主园区的功能短板。

（刘梦娇）

【5项规划通过验收】 5月21日，北京德信致远科技有限公司1#云计算中心等5项通过规划验收。该项目位于窦店镇，该次验收总建筑面积44189.39平方米。

（刘梦娇）

【《房山区阎村镇国土空间规划（2019年—2035年）》通过专家评审】 6月2日，阎村镇人民政府组织召开《房山区阎村镇国土空间规划（2019年—2035年）》专家评审会并通过评议，北京工业大学建筑与城市规划学院5位专家一致认为该项目现状调研扎实、技术路线清晰、用地布局合理、实施研究深入、可操作性较强，达到相关技术标准要求，并对规划中的相应内容提出优化建议。

（刘梦娇）

【首个市政工程规划核验备案工作完成】 7月21日，北京华源热力管网有限公司向市规划自然资源委房山分局申请办理涿州—房山供热工程输热主干线项目京港澳高速东侧（北京市界—琉陶路）段DN1200供热管线规划核验备案。2017年4月25日，市规划自然资源委房山分局核发2017规（房）建市政字0004号《建设工程规划许可证》，该工程起点房山区京港澳高速公路北京市界，止点房山区琉陶路，长度3859.61米。该项工程是市规划自然资源委房山分局核验的首个市政备案工程。

（刘梦娇）

【京东亚洲一号项目耕地保护专项报告获批复】 8月25日，京东亚洲一号项目耕地保护专项报告获得市规划自然资源委批复。北京石化新材料科技产业基地核心区东区B7-13、B7-18地块工业用地项目位于城关街道前朱各庄村、后朱各庄村，总用地面积6.06公顷，建筑规模6.06万平方米，产业政策定位为新材料产业。该项目于8月25日挂牌成交，竞得人为北京燕和盛投资管理有限公司，成交价9621万元。

（刘梦娇）

【“两集中”供地项目规划许可工作完成】 截至9月1日，房山区2021年度首批“两集中”供地项目全部规划许可工作完成。该供地项目为长阳镇04街区FS10-0104-6001、FS10-0104-6002地块用地项目，位于长阳镇，东至规划长康街，南至京良路，西至北京市建设工程材料交易中心，北至规划康宁路。FS10-0104-6001地块建设用地面积35451.45平方米，用地性质为R2二类居住用地，总建筑面积136514.42平方米，建筑性质为住宅（共有产权房、公租房）及公共服务配套设施等，住宅总套数980套，其中共有产权房680套、公租房300套。

（刘梦娇）

【第二批次集中供地项目获首个规划许可】 12月3日，市规划自然资源委房山分局核发拱辰街道FS00-0111-0018地块R2二类居住用地、FS00-0111-0016地块A33基础教育用地（配建“保障性租赁住房”）项目规划许可，为房山区首个取得规划许可的第二批次集中供地项目。该项目位于拱辰街道，规划总建筑面积约14.5万平方米。10月13日，建设单位通过北京市第二批次集中供地取得宗地。在规划许可办理过程中，仅用2个工作日便完成规划许可核发工作。

（刘梦娇）

·自然资源管理·

【概况】 2021年，市规划自然资源委房山分局受理登记业务约6.3万件，信息查询2.8万人次，司法查询及查封1.2万人次，发放不动产权证书及证明4.8万本。行政审批事项提前办结率100%。以区政府名义印发《关于公布征收农用地区片综合地价比例的通知》，维护被征地农民的合法权益。取得市政府批复征地及农转用项目4个，批准用地面积

56.81公顷；取得区政府批复的乡镇集体土地项目4个，批准用地面积9.10公顷；完成征收集体土地结案项目3个，监管征地补偿费到位18.81亿元。开展200万亩耕地保护空间落地落图工作，完成复耕面积3.8万亩，年度耕地保有量任务完成计划的132%。北京市“十三五”时期耕地保护责任目标考核中，耕地保护考核全市排名第三、平原多点地区排名第一。全区2009—2018年批而未供闲置台账土地已处置493公顷，处置面积全市第一。实施新一轮矿山生态修复治理计划。2021年，完成废弃矿山生态修复项目23个，生态修复面积约232公顷，治理面积及项目数居全市第一。严格落实《房山区严厉打击私挖盗采工作实施方案》，全年出动巡查人员17290人次，巡查车辆3459车次，巡查点位14583个，非法开采矿产资源案件立案8起，守住矿产资源保护底线。研究制定《房山区严控新生违法建设实施方案》，建立健全查处新生违建闭环工作机制，做到“零容忍、长震慑”。拟定市规划自然资源委房山分局卫片执法监督检查工作制度，规范线索发现、立案、查处工作，年度印发执法日报200余期，出动1000余人次全程参与现场核查及整改验收。开展执法检查4032件，完成人均执法检查量指标。推进违建别墅清查整治回头看、农村乱占耕地建房、公共公益类违法用地违法建设专项整治，持续推进国家自然资源督察指出问题整改，抓实抓细扫黑除恶专项斗争基础性工作和关键环节，完成7条线索摸排。完成商品住宅用地供应26公顷，完成率142%，在多点地区中排名第一。完成商品住宅用地入库44公顷，完成率100%。完成公租房、集租房供地24公顷，完成率100%。打造产城融合示范区，完成工业用地供地6公顷，完成率120%。全年，土地成交6宗，土地成交价69.8亿元，其中政府收益27.6亿元。用好第三次全国国土调查数据，系统评估规划实施、资源保护与修复、自然资源执法监管情况，编制2020年度房山区国有自然资源（资产）管理情况报告，向区人大专题报告，依法接受人大监督。国有土地二级市场组织成交涉地项目10宗，交易面积约16.58公顷，交易金额约12.05亿元。其中，建设用地使用权转让5宗，交易量较2020年提升20%；出租5宗，交易量较2020年提升45.5%。全面开展地灾监测及隐患点治理。汛期发布30次地质灾害气象风险预警，组织434名地质灾害群测群防员进行巡查，及时组织受威胁人员转移。注重加强日常巡查，累计出动200余人次对530余处地质灾害隐患点进行多轮巡查，强化宣传培训，扎实做好应急值守，确保人员“零伤亡”，实现安全度汛。全年，解决17个项目5090套房屋不动产历史遗留问题，完成3000套房屋的年度任务指标，完成率达170%。健全完善工作机制，建立《房山分局“接诉即办”工作考核制度》。全年承办接诉即办工单605件，涉及民生实事74件，表扬类8件，满分工单298件，约占工单总量50%。

（刘梦娇）

【渔儿沟棚户区改造项目挂牌成交】 1月13日，渔儿沟棚户区改造项目FS00-LX04-0087、0093、0092、0085挂牌成交。该地块位于拱辰街道，总用地面积6.35公顷，建筑规模9.73万平方米，规划用地性质为R2二类居住、B1商业及A33基础教育用地，该项目经过12轮现场竞价，及10轮竞报商品住宅自持面积比例，最终由北京鑫汇房地产开发有限公司竞得，成交价为18.28亿元（折合楼面单价18787元/平方米），自持商品住宅面积比例为11%。项目全部地上居住建筑规模用于建设普通商品住房，不设定房屋销售限价等限制条件；项目内幼儿园由二级竞得人代建，并无偿移交区教委。

（刘梦娇）

【京雄高速公路（北京段）工程初步设计通过专家评审】 1月14日，京雄高速公路（北京段）工程初步设计通过专家评审。京雄高速公路（北京段）北起五环路，南至市界，全长约27千米。专家组在对整体项目进行总体评价基础上，围绕总体与路线、路基路面、路线交叉、桥梁工程等7个方面提出问题及建议。

（刘梦娇）

【崇秀街北段道路工程项目的土地划拨工作】 1月15日，房山区土地利用事务中心完成青龙湖镇崇秀街（原东环路）北段道路工程项目用地的土地划拨工作。该项目北起北环路南用地线，南至青龙湖大街北用地线，道路全长约 435 米，用地单位为房山区青龙湖镇人民政府，其规划性质为次干路用地，规划总用地面积为 10345 平方米，规划全部为建设用地。

（刘梦娇）

【与北京高端制造业（房山）基地投资开发有限公司签订用地项目土地出让合同】 1 月 15 日，市规划自然资源委房山分局与北京高端制造业（房山）基地投资开发有限公司签订国有建设用地使用权出让合同。用地项目位于窦店镇，出让宗地面积 47600.14 平方米，总建筑面积为 57120.17 平方米，用地性质为 M1 一类工业用地，出让金为 11020.3483 万元。

（刘梦娇）

【良乡镇基础教育用地土地划拨手续完成】 1 月 22 日，良乡镇 FS04-0100-6076 等地块项目中的 FS04-0100-6080 地块项目土地划拨手续完成。该项目位于良乡镇中心区，用地单位为北京骏峰房地产开发有限公司。该项目分 FS04-0100-6080 地块、FS04-0100-6077 地块 2 个地块，其中 FS04-0100-6080 地块为该次申请用地项目，其规划性质为基础教育用地，规划总用地面积约为 4000 平方米，规划全部为建设用地，规划建筑面积约为 3630 平方米。

（刘梦娇）

【北京市区片综合地价（房山区）听证会】 2 月 7 日，市规划自然资源委房山分局组织召开北京市区片综合地价（房山区）听证会。会上，市规划自然资源委统一聘请的技术单位对区片综合地价的工作依据、工作内容、测算成果、工作过程等内容进行介绍，同时对听证代表提出的问题进行解答。参加会议的区人大、区政协、社会专家等 10 名邀请代表和 10 名申请代表一致同意制定的房山区区片综合地价标准和分配比例。

（刘梦娇）

【地质灾害防治工作】 2 月 15 日，周口店镇发生 0.5 级地震。市规划自然资源委房山分局接通知后，立即前往调查，经现场核实，距震中最近的地质灾害隐患点约 2 千米。经对周边滑坡、地面塌陷、不稳定斜坡等 5 处地质灾害隐患点进行排查，未发现地表有开裂、下沉和塌陷等形变迹象，山体无岩石破裂、崩塌或滑坡险情。村内房屋建筑墙体无开裂、错断等破坏情况，道路无沉降或塌陷等险情。该村周边布设的 GNSS、深部位移、静力水准等专业监测设备监测数据传输正常。该次地震未引发地质灾害灾情或险情，无损失情况。

（刘梦娇）

【2020 年度国土变更调查初步成果对接】 2 月 25 日、26 日，市规划自然资源委房山分局分批次组织全区 24 个乡镇（街道）的工作人员进行 2020 年度国土变更调查初步成果对接。该次对接重点为新增建设及耕地变化两类图斑，共计 581 个图斑。市规划自然资源委房山分局与乡镇（街道）逐图斑核实现场照片、实地状况与变更地类三者的一致性。

（刘梦娇）

【国有土地使用权出让合同解除协议签订】 2 月 26 日，市规划自然资源委房山分局与力博国际建材会展（北京）有限公司签订国有土地使用权出让合同解除协议。3 月 1 日，完成力博国际建材会展（北京）有限公司位于长阳镇高岭村北侧国有土地收储工作，并且被纳入长阳镇 04 街区企业利用自用地建设共有产权房配建公租房项目范围内。

（刘梦娇）

【废弃矿山未治理整改工作】 3 月 2 日，按照中央生态环境保护督察反馈问题报告，截至 2020 年年底，房山区有 209 个图斑共 676.79 公顷废弃矿山未治理。市规划自然资源委房山分局推进问题整改工作，与市级部门进行沟通、对接，及时了解整改工作要点，制定整改方案及工作流程，确保整改问题程序清晰。明确专人负责，夯实基础工作。主动与全市废弃矿山修复规划编制单位及全市矿山环境现状核查单位进行对接，了解房山区未治理图斑的详细信息，做到“底数清，整改明”。3 月，召开由区直相关部门及涉及整改工作相关乡镇参加的工作会，及时将整改要求及工作任务进行部署，确保整改工作推进。经征求乡镇意见并报请区政府同意，制定 2021 年度全区废弃矿山修复治理计划。截至年底，房山区完成 69 个图斑共 232 公顷废弃矿山修复治理工作，120 公顷废弃矿山完成自然恢复认定工作。

（刘梦娇）

【核发长阳镇生活垃圾转运站工程“多规合一”协同意见】 3 月 11 日，市规划自然资源委房山分局核发长阳镇生活垃圾转运站工程“多规合一”协同意见。长阳镇生活垃圾转运站涵盖长阳镇、良乡、窦店、琉璃河等乡镇的生活垃圾转运。

（刘梦娇）

【土地出让合同签订】 3 月 29 日，市规划自然资源委房山分局与北京京东方生命科技有限公司签订国有建设用地使用权出让合同。用地项目位于窦店镇、良乡镇，出让宗地面积 63922.57 平方米，总建筑面积为 102276 平方米，用地性质为 M4 工业研发用地，出让金为 13766.35 万元。4 月 16 日，市规划自然资源委房山分局与北京市燕鑫科技开发有限责任公司签订国有建设用地使用权出让合同补充协议。将该项目出让宗地总建筑面积变更为 2644.3 平方米，同时将出让合同宗地位置描述进行变更。同日，市规划自然资源委房山分局与北京能济中药饮片有限公司签订国有建设用地使用权出让合同补充协议，该项目出让宗地规划总建筑面积变更为 17081.33 平方米，同时将受让方及法定代表人进行变更。9 月 26 日，市规划自然资源委房山分局与北京燕和盛投资管理有限公司签订国有建设用地使用权出让合同。用地项目位于城关街道前朱各庄村、后朱各庄村，出让宗地面积 60631.73 平方米，总建筑面积为 60631 平方米，用地性质为 M1 一类工业用地，出让金为 9621.02 万元。

（刘梦娇）

【房山区第三次全国国土调查项目通过市级验收】 4 月 13 日，北京市第三次全国土地调查办邀请 3 名专家到房山区开展北京市第三次全国土地调查（土地权属调查、土地调查生产）项目下 11 包（房山区）项目验收。验收中，项目单位汇报项目开展情况、完成情况及成果、项目保障及经费使用情况、主要地类变化情况及原因分析等。专家充分肯定房山区第三次全国土地调查工作，项目成果呈现出高度的完整性和规范性，提出需要充实问题及建议、强化行文精准程度、补充技术创新内容等改进建议。专家组讨论，同意该项目通过验收。

（刘梦娇）

【长阳镇 04 街区 FS10-0104-6001 等地块中标】 4 月 23 日，长阳镇 04 街区 FS10-0104-6001 等地块公布中标结果。地块位于长阳镇，总用地面积 4.05 公顷，建筑规模 9.27 万平方米，规划用地性质为 R2 二类居住用地和 A33 基础教育用地。中标人为北京首都开发股份有限公司，中标价格 7.5 亿元。该项目居住用地内将配建 2.58 万平方米公租房，剩余地上居住建筑规模用于建设共有产权房，售价 27000 元/平方米。基础教育用地将由二级竞得人负责建设为幼儿园，并无偿移交区教委。该地块于 4 月 1 日发布招标出让公告。

（刘梦娇）

【拱辰街道黄辛庄村安置房划拨手续完成】 6 月 18 日，市规划自然资源委房山分局完成拱辰街道黄辛庄村安置房划拨手续。该项目位于拱辰街道黄辛庄村，用地单位为北京安顺园房地产开发有限公司。该项目规划性质为 R2 二类居住用地，规划总用地面积为 8305.93 平方米，其中划拨面积为 7627.99 平方米，规划建筑面积为 37754.09 平方米。

（刘梦娇）

【长沟基金小镇 6017 地块居住用地项目挂牌成交】 10 月 12 日，长沟基金小镇 6017 地块居住用地项目挂牌成交。长沟基金小镇 6017 地块居住用地项目是北京市房山区长沟镇新型城镇化建设北部浅山区土地一级开发项目，该地块面积 7.23 公顷，建筑规模 7.95 万平方米，规划用地性质为 R2 二类居住用地。该项目于 8 月 30 日发布挂牌出让公告。成交价为 9.83 亿元，竞得人为北京城建房地产开发有限公司，项目全部地上居住建筑规模用于建设普通商品住房。

（刘梦娇）

【地铁房山线东羊庄站（南区）地块项目挂牌成交】 10 月 13 日，地铁房山线东羊庄站（南区）FS00-0111-0016、FS00-0111-0018 地块项目挂牌成交。项目用地面积 4.15 公顷，建筑规模 9.02 万平方米，规划用地性质为R2二类居住和A33基础教育用地。该项目于8月30日发布挂牌出让公告，于10月13日经过5轮现场竞价程序，最终由中建智地置业有限公司竞得，成交价14.6亿元（折合楼面单价16186元/平方米）。该项目居住用地用于建设普通商品住房，配建21500平方米保障性租赁住房，项目内幼儿园将由二级竞得人代建并无偿移交。

（刘梦娇）

【长阳110千伏输变电工程（电力隧道）临时用地获批】 11月26日，国网北京市电力公司长阳110千伏输变电工程（电力隧道）临时用地获批。临时用地面积约为0.11公顷。该项目的启动，有效缓解长阳地区的用电压力。

（刘梦娇）

【京石二通道高速公路工程划拨手续完成】 12月22日，京石二通道（大苑村—市界段）高速公路工程划拨手续完成。该工程位于房山区，全长约51千米，道路西起北京市界，东至青龙湖镇大苑村，与六环路及京良路相接，沿线涉及10个乡镇（街道）。该项目当天入件当天取得国有建设用地划拨决定书并完成供地工作。

（刘梦娇）

【地铁房山线东羊庄站地块挂牌成交】 12月27日，地铁房山线东羊庄站（南区）FS00-0111-0017、0019地块项目挂牌成交。该地块总用地面积4.55公顷，建筑规模11.38万平方米，规划用地性质为R2二类居住用地。该项目于11月19日发布挂牌出让公告，起始价为16.2亿元，于12月27日经过24轮现场竞价，最终由中建智地置业公司竞得，成交价18.63亿元，折合楼面单价16370元/平方米，溢价率15%，项目内须配建11400平方米保障性租赁住房。

（刘梦娇）

【吴店村安置房项目住宅及非营利性配套用地划拨手续完成】 12月30日，拱辰街道吴店村安置房项目住宅及非营利性配套用地划拨手续完成。拱辰街道吴店村安置房项目为房山区逾期未安置项目，用于解决吴店村和梅花庄村村民回迁安置。

（刘梦娇）

【2021年商品住宅用地供地任务超额完成】 年内，房山区超额完成商品住宅用地供地任务。2021年商品住宅供地任务为19公顷，全年共完成5宗商品住宅，建筑面积26.33公顷，完成率140%，供地量全市排名第一。

（刘梦娇）

【2021年积分落户房屋审核工作完成】 年内，房山区不动产登记事务中心完成审核房山区已取得房屋所有权证或不动产权证书的申报人的房产信息工作。审核期间，房山区不动产登记事务中心通过“电话专人解答”“窗口专人服务”两种服务方式，对申报人提出的各种填报疑问进行答疑，对审核不通过原因给予解释。全年，完成审核492件。

（刘梦娇）

城乡建设

【概况】 2021年，区城市管理委完成固定资产投资1.1亿元，建安投资7600万元。依托文明城区创建工作着重在提升城乡环境建设综合统筹作用上强机制、聚合力、上台阶，提升宜居新指数，增强全民获得感。多措并举，形成合力，狠抓首都环境建设专项检查考评、生活垃圾分类、路网建设和背街小巷整治，促进城市建设质量和管理水平双提升。推动城市美丽宜居建设，开展良乡火车站示范片区环境综合治理，治理面积达29万平方米，完成15条背街小巷整治提升工程，城市品质进一步提升。房山区循环经济产业园全年处理生活垃圾约28.93万吨。459个行政村建立垃圾收集站点，统一进行规范处理。城市道路机扫率达到95.6%。完成城乡结合部及农村地区720座公厕硬件设施改造提升，无障碍率达到100%。完成昊天大街、阜盛大街、观山源墅南侧路等12项市政道路建设，新建改造市政道路11千米。复核城市道路214条，里程248.17千米，自管路灯20996盏、景观灯13456盏；平原乡镇（街道）干路路灯3165盏、公园园林绿地路灯2382盏；地下管线长度为14252.07千米、地下设施检查井井盖123822套。

（邢阳）

【城乡环境治理】 年内，区城市管理委以问题为抓手，加强城乡环境治理。精准分析问题，实行“一地一账、一点一策”。全面落实“三方四类”责任，全方位建立区、镇、村三级联动管理体系和城乡环境全周期闭环管理体系。开展专项整治176次，检查2941次，问题整改123次，并实行“整改—检查—回头看”闭环整改机制，保障市容环境整洁有序。

（邢阳）

【环境精细化管理】 年内，区城市管理委全面推行街巷长制和小巷管家制度，实现群众反映环境问题更快曝光，更快解决。深化基层队伍建设，向下延伸到村（社区），覆盖背街小巷和边边角角，整合调动街巷长、小巷管家、协管员等多元主体，构建快速发现解决问题、精细化管理的基层治理体系。

（邢阳）

【建筑垃圾监督管理】 年内，区城市管理委规范前期手续办理，坚持审核申报材料与现场核查相结合的方式，严格建筑垃圾行政许可办理。完善源头管控，坚持联合督导、联合执法，检查区内在施工工地“进门查证、出门查车”落实情况，严肃查处消纳场“出土”无手续、“挑食拒收”等违规行为，完成57家运输企业定期评估，对19家问题企业进行约谈及处理。完善过程严管，联合多部门严查无资质车辆，严惩许可车辆无准运证运输、泄漏遗撒等违法违规运输行为，开展联合检查131次，查处违法违规运输车辆25辆。通过现场检查与在线监控相结合的方式，开展建筑垃圾处置场所日常检查210处次。

（邢阳）

【垃圾分类有序推进】 年内，全区完成28个乡镇（街道）垃圾分类示范片区创建工作，覆盖率达到100%，85个小区（村）获评北京市生活垃圾分类示范小区（村）。累计检查居住小区（村）1535个次，整治问题6967处。升级改造105座分类驿站、160个可回收物投放点、5处可回收物中转站。建立通报约谈机制，通过“城管执法进社区”，推进生活垃圾分类执法检查。全区实现厨余垃圾分出率稳定在19%，居民参与率达90%以上。全区所有党政机关、中小学幼儿园、医疗机构、景区、宾馆全部开展垃圾分类，3200余家餐饮单位实现厨余垃圾规范收运。

（邢阳）

【照明设施建设】 年内，区城市管理委完成良三路、原昊天大街南段、南斜街3条无灯路治理任务，3条路段建设49盏路灯。完成凯旋大街临时增设路灯109盏。依托全区路灯动态治理机制，累计治理问题路灯515盏。改造灯杆，新建支臂246个，有效解决弱照度问题。

（邢阳）

【节日及重要活动景观照明布置】 年内，区城市管理委围绕节日、庆祝中国共产党成立100周年、冬奥会和冬残奥会等活动打造特色夜景大街，完成府前广场、昊天广场、文体公园等17处公园、60条大街的节日景观布置，悬挂灯笼灯饰7122个、小品52组、彩树灯130棵、缠树灯180750延米。

（邢阳）

城乡管理

公用事业

【概况】 2021年，区城市管理委完成8家供热企业22个小区供热管网改造。完成28万户民用液化石油气用户85.1万瓶液化气服务，完成采暖居民用户用气补贴163.1万元。建立液化石油气非居民用户台账3170家，开展全覆盖检查，累计治理隐患5868项。完成管道天然气或电力能源替代非居民用户603家。持续开展电力设施隐患排查工作，循环检查18个变电站，12条输电线路和1790个充电桩，整改隐患56处。完成55个公共充电桩建设工作，累计建设充电桩1864个。消除卫星拍摄油气长输管道隐患307处；补载、油饰刷新、加密安全标示桩2500处。

（邢阳）

【电网规划与建设】 年内，房山供电公司主动对接地区经济社会发展，强化供用电形势分析研判，滚动修编“十四五”发展规划。推进“4+10+9+5”电网工程可研前期工作，聚力开展项目前期百日攻坚专项行动，取得长阳输变电等3项工程“多规合一”协同意见、普安扩建等4项工程立项核准。全年，110千伏及35千伏工程实现“3开工、3投产”，110千伏长阳输变电工程隧道部分首次采用盾构技术。110千伏洪寺输变电工程隧道部分全部井位进场施工，重点任务全面完成。保障社会民生用电，完成9项18条线路解重载工程，确保大负荷期间电力可靠供应。昊天大街、京雄高速等33项迁改工程投运，有力支撑政府重点项目实施。

（张泽浩）

【营销与优质服务】 年内，房山供电公司升级推出“三零+”服务举措，针对6大服务场景提供精准电力服务，全年惠及客户10426户，节约客户投资2000余万元。提高线上服务智能化水平，大力推广“网上国网”“电力微信”等线上便民服务渠道，线上交费率、办电率分别提升至98.12%、100%。深化HPLC新技术应用，停电信息感知率提升至93.2%。优化社区经理“网格化”服务模式，畅通客户沟通渠道，打通服务“最后一公里”。助力乡村振兴，建成乡村电气化项目3项。

（张泽浩）

城管执法

【概况】 2021年，区城管执法局坚持责任不减，标准不降，通过强化督查、加强调度、更新考核内容、开展区街联动、执法一线帮扶、支援社区卡口等方式确保“三类场所”查处令行禁止，慎终如始。拆除违法建设350.5万平方米，超额完成全年拆违腾地任务。通过以“统”为纲，强化指挥调度，围绕“三类场所”疫情防控执法检查、占道经营专项治理、生活垃圾分类、扬尘治理、极端天气执法保障等重点专项执法，春节、“十一”等重要节假日和全国“两会”等重要活动，加强对基层综合执法队指挥调度力度。制定2021年重大活动保障、垃圾分类、燃气安全等专项整治方案50余份，开展综治整治行动160次、联合执法100余次、启动各类应急预案60余次。以“督”促改，强化综合监管，综合运用现场督导和派单督办等手段督促问题整改，每月以《综合监管通报》《监管通知单》等形式通报各乡镇（街道）执法履职情况、环境秩序类问题整改情况。每季度对各乡镇（街道）综合行政执法队综合考核排名情况进行通报。不定期对基层执法人员行为规范督察检查、联合派驻纪检组对后进执法队进行约谈等加大对城市管理执法领域职权履行的监管力度。以“考”敦行，强化考官作用，以市城管执法局千分制考核、区政府绩效考核、首环办考核、折子工程落实等重点考核任务为依托，结合各考核特点和“12345”热线反映情况，调整考核指标、优化考核内容，系统评价并通报各乡镇（街道）综合执法队工作，促进综合执法队的队伍建设和履职能力。以“学”增效，强化培训指导，线上、线下齐头并进，用活创新培训。通过组织直播授课和实地教学，提高保留职权的参与率；与房山区循环经济产业园合作，建设生活垃圾处理专项执法教育培训基地，增强教育培训工作的针对性和实用性。通过设专班、定方案、明任务、把节点，配齐指导帮扶小分队等方式整合人员力量，确保“分类分级执法”高效贯彻执行。以“奖”促治，激发工作动力。贯彻落实市城管执法局各项工作部署，在全市率先、合理、高效完成经费支出。全年，房山区城管执法系统立案处罚20917起，罚款1153.26万元，房山区“每月一题”街头游商市民诉求同比2019年、2020年实现“双下降”。开展“党史学起来、监管严起来、城市靓起来”的城市诊疗行动、“走基层、访民意、解民忧”“我为群众办实事”等活动。区城管执法局开出百万罚单，高限处罚随意倾倒建筑垃圾违法行为；设立“临时早市”，满足附近居民生活需要。

（王俊杰）

【区城管执法机构设置调整】 5月，北京市房山区城市管理综合行政执法局由区政府所属正处级行政执法机构调整为区城市管理委管理的副处级行政执法机构，核定局长1名（副处级）。主要履职89项处罚职权、负责辖区乡镇（街道）综合行政执法工作的统筹指导和综合协调、开展基层执法培训、承担辖区查处违法建设组织协调等工作。在机构和职能设置上，由六科两队调整为三科四队，分别为综合科、法制科、治理违法建设办公室、执法一队、执法二队、执法三队、执法四队。增加的科室及职能为治理违法建设办公室，是由房山区治理违法建设工作专班直接划转为区城管执法局所属科室，主要负责指导各乡镇（街道）开展拆违腾地工作。

（王俊杰）

【拆违腾地任务完成】 6月底，区城管执法局推出“计划承诺制”，通过高位督导、政策激励、专班运作、周通报、月总结、“抓大不放小，抓队抓尾”等工作方式，完成全年拆违腾地任务。2021年，房山区拆违任务345万平方米，腾地任务425公顷，任务量全市排名第二。截至11月初，完成拆违任务350.5万平方米，完成率101.6%；完成腾地任务431.5公顷，完成率101.5%。

（王俊杰）

【“三类场所”疫情防控执法检查】 年内，区城管执法局牵头“三类场所”疫情防控执法检查工作。通过强化督查、加强调度、更新考核内容、开展区街联动、执法一线帮扶、支援社区卡口等方式指导协调属地综合执法队加强对“三类场所”测温验码、佩戴口罩、通风消毒、“一米线”等防疫措施落实情况的监督力度，推动“四方责任”从严从紧落实。全年，调度各属地综合执法队出动35627人次，10256车次，现场检查“三类场所”34272家次，检查发现849家存在问题，均责令“三类场所”经营者、管理者现场改正，其中对342家企业进行现场执法公示。

（王俊杰）

【占道经营专项治理】 年内，区城管执法局结合文明城区创建，开展“夏季攻势”“秋风行动”，不断强化综合执法、挂销账治理、行刑衔接、分级约谈。房山区“每月一题”街头游商市民诉求3435件，比2019年下降34.3%，比2020年下降18.8%，实现同比“双下降”；立案5958件，全市排名第一。房山区执法人员人均立案量及人均罚款额均全市排名第二。昊天假日酒店周边非法夜市全部清理完毕，恢复停车场功能。

（王俊杰）

【市民群众安全治理】 年内，区城管执法局按照“全面推进、突出重点、因类施策、确保安全”原则，逐步摸排石油、天然气管道管线、燃气供应、建筑垃圾等涉及的79家企业，梳理并建立相关台账9类，推动执法基础信息准、台账明、关系清。主动作为，提升职权履职率，首次围绕酒店主动提供一次性用品、地下燃气管线保护、车身广告等职权开展行政处罚。开展液化石油气专项整治督查抽查工作，现场检查发现安全隐患问题242处，占区直部门检查发现问题总量的近50%，均第一时间通知属地政府进行整改。对辖区内石油、天然气管道管线、建筑垃圾、加气站、供电企业、外语标识等方面按工作计划开展执法检查，并落实常态化管控。截至年底，围绕保留职权完成各类执法案件205件，罚款25万元、录入检查单4341件。

（王俊杰）

【户外广告牌匾治理】 年内，区城市管理委继续推进违规户外广告、牌匾标识规范治理工作。全年累计规范治理户外广告牌匾、标识2221块。

（邢阳）

【“大学生社会实践基地”揭牌成立】 年内，区城管执法局与中国社会科学院大学政府管理学院签订合作协议，挂牌成立“大学生社会实践基地”。通过党建引领、执法业务、信息宣传、行政办公等多岗位交流锻炼，提高学生能力。

（王俊杰）

【城市空间秩序改善】 年内，区城市管理委开展联合执法行动，高压管控、高限处罚，集中整治占道经营高发点位32个，立案处罚占道经营行为6688起，罚款103万元。违法建设治理有序推进，累计拆除违法建设350.5万平方米，腾退土地431.5万平方米。规范建筑物屋顶牌匾标识、安全治理单柱式户外广告、整改超大破损牌匾等1767块。

（邢阳）

城市治理

【概况】 2021年，区城市管理指挥中心建立机制完备、程序规范、标准清晰的接诉即办制度体系和基层统筹、条块结合、多方参与、共建共管的接诉即办工作体系，健全基层治理的应急机制、服务群众的响应机制和打通抓落实“最后一公里”的工作机制，推动首都基层治理体系和治理能力现代化。结合房山区实际，制定《房山区关于贯彻落实〈北京市接诉即办工作条例〉实施方案》。全年，受理“12345”市民热线诉求265571件，纳入市中心考核80398件，响应率97.72%，解决率86.92%，满意率90.46%，加分4.53分，平均综合成绩90.88分，全市排名第八。网格化工作上报问题线索28.16万条，提前一个月超额完成全年目标。划定一级网格1个，乡镇（街道）二级网格28个，村（社区）三级网格659个，四级网格14032个，数量为全市第一，率先在全市完成网格划分工作。开展全区城市部件基础台账摸底调研。摸排市、区级部门数据91万条，各乡镇（街道）数据7万条。区城市管理指挥中心人民网地方领导留言板诉求办理满意度位居全市第一，被评为“2021年度人民网网上群众工作民心汇聚单位”。

（尹濛）

【机构调整】 2月，区城管委所属的北京市房山区城市管理指挥中心由副处级调整为正处级，为区政府直属事业单位，同时整合区政务服务局承担的非紧急救助热线职责和编制。主要承担网格化管理和接诉即办工作。

（尹濛）

【市民服务热线“每日专访”活动】 8月17日，开展“12345”市民服务热线“每日专访”活动。邀请基层单位党政正职开展电话回访，搭建起领导干部与群众的“连心桥”。

（尹潆）

【《房山区网格划分与城市部件普查实施方案》印发】 9月28日，区城市管理指挥中心制定《房山区网格划分与城市部件普查实施方案》，完成四级网格划分工作，共计14032个。在全市率先完成网格划分工作。

（尹潆）

【贯彻落实接诉即办工作条例工作部署会】 10月14日，在区政府426会议室召开房山区贯彻落实《北京市接诉即办工作条例》工作部署会，区委书记陈清出席会议并讲话。区四大部门领导出席会议。相关委办局负责人，各乡镇（街道）党政班子成员，区直各单位、各公共服务企业主要负责人和各村（社区）党组织书记等通过视频方式参加会议。会上，从统筹抓好《北京市接诉即办工作条例》学习研讨、扎实推进《北京市接诉即办工作条例》组织实施、严格落实《北京市接诉即办工作条例》保障举措3个方面对贯彻落实《北京市接诉即办工作条例》工作进行部署。

（尹潆）

【房山区网格化工作视频培训会】 11月2日，在区政府第三办公区召开房山区网格化工作视频培训会。区城市管理指挥中心、各乡镇（街道）、社区（村）有关领导及网格化工作相关人员参加会议。会上，市城市管理委员会工作人员讲解市级网格考核标准及下一步全市重点工作，对房山区网格化工作给予指导意见，网格专家对具体工作注意事项进行实操讲解。

（尹潆）

水务管理

【概况】 2021年，区水务局按照“节水优先、空间均衡、系统治理、两手发力”的治水方针和“水务工程补短板、水务行业强监管”的总基调，在做好新冠肺炎疫情防控的前提下，统筹推进水务工作，开展河道、治污、供水、农水等重点水务项目共计10项，包括续建项目5项，新建项目5项。完成固定资产投资6.4亿元，建安投资6.1亿元；全区生产生活用水总量控制在18224.5万立方米；万元地区生产总值水耗同比下降12%；污水处理率达到90.7%、再生水泵送量866万立方米，全区25.64%的建成区面积达到年度海绵城市考核标准，节水型（企业）单位覆盖率达到56%，节水型村庄社区覆盖率达到32%，平原区水位同比回升2.24米。制定《房山区水务局2021年依法行政工作要点》，分别明确法治宣传教育计划和依法行政具体任务。利用世界水周、中国水周、安全生产日、防灾减灾日、“12•4”国家宪法日等特定节日，开展形式多样的涉水法制宣传20余次，发放宣传品4万余份。2021年，在北京市行政执法信息服务平台录入行政执法检查单40168件，立案并作出处罚案件647件，累计罚款277.10万元。区水务局推进智慧水务1.0建设，由专业单位协助编制《房山区智慧水务1.0实施方案（2021年—2023年）》初稿，主要围绕水资源的“取、供、用、排”社会循环信息化、智慧化建设，着力提升水务行业管理水平。完成2020年度水利网信发展情况调查统计；完成《房山区“十四五”时期信息化建设重点项目表》填报；开展安可替代计算机及打印机安装调试及网络安全排查；开展2021年房山区电子政务网络安全检查；进行房山区政府投资信息化项目专项核定；北京市水务系统中国共产党成立100周年庆祝活动网络安保工作；完成房山区政务信息系统整合共享工作专项调研；完成公共安全图像信息系统备案等。启动与北京科技大学等8家单位联合开展的《北京市房山区水资源循环利用新技术研究及应用》项目。完成事业单位改革，6家企业改革正在推进。2021年，房山区水务局改革前共有事业单位29个，事业编制322个；改革后共有事业单位23个，事业编制297个。改革中，4个事业单位撤销，1个事业单位更名，4个事业单位（包括3个自收自支事业单位，经费性质调整为全额财政补助事业单位）合并为2个事业单位。

（张梦瑶）

【水务规划】 12月，《房山区“十四五”时期水务发展规划》正式印发。该规划着眼于率先基本实现社会主义现代化和房山分区规划明确的远景目标，初步建成山水环绕、蓝绿交织的多组团山水城乡格局。

（张梦瑶）

【水资源管理】 年内，区水务局持续推进取用水管理专项整治提升工作。完成1479个问题取水口整改及6087个机井码张贴工作。全区再生水泵送配置量达到800万吨以上，规模取水户数据接入率、远传率、及时率均达到100%，实现市、区数据汇聚共享。铺设透水砖2.6万平方米，新建集雨池1座，集雨樽3座。持续严格执行取水许可制度及节水“三同时”审查。全年，办理取水许可992件，办理节水方案审查9件，临时用水指标审批63件，节水验收52件，用水指标299件。强化水资源管理，加强地下水超采治理与监测，2021年年末比2020年年末回升2.04米。

（张梦瑶）

【河长制工作】 年内，房山区采取“现场督导、排名督办、定期通报”的方式，倒逼基层河长主动履职。截至年底，区级河长巡河94人次，镇、村级河长巡河32710余人次，综合巡河率100%，发现并整改问题6547件。开发“房山河长”APP，率先将河长自主巡河、市区级监督及公众举报等发现的水环境问题全部纳入平台统一管理，实现河湖问题网格精细管理。针对情节严重的涉水违法行为，启动“河长制+检警长”工作模式，联合公安、环保、城管、属地乡镇等开展涉河湖环境执法检查39250次，发现并处理问题512件，罚款501万元。建立“跨界河长”联络机制，加强跨界河流的管理。对标对表市政府永定河清理整治方案，截至年底，完成25项整治内容（2021年整治内容29项），拆除违建31396平方米。在“清四乱”任务方面，实现常态化整治，动态清零，发现并整改水环境问题1044件，全区90条小微水体治理工作任务全部完成。

（张梦瑶）

【海绵城市建设】 年内，全区25.64%的建成区面积达到年度海绵城市考核标准，超额完成24%的年度任务。完成海绵城市建设评估及实施方案，收集并督促住建、城管及园林部门海绵工程建设，选取4处典型排水分区开展水质水量联合监测。2021年汛期，房山区平均降水量为762毫米，比2020年同期（440.4毫米）偏多73%。根据海绵典型监测点水量监测数据，六成降雨径流通过老旧小区透水砖铺装改造、雨洪利用工程、积水点改造工程等“海绵设施”建设得到有效控制，建成区范围内控制的雨水总量达到3200万立方米。

（张梦瑶）

【水库移民后期扶持】 年内，房山区核定大中型水库农业移民9217人，核定农转非移民2726人；实施大中型水库移民后期扶持项目2项。对103名新入学大学生开展教育帮扶。

（张梦瑶）

【供水管理】 年内，区水务局、区卫生健康委、属地政府共同对全区20家集中供水厂开展10余次供水安全联合检查，下发整改通知书32份。全年，开展水质检测2次，覆盖全区321个村级供水站及16座乡镇集中供水厂，检测指标35项，水质达标率91%；配合区城市管理指挥中心完成水务行业四级网格划分，推进城市部件基础信息普查；推进房山区与北京市自来水集团开展供水合作；协调良泉水业公司更换居民智能水表32314支，更换非居民智能水表2781支；确保南水北调良乡水厂正式投入运行，有30万户市民喝上南水北调水。配合区生态环境局加强水源地保护，封填机井46眼，西潞街道2个小区及拱辰街道、窦店镇等4个村接入市政管网，惠及2万余人。

（张梦瑶）

【节水管理】 年内，全区严格落实区域用水总量控制和行业用水效率控制，强化计划用水和定额管理，编制《2021年用水计划指标分配方案》，并下达给28个乡镇（街道）的用水单位和村庄。2021年房山区生产生活用水量为18224.5万立方米，比2020年下降6%。对非居民用水户实施双月考核和超计划累计加价收费制度。全年，发出超计划预警通知343户次，收取加价水费122.79万元。完成房山区节水型社会建设工程。改造老旧小区透水砖

2.2万平方米，换装花洒5272套，规模取水户安装远传计量设备309套。创建11家节水型单位，全区节水型单位（企业）覆盖率达到56%；创建17个节水型村庄，节水型村庄（社区）覆盖率达到32%。开展宣传工程，主题宣传活动90余次，发放宣传品4万余份。

（张梦瑶）

【水旱灾害防御】 年内，全区8座水库、59条河流沟道“拦蓄疏引”功能发挥作用，实现“大水之年无大灾”的防御目标。区水务局制定《房山区洪涝灾害防御工作方案》，修订6类27本防御预案；开展“清管行动”，组建2支共205人的水务专业抢险队，储备物资100余种；组织多场景、多科目水旱灾害防御专项演练40余次；8座中小型水库实现专业化管护；加强城乡16处（水务）低洼易积水路段巡查布控。与气象、交通、消防救援等部门沟通协作，成功应对“7•12”“7•18”等5次强降雨，实现“不死人、少伤人、少损失、城市不看海”的工作目标。开展应急抢险，及时到位有效。保证汛期城市排水和河道行洪顺畅，承担南水北调暗涵抢险截流坝抢建任务，100余人连续奋战3天，使中线局正常施工，保证南水北调管线供水安全；仅用7天时间完成区循环产业园10千米道路抢修及河道清淤工作，保证垃圾正常运送。选派70余人的专业抢险队，3个排水单元，参加周口店龙乡苑小区洪水积水抽排，保证人民群众生命和财产安全。

（张梦瑶）

【水环境治理与水生态建设】 年内，区水务局累计开展生产建设项目水影响评价报告（水土保持方案）审查35项；对26个项目征收水土保持补偿费51.71万元，办理13个项目水土保持补偿费免缴手续；接受38个生产建设项目水土保持设施自主验收报备资料，完成38个项目验收报备事项公告；开展水土保持监督执法检查1702次，发现疑似水土保持违法事项59项，立案查处8项，对违法项目罚款27万元；完成2021年房山区蒲洼水土流失监测及监测网点维护工作和云居寺水土保持科技示范园运行维护工作；建成4条38平方千米的生态清洁小流域。2021年，全区污水处理量10600万吨，全区污水处理率达到90.5%，全区再生水泵送配置量达到800万吨以上，全区污泥处置量达到7.9万吨，办理城镇污水排入排水管网许可证83件、临时排水许可6件，排水及再生水入网方案审查5件。加强排水设施监管及城区排水设施运维管理，启动《房山区供排水设施信息管理系统》搭建，构建监管规范化、标准化、流程化的监管体系，完成10座排水泵站标准化创建工作，推进排水科普教育基地建设。完成琉璃河污水处理厂、韩村河污水处理厂、良乡污水处理厂（一期）、城关污水处理厂（一期）提标改造工程建设，以及田家园1.5万吨污水处理站建设并投入运行。完成农村污水治理18个村治污任务、50千米污水管线建设任务；新改建污水处理站54座；拒马河、小清河、大石河、东沙河、刺猬河5个国考出境断面稳定达标。夹括河、窦店沟、北泉水河3个劣五类水体全部消除。完成10座排水泵站标准化创建工作。2021年，崇青水库、龙泉湖入选北京市优美河湖，房山区有优美河湖7处。

（张梦瑶）

【水务政务服务】 年内，区水务局办理各类行政审批1613件、接收涉水诉求1031件，办结率均为100%。创新建立“市民河长”工作机制，涉水营商环境不断优化。取水许可证实现发放电子证照；排水许可证办理建立上门一对一指导服务；深化水影响评价审查事中事后监管“三个5”制度，开展检查25次涉及75个项目。取消建设项目“节水专篇”审查环节，将建设项目节水设施方案审查合并到建设项目水影响评价中一并办理；对用水指标进行核定在不动产登记之后办理，独立于工程建设项目审批之外；建设项目配套节水设施竣工验收均实现当天办结；临时用水指标申请实现即申即办。开展职权下放调研，推进行政执法权限向基层延伸。组织对各乡镇（街道）对下放的22项职权执法工作中存在的突出问题进行调研，并且有针对性地提出改善基层执法情况的意见，确保各项职权“放得下、接得住、管得好”。

（张梦瑶）

【水利工程建设与管理】 年内，房山区在建水利工程监督项目59项，完成13项水利工程项目的监督注册办理，进行实体监督检查 469 次，形成监督检查记录 421 份，填写执法检查单 1748 份。抽检原材料及中间产品 354 组，对验收情况开展监督检查 70 次，分部工程核备 76 个，单位工程核备 15 个，对竣工验收的 10 个工程项目质量等级进行认定。针对工作中发现的各类问题，全部监督整改到位，确保在建水务工程质量处于受控状态，通过水利部质量监督履职情况巡查检查，在全市水利工程质量考核等级连续 7 年被评定为 A 级。

（张梦瑶）

园林绿化

【概况】 2021 年，房山区完成平原造林 173.33 公顷，浅山台地造林 149.33 公顷，浅山荒山造林 1064 公顷。完成京津风沙源治理二期封山育林 2000 公顷，困难地人工造林 133.33 公顷，人工种草 666.67 公顷。完成森林健康经营 5933.33 公顷，公路河道绿化 30 千米，彩叶工程 200 公顷，播草盖沙 333.33 公顷，“战略留白”临时绿化 26.67 公顷。区园林绿化局管辖的专业城市绿地总面积为 1270 公顷。包括公园 47 个，公园总面积 214.2 公顷。安装城市园林冬季防寒挡盐板 48.2 万延米，年绿化灌溉用水量 150 余万吨。栽摆花卉 58.6 万盆。全年，新建绿地 24.13 公顷，共移交代征绿地 14 公顷。建成公园绿地 13 公顷、小微绿地 12.9 公顷、口袋公园 60 公顷、公园绿地 500 米服务半径建设项目 88 公顷。建设完成“留白增绿”任务 9.3 公顷。全区有 33.28 万人履行植树义务，新植苗木 10.09 万株，义务植树多种形式折合完成 93.32 万株；接待社会单位 70 个约 5800 人。全年，创建首都绿化美化花园式单位 4 个、首都森林村庄 4 个、首都绿化美化花园式社区 2 个、园艺驿站 2 个。完成全区 1684 株古树名木基础体检及 39 株精细化体检，建设古树村庄 1 个，古树保护小区 1 个。区园林绿化局共办结行政处罚案件 32 起；处罚责任单位 4 个，违法行为人 28 人，罚款 21.48 万元，补种树木 2097 株。2021 年审核、审批征占用林地及林木、树木伐移许可 1200 件，占用林地面积 37.48 公顷，批准伐移树木 34.90 万株。办理Ⅳ级备案管理林地项目 10 件，占用林地面积 65.86 公顷。2021 年度新建瞭望塔 6 座、检查站 10 座，新增防火公路 25.56 千米，开设防火隔离带 178 万延米，清理林间可燃物 2.7 万公顷，累计发放宣传画、宣传信和防火通告 16.5 万张。

（李晓鹏）

【2021 年“首都全民义务植树日”活动】 4 月 6 日，房山区在北京高端制造业（房山）基地义务植树地块举办以“共建森林城市 共享生态文明”为主题的“首都全民义务植树日”活动。北京市委常委夏林茂，北京市园林绿化局二级巡视员王小平，区委书记陈清，区人大常委会党组书记、主任刘兵，区委副书记刘学亮等四大部门领导与 700 余名房山机关干部职工及市民共种植白皮松、油松、白蜡、紫叶李等各类苗木 2200 余株。

（王思思）

【房山“红绿蓝·生态眼”社会志愿者联盟成立】 5 月 28 日，北京房山“红绿蓝·生态眼”社会志愿者联盟正式成立，百名摄影志愿者参加成立仪式。该联盟致力于房山区的生态环境事业，助力房山区生态环境建设及文明城区创建。

（郭晓燕）

【房山区总林长令制度印发】 5 月，《关于开展林长制巡林工作的通知》和《房山区总林长令发布制度（试行）》等 7 项林长制配套制度印发，加快推进建立林长制体系。要求全面开展林长巡林，突出园林绿化资源保护，持续拓展绿色生态空间，督导推进新一轮百万亩造林、城市公园绿地等重点工作。

（王乔）

【紫瑞公园建成开放】 6 月，紫瑞公园对外开放。该公园位于紫瑞南路 1 号院北侧，八号路东侧，占地面积约 1.6 公顷。园内设置林下活动广场、休息广场、400 米健走环路、休息廊架、棋牌桌和儿童活动设施。种植五角枫、白蜡、栾树、金叶榆、红花碧桃、海棠、紫叶李、榆叶梅、紫丁香等乔灌木约1100株。

（张爽）

【长兴公园建成开放】 6月，长兴公园对外开放。该公园位于首创新悦都南侧，长兴西街东侧，占地面积约1.21公顷。园内设置300米慢跑健走环路。种植五角枫、白蜡、国槐、玉兰、海棠、碧桃、金银木、珍珠梅等乔灌木约1000株。

（张爽）

【国庆节花卉布置】 9月，区园林绿化局在区内主要道路、公园景点进行花卉布置工作。花卉品种包括垂吊牵牛、国庆菊、凤仙等24个花卉品种，共计80万株，栽摆面积1.5万平方米。

（纪燕生）

【加州水郡森林公园建成开放】 10月，加州水郡森林公园对外开放。该公园位于加州水郡西区，占地面积约4.49公顷。园内设置水岸广场、儿童活动广场、老年门球场等。栽植银杏、白蜡、栾树、碧桃、海棠、油松等观赏树种2000余株。

（高燕鹏）

【房山区首个园林绿化生态系统监测站建成】 10月，房山区建成首个园林绿化生态系统监测站。该监测站位于青龙湖镇中部，配置微气象监测、散射光传感监测、负氧离子监测系统等仪器设备，监测指标涉及土壤、大气、水文、环境、生物和生物多样性6大方面。

（刘颖）

【北京首批古树保护小区"落户"房山区】 11月，北京首批古树保护小区"落户"房山区。房山区以上方山国家森林公园为试点示范，在全市各区中率先开展古树保护小区建设，打造古树及其生长环境系统保护的模式样板。古树保护小区内设置各类检测系统，可对古树群落的小气候、土壤以及水文环境进行实时监测，了解古树生长环境的动态变化，从而对古树群进行更加系统的研究与保护。

（丁一凡）

【公园绿地500米服务半径建设项目竣工】 年内，房山区改建公园绿地15处，建设总面积88万平方米，惠及西潞街道、阎村镇、城关街道等7个乡镇（街道）。公园绿地500米服务半径覆盖率从81.96%提升至86%。

（高燕鹏）

2020年度首都绿化美化先进集体、先进个人

首都全民义务植树先进单位

北京电力设备总厂有限公司
北京金隅琉水环保科技有限公司
房山区窦店镇人民政府
房山区城关园林所

首都绿化美化先进单位

房山区城关街道办事处
房山区佛子庄乡人民政府
房山区融媒体中心

首都绿化美化花园式社区

房山区长阳镇悦都苑社区
房山区城关街道蓝城家园社区

首都绿化美化花园式单位

北京周口店镇集中供水厂
北京京林园林集体有限公司
北京昊屹畜牧有限公司
首都师范大学后勤保障部

首都绿色村庄

房山区周口店镇葫芦棚村
房山区霞云岭乡上石堡村
房山区大石窝镇岩上村
房山区石楼镇吉羊村
房山区城关街道北关村

首都森林城镇

房山区张坊镇

首都绿化美化先进个人

田长在　王　倩　王海娇　蔡金霞　陈　曦
李　巍　李月桥　李建山　仲金山　张进宝
韩艳玲　隗永华　孙化佳　杨　光　孔令宇
杨清雨　赵浩辰　陈大兴

北京市人民政府
首都绿化委员会
2021 年 4 月

气　象

【概况】　2021 年，房山区平原地区平均气温接近常年，降水比常年显著偏多，日照与常年基本持平，雾日数比 2020 年偏多，霾日数与 2020 年持平，大风日数比 2020 年偏多；西部山区平均气温接近常年，降水比常年显著偏多，日照与常年基本持平，雾日数比 2020 年偏少，霾日数比 2020 年偏多，大风日数比 2020 年偏多。

（马俊岭）

【气温】　年内，房山区平原地区平均气温（以房山气象站为参考站，下同）为 12.7℃，较常年（12.5℃）偏高 0.2℃，比 2020 年（13.0℃）偏低 0.3℃。西部山区平均气温（以霞云岭气象站为参考站，下同）为 10.9℃，比常年（10.8℃）偏高 0.1℃，与 2020 年（10.9℃）持平。平原地区高温日数为 5.0 天，较常年（5.9 天）偏少；西部山区高温日数为 0 天，比常年（2.7 天）偏少。2021 年各月中，平原地区 2 月气温较常年异常偏高，3 月、12 月气温比常年显著偏高；西部山区 2 月气温比常年异常偏高，12 月气温比常年显著偏高。平原地区年内极端最高气温为 37.1℃，出现在 6 月 19 日；极端最低气温为–20.7℃，出现在 1 月 7 日。西部山区年内极端最高气温为 34.7℃，出现在 6 月 20 日；极端最低气温为–21.0℃，出现在 1 月 7 日。平原地区冬季（2020 年 12 月至 2021 年 2 月）平均气温为–2.0℃，与常年同期（–2.0℃）持平，比 2020 年同期（–0.8℃）偏低 1.2℃。春季（2021 年 3 月至 5 月）平均气温为 14.4℃，比常年（14.2℃）偏高 0.2℃，比 2020 年同期（14.8℃）偏低 0.4℃。夏季（2021 年 6 月至 8 月）平均气温为 25.0℃，比常年同期（25.6℃）偏低 0.6℃，比 2020 年同期（26.2℃）偏低 1.2℃。秋季（2021 年 9 月至 11 月）平均气温为 12.5℃，比常年同期（12.4℃）偏高 0.1℃，比 2020 年同期（12.6℃）偏低 0.1℃。西部山区冬季（2020 年 12 月至 2021 年 2 月）平均气温为–3.3℃，比常年同期（–3.1℃）偏低 0.2℃，比 2020 年同期（–2.1℃）偏低 1.2℃。春季（2021 年 3 月至 5 月）平均气温为 12.3℃，比常年（12.4℃）偏低 0.1℃，比 2020 年同期（12.7℃）偏低 0.4℃。夏季（2021 年 6 月至 8 月）平均气温为 22.6℃，比常年同期（23.3℃）偏低 0.7℃，比 2020 年同期（23.5℃）偏低 0.9℃。秋季（2021 年 9 月至 11 月）平均气温为 10.8℃，比常年同期（10.7℃）偏高 0.1℃，比 2020 年同期（10.4℃）偏高 0.4℃。

（马俊岭）

2021 年平原地区各月平均气温及与 2020 年和常年同期比较统计表

表 3　　单位：℃

时间	1 月	2 月	3 月	4 月	5 月	6 月	7 月	8 月	9 月	10 月	11 月	12 月	平均
2020 年	–2.0	1.1	8.7	15.0	20.6	26.8	26.0	25.7	20.4	11.9	5.5	–3.4	13.0
2021 年	–4.6	2.1	8.7	14.6	19.9	24.7	26.0	24.4	20.8	11.6	5.2	–0.5	12.7
常年	–3.9	–0.1	7.0	14.8	20.8	24.8	26.6	25.3	20.1	12.8	4.3	–2.1	12.5
距平	–0.7	2.2	1.7	–0.2	–0.9	–0.1	–0.6	–0.9	0.7	–1.2	0.9	1.6	0.2

2021 年西部山区各月平均气温及与 2020 年和常年同期比较统计表

表 4 单位：℃

时间	1 月	2 月	3 月	4 月	5 月	6 月	7 月	8 月	9 月	10 月	11 月	12 月	平均
2020 年	–3.2	–0.1	6.6	12.8	18.7	24.4	22.9	23.2	17.3	10.0	3.8	–5.2	10.9
2021 年	–6.0	1.4	6.5	12.6	17.9	22.3	23.5	22.1	18.7	9.9	3.9	–1.5	10.9
常年	–4.9	–1.4	5.1	13.2	19.0	22.7	24.3	22.9	17.7	11.1	3.3	–3.1	10.8
距平	–1.1	2.8	1.4	–0.6	–1.1	–0.4	–0.8	–0.8	1.0	–1.2	0.6	1.6	0.1

注：文中常年值为 1991—2020 年平均值。房山站因迁站，2014 年 1 月 1 日起数据均为新站数据。

【降水】 2021 年，房山区平原地区降水量（以房山气象站为参考站，下同）为 865.7 毫米，比常年（542.6 毫米）显著偏多 59.5%，比 2020 年（536.9 毫米）显著偏多 61.2%。西部山区降水量（以霞云岭气象站为参考站，下同）为 1037.1 毫米，比常年（616.9 毫米）显著偏多 68.1%，比 2020 年（620.0 毫米）显著偏多 67.3%。2021 年各月中，平原地区 3 月、7 月、9 月降水量比常年异常偏多；4 月降水量比常年异常偏少。10 月、11 月降水量比常年显著偏多。2 月、8 月降水量比常年偏多；1 月、5 月、6 月降水量比常年偏少。12 月降水量接近常年。西部山区 2 月、3 月、7 月、9 月、11 月降水量比常年异常偏多；1 月、4 月降水量比常年异常偏少。10 月降水量比常年显著偏多。5 月、6 月、8 月、12 月降水量接近常年。平原地区年降水日数为 115 天，比常年值（68.8 天）偏多，比 2020 年（100 天）偏多。其中，暴雨日数为 3 天，比常年（1.8 天）偏多，与 2020 年（3 天）持平。西部山区年降水日数为 122 天，比常年值（76.8 天）偏多，比 2020 年（103 天）偏多。其中，暴雨日数为 3 天，比常年（1.9 天）偏多，与 2020 年（3 天）持平。平原地区冬季（2020 年 12 月至 2021 年 2 月）降水量为 7.5 毫米，比常年同期（8.9 毫米）偏少 15.7%，比 2020 年同期（37.2 毫米）偏少 79.8%。春季（2021 年 3 月至 5 月）降水量为 58.3 毫米，比常年同期（64.9 毫米）偏少 10.2%，比 2020 年同期（49.7 毫米）偏多 17.3%。夏季（2021 年 6 月至 8 月）降水量为 584.8 毫米，比常年同期（372.4 毫米）偏多 57.0%，比 2020 年同期（359.8 毫米）偏多 62.5%。秋季（2021 年 9 月至 11 月）降水量为 212.5 毫米，比常年同期（96.4 毫米）偏多 1.2 倍，比 2020 年同期（94.3 毫米）偏多近 1.3 倍。西部山区冬季（2020 年 12 月至 2021 年 2 月）降水量 9.6 毫米，比常年同期（8.2 毫米）偏多 17.1%，比 2020 年同期（20.6 毫米）偏少 53.4%。春季（2021 年 3 月至 5 月）降水量 80.8 毫米，比常年同期（70.8 毫米）偏多 14.1%，比 2020 年同期（65.4 毫米）偏多 23.5%。夏季（2021 年 6 月至 8 月）降水量为 696.8 毫米，比常年同期（433.1 毫米）偏多 60.9%，比 2020 年同期（440.8 毫米）偏多 58.1%。秋季（2021 年 9 月至 11 月）降水量 248.4 毫米，比常年同期（104.8 毫米）偏多近 1.4 倍，比 2020 年同期（96.2 毫米）偏多近 1.6 倍。

（马俊岭）

2021 年平原地区各月降水量及与 2020 年和常年同期比较统计表

表 5 单位：毫米

时间	1 月	2 月	3 月	4 月	5 月	6 月	7 月	8 月	9 月	10 月	11 月	12 月
2020 年	3.7	29.4	13.0	18.0	18.7	35.5	114.3	210.0	68.3	1.9	24.1	0.0
2021 年	1.0	6.5	34.1	3.2	21.0	39.4	390.3	155.1	145.2	48.5	18.8	2.6
常年	1.8	5.0	8.7	21.5	34.7	71.4	183.9	117.1	55.6	28.3	12.5	2.1
距平百分率（%）	–44.4	30.0	292.0	–85.1	–39.5	–44.8	112.2	32.5	161.2	71.4	50.4	23.8

2021 年西部山区各月降水量及与 2020 年和常年同期比较统计表

表 6　　　　单位：毫米

时间	1 月	2 月	3 月	4 月	5 月	6 月	7 月	8 月	9 月	10 月	11 月	12 月
2020 年	3.2	14.4	10.9	23.6	30.9	34.9	191.8	214.1	66.2	4.0	26.0	0.0
2021 年	0.1	9.5	34.7	4.2	41.9	64.6	500.5	131.7	165.2	52.8	30.4	1.5
常年	1.7	4.7	8.7	22.9	39.2	85.3	212.3	135.5	63.9	29.5	11.4	1.8
距平百分率（%）	−94.1	102.1	298.9	−81.7	6.9	−24.3	135.8	−2.8	158.5	79.0	166.7	−16.7

注：文中常年值为 1991—2020 年平均值。房山站因迁站，2014 年 1 月 1 日起数据均为新站数据。

【日照】 年内，房山区平原地区（以房山气象站为参考站，下同）年日照时数为 2254.6 小时，与常年（2333.9 小时）基本持平；西部山区（以霞云岭气象站为参考站，下同）年日照时数为 1777.1 小时，较常年（2129.9 小时）偏少近 2 成。

（马俊岭）

【高影响天气】 大风　年内，大风日数偏多。平原地区（以房山气象站为参考站，下同）观测到有 20 天出现大风，比 2020 年（14 天）偏多；西部山区（以霞云岭气象站为参考站，下同）观测到有 12 天出现大风，比 2020 年（10 天）偏多。

雾　年内，平原地区共出现 41 个雾日，比 2020 年（32 天）偏多。西部山区共出现 13 个雾日，比 2020 年（14 天）偏少。

霾　年内，平原地区共出现 88 个霾日，与 2020 年（88 天）持平。西部山区共出现 44 个霾日，比 2020 年（31 天）偏多。

扬沙　年内，平原地区扬沙为 10 天，比 2020 年（2 天）偏多，其中沙尘暴天数 1 天（2021 年 3 月 15 日）。西部山区扬沙为 6 天，比 2020 年（0 天）偏多。

（注：文中常年值为 1991—2020 年平均值。房山站因迁站，2014 年 1 月 1 日起数据均为新站数据。2015 年 1 月 1 日起霞云岭站雾、霾改为自动观测。）

（马俊岭）

【主要气候事件】 强降水　7 月 1 日、22 日凌晨、27 日傍晚以及 8 月 12 日、15 日深夜至 16 日夜间和 9 月 13 日后半夜至 14 日上午，房山区出现最大小时雨强超过 50 毫米的局地暴雨。其中，7 月 11 至 12 日、16 日至 18 日，相继出现全区性暴雨天气过程，持续时间分别达到 30 小时、40 余小时，同时还具有阶段性明显、累积雨量大、雨量分布不均等特征，全区平均降水量分别达到 101.8 毫米、108.3 毫米。7 月 11 日 18 时至 12 日 20 时，全区平均降水量 101.8 毫米。平原最大：南河 97.9 毫米；山区最大：北窖 187.0 毫米；最大小时降水量：城关街道 43.3 毫米（23 时至 24 时）。7 月 16 日 20 时至 18 日 15 时，全区平均降水量 108.3 毫米。其中，平原最大：六甲房 154.8 毫米。山区最大：车厂 280.7 毫米。最大小时降水量：西白岱 59.2 毫米（18 日 3 时至 4 时）。9 月 14 日零时至 10 时山前沿山一带出现局地特大暴雨，最大降水量出现在周口店镇黄山店站（201.2 毫米），汛期最大小时雨强出现在该次降雨过程中的韩村河镇圣水峪站（水文站，4 时至 5 时 76.5 毫米）。11 月 5 日夜间至 7 日出现明显雨雪，并伴有 7、8 级阵风和强降温天气。其中，5 日夜间至 6 日傍晚，有小到中雨；6 日夜间至 7 日白天降水相态转为雪，过程量达到暴雪量级。5 日 20 时至 7 日 8 时，全区平均降水量 23.8 毫米；平原最大：南河 44.9 毫米。山区最大：三流水 42.2 毫米。最大小时降水量：南河 10.4 毫米（18 时至 19 时）。平原地区积雪深度 2 ~ 5 厘米，山区部分地区 8 ~ 12 厘米。

高温　2 月 20 日至 21 日，受暖气团控制，气温异常偏高，最高气温接连 2 天突破历史极值。20 日白天全区 46 个自动站有 40 个自动站高气温超过 20℃，2 个国家级气象站（房山站 20.5℃、霞云岭站 21.5℃）最高气温均突破 1959 年建站以来 2 月份历史极值（房山站 1996 年 19.1℃、霞云岭站 1996 年 20.1℃）。21 日气温继续上升，房山站最高气温 24.6℃，霞云岭站 25.2℃，再次突破 2 月份气温历史极值，刷新前一天建立的历史极值。6 月，房山平原地区高温日数为 5 天，较常年同期（2.9 天）偏多。全区 46 个自动气象站监测到最高气温出现在郑家磨，为 39.9℃（2021 年 6 月 19 日）。

沙尘　受蒙古国至中国西北地区大范围沙尘输送影响，3 月 14 日至 15 日、28 日，房山区出现沙尘暴天气。15 日 7 时左右房山区 PM10 浓度显著升高，上午风力逐渐增大到 4、5 级，阵风 7、8 级，最低能见度 382 米。28 日早晨，风力开始增强，平均风力 4、5 级，阵风 6～8 级（部分山区 8～10 级），最大瞬时风速出现在河北镇 24.6 米/秒（10 级）。28 日上午，PM10 浓度显著升高，最低能见度 1 千米左右。

寒潮　受西伯利亚南下强冷空气影响，1 月 5 日夜间至 7 日房山区出现大风、强降温天气，大部分地区有 5 级左右偏北风，阵风 8～9 级，监测最大瞬时风速房山圣莲山站 33.1 米/秒（12 级）出现在 6 日 21 时 42 分。受其影响 7 日早晨气温大幅下降，房山国家气象观测站最低气温–20.7℃，是建站以来历史第三低温（第一低温 1966 年 2 月 22 日–26.0℃；第二低温 1969 年 1 月 3 日–21.1℃）。霞云岭国家气象观测站最低气温–21.0℃，跌破建站以来全年历史极值。受冷空气影响 10 月 14 日至 17 日房山区出现大风降温天气，平均风力 4 级左右，阵风 7 级左右。监测最大瞬时风速出现在圣莲山站 17.8 米/秒（8 级）。房山站 17 日 6 时 2 分出现–2.4℃的低温，为 1959 年建站以来同期第二低温（最低温出现在 1962 年 10 月 15 日–3.5℃）。

大风　受冷空气影响，2 月 16 日房山区出现 4、5 级偏北风，阵风 8 级左右。监测最大瞬时风速出现在蒲洼乡（东村）25.4 米/秒（10 级）。全区 24 个自动站极大风速均达到 6 级，达到 7 级及以上的测站有 18 个，占总数的 75%；8 级及以上的测站有 6 个，占总数的 25%；9 级及以上的测站有 2 个，占总数的 8%。5 月 6 日午后至夜间，房山区出现 5 级左右偏北风，阵风 8、9 级。6 日 11 时至 7 日 7 时，监测极大风速出现在河北镇（河南村站）29.2 米/秒（11 级）。全区 24 个自动站极大风速均达到 6 级以上，达到 7 级及以上的测站有 23 个，占总数的 95.8%；达到 8 级及以上的测站有 17 个，占总数的 70.8%；达到 9 级及以上的测站有 6 个，占总数的 25%。5 月 27 日白天，房山区出现 4、5 级偏北风，阵风 6 级左右，入夜后风力继续加强，出现 5 级左右偏北风，阵风 9 级左右。监测最大瞬时风速出现在水保示范区，30.2 米/秒（11 级）。全区 24 个自动站，风速均达到 6 级及以上，达到 7 级及以上的测站有 23 个，占总数的 96%；达到 8 级及以上的测站有 17 个，占总数的 71%；达到 9 级及以上的测站有 7 个，占总数的 29%；达到 10 级及以上的测站有 3 个，占总数的 13%；达到 11 级及以上的测站有 2 个，占总数的 8%。11 月 29 日夜间，房山区出现 4 级左右偏北风，阵风 7、8 级，最大瞬时风速出现在史家营乡圣莲山站 27.9 米/秒（10 级）。全区 23 个自动测风站风速达到 6 级及以上的测站有 16 个，占总数的 69.6%；达到 7 级及以上的测站有 10 个，占总数的 43.5%；达到 8 级及以上的测站有 3 个，占总数的 13.0%。

冰雹　受冷空气影响，6 月下旬多雷阵雨天气，局地伴有短时大风和冰雹。26 日、27 日、29 日和 30 日，霞云岭乡四马台村、堂上村、白草畔，蒲洼乡东村出现冰雹。6 月 30 日 21 时 25 分贾河极大风风速：15.8 米/秒（7 级）。7 月 1 日上午，出现分散性雷阵雨，10 时孤山口出现玉米粒大小的冰雹。14 时前后，再次出现雷阵雨天气，降雨时局地伴有短时大风和小冰雹。大安山乡、河北镇、佛子庄乡、张坊镇、石楼镇等地均出现冰雹。8 月 23 日傍晚到前半夜，出现中到大雨，雷雨时局地伴有 7 级左右短时大风，21 时 16 分霞云岭国家气象观测站出现直径 3～4 毫米的小冰雹。受高空冷涡影响。9 月 8 日午后至傍晚、9 日早晨，房山区出现雷阵雨并伴有大风和冰雹天气。史家营乡、霞云岭乡、城关街道、石楼镇、大石窝镇、张坊镇、十渡镇、长沟镇、琉璃河镇、长阳镇等地出现冰雹，最大直径 5 厘米左右（十渡镇）。

（马俊岭）

科学技术

综　述

2021 年，全区实现技术合同成交 13.9 亿元，同比增长 20.8%。完成并实施《房山区“十四五”时期科技创新发展规划》。无人机森林防火、氢能源制储运加车辆运营调度大数据平台、垃圾分类全流程精细化管理系统平台、智慧防洪井下监测超低功耗技术研发 4 个新场景建设项目竣工。落实《房山区关于支持构建高精尖经济结构的实施意见》，发挥好政策资金引导作用，对区内创新能力建设和科技成果转化、发明创造和专利运用等领域 306 家企事业单位申报的 906 个事项给予 1981.8 万元的资金支持。着力指导、帮助企业用足用好惠企政策，提升企业科技创新能力。全年，开展科技创新政策线上线下宣讲培训活动 29 场，参与人员 19408 人次，受益企业 2000 余家次。联合开展“百家重点实验室进千家企业”“新材料产业校企对接”“医药健康产业校企对接”等专场校企对接活动 8 场，参与企业 257 家次，达成合作意向及协议 5 项。

（李晓明）

科技成果

【企业科技创新支持】 7 月，区科委对 306 家企事业单位申报的 906 个创新能力建设和科技成果转化等事项给予 1981.8 万元的科技创新专项资金支持。

（李晓明）

【《房山区“十四五”时期科技创新发展规划》发布实施】 12 月 7 日，《房山区“十四五”时期科技创新发展规划》发布实施。区科委按照《北京市房山区人民政府关于印发房山区“十四五”规划编制工作方案的通知》要求，完成《房山区“十三五”时期科技发展规划评估报告》《“十四五”时期房山区科技创新转型发展战略研究》《“十四五”时期房山区科技创新发展规划》编制工作。

（李奕响）

【7 家企业获批“北京市企业科技研究开发机构”】 年内，北京卫蓝新能源科技有限公司、北京兴源联合医药科技有限公司、中化学科学技术研究有限公司、驭势科技（北京）有限公司、北京九州一轨环境科技股份有限公司振动噪声控制技术中心、北京福瑞润康生物技术有限公司等 7 家企业被认定为“北京市企业科技研究开发机构”。

（李晓明）

【房山区首家市级科技企业孵化器获批】 年内，北创营（北京）科技孵化器有限公司被认定为“北京市科技企业孵化器”，是房山区首家市级科技企业孵化器。

（李晓明）

【82 家企业获批“北京市新技术新产品（服务）”】 年内，北京航天奥祥通风科技股份有限公司、北京科泰兴达高新技术有限公司、驭势科技（北京）有限公司、京源中科科技股份有限公司等 82 家企业获批 243 项“北京市新技术新产品（服务）”。

（李晓明）

【技术市场发展】 年内，全区登记技术合同 408 份，实现技术合同成交额 13.9 亿元，同比增长 20.8%。

（王勇　张潇）

【区级科普教育场所和基地认定】 年内，区科委联合区园林绿化局认定中国房山世界地质公园博物馆等 44 家单位为“房山区生态科普教育场所”，燕山公园等 4 家单位为“房山区科普教育基地”。

（李奕响）

【3 家单位通过“市级科普基地”初审认定】 年内，区科委组织区内 18 家单位申报市级科普基地。截至年底，中国房山世界地质公园管理处申报的中国房山世界地质公园博物馆、中国原子能科学研究院申报的中国核工业科技馆、工信博源（北京）应急技术研究院有限公司申报的燕山应急安全实训体验中心 3 家单位通过“市级科普基地”初审认定。

（李奕响）

科技活动

【惠企政策进园区专场对接会】 3 月，区科委、首都科技条件平台房山工作站联合区委组织部、区经济和信息化局、北方工业大学、华北电力大学、北京科技大学、北京交通大学等单位，在北京高端制造业（房山）基地组织召开首都科技条件平台房山工作站 2021 年度“百家重点实验室进千家企业”线下专场对接会。70 多家企业负责人参加。市科委、首都科技条件平台主管工程师、北方工业大学、华北电力大学等学校的教师就首都科技条件平台首都科技创新券政策以及 5 所高校的研发实验服务基地科技服务资源进行宣讲答疑。区委组织部、区经济和信息化局、区科委就科技人才、科技项目等有关科技创新政策进行集中宣讲。

（李晓明）

【技术合同登记与标准化宣讲培训】 4 月 22 日，技术合同登记与标准化宣讲培训活动在北京高校大学生创业园举办。活动由区科委、区市场监管局、首都科技条件平台房山工作站、区高新技术企业协会主办，北创营房山基地、北京智汇互联科技孵化器有限公司共同承办，21 家企业参加。区市场监管局专家结合标准化工作的新形势和新要求，介绍标准化概念与企业质量提升方向、百千万专项与企业标准“领跑者”工作等方面内容。北京技术市场管理办公室专家从技术合同认定登记流程、认定规则及支持政策等方面进行解读。

（李晓明）

【房山创新成果科普大篷车巡展】 10月至11月，区科委联合北京智汇互联科技孵化器有限公司举办市级科普项目“房山创新成果科普大篷车巡展”。活动以“科技创新点亮百姓生活”为主题，通过展板展示和舞台互动相结合的方式，在琉璃河镇、长沟镇、迎风街道、良乡大学城等 8 个乡镇社区、高校开展巡展活动。展示全区新材料、高端制造、医药健康、文旅、农业农村等领域的人才风采和高精尖创新技术。为社区居民搭建趣味科普舞台，邀请企业相关负责人与群众面对面沟通，对科技创新产品进行讲解，以科普视频、趣味问答等形式进行科普宣传。

（李奕响）

【线上线下科技政策宣讲服务】 年内，区科委、首都科技条件平台房山工作站、区高新技术企业协会围绕高新技术企业、北京市新技术新产品（服务）、北京市工程技术中心、北京市高精尖产业技能提升培训补贴等主题，组织开展科技创新政策线上线下宣讲培训活动 29 场，参与人员 19408 人次，受益企业 2000 余家次。

（李晓明）

教　育

综　述

2021年，房山区有幼儿园135所（教育部门办园45所、其他部门办园3所、民办园87所），入园幼儿12098人，离园幼儿9385人，在园幼儿35580人，幼儿园教职工5901人（其中专任教师2995人）。有小学53所（教育部门和集体办校48所、民办校5所），招生10152人，毕业7527人，在校生59312人，专任教师4053人，学校占地面积1531853平方米，校舍建筑面积634619平方米。有普通初中37所，招生6164人，毕业5319人，在校生19339人，专任教师2244人，学校占地面积2143340平方米，校舍建筑面积983604平方米。有普通高中13所，招生3220人，毕业2491人，在校生9105人，专任教师963人。北京市特级教师32人、北京市骨干教师128人、北京市学科教学带头人19人。全年教育总投入47.77亿元。中小学固定资产总值360562.92万元。2021年，区教委以推进"双减"工作为重点，统筹疫情防控与教育发展，各项工作进展有序、成效显著。坚持把党的政治建设摆在首位，深化党史学习教育，有序推进"永远跟党走"系列活动。党史学习教育"三百工程""唱支歌儿给党听""给革命先烈的一封信""青年共上一堂党史课""中学生时事辩论赛""红色戏剧展演"等活动被"学习强国"学习平台、《现代教育报》《北京日报》、北京头条、《北京青年报》、房山电视台等媒体报道。启动王建宗、孙玉梅等7个党员特级校长（教师）工作室，组织边红工作坊总结展示活动。将疫情防控纳入校园安全体系建设中，动员全系统各党组织和党员参与疫情防控"上一线，做贡献"活动。依据《北京市"十四五"时期教育发展规划》《房山教育现代化2035》《房山区加快推进教育现代化实施方案（2018—2022）》等文件，结合房山区教育实际，制定《北京市房山区"十四五"时期教育事业发展规划》。起草《合作办学管理办法》，加强与城区优质校、国内高校和教科研部门合办学校的管理，统筹做好资源引入与合理配置。引进首都师范大学附属育新教育集团、首都师范大学入驻房山办学。深化与丰台区教育协作，与丰台教委、北京十二中联合总校签署第二轮合作办学协议。创新与西城区建立长期教育合作机制，草拟《房山区与西城区教育合作框架性协议》。推动加速引进清华附中的进程，初步达成合作办学筹建协议。推进乡村教育联盟品牌建设，挖掘区域教育资源，推进"红色课程、绿色课程、金色课程"三色课程体系的构建。依托北京师范大学优质资源，推动琉璃河学区实施燕都文化特色课程研究项目和大石窝学区实施汉字文化涵养师德项目。把握"双减"契机，促进学生全面发展、健康成长。强化学校教育主阵地的作用，深化校外培训机构治理，研制《房山区"双减"工作实施方案》《房山区教育委员会关于提升教育质量减轻学生负担工作实施方案》《房山区教育委员会中小学生课后服务工作实施方案》《房山区教育委员会关于学科类校外培训机构治理方案》，校内校外统筹推进。围绕课程与教学、作业与考试、资源与管理 3 大环节，采取深化认识、典型引路，强化研究、专业指导，加强督查、督正改进、深化改革、探索创新 4 大策略，以房山区中小学幼儿园课程领导力提升工程三年行动计划为引领，明确课程建设的方向。出台《房山区中小学课后服务课程化建设实施意见》，推进课后服务课程化建设。制定《房山区中小学课堂教学基本规范（试行）》《房山区中小学学生学习基本规范》，推进《房山区中小学课堂教学改进指导意见》，开展基于学生实际获得的课堂教学展示为主题的"房教杯"教师基本功大赛，不断提升教师课堂教育教学能力。建立"1+1+1"作业管理机制，制定《北京市房山区教育委员会关于加强义务教育学校作业管理工作方案》和《中小学示范性作业指南》，统筹作业管理。完善学生发展性质量评价改革，制定《房山区中小学学生学业评价指导意见》，建立健全过程性评价和结构性评价机制，指导教师精准分析学情，因材施教。强化治理力度，规范校外培训机构。坚决推进无证机构规范退出。推动事业单位改革，撤销 26 个事业单位，成立 2 个事业单位。推进北京师范大学良乡附中、良乡二中、良乡小学管办评分离试点工作。学前教育方面，普惠性覆盖率 95.85%，超额完成市委、市政府下达的目标任务。高中教育方面，紧盯核心目标，把准高考备考方向，高考质量取得进一步突破。职成教育方面，校企合作取得新进展，与北京中联正兴电子商务有限公司等区内 4 家优质企业新签订校企合作协议。加强与文化部印刷厂合作，连续 4 年完成全国"两会"文印保障任务。3 所学校被评为北京市级足球特色学校，1 所学校被评为国家级足球特色学校，4 所幼儿园被评为国家级足球试点园。完成千名创新人才项目，1092 项成果取得国家实用新型发明专利。

（石全生）

【《中小学教育惩戒规则（试行）》专题培训】 3 月 23 日，区教委召开《中小学教育惩戒规则（试行）》专题培训。邀请北京教育学院博士作题为《合理行使教育惩戒 促进学生全面发展》专题讲座。培训分为线上线下 2 个会场同时进行，主会场设在房山区教师进修学校，分会场由区教师研修平台进行线上直播。500 余名干部教师参加培训。

（石全生）

【区教育系统党建工作交流展示中心启用】 3 月 26 日，区教育系统党建工作交流展示中心启用，《房山区教育系统基层党组织制度汇编（2021）》发布。市委教育工委、北京工商大学马克思主义学院、区委组织部、区教委等领导 400 余人参加活动。该中心 2019 年 5 月立项，2020 年 12 月 25 日竣工。占地面积 3000 余平方米，建有 2 厅、10 区、2 驿站。

（石全生）

【基础教育国家级优秀教学成果推广应用工作房山区项目启动】 3 月 30 日至 31 日，由中国教育学会主办，区教委承办的基础教育国家级优秀教学成果推广应用工作房山区项目启动暨培训会在区教师进修学校召开。会议以聚焦"新动能•新征程•新发展"为主题。区政府、区教委领导，全国其他示范区代表等 300 余人参加现场会。与会人员观看宣传片《启航》。会议解读 3 项推广应用项目，项目建立"1+3+1"的组织架构，达成"通、统、同"项目共识，形成"七步一链条"成果推广应用特色做法。

（石全生）

【全市首家人事考试基地揭牌】 4 月 14 日，房山区人事考试基地签约授牌仪式在区成教中心举行。区人力资源社会保障局和区成教中心双方代表签署合作协议书，共同为考试基地揭牌。区成教中心和区人力资源社会保障局分别从区成教中心整体情况、发展史、发展目标、教学情况、师资实力、硬件与软件设置、品牌建设和房山区人事考试工作情况进行汇报。房山区人事考试基地是北京市首家人事考试基地。活动当天，市、区领导对区成教中心笔试考场、机考教室、考试电子指挥系统、保密室等设施设备及校园环境进行实地考察。

（石全生）

【国家级实验区启动】 4月17日，房山区“基于教学改革、融合信息技术的新型教与学模式”国家级实验区启动暨培训会在房山教育大厦召开。区教委领导对实验区建设方案进行整体解读。建设方案以教育信息化催动教育的现代化、实现教育高质量发展，聘请北京师范大学等专家为国家级实验区建设指导专家。

（石金生）

【“双减”工作】 4月，房山区启动“双减”工作，研制区级《“双减”工作实施方案》《关于提升教育质量减轻学生负担工作实施方案》《中小学生课后服务工作实施方案》《中小学课堂教学基本规范（试行）》及作业、睡眠、手机、读物、体质管理5项管理方案等文件10余个，通过学科教学计划审核、区域命题管理等机制，指导各校严格依照课程标准和教学进度开展教学。建立健全“1+1+1”作业管理机制，即“一个意见”——区级作业管理方案；“一个平台”——研发房山区中小学智慧作业管理系统；“一本作业”——“学科示范性作业指南”。指导学校制定本校作业管理细则，统筹作业管理。出台区级工作方案及考核评价方案，打造“升级版”课后服务。在时间上全面覆盖。做到所有学校、所有学生、所有工作日全覆盖。在内容上突出重点。以课业答疑、辅导为服务重点，小学生书面作业基本在校内完成，初中生书面作业大部分在校内完成。丰富服务内容，增强课后服务的吸引力和实效性。在人员上优秀教师全面参与。鼓励校内优秀教师、骨干教师积极参与课后服务，探索学区内、教育集团内轮岗，共享资源，不断增强学校课后服务对学生的吸引力，使学生的学习活动回归校园。

（石金生）

【房山区与首都师范大学及附属学校合作办学签约】 5月14日，房山区与首都师范大学及附属学校合作办学签约仪式在区政府举行。主要内容包括首都师范大学在北京高端制造业（房山）基地园区内承办1所十二年一贯制学校和1所幼儿园；首都师范大学附属育新学校承办长阳镇稻田C地块项目配套小学；首都师范大学、区教委、高端制造业基地管委会就首都师范大学承办北京高端制造业（房山）基地园区内的学校合作事宜签署三方合作协议。区教委与首都师范大学附属育新学校就长阳镇稻田C地块项目配套小学合作事宜签署合作协议。

（刘荣家）

【大中小思政课一体化建设研讨活动】 7月16日，区教委与驻区5所高校开展“房山区大中小思政课一体化建设”研讨活动。活动就《房山区大中小思政课一体化建设实施方案》进行研讨。会议解读房山区参与北京市《“永远跟党走”大中小思政课优秀课例征集活动》实施方案，并从活动主题、活动内容、时间安排和工作要求介绍该次课例征集活动。

（石金生）

【2021首届教育信息化与教学深度融合高峰论坛举办】 7月20日，2021首届教育信息化与教学深度融合高峰论坛在区教师进修学校举行。论坛主题为“人工智能推动下的精准教学应用研讨”。活动共300余人参加。有关领导和专家围绕信息技术与教育教学的深度融合、智慧校园建设与创新发展、人工智能推动下的教学应用、教育大数据推动智慧教育发展等内容进行研讨。

（石金生）

【“红领巾爱首都”——冬奥冰雪体验入校主题教育活动】 12月17日，“红领巾爱首都”——冬奥冰雪体验入校主题教育活动在窦店中心校启动。启动仪式上，少先队员们讲述自己与冬奥的故事，齐唱《一起向未来》冬奥主题曲。活动现场启动北京市青少年“我是冬奥体验官”主题宣传教育活动。团市委联动冬奥志愿者、学生、新兴青年等青少年群体与奥运选手、网络大V共同参与。

（石金生）

学前教育

【普惠性民办教育集团交流研讨会召开】 3月10日，区教委组织召开房山区普惠性民办教育集团交流研讨会。市级学前教育专家、区教委领导、20个民办教育集团总园园长参加研讨会。各民办教育集团的总园园长就在集团化管理过程中完成的主要工作和存在的主要问题进行发言，分享在安全管理、财务管理、队伍建设、保育教育管理中的经验。

（石金生）

【幼儿园户外运动课程领导力实践性研究与应用培训会】 4月至10月，区教委通过腾讯会议与现场观摩形式，进行房山区 2021 年幼儿园户外运动课程领导力实践性研究与应用系列培训活动。全区各类型幼儿园负责人参加线上培训学习，100 名户外体育活动教师参加全系列培训与观摩研讨活动。邀请专家进行理论培训 6 场，组织身体移动类和平衡类体育教学活动、集体游戏设计现场观摩与研讨活动 4 场。

（石金生）

【学前学段观摩研讨暨推进部署会】 9月 24 日，区教育系统基层党建高质量发展指导工作学前学段观摩研讨暨推进部署会在良乡幼儿园召开。良乡幼儿园、交道幼儿园、房山幼儿园等党支部书记、党务干部 17 人参加会议。良乡幼儿园党支部做党建工作展示，党支部书记“以高质量党建推动高质量发展”为主题，对幼儿园以党建工作为引领，党建工作与中心工作融通整合推动园所发展的思路、方法、措施和经验做分享交流，对 2021 年下半年党建工作计划进行介绍。与会人员观看宣传片、查阅档案、观摩党建文化展示。

（石金生）

基础教育

【中小学班主任系列培训活动】 1月 26 日至 27 日，区教委、区进修学校开展全区中小学班主任系列培训活动。活动采取线上直播和线下录播相结合的形式，分别在北京小学长阳分校和北京四中房山分校进行活动育人、家校沟通、班级文化、班级管理、心理教育、个别生指导、养成教育 7 个方面专题培训，采取“一线优秀班主任经验交流+专家点评”方式进行。“紫禁杯”优秀班主任工作站 34 名班主任结合自身工作实际与全区中小学班主任分享典型经验。

（石金生）

【中小学“两法”专题培训会】 9月 17 日，区教委联合区检察院召开房山区中小学《中华人民共和国未成年人保护法》《中华人民共和国预防未成年人犯罪法》专题培训会。区教委、区教师进修学校、全区中小学德育主管校长 100 余人现场参会。培训以“强化校园法制意识，营造校园文明环境”为主题，区检察院检察官以校园保护为视角，介绍未成年人“两法”的修订背景及内容，通过法律条文解读和贴近校园生活实际的案例分析，为教育部门和中小学如何履行未成年人保护的法定责任和义务作出系统指导。

（石金生）

【“双减”工作情况入校指导】 9月 22 日至 24 日，区教委、专职督学、区教师进修学校、各校教学校长组成 17 个工作组，到 109 所中小学校（含民办校、完小），对学校“双减”工作开展情况进行入校指导。通过听校长、教学校长和完小主任汇报、随机听课、查阅档案、干部教师访谈、学生问卷、家长电话随访等方式，对学校教学管理、课堂建设、考试作业管理、课后服务、家校协同等工作进行全面“把脉”问诊。

（石金生）

【小学心理健康教育交流与研讨活动】 10月 21 日，区教委、区教师进修学校联合举办以“培养自我发展能力 实现学生健康成长”为主题的心理健康教育交流与研讨活动。活动为线上和线下同步进行，全区各小学的德育干部、心理健康教师、心理培训班学员、班主任 700 余人观看线上直播。良乡第四小学、官道中心小学、南尚乐中心小学 3 所学校 6 名教师做心理教育课展示。良乡第四小学党支部书记、校长以《学校以健康自我成长落位立德树人的几点思考与探索》为题做汇报交流，从直面问题，明确定位到迎难而上，主动探索等方面进行经验分享。

（石金生）

职业与成人教育

【房山职业学校与首都师范大学初等教育学院签约】 6月23日，房山职业学校与首都师范大学初等教育学院大学生实践基地签约揭牌仪式在房山职业学校北校区举行。双方代表进行签约，就首师大初教院学生在房山职业学校北校区定期开展科学实践、教学课程研讨等内容达成一致。

（石金生）

教育督导

【区级人民政府履行教育职责情况检查】 12月7日至9日，市委教育工委、市教育学院朝阳分院、市教委督政处等督导组成员对房山区进行督导检查。区政府领导以《自查自纠保教育优先发展　真抓实干促两个意见落地》为题，汇报区政府履行教育职责基本情况。督导检查组就热点地区学位供给问题、“双减”工作开展情况以及全区教育投入等问题与相关委办局进行座谈。督导检查组分别到岳各庄中学、城关小学新城校区、伊顿慧乐幼儿园等学校了解学校办学条件、经费投入使用情况、“双减”工作开展情况和学生体质健康情况等。通过听课等形式了解学校课堂教学情况，检查教学进度、教材使用、作业管理等要求落实情况。

（石金生）

良乡大学城

【概况】 2021年，高教园区管委会更名为良乡大学城管委会。推进高校间课程开放共享，实现课程共享765门698人次进行选课，高校间互相开放学术讲座583期，开放图书共享1034万册；通过北达智汇平台向社会开放高校实验室83个，开放20万元以上大型仪器设备1419台（套），提供科研服务3679单，处理分析测试样品3.5万余件，年交易额超过1200万元。年内，各高校有30位院士入驻，良乡校区实验室增至94个（含省部级重点实验室 26 个）。入驻高校发明专利授权量累计1331项。北京理工大学牵头建设的北京高校科技成果转移转化促进中心获市教委批准，北京市首个新型研发中心落地良乡大学城。截至年底，良乡大学城入驻企业6352家，企业专利总量689项，其中发明专利290项，以新兴业态为主的科技和文创企业占比超过50%。住房方面，公租房和共有产权房配租、配售工作有序推进。完成燕保大学城家园公租房新增4批次申请人审核，通过42人。推进富禧良嘉园公租房入住前准备工作，完成该项目301名申请人的材料收集及复核工作，审核通过246人。基础教育方面，北理工附属实验学校高中部取得“多规合一”初审意见，项目建议书通过市发展改革委专家评估，并按专家意见修改完善后再次上报；北京第六实验学校规划选址工作完成，与人大附中进行对接；清华附中在拓展区进行规划选址。交通设施方面，市政道路一期项目6条道路完工。生态建设方面，中央绿化带景观提升工程全部完成，通过对原有90万平方米平原造林工程改造提升，推动高校认建认养和面向市民开放。年内，协调联络区相关单位对区内9所高校防疫工作进行指导监督和服务保障，建立与高校的会商制度及时传达市、区关于疫情防控的指示要求。

（贾军颖）

【理工清科（北京）科技有限公司入驻新型研发中心西区】 4月21日，理工清科（北京）科技有限公司入驻新型研发中心西区。该项目有核心技术团队，在分子智能材料领域拥有多项世界级科研成果，致力于为以医药健康、能源环保及军工等领域提供超高精度气体过滤、自灭菌特种材料、高效膜过滤等创新产品与解决方案。

（贾军颖）

【市领导到高教园区管委会调研】 4月27日，市领导到高教园区管委会调研垃圾分类、物业管理2个“关键小事”等情况。区委书记陈清陪同调研。领导们到良乡大学城指挥中心，了解高教园区管委会整体情况，到北京中医药大学、北京工商大学、北京理工大学的良乡校区，实地查看校园建设、教学建设、垃圾分类等工作开展情况。7月26日，市委副书记、市长陈吉宁到房山区调研。在良乡大学城，陈吉宁听取北京理工大学量子物理实验中心等建设发展情况，了解科研进展和成果转化应用工作，指出要加强与“三城一区”协同联动，创新转化模式，打通产业链上下游，不断完善产业体系和创新生态。发挥北京理工大学等高校优势作用，统筹推进良乡大学城建设，注重引入转化要素，推动形成产学研用有机融合模式，增强研发成果溢出效应。要系统谋划产业和生活配套布局，完善医疗、教育等服务保障设施，实现区域职住平衡，打造宜居宜业良好环境。

（贯军颖）

【化妆品与医药健康融合产业专场活动】 6月4日，由高教园区管委会、区科委主办，首都科技条件平台房山工作站、区高新技术企业协会、北京大学创业训练营房山基地联合承办的2021年度房山区校企对接会第三场——化妆品与医药健康融合产业专场活动在北京高校大学生创业园举办。首都科技条件平台北京大学研发实验服务基地、北京工商大学、北京中医药大学、太和康美、靓妃科技、盛妆家化、永康药业、淡适生物等30余名高校教授、企业创始人、科研负责人围绕高科技服务资源与企业科技需求展开交流讨论。泰和康美（北京）中医研究院有限公司与北京中医药大学现场达成合作意向并签署协议。与会多家企业与高校达成初步合作意向，开展互访。

（贯军颖）

【高教园区管委会新联会成立】 6月25日，高教园区管委会新的社会阶层代表人士联谊会成立大会在北京高校大学生创业园举行。大会审议通过《北京市房山区良乡大学城新的社会阶层人士联谊会章程》《北京市房山区良乡大学城新的社会阶层人士联谊会选举办法》，选举产生会长、副会长、秘书长、副秘书长。

（贯军颖）

【北京理工大学北京市工程医学与创新应用新型研发中心获市科委认定】 11月12日，良乡大学城新型研发中心入驻的北京理工大学北京市工程医学与创新应用新型研发中心获得市科委认定。

（贯军颖）

【高教园区管委会更名】 11月17日，高教园区管理委员会更名为良乡大学城管理委员会。高教园区管委会综合管理中心更名为良乡大学城综合管理中心。

（贯军颖）

文　化

综　述

2021 年，区文化和旅游局对接首都全国文化中心、西山永定河文化带建设任务和“三区一节点”功能定位，落实文旅融合发展战略，统筹做好文化、文物、旅游发展各项工作。区文化活动中心被文化和旅游部评为“一级文化馆”，区文化活动中心公益电影放映服务队入选全国先进基层电影服务集体名单。聚焦中国共产党成立 100 周年，组织“人民的心声”——北京市庆祝中国共产党成立 100 周年专场演出、“永远跟党走”2021 年房山区庆祝中国共产党成立 100 周年系列活动。实施“红色使命领航工程”，编创大型原创民族音乐剧《没有共产党就没有新中国》，重新打造升级原创百姓宣讲剧《北京西山那抹红——没有共产党就没有新中国》等文艺精品。深耕春节百姓大联欢、文化周末大舞台、“4•23”世界读书日群众诵读等文化活动品牌，举办“戏聚中华 曲韵房山”——房山区第三届京津冀精品戏曲展演暨戏曲进乡村活动，开展中国传统节日系列文化活动。全年，举办线上线下首都市民系列文化活动 2537 场次，849 万人次参加。完善文化活动、公共图书、公益演出、公益电影 4 大配送体系，组织“星火工程”演出等 738 场次、图书配送 8 万余册、电影放映 12350 场次。推动全民阅读，推出延长图书馆开放时间、少儿副卡服务等惠民措施。实施房山作家书库工程，《房山碑刻通志》二、三、五卷出版发行，作者杨亦武。京绣参加上海“百年百艺薪火相传”传统工艺邀请展，古琴传承人入选清华大学 2021 年非遗传承人研修班，汉白玉雕入选第五批北京市级代表性非遗项目。优化营商环境，所有审批事项实现“一网通办”“全程网办”，受理行政审批 43 家，全区文化旅游审批备案单位达到 775 家。落实安全生产主体责任，与各乡镇签订《文化文物旅游行业安全管理目标责任书》，“五一”“十一”期间启动假日应急指挥体系。开展“净网”“护苗”“扫黄打非”等 6 大专项行动，落实“扫黑除恶”常态化。全年，检查各类文化场所 3942 家次，立结案 39 件，吊销游艺娱乐经营许可证 1 家，处罚 6.05 万元。

（李建斌）

文化设施

【概况】 2021 年，房山区有艺术表演场所 4 个座席数 3162 个。全年，艺术演出 579 场，5.14 万人次观看。全区有乡镇（街道）综合文化中心 28 个，有千平方米以上公共图书馆 2 个，建筑面积 2.5 万平方米，阅览座席 1310 个，总流通人次 42.4 万人次，总藏数 165.7 万册。有方志馆 1 座，面积 470

平方米，全年接待 1525 人次参观、借阅。年内，房山区加快推进三级公共文化设施建设，依托府前广场，建成房山区冬奥文化广场。实施 25 个行政村（社区）综合文化室标准化建设项目，全区各类公共文化设施总面积 190.33 万平方米，人均公共文化服务设施建筑面积 1.45 平方米，全市排名第六。

（李建斌）

【实体书店】 年内，房山区新建书店 29 家，改造提升书城 1 家。截至年底，全区有实体书店 119 家、书城 3 家。

（李建斌）

文学艺术

【概况】 2021 年，区文联围绕党史学习教育、庆祝建党百年、西山永定河文化带建设、全国文明城区建设、中华诗词之区创建工作开展工作。开展文艺活动，推进党史学习教育走深走实。由作家凸凹执笔，撰写报告文学《堂上飞歌——〈没有共产党就没有新中国〉诞生记》，为党史学习教育提供红色教材；参与开展“人民的心声”北京市庆祝中国共产党成立 100 周年霞云岭乡专场演出活动，唱响真理的旋律；开展“缅怀革命先烈•传承红色精神”爱国主义教育活动。组织文艺家围绕庆祝建党百年开展主旋律创作。会同区直各部门联合开展“惜时励志杯”“风华百年 翰墨华章”“共享伟大荣光 共铸复兴伟业”等文学作品征集、书画精品展示、党史宣传月活动；组织摄影家拍摄房山红色遗址遗迹，推出红色印记精品图文集等。推出文学、书法、绘画作品千余条（首、篇）文艺成果。编撰“房山文化学”《房山大石河文化研究•燕都篇》，完成初稿。推进中华诗词之区创建工作。以“贾岛杯”全球华人诗词大赛为项目支撑，推进诗词“六进”工作和诗词创作基地建设，打造诗词文化环境，展示名人故里风采。举办“诗词朗诵会”和诗词大赛颁奖仪式。中华诗词学会授予房山区“中华诗词之区”称号，韩村河镇、石楼镇、南窖乡、史家营乡、南窖乡水峪村、孤山口小学、北京市重型电缆厂分别被授予中华诗词之镇、之乡、之村及示范学校和示范单位称号。

（杨春彦）

【“京西三部曲”作品分享会】 2 月 27 日，区文联、区作协在城关街道耕读书院举办“京西三部曲”作品分享会。“京西三部曲”由《京西之南》《京西文脉》《京西逸民》3 部长篇小说组成。内容包括房山区山川河流、人情风物、历史变迁、文化经脉。挖掘房山文化的内涵和外延，集中反映房山的历史文化、当代文化和民间文化，为西山文化带建设贡献乡土读本。

（杨春彦）

【“贾岛杯”全球华人诗词大赛】 3 月 25 日，房山区举办新闻发布会，启动“贾岛杯”全球华人诗词大赛活动。该活动由中华诗词学会、北京诗词学会、区文联、区文化和旅游局联合主办，涵盖诗集出版、经典诵读、采风创作、文艺演出、颁奖大会等系列活动。截至年底，大赛征集稿件 5000 篇。

（杨春彦）

【书画笔会活动】 6 月 22 日，区文联、区美协联合部分区书画艺术家在河北镇南车营村写生创作基地举办庆祝建党百年书画笔会。该活动以“笔歌墨舞颂党恩”为主题。活动现场，30 余名书画家创作书法绘画作品 60 幅。

（杨春彦）

【“惜时励志杯”征文活动举办】 6 月 25 日，区文联、区直机关工委、燕山直属机关党委共同举办“惜时励志杯”庆祝中国共产党成立 100 周年文学作品征文活动。该活动题材包含土地革命时期、抗日战争时期、解放战争时期涌现在房山境内的红色人物和发生的红色故事；房山社会主义建设时期 30 年的模范人物、先进事迹；房山改革开放以来中国特色社会主义建设 40 余年来的巨大变化、开拓创新业绩的领军人物以及党员的入党故事、党建工作经历等。活动收到报告文学、小说、诗歌、散文等稿件 500 余篇（首），评选出特别奖 2 名、一等奖 3 名、二等奖 6 名、三等奖 9 名及优秀奖 30 名。

（杨春彦）

【“经典房山”书画作品展】 9月27日，“经典房山”书画作品展在北京智慧长阳美术馆开展。展出优秀书画作品140余幅。该次参展作品从历史、人文、自然、生活等维度展现房山人民的新时代精神风貌。展览至10月17日。

（杨春彦）

【《美狐》阅读分享会】 10月20日，乡土题材长篇小说《美狐》阅读分享会在中国美术馆店三联韬奋书店举办。《美狐》讲述“巴掌峁”石板房天双一家离合悲欢的故事，展现乡野之民和他们生息所依之地的紧密关联。分享会上，作者凸凹讲述自己的创作历程，围绕创作风格和作品进行探讨和分享。

（杨春彦）

【“中华诗词之区”授牌】 12月22日，由中华诗词学会、北京诗词学会和区委、区政府主办，区委宣传部、区文化和旅游局、区文联承办的“中华诗词之区”授牌仪式在房山区文化活动中心举行。仪式上，分别授予北京市重型电缆厂、孤山口小学、水峪村“中华诗词示范单位”“中华诗词示范学校”“中华诗词示范之村”称号，授予韩村河镇、石楼镇、史家营乡、南窖乡“中华诗词之镇”“中华诗词之乡”称号，授予房山区“中华诗词之区”称号。

（杨春彦　胡晓　王立军）

群众文化

【元宵节线上系列展演活动】 2月21日至26日，由区委宣传部、区文化和旅游局主办，区文化活动中心承办的“福满京城 春贺神州”2021年房山区元宵节线上系列群众文艺展演活动在区文化活动中心梦想剧场举办。展演分为民乐、小品、曲艺、舞蹈等6个专场，线上观看人数51.9万人次。

（李建斌　侯雪雍）

【“三八”国际妇女节专题演出】 3月3日，“巾帼心向党 百年正辉煌”——2021年房山区妇联“三八”国际妇女节专题演出在区文化活动中心梦想剧场举办。活动由区妇联主办，北京市曲剧团有限责任公司承办，区文化活动中心、北京燕都艺术团协办。40余万人次线上观看演出。《北京日报》、北京头条、区融媒体中心、北京房山等新媒体平台对活动进行宣传报道。

（李建斌　侯雪雍）

【清明节朗诵会】 4月3日，区文化和旅游局在区文化活动中心举办“福满京城 情思华夏”——清明节朗诵会。活动以线上直播形式进行，分为清风扑面、经典重现、血脉绵绵3个篇章12个节目。

（李建斌）

【群众诗歌朗诵会举办】 4月21日，由区委宣传部、区文化和旅游局、区文联联合主办，区文化活动中心、区教委承办的“颂读百年路 展阅新征程”2021年房山区“书香中国•北京阅读季”全民阅读活动启动仪式暨群众诗歌朗诵会在区文化活动中心举办。活动以迎接和庆祝中国共产党成立100周年为主线，分为全民阅读活动启动仪式和群众诗歌朗诵会2个部分。线上线下28.9万人次观看。

（李建斌）

【庆祝建党100周年朗诵会】 4月25日，永远跟党走——庆祝建党100周年朗诵会在区文化活动中心梦想剧场开幕。该次朗诵会的主题为“永远跟党走”，活动现场表演《走向纪念碑》《人民万岁》《赵一曼家书》等节目。线上观看人数9595人次。

（李建斌）

【“人民的心声 历史的旋律”主题展】 5月16日，“人民的心声 历史的旋律”主题展在霞云岭乡堂上村没有共产党就没有新中国纪念馆开幕。该次主题展分为序厅、4个主题、“不忘初心”部分和结束语。展陈面积1611平方米，展线总长度330延米，以多种方式呈现主题歌曲15首、一般展示歌曲71首，及80余个党史故事、123首多媒体链接歌曲和资料，观众在参展过程中可试听试看。开幕现场，天安门管委会、人民出版社、曹火星之女曹红雯和《就是这首歌》创作者常晓梅、张大力，分别将2020年国庆节当天天安门广场升起的国旗、《没有共产党就没有新中国》新编曲谱、《少年曹火星》书稿和《就是这首歌》无偿使用授权书，赠送给主题展。

（李建斌）

【献礼建党百年写生作品展】 5月26日至7月9日，由中央文史研究馆书画院、北京美术家协会、首都师范大学画院、区文化和旅游局主办的“没有共产党就没有新中国——献礼建党百年写生作品展”在北京智慧长阳美术馆开展。活动邀请国内20名画家组成写生团，到霞云岭乡及周边地区进行为期7天的采风创作，旨在聚焦革命老区新貌，用画笔见证百年辉煌，讴歌时代精神，为建党100周年献礼。展览在智慧长阳美术馆1号展厅展出作品212幅。

（李建斌）

【原创百姓宣讲剧开演】 7月17日，“永远跟党走”原创百姓宣讲剧《北京西山那抹红——没有共产党就没有新中国》在区文化活动中心开演。该剧由区委宣传部协同区文化和旅游局、区成教中心、区文化活动中心和北京市曲剧团等单位联合推出，以全民族抗战史中的房山革命史为主线，讲述《没有共产党就没有新中国》词曲诞生前后房山抗战烽火中的英烈（赵然、包森、隗合宽等）、典型事迹（老帽山六壮士、马安抗日模范村等），演绎出《没有共产党就没有新中国》经典红色歌曲应时而生、传唱至今的历史必然性。截至年底，该剧在区文化活动中心、民族文化宫大剧院及城关街道、河北镇、史家营乡等地演出12场。

（李建斌）

【《跟着电影走乡村》北京专场举行】 7月23日，“永远跟党走——奋斗百年路 启航新征程”全国公益电影主题放映暨大型融媒体行动《跟着电影走乡村》北京专场在窦店镇民族文化宫举行。该活动以庆祝中国共产党成立100周年、开启全面建设社会主义现代化国家新征程为主线，以党史教育、爱国主义教育为内核，以红色电影为载体，联动北京市16个区公益电影放映和融媒体资源，100个公益放映站点同步放映红色电影，“学习强国”学习平台、中央电视台田园频道、中央电视台三农全媒体矩阵、北京市属媒体同时进行72小时不间断全网云直播。

（李建斌）

【第三届京津冀精品戏曲展演暨戏曲进乡村活动】 9月27日，由区委宣传部、区文化和旅游局主办的“戏聚中华 曲韵房山”房山区第三届京津冀精品戏曲展演暨戏曲进乡村活动在区文化活动中心启动。现场为区内京剧、评剧、梆子等团队代表颁发戏曲工作室牌匾。活动期间开展“好戏连台”精品戏曲剧目展演、“传经送戏”戏曲教育进基层、“佳戏有约”房山区戏曲票友大赛等活动80场。

（李建斌）

【房山区青少年诵读比赛】 11月24日，区文化活动中心在启航剧场举办“童心向党 筑梦未来”房山区青少年诵读比赛。比赛采取征集视频，线下评审形式。水泥厂学校、周口店中心校、青龙湖中心小学等学校的30个作品入围比赛。

（李建斌）

文化市场与管理

【概况】 2021年，区集聚区办印制《文化产业政策汇编》（2021版）1000册，开展“送政策上门”活动，举办政策解读会。到佛子庄乡北窖村开展结对帮扶调研、成立区文创产业协会工会、解决文化企业融资难等8项“我为群众办实事”重点民生实事项目全部完成。组织召开小微文创企业金融政策宣介与融资对接座谈会。年内，新增18家文创企业金融贷款，金额3283万元；全区25家文创企业申报投贷奖、房租通政策，完成2021年度房山区小微文化创意企业发展专项资金征集，征集项目46个。召开专家研讨会，推进东方1956文化产业园规划建设；按照《北京市级文化产业园区认定管理办法（试行）》要求，编制完成《房山区文化产业园区认定管理办法（试行）》。参加2021年服贸会文旅服务专题房山展区工作。以“生态宜居示范区 科技金融创新城”新房山高质量发展为主轴，采用“文化+旅游+科技”等形式，展示房山区历史文化资源、文旅融合创新发展和高精尖产业发展成果。其间，接待游客2.4万人，发放宣传资料、纪念品1.6万份。举办

“2021房山首届红色文化创意大赛”，7个红色文创项目参加。举办“2021房山旅游商品创意设计大赛”及“奋斗新时代 创意赢未来2021房山文化创意大赛”，21个项目参赛。推出“献礼建党100周年”系列文创产品。设计制作霞云岭红歌文创系列产品。以房山吉祥物的视角，制作《没有共产党就没有新中国词曲创作》《红色邮路》《百年征程》《房山吉祥物唱革命歌曲》等“房山吉祥物献礼建党100周年”系列动漫片以及动漫表情包。争取市级专项资金230余万元，建设南窖乡花港红色洞渠展览馆。将动漫与现代科技、历史文化旅游相结合，制作北京周口店北京人遗址、西周燕都遗址、云居寺和十渡4集《房山地名故事》动漫片。推动房山区全国文明城区创建工作，制作创城宣传动漫海报12期。

（王艳华　贺泠淇）

【文旅行业疫情防控、安全生产双督导检查】 1月13日起，区文化和旅游局开展为期3个月的行业疫情防控、安全生产双督导检查工作，对文化、旅游单位疫情防控、安全生产相关工作进行全覆盖督导检查及宣传教育。检查期间出动575人次，检查企业287家次。

（李建斌　顾志鹏）

【文化产业园区获市级“公共服务平台”资金支持】 1月，区集聚区办联合区财政局对接智慧长阳文化产业园区、北京大学创业训练营房山基地、青创动力文化产业园区3家市级文化产业园区，指导园区完成2020年度北京市级文化产业园区公共服务资金支持项目申报工作。经评审，获支持资金165.73万元。

（王艳华　贺泠淇）

【疫情防控专项夜查突击行动】 2月1日，区文化市场综合执法大队开展疫情防控专项夜查。重点对拱辰街道、西潞街道辖区内的北京金运佳乐互联网上网服务有限公司、北京金天乐娱乐有限公司、北京今夜辉煌娱乐有限公司、北京梦鑫岛食品有限公司等7家歌厅、网吧进行检查。对落实《新冠肺炎流行期间北京市娱乐场所防控指引》进行现场检查和指导。

（张昊勃　石岩）

【春节前假日文化和旅游市场联合执法检查】 2月9日，区领导带领区文化和旅游局、区卫生健康委、区应急局、区市场监管局、区园林绿化局、房山公安分局、区交通支队、房山消防救援支队等单位对全区春节前假日文化和旅游市场秩序工作进行联合检查。检查组对北京周口店北京人遗址博物馆、天毓山庄、北京环球思特文化传播有限公司的疫情防控、安全生产、食品安全、假日环境整治与布置等工作进行检查。

（李建斌　韩林志）

【文旅场所安全突击夜查行动】 3月3日，区文化和旅游局开展重点场所安全生产和疫情防控措施落实情况突击夜查行动。对北京凯旋门餐饮服务有限公司、北京金运佳乐互联网上网服务有限公司、北方会议中心和天湖会议中心等10余家文化旅游单位开展突击夜查行动，重点对疫情防控工作、安全出口、灭火器材、中英文双语应急广播等重点部位和安全设施进行督导检查。

（李建斌　顾志鹏）

【文化娱乐场所突发应急处置综合演练】 4月25日，由区反恐怖工作领导小组、区“扫黄打非”工作领导小组主办，区委政法委、区委宣传部、房山公安分局、区文化和旅游局共同承办的“2021房山区文化娱乐场所突发应急处置综合演练”活动在北京盛世辉煌餐饮娱乐有限公司举行。演练科目包括场所应急、人员疏散、先期处置、反劫持处置、消防急救处置5个部分。演练结束后，为“房山区文化场所突发应急处置志愿服务队”授旗。全区歌舞娱乐、游艺娱乐、网吧、电影放映等负责人、安全员300余人参加，现场发放宣传品1000余份。

（李建斌　白扬）

【电子游艺场所联合检查】 4月27日，区文化和旅游局联合房山公安分局治安支队、属地派出所对城关街道和拱辰街道辖区内的电子游艺场所开展联合检查。主要对企业的游艺机型的报备、机型二维码信息登记、安全生产等情况进行检查。检查中，对存在机型未备案的3家企业进行停业整顿处理，要求其限期完成整改。对涉嫌未建立生产安全事故隐患排查制度的 1 家企业进行立案调查。

（李建斌　顾志鹏）

【文化旅游市场专项检查】　6 月 1 日至 29 日，区文化市场综合执法大队对全区公共文化服务单位、文化娱乐场所、互联网上网服务营业场所、影剧院等文旅行业进行检查，共计检查单位 312 家，立结案 4 起。查缴无主宗教类出版物 900 余册，吊销涉赌电子游艺场所经营许可证 1 家。

（李建斌）

【文化产业政策解读会召开】　6 月 2 日，区集聚区办联合区文创协会在文创大厦召开文化产业政策解读会。对区集聚区办、区文促中心联合印制的《文化产业政策汇编》（2021 版）的重点内容进行解读，邀请中细软集团负责人对文创企业版权维权进行介绍，7 家文化园区、文创企业代表参加。

（王艳华　隗星月）

【文化产业新的社会阶层代表人士联谊会成立】　6 月 7 日，房山区文化产业新的社会阶层代表人士联谊会成立大会在文创大厦举行。全区文化产业新的社会阶层人士代表 21 人参加。会议审议通过《北京市房山区文化产业新的社会阶层人士联谊会章程》《北京市房山区文化产业新的社会阶层人士联谊会选举办法》，选举产生会长、副会长、秘书长、副秘书长。

（王艳华　隗星月）

【首届红色文化创意设计大赛】　6 月 11 日，由区委宣传部指导，区集聚区办主办，区文创协会承办的房山区首届红色文化创意设计大赛在盛通传统文化产业园进行路演。7 个红色文创项目参加，项目涵盖红色旅游、互动党课、红色主题非遗产品等房山特色文创设计产品。经过角逐，房山区猫耳山南大岭红色防线研学体验线路、永不消逝的光——沉浸式互动党课、红色背篓文创设计分别获一、二、三等奖。

（王艳华　隗星月）

【集中夜查行动】　6 月 24 日，区文化市场综合执法大队对北京通都永发酒店管理有限公司、北京网娱上网服务有限公司、北京亿莱恩影视文化有限公司良乡分公司、北京鑫堡康年食品有限公司等 8 家宾馆、娱乐、影院人员密集场所的疫情防控工作、安全出口、灭火器材、中英文双语应急广播等重点部位和安全设施进行督导检查。

（李建斌）

【房山文创企业设计作品获德国红点奖】　7 月，德国红点奖获奖作品名单公布。该活动收到 49 个国家的 4110 份参赛作品。通过评审团网上评议，房山文创企业北京盛和创亿发展有限公司创始人胡永和设计研发的“转运福筒年品”“福到了年品”获德国红点设计奖。

（王艳华　贺泠淇）

【宗教场所联合检查】　8 月 10 日，区“扫黄打非”办公室、区委统战部、区民族宗教办、区文化市场综合执法大队、西潞街道、周口店镇、韩村河镇等属地乡镇（街道）等部门组成专项检查组，对太平庄村教堂、新街村清真寺、涞沥水村药师寺、龙门生态园天开寺 4 处宗教活动场所进行联合检查，并对发现的少量涉宗教类出版物和印刷品予以收缴。

（李建斌　王连清）

【多部门联合检查娱乐场所】　8 月 11 日，房山公安分局治安支队联合区文化和旅游局、房山消防支队、属地派出所及街道相关科室，对拱辰街道多家饭店包房内设置点歌设备进行检查。通过检查，发现 2 家饭店包房私自设置点歌设备，责令其自行拆除点歌设备及室外相关灯箱广告。11 月 18 日，区文化和旅游局联合房山公安分局治安支队、属地派出所对拱辰街道内多家饭店包房内设置点歌设备进行检查。通过检查，发现 1 家饭店包房内私自设置点歌设备，责令其自行拆除点歌设备 10 套及室内外相关宣传标语、灯箱广告 5 条。

（李建斌　顾志鹏）

【2021 年中国国际服务贸易交易会文旅服务专题展】　9 月 3 日至 7 日，房山区以“厚积薄发在房山”为主题，以“生态宜居示范区 科技金融创新城”为主轴，在首钢园“文旅新品质”2 号馆参加 2021 中国服贸会文旅服务专题展。服贸会期间，房山展区接待游客 2.3 万人，发放资料、纪念品 2 万份，线上直播累计观看人数 3 万人次，“方方趣游

房山”游戏线上线下参与人数5.86万人。

（王艳华　贺泠淇）

【文化创意大赛线上比赛】 11月29日，“奋斗新时代 创意赢未来”2021年房山区文化创意大赛开赛。该次文创大赛以西山永定河文化带为轴线，以“房山文化+创意”为亮点，聚焦文旅融合发展，辐射带动全区文化产业。该次比赛采用线上方式进行，围绕数字创意、创意设计、非遗及IP开发、文化教育、红色文创等10个类别。21个项目通过线上比赛环节和网络投票环节，决出一、二、三等奖。

（王艳华　隗星月）

文　物

【概况】 2021年，房山区“三大文化组团”文物保护利用取得新进展。完成北京周口店北京人遗址整体三维数字化测绘与保护应用项目。全力推进琉璃河国家考古遗址公园建设，《琉璃河遗址保护规划（2020—2035）》面向社会公布，遗址核心区两村腾退搬迁全部完成，编制完成《琉璃河国家考古遗址公园规划》（报审稿），成立琉璃河国家考古遗址公园专家指导委员会，举行2021年琉璃河遗址考古发掘启动暨高校实习基地揭牌仪式，北京广播电视台新闻频道《这里是北京》对琉璃河考古现场进行网络直播。周口店遗址、琉璃河遗址考古发现入选“百年百大考古发现”。完成明代纸经、清代龙藏木经版修复工作，发布《云居寺石经博物馆珍贵文物选》，举办“中华文化奇迹——北京房山云居寺历史文化展”等活动。争取资金2856万元，实施云居寺文物数字化保护利用、云居寺唐塔保护、上方山诸寺及云水洞消防升级改造等12项文物保护修缮工程，促进全区文物保护利用。委托第三方对全区248处文物普查登记项目的健康体检和风险筛查，为文物保护修缮提供基础评价资料。完善文物保护单位名录，17处革命文物列入北京市公布的第一批革命文物名录，8处文物保护单位入选第九批市级文物保护单位。截至年底，全区有全国重点文物保护单位10处，北京市市级文物保护单位20处。完善三级文物保护体系，霞云岭乡堂上村原村支部书记李增军及作品“没有共产党就没有新中国”词曲创作由来入选全国革命文物百佳讲述人。云居寺文物管理处、上方山管理处2家单位及王得军、张兰2人入选北京西山永定河文化带最美文物守护人。

（李建斌）

【《琉璃河遗址保护规划（2020年—2035年）》公布】 3月31日，经国家文物局同意，并报市政府批准，北京市文物局公布《琉璃河遗址保护规划（2020年—2035年）》。

（李建斌）

【“甲子传承·看四色龙骨山”主题网络直播】 4月21日，北京周口店北京人遗址博物馆采取“短视频＋移动直播”方式，以红、金、绿、蓝4种颜色为切入点，邀请考古专家、网络旅游达人和博物馆工作人员，直播讲解北京周口店北京人遗址的文化遗产风貌、文物保护利用成果和科技建馆等相关内容。网络直播共举办40场次。

（李建斌）

【房山区文物局成立】 4月，北京市房山区文物局成立。按照事业单位改革要求，将旅游信息中心、旅游事务中心、旅游集散中心管理处调整为旅游发展中心、旅游服务中心。

（李建斌）

【新增8处市级文物保护单位】 8月19日，市政府公布第九批北京市文物保护单位名单。广阳城遗址，唐幽州卢龙节度使刘济墓，庄亲王园寝，没有共产党就没有新中国词曲创作地旧址，栾绘、顾太清庄园及园寝，窦店志愿军烈士陵园，良乡烈士陵园，北齐河清三年摩崖造像8处不可移动文物入选第九批北京市文物保护单位名单。

（李建斌）

【首届北京公众考古季启动】 9月24日，由市文物局、区政府主办的2021首届北京公众考古季在周口店国家考古遗址公园启动。公众考古季以“百年考古 文化北京”为主题，挖掘和展现全市考古内涵。该次公众考古季为期 2 个月，采用线上线下相结合的方式，举办公众参与、考古体验、专题展览、云端展示、学术讲座等活动。开幕式上，主办单位推介周口店、圆明园等考古遗址的“网红打卡地”；为周口店遗址第 1 地点（猿人洞）保护建筑项目颁奖；北京联合大学的师生将考古学家与艺术家联手复原的北京出土古代服饰形象进行动态展示。市文物局发布 6 项北京 2021 年度重要考古成果。

（李建斌）

【2 项考古发现入选“百年百大考古发现”】 10 月 18 日，第三届中国考古学大会开幕式上公布“百年百大考古发现”，北京市 4 项入选。其中，周口店遗址、琉璃河遗址 2 项考古发现入选“百年百大考古发现”。周口店遗址入选考古遗址保护展示优秀项目。

（李建斌）

【2021 年琉璃河遗址考古发掘启动】 10月 21 日，由市文物局、区政府联合主办的 2021 年琉璃河遗址考古发掘启动暨高校实习基地揭牌活动在琉璃河遗址举行。北京市文物局、区文化和旅游局、北京市文化遗产研究院、中国社会科学院考古研究所、北京大学、北京联合大学、首都师范大学、厦门大学等单位有关负责人参加活动。北京大学、首都师范大学、北京联合大学、厦门大学琉璃河遗址实习基地揭牌并启用。

（李建斌）

【琉璃河考古现场网络直播】 12 月 19 日，北京广播电视台新闻频道《这里是北京》对琉璃河考古现场进行网络直播。聚焦 76 年琉璃河考古历程和“燕都”在北京历史文化研究和全国文化中心建设中的重要地位，邀请 30 余位专家学者现场讲述。直播时长 3 小时，设有 5 个版块，通过话题设置、多场景直播、专家解读、观众真实互动等方式，立体地呈现琉璃河 76 年来考古发掘的全貌以及琉璃河遗址对 3000 年北京建城史的研究意义。

（李建斌）

【琉璃河遗址考古取得重大收获】 2019—2021 年，经国家文物局批准，北京市文化遗产研究院联合中国社会科学院考古研究所、北京大学考古文博学院、首都师范大学历史学院等 8 家单位，对琉璃河遗址的城址区和墓葬区开展考古工作。发掘西周早期墓葬 5 座、房址 3 座、疑似城外环壕 1 条，出土铜器、漆器、陶器、海贝、象牙器、丝织品标本等各类文物 100 余件。

（李建斌）

2021 年房山国家级重点保护单位一览表

表 7

名称	年代	级别	批次	地址
周口店遗址	旧石器时代	全国重点文物保护单位	第一批（1961 年 3 月）	周口店大街 1 号
房山云居寺塔及石经	隋、唐、辽、金	全国重点文物保护单位	第一批（1961 年 3 月）	南尚乐镇水头村云居寺
琉璃河遗址	西周	全国重点文物保护单位	第三批（1988 年 1 月）	琉璃河董家林村
万佛堂、孔水洞	隋、唐至明	全国重点文物保护单位	第五批（2001 年 6 月）	河北镇
金陵	金	全国重点文物保护单位	第六批（2006 年 6 月）	周口店镇车厂村
十字寺遗址	元	全国重点文物保护单位	第六批（2006 年 6 月）	周口店镇车厂村北三盆山

续表 7

名称	年代	级别	批次	地址
房山大白玉塘采石场遗址	隋至清	全国重点文物保护单位	第七批（2013 年 5 月）	大石窝镇高庄村西
琉璃河大桥	明	全国重点文物保护单位	第七批（2013 年 5 月）	琉璃河镇琉璃河二街村
姚广孝墓塔	明	全国重点文物保护单位	第七批（2013 年 5 月）	青龙湖镇常乐寺村
良乡多宝佛塔	辽	全国重点文物保护单位	第七批（2013 年 5 月）	良乡镇东关村

注：1.房山大白玉塘采石场遗址归入第一批全国重点文物保护单位房山云居寺塔及石经。
2.资料由区文化和旅游局提供。

云居寺

【概况】 2021 年，北京房山云居寺文物管理处加强文物本体保护，完成明代纸经修复 108 册，清代龙藏木经版修复 150 件一期修复项目。完成修复明代纸经 66 卷 7349 页修复情况核查及点交工作，完成修复 80 块清代龙藏木经版点校工作。完成 66 卷明代纸经、80 块清代龙藏木经版的数字化扫描工作。完成佛舍利馆、南铝经馆、北铝经馆、舌血真经馆、龙藏木经馆、文物收藏馆 6 个展馆改造提升项目。启动藏经阁、木经库房、弥陀殿北库房、老食堂库房 4 个文物库房提升改造项目。增加石经山游览场所，对 1000 米游人步道进行提升，实现石经山五平台遗址的贯通。完成南园厕所的提升改造。完成停车场 18 个固定商亭及 3 个临时摊位的制作安装。完成寺内旅游长廊油漆彩绘及消防预警系统安技防项目。推出房山石经与中医药学专题展、云居寺百年历史成就展等精品内展，到安徽、重庆、江西、甘肃等地开展“中华文化奇迹”精典外展。推出《云居寺石经博物馆珍贵文物选》书籍。开展“我们都是护宝人”“对话诺贝尔获奖者”文化论坛活动及樱花杯诗词摄影大赛、晒经文化节、禅乐会、书画笔会等文化交流活动。全年，发放游客意见调查 400 份，通过游客意见调查分析和抽查，做到发现问题及时整改，实现游客满意率 98%。细化升级网络售票系统，重新整合售票网站下设端口，采取提前预约、网上购票严格控制游客流量的管理措施，确保不超景区最大承载量。全年，加大人防、物防、技防管理模式，实现无文物丢失毁坏、无火灾发生、无旅游安全责任事故、无食品卫生事故的“四无”目标。

（李丹阳　王欢）

【房山石经与中医药学专题展举办】 1 月 21 日，“经海•精诚”——房山石经与中医药学专题展在云居寺开展。开幕式上，房山云居寺石经博物馆与北京时珍堂中医药文化博物馆签订战略合作协议，双方将共同深入发掘石经文化和中医药文化，策划开发更多的文化主题展示项目，将珍贵文化遗产保护好、利用好、传承好。展览通过“真经浩卷”“经海医韵”“杏林文化”3 个篇章，借助辽金石经中中医药学拓片、清代及民国医药工具、历史养生文献、古医药方、图文展板等方式加以展示，体现出房山石经与中医药学的深厚历史底蕴和文化内涵。同时，启动房山石经与中医药学专题“云”展览，大众可足不出户通过手机客户端在线观展。

（李丹阳　王欢　符秀玲）

【“房山云居寺塔及石经”全国重点文物保护单位成立 60 周年文化活动】 3 月 4 日，房山云居寺文物管理处线上开启《“我们都是护宝人”纪念“房山云居寺塔及石经”全国重点文物保护单位成立60周年》文化交流活动。邀请11位专家学者、云居寺历届管理者、干部职工、热爱研究云居寺文物的在校研究生等具有代表性的“云居护宝人”，以云居寺发展历程为纲，用自己与云居寺的不解之缘作纬，通过视频平台为观众讲述云居寺跨越千年的历史文化底蕴。

（李丹阳　王欢）

【云居寺百年历史成就展】 4月29日，“不忘初心 盛世华章”——云居寺百年历史成就展开幕。展览以云居寺的百年历史发展变迁为主线，从“古刹兴衰”“古刹重光”“瑰宝集萃”“守正创新”4个版块展开，以文物实物、专家手稿、历史书籍、老照片、多媒体互动、图文和场景等形式，还原云居寺百年历程中难忘的时间节点和历史瞬间。

（李丹阳　王欢）

【云居寺文化宣传展】 5月12日，“宝藏千年 祥开瑞绽”——2021年云居寺文化宣传展览展示活动启动。活动现场设有云居寺古塔文化展示、文化艺术国学展示和非遗文化展示3个部分。在互动区为观众提供抄经、泥塑和北京砖雕技艺等参与项目，由非遗传承人现场教授制作技艺。同日，《云居寺石经博物馆珍贵文物选》发布，该书选取云居寺古塔、石经、纸帛经书、龙藏木经板、佛舍利、青铜器等馆藏文物100余件，历史跨度上至隋唐、下至明清，精选文物涵盖云居寺1400年的历史朝代更迭和文化脉络传承，力求全方位展示云居寺独特的历史文化内涵，用“纸上云居”展现珍贵文物之美。

（李丹阳　王欢）

【房山云居寺北塔须弥座砖雕展】 5月27日，“博大绚美•幽州艺术”——云居寺北塔须弥座砖雕展在云居寺开展。展览首次对云居寺须弥座砖雕文化进行集中展示，运用文字展板、摄影作品及线描图像等形式，让云居寺北塔砖雕活起来。展览通过“中国古塔须弥座”和“云居寺北塔须弥座砖雕艺术”介绍，借助图文展板、线描图、辽代佛偈语砖、实物画等展品，展示云居寺北塔须弥座及其砖雕图像在古代建筑史、美术史、音乐史、舞蹈史、戏剧史、家具史、幽州和北京史等领域中所蕴含的文化价值。

（李丹阳　王欢）

【文化惠民活动】 7月4日，云居寺石经博物馆联手中国房山世界地质公园博物馆、周口店北京人遗址博物馆、北京市西周燕都遗址博物馆在长沟镇长海御墅社区开展文化惠民活动。4个博物馆的文化宣讲团成员以“传承红色基因 讲好中国故事”为主题，宣讲《弘扬地学文化 探索地质奥秘》《走进周口店 探秘“人”之源》《走进燕都 探寻3000年城市文明》《传承传统优秀文化 感悟房山石经精神》等内容。现场设有宝石赏析、钻木取火、雕版印刷、木经板拓印、趣味折纸等体验环节。

（李丹阳　王欢）

【第五届晒经文化节】 7月15日，以“展文物 展文化 展精神”为主题的第五届云居寺晒经文化节举行。首次展出“东云居寺”石质牌匾。云居寺引进VR灵境技术，展示和诠释云居寺的珍贵文物和历史文化底蕴。通过深挖文物背后的故事，推出服装、帽子、扇子、手绘景区导览图等晒经节文创产品。活动邀请10余位中国美术家协会书画家现场创作。现场设置临摹字帖处，观众可参与抄写临摹石经上的碑帖，感受云居寺流传千载一以贯之的人文情怀与勤劳智慧。

（李丹阳　王欢）

【书画笔会活动】 9月24日，由房山云居寺文物管理处举办的“敬畏千年 房山石经暨丹青绘百年 翰墨颂党恩”大型书画笔会活动在云居寺举行。书画爱好者们以“百年”为主题，以云居寺百年历史发展变迁为主线共同创作长度100米的“百年辉煌”书画长卷。北京书法家协会会员、房山区书法家协会副主席卢景辉向云居寺捐赠书法作品《心经》。

（李丹阳　王欢）

【第七届“盛世云居”音乐会】 10月16日，由房山云居寺文物管理处举办的2021年第七届“盛世云居”音乐会在云居寺举行。音乐会以云居文化元素为基础，融合舞蹈、传统音乐、经典歌曲、艺术沙画、说唱表演、原创诗歌等艺术形式，运用现代舞台技术将声、光、电相结合，以云居寺100年以来变化为主线，通过《春意》《盛夏》《秋韵》《冬藏》4个篇章展开。

（李丹阳　王欢）

【专题摄影展】　11月19日，“敬畏千年　房山石经”——北京房山云居寺专题摄影展在第六届丝路国际影像博览会暨西安国际影像艺术节开展。展览展出云居寺历届摄影大赛中作品49幅，题材为云居寺的经石碑亭、宝塔殿堂、古洞山林、佛像器物、文物保护、四季风光和特色文化活动等。

（李丹阳　王欢）

【石刻艺术拓片展】　12月22日，“墨彩凌云”云居寺石刻艺术拓片展开幕。展览以传统文化为轴，历史时代为序，通过“拓古传今”“金石芳菲”2个单元，展出原碑年代自东汉至明末时期珍贵石刻拓片50余件（套），展出将版画技艺和拓片技艺相结合，由传统拓印技艺衍生而出的彩拓作品。

（李丹阳　王欢）

【北京房山云居寺历史文化展系列活动】　年内，“中华文化奇迹——北京房山云居寺历史文化展”在重庆三峡移民纪念馆、安徽阜阳市博物馆、江西抚州市博物馆、湖南大学岳麓书院、玉门市博物馆开展。展览以文物拓片、图文实景和摄影作品等形式展现。除实物展示以外，现场观众可以参与龙藏木经板印刷活动，亲身体验中国历史悠久的传统印刷工艺。在展览互动区，观众可佩戴VR眼镜“穿越”到北京房山云居寺，实现远距离的虚拟漫游，利用高新科技为展览增添知识性和趣味性。

（李丹阳　王欢）

周口店遗址

【概况】　2021年，北京周口店北京人遗址管理处围绕中国共产党成立100周年、中国现代考古学诞生100周年、周口店遗址试发掘100周年和举办第三届国家考古遗址公园文化艺术周暨第十一届国家考古遗址公园联盟联席会议重大契机，做好文物保护，讲好文物故事，全面提升服务水平，助推高质量发展。全年，参观28.8万人次，比2020年同期上升24.5%。第1地点（猿人洞）保护建筑工程获“联合国教科文组织亚太地区文化遗产保护奖”创新奖、中国钢结构协会科学技术奖二等奖，周口店遗址入选“百年百大考古发现”、考古遗址保护展示优秀项目，北京考古“网红打卡地”。通过世界遗产青少年教育基地、AAAA级旅游景区复核。以“溯万年文脉，开百年新局”为主题，策划并举办“一二三四”4类10项文化活动。第三届国家考古遗址公园文化艺术周启动暨国际博物馆日文化体验活动完成。承办2021年文化和自然遗产日北京市主场活动和“百年考古　文化北京”首届北京公众考古季文化活动。“致敬考古百年——遗产里的中国”专题研讨会召开。举办原创展览《寻根问祖人之源•丹青亮彩绘华章——百名画家画百年主题展》，受众26万人。完成“甲子传承•看四色‘龙骨山’”抖音直播40集、《万里走单骑》第二季周口店遗址特辑拍摄。周口店遗址整体三维数字化测绘与保护应用项目完成。周口店遗址监测与预防性保护研究项目启动。开展安全检查，加强消技防设施建设。全年，核查标本库房藏品1100件，对博物馆内及标本库房内化石标本进行温湿度监测，完成温湿度监测报告。完善藏品管理制度，保养化石标本203件，对标本库房古人类化石模型、动物化石等进行修复保养。完成周口店遗址考古故事文化宣传电子书、雕塑维护36个及新馆展厅提升，基本陈列中的地图获得自然资源部审核通过。《“我”从远古走来——周口店遗址文物特展》在河北、广西、广东、江西、浙江5省自治区5家博物馆巡展，受众30万人次。科普活动以“寻根溯源　传承文明”为主题，开展传统节日系列活动30余场、科普讲座和观众互动7次、讲解908次、宣讲10次，推出北京公众考古季活动20场，公益科普舞剧《龙骨魂》在北京时间、今日头条、新华号、人民网、微博同步线上直播，受众1.3万人。围绕活动、重点项目、线上展示等进行宣传。接待各级媒体采访拍摄21次；《中国文物报》《北京日报》等官方客户端登载50次；与中央电视台合作拍摄《中国考古大会》《中国微名片》《了不起的考古发现》《人类的记忆——周口店遗址》《博物馆的召唤》等，与中国网合作拍摄《彭瑞话中国》，并对重大节日、精品展览、特色活动等在博物馆官方新媒体账号上登载240余次。

（崔振兴）

【周口店北京人遗址博物馆更名】　3月31日，根据《中共北京市房山区委机构编制委员会办公室关于北京周口店北京人遗址博物馆改革有关事项的批复》，周口店北京人遗址博物馆（周口店北京人遗址管理处）更名为北京周口店北京人遗址博物馆（北京周口店北京人遗址管理处）。

（廖雨涵）

【国际博物馆日文化体验活动】　5月16日，北京周口店北京人遗址博物馆举办国际博物馆日文化体验活动。公布第三届国家考古遗址公园文化艺术周活动内容，启动“寻根问祖人之源　丹青亮彩绘华章”——周口店遗址书画笔会活动，举行中国科学院“溯本源•守初心•传薪火”党员主题教育基地揭牌，邀请考古遗传学专家，以《古DNA绘制史前人类遗传演化图谱》《人与自然史前观——北京猿人和他的邻居》为题，为100余名观众现场讲授公开课。

（李建斌）

【2021年文化和自然遗产日活动】　6月10日，由中国文物学会、中国考古学会、市文物局、区政府主办，市文物局宣教中心、区文化和旅游局、北京周口店北京人遗址博物馆承办的2021年文化和自然遗产日北京市主场活动在周口店遗址举行。活动现场，市文物局发布北京世界文化遗产保护管理状况报告（2018—2020）和北京地区革命文物保护成果总体情况。活动当日，中国首档世遗揭秘互动纪实节目《万里走单骑——遗产里的中国》第二季、周口店遗址三维数字保护成果沉浸式体验展示在周口店遗址启动，召开致敬中国考古百年——遗产里的中国专题研讨会。

（崔振兴　刘荣家）

【周口店遗址5G上线】　6月21日，北京周口店北京人遗址博物馆与中国移动通信集团合作的移动5G基站建设项目竣工。该项目于3月启动，历经实地考察、风险研判，共选取65个点位，架设130个信号接收装置，覆盖面积8093平方米，实现北京周口店北京人遗址博物馆移动5G网络全覆盖，为观众参观体验、直播互动、通信交流提供有力的保障。

（李建斌）

【2021首届北京公众考古季举行】　9月24日，由市文物局、区政府主办的2021首届北京公众考古季开幕式在周口店遗址举行。公众考古季以“百年考古　文化北京”为主题，挖掘和展现北京市考古内涵，吸引民众共同参与文化遗产保护和传承。

（崔振兴）

【《龙骨魂》线上直播开启】　10月21日，北京周口店北京人遗址博物馆和北京市科学技术研究院科技情报研究所共同出品的首部以自然科学家为主角的科普舞剧《龙骨魂》开启线上直播。该剧以中国考古学、第四纪地质学家贾兰坡院士为原型，以科学家一生求学的事迹为蓝本，以“北京人”头盖骨化石丢失之谜的历史事件为背景依托，用舞蹈为表现形式呈现出科学家崇高精神。

（崔振兴）

【《万里走单骑——遗产里的中国》第二季开机】　11月26日，由中国文物学会指导发起，由联合国教科文组织驻华代表处、国家文物局、文化和旅游部资源开发司、国家广电总局宣传司、清华大学文化创意发展研究院、中国社会科学院新闻与传播研究所联合主办和指导的《万里走单骑——遗产里的中国》第二季在周口店遗址开机。拍摄历时2天30个小时，切换5个场地。在浙江卫视周末黄金档播出。

（崔振兴）

非物质文化遗产

【2021年“文化和自然遗产日”非遗宣传展示活动】　6月13日，以“人民的非遗　人民的共享”为主题的系列“文化和自然遗产日”非遗宣传展示

活动在区文化活动中心举办。活动现场开展空竹、西河大鼓、霸王鞭等文艺表演，推出“4+1”重点非遗加文创项目，设置“多彩非遗•斑斓大集”展台，举办“彩虹课堂——与非遗对话”宣讲活动，为第六批非遗代表性项目颁牌。

（李建斌　苏俊祎）

【参加“发现中国之旅”启动仪式】 10月11日，2021年驻华外交官“发现中国之旅”启动仪式暨北京文旅资源推介会在北京举办。希腊、阿尔及利亚、阿联酋、朝鲜、黎巴嫩、马耳他等国家的驻华大使及34个国家的40名文化和旅游外交官共同参加。房山区非遗代表性项目风车扎制技艺参加非遗互动体验环节。在非遗互动体验现场，风车代表性传承人为嘉宾制作和平鸽风车，并讲解和平鸽风车“以和为贵”的特殊寓意。

（李建斌　苏俊祎）

【文化志愿者作品展】 11月29日至12月4日，在区文化活动中心举办“弘扬互助友爱志愿精神　传承优秀中华传统文化”——2021年房山区文化志愿者作品展。该次作品展旨在展示2021年老北京异形木质宫灯制作活动、手绘老北京兔儿爷活动、老北京传统风车制作、老北京布老虎制作、油纸伞彩绘等文化志愿者的学习成果，营造全社会共同参与、关注和保护传承优秀传统文化的氛围。

（李建斌　苏俊祎）

【3个非遗项目入选《北京市传统工艺振兴目录》】 12月16日，市文化和旅游局官方网站公示国家级项目京绣、菊花白酒传统酿造技艺及市级项目汉白玉雕入选2021年《北京市传统工艺振兴目录》推荐项目公示名单。

（李建斌　苏俊祎）

【非遗迎冬奥主题作品展】 12月23日，区文化活动中心举办“冰雪遇见非遗”——非遗迎冬奥主题作品展。展览选取毛猴、泥塑、风车、风筝、面塑、剪纸、葫芦烙画等非遗项目，集中展示全区传承人将非遗技艺和冬奥主题相结合的作品。

（李建斌　苏俊祎）

2021年国家级非物质文化遗产名录

表8

名称	类别	批次	传承人	项目保护单位
杨家将（穆桂英）传说	民间文学	二	郭延生	燕山文卫分局
京　绣	传统美术	四	刘秀花	北京云龙京绣艺术中心
“菊花白”酒传统酿造技艺	传统技艺	二	王晓伟	北京仁和酒业有限责任公司

注：资料由区文化和旅游局提供。

2021年市级非物质文化遗产名录

表9

名称	类别	批次	传承人	项目保护单位
京　绣	传统美术	三	刘秀花	北京云龙京绣艺术中心
汉白玉雕刻	传统美术	五	刘　鹏	北京石窝雕塑艺术学校
杨家将（穆桂英）传说	民间文学	二	郭延生	燕山文卫分局
北窖狮子会	传统舞蹈	三	隗和岩	北京市房山区佛子庄乡
公议庄五虎少林会	传统体育、游艺与杂技	二	鲁志信	北京市房山区长阳镇公议庄村委会
“菊花白”酒传统酿造技艺	传统技艺	二	王晓伟	北京仁和酒业有限责任公司

续表 9

名称	类别	批次	传承人	项目保护单位
南窖水峪中幡	杂技竞技与体育	二		北京市房山区南窖乡政府
房山大石窝“石作文化”村落	民俗	一	宋永田	北京市房山区大石窝镇政府
北京灯彩	传统技艺	三	陈　红	房山区文化活动中心

注：资料由区文化和旅游局提供。

档案工作

【概况】 2021年，区档案馆完成10家立档单位和2个专项档案的接收工作，接收文书档案6313卷、5881件；专门档案1515卷；照片35张。全年接待查档利用4953人次，调阅档案6806卷，出证5445份。年内，完成区新农村办、区委办、长沟镇、韩村河镇4家立档单位40万余页、199.5GB档案的数据验收及挂接工作。启动知青档案条目扩充工作，完成馆藏涉及知青返城、上山下乡、子女入户等5.8万余条档案数据进行扩充、补录工作。完成婚姻档案异地查询数据梳理汇总拷贝报送任务，向市档案馆报送32个全宗332167条，共计823GB的婚姻档案数据。完成66万条档案挂接数据的关联归档工作；在关联归档的基础上进行数据备份，备份33万余卷（件）、1.5千万页、15649GB档案数据。区档案馆爱国主义教育基地围绕庆祝中国共产党成立100周年主题，推出《房山革命历史档案专题展（1921—1949）》，在良乡大学城管委会开展“红色教育进校园 革命精神永流传”党史展览进校园活动。配合区委宣传部完成《没有共产党就没有新中国革命歌曲主题展》档案资料征集工作。开展关于《房山区情展》改造升级所需素材征集工作，征集到文稿12份、视频7个、图片492张、实物模型1个、PPT2个、书籍5本、光盘1张，内容涉及到9家单位的发展历程、“十三五”期间取得的重大成就、为房山区经济社会发展作出的突出贡献、“十四五”最新发展定位等。征集到老式电话、老式收音机、票证等历史档案资料12类93件；征集到书籍《大山的女儿》5本；征集到10年期的《人民日报》和《中国建设报》，共计258件；征集到课本2549件；征集到房契等实物档案4件共6页。

（邢笛）

【社区档案整理培训】 6月10日，区档案馆到西潞街道开展档案知识讲座。工作人员根据社区档案形成的特点，结合西潞街道各社区档案管理工作实际，介绍社区文书档案的收集、整理与保管的具体方法。西潞街道40名专兼职档案员参加培训。

（邢笛）

【档案馆新馆投入使用】 9月，区档案馆新馆扩建工程竣工，总建筑面积9000余平方米，10月投入使用。

（邢笛）

【党史展览进校园活动】 11月至12月，区档案馆爱国主义教育基地在良乡大学城开展“红色教育进校园 革命精神永流传”党史展览进校园活动。巡展活动在中国社会科学院大学、北京理工大学、北京中医药大学、首都师范大学、北京工商大学5所高校中开展。展览采取线上和线下同步进行，73391人观展。

（邢笛）

【编研《房山榜样——房山优秀共产党员先进事迹汇编》】 年内，区档案馆编写完成《房山榜样——房山优秀共产党员先进事迹汇编》，全书7万余字。该书通过“革命先辈 一心向党”“时代先锋 勇立潮头”2部分讲述房山不同时期、不同领域的120名优秀共产党员先进事迹，讲好房山榜样故事。向全区 114 个单位进行赠阅。

（邢笛）

【《房山革命历史档案专题展（1921—1949）》巡展】 年内，区档案馆围绕庆祝中国共产党成立 100 周年主题，用档案讲好党的故事、讲好房山革命历史、传承红色基因的独特价值，推出《房山革命历史档案专题展（1921—1949）》。7 月至 12 月，展览以固定展和巡展方式展出，观展人数 3000 人次。

（邢笛）

地方志工作

【概况】 2021 年，房山区地方志工作坚持“依法修志，修志为用”的原则，编纂完成《北京房山年鉴（2021）》《北京市房山区地名志》以及《房山区柳林水村志》《房山区黑龙关村志》《房山区石窝村志》3 部北京市传统村落志。指导《房山区石板房村志》等 8 部志书的编修工作，其中《房山区平峪村志》《房山区莲花庵村志》已内部印刷。坚持地方志成果开发利用，先后参与纪录小康工程房山平台、高德地图房山红色遗迹打卡地、行政区划调整、上方山香椿“地理标志商标”申报等工作，为其提供权威资料支持。房山方志馆严格落实疫情防控要求，全年接待 1525 人次参观、借阅。

（王静）

【《北京房山年鉴（2021）》编纂完成】 3 月，区史志办启动《北京房山年鉴（2021）》编纂工作。区史志办及时追踪发展变化的经济社会发展实际，按照事以类从的分类原则，与时俱进地建构年鉴框架，做到科学分类、涵盖全面、编排有序、特色鲜明。按自然、政治、经济、生态、文化、社会的顺序编排。以“专文”形式记述“十三五”完成情况和“抗击新冠肺炎疫情”工作内容，使年鉴更为突出年度特色。增加“统计资料”类目，从数据上更为直观的记述房山的发展变化。调整部分类目的顺序，使框架设置更为符合时代特色。针对供稿单位稿件质量不高的实际，利用政府公报、政府信息网等渠道，对行业、单位年度成果、成效、重大活动、重要数据等进行补充撰写，改变原有稿件基础信息不完整、有效信息湮没于事务性工作等情况，提升年鉴资料的存史价值。确立严谨有序高效的编纂流程，并在约稿、编辑、初审、自校、交叉校对、通读、通校、终审、落实修改意见等各个环节严格把关。9 月，该书由线装书局公开出版，设 35 个类目、185 个分目，约 80 万字，收录 1500 多个条目。

（王静）

【《北京市房山区地名志》编纂完成】 年内，区史志办完成《北京市房山区地名志》编纂工作，进入出版环节。该书严格落实志书编纂要求，充分展示房山区第二次全国地名普查的成果，分为 8 篇 18 章，约 75 万字，收录各类地名词条 1300 余条。

（王静）

【3 部市级传统村落志编纂完成】 年内，区史志办推进《房山区柳林水村志》《房山区黑龙关村志》《房山区石窝村志》3 部北京市传统村落志的编纂工作。截至年底，编纂工作完成，进入出版环节，3 部村志约 70 万字。

（王静）

【指导基层修志】 年内，区史志办对《房山区石板房村志》《房山区平峪村志》《房山区莲花庵村志》等 8 部志书的编修工作进行指导，召开审稿会、培训会 12 次，审稿 210 万字。截至年底，《房山区平峪村志》《房山区莲花庵村志》内部印刷。2 部志书真实、全面、客观记录在新型城镇化进程中抢救村落文化、全面建成小康社会进程。

（王静）

【旧志保护工作】 年内，区史志办影印、数字化清、民国时期《良乡县志》《房山县志》《房山志料》珍贵历史资料 7 部，最大程度恢复原版志书的本来面貌，更好地满足各行业、各部门和社会各界人士查阅旧志史料、挖掘利用历史文化的需求。

（王静）

媒体传媒

【概况】 2021年，区融媒体中心策划庆祝建党百年宣传报道。围绕庆祝中国共产党成立100周年主线，统筹广播、电视、报纸、网站和新媒体平台，把建党百年宣传与重点宣传相结合，制作主题报道，开展“奋斗百年路 启航新征程”主题宣传，在《房山新闻》《今日关注》《FUN HILL 面对面》等栏目以及广播、报纸、“北京房山”APP和微信公众号、房山融媒网等全媒体平台，统一开设《奋斗百年路 启航新征程》专栏。区融媒体中心与区委组织部联合制作推出专题片《百年辉煌心向党》，联合区总工会以快闪形式组织劳模代表、一线劳动者录制《没有共产党就没有新中国》歌曲视频。按照中央、市委和区委相关要求，开展党史学习教育宣传报道，结合“我为群众办实事”实践活动，推出《党旗在基层一线高高飘扬——我为群众办实事》《学党史 悟思想 办实事 开新局》《建党百年 立德树人》等系列报道；开设《接诉即办为民服务》等节目板块；推出《歌声中的党史》专题节目。“北京房山”APP平台联合区相关部门策划推出房山区“永远跟党走”“四史”知识竞赛。区融媒体中心多平台联动、全媒体发布，广播、电视、报纸及新媒体平台统一推出《创城进行时》挂牌专栏；策划推出《“创城”为百姓 百姓共“创城”》专题节目，《讲文明树新风》《引导文明出行 共创文明房山》等公益广告、短视频。区融媒体中心聚焦重大主题、重要会议、重点工作，围绕“十四五”开局、党建引领垃圾分类、疫情常态化防控、政法队伍教育整顿、美丽房山建设、社会主义核心价值观，区“两会”、长走大会等，推出《扬帆“十四五” 奋力谱新篇》《砥砺奋进正当时》《疫情防控进行时》《生态宜人 美丽房山》《创森进行时》《聚焦城乡环境治理》《乡村振兴进行时》《“两会”看变化》《推进“两区”建设 房山在行动》等融媒体专题专栏节目。坚持内宣与外宣同等重要原则，与区外媒体沟通对接，与“学习强国”学习平台、《北京日报》、今日头条、党报头条等媒体平台建立长期联系。年内，区融媒体中心在2020年度北京日报社合作传播奖评选中，“北京房山官方发布”获“北京号最具成长力奖”；“北京房山”快手在北京网红打卡地“拔草行动VLOG挑战赛”中获得二等奖，并被北京广播电视台授予“拔草行动走心推荐官”称号。推出全新融媒体视听节目《“北京房山”在线》，通过广播直播可视化、交互多元化、电台主持人IP化、场景全覆盖等多重创新，打破传统广播与互联网的壁垒，实现可听可见、双向互动的全面升级。同时，《“北京房山”在线》上线“听见广播”视听平台，突破时间和地域限制，拓宽服务广度和深度，标志着区融媒体中心在广播电台创新改革上迈上新的台阶。区融媒体中心实施的“工艺系统建设项目”获中国广播电视设备工业协会科技创新奖。

（贾颖　杜宇桐）

【“两会”宣传报道】 区“两会”召开期间，房山电视台以《房山新闻》+《特别报道》的呈现方式，突出《房山新闻》权威性、严肃性，重点关注会议主要议程，对大会报告做深度报道，对代表、委员进行采访，对房山区取得的各项成就进行高站位、多角度报道。《特别报道》开设《“两会”看点回顾》《报告关键词》《“两会”看变化》《政协委员风采录》等版块，加大报告解读、代表委员履职、各部门工作成就、百姓获得感等内容的宣传。房山人民广播电台打通新闻、专题节目时段，架构起“两会”特别节目，辟出专门时段，开设《政府关键词》解读版块。区融媒体中心以消息、特写、综述、图文等形式营造氛围，传递大会精神，并分别以人代会、政协会为专题各推出一期专刊报道。

（贾颖　杜宇桐）

【《创文明城区 建幸福房山》挂牌专栏推出】 3月11日，房山电视台《房山新闻》栏目、房山人民广播电台、“北京房山”微信公众号统一推出《创文明城区 建幸福房山》挂牌专栏。节目围绕房山区创城工作总体部署，对各乡镇（街道）、各单位部门创城工作的开展情况、创新举措以及创城工作中涌现出的典型经验、做法及先进事迹进行报道，展现全区上下积极做好文明城区创建工作的良好精神风貌。

（贾颖　杜宇桐）

【“工艺系统建设项目”获奖】 3月，区融媒体中心“工艺系统建设项目”获中国广播电视设备工业协会科技创新奖。该奖项为科技部批准设立，旨在奖励为广播电视设备科学进步方面作出较大贡献的产品、技术和组织、个人，以推动广播电视事业的创新和发展。

（贾颖　杜宇桐）

【“五一”国际劳动节报道】 4月28日，区融媒体中心与区总工会合作，策划播出《没有共产党就没有新中国》MV，在房山电视台，“北京房山”APP、微信公众号、抖音同步播出。颂扬劳动者，发扬新时代劳动精神，营造良好节日氛围。

（贾颖　杜宇桐）

【“人民的心声 历史的旋律”宣传报道】 6月16日，霞云岭乡堂上村举行没有共产党就没有新中国纪念馆“人民的心声 历史的旋律”革命歌曲主题展揭幕仪式暨房山区新入党党员宣誓仪式和“人民的心声”北京市庆祝中国共产党成立100周年专场演出。区融媒体中心成立主题活动宣传工作领导小组，制定宣传和保障工作方案，提前组织编辑记者到现场踩点，全媒体联动，以多形式、多角度进行宣传报道。

（贾颖　杜宇桐）

【国庆期间宣传报道】 国庆节期间，区融媒体中心结合《我为群众办实事》《创城进行时》《生态宜人 美丽房山》等挂牌栏目，围绕节日期间房山区在环境治理、诚信经营、文明出行等方面的实际举措和各行业坚守一线保平安、保稳定的典型事例，及假期旅游等内容进行宣传报道，围绕“创城”主题，重点关注国庆景观打造、社区庆祝活动、节日特色旅游等内容，营造节日氛围，展示房山区人民群众富足和美的幸福生活。

（贾颖　杜宇桐）

【《房山新闻》增设手语内容】 11月27日，区融媒体中心与区残联沟通对接，借鉴参考其他区县经验，结合实际，房山电视台《房山新闻》栏目首次推出手语内容，每周六播出。增设的手语内容能够让残障人士了解新闻内容、获得新闻资讯，实时了解房山的发展建设成就。

（贾颖　杜宇桐）

【区第九次党代会宣传报道】 区第九次党代会召开期间，区融媒体中心搭建《房山新闻》+《特别报道》的播出模式。《房山新闻》突出权威性、严肃性，重点关注会议主要议程。《特别报道》以“大会现场实况+演播厅解读+短片阐释+现场采访”形式，就大会提出的观点、思路、任务、精神等进行全面解读，准确把握主题，将权威解读与阐释疑惑结合起来，将宣传区委政策与回应群众关切结合起来，将党代会精神传递给全区广大群众。

（贾颖　杜宇桐）

【4家融媒体记者站挂牌成立】 12月29日，区融媒体中心为区法院、区人力资源社会保障局、区生态环境局、区体育局4个记者站挂牌。截至年底，房山区成立融媒体记者站47家。

（贾颖　杜宇桐）

【《奋斗百年路 启航新征程》挂牌专栏推出】 年内，房山电视台《房山新闻》栏目、房山人民广播电台、“北京房山”微信公众号推出《奋斗百年路 启航新征程》挂牌专栏。综合运用新闻报道、言论评论、典型宣传等形式，在全区进行以党史为重点的“四史”宣传教育，引导党员干部树立正确的党史观；动态报道房山区开展党史学习教育情况。

（贾颖　杜宇桐）

【区融媒体中心获奖】 年内，在北京市广播影视协会2020年度优秀广播电视节目评选中，区融媒体中心报送的新闻长消息《以文促旅 以旅彰文 文旅融合拓宽小康路》、专题片《无眠无休 战“疫”有我》及广播长消息《邮局也能买到药》分别获电视新闻类优秀作品和广播新闻类优秀作品。

（贾颖　杜宇桐）

【“北京房山官方发布”获奖】 年内，以“新格局 新征程”为主题的北京日报•北京晚报2020—2021年度传媒盛典举行。“北京房山官方发布”在2020年度的北京日报社合作传播奖评选中获“北京号最具成长力奖”。“北京房山官方发布”自2019

年12月4日正式入驻以来，累计发布稿件816篇，总阅读量120万人次，多条节目曾登上“北京日报”APP北京号首页推荐位。

（贾颖　杜宇桐）

【全新融媒体视听节目上线视听平台】 年内，区融媒体中心推出全新融媒体视听节目《“北京房山”在线》，同时《“北京房山”在线》上线“听见广播”视听平台，实现广播可视化直播。节目于5月12日在“听见广播”APP、“北京房山”APP、房山人民广播电台首播。

（贾颖　杜宇桐）

【“两区”建设宣传报道】 年内，区融媒体中心对“两区”建设重点工作和重大进展进行全媒体报道。广播、电视、报纸以时政新闻为主，对《市领导就“两区”建设和产业发展情况到我区调研》进行报道。房山电视台《房山新闻》栏目制作播出《改革后本区首张营业执照颁发》节目，对北京市“多证合一”登记制度改革推出的新举措进行解读。

（贾颖　杜宇桐）

【建党百年宣传报道】 年内，房山电视台、房山人民广播电台、“北京房山”微信公众号统一挂牌刊播《党旗在基层一线高高飘扬——我为群众办实事》系列报道，通过新闻报道、专题节目、报纸专刊、微信推送等形式，对全区优秀党员和先进基层党组织进行宣传报道。同时，区融媒体中心与区委组织部联合制作推出专题片《百年辉煌心向党》，专题片分为“传承”“担当”“奋进”3个篇章，展现全区不同时期、各个行业的共产党员锐意进取、开拓创新的精气神和埋头苦干、真抓实干的行动力。

（贾颖　杜宇桐）

【“永远跟党走”“四史”知识竞赛】 年内，区融媒体中心联合区委党史学习教育领导小组办公室、区史志办、区委教育工委在“北京房山”APP平台开展房山区“永远跟党走”“四史”知识竞赛。面向全区党员干部群众、青少年，通过有奖竞答的方式，普及党史知识，持续推动党史、新中国史、改革开放史、社会主义发展史学习宣传，引导广大人民群众坚定不移听党话、跟党走。

（贾颖　杜宇桐）

【区融媒体中心专题节目获奖】 年内，市广播电视局开展“红色视听之旅”融媒短视频征集活动。区融媒体中心制作的专题节目《以信念之光 照亮奋斗之路》获优秀短视频奖。该节目以“探寻革命旧址 重温红色故事”为主线，聚焦周口店镇黄山店村红色背篓精神，通过不同视角深入了解红色背篓精神的历史背景，感悟红色背篓精神，传承红色基因，为庆祝建党百年营造良好的舆论氛围。

（贾颖　杜宇桐）

【《疫情防控进行时》挂牌专栏推出】 年内，房山电视台《房山新闻》栏目推出《疫情防控进行时》挂牌专栏，转发中央、市委关于疫情防控的最新指示精神，按照区委疫情防控要求，围绕疫情防控工作领导小组会议、区领导检查疫情防控工作以及各领域、各行业采取的防控举措等内容进行宣传报道。

（贾颖　杜宇桐）

【“北京房山”快手获奖】 年内，为贯彻市委、市政府关于培育发展一批网红打卡新地标的指示要求，北京广播电视台联合快手平台共同发起北京网红打卡地“拔草行动 VLOG 挑战赛”，号召市民和游客用短视频打卡网红地，推荐新北京。“北京房山”快手积极参与，以短视频的形式对房山区的文化古迹以及自然美景“打卡”推介，在“拔草行动 VLOG 挑战赛”中获二等奖，并被北京广播电视台授予“拔草行动走心推荐官”称号。

（贾颖　杜宇桐）

【区融媒体中心制作节目获奖】 年内，由区融媒体中心制作的电视节目、短视频在2020年度北京市融媒体中心收听收看优秀作品评选中获奖。其中，电视专题片《辉煌“十三五” 奋进奔小康》被评为脱贫攻坚优秀作品；抗疫系列短视频《战“疫”群英谱》被评为疫情防控优秀作品；短视频《我眼中的大美房山随手拍活动》被评为融合传播优秀作品。

（贾颖　杜宇桐）

【《扬帆“十四五” 奋力谱新篇》挂牌专栏推出】 年内，房山电视台《房山新闻》栏目、房山人民广播电台、“北京房山”微信公众号共同推出《扬帆“十四五” 奋力谱新篇》挂牌专栏。营造全区真抓实干、共谋“十四五”高质量发展的浓厚氛围。

（贾颖　杜宇桐）

卫生健康

综 述

2021 年，房山区运行医疗卫生机构总数 1044 个。其中，医院 36 个（其中综合医院 16 个，中医医院 8 个，中西医结合医院 3 个，专科医院 8 个，护理院 1 个）；基层机构 989 个（其中社区卫生服务中心 25 个，社区卫生服务站 202 个，村卫生室 498 个，门诊部 34 个，诊所、卫生所、医务室 230 个）；专业公共卫生机构 9 个；其他机构 10 个。全区在岗职工数 15478 人，其中卫生技术人员 11493 人；执业（助理）医师 4489 人；注册护士 4741 人。截至年底，各类医疗机构实有床位 6456 张。全年，入院人数 122280 人次，出院人数 122244 人次。

（邱有东）

医疗服务

【韩村河卫生院获评 2020 年“优质服务基层行”单位】 3 月 2 日，2021 年全国基层卫生健康工作会在北京召开。会上，国家卫健委领导宣读《关于通报表扬 2020 年“优质服务基层行”活动中表现突出、成效显著机构的通知》，经过机构自评、县区级审核、地市级和省级复核、国家专家组现场评价等环节，1746 所达到标准，其中北京市 51 所，韩村河镇中心卫生院位列其中。

（任晓雅）

【严重精神障碍患者“智能药盒”项目启动】 3 月 17 日，房山区启动严重精神障碍患者服药管理智能化工具（智能药盒）转化应用项目。该智能药盒可分装药物，通过智能化、数字化手段提醒患者服药、记录漏服等，帮助严重精神障碍患者进行自我健康管理，辅助监护人履责管理，提高严重精神障碍患者规范化管理和治疗水平。该项目由北京安定医院负责项目运行和指导。

（任晓雅）

【北京市结核病诊疗院所联动房山分中心揭牌】 3 月 24 日，房山区结核病防治所与首都医科大学附属北京胸科医院在线上举行北京市结核病诊疗院所联动房山分中心揭牌仪式，标志着北京市结核病诊疗院所联动房山结防所分中心启用。房山区结核病患者可在本地定点结防机构得到北京胸科医院专家的咨询、诊疗、随访等服务，降低疾病传播的风险。

（任晓雅）

【全区首例 3D 导板下胫骨高位截骨保膝术完成】 4 月 7 日，区第一医院骨科完成全区首例 3D 导板下胫骨高位截骨保膝术，该技术在国际上处于领先行列，对发展数字化骨科与订制化手术有示范指导意义，标志着医院骨科在精准医疗技术上又迈出重要一步。

（高源）

【良乡医院癫痫专科门诊被批准为首批 CAAE 一级癫痫中心】 4月22日，第九届 CAAE 国际癫痫论坛举办。良乡医院癫痫专科门诊获批首批 CAAE 一级癫痫中心，是房山区唯一一家中国抗癫痫协会在册的区域级癫痫诊疗中心，承担全区癫痫患者的诊疗和管理工作。

（任晓雅）

【区第一医院被确定为房山区老年健康与医养结合服务指导中心】 4月29日，区第一医院被北京市卫生健康委确定为房山区老年健康与医养结合服务指导中心，并授予牌匾。该中心承担统筹协调、组织指导辖区各类医疗机构、医养结合机构开展老年健康、医养结合等工作。同时，承担医养结合培训基地职能，完善区域内老年健康和医养结合服务业务指导网络，健全工作机制，提升老年健康和医养结合业务能力和服务水平，适应新时期积极应对人口老龄化工作需要。

（解娜）

【北京中医药大学房山医院获“优秀团队”称号】 4月，北京中医药大学房山医院在北京健康教育协会、北京有害生物防制协会、《健康》杂志社联合开展的“致敬 抗疫先锋团队”推介活动中获“优秀团队”称号。

（任晓雅）

【区第一医院首次采用容积调强放疗技术】 6月23日，区第一医院肿瘤科首次采用容积调强放疗技术为一名肺癌患者进行放射治疗，经复查效果良好。容积技术（VMAT）是国际上先进的放疗技术，成为医院主流放疗方法，该项技术的开展标志着医院肿瘤放疗技术迈上新台阶。

（解春生）

【区第一医院科研项目获批国家创新基金】 8月7日，区第一医院骨科《改良吊篮钢板术联合间断垂直钢丝技术治疗髌骨下极骨折的有限元分析及临床研究》获批国家骨科与运动康复临床医学研究中心创新基金科研项目。

（王娟）

【首例全腹腔镜下胰腺体尾部+脾联合脏器切除术】 8月19日，区第一医院普外科完成首例全腹腔镜下胰腺体尾部+脾脏联合脏器切除术，标志着区第一医院微创技术迈上新台阶。

（佟景许）

【法定传染病】 年内，房山区法定传染病报告3095例，发病率235.76/10万，死亡3例（其中乙肝2例、丙肝1例）。无甲类传染病报告。乙类报告发病1228例，甲乙类传染病发病率93.54/10万。丙类传染病发病1867例，发病率142.22/10万。

（管晓飞）

【人才队伍建设】 年内，房山区引进外埠硕士及以上学历医学毕业生21人；公开招聘医务人员43人；接收医学定向生31人。全年，新聘任正高级职称35人、副高级职称89人、中级职称155人。

（魏继楠）

妇幼保健

【线上孕妇学校】 年内，北京市线上孕妇学校进行健康宣教，区妇幼保健院线上孕妇学校关注5596人次、线上答疑36次；开展小班精品课6次，48人次参加。

（闫春娟）

【妇女保健】 年内，房山区孕产妇6428人，系统管理率99.35%，住院分娩率100%，剖宫产率48.10%，孕产妇死亡率0。“两癌”筛查，宫颈筛查人数77859人，筛出宫颈癌6人；乳腺筛查90834人，筛出乳腺癌30人。婚前医学检查10574人；疾病检出率9.85%，婚检率93.31%。

（薛玉健）

计生服务

【计划生育】 年内，房山区出生人口7072人，其中农业1607人、非农业5165人。计划内生育7023

人、计划外生育 49 人。计划生育率 99.31%。

（邱有东）

社区卫生

【房山区社区处方点评工作获市级表彰】 3 月 30 日，北京市 2020 年社区处方点评工作总结会在中国职工之家举行。会上，对上年处方点评工作突出的单位进行表彰，窦店镇社区卫生服务中心获 2019—2020 年度北京市社区处方点评工作先进单位，周口店镇社区卫生服务中心张焦焦获 2020 年度“药师说药、社区当先”科普之星。

（任晓雅）

【家庭医生式服务】 年内，全区成立社区卫生服务团队 355 个，家庭医生签约居民 52.55 万人，签约率 40.03%。其中，重点人群签约 27.42 万人，重点人群签约率 97.69%。

（李伯扬）

体 育

综 述

2021 年，区体育局服务保障中国共产党成立 100 周年庆祝活动和平鸽放飞工作，完成 1.3 万只和平鸽集结任务。制定《房山区“十四五”时期体育发展规划》，完成《房山区全民健身实施计划（2021—2025 年）》初稿编制工作，完成区政府重要民生实事项目，建设 10 处体育健身活动场所，创建西潞街道为全民健身示范街道，周口店镇、张坊镇、十渡镇为体育特色乡镇。在全区范围内新安装室外健身器材 80 套，全民健身工程惠及更多群众。成立房山区信鸽协会，区内体育社团结构进一步优化。承办 2021 年北京市房山区围棋级位赛、2021 年房山区门球运动协会“会员杯”门球赛、2021“莱恩堡”杯青少年棒球冠军邀请赛等活动，3000 余人参与。举办第四届全国健身气功•八段锦交流比赛大会、北京市首届社区杯八人制足球赛房山区预赛、北京市第十三届全民健身体育节系列活动、第五届“迎冬奥”北京市钓鱼比赛等市级赛事。举办房山区健身操舞展示活动。举办房山区线上体育项目推广活动，采用“线上养兴趣+线下优惠学”模式，在“房山体育”公众号推送科学的健身知识和方法视频课程。房山区获“首批全国县域足球典型”称号，体育系统 2 个单位获全国群众体育先进集体称号，2 人获全国群众体育先进个人称号。完成 2021 年度运动员新注册和确认注册工作，注册项目 20 个，审核通过运动员 1267 人，符合 2022 年北京市第十六届运动会和第二届北京市冬季运动会年龄组别的运动员 914 人。参加青少年锦标赛 13 个项目比赛，获第一名 33 个、第二名 34 个、第三名 48 个；参加 U 系列冠军赛 13 个项目比赛，获第一名 27 个、第二名 20 个、第三名 33 个。举办跆拳道、田径等青少年赛事 10 余项。组织全区传统校参加市级传统校和中小学生冠军赛，参赛田径、游泳、篮球等项目 40 余项次。举办 2021 年房山区青少年冰雪进校园暨“激情冰雪 冬奥有我”主题系列活动，面向全区中、小学校青少年人群，开展上冰、上雪体验，参与人数 2000 余人。举办房山区第二届全民健身消费季主题活动。举办 2021 最美房山•夜耀路跑活动。承办“九九重阳”北京市第十二届登山大会房山分会场活动、第六届 Sport IN 体育 BANK 颁奖盛典暨 2021 年“十四五”开局之年宣介大会等活动。青龙湖水上游乐园获 2021 年北京市体育旅游十佳精品景区、上方山休闲一日骑游获 2021 年北京市体育旅游十佳精品线路、房山区冠华电器杯我是传承人棋类大赛获 2021 年北京体育旅游精品项目。强化体彩行业考核和激励机制，全年销售额 2.1 亿元。全年，督查检查企业 752 家次，消除安全隐患 167 处；行政处罚经营单位 4 家次，罚款 4.7 万元。全年，颁发高危险性体育项目经营许可 8 个，批复民办非企业 1 个。完成局属事业单位改革，机构、编制不断优化。

（周梦）

群众体育

【首届社区杯八人制足球赛房山区预赛开赛】 3月27日，北京市首届社区杯八人制足球赛房山区预赛在良乡四中开赛。比赛由各区预赛和市级决赛2个阶段组成，设置青年组和中年组2个组别。面向北京市各区所辖乡镇（街道）（含社区）居民或驻区单位人员，同时允许在京港澳台地区及外籍人士参加。房山区预赛自3月27日至4月18日利用周末时间进行，全程19场比赛全部采取“新场景+新消费”体育办赛模式，新媒体线上直播。

（周梦）

【第六届Sport IN体育BANK颁奖盛典暨2021体育“十四五”开局之年宣介大会】 4月9日，由市体育基金会、区体育总会、北京海淀文旅集团、体银商学院、体银智库联合主办的第六届Sport IN体育BANK颁奖盛典暨2021体育“十四五”开局之年宣介大会在房山区举办。会议围绕体教融合、体卫融合、体旅融合、体育科技等主题展开研讨。国家体育总局、全国20余个体育系统、教育系统负责人和200家体育企业负责人参加。

（周梦）

【2021“莱恩堡”杯青少年棒球冠军邀请赛开赛】 5月29日至30日，2021“莱恩堡”杯青少年棒球冠军邀请赛在北京莱恩堡国际酒庄开赛。全市各棒球俱乐部、学校校队及周边省市37支青少年棒球队550名运动员参赛。经过角逐，飞雪一队、飞雪棒球俱乐部、野球棒球俱乐部分获U6、U8、U10组冠军。

（周梦）

【房山区获首批“全国县域足球典型”称号】 6月11日，国家体育总局办公厅发布公报，房山区被授予“全国县域足球典型”称号，是全国首批101个全国县域足球典型之一。

（周梦）

【第五届“迎冬奥”北京市钓鱼比赛】 6月19日，由北京市社会体育管理中心和区体育局共同主办，北京市钓鱼协会、区体育总会、石楼镇承办，北京至奥体育文化发展有限公司协办的第五届“迎冬奥”北京市钓鱼比赛在房山区吉塘文渔主题乐园举行。各区120名垂钓爱好者参赛。比赛项目分为手竿钓鲫鱼和手竿钓混养鱼2个组别，各赛一场，每场70分钟。经过角逐，邹凯、刘国华、赵建新分别获前三名。

（周梦）

【参加第十届北京市拔河比赛总决赛】 7月24日，北京市第十届拔河比赛总决赛在地坛体育馆开赛。房山区荣耀拔河队19名运动员参赛。经过角逐，房山区代表队男子组600公斤级获第五名，女子组500公斤级获第四名。押加队员冯添龙和金永鑫分别获76公斤级冠军和85公斤级亚军。

（周梦）

【房山区第十五届“和谐杯”乒乓球比赛】 8月2日，房山区第十五届“和谐杯”暨第二届“健体杯”乒乓球比赛举行。该次比赛为混合团体赛，全区24支代表队110名运动员参赛。经过角逐，拱辰社联会队、金球队分别获冠、亚军；卓锐体育队、广阳城新区队获并列第三名；碧洲乒乓球俱乐部队、燕山乒缘队、博鸿队、城市猎人队获并列第五名。

（周梦）

【参加“我要上全运”北京市第八届广场舞大赛】 9月15日，由市体育局主办，市社会体育管理中心、市直机关工委工会承办，市社会体育指导员协会协办的“我要上全运”北京市第八届广场舞大赛在地坛体育馆开赛。全市51支代表队参赛。通过角逐，房山区2支代表队获三等奖。

（周梦）

【2021最美房山·夜耀路跑活动】 9月30日，房山区第二届全民健身消费季启动仪式暨2021最美房山·夜耀路跑活动在良乡体育中心举行。活动以展现全民健身成果、助推体育消费为主要目标，采取线上线下相结合方式进行。200名跑步爱好者参加。

（周梦）

【"九九重阳"北京市第十二届登山大会房山分会场活动】 10月14日，"九九重阳"北京市第十二届登山大会房山分会场活动在周口店镇泗马沟村举办。房山区分会场登山路线位于药王谷风景区，全程3.5千米。全区200余名户外登山爱好者参加。

（周梦）

【青少年定向越野活动】 12月18日，由区体育局、区教委主办，区户外休闲运动协会承办，北京乐恩嘉业体育发展有限公司、韩建翠溪谷儿童世界协办的2021年房山区青少年系列赛事活动启动仪式暨青少年定向越野活动在韩建翠溪谷举办。周口店中学、良乡第二小学、黄城根小学房山分校等11所学校和22个社区的339名运动员参加。

（周梦）

竞技体育

【青少年足球精英赛】 12月18日，由区体育局、区教委主办，区足球运动协会承办的2021年房山区青少年足球精英赛在长阳中心小学举行。25支代表队375名运动员参赛。经过角逐，良乡中学获U18男子组冠军，北京四中房山分校获U15男子组冠军，窦店中学获U15女子组冠军，窦店中心小学获U12男子组冠军，首师大附属实验学校获U12女子组冠军，坨里中心小学获U11男子组冠军，长阳中心小学获U10混合组冠军。

（周梦）

【青少年轮滑赛】 12月18日，由区体育局、区教委主办，北京天天尚翔体育文化传播有限公司承办的2021年房山区青少年轮滑比赛在北方温泉会议中心举行。比赛设置校园小学组、中学组和俱乐部组3个组别，7所中小学校、3个俱乐部204名运动员参赛。经过角逐，琉璃河水泥厂小学、南尚乐中学、利动体育分别获校园小学组、校园中学组和俱乐部组冠军。

（周梦）

【体育传统项目学校田径比赛】 12月25日，由区体育局、区教委联合主办，区田径运动协会承办的2021年房山区体育传统项目学校田径比赛在良乡三中举行。比赛设小学甲组、小学乙组、初中组3个组别，竞赛项目包括径赛类、田赛类等11项，全区15所田径传统校300余人参赛。经过角逐，长沟中心小学、窦店中心小学、首都师范大学附属房山学校分别获小学甲组，小学乙组，初中组团体第一名。

（周梦）

【青少年棋类比赛】 12月25日，由区体育局、区教委共同主办的2021年房山区青少年棋类大赛在城关第四小学举行。比赛设国际象棋、围棋2个项目。其中，国际象棋设置14个组别，全区20所中小学校20支代表队278人参赛；围棋设置5个组别，26所中小学校92人参赛。经过角逐，葫芦垡中心校、首师大附属房山学校、城关第三小学、房山第四中学、良乡中心小学、城关小学分别获国际象棋比赛相应组别的团体第一名；良乡二中、四〇一学校、窦店第二小学、良乡第三小学、南召中心校分别获围棋比赛相应组别团体第一名。

（周梦）

社会建设

综 述

2021年，区委社会工委区民政局用心用情、履职尽责，创新实干、务实担当，完成各项工作。年内，房山区选举产生新一届社区“两委”班子成员1865人、新一届村“两委”班子成员2707人。直选及户代表选举比例87.9%，社区书记、主任“一人兼”比例为96.8%。组织开展“两委”人员线上培训。完善社区治理体系。调整社区居委会37个，拆分大型社区6个。完成6个社区协商议事厅示范点、17个楼门院治理示范点建设，提升居民自治能力。改善社区服务品质，完成4个社区服务站“开放空间”改革试点，推行“综合窗口”“全能社工”模式。完成3个“三无”小区示范点建设。举办第三届社区邻里节，开展活动400余场，参与居民5万余人。加强乡村治理。开展“两日”活动，规范村务公开。启动“村规民约”提升行动。王家磨村、黄山店村等被评为全国乡村治理示范村。完成全国农村社区治理实验区总结评估工作。完成征求公众意见、社会风险评估、专家论证等工作。年内，强化社会组织培育管理，房山区投入1200万元扶持社会组织发展。加强社工人才队伍建设。开展大学生社会实践、在职社工教育培训等共建活动。完成西潞、长阳等4个乡镇（街道）社会工作服务站建设，累计开展服务项目161场，服务群众8000人次。加强志愿服务和社会动员。动员驻区高校与拱辰街道4个社区开展“红色1+1”区域共建活动。加强垃圾分类社区动员，全区85个小区（村）被评为全市垃圾分类示范小区（村）。

（阚立楠）

社会组织工作

【社会组织审批】 年内，全区共有社会组织551家，其中民办非企业单位409家，社会团体142家。新增登记社会组织47家，其中民办非企业单位37家、社会团体10家；完成变更登记88家；完成注销登记41家。

（阚立楠）

【政府购买服务】 年内，房山区投入517万元向社会组织购买服务，共44个项目。购买方向为助老助残、邻里帮扶、心理疏导、社区治理、绿色环保、社会组织培育等领域。

（阚立楠）

【社会组织发展】 年内，房山区有区街乡社会组织孵化基地16家、社区社会组织联合会18家，备案社区社会组织5000个，创建品牌社会组织630个，3A级以上社会组织35家。

（阚立楠）

【社会组织年检】 年内，房山区有应参检社团146家，实际参检108家，参检率74%；有应参检民办非企业单位375家，实际参检324家，参检率86.4%。实际参检社会组织中，不合格39家。

（阚立楠）

【社会组织孵化基地建设】 年内，房山区区、乡级社会组织孵化机构建设投入运营补助资金500万元，推动全区15个乡镇（街道）社会组织孵化基地建设运营。

（阚立楠）

社区建设与管理

【房山区未成年人救助保护中心揭牌】 5月28日，区委社会工委区民政局在区儿童福利院举办"童心向党，喜迎建党百年"庆"六一"暨房山区未成年人救助保护中心揭牌仪式。区政府领导为房山区未成年人救助保护中心揭牌。与会人员看望在院儿童，参观房山区未成年人救助保护中心。

（阚立楠）

【村（居）委会换届选举工作】 年内，房山区完成第十一届社区居委会和第十二届村委会选举工作。全区192个社区党组织、190个社区、449个村党组织、433个村委会参加换届，选举产生新一届社区"两委"班子成员1865人，新一届村"两委"班子成员2707人。社区直选及户代表选举比例为87.9%，社区党组织书记、居委会主任"一人兼"比例为96.8%。

（阚立楠）

【基层议事协商和治理示范点建设工作】 年内，全区开展"月月有协商、人人会协商"微协商活动，将基层常开展、群众总关心、村（居）易协商的事项梳理分类，形成5类42项微协商目录。加强微协商信息收集，及时更新目录，做好微协商活动总结分析。

（阚立楠）

【社区居委会设立情况】 年内，房山区完成37个社区居委会设立、规模调整、撤销审批工作。截至年底，全区有社区居委会210个。

（阚立楠）

【社区示范点建设项目】 年内，房山区完成6个社区协商议事厅示范点和17个楼门院治理示范点建设项目；完成4个社区开放式综合服务活动空间建设项目；完成3个"三无"小区示范点建设项目。

（阚立楠）

社会工作队伍建设

【社区工作人员培训】 11月底，房山区采用线上视频形式，举办社区"两委"干部及居务监督委员会成员培训班，2500余人参训。

（阚立楠）

【社会工作服务】 年内，区委社会工委区民政局开展养老服务、环境治理、儿童救助、心理服务等社会工作服务活动161场，累计服务群众8000人次。在西潞街道、青龙湖镇建社会工作服务中心2家。

（阚立楠）

【社工队伍建设】 年内，区委社会工委区民政局举办社会工作者继续教育培训班。实施社工"优才计划"，开展社工师考前培训13场，服务4868人次。

（阚立楠）

【社会心理服务平台建设】 年内，区委社会工委区民政局在周口店镇、青龙湖镇、西潞街道、韩村河镇、河北镇、良乡镇新建6家街乡级社会心理服务中心，在拱辰街道邑尚社区新建1家社会心理服务站。截至年底，全区有区级社会心理服务中心1家、街乡级社会心理服务中心9家、社会心理服务站5家。

（阚立楠）

【志愿者工作】 年内，全区有实名注册志愿者25.4万人、志愿服务团队4500支，建成社区志愿服务站184家。动员社会力量参与基层治理，推动"益路同行"志愿服务队与拱辰街道10个无物业小区对接，开展应急救援、便民服务志愿活动。

（阚立楠）

【社会心理服务】 年内，区委社会工委区民政局依托15家心理服务平台，对老年人、青少年、亲子等人群开展心理健康团体活动55场、宣传讲座31场、培训14场，个体心理帮扶58人次，心理微课16节，心理健康推文28篇，形成社会心态类报告7篇，累计服务1.2万人次。

（阚立楠）

社会生活

居民生活

【居民人均可支配收入】 年内，据城乡住户抽样调查资料显示，全区居民人均可支配收入47594元，比2020年增长8.0%。居民人均经营净收入、工资性收入、财产净收入、转移净收入分别增长37.0%、8.7%、5.3%、4.8%。

（杨丹）

【居民人均消费支出】 年内，据城乡住户抽样调查资料显示，房山区城乡居民人均生活消费支出28108元，比2020年增长11.1%。8大类消费支出全面保持增长，除食品烟酒、医疗保健和其他用品及服务支出外，其他5类支出均实现两位数增长。

（杨丹）

2017—2021年人民生活基本情况

表10　　单位：元

项目	2017	2018	2019	2020	2021
全区居民					
人均可支配收入	36289	39391	42823	44078	47594
人均消费支出	2318	24363	26134	25307	28108
# 食品烟酒	574	6034	6440	6589	7233
城镇居民					
人均可支配收入	4299	46503	50644	52288	56366
人均消费支出	2636	28337	30589	29447	32723
# 食品烟酒	635	6703	7106	7244	7999

注：“#”表示其中数，表中的总量指标与分组指标呈依次缩进的格式。其中，有“#”号的分组指标表示其为总量指标的一部分；无“#”号的分组指标则反映全部分组指标数据之和为总指标数据。

2020 年、2021 年全区居民人均收支情况

表 11　　单位：元

项目	2021	2020	增长速度%
总收入	52942	48370	1.8
可支配收入	47594	44078	2.9
工资性收入	33481	30812	2.8
经营净收入	801	585	–44.2
财产净收入	4835	4591	4.2
转移净收入	8478	8091	9.5
总支出	41274	33981	–16.2
消费支出	28108	25307	–3.2
食品烟酒	7233	6589	2.3
衣　着	1705	1543	–8.5
居　住	8905	8073	9.4
生活用品及服务	1856	1616	–5.7
交通通信	3328	2858	–21.5
教育文化娱乐	1963	1675	–31.2
医疗保健	2606	2484	5.3
其他用品和服务	510	468	–2.7
生产经营费用支出	926	748	–41.6
财产性支出	169	162	4.9
转移性支出	4124	3299	4.3
部分商业保险支出	592	201	–2.5
购置资产及非经常性转移支出	5703	2958	–63.7
借贷性支出	1653	1307	–11.0

2020 年、2021 年城镇居民人均收支情况

表 12　　单位：元

项　目	2021	2020	增长速度%
总收入	62252	57001	9.2
可支配收入	56366	52288	7.8
工资性收入	38983	36208	7.7
经营净收入	476	355	34.1
财产净收入	6796	6433	5.6
转移净收入	10111	9293	8.8
总支出	49144	39858	23.3
消费支出	32723	29447	11.1

续表 12　　　　单位：元

项　目	2020	2019	增长速度%
食品烟酒	7999	7244	10.4
衣　着	1965	1802	9.1
居　住	10659	9941	7.2
生活用品及服务	2146	1896	13.2
交通通信	3937	3384	16.3
教育文化娱乐	2303	1979	16.4
医疗保健	3051	2589	17.8
其他用品和服务	663	612	8.3
生产经营费用支出	459	369	24.2
财产性支出	246	224	9.9
转移性支出	5026	4035	24.6
部分商业保险支出	663	243	173.2
购置资产及非经常性转移支出	7632	3757	103.2
借贷性支出	2394	1783	34.2

人力资源

【概况】 2021 年，全区就业形势稳中向好。针对疫情影响快速反映，调整优化政策，出台《区级创业基地认定管理办法》，鼓励支持创业基地建设。全年，发放创业担保贷款 2473 万元，完成额度全市排名第一；研究探索“国企帮扶、区级挖潜、政策支持、服务保障”的组团式案例性政策，帮扶失业人员再就业，相关经验在全市推广。创新线上线下情景案例式宣贯。设立人社放映厅、抖音平台，开展“学时政、学法规、学政策”就业学习季活动，分层分类开展针对性培训，各平台受众面达 160 万人次。创新“乡街+部门+机构”集成化运作机制；打造政府+企业贯通服务联盟，鼓励支持 13 家人力资源服务机构，自发组建就业服务企业联盟，制定联盟公约，发挥市场资源专业优势，在开发岗位、提供就业指导、组织招聘等方面提供更专业系统的管理服务。搭建“房山就业”交互一站式服务平台。全年，组织开展各类招聘活动 436 场，提供岗位 6.9 万个，初步达成就业意向 3.1 万人次。落实《促进本市农村劳动力就业参保若干措施》。加大高校毕业生就业帮扶。本地生源高校毕业生就业率 98.7%，有就业意愿困难家庭毕业生全部实现就业。开展“一村一案”精准帮扶，7 个薄弱村全部达到充分就业标准。年内，引进非北京生源应届毕业生 273 人，积分落户 131 人。加大专业技术人才和高技能人才队伍建设，1 人通过高端领军人才正高级评审直通车，获自然科学研究系列研究员职称（正教授级）；燕化集联光电等 3 家企业获批北京市博士后创新实践基地。全年，215 人通过副高级评审，24 人通过正高级评审。联合根治拖欠农民工工资工作协调小组成员单位，开展清理整顿人力资源市场、保安行业劳动用工检查、根治欠薪夏季专项行动、超时加班问题集中排查化解、女职工权益专项执法和根治欠薪冬季专项行动六大专项行动，加大对企业劳动用工风险排查。全年，检查用人单位 1761 家次。健全劳动争议调解仲裁机制，全年，劳动争议仲裁立案 3441 件，结案 3242 件。

（唐泰山）

【春节专题系列活动】 春节期间，区人力资源社会保障局发放在京过年“666”服务大礼包，开展8大系列线上线下活动。依托房山人力资源大讲堂、房山人社等微信公众号平台，对春节留京过年劳动权益保障、共享用工等问题，通过互动直播，为企业招聘、用工提供政策指导服务。针对家政、养老护理、春节保供重点行业企业，开展集中走访慰问，向每家企业留京职工赠送价值5000元的防寒、防疫物资，发放一封慰问信，与留京职工代表开展座谈交流。与莱恩堡国际酒庄、今日东方、华冠商业科技等重点企业联合，分批组织农民工表演文娱节目，组织开展趣味运动会、猜灯谜、棋牌比赛等活动。组织区内餐饮行业技师在线视频教学，为全区职工奉上“京狮闹春”“花开四季”“连年有余”等6道年夜菜；线下，到互联网金融产业园等重点园区，组织留京职工开展“学做年夜饭”现场教学联谊活动。针对留在房山区的建档立卡贫困劳动力，开展“一对一”的走访慰问，发放每人500元的新春慰问红包，组织“局长请您看电影”活动，区人力资源社会保障局主要领导出资网购大年初一电影票。组织留京脱贫劳动力开展集体包饺子过大年活动。邀请书画专家到区职工活动中心，由职工出题，现场临写，为留京职工送福、送春联。针对防疫保障、春节不停产、大型商超配送保供的重点企业，设立重点企业政策服务管家，为企业送政策、送服务。设立线上共享用工招聘专题，解决重点企业节日“用工慌”问题。

（唐泰山）

【“魅力房山”校园行首场招聘会】 4月1日，区人力资源社会保障局开展“魅力房山”校园行首场招聘会。四联创业化工集团有限公司、海博思创科技股份有限公司等35家区内重点企业到北京理工大学开展招聘，提供算法工程师、NGS实验技术员等岗位592个，达成初步就业意向201人。

（唐泰山）

【线下专场招聘活动】 4月8日，区人力资源社会保障局在区人力资源公共服务中心举办2021年首场大型线下专场招聘活动。41家用人单位提供就业岗位1854个，吸引求职者700余人。

（唐泰山）

【劳动人事争议仲裁院被列入公务员法管理范围】 7月19日，中共北京市委组织部批复房山区劳动人事争议仲裁院列入公务员法管理范围。房山区劳动人事争议仲裁院为区人力资源社会保障局所属公益一类事业单位，机构规格为副处级，经费形式为财政补助（全额）。主要职责是承担劳动人事争议仲裁委员会的委托，承担仲裁委员会的日常工作，受理并承办辖区内劳动人事争议案件调解和仲裁等工作。

（唐泰山）

【首场“直播带岗”活动】 8月18日，区人力资源社会保障局在区人力资源公共服务中心举办首场“直播带岗”活动。房山龙湖天街、熙悦天街等5家企业人力资源负责人做客直播间，提供就业岗位275个。直播时长2小时，3137人次观看。直播中，参加招聘活动的企业依靠直播间“云端”连线，进行线上面试，介绍公司整体概况、岗位需求与薪资福利等。

（唐泰山）

【第四届“创业北京”创业创新大赛房山区决赛】 8月19日，区人力资源社会保障局举办第四届“创业北京”创业创新大赛房山区决赛。创业组、创新组各3个项目参加决赛。比赛采用线上路演、线下集中评选方式开展，进行全程直播，采用“6+5+1”的竞赛模式，即每个项目路演视频6分钟，直播连线提问5分钟，打分1分钟。所有参赛企业通过微信小程序线上抽签确定比赛顺序，围绕知识产权成果，项目商业模式可行性、创新性，就业岗位能力，推动新业态和新就业形态发展等方面进行展示。路演项目涉及到大数据、人工智能、医药健康、居家养老、人文科技、现代农业、乡村旅游等行业。

（唐泰山）

【人事人才工作】 2021年，全区有事业单位546家，事业人员1.96万人。全年，组织18批次事业单位公开招聘，招聘事业人员456人，其中应届毕业生占72.4%。引进非北京生源应届毕业生273人，积分落户131人。

（唐泰山）

【推进协管员下沉整合】 年内，房山区出台《房山区协管员下沉整合工作方案》，明确23种下沉岗位，开展协管员下沉试点，探索岗位整合、人员管理方式。严格按照《房山区临聘人员招聘管理办法（试行）》要求，指导房山公安分局招聘勤务辅警150人，协助区委政法委、区农业农村局等5家单位补招57名临聘人员。

（唐泰山）

【劳动争议调解仲裁】 年内，选配骨干力量充实仲裁员队伍，推进仲裁院实体化建设。利用“互联网+调解”服务平台，加强基层劳动争议调解组织建设，选取长阳镇等5家基层调解组织开展试点，完善劳动人事争议多元处理机制，维护劳动者合法权益。全年，劳动争议仲裁立案3441件，结案3242件。其中，以调解和调解撤诉方式结案2321件，调解率62.7%。另外，38家基层调解组织成功调解各类劳动争议案件958件。

（唐泰山）

【就业工作】 年内，区人力资源社会保障局完成市级下达的7项重点任务指标。其中，城镇登记失业率为3.15%，低于市级指标（3.6%）0.45个百分点；城镇登记失业人员就业率为66.05%，超额完成4.06个百分点；农村劳动力转移就业7083人，完成122%；新就业参保3.18万人，完成212%；公益性岗位托底安置3405人，完成全年任务的114.26%；促进灵活就业32937人，完成全年任务的100.38%；新增参保创业单位4133家，带动就业12643个，分别完成148%、114%。

（唐泰山）

社会保障

【概况】 全年，房山区按时足额发放各项社保待遇。完成各项社保待遇调整。认定10个充分就业乡镇（街道），464个充分就业社区村。按照全市统一部署，完成养老保险、工伤待遇和老年无保障待遇调整工作，16.16万人次直接受益。完成211个项目3.72万人转居劳动力安置，完成全部指标的84%。全年，办理基本养老保险、基本医疗保险关系转移7224人次，转移资金2.1亿元。全年落实接诉即办“每月一题”考核任务，农民工工资专用账户、总包代发工资、实名制管理3项制度覆盖100%，分账管理、工程款支付担保分别达到93.5%、85.1%。制定接诉即办目标值考核方案，实施首席办理、全程负责，做到件件有回音。全年组织12批次2000余人次培训。全年，办理“12345”群众诉件7622件，同比增长73%。

（唐泰山）

【社保工作】 年内，全区社会保险参保单位达到4万家，同比增长15%。养老保障体系覆盖68.58万人，城镇职工基本养老、失业、工伤保险参保人数分别为45.14万人、36.48万人、33.45万人。

（唐泰山）

【劳动关系工作】 年内，全区监控企业1053家，劳动合同签订率100%、续订率为99.88%。签订集体合同企业875家，职工7.84万人。全年，受理行政复议和诉讼28件，各类信访件272件，均得到妥善处置。

（唐泰山）

【推进社会公益性岗位托底安置】 年内，印发《关于切实发挥公益性岗位保障就业作用的通知》，实施“四个一批”安置政策。提高区级配套补贴标准，每人每月增加补贴900元。全年，落实社会公益性就业组织托底安置资金1.74亿元。

（唐泰山）

【各项社保待遇发放】 全年，累计支付职工养老金、工伤待遇、居民养老金等各项社会保险待遇82.74亿元，直接惠及170.4万人次。办理企业职工基本养老保险遗属待遇申领8121人，支付4.37亿元。

（唐泰山）

医疗保障

【概况】 2021年，区医保局办理城乡居民参保登记35.8万人。完成手工报销、住院费用审核、门诊费用审核等医疗费用的审核结算工作，加强病有所医的兜底性民生制度建设。全年，核准享受医疗救助 6006 人次，支出医疗救助资金 1562.55 万元，审核结算大病保险报销 3236 人次，结算金额 3556.33 万元。全年，完成城镇职工基本医疗保险收入 38.73 亿元，城乡居民基本医疗保险收入 13.03 亿元，医疗保险基金总体支出 44.75 亿元。

（任正岩）

【医疗保障业务推广活动】 9 月 28 日，区医保局召开全区直属单位、乡镇政府视频会，进行电子医保凭证应用和普惠健康保宣传推广工作部署。截至年底，普惠健康保参保人数 7152 人，医保电子凭证激活 46.35 万人，激活率 61%。

（许海涛）

【医疗保障业务培训】 10 月 18 日、21 日，区医保局分 2 次举办 2022 年度城乡居民基本医疗保险集中参保工作业务培训。乡镇社保所和学校经办人员 276 人参加培训。培训过程中解读 2022 年度城乡居民基本医疗保险政策，并为做好 2022 年度集中参保工作进行动员部署。

（许海涛）

【房山区城乡居民基本医疗保险业务培训会】 10 月 27 日，区税务局联合区医保局组织召开房山区城乡居民基本医疗保险业务培训会，各乡镇（街道）便民服务中心及中小学 500 余人参会，覆盖全区所有学校、乡镇（街道）相关工作人员。区税务局、区医保局分别对城乡居民医保业务进行全面讲解，包括医保政策、参保经办、税务征收等业务环节，特别对 2021 年在城乡居民缴费方面的改变做重点说明。

（封菁洋）

【打击欺诈骗保】 年内，区医保局对 283 家定点医药机构（其中三级医院 4 家、二级医院 5 家，一级及以下 240 家，药店 34 家）进行监督检查和三轮自查自纠，追回、拒付违规使用医保基金 105 万余元。

（燕海涛）

【定点医疗机构管理】 年内，区医保局接收 19 家符合新增条件的医疗机构申报，其中养老院医务室 4 家，一级医院 2 家，村卫生室 1 家，社区卫生服务站 12 家。16 家医疗机构通过区级考察评估进入市、区两级考察评估阶段。

（郑砚君）

【基本医疗费用审核结算】 年内，房山区完成基本医疗保险门诊费用审核结算 904.72 万人次，支付金额 23.18 亿元，比 2020 年结算人次增幅 3.61%，支付金额减幅 4.27%。完成基本医疗保险住院费用审核结算 8.73 万人次，结算金额 11.53 亿元，比 2020 年结算人次增幅 17.73%，结算金额增幅 12.79%。

（王广红　姜建雨）

【行政确认】 年内，房山区企业职工基本医疗保险视同缴费年限认定审批 4408 人。医疗、生育保险补缴审批 23 人。征地超转人员补缴审批 151 人。机关事业单位享受补充医疗保险人员身份认定 692 人。

（朱红）

【异地就医门（急）诊实时结算】 年内，房山区完成异地安置退休人员、转外就医人员、异地来京人员持卡住院医疗费用直接结算。截至年底，全面实现门诊、住院跨省就医直接结算。

（王广红）

【医疗救助】 年内，区医保局审核低保、低收入、城乡特困申请救助 5852 人次，支付资金 1420.75 万元。因病致贫家庭医疗救助 154 人，支付资金 141.8 万元。

（罗浩然）

【生育津贴发放】 年内，全区生育津贴补贴申领 5498 人次，核准金额 15719.41 万元、同比 2020 年申领人次减幅 1.35%，发放核准金额增幅 4.25%。

（张海霞）

退役军人事务

【概况】 2021 年，区退役军人局研究制定《房山区退役军人事务局“法律政策落实年”活动计划方案》。全区基层服务站组织开展《中华人民共和国退役军人保障法》等宣传宣讲 35 场次，悬挂标语横幅 100 余条、摆放展板 28 块、发放宣传资料 6000

余份。开展“法律进军营”活动。完成多名退役士兵接收工作。为 5500 名优抚对象发放定期抚恤补助金 4300.58 万元。制定《房山区关于烈士纪念设施规划建设修缮管理维护实施方案》。良乡烈士陵园等 8 处烈士纪念设施提质改造工程完成项目评审。与区检察院联合印发《关于开展我区烈士纪念设施管理保护专项行动的实施方案》，建立常态化保护机制。完成 1400 余条烈士英名录系统数据核对工作。对全区 93 处烈士纪念设施进行重新规划设计。组织开展清明祭扫、“9•30”公祭等纪念活动。开展“追寻先辈足迹，传承红色基因”老战士寻访和慰问活动。完成 61 名拟换发证件的军休干部数据信息的采集、核对和上报工作。成立房山区军休服务中心。完成区双拥工作领导小组成员单位增补调整工作。制定《房山区 2021 年度双拥工作》《房山区创建新一届“全国双拥模范城”实施方案（2020—2023）》等文件。开展立功受奖送喜报活动，为 37 名立功受奖现役军人家属送去喜报和慰问金 5.4 万元。完成 13 名随军家属招聘安置工作，做好随军家属自主就业一次性就业补助的统计、资金申请工作。完成 29 名军人子女入学、入园问题。开展军营开放日、军史馆开放日等活动。年内，区退役军人局和房山第二职业高中合作的就业创业培训基地挂牌成立。完成平西抗战纪念馆升级改造工程。

（高佳）

【春节期间慰问走访】 2 月 4 日至 9 日，区退役军人服务中心协助相关部门为全区 5652 名优抚对象（含燕山 101 人）发放春节慰问金 500 余万元，发放春联、宣传册 5652 份；协调组织各级服务站走访慰问 525 户重点优抚对象，每户发放价值 500 元慰问品。为 91 名困难退役军人发放 2.7 万元慰问金及价值 3.2 万元慰问品；慰问 6 名立功受奖人员。其中，三等功 5 名，奖金 10000 元；二等功 1 名，奖金 5000 元。

（韩玉亮）

【14 处区级烈士纪念设施升级】 2 月 26 日，经八届区政府第 95 次常务会议同意，平西抗日战争纪念馆、平西无名烈士陵园、平西烈士陵园、窦店志愿军烈士陵园、老帽山六壮士纪念园、王家台烈士陵园、良乡烈士陵园、琉璃河窑上英烈园、大安山烈士纪念园、河北镇烈士纪念园、史家营金鸡台烈士陵园、史家营烈士陵园、长沟西甘池烈士纪念园和郭士红烈士纪念园 14 处烈士纪念设施升级为区级烈士纪念设施，由区退役军人局监督管理。

（刘雪平）

【抗战馆赠书活动】 5 月 18 日，平西抗日战争纪念馆举行《学党史忆百年 品读红色文化》抗战馆赠书活动。将馆藏历史书籍《平西烽火》《平西儿女》《平西抗日根据地历史》等 1000 册书籍免费赠送给来馆参观者。

（隗春盈）

【走访慰问烈属送关怀活动】 6 月 24 日至 30 日，区退役军人局联合邮储银行房山支行对全区 7 户烈属进行走访慰问，为烈士家属送去慰问品，为全区 200 余名烈士遗属发放慰问金 20 余万元。

（刘雪平）

【“9•30”烈士公祭活动】 9 月 30 日，区委、区政府在平西抗日战争纪念馆举行烈士公祭活动暨平西抗日战争纪念馆开馆仪式。退役军人事务部、军委政治工作部、北京卫戍区、北京军事检察院、市退役军人局、北京市检察院、区四大部门领导和各界代表 200 余人参加。全体人员齐唱国歌，脱帽，向烈士默哀 1 分钟。少先队员代表献唱《我们是共产主义接班人》，部队仪仗队官兵向烈士敬献花篮。

（刘雪平）

【“双结合”服务体系培训工作】 12 月 17 日，区退役军人服务中心开展线上线下“双结合”服务体系培训活动。按照三级服务保障体系建设要求，做到“全人员”“全方位”“全覆盖”。以会代训 600 余人参加。

（陶雨晗）

【房山区军队离休退休干部服务中心成立】 年内，房山区整合北京市房山区军队离休退休干部第一休养所和所属北京市房山区军队离休退休干部第二休养所，组建北京市房山区军队离休退休干部服务中心。重组后北京市房山区军队离休退休干部服务中心为区退役军人局所属公益一类事业单位，机构规格正科级，经费形式财政补助（全额），主要负责全区军队离休退休干部、无军籍退休退职职工的服务与管理。

（郜横）

【学习宣传贯彻《中华人民共和国退役军人保障法》】 年内，全区退役军人服务站组织开展《中华人民共和国退役军人保障法》宣传宣讲35场次，悬挂标语横幅100余条、摆放展板28块、发放宣传资料6000余份。开展"法律进军营"活动，为部队发放《中华人民共和国退役军人保障法》《中华人民共和国军人地位和权益保障法》宣传折页和宣传纪念品3000余份。

（张云鹏）

【移交安置工作】 年内，区退役军人局完成多名退役士兵接收工作；发放自主就业退役士兵一次性经济补助2128.62万元；接收2名伤残退役士兵；受理23名退役士兵补缴社会保险申请材料，完成77名退役士兵基本养老保险补缴工作。完成市、区2次退役士兵适应性培训。

（田新欣）

【平西抗战纪念馆完成升级改造】 年内，平西抗战纪念馆升级改造工程完工。改造后展馆展览主题为"平西抗日根据地斗争展"，分8个单元，总计展出图片496张、文物366件、油画9幅、复原场景12处。展馆引入三维全息、实景体验等多媒体艺术呈现手段。

（隗春盈）

民　政

【概况】 2021年，区民政局（区委社会工委）落实社会救助政策，完成低保、特困人员基本生活标准调标。全年，为6600余名低保、特困人员发放社会救助资金1亿余元。加强特困人员服务管理，建立分散特困供养人员台账，出台分散供养照料服务实施细则，全区生活不能自理特困人员集中供养率达58.6%。全年，对3500户低保边缘群众和因病致贫家庭进行精准排查，符合条件的纳入救助范围。对140户困难家庭开展精准个案帮扶。联合区纪委开展社会救助专项治理巩固提升和临时救助专项督查。全年，为279户社会救助对象给予临时生活救助，支出资金148万元，群众满意度97%。全年，新建养老驿站19家。截至年底，全区有养老驿站121家。在10个深山区乡镇开展农村养老服务试点，为1392名低保低收入、失能失智老人开展居家照护服务3.2万余次，典型经验在《北京信息》刊发。落实《中华人民共和国未成年人保护法》《中华人民共和国民法典》要求，规范儿童收养登记。建成区未成年人保护中心并投入使用。建立全区散居孤儿和事实无人抚养儿童医疗保障制度。新建儿童之家2个。全区167名困境儿童实现"一人一档"。实施区儿童福利院儿童心灵关爱、困境儿童和留守儿童关爱保护等项目，开展个案服务253次，小组活动43场。为2.5万名享受残疾人两项补贴人员发放补贴资金12221.5万元，两项补贴业务实现跨省通办。将流浪乞讨人员发现报告纳入城乡管理服务指挥平台，实现全覆盖、无死角。全年，救助流浪乞讨人员90余人次。加强托养机构监管，定期到衡水市第七人民医院检查托养人员供养情况。全年，为7400名超转人员发放生活费2.6亿元。全年，办理婚姻登记8000余对，执法合格率100%。落实离婚登记30天冷静期各项要求。引入专业婚姻家庭辅导师，开展婚姻家庭辅导服务，受益500余人。编制《房山区绿色生态殡葬专项规划》，完成殡仪馆火化机及尾气设备更新改造。完成清明节群众祭扫服务保障工作。开展散坟和埋葬点专项整治工作，完成5620座散坟治理任务。开展殡葬业价格秩序、公益性安葬设施建设经营专项整治，维护群众合法权益。乡镇（街道）慈善救助专项基金全覆盖。探索建立社区慈善公益站点4家。成立区残疾人救助专项基金，基金规模100万元。全年，发放各类慈善救助金405万元，受益群众8000余人。全年，新建街乡社会心理服务中心6家，社会心理服务站1家。年内，建成运营三级社会心理服务中心15家。组织开展孤残儿童心理帮扶、老年人心理工作坊等活动，全年服务1.2万人次。组织见义勇为人员疗养，发放抚恤优待资金50

万元。全年，开展行政执法检查780次，行政处罚13次，合格率100%。加大宣传力度，在《人民日报》“学习强国”学习平台等市级以上媒体刊发信息160余条。全年，办理诉求575件次，响应率100%，解决率、满意率均在90%以上。

（阚立楠）

【清明祭扫工作】 清明期间，全区7个主要祭扫点接待祭扫群众126519人次、疏导机动车28937辆次，投入工作人员5001人次。

（阚立楠）

【未成年人保护工作】 5月，区民政局（区委社会工委）完成“房山区未成年人救助保护中心”挂牌工作。7月，房山区未成年人保护委员会办公室由团区委调整至区委社会工委区民政局。

（阚立楠）

【城乡低保调标】 7月起，区民政局（区委社会工委）对城乡低保标准从家庭月人均1170元调整为1245元。城乡特困人员基本生活标准由每人每月1755元调整为每人每月1867.5元，城乡低收入家庭认定标准由2200元调整为2320元。

（阚立楠）

【困境儿童医疗保障】 7月，区民政局（区委社会工委）协调区财政局、区医保局、区卫生健康委等相关单位，联合出台《房山区孤儿和事实无人抚养儿童医疗保障工作实施细则》。为全区2名散居孤儿、3名事实无人抚养儿童发放医疗保障金7074.88元。

（阚立楠）

【婚姻登记】 年内，区民政局（区委社会工委）办理结婚登记5642对，离婚登记2450对，离婚申请3638件，补发婚姻登记证2984件，出具档案证明815件，建立婚姻档案1108卷，为行动不便的老人、残疾人上门办理登记6件，依法行政合格率100%。

（阚立楠）

【儿童福利】 年内，区民政局（区委社会工委）为全区（不含燕山）19名社会散居孤儿、136名事实无人抚养儿童、14名低保家庭重病重残儿童发放困境儿童生活费。为困境儿童（不含燕山）发放元旦、春节“两节”慰问金5.25万元；发放“六一”儿童节慰问金6.7万元。

（阚立楠）

【困境儿童教育保障】 年内，区民政局（区委社会工委）为10名孤儿发放“福彩圆梦——孤儿助学工程”项目助学金10万元；为15名事实无人抚养儿童发放“事实无人抚养儿童助学工程”项目助学金8.62万元。

（阚立楠）

【困境儿童和留守儿童关爱保护】 年内，区民政局（区委社会工委）开展“房山区儿童福利院儿童心灵关爱项目”和“房山区困境未成年人精准帮扶项目”。对儿童福利机构中孤残儿童的心理问题和社会上的困境儿童生活、学习、心理等方面进行专业化指导和个案帮扶。指导乡镇（街道）儿童督导员和村居儿童主任开展辖区困境儿童和留守儿童家庭巡视探访，巡视探访率实现100%全覆盖。

（阚立楠）

【未成年人思想道德建设创城工作】 年内，区民政局（区委社会工委）围绕未成年人思想道德建设创城指标，做好网上申报工作，对107个社区进行实地督导，完成未成年人思想道德年度测评。

（阚立楠）

【未成年人普法宣传】 年内，区民政局（区委社会工委）为全区乡镇（街道）发放未成年人宣传海报1400张，指导乡镇（街道）在各村（社区）开展未成年人普法宣传活动108场。

（阚立楠）

【收养登记】 年内，区民政局（区委社会工委）办理网上收养登记初审26件，初审合格17件，办理收养登记5件，办理解除收养登记3件。

（阚立楠）

【残疾人两项补贴发放工作】 年内，区民政局（区委社会工委）审定享受残疾人两项补贴人员2.5万人，发放补贴资金12221.50万元。其中，困难残疾人生活补贴1.6万人，发放资金10420.98万元；重度残疾人护理补贴0.9万人，发放资金1800.52万元。

（阚立楠）

【养老服务机构建设】 年内，区民政局（区委社会工委）对5家养老机构（包括3家养老照料中心）

进行备案登记，新增养老床位 943 张。截至年底，建成养老机构 56 家（包含 24 家养老照料中心），养老机构床位 9275 张。完成 19 家养老服务驿站审核、公示、备案工作。截至年底，全区有养老驿站 121 家。完成 1600 户老年人家庭适老化改造，建成老年餐桌 69 家，为 3.1 万名高龄困难老年人发放服务补贴津贴 1.1 亿元。

（阚立楠）

【农村养老服务试点工作】 年内，区民政局（区委社会工委）选取 10 个深山区乡镇开展农村养老服务试点工作。为 1392 名低保低收入、失能失智等困难老人开展生活照料、助餐助洁等照护服务 3.2 万余次。

（阚立楠）

【为老服务】 年内，区民政局（区委社会工委）对 402 名 60 岁以上分散供养特困人员提供居家养老照护服务，为 4905 名老年人提供巡视探访服务，为 60 岁以上老年人意外伤害保险参保 6259 份，完成全区 88 家养老服务机构综合保险投保工作。全区 36 家养老机构被评为星级机构，其中一星级 1 家、二星级 28 家、三星级 6 家、四星级 1 家；全区 35 家养老服务驿站被评为星级机构。

（阚立楠）

【社会捐赠活动】 年内，区民政局（区委社会工委）开展“共产党员献爱心”活动，接收党员及群众捐款 401.2 万元。“首善有我”捐赠活动接收社会捐款 15 万元，物资 1 万余件。接收 135 家社会组织定向帮扶捐赠款 29.96 万元，累计接收 44.36 万元。

（阚立楠）

【慈善大病（特困）救助】 年内，区民政局（区委社会工委）对 60 名大病（特困）患者家庭进行救助，发放救助金 90.2 万元。向突发意外面临困境的家庭，提供 5.7 万元临时救助帮扶。

（阚立楠）

【征地超转工作】 年内，区民政局（区委社会工委）接收超转人员 37 人，支出超转资金 3.45 亿元。做好征地超转综合管理平台信息录入、信息更新和系统维护工作。截至年底，系统入库在册人数 7419 人。走访慰问特殊超转人员 2 次，共计 1119 人。召开征地超转工作线上线下培训会 2 次。为 2559 户超转家庭发放超转人员自采暖补贴 443.25 万元。做好超转政策宣传工作，印发政策宣传台历 9000 册。建立超转人员生存状况核查机制。健全、完善特殊超转人员动态信息档案，超转人员个人信息档案创建率 100%。

（阚立楠）

【精准救助工作】 年内，全区有城乡低保对象 3251 户 5927 人，发放低保资金 8848.53 万元；城乡特困供养人员 654 人，发放特困供养资金 2073.15 万元；低收入家庭 124 户 306 人，发放补助金 41.93 万元；教育救助对象 38 人，发放救助金 17.01 万元；临时救助 279 户 646 人，发放救助金 148.53 万元；采暖救助 3165 户，发放救助金 449.33 万元；春节慰问 3929 户，发放慰问金 282.5 万元；精神病人护理 3520 人次，发放补助资金 803.78 万元。

（阚立楠）

【“暖心救助”活动】 年内，区民政局（区委社会工委）开展特困供养人员“暖心救助”活动。为 656 名特困人员发放暖心救助包，价值 57.3 万元。

（阚立楠）

【流浪乞讨人员救助】 年内，区民政局（区委社会工委）接收临时求助 79 人，危重病人 1 人，残疾人 1 人，精神病患者 9 人，护送返乡 2 人，长期滞留人员 52 人。

（阚立楠）

【接诉即办工作】 年内，区民政局（区委社会工委）办理“12345”市民热线 575 件次。其中，养老服务 336 件，殡葬管理 67 件，婚姻登记 57 件，区划管理 34 件，行政管理 18 件，残疾人补贴 16 件，社会救助 10 件，社会组织管理 10 件，儿童福利 8 件，其他方面 19 件。

（阚立楠）

民族　宗教

【概况】 2021 年，区民族宗教办认真贯彻落实中央和市委民族工作会议、全国和全市宗教工作会议精神，开展党史学习教育，做好常态化疫情防控工作，为11个宗教活动场所下拨专项资金70万元，用于购买疫情防控物资和建设微型消防站；走访慰问少数民族困难户和民族宗教界人士300人，发放慰问品2400件；创新宣传模式，为全区3所民族小学、1所民族幼儿园、3所民族团结教育示范校、4家清真定点企业制作户外民族政策宣传橱窗，为13个民族村更换宣传橱窗内容；为4人办理民族成份变更手续，为23家企业办理清真食品生产经营审批手续；加强宗教事务管理，完善民族宗教三级管理网络，与24个乡镇（街道）签订《民族宗教目标管理责任书》，与11个宗教活动场所签订《宗教活动场所安全管理责任书》；开展“五进”宗教活动场所活动，强化民族宗教领域安全维稳和执法检查。

（马欢）

【基层民族宗教干部政策法规培训班】 9月，房山区基层民族宗教干部政策法规培训班开班，区委统战部、区民族宗教办、房山公安分局（国保支队）、高教园区管委会、区文化和旅游局、区市场监管局、全区24个乡镇（街道）、15个民族村、中国社会科学院大学、北京理工大学、北京工商大学、北京中医药大学、首都师范大学分管民族宗教工作的领导、干部总计100余人参加培训。培训课程结合工作实际，引用经典案例，从掌握党的民族宗教方针政策、明确属地责任、注重协调配合等方面作详细讲解，进一步增强基层干部对民族宗教工作方针政策的理解。

（马欢　李永培）

【民族团结进步创建活动】 9月至11月，区民族宗教办开展民族团结进步创建活动。通过展板宣传、发放资料、现场解答等形式，向人民群众、企业职工以及宗教教职人员和广大信教群众宣传民族团结进步知识和党的民族宗教政策法律法规。

（马欢）

【和谐寺观教堂创建活动】 年内，房山区开展以“五进”为主题的和谐寺观教堂创建活动。11个宗教活动场所组织开展“反邪教和反宗教极端思想”“崇尚科学，反对邪教”等为主题的宣传教育活动，设立宣传橱窗，发放并张贴反恐防暴和反邪教海报1000余张。

（马欢）

【民品企业贷款贴息申请审核】 年内，区民族宗教办完成北京卓辰畜牧有限公司、北京窦店益生清真肉业有限公司2家民族特需商品生产企业10笔19800万元贴息贷款审核工作，确保全区民品企业享受国家优惠政策。

（马欢）

【清真网点和宗教场所政策落实情况检查】 年内，区民族宗教办完成12家清真食品网点和11家宗教活动场所督促检查工作，开展综合执法检查173次，确保民族宗教事务规范化管理。

（马欢）

【宗教场所重要活动安全保障工作】 年内，区民族宗教办对全区11个宗教活动场所开展各项安全督导检查，出动检查人员307人次、车辆121车次，安全隐患集中排查158次，下达文书59份，发现一般安全隐患43项，限期和立即整改43项。

（马欢）

精神文明建设

【概况】 2021年，房山区加强精神文明建设，制发《关于进一步完善房山区志愿服务制度化建设的实施意见》；开展未成年人思想道德教育实践活动7000余场；以贯彻落实《北京市文明行为促进条例》为重点，持续开展公共文明引导行动，全年组织开展“V蓝北京”“空调调高一度”“理性追思文明祭扫”等400余场次；制发《房山区深入开展“文明驾车　礼让行人”专项整治行动工作方案》，开展创建100个文明示范路口活动；大力加强新时代文明实践中心建设，完成网络互动平台改版升级，拓展“点单派单”精准化服务功能，年内发布各类活动项目936个；丰富“文明实践推动日”内容，坚持每月1个主题开展“小手拉大手　文明路上一起走”

等主题实践活动2600余场次。

（罗曼　齐静静）

【文明引导志愿服务活动】 1月28日至3月8日，区公共文明引导员以“服务春运客流”为宗旨，以“保障市民安全出行”为抓手，与客运总公司第六分公司及地铁房山段开展保障春运志愿活动。春节期间，共服务乘客138万人次，比2020年同期增长0.9%。义务指路12306人次，主动帮助老弱病残孕417人次，寻找走失3次，处理站台突发事件27起，捡拾物品19件。活动开展期间受到出行市民的好评。8月20日至24日，区公共文明引导员在静安公墓开展中元节祭扫志愿服务活动。该活动组织公共文明引导员320人次，引导机动车辆1510余台次，咨询指路140余人次，禁止冥火27起，扶助高龄老人23人次。10月10日起，区公共文明引导大队组织公共文明引导员在坡峰岭景区开展为期1个月的志愿服务活动。引导游客预检、扫码，服务游客上下山路径，捡拾游客丢弃的垃圾，在停车场引导车辆按序停放，帮扶老幼人员乘车，维护游客安全和景区环境卫生。

（罗曼　齐静静）

【中国核工业科技馆获评全国爱国主义教育示范基地】 6月19日，中国核工业科技馆入选中宣部第七批全国爱国主义教育示范基地名单。6月29日，入选国务院国资委首批中央企业爱国主义教育基地。中国核工业科技馆是国内首个系统介绍核科技知识、核工业成就的国家级行业馆，是中国核工业印证发展历程、体现精神价值、展示发展成果的重要窗口，被中国科协和国家文物局评价为“填补了我国行业科技馆的空白”。

（高士军　齐静静）

【公共文明引导员岗位服务规范培训会】 7月13日至14日，区委宣传部（区文明办）组织开展公共文明引导员岗位服务规范培训会。各中队队长向公共文明引导员讲解《房山区公共文明引导员管理实施细则》《首都公共文明引导员岗位服务规范》《北京市文明行为促进条例》及文明用语、旗语实操等内容，290名公共文明引导员参加培训。

（罗曼　齐静静）

【2021年乡情村史陈列室及精神文明宣传视屏验收工作】 9月22日至26日，首都文明办联合第三方公司对全区36个乡情村史陈列室、65个精神文明宣传视屏进行验收。针对陈列室整体的设计，文字的挖掘及梳理、村落的文化、老物件的查找等方面进行打分并提出建设性意见。精神文明宣传视屏从基础、控制系统、播放内容等方面进行验收。经验收，乡情村史陈列室成绩优秀和良好的各4个村；农村精神文明宣传视屏成绩优秀的9个村，良好的10个村。

（罗曼　齐静静）

【文明交通示范路口志愿服务专项培训会】 10月21日，区委宣传部（区文明办）在区新时代文明实践中心举办房山区文明交通示范路口志愿服务专项培训会。会议通报9月文明交通示范路口检查情况，发放《房山区文明交通志愿服务培训手册》，邀请房山交通支队民警对手册内容进行专业讲解，围绕“志愿北京”平台使用、注册等问题进行培训，到黄辛庄路口实地指导文明引导行为规范。活动中，房山区首批文明交通志愿服务教员团队组建成立，160余家示范路口值岗单位的88名人员参训。

（罗曼　齐静静）

【第八届全国道德模范提名】 11月6日，霞云岭乡堂上村原党支部书记、没有共产党就没有新中国纪念馆义务讲解员李增军，北京利民恒华农业科技有限公司董事长张莉华，获第八届全国道德模范提名。

（罗曼　齐静静）

【新时代文明实践所（站）建设】 年内，区委宣传部调研新时代文明实践所（站），根据工作实际完善制定新时代文明所（站）组织架构、工作流程及管理制度，组织新时代文明所（站）的组织架构、工作流程及管理制度等内容上墙，完善工作规范。为全区27个新时代文明实践所统一购置《习近平新时代中国特色社会主义思想三十讲》《习近平用典》等理论书籍，配发《北京市文明促进条例》《新时代公民道德建设》《社会主义核心价值观》《习近平新时代中国特色社会主义思想》等内容的市民文明手册以及文明交通志愿服务手册，普及文明行为规范。持续深化新时代文明实践所（站）建设。

（罗曼　齐静静）

残疾人事业

【概况】　2021年，区残联“两节”走访慰问残疾人11365人，发放慰问金668万元。为16021名残疾人发放生活困难补助10994万元，为8952名残疾人发放护理补贴1888万元。为5473名残疾人发放居家养老（助残）服务券501万元。为5009人次发放自主创业就业保险补贴824万元。为57名残疾人发放临时救助补贴49万元。危房改造补贴惠及119户残疾人，补贴资金76万元。为403家超比例安置残疾人就业的单位发放岗位补贴1791万元。全年，解决残疾人就业510人。委托北京宏圣职业技能培训学校，对全区14个乡镇的380名残疾人开展面点和美容美发职业技能提升培训。年内，完成无障碍整改点位2380个。下拨经费617万元，为267名残疾儿童提供康复训练服务；投入资金620万元，为1303名成年残疾人提供康复服务；投入资金677万元，为8137名残疾人提供辅具服务；对7300名残疾人进行康复和辅具培训。全区残疾人康复服务总需求17544人，总服务17544人，服务覆盖率为100%。制作发行《同在阳光下》系列第七张原创歌曲专辑《百年的故事百年的歌》。举行房山区残联庆祝第三十一次全国助残日主题活动“一心跟党走”——房山区残联原创作品专场文艺展演活动，网络直播播放量16万次。国务院残工委授予房山区人民政府残疾人工作委员会“全国残疾人工作先进单位”称号。

（张静）

【庆祝全国助残日活动】　5月8日，庆祝第31个全国助残日系列活动在长阳公园举办。活动以“转动梦想 爱•无障碍”为主题，旨在通过活动，展现残疾人乐观积极的精神风貌。活动现场设置文艺表演、50米运动轮椅竞速、轮椅飞镖趣味比赛、残疾人书画、摄影作品拍卖等项目。

（张静）

【“一心跟党走”文艺展演】　5月14日，庆祝第31个全国助残日主题活动“一心跟党走”——原创作品专场文艺展演活动在府前广场举行。活动以现场演出和网络直播形式进行。网络直播活动播放量16万次。

（张静）

【第五次全国残疾预防日活动】　8月25日，区残联联合多部门开展残疾预防宣传活动。区残联联合区融媒体中心在房山电视台《今日关注》栏目播出以“关注居家养老，加强残疾预防”为主题专题节目；联合区卫生健康委号召辖区助产机构和社区卫生服务机构及村、社区站广泛开展“加强残疾预防，促进全民健康”为主题的宣传活动；联合区教委利用暑期“云”班会的形式，开展残疾预防知识宣传；联合区妇联动员广大妇女学习残疾预防知识；联合团区委依托社区青年汇，开展残疾预防宣传教育活动；联合各乡镇（街道）开展残疾预防宣传工作。残疾预防日宣传教育活动涉及全区24个乡镇（街道），通过微信、QQ网络平台转发宣传片1000余次，标语口号滚动播出2000余次，宣传栏张贴宣传海报20余份，现场接待咨询1000余人，为社区居民政策解读10000余人次，参与免费义诊200余人，参加知识培训讲座600余人，发放宣传品12.76万份。

（张静）

红十字会事业

【概况】　2021年，区红十字会接收社会各界捐款280.14万元。全年，发放救助救灾款物185.77万元。区红十字会在全区开展应急救护知识进机关、进学校、进农村、进社区、进企业、进景区、进医院“七进”培训活动。全年，举办应急救护培训21场，1500余人参加培训并取得救护技能证。开展无偿献血、捐献造血干细胞、遗体器官捐献宣传动员。年内，房山区红十字会第六次会员代表大会召开。举办基层干部业务工作培训班2期。培训班邀请市区专家，就信息写作、募捐救助、遗体器官捐献、医疗服务下基层等方面进行培训。举办纪念第74个“5•8”世界红十字日宣传活动。到十渡镇、窦店镇、北京十二中朗悦学校等单位，以文艺演出、现场宣传、急救知识讲座等形式举办宣传活动4场。在十渡镇、长沟镇等建设完成红十字文化宣传一条街5条。与区教委、区卫生健康委配合，对50所中小学的红十字工作视导，完善红十字学校组织建设，规范红十字青少年工作，明确职责，夯实工作基础；针对红十字青少年特点，指导各学校开展经常性的敬老助残、环境保护等志愿服务活动，培养青少年良好的道德修养；指导中小学校举办避险逃生、自救互救技能的培训和演练。

（曹圣楠）

【第74个“5•8”世界红十字日宣传活动】 5月8日，区红十字会在十渡镇举办以“百姓身边的红十字”为主题的第74个“5•8”世界红十字日文化宣传活动暨“红十字博爱周”启动仪式。活动现场，邀请专业团队进行文艺演出，现场设置红十字知识宣传区、应急救护演示区、造血干细胞血样采集区和医疗义诊区。发放宣传折页3000余张，急救手册200余册，急救包200余个，有6名志愿者现场采集造血干细胞血样，并为1名眼疾患者进行入户义诊。

（曹圣楠）

【区红十字会第六次会员代表大会】 9月，区红十字会第六次会员代表大会召开。选举产生区红十字会第六届理事会理事和第一届监事会监事，审议通过《房山区红十字会第五届理事会工作报告》《房山区红十字事业2021—2025年发展规划》《房山区红十字会监事会工作规则（试行）》。

（曹圣楠）

【募捐工作】 年内，区红十字会接收社会各界捐款280.14万元。其中，“博爱在京城、共筑房山梦”募集193.24万元，“99公益日”募集19.68万元，接收爱心企业定向捐赠款物67.22万元。

（曹圣楠）

【救助工作】 年内，区红十字会发放救助救灾款物185.77万元。其中，通过入户走访和银行转账拨付慰问金形式，发放救助款92.8万元，1018户困难家庭受益；对因突发事件及重特大疾病而陷入生活困难51户家庭，发放救助款25.75万元；在河南省发生特大暴雨灾害期间，北京田氏制冷设备安装工程有限公司通过区红十字会定向捐赠给河南省新乡市红十字会价值20.02万元的物资；联合爱心企业为全区59名困难学生发放救助款47.2万元。

（曹圣楠）

【应急救护培训工作】 年内，区红十字会在全区开展应急救护知识进机关、进学校、进农村、进社区、进企业、进景区、进医院“七进”培训活动，提高应急救护知识的覆盖面和普及率。全年，举办应急救护培训21场，1500余人参加培训并取得救护技能证，通过宣传、讲座等形式普及应急救护、避险逃生知识讲座18场，12000人次受益。

（曹圣楠）

【关爱生命活动】 年内，区红十字会开展无偿献血、捐献造血干细胞、遗体器官捐献宣传动员。全年，举办造血干细胞捐献知识讲座3场，采集血样85人份，有2人成功捐献。

（曹圣楠）

消费者权益保护

【国际消费者权益日活动】 3月15日，为宣传2021年消费年主题“守护安全 畅通消费”，区市场监管局、区消协与相关理事单位共同在华冠公司宣传会场举办“‘3•15’国际消费者权益日”主题活动暨诚信服务承诺单位授牌仪式。同时，23个消协分会在各乡镇设立分会场开展“3•15”宣传咨询活动。共发放各类宣传材料2万余份。

（张俊清）

【受理投诉情况】 年内，区市场监管局各系统接收办理投诉举报20849件。其中，“12345”系统11372件，占比54.54%；全国“12315”系统8352件，占比 40.06%；信件电话 811 件，占比 3.89%；消协平台 314 件，占比 1.51%。“12345”系统接收办理工单 11372 件，其中协调退费类工单 5738 件、食品安全类工单 2624 件、市场秩序类工单 1602 件、企业服务类工单 507 件、商品服务质量类工单 901 件。

（张俊清）

【创新消保维权方式】 年内，区市场监管局发挥“一站式”司法确认机制作用，解决消费纠纷 137 件，为消费者挽回经济损失 137.2 万元。消费纠纷多元调解工作站自行处理消费纠纷 600 余件，为消费者挽回经济损失 6 万余元。消费者协会受理投诉 2240 件，为消费者挽回经济损失 142.4 万元。联合区相关部门建立预防社区老龄人群消费陷阱工作机制。加大信息宣传力度，连续多次居全国市场监管领域最热门微博排行榜前三，9 个自制短视频阅读播放量突破 800 万，倡导企业诚信自律，引导群众树立科学合理的消费观。

（张俊清）

办事处、乡镇、街道概貌

燕山办事处

【概况】 燕山办事处位于房山区中部，地处山麓地带。东南与城关街道接壤，西接佛子庄乡与周口店镇，北邻河北镇，东北与青龙湖镇交界。境内地势西北高，东南低。主要山峰有凤凰山、猴石山、西虎岭等5座。有东沙河、丁家洼河、双泉河等5条河流。辖区总面积40.8平方千米。有20个少数民族。办事处下辖88个单位，其中委、办、分局23个，事业单位66个，公司5个，街道办事处4个。街道下辖社区居委会31个。2021年，辖区户籍户数29755户；户籍人口72410人，其中男性36886人、女性35524人。年内，出生人口319人，死亡人口754人。

2021年，燕山工委下辖基层党组织390个，包括4个街道工委，39个党委（包含社区党委26个），7个党总支，340个党支部；共有党员12219名。年内，共接收预备党员105名。

2021年，燕山地区紧扣活力、美丽、幸福新燕山建设目标，以“一城两业”为抓手，坚持从快从严从紧防控策略，设立燕山地区集中医学观察点，抽调机关干部16800余人次下沉社区，落实密切接触者集中医学观察120人次，闭环转运重点人员191人次。开展重点区域和人群核酸检测42364人次，社会面环境核酸监测12403件次，接种新冠疫苗226023剂次。

全年实现工业总产值620.2亿元，同比增长20.3%。其中，燕山石化公司521.2亿元，同比增长20.7%；地方工业企业99.0亿元，同比增长18.4%。固定资产投资规模达到17.5亿元，同比增长1.5%。其中，建安投资规模达到8.8亿元，同比增长5.9%。实现区域税收93.1亿元，同比增长5.8%；完成地方级收入20.3亿元，同比增长13.9%；完成区级财政收入11.5亿元，同比增长17.5%；完成一般公共预算支出19.8亿元，同比增长20.8%。建成新型智慧城市综合指挥中心，形成“六心合一”工作格局。完成全部室外宏基站的升级改造，公共服务区域实现5G信号全面覆盖。完成燕房路路段和星城地区5G智慧灯杆架设。1790路1080P前端高清摄像头覆盖全部核心区域；以星城街道为试点，利用智慧门禁系统+智能卡+密码+语音网关相结合的形式，实现对小区、单元出入口的有效监管。石墨烯种子园纳入中关村示范区高精尖产业协同创新平台体系，种子园入驻项目达10个。中关村（房山）氢能产业园正式获批，中关村氢能硬科技孵化平台挂牌，入驻孵化项目31个、在建产业化项目3个。举办首届“丝路数字经济峰会暨企业数字化转型创新大会”与首届中关村氢能发展论坛，正式发布氢能发展规划，7家首批入驻项目与环宇京辉完成签约。中关村“材料创新谷”标准化厂房、蓝翠鸟资源综合利用项目开工建设。年产4万支纳滤反渗透项目制膜单元、第三套三废联合装置主体工程建成中交。

全年，拆除违法建设65153平方米，完成红领巾街、康翠街、宏塔路等8条背街小巷达标改造，燕东路、岗南路等20余条城市道路升级改造。开展施工围挡集中整治，拆除84处，整治长度4000余延米。173处市级平台挂账地块全部实现“揭网见绿”，绿化面积超5万余平方米。完成732个院落腾退安置，燕房郊野公园项目主体建设，燕城周浅山区公园体系初步方案。西北环线前期工作全面展开，餐厨垃圾实现本土100%无害化处理。完成燕房路绿化和燕山文化广场提升工程，改造22座新式公交站亭，投放首批500辆哈啰共享单车。深入落实“一微克行动”，PM2.5年均浓度同比下降3%，达到国家空气质量标准。开展入河排污口整治工作，辖区全部河流出境断面稳定达到IV类以上水体标准。碳中和绿色技术联合研发中心落户燕山石化公司，飞燕石化环保科技发展有限公司挂牌成立。

实施就业优先政策，227人实现再就业。扩大城乡居民养老保险覆盖面，续保率达100%。全年，发放城乡居民养老保险金、失业金等1799万余元；发放各类社会救助资金500余万元、残疾人两项补贴289万余元；发放退役军人优抚资金230余万元、其他各类政策优待金255万余元，安置退役士官。落实“双减”政策，“5+2”课后服务时段实现“三个全覆盖”，学生自愿参与率达99.8%。编印党组织领导的校长负责制试点成果集《探索之路》。在全市率先完成幼儿园办园质量督导评估工作，完成北京市学前教育普及普惠验收。北京师范大学燕化附中本部综合楼改扩建项目完工投入使用，国家教育考试平台标准化考点、标准化考场一期建设完成；推进中小幼教室灯光、操场改造及教学资源配置提升、安全防护设施等项目建设。

实施药品集中采购综合改革，90个品种药物价格明显降低。富燕新村社区卫生服务站投入运行，全年就诊1万余人次。燕房急救站、星城急救站正式启用，全年出单2216次。燕化医院成为基本医疗保险A类定点医疗机构，首批取得互联网诊疗服务资质，互联网注册达21万余人次。燕化医院星城院区启动改扩建项目。召开燕山地区第十四届运动会，完成燕山体育馆多功能冰篮转换项目，启动2号气膜馆建设。举办第三届“中国梦•燕山情”全国朗诵大会、“永远跟党走唱响新时代”合唱大赛、“妙笔绘盛世丹心贺百年”大型书画摄影作品展、“永远跟党走”红色报纸展等活动。开展周末场演出44场、专业艺术院团进社区演出30场、文化艺术培训480课时。重点打造“凤凰之韵”文化品牌，文化大讲堂、“惠生活 微课堂”等活动，全年服务群众5000余人次。

完成庆祝中国共产党成立100周年、全国“两会”、服贸会等安全保障任务。启用老工友文化角，持续招募老工友平安志愿者。启动“八五”普法，完成政法队伍教育整顿。建立可视化灾害风险台账。配置安装17台除颤仪。创建15家品质餐饮示范单位。开展“高墙大院”专项整治、燃气使用安全专项整治、防火隐患排查、地下空间环境治理、危险化学品打非治违等专项行动。

燕山地区有托幼园7所，均为北京市一级一类幼儿园，小学5所，中学5所（初中校4所、高中校1所）。有医疗卫生机构39个，其中燕山医院为一级甲等医院，燕化医院为三级综合医院。区域医疗健康数据互联、互通、互认，“医联体”建设持续推进。有影剧院1座，座席1426个；图书馆藏书41.69万册；有燕山文化广场、燕山文化馆、少年宫、工人文化宫、职工文化活动中心等文化活动场所。举办文化广场系列活动和送培训、送演出、送辅导等文化惠民专项活动。基础设施有燕山公园、燕怡园、职工体育场、燕山游泳馆、东风游泳馆、燕山体育馆及市级的体育健身工程——燕山健身广场及东风、宏塔、星城3个社区健身广场等。辖区内有白水寺、凤凰亭、长春寺、摩崖造像等文物古迹。

（刘博洋）

【社区党组织换届选举】 2月，燕山地区完成社区党组织换届选举工作。成立4个巡回指导组，全程参与、指导、监督各街道社区党组织换届选举工作。换届后，燕山地区社区党组织由35个精简至31个，按照党员数量成立社区党委26个。按照“五好十不能”要求科学配备委员，换届后，35岁及以下委员（共 22 人）配备率为 56.7%；大专及以上学历 148 人，占全体委员的 78.7%。

（秦伟）

【春风行动专场招聘会】 3 月 22 日至 26 日，燕山人力资源服务中心举办 2021 年春风行动专场招聘会，22 家企业参加线上招聘，提供岗位信息 353 条，达成初步意向 28 人次。

（马国臣）

【平房环境卫生整治】 4 月 1 日，燕山办事处开展直管平房区环境卫生清理整治工作，对燕山高家坡、北庄、燕东路、岗山 50 号院、岗山职高、岗山及木头岭 7 处平房区进行环境卫生综合整治，总计 153 套 5316.94 平方米。

（李科迪）

【一刻钟社区服务圈建设】 4 月，燕山地区一刻钟服务圈建成示范点社区 19 个，逐步实现地区 31 个社区全覆盖，建成文化健身广场、银行、社区门诊、菜市场、饭店等各类服务网点千余处，并为服务商统一制作安装一刻钟社区服务圈标识。

（丁敏）

【燕山团委获“北京市五四红旗团委”称号】 5 月 4 日，共青团北京市委员会、北京市人力资源和社会保障局授予全市 100 个基层团组织 2020 年度“北京市五四红旗团委”称号。燕山团工委获“北京市五四红旗团委”称号。

（迟凯峰）

【党建品牌建设】 5 月 8 日，东风街道羊一社区党委党员分类管理党建品牌入驻燕山党建品牌培育发展中心；7 月 14 日，燕化医院党委“党建引领 五色服务”党建品牌入驻燕山党建品牌培育发展中心。

（秦伟）

【基层党组织组织力提升活动】 5 月 26 日至 28 日，燕山工委开展党员集中轮训迎风街道专场。9 月 27 日至 29 日，燕山工委开展党员集中轮训星城街道工委专场。培训设置“走向新中国 西柏坡历史丰碑”“弘扬雷锋精神”“誓词变迁 初心永驻”“纪念币上的党史”“古田会议永放光芒”“人人参与 创建全国文明城区”“弘扬抗疫精神 彰显国企担当”等课程，街道机关、社区、非公企业 400 余人次参加培训。

（秦伟）

【燕山城管分队体制改革】 5 月，按照《关于北京市房山区城市管理综合行政执法局燕山分队机构职能编制事项的通知》，北京市房山区城市管理综合行政执法局燕山分局更名为北京市房山区城市管理综合行政执法局燕山分队，为燕山城市管理和交通委管理的正科级行政执法机构，核定行政执法专项编制 8 名，在燕山地区依法开展市容环境卫生、公用事业、能源运行等方面的行政执法工作。该队在业务工作方面仍保留特定地区待遇，直接受市城管执法局的统一指导。

（张薇）

【“永远跟党走 唱响新时代”合唱大赛】 6 月 23 日，由燕山工委、燕山办事处主办，燕山文化和卫生健康委员会承办的“永远跟党走 唱响新时代”2021 年燕山地区庆祝中国共产党成立 100 周年合唱大赛在燕山影剧院举行。该大赛以“伟大的中国共产党百年历程”为线索，分“致敬•百年风华正茂•唱响•《英雄赞歌》”“回望•百年波澜壮阔•唱响•《祖国颂歌》”“奋斗•百年逐梦前行•唱响•《时代高歌》”3 个篇章，15 支代表队分获一、二、三等奖和优秀组织奖等 7 大奖项。

（林静）

【新书发布会】 6 月 29 日，燕山工委组织召开《让党建品牌强起来》新书推荐会，邀请《前线》总编辑等相关专家领导共同研讨党建工作，与会嘉宾共同观看燕山地区党建品牌宣传片和燕山党建品牌情景剧《星星之火 点亮燕山》、歌舞《百年》等节目。《让党建品牌强起来》是燕山党建品牌化建设文集的第二辑。全书共 6 章近 40 万字，收录党建品牌 23 个，从不同角度、不同侧面展现燕山地区党建品牌建设情况。北京电视台、区融媒体中心等媒体对新书发布会进行报道。

（秦伟）

【燕山地区第十四届运动会】 9 月 23 日至 24 日，由燕山办事处主办，燕山总工会、燕山体育运动中心承办的燕山地区第十四届运动会在燕山体育场举办。该运动会 4 年一届，设群众性比赛项目 15

项，12 个机关事业单位、9 个企业、4 个街道参与。

（陈钰潇）

【红蜂聚合•暖心驿站揭牌】 10 月 12 日，燕山地区开展新就业群体快递行业党史学习教育暨红蜂聚合•暖心驿站揭牌启用仪式。红蜂聚合•暖心驿站是由燕山工委组织部牵头，结合“我为群众办实事”活动，在地区党群服务中心打造的首个新业态就业群体服务驿站。活动现场，通过观看教育片《没有共产党就没有新中国主题教育》MV、《地区党员的理想信念》，增进快递从业人员对党组织的了解与认同。随后，全体人员为红蜂聚合•暖心驿站揭牌，并参观体验驿站服务项目。8 名快递网点负责人结合自身服务职能进行承诺践诺，表示要承传王砚香红色背篓精神，争做新时代的快递员。在现场，有 3 名快递员向党组织递交入党申请书。工委组织部、总工会、团工委、妇联、属地街道等职能部门和燕山企业联合会代表及燕山 10 余名快递行业从业人员参加活动。

（秦伟）

【第四届燕山养老论坛】 10 月 15 日，第四届燕山养老论坛•2021 暨智慧养老用品博览会在燕山举行。该论坛以“居家享老 智慧燕山”为主题，就燕山地区智慧居家养老及老龄事业发展进行交流，相关部门领导、专家学者以及养老产业相关企业负责人 140 余人参与。论坛同期举办智慧养老用品博览会，全面展示养老产业领域的先进理念、服务管理技术和优质产品，600 余人参观。

（柳艳明）

【“互联网+政务+服务”宣传】 年内，燕山工委宣传部借助微信公众号、新浪微博、今日头条等网络平台，发布创城信息 1150 余篇，党史学习教育 660 余篇，更新“直通燕山”270 余期、发布政务微博 590 余条、推送今日头条 520 余期，宣推抖音 460 余条，播放量达 1.93 亿次。

（王溥麟）

【燕山地区“八五”普法规划编制实施】 年内，燕山办事处对照市、区“八五”普法规划精神，结合地区实际，编制地区“八五”普法规划。在全地区组织开展普法宣传活动、以案释法宣讲、“法律十进”、法律知识答题、漫画展等各类宣传活动 50 余场次，发放各类法治宣传资料 1.5 万余份，集中宣传习近平法治思想、社会主义核心价值观和《中华人民共和国宪法》《中华人民共和国民法典》《中华人民共和国国家安全法》《中华人民共和国社区矫正法》《中华人民共和国人民调解法》等法律法规、条例。同时结合创城工作，拍摄以“全民创城、普法同行”为主题的 40 余部普法短视频，在直通燕山公众号开辟“普法集锦”专栏，总计发布各类法治信息 40 期 161 条，点击量 6.5 万余次。

（丁佳佳）

【“高墙大院”整治工作】 年内，燕山地区开展“高墙大院”专项整治工作，总计上账 139 家，出动 1459 人次，完成检查上账“高墙大院”单位 845 家次，查出隐患 342 项，整改消除隐患 342 项，隐患销账率 100%。

（姜西）

【党政机构改革】 年内，燕山工委组织地区涉改党政机构根据新制定的“三定”规定或“三定”调整意见，签订《职能划转和人财物交接清单》。涉及划入职能或新增职能部门 10 家；涉及划出职能或机构合并部门 14 家；跟随职能划转，涉及接收相关人财物部门 4 家。

（秦伟）

【事业单位改革】 年内，燕山工委制定《燕山工委办事处所属事业单位改革方案》，共撤销事业单位 3 个，新整合组建事业单位 10 个，更名事业单位 11 个，调整隶属关系事业单位 2 个，保留并规范设置事业单位 21 个，制定章程管理事业单位 1 个。统筹做好地区原有 8 个纳入规范管理事业单位及 65 名相关人员的改革安置工作。

（秦伟）

东风街道

【概况】 东风街道，房山区燕山办事处所辖街道。位于区境中部，东北与青龙湖镇相邻，东与城关街道、青龙湖镇毗邻，东南与城关街道接壤，南、西与向阳街道相邻，北邻河北镇。面积 10 平方千米。常住人口 8986 户 20283 人。街道办事处下辖 8 个社区居民委员会。

（白聪）

【“迎党百年华诞 共创文明东风”主题活动】 5 月 7 日，东风街道团工委在机关综合楼会议室开展“迎党百年华诞 共创文明东风”主题活动。通过“跟着习近平总书记学党史”“宣讲革命烈士光荣事迹”“参与创建文明城——从垃圾分类开始”卡牌游戏、亲手制作党旗串珠等环节，激发青年学习党史知识的热情，明确新时代青年的责任与担当，50 名党员干部参与活动。

（董晓臻）

【党务干部培训班】 6 月 8 日至 9 日，东风街道工委在温馨家园开展“学党史、庆百年、强本领、开新局”主题党务干部培训。主讲人围绕着如何继承和发扬革命精神、抗美援朝时期的历史、《中华人民共和国公职人员政务处分法》、发展党员工作、如何开展好党委会及意识形态工作等内容进行培训，并邀请社区党员对党员分类管理法、网格员如何发挥作用、如何开展好“三会一课”进行经验分享。街道机关、各社区、各企业党组织书记、委员 150 余人参加培训。

（白聪）

【“一把手走流程”活动】 6 月 18 日，东风街道工委领导带队到东风街道政务服务中心开展“一把手走流程”活动。领导以业务指导和办事人员的身份，全程体验对外服务办事流程，从政策知晓、办事材料精简、服务便民、业务流程、办理时限、政策落实 6 个方面，查找经办服务中的“痛点”问题 2 处，建立问题台账。

（王灵荣）

【庆百年华诞系列活动】 6 月 29 日，东风街道在东风文化广场举办“庆百年华诞 舞红色旋律”舞蹈专场活动，300 余人参加。开展“百年风华 我心向党”百人绘百米长卷展示活动，该画卷是由机关干部、社区职工和辖区居民历时 1 个月亲手绘画的作品。7 月 9 日，举办“初心筑梦 礼赞百年”庆祝中国共产党成立 100 周年暨寻找“东风榜样”主题晚会，分“绿色东风•初心所向”“智慧东风•时代先锋”“和谐东风•扬帆远航”3 个篇章，展现“东风榜样”先进事迹。300 余人参加活动。

（苏璐璐）

【全面从严治党警示教育巡展】 9 月 13 日至 17 日，东风街道纪工委在机关单位和 8 个社区开展“全面从严治党警示教育巡展”活动。巡展以警示教育展板为载体，采取理论和身边案例相结合的方式，展出中共中央总书记习近平关于全面从严治党的重要论述，中央纪委、市纪委和区纪委全会精神，全面从严治党相关数据、典型违纪违法案例等方面内容，受众 500 余人。

（白聪）

向阳街道

【概况】 向阳街道，房山区燕山办事处所辖街道。在区境中部，东至城关街道、东风街道，西与周口店镇为邻，南与迎风街道办事处接壤，北与东风街道办事处相连。面积 20 平方千米。辖 5 个社区，常住人口 15644 人。2021 年，向阳街道精准对接“一区一城”新房山和活力美丽幸福新燕山建设目标，强化环境整治，聚焦民生福祉，各项事业保持持续健康发展。

（徐国钰）

【生活垃圾分类排放登记】 3 月 1 日，由向阳街道综合行政执法队牵头、向阳街道政务大厅协办的向阳地区生活垃圾排放登记工作启动。3 月 8 日，向阳街道办事处向政务大厅提交登记材料。向阳街道政务大厅依法办理向阳地区第一份生活垃圾登记排放登记证。向阳街道办事处成为向阳地区首个办理生活垃圾排放登记的生活垃圾分类管理责任人。

（徐国钰）

【社会组织联合会运行】 5 月 15 日，向阳街道社区社会组织联合会签订首个政府购买社会组织服务项目。该组织属于社会团体，注册成立于 2020 年 11 月，职责主要是拓展公益性服务项目；指导社区社会组织为居民提供助残、助困、助老等公益便民、志愿服务；为社区社会组织提供管理、指导、培训、服务等方面的专业指导；发挥社区社会组织孵化基地作用等。

（赵宇峰）

【首都老兵志愿服务队】 6月3日，由向阳街道退役军人服务站主办，宏塔社区退役军人服务站协办的“喜迎建党百年共创文明城区 首都老兵在行动”暨向阳街道首都老兵志愿服务队授旗仪式在宏塔社区举行。向阳街道主要领导、相关负责人、相关科室及向阳街道各社区退役军人服务站工作人员、志愿服务队队员代表参加活动。截至年底，志愿者老兵参与服务136人次，680余小时。

（薛厚军）

【公租房家庭复核工作】 9月1日，根据区住房保障部门关于公共租赁住房轮候家庭复核工作安排，向阳街道便民服务中心按照《保障性住房资格备案家庭复核情况说明》《保障性住房资格备案家庭定期复核申报告知书》要求，对辖区轮候家庭信息进行复核，总计31户。

（薛厚军）

【养老服务驿站运营商招投标工作】 9月8日，向阳街道通过招投标的形式，遴选向阳里社区养老服务驿站运营商。经过前期公开招投标、专家评审，最终确定北京今日东方家政服务公司为养老服务驿站运营商。

（丁艺朔）

【燕山老年大学向阳分校2021级开学】 9月14日，燕山老年大学向阳分校2021级在燕山成教中心正式开学。该届开设声乐、诵读、软笔书法3门课程，招收学员110名。

（陈宝钢）

【垃圾分类精品社区迎检工作】 12月16日，燕山办事处三级创建工作检查组到向阳街道进行综合评审。该评审通过检查档案资料、实地走访桶站分类情况和随访居民的方式进行，主要涉及向阳街道申请的精品社区富燕二区和宏塔社区、示范社区富燕一区和向阳里社区。

（张维伟）

迎风街道

【概况】 迎风街道，房山区燕山办事处所辖街道。位于区境中部，东、西、南三面与城关街道办事处接壤，北与向阳街道办事处相连，面积10平方千米。下辖11个社区居委会，有常住人口13776户31398人。是国有特大型石油化工企业——中国石化北京燕山分公司，以及石化新材料产业基地和房山区人民政府派出机构——燕山办事处所在地。街道工委下设9个党委，2个社区党总支，9个非公联合党支部，1个机关党支部和1个综合行政执法队党支部。

（张楠）

【“百年华诞奏华章”红色音乐会】 6月9日，迎风街道新时代文明实践所在“风之尚”小剧场举办“百年华诞奏华章”红色音乐会，100余名社区音乐爱好者参加。

（张楠）

【社区党校成立1周年活动】 9月11日，迎风街道工委开展社区党校成立1周年系列活动，组织社区党校成立1周年座谈会。燕山工委相关负责人，社区党校专家，迎风街道领导班子，迎风街道各办、队、所、中心负责人，社区、非公企业党组织书记等30余人参加座谈交流。在迎风街道“风之尚”小剧场开展迎风街道工委社区党校2020年第四讲，市委党校教授以“学习‘两会’精神 推动产业升级”为主题进行专题讲座，街道机关全体人员、各社区书记、副书记、副主任、楼长、门长、各非公企业党支部书记等100余人参加。

（张楠）

【“友善”健身小广场】 年内，迎风一里“友善”健身小广场投入使用。该广场位于迎风一里社区16号居民楼西侧，12排平房东侧，南北长55米、东西最宽处8米，使用面积约350平方米，设有健身器材10个、棋牌桌2个，另附有一处5车位停车场和80平方米独立休闲空间，是集健身、休闲、活动为一体的公共场所。

（张楠）

星城街道

【概况】 星城街道，房山区燕山办事处所辖街道。位于区境东部，东与阎村镇南梨园村毗邻，西与阎村镇西坟村为邻，南与阎村镇古开庄村相连，北与阎村镇大董村接壤。面积0.8平方千米。辖区内有派出所、城管、中小学、幼儿园、医院、物业、餐饮、商店等各类公共服务单位149家。公共建筑面积8.4万平方米，辖区绿化面积39.96万余平方米，绿化覆盖率37%，居民住宅楼149栋，常住人口19726人，外来人口1215人。辖区下设7个社区居委会，有社区工作者63名；星城街道工委下设7个社区党委，45个社区党支部，2个机关支部，1个非公支部，有中共党员3646人。

（陈倩）

【星城街道星光舞蹈队晋级决赛】 3月27日，首届中华广场舞大赛北部复赛天津站在天津武清体育中心举办。星光舞蹈队以总分第一名的成绩进入北部赛区天津站复赛。复赛中，天津、北京、辽宁、山东等地的15支队伍参与，星光舞蹈队参赛作品《美丽中国走起来》以93.2分的成绩晋级决赛，也是北京市唯一一支晋级决赛的队伍。

（陈倩）

【党建品牌建设】 年内，星城街道深化“星光领航、共治共享”党建品牌，不断拓展品牌内涵。第七社区被评为房山区先进基层党组织，李立英获“北京市优秀基层党组织书记”称号。第二社区挂牌燕山工委“姜萍党建工作室”。

（王威）

【安全生产工作】 年内，星城街道推进智慧平安社区工程。天网工程第五期147处信息采集点设备安装完成，智慧门禁系统工程387个单元门进入试运行阶段，辖区主要出入口车辆、人行道管控系统投入使用；加强对重点领域治理，整治蛋壳公寓问题10处，化解27个矛盾纠纷，未发生群体访和越级访；强化电信网络诈骗防范力度，机关率先安装110个“心防”全民反诈APP，打击非法集资专项行动进社区17场次，进校园9次，邀请专业讲师14名。改进治安宣传方式，除《平安星城报》《星城街道每月安全环保提示》正常刊发外，利用线上调查问卷，线下展台等形式对治安、家庭防火等方面开展宣传。

（黄立营）

【市民诉求处置】 年内，星城街道承办市民诉求工单543件，其中市级工单400件，区级工单143件。截至年底，星城街道11次进入全市前100名，9次进入全市前10名，8次获全市第一名。年度综合成绩排名位居全市第五名，全区第二。

（刘青）

城关街道

【概况】 城关街道办事处东与阎村镇和窦店镇相接，西接周口店镇，南与石楼镇接壤，北临青龙湖镇。辖区总面积51平方千米。辖村民委员会22个、社区居委会24个。2021年，城关街道办事处户籍户数30803户，其中农业户6725户、非农业户24078户。户籍总人口70363人。其中，男性34407人、女性35956人；农业人口13884人，非农业人口56479人。年内，出生人口508人，死亡人口637人。

2021年，城关街道工委下辖基层党组织78个，包括6个党委，6个党总支，66个党支部。有中共党员5670名。年内，发展中共党员61名，培训入党积极分子和发展对象110名。全年，工委会学习31次136项内容，理论学习中心组学习20次，78个党组织、5000余名党员干部通过“支部书记讲党课”“班子成员宣讲”等方式深入学习十九届六中全会公报、《中国共产党简史》等内容。制定下发各类学习活动方案、实事清单等，总办理实事233件。采取专家教授作报告、带领党员干部实地参观学习、录播微党课、印发口袋书等方式开展党史学习。开展红色书画、红歌快闪，党史知识竞赛、红色剪纸艺术展等，实现党史学习教育与街道特色文化、居民文化生活充分结合。完成村（社区）换届选举，选举出村“两委”干部149人，其中研究生2人、本科37人、大专50人、高中及以下60人；社区“两委”干部184人，其中研究生1人、本科95人、大专82人、高中及以下6人。

2021年，城关街道税收完成123220万元，财政收入43489万元。固定资产投资10.35亿元。

全年，粮食播种面积2743.85亩，总产量933.2吨。其中，小麦播种面积691.1亩，总产量253.6吨；玉米播种面积1806亩，总产量609.3吨。蔬菜种植面积6267.4亩，产量9252.6吨。食用菌种植面积4538亩，产量6945.6吨。全年，家禽出栏0.1万只，存栏0.02万只；禽蛋产量3.6吨。干鲜果品产量263.7吨。

2021年，城关街道对城关中心幼儿园路、南斜街、营房胡同、九州东里路、学房胡同5条背街小巷进行集中整治提升，修复路边台阶、破损花坛，在周边增设休闲木椅，在背街小巷增设导视牌。完成安置房建设2397套，南关村、北市村的5个上市地块完成土地入市手续办理工作。国际葡萄酒小镇一期项目开工。南北大街、东西大街等道路沿线改造项目通过市级审核，涉及道路总长约5.83千米，投资约2.2亿元。

城关街道办事处交通发达，北京至原平铁路经过西北隅，琉璃河至东流水的铁路支线纵贯南北，境内有京昆高速、京周路、大件路、房琉路、长周路等主要公路，还有轨道交通燕房线。境内有大石河、马刨泉河、东沙河、西沙河和丁家洼河5条河流。

辖区有区级文物保护单位房山文庙和房山县公署旧址。

（石丽霞）

【羊头岗森林公园建设】 3月，羊头岗森林公园开工建设。该公园东至老顾八路，南至羊头岗村北二道桥，西至前朱各庄、后朱各庄山坡交汇处，北至八十亩地山坡交汇处，地块总面积29万余平方米，其中绿地面积28万平方米，铺装面积1万余平方米。截至年底，完成3200米道路铺装，7100平方米广场铺装，栽种树木11213株（其中乔木10297株、灌木916株）；地栽马鞭草、千屈菜、细叶芒、大花萱草等2.3万平方米。仿古建筑克恭草堂、揽秀亭、沁芳亭、儿童活动广场、路边广场、山谷景观正在建设中。

（石丽霞）

【服务新业态新就业群体】 年内，城关街道在22个村和24个社区设立46个“关新点”。紧贴新就业群体需求开展服务，推动快递员、外卖送餐员和网约车司机等新业态新就业群体融入城关基层党建格局治理工作中。“关新点”配备便民包、电水壶等便民物资，可以为新业态新就业群体提供咨询、加热水、修理工具等服务。“快递小哥”可以就近享受便利服务。

（石丽霞）

【老旧小区综合整治】 年内，城关街道对永兴达、永安西里、万宁桥等8个社区老旧楼房改造，并结合社区需求，扩充停车位、翻建车棚、补种绿植、美化环境，开展无障碍环境建设，推进安装电子抬杆、智能大门等，改善小区环境。街道老旧小区综合整治涉及的16个小区59栋楼楼本体施工完成100%。

（石丽霞）

【国际葡萄酒小镇一期项目开工】 年内，国际葡萄酒小镇一期项目开工。该项目位于城关街道八十亩地村，拟建设葡萄酒世界博览馆及配套设施。葡萄酒世界博览馆占地16488平方米，建筑规模28124平方米，依托法国波尔多葡萄酒之城“La Cite Du Vin”品牌背书，采用多媒体等技术营造沉浸式展览体验，致力于打造集展览、餐饮、贸易、会议、休闲购物于一体的葡萄酒主题综合博览馆。

（石丽霞）

【5条背街小巷整治】 年内，城关街道集中解决城关中心幼儿园路、南斜街、营房胡同、九州东里路、学房胡同5条背街小巷底商占道经营、群众乱堆杂物等问题。拆除占道房屋、杂货棚，新铺设沥青、透水砖路面，盲道等1万余平方米，更换井盖65个，修复路边台阶760余平方米。修复营房胡同

破损花坛，在周边增设休闲木椅。在背街小巷增设导视牌，公示小巷管家信息。

（石丽霞）

【“疏解整治促提升”专项行动】 年内，城关街道坚持“鼓励自拆、主动帮拆、依法强拆”的原则，完成拆违面积22.07万平方米，完成全年任务的101.6%；腾退土地28.24万平方米，完成全年任务的104%。

（石丽霞）

【棚改项目】 年内，城关街道棚改项目项目总投资187亿元，涉及1.6万人。安置房规划建筑规模129.33万平方米，计划建房10217套，2021年完成建设2397套。

（石丽霞）

【安全检查工作】 年内，城关街道对辖区内的商超餐饮、建筑工地、危化企业、“高墙大院”等开展拉网式隐患排查。全年，“高墙大院”“厂库房”等问题点位上账274家，发现隐患371项，全部整改。拆除“高墙大院”63个，责令停业企业3家、清退10家、疏解企业1家。检查企业3330家次，发现隐患2100项，全部整改。关闭企业13家，疏解清退1家，责令停业整顿7家；清理违规停放电动车220辆，清理僵尸车105辆，制止飞线充电行为94起；摸排非居民使用液化石油气单位240家，排查消除隐患197项。清理乱停乱放车辆点位89处，加装阻车桩1875个，施划机动车位402个。开展专项行动30余次，清理垃圾渣土150吨、废弃建筑10处。开展联合执法86次，出动车辆840台次、执法人员1686人次，在黄赌警情高发部位南斜街设置治安岗亭1座，增设监控设备16个，黄赌警情高发问题得到有效遏制。

（石丽霞）

【民生保障】 年内，城关街道完成永兴达、永安西里等8个社区，总计18个小区59栋楼房的改造工作。完成托底保障群体、高龄困难老人等165个老年人家庭适老化改造，为辖区17660名老人提供服务。推进街道无障碍环境建设，完成改造点位112个。完成城乡劳动力就业1834人，超额完成全年各项就业指标，办理公租房申请267户，对“七有”“五性”轮候家庭采取专项快速配租，94户摇号家庭成功配租。

（石丽霞）

【村（社区）“两委”换届】 年内，城关街道选举产生新一届村和社区“两委”班子成员333人。其中，党员252人，党员比例达75.7%。除3个村因下派书记，其他43个村和社区全部实现“一肩挑”。选举产生新一届村、社区妇联主席46名，专（兼）职副主席92名，执委690名，妇联主席中党员比例达95.6%。选举出新一届区人大代表28名，参与投票选民52658名，参选率97.92%，所有代表得票率均在95.9%以上，新一届区人大代表在年龄结构、政治素养等方面较往届均有提升。

（石丽霞）

拱辰街道

【概况】 拱辰街道办事处位于房山新城良乡组团的核心区。东至小清河，与长阳镇接壤；西至西潞大街，与西潞街道办事处接壤；南至刺猬河，与良乡镇接壤；北与青龙湖镇及丰台区相连。辖区总面积28平方千米，辖社区居委会37个、村民委员会18个。2021年，拱辰街道办事处户籍户数32758户，其中农业户1642户、非农业户31116户。户籍总人口79518人。其中，男性39189人、女性40329人；农业人口3284人、非农业人口76234人。年内，出生人口692人，死亡人口596人。

拱辰街道下辖168个基层党组织，包括党委3个、党总支13个、党支部152个。年内，发展中共党员73名，培训入党积极分子35名，有中共党员7259名。街道完成37个社区党组织换届，选举产生新一届社区党组织班子成员149人，其中书记37人、副书记35人、其他委员77人。班子成员大专及以上学历134人，占比89.9%。完成14个村党组织换届选举工作，产生新一届村党支部班子成员50人，其中书记14人、副书记4人、其他委员32人。班子成员大专及以上学历37人，占比74%。举办拱辰街道工委党校揭牌仪式暨房山区委党校

"理论政策宣讲团"启动仪式，党建1+1结对共建签约仪式以及与《半月谈》基层党建共建合作授牌仪式。召开"两优一先"表彰大会，对获优秀共产党员、优秀党务工作者和先进基层党组织的党组织和个人进行表彰。

2021年，拱辰街道办事处财政收入58122万元，比2020年下降3.8%；税收完成16.9亿元，比2020年上升12.4%。集体经济营业收入7072.2万元，农民人均所得 24876.5 元。规模以上工业总产值23292.2万元，主营业务收入23611.4万元，利润总额-184.5万元。

全年粮食播种面积13亩，总产量6.5吨。蔬菜种植面积260亩，总产量201.9吨。拱辰街道以第三产业为主，是房山区经济发展的核心地区，餐饮业、服务业、商贸业及建筑业占主体地位。辖区有绿地缤纷城、龙湖天街购物中心、华冠购物中心、苏宁生活广场等面积在 1000 平方米以上大型商业单位近 30 余家；中国银行、北京农村商业银行、工商银行等银行 10 余家；功德福、青年餐厅等面积在 500 平方米以上的餐饮单位 34 家；北方温泉会议中心、昊天假日酒店等大型会议中心、宾馆酒店、旅馆60余家。

2021年，拱辰街道持续推动渔儿沟棚改项目、轨道交通房山线东羊庄南区部分地块入市，全年土地供应项目成交3宗，获得土地收益51.51亿元。走访、调研企业40余次，为企业解决问题43项，企业家协会入会企业增至109家。引进企业410家，以科技文化创新、商务服务、电子信息为主营业务的引进企业占比近60%。全年，拆除违法建设14.7万平方米，提前超额完成区级任务指标。腾退土地17.9 公顷，渔儿沟村在拆后裸地建设"树人园"。率先实施街道碳减排行动计划，被列为全国676个整县（市、区）屋顶分布式光伏开发试点。打造全国首个全生命周期的碳中和公园——昊天碳中和公园。采用"双组长"制，分解街道总体"创城"指标任务306项。分批打造渔儿沟村、南广阳城村、伊林郡社区等示范点。完成对 4 类 51 个基层活动阵地检查指导，市、区反馈问题台账整改率97%。探索实施"垃圾不落地""建筑垃圾不过夜"及"大件垃圾预约机制"，建成可回收物中转站 1 处。围绕"治水、治气、治地"开展治理工作，建立河长制巡查等6项制度，加强对拆后裸地的治理和管控，把良乡大学城西地铁站东侧裸地打造成休闲公园。开展背街小巷治理工作，完成 15 条背街小巷建设任务。做好刺猬河东街、荷园东街、荷园西街等 9 条道路修建工作，开展"无证无照""开墙打洞"治理工作，58处治理点位全部完成销账。做好社区（村）、人流密集场所、"七小门店"的常态化疫情防控工作，疫苗接种122701人。推进"多网融合"，探索网格化片区管理思路，完善"一网一平台、一站一品牌"接诉即办工作机制，承办工单16572件，创建"零诉求"社区（村）4个。推行123党建工作体系，推出"斜杠青年""银发先锋"志愿服务品牌，打造的"37℃+暖心驿站"品牌在全区推广，推动快递小哥等新就业群体融入城市基层党建格局。一至五街和黄辛庄等历史遗留问题取得突破性进展，吴店村逾期未安置项目取得施工证。解决梅花庄、东羊庄、南广阳城、吴店、渔儿沟5个街道重点项目难题，鞋厂家属楼、一街、宝丽城项目效果明显。全年，办理房产证443户，解决天然气入户 573 户，改造老旧小区 26.89 万平方米。检查企业4194家次，完成整改2230项。清理液化石油气钢瓶478个。以京周路以北地区为试点，完成5个社区风险辨识评估工作。做好"两会""七一"、中共十九届六中全会等重要时间节点的安保维稳工作，建立岗位责任制，落实专人24小时值守。

拱辰街道办事处交通条件便利，四通八达。辖区内有京港澳高速公路、南六环公路、京保公路和京广铁路，京周路、京良路、黄良路等市级公路4条，良坨路、东环路、长虹路等区级公路20余条。通往市区及周边区的952路、616路等公交线路20余条。地铁房山线在辖区设立5个站点。市郊铁路城市副中心线设1个站点。

辖区有中国社会科学院大学、北京中医药大学、北京工商大学、首都师范大学、北京理工大学5所高校。有书店12个，基层图书室47个，健身场所 63 处，电影院 7 处。辖区内有全国重点文物保护单位良乡多宝佛塔，市级文物保护单位郊劳台，一般级保留比较完整的文物古迹 13 处。

（田甜）

【线上春节系列群众文化活动】 春节假日期间，拱辰街道依托互联网新媒体平台优势，组织开展“福满京城 春贺神州”2021 年拱辰街道迎新春线上春节系列群众文化活动。活动包括“拱辰陪您云上合家欢”群众文艺展演、“欢乐猜灯谜喜庆过大年”“拱辰过大年 哥俩乐翻天”“舞动健康人生 尽享魅力拱辰”广场舞大赛精彩回顾、“云游拱辰 探访文化活动好去处”“拱辰云端饺子宴 邀您上线品一品”等 7 大内容板块，累计观看 6 万余人次。

（田甜）

【全国首个全生命周期碳中和公园建设】 4 月，拱辰街道与专业机构合作，打造全国首个全生命周期碳中和公园——昊天碳中和公园。该公园位于拱辰街道良乡东路与揽秀北街的交道口西南侧，总占地面积约 6.4 公顷，公园建设遵循施工零废弃物、运营零废弃物、利用可再生能源、用电光储直柔、消耗近零新水五大低碳设计理念，整合 10 余项绿色低碳技术，从全生命周期打造碳中和示范样板。在分布式光伏发电系统基础上，创新性引入由功率配控单元、光伏阵列、电动汽车充电桩和直流用电设备组成的“光储直柔”低碳电力新型配电系统，实现园林景观设计与减污降碳理念完美融合。公园使用再生仿石材进行路面铺装，再生仿石材的原材料 70%以上为再生材料，外形经过处理后，可替代芝麻白、芝麻灰、芝麻黄、白锈等天然石材。该公园获“2021 年度中国分布式综合能源优秀技术奖”。再生仿石路面砖获“第二届全国生态混凝土创新设计应用大赛生态混凝土材料及产品类三等奖”。

（田甜）

【“5•27”爱企日活动】 5 月 27 日，拱辰街道在铂斯雅致酒店举行以“爱企加速 减碳同路”为主题的“5•27”爱企日活动。活动现场发布《拱辰街道碳减排行动计划》，表彰北京青年创业园房山园、北京市房山烟草公司、北京电力设备总厂有限公司、北京良誉房地产开发有限公司等作出突出贡献的企业。8 名代表共同按下“爱企加速、减碳同路”启动键，启动拱辰街道碳减排行动计划。

（田甜）

【庆祝中国共产党成立 100 周年系列活动】 6 月 29 日，拱辰街道在区文化活动中心梦想剧场举办庆祝中国共产党成立 100 周年系列庆祝活动。活动期间，召开“两优一先”表彰大会，表彰“光荣在党 50 年”的老党员、优秀党员代表、优秀党务工作者和先进基层党组织，“光荣在党 50 年”老党员、市级“三优一先”、区级及街道“两优一先”代表作典型发言。36 名新党员集体宣誓，330 名党员重温入党誓词。举办“风雨百年使命在肩”——2021 年拱辰街道庆祝中国共产党成立 100 周年文艺演出。演出以百年党史为主线，设“致敬•流金岁月”“回望•百年征程”“奋斗•筑梦前行”3 个篇章。400 余人参加活动。

（田甜）

【基层党组织书记培训】 7 月 19 日，拱辰街道组织基层党组织书记到中央党校开展为期 1 周的封闭式培训。该培训设置学习中共中央总书记习近平“七一”重要讲话、加强基层党组织建设、加强和创新基层社会治理、坚持总体国家安全观统筹发展和安全、领导力和团队建设、情景模拟——城市重大突发事件新闻发布、推进文明城区创建 7 个专题内容，涉及政治理论、基层党建、能力提升、重点工作推进等方面。街道社区、村党组织书记、机关各支部书记等 60 余人参加培训。

（田甜）

【电动自行车专项整治】 9 月，拱辰街道制定并下发《电动自行车领域消防安全专项整治工作方案》，层层签订安全责任书，联合街道各相关部门对居民小区、建筑工地、电动自行车销售单位等进行全面排查，杜绝一切电动自行车进楼入户，私拉电线充电和电池在家充电现象。同时，制定电动自行车充电桩安装计划。截至年底，各村（社区）电动自行车数量总计 14783 辆，充电插口 4406 个，充电柜接口 107 个。

（田甜）

【民生保障工作】 年内，拱辰街道一至五街和黄辛庄、吴店等遗留问题得到解决，回迁上楼 4126

人，办理房产证443户，天然气入户573户。改造老旧小区26.9万平方米，完成无障碍环境建设点位1036个，完成1个街道服务站和1个拥有300名退役军人以上电力设备社区的创建及验收工作。

（田甜）

【法治宣传工作】 年内，拱辰街道利用各村（社区）法律服务室、橱窗、户外电子屏等普法阵地，张贴宣传挂图、播放法治动漫，全方位开展法治宣传。在“3•8”妇女节、“3•15”国际消费者权益日、“4•15”国家安全教育日、“6•26”国际禁毒日、“12•4”国家宪法日等重要时点，结合“法律十进”的工作要求，在做到“少聚集”“不密集”的情况下走进村、社区、企业、学校、温馨家园等地，以“贴近群众、服务群众”为宗旨，开展各类法治宣传活动30余次，发放各类宣传册1万余份。

（田甜）

西潞街道

【概况】 西潞街道办事处是房山新城良乡组团的核心区。东至西潞大街，与拱辰街道接壤；西至东沿村、南至夏庄村，与阎村镇毗邻；北至安庄村与青龙湖镇相接。辖区总面积11平方千米，辖村民委员会7个、社区居委会17个。2021年，全街道户籍户数13396户，其中农业户1309户、非农业户12087户。户籍总人口33755人。其中，男性16701人、女性17054人；农业人口2604人、非农业人口31151人。年内，出生人口296人，死亡人口178人。

2021年，乡镇党委下辖基层党组织37个，其中7个党委、9个党总支、21个党支部。年内，发展中共党员40名，培训入党积极分子40名。全街道有中共党员3325名。完成辖区内5个村和15个社区党组织换届选举，选举产生新一届党组织成员118名，其中党组织书记20名、副书记16名、委员82名。党组织成员平均年龄41.98岁，大专以上文化程度110人，占93%。制定《西潞街道党员领导干部双重组织生活会制度》《西潞街道“三会一课”制度规范》，组织开展“百名书记讲党课”活动，各级党组织书记累计讲党课200余次。开展新任社区（村）“两委”干部培训、基层“两委”班子培训3次。深化海逸半岛“聚源工作法”，打造苏庄三里优秀书记工作室，严格监督审核“三务公开”内容事项，组织召开街道级党建协调委员会会议2次，片区级党建协调委员会会议9次，社区（村）级党建协调委员会会议30余次。组织开展集中学习15次和组织生活会、党日活动267次，完成民生实事86项，开展“上一线、做贡献”活动，总计下沉5000余人次。严格规范各项经费使用，实施环境整治、硬化路面、粉刷楼道等党组织服务群众项目32个。制定《西潞街道工委关于工委“一把手”与下级“一把手”开展监督谈话的工作制度》，开展警示教育11次、观看警示教育片4次，对疫情防控工作中的干部表现、“小微权力”、创城、违法建设、换届选举、接诉即办、老旧小区改造、停车收费领域腐败和作风等10项工作开展专项监督。

2021年，全年税收完成120952万元，财政收入完成31189万元，建安投资完成3.3亿元，完成全区下达的任务指标。

全年，粮食播种面积23亩，总产量8.1吨。蔬菜种植面积45.5亩，总产量20.3吨。干鲜果品产量4.7吨。

2021年，西潞街道分解30项创城具体工作任务，设置1办11组抓工作落实。建立工作调度、会商、督导检查等6项工作机制，形成“一周闭环”。全面落实“五件小事”，施划机动车、非机动车停车线9481个；设置晾晒区393个；设置建筑垃圾临时存放点59个；所有社区均按要求建立规范的垃圾桶站，设置垃圾桶站162组，粉刷、整治楼门洞2095个。持续开展环境清洁日活动，出动人员1.9万余人，清理垃圾杂物及建筑垃圾渣土264.3吨，清理卫生死角6561处，清理小广告38800余处。拆除绳庄子等地违建27300平方米，每周对施工工地开展2轮次的联合执法检查，对3.25万平方米拆违和其他裸地进行绿化。推进生活垃圾分类工作，162组桶站均完成市、区指挥部“四有、三选配”建设，148组桶站安装语音提醒和监控设备。新建、改建驿站数量 11 座，全部投入使用。在创建示范小区上，10 个小区被评选为北京市垃圾分类示范小区。第二批创建村东沿村美丽乡村建设开始施工，完成新一轮平原造林 2.93 公顷地块的提升工作，安装滑梯组 1 个、廊架 1 座、座椅 15 个，修园路 1200 平方米，种地被 8346 平方米，新植花冠木 44 株。

年内，出台《西潞街道市民服务热线“接诉即办”工作考核办法》，解决海逸半岛社区野鸽扰民、夏庄社区没有充电停车场等群众“急难愁盼”问题，破解佳世苑和建鑫园改市政水等难题，推进太平庄紫金苑、苏庄一里、苏庄三里共 10 栋楼房产证办理。在房山区接诉即办考核中，获街道所在组别的第一、二、四季度和全年第一名。完成 5 个社区 9 个小区 48 栋楼 27.1 万平方米的老旧小区改造工作，成立 20 家“好邻居”志愿服务分队，开展劝导活动累计时长 3000 余小时。举办清明诗歌朗诵会、合唱、舞蹈比赛、庆“七一”文艺演出、百名群众话党史等系列主题活动，完成文化周末大舞台演出 13 场、星火工程 12 场、数字电影放映 290 场的任务，举办各类文化培训 252 次。以“法律七进”普法宣传活动为载体，开展妇女维权、疫情防控、反邪教、反恐和国家安全等主题法治宣传教育活动。持续开展常态化安全隐患排查清理整治行动，累计检查企业 1223 家，隐患整改完成 1362 个。探索建立“多元治理”新模式，在 2021 年全国“两会”期间，地区实现“零信访”和一季度“零越级访”。

年内，制定并实施《西潞街道物管会会议制度》《西潞街道物管会印章管理制度》《西潞街道业委会工作有关规定》，开展业委会（物管会）专项培训 6 次。组建业委会 15 个，物管会 10 个，业委会占比 60%，街道物业“三率”指标全面实现 100%。启用群防群治力量 2300 余人，深入重点地段、重点区域、居民小区等 47 个点位，进行多方位、全覆盖的坚守防控。利用“雪亮工程”，依托“天眼”视频监控，实现 24 小时智能查控，通过“人防+技防+物防”措施，对辖区重点部位进行有效盯守。发挥社区（村）就业服务专员的“一线”服务优势，组织 2 批 63 名城乡求职人员参加职业技能培训，对 303 家单位开展职业技能提升政策宣传，有 126 家单位申请培训补贴；强化岗位信息推荐，为 95 家单位发布空岗信息 1531 个，城镇登记失业人员就业率达 71.96%。办理三孩以内生育登记服务单 297 个，其中户籍人口生育登记服务单 200 个、流动人口生育登记服务单 97 个，办理计生家庭优惠保险 1137 份。

西潞街道办事处是房山区商贸业、餐饮业、服务业聚集地。辖区有学科网、北京首发物流枢纽有限公司等注册企业 7086 家，注册资金 1000 万元以上企业 200 余家；有共创大厦等 4 座面积在 1000 平方米以上招商楼宇；有中大瑞祥等重点市场 6 家。创新“以企业找企业”招商模式，通过博信集团，引进北大创业训练营，为创业企业提供孵化器，截至年底，入驻企业 56 家。

境内有北京师范大学良乡附属中学、北潞园学校、良乡三小、良乡第二幼儿园 4 所房山区教委直属单位；街道所属 2 所中学、3 所小学、1 所公办园、15 所民办幼儿园和 1 所民办校，教职工 1000 余名，在校生 1 万余名（含幼儿）。

（石延娜）

【百名“巾帼七彩星”表彰会】 3 月 5 日，西潞街道召开2021年妇联工作部署会暨百名“巾帼七彩星”表彰会。部署 2021 年妇联工作，表彰 2020 年在疫情防控、接诉即办、垃圾分类等工作中涌现的巾帼典型 106 人，分别授予疫情防控“蓝色之星”、最美家庭“橙色之星”、接拆即办“红色之星”、垃圾分类“绿色之星”、文体活动“粉色之星”、物业管理“紫色之星”、平安建设“黄色之星”荣誉称号。

（石延娜）

【“五星团组织”与“六有团员”活动】 3 月 12 日，西潞街道启动争创“五星团组织”、争做“六有团员”活动。要求辖区各级团组织加强规范化建设，建设服务型团组织，争做“五星团组织”，引导广大团员发挥先锋作用，争做“六有团员”，即“垃圾分类有我、疫情防控有我、环境整治有我、服务社会有我、接诉即办有我、创建全国文明城区有我”。4 月 29 日，召开 2020 年度争创“五星团组织”、争做“六有团员”表彰大会。表彰在街道疫情防控、垃圾分类等工作中表现突出、发挥先锋作用的10个团组织和65名团员青年。街道工委相关领导，党建工作组、宣传调研组、团工委负责人及各社区（村）团组织书记，非公企业团组织代表，团员青年代表参加表彰大会。

（石延娜）

【“文明银行”启动仪式】 3月23日，西潞街道召开创建全国文明城区和国家卫生城镇建设工作推进会暨“文明银行”启动仪式。会议对西潞街道创建全国文明城区前一阶段工作进行总结，对国家卫生城镇建设重点任务进行安排部署。会上启动西潞街道“文明银行”项目，为支持“文明银行”建设、提供福利商品或服务的认证商户代表授牌，为试点片区居民颁发“文明银行”实体存折。会后，与会领导及西潞班子成员、工作组组长前往苏庄中街参加卫生清洁整治活动。

（石延娜）

【房山首例招投标集体资产出租项目】 4月2日，西潞街道太平庄村采用招投标形式完成集体资产对外出租，保障村集体资产收益最大化，保障村民收益。这是房山区首例采用招投标形式对集体资产出租的项目。

（石延娜）

【清明诗歌朗诵会】 4月2日，西潞街道以“缅怀革命先烈 庆祝百年华诞”为主题举办清明诗歌朗诵会。朗诵会分华诞颂歌、百年追思和红旗飘扬3个篇章，以经典和原创红色诗歌诵读形式，庆祝中国共产党成立100周年。活动同时宣布西潞街道“百场演出庆百年”系列活动启动。

（石延娜）

【圣景苑小区市政水接通】 4月，西潞街道太平庄西里社区圣景苑小区324户居民更换市政水水表，接通市政水。

（石延娜）

【“壮丽100年 歌唱新时代”合唱比赛】 5月20日，西潞街道举办“壮丽100年 歌唱新时代”合唱比赛，17支队伍参赛。经角逐，夏庄社区等8个社区（村）获优胜奖；安庄村等9个社区（村）获优秀奖。

（石延娜）

【垃圾分类驿站】 5月25日，西潞街道夏庄社区西兰岛小区垃圾分类驿站启用。该驿站是桶站升级改造项目，属于智能厢式垃圾生活分类驿站。全年，西潞街道总计建成并投入使用9个生活垃圾分类驿站，超额完成区垃圾分类指挥部任务指标。

（石延娜）

【“北三村”安置房项目开工】 9月28日，西潞街道“北三村（詹庄、安庄、固村）”安置房项目举行开工典礼。该项目位于西潞街道安庄村，总建筑面积24.54万平方米，其中地上建筑面积约16.16万平方米、地下建筑面积约8.38万平方米，可提供安置房1833套。

（石延娜）

【“好邻居”文明实践活动启动】 9月29日，西潞街道召开房山区“礼让斑马线 文明房山行”文明实践活动西潞街道推进会暨西潞“好邻居”文明实践活动启动仪式。会议宣读《西潞“好邻居”文明实践活动方案》，公布依据该方案评选出的“好邻居”居民28名、“好邻居”商户24家、“好邻居”单位28个。与会领导为“好邻居”居民、商户、单位代表授牌，相关代表做交流发言。志愿服务组织是“好邻居”文明实践活动的重要载体，街道成立街道级的好邻居志愿服务总队和社区（村）级“好邻居”志愿服务分队20支。在启动仪式上，区委常委、区委宣传部部长张明智为西潞街道授西潞“好邻居”志愿服务总队队旗。出席领导为海逸半岛等社区代表授“好邻居”志愿服务分队队旗。

（石延娜）

【便民服务评价机制】 11月8日，便民服务中心分别为苏庄三里和海逸半岛2个社区安装综合服务评价器，群众办完业务后，可对工作人员的服务态度、办事效率等通过评价器进行评价，可选择非常满意、满意、基本满意、不满意、非常不满意5个等级，管理部门可利用系统在线掌握评价情况。

（石延娜）

【老旧小区综合整治项目竣工】 年内，西潞街道2020年老旧小区改造工程全部完工，包括西路大街社区民政局家属院、夏庄社区佳士苑南区等5个社区9个小区48栋楼，总计27.1万平方米，改造惠及居民 3440 户 9192 人。

（石延娜）

【疫苗接种】 年内，西潞街道在东沿村、海悦嘉园设置 2 个固定接种点，在北潞春、西潞园、太平庄、夏庄等人口密集地区设置临时接种点和接种车。各村（社区）广泛动员，开展“敲门入户”行动，通过面对面动员、电话访问、居民微信群等渠道，提高居民接种意愿。截至年底，18 岁以上第一针累计接种 52936 人，接种率 116.88%。60 岁以上老年人接种 8232 人，接种率 69.01%。第三针累计接种 24626 人，完成接种任务 46275 的 53.22%。3 至 11 岁第一针接种 7389 人，接种率达 80%。

（石延娜）

良乡镇

【概况】 良乡镇地处房山区东部，东与长阳镇相邻，西与阎村镇相连，南与窦店镇接壤，北与拱辰街道接壤。境内刺猬河由西向东南流经镇域东北部，至东石羊东南注入小清河，境内流域 6 千米。全镇镇域面积 31 平方千米。辖 2 个社区居委会和 16 个村民委员会，其中少数民族村 4 个（满族、回族各 2 个）。2021 年，全镇户籍户数 10349 户，其中农业户 5587 户、非农业户 4762 户。户籍总人口 19730 人。其中，男性 9560 人、女性 10170 人；农业人口 11313 人、非农业人口 8417 人。年内，出生人口 189 人，死亡人口 144 人。

2021 年，良乡镇党委下辖基层党组织 41 个，包括 1 个党总支、40 个党支部（其中机关支部 4 个，企事业单位支部 20 个、农村党支部 16 个）。年内，发展中共党员 19 名，培训入党积极分子 41 名。全镇有党员总数 1171 名，其中农村党员 868 人，机关、事业单位党员 76 人，“两新”组织党员 227 人。

年内，完成村“两委”换届工作，16 个村共选举产生 88 名村“两委”班子成员，其中女性 33 名，占 37.5%。15 个村党支部书记连选连任。88 名“两委”成员平均年龄为 47.8 岁，比上届平均年龄降低 1 岁，35 岁以下委员 16 人，年龄最小委员 22 岁。大专以上文化程度 45 人，占 51.1%，上届为 28 人占 41.2%。村委会成员中党员 27 人，党员所占比例达到 60%。“两委”成员的文化程度、综合素质较往届均有一定程度的提高。全年，镇党委研究涉及党建议题 63 项，中心组学习 30 次，研究部署 7 大类 39 项基层党建工作重点任务。开展“我为群众办实事”实践活动，镇、村 72 项实事全部完成，4902 件接诉即办诉求全部办结。完成镇、村两级换届选举，举办“两委”干部培训班，全面开展农村发展党员违规违纪问题排查。做好中国共产党成立 100 周年庆祝活动服务保障工作，举办“百年征程•光荣岁月”庆祝中国共产党成立 100 周年文艺演出。开展党史学习教育活动，开展“重温党史路 阔步新征程”等系列主题党建活动。落实包村干部抓党建工作责任制，选派 16 名科级干部兼任各村的第一书记，选派 16 名干部担任各村党建指导员。全面推进全国文明城区创建工作，明确 8 个方面 26 项具体任务，开展“礼让斑马线，文明交通行”“美化环境我带头”等志愿服务，定期对人居环境、大气治理、疏整促等工作进行拉练检查，成功创建后石羊村、南刘庄村 2 个“广阳式”基层治理示范点。

2021 年，全镇财政税收完成 38556 万元，区级财政收入完成 13913 万元。固定资产投资完成 36.5 亿元，其中建安投资 8 亿元。

全年良乡镇粮食作物播种面积 3182 亩，总产量 1316 吨。主要农作物播种面积和产量：小麦播种面积 795 亩，总产量 270.7 吨；玉米播种面积 2299 亩，总产量 1029.7 吨。蔬菜种植面积 12929.1 亩，总产量 24466.2 吨。全年，羊出栏 333 只，存栏 160 只；牛出栏 998 头，存栏 570 头；牛奶产量 124.5 吨；家禽出栏 6.3 万只，存栏 18.6 万只；禽蛋产量 1876.5 吨。肉类产量 329.67 吨。干鲜果品产量 479.6 吨。造林面积 5.2 公顷，育苗面积 25 公顷。

良乡镇交通便利，六环路出口位于良乡镇域内。京广铁路、良常路、白杨东路、白杨西路、长周路纵贯全镇，房 33 路、房 43 路、房 48 路、房 49 路公交车穿境而过。有邮政所 1 所、电管站 1

所、农商银行分理处 1 所。

全镇有中心幼儿园 1 所（下设分园 2 所），入园儿童 441 人，教职工 67 人。中心校 1 所（下设完全小学 3 所），在校生 1116 人，教职工 89 人。中学 1 所，教职工 53 人，在校生 287 人。镇社区成人职业学校 1 所，教职工 8 人。卫生院 1 所，病床 10 张。社区卫生服务站 4 所，村卫生室 17 所，卫生技术人员 61 人。全镇有村级文体活动中心 16 个、村级数字影院 14 处，健身广场 22 处。

境内有区级文物保护单位鲁村关帝阁、望诸君墓，文物遗迹有黑古台遗址、重修记善碑、黑古台石栏板、小营清三大士庙等。

（高萌）

【疫苗接种】 4 月 3 日，良乡镇累计第一针接种人数 13172 人，接种率在房山区各乡镇（街道）率先突破 80%，被区政府授予“疫苗接种示范乡镇”称号。截至年底，全镇新冠病毒疫苗加强针累计接种 12910 人。

（高萌）

【环境清洁日】 4 月 14 日，良乡镇开展“卫生日”活动。区委政法委、区卫生健康委、良乡经济开发区等部门干部职工及良乡镇全体工作人员 200 余人参加活动。重点对刺猬河沿岸、白杨路两侧道路上的落叶、垃圾及乱堆乱放进行清理，对墙壁、树木、电线杆及各类公共设施上的乱贴乱画和非法小广告进行集中铲除。活动总计清扫面积 2300 平方米、清运垃圾 3 吨，捡拾白色垃圾 5 千克，清理小广告 10 余处。

（高萌）

【新任村“两委”干部培训班】 5 月 12 日至 14 日，良乡镇举办为期 3 天的 2021 年新任村“两委”干部培训班。该班围绕党的理论政策、党史学习教育宣讲、创建全国文明城区、加强基层党组织建设、规范小微权力运行、村级经济责任审计等方面的内容开展培训。16 个村“两委”干部、第一书记、包村领导 150 余人参加。

（高萌）

【创城工作专题培训】 5 月 13 日，良乡镇举办创建全国文明城区专题培训会。主讲人围绕创建全国文明城区的意义、宗旨、测评内容、测评方法及测评要求等方面进行专题培训。镇党政班子成员、包村组长、各村“两委”干部、镇机关科室牵头人、相关单位负责人、创城办全体成员总计 150 余人参加培训会。

（高萌）

【良乡镇被列入北京市高效设施农业用地试点】 5 月，《北京市高效设施农业用地试点工作方案（2020 年—2025 年）》印发，良乡镇被列入北京市高效设施农业用地试点，允许高效设施农业使用永久基本农田建设。该镇借助设施蔬菜产业集群建设项目，建设 300 亩现代化连栋温室及净菜加工、果蔬冷库等相应配套设施项目 6 个。

（高萌）

【“永远跟党走”群众系列活动】 6 月 18 日，良乡镇举办“永远跟党走”群众系列活动暨“百年征程•光荣岁月”文艺演出。涵盖小品、独唱、舞蹈、戏曲、音乐快板等表演形式。活动中，镇党委书记为 6 名 50 年党龄的党员代表颁发“光荣在党 50 年”纪念章。党员干部群众 200 余人参加活动。

（高萌）

【“赏邮票 学党史”主题活动】 6 月 23 日至 7 月 1 日，良乡镇与中国邮政集团联合开展“赏邮票 学党史”主题活动。活动以邮票为载体，教育引导广大党员干部群众了解中国共产党各重要时期的历史事件、英雄人物、建设成就等，100 余人参加活动。

（高萌）

【新时代文明实践文艺演出】 12 月 24 日，良乡镇举办“弘扬传统文化 喜迎新春佳节”新时代文明实践文艺演出。通过器乐、京东大鼓、河北梆子、评剧、京剧等文艺形式，展示传统文化魅力，80 余人参加活动。

（高萌）

【“我为群众办实事”实践活动】 年内，良乡镇“我为群众办实事”实践活动围绕贯彻新发展理念、全面推进乡村振兴、保障基本民生需求、深化放管服改革便民利民、推进基层治理体系和治理能力现代化、“接诉即办”6 个方面重点任务开展，突出民生改善，补齐短板、挂图作战，加快推进高质量发展和乡村振兴新实践，推动为民办实事走深走实。全年，共完成16项重点民生项目清单。

（高萌）

【数字乡村试点】 年内，良乡镇数字化乡村试点工作进展顺利。建设完成3800平方米的产业园信息中心，完成品牌展销3D互动查询展销、精品蔬菜品牌推广VR体验、农业旅游休闲服务推介体验等6大系统建设。

（高萌）

【美丽乡村建设】 年内，良乡镇稳步推进美丽乡村建设，第一批美丽乡村创建村南刘庄、富庄、小营村建设完成，刘丈村、江村供水、污水管网改造完成，刘丈村路面铺设工作完成，江村污水处理站实现试运行。第二批创建村鲁村、黑古台建设完工，污水改造村张谢村、下禅坊村、侯庄村签订美丽乡村建设项目施工合同，污水工程完成施工设计。第三批美丽乡村创建村官道村、西石羊村、东石羊村进行招投标准备，后石羊村完成招投标工作。

（高萌）

【"疏整促"专项行动】 年内，良乡镇坚持拆（违）字当先、治（乱）字当头、退（低）上下手、除（隐）为目标，完成拆除违法建设210宗，拆除违法建设面积179159.07平方米，腾退土地236087.63平方米，按时按量完成全年拆违腾地工作任务。加大拆后空间提质升级，推动"留白增绿"，建成口袋公园1600平方米，栽植乔灌木303株，完成平原造林5.2公顷。加大对"散乱污"企业清退力度，实现动态清零。

（高萌）

【生态环境建设】 年内，良乡镇加强"河长制"，镇、村两级严格落实巡河制度，完成巡河1104人次2521.03千米。持续开展小微水体专项整治，河湖环境得到有效治理。结合疫情防控，抓好爱国卫生运动和人居环境整治，建立会前曝光、定期拉练、现场会机制，完善网格管理、监督、奖惩等长效管控。开展私搭乱建、污水横流等专项治理，累计清理农村生活垃圾8820处41275吨；拆除私搭乱建136处2280余平方米；清理乱堆、乱放、乱贴、乱画466558处。

（高萌）

【社会民生保障】 年内，良乡镇聚焦"七有""五性"，全力推进民生实事实施落地。实施"千企万岗、扩岗稳业"行动计划，促进城乡劳动力就业478人次。全面推进社会保障、社会保险体系建设，扎实抓好社会救助工作，确保困难群众生活有保障，发放困难残疾人生活补贴4940人次220万余元，护理补贴1978人次32.6万余元。健全养老服务体系，开展应对人口老龄化行动。稳妥落实好"双减"工作任务，抓好线上线下校外培训机构管理。

（高萌）

【安全专项整治】 年内，良乡镇持续开展安全生产隐患大排查大整治专项行动，累计消除各类隐患1184项。实施安全生产专项整治三年行动计划，挂账隐患整改率100%。开展"高墙大院"、液化石油气、电动自行车专项整治，关停取缔拆除大院16个、拆除面积35267平方米。

（高萌）

周口店镇

【概况】 周口店镇地处房山区中部，东与城关街道接壤，东南与石楼镇相连；西与霞云岭乡相连，西北与南窖乡毗邻；南与韩村河镇相接；北与佛子庄乡、向阳街道相邻。地形自西北向东南呈山地、丘陵、平原递次垂降分布，各占1/3。全镇总面积132平方千米。辖村民委员会24个、社区居委会5个。2021年，全镇户籍户数17858户，其中农业户8559户、非农业户9299户。户籍总人口37748人。其中，男性18737人、女性19011人；农业人口18540人、非农业人口19208人。年内，出生263人，死亡361人。

2021年，乡镇党委下辖基层党组织32个，包括7个党总支，25个党支部。年内，发展中共党员28名，培训入党积极分子36名。全镇有中共党员2165名。完成全镇24个村和5个社区"两委"换届选举工作，选举产生村（社区）“两委”干部 199 人，其中村（社区）党组织成员 121 人，村（居）委会成员 137 人。5 个社区全部实现党组织书记、社区居委会主任“一肩挑”。社区“两委”干部中，35 岁以下年轻干部覆盖率 100%，大专及以上学历 34 人，占 87.18%，比上届提高 0.34%。除周口店村由镇机关下派党组织书记外，其他 23 个村全部实现村党组织书记、村委会主任“一肩挑”。村“两委”干部中，35 岁以下年轻干部覆盖率 100%，大专及以上 58 人，占 36.25%，比上届提高 3.2%。年内，周口店镇组织开展理论学习中心组专题学习 21 次。开展党史学习教育，利用“根祖周口店”微信公众号开设党史专栏，改版“红色背篓”内部刊物，成立周口店镇党委党校。严格落实意识形态责任制，用好“学习强国”学习平台。做好党支部标准化、规范化建设，制定实施全镇基层组织建设三年行动计划，细化完善服务群众经费管理办法。规范发展党员工作，开展排查整顿。开展“我为群众办实事”实践活动，不断提升民生福祉。黄山店村党支部被评为全国先进基层党组织，云峰寺村等 4 个村被评为房山区“广阳式”基层治理示范点。召开新一届镇党代会、人代会，全票选出新一届镇领导班子、区党代会代表。以案为鉴，召开专题警示教育大会。农村基层党员干部和重点监察对象纳入廉政档案整体建设。强化民生领域“小微权力”监督，严格落实党员干部离京报备制度，坚决整治群众身边腐败问题。

2021 年，周口店镇坚持以习近平新时代中国特色社会主义思想为指引，统筹推进疫情防控和经济社会发展各项工作，严格规范旅游景区疫情防控，为周口店遗址公园、坡峰岭景区做好服务，确保旅游环境安全有序。促进精品民宿产业发展，提升改造民宿小院 6 套，新增民俗小院 23 套。全年，接待游客 85 万余人次，实现旅游综合收入 5251 万元。以开展新一轮“疏整促”行动为主线，加快推进美丽乡村建设。全年，拆除违法建设 23.07 万平方米，超额完成任务。持续开展人居环境整治，扎实做好垃圾分类、污染防治等工作。以黄山店村为龙头，探索实行“八村联动”发展模式，获批北京市唯一一个国家乡村振兴示范区项目；统筹做好安全生产、安保维稳、防火防汛等工作，防止各类安全事故发生；围绕“七有”“五性”需求，全面做好接诉即办、就业增收、民生保障、教育医疗、文化体育等各项工作，突出抓好两个“关键小事”，全力办好群众“三心事”，接诉即办成绩稳步提升。开展“创城”工作，细化分解 109 项指标，广泛开展各类精神文明创建活动，地区文明程度和市民文明素质持续提高。

年内，推进国家森林城市创建，完成 2021 年度新一轮百万亩造林工程任务 107.26 公顷，建成口袋公园 2.18 万平方米。持续开展大气污染防治“一微克”行动，市级监测全镇 PM2.5 平均浓度 37 微克/立方米，TSP 平均浓度 88 微克/立方米。严格落实“河长制”，镇、村河长巡河 1279 人次，清理河道及岸线垃圾、渣土等 271 处 173 立方米。根据市、区反馈图斑和全镇实际，累计摸排各类裸地 82 处 100 万平方米，绿化或硬化 86 万平方米。充实乡村公路养护人员队伍，新聘用乡村公路养护员 5 名，完成辛庄村、娄子水村、新街村等村 9 处破损严重路段小修，实施乡村公路水毁设施恢复工程，完成沟葫路、龙宝峪路等 5 条乡村公路水毁修复，实施 2021 年乡村公路绿化工程，完成大韩继路、山官路等 7 条道路的植树绿化。实施矿山生态修复项目 4 个，项目总投资 2263 万元，治理总面积 37.17 公顷。严格落实“田长制”，完成复耕任务 120.26 公顷。

年内，全面加强社会保障工作，登记失业人员就业率达到 65.31%，农村劳动力转移就业 362 人，招聘公益性岗位安置人员 69 人，完成城乡劳动力就业 908 人。加大对社会救助对象的扶助力度，各类医疗救助金额 117.9 万元，发放养老补贴 55.3 万元，发放各类残疾人补贴 1069.8 万元。持续改善教育教学环境，完成镇域内学校设备升级、校园改造，实现学前教育全覆盖，周口店镇中心幼儿园被评为“全国足球特色园”。黄山店小学 91 名学生并入周口店中心小学就读，“双减”工作扎实推进，地区教育教学质量稳步提升。

2021 年，全镇税收 15736 万元，完成全年任务的 97.1%，同比增长 84.3%；财政收入 4776 万元，完成全年任务的98.7%，同比增长60.3%；固定资产投资2.97亿元，完成全年任务约594%；建安投资2.76亿元，完成全年任务的552%。

全年，粮食播种面积2251亩，总产量858.2吨。其中，小麦播种面积688亩，总产量281.1吨；玉米播种面积1563亩，总产量577.1吨。蔬菜种植面积1595.7亩，总产量2631.3吨。全年，羊出栏717只，鲜蛋产量7.74吨，肉类产量13.85吨。干鲜果品产量428吨。造林面积107.3公顷，育苗面积4.9公顷。

全镇有小学6所、中学2所，在校学生3375人，专职教师401人。幼儿园7所。各村（社区）图书室、文化室29个，体育馆2个，体育健身场所29处。有镇中心卫生院1所、病床25张；村（社区）卫生服务站10所。

境内有世界自然与文化遗产、全国重点文物保护单位周口店北京人遗址，全国重点文物保护单位十字寺遗址、金陵。有区级文物保护单位庄公院、香光寺、永寿禅寺、红螺三崄。文物遗迹有贾岛峪、玉虚宫、宝金山、棋盘山等。

（何方方　董希雅）

【周口店镇第五届人民代表大会第六次会议】 3月12日，周口店镇第五届人民代表大会第六次会议召开，65名镇人大代表参会。大会审议通过《政府工作报告》《2020年财政预算执行情况和2021年财政预算报告》《周口店镇第五届人大主席团工作报告》。经投票选举产生人大主席、镇长。

（马迪）

【全民阅读活动】 4月22日，区文化和旅游局、区文联、周口店镇政府共同举办“诵百年华章 赞红色经典”——2021年周口店镇全民阅读活动暨群众诗歌朗诵会。该活动以庆祝中国共产党成立100周年为主线，以诗朗诵形式开展，区诗歌朗诵协会、区诗歌学会、镇域内艺术团、周口店镇政府、镇卫生院、周口店中心小学、南韩继村等单位100余人参加群诵和表演。

（马迪）

【防汛避险转移演习】 6月17日，周口店镇开展2021年防汛避险转移演习。镇防汛抗旱指挥部成员、镇包村干部、各村（社区）书记、村级抢险队、村包片及包户人员150余人参加演练。

（马迪）

【党校揭牌仪式和庆祝中国共产党成立100周年文艺汇演】 6月24日，周口店镇举办镇委党校揭牌仪式和庆祝中国共产党成立100周年文艺汇演活动。与会领导为中国共产党北京市房山区周口店镇委员会党校揭牌。仪式上，为老党员代表颁发“光荣在党50年”纪念章。周口店镇舞蹈队、瓦井村艺术团、新街乡音艺术团等单位表演《红色娘子军》《英雄赞歌》《先烈，好想对你说》等节目。镇班子成员、村（社区）书记、党员代表、机关科室负责人参加活动。

（马迪）

【国家重点研发计划黄山店村示范点签约仪式】 7月16日，在黄山店村“红色背篓精神”纪念馆举行国家重点研发计划“乡村生态景观营造关键技术研究”黄山店村示范点签约仪式。房山区、周口店镇和北京林业大学有关领导，项目组80位专家学者参加活动。

（马迪）

【周口店镇第五次妇女代表大会】 9月17日，周口店镇第五次妇女代表大会召开。94名妇女代表参会。镇党委副书记苏小艳代表镇妇联作工作汇报，大会听取并审议通过《周口店镇妇联选举办法》，周口店镇妇联第五届执委会委员候选人建议名单，大会总监票人、监票人建议名单。以无记名投票选举的方式，选举产生周口店镇妇女代表大会第五届执行委员20人，其中主席1名、专职副主席1名、兼职副主席2名、常务委员3名。

（马迪）

【周口店镇第六次党代会】 9月29日，中国共产党北京市房山区周口店镇第六次党员代表大会召开，131名党员代表、26名列席人员参会。镇党委书记毕胜作题为《坚定不移推进高质量发展为建设美丽活力和谐富裕的国际文旅休闲小镇而努力奋斗》的工作报告。会议审议通过镇纪委题为《强化使命担当 忠诚履职尽责 努力营造周口店镇风清气正的政治环境》的报告、《关于周口店镇党费收缴、使用和管理情况》的报告。大会选举产生中国共产党北京市房山区周口店镇第六届委员会委员 11 名、中国共产党北京市房山区周口店镇第六届纪律检查委员会委员 7 名、周口店镇出席中国共产党北京市房山区第九次党员代表大会代表 8 名。

（马迪）

【周口店镇第六届人民代表大会第一次会议】 11 月 18 日，北京市房山区周口店镇第六届人民代表大会第一次会议召开，68 名人大代表、27 名列席人员参会。大会听取并审议周口店镇政府工作报告，书面审议周口店镇 2021 年财政预算执行情况和 2022 年财政预算（草案）的报告、周口店镇人大主席团工作报告。经投票选举产生，人大主席 1 名，镇长 1 名，副镇长 5 名。

（马迪）

【乡村振兴示范区建设工作推进会】 11 月 24 日，房山区召开周口店镇乡村振兴示范区建设工作推进会。会议传达市政府关于加强周口店镇乡村振兴示范区建设工作的指示精神，通报周口店镇乡村振兴示范区建设工作领导小组机构设置及职责，房山区委、区政府专题会研究周口店镇乡村振兴示范区实施方案情况。周口店镇汇报示范区建设进展情况。与会人员就周口店镇乡村振兴示范区建设工作支持措施进行交流发言。市、区有关领导出席会议。

（马迪）

【红色背篓精神传承教育基地入选市级教学点】 12 月 24 日，全市党员教育培训现场教学点建设工作现场推进会召开。公布北京市首批市级党员教育培训现场教学点名单，红色背篓精神传承教育基地等 26 家单位入选名单。

（马迪）

【周口店镇获“北京市体育特色乡镇”称号】 年内，北京市体育局、北京市农业农村局授予房山区周口店镇等全市 26 个乡镇“北京市体育特色乡镇”称号。

（马迪）

琉璃河镇

【概况】 琉璃河镇位于房山区东南，东隔永定河与大兴区交界，东北与长阳镇毗邻；西与韩村河镇相连，西北与石楼镇相连；南部与河北省涿州市接壤；北与窦店镇为邻。是房山区平原乡镇中面积最大、行政村最多的乡镇。京广铁路、京保公路、京港澳高速公路南北贯穿全境。大石河、小清河、永定河流经镇域。全镇总面积 104 平方千米。辖村民委员会 47 个，社区居委会 5 个。2021 年，全镇户籍总户数 29289 户，其中农业户 14640 户、非农业户 14649 户。户籍总人口 61049 人。其中，男性 30562 人、女性 30487 人；农业人口 33118 人、非农业人口 27931 人。年内，出生人口 438 人，死亡人口 560 人。

2021 年，乡镇党委下辖基层党组织 70 个，包括 1 个党总支，69 个党支部。年内，发展中共党员 41 名，培训入党积极分子 24 名。全镇有中共党员 3291 名。补选或选举区级人大代表 21 名，镇级人大代表 86 名。全镇 47 个村、5 个社区完成“两委”换届，完成“一肩挑”和“年轻干部配备”2 项政治任务，年龄、学历 2 项指标实现“一降一升”。开展镇第六次党员代表大会代表换届选举工作，选出代表 200 名。组织召开镇第六次党员代表大会，选举产生区第九次党代会代表 13 名。开展党史学习教育，组织镇领导班子开展专题学习 14 次，党员机关干部和村党支部书记学习 6 次，为机关、村（社区）、“两新”企业党支部购买发放党史学习教育书籍 1271 册，组织镇领导班子成员和村（居）党支部书记参观红色教育基地 2 次。开展“履职践承诺、开门办实事”活动，各村和社区“两委”班子走访 1200 余户 2000 余人，征求群众需求 370 余个，解决近 300 个。在“七一”前后，开展走访慰问活动，慰问生活困难党员 23 名、优秀党员 1 名、中华人民共和国成立前老党员 1 名、机关干部 6 名。各党支部开展主题党日活动，为全镇 405 名老党员发放“光荣在党 50 年”纪念章。组织“共产党员献爱心”，捐款近 10 万元。

集中轮训党员1400余名。

年内，推进董家林村、黄土坡村2个村腾退搬迁和中心区棚改工程，完成2个村536户宅基地、253宗非宅自主腾退搬迁，推进镇中心区洄城村等5个村棚户区改造项目扫尾，洄城村安置房开工建设。完成涉及7个村、全长5.2千米的京雄高速公路地上物腾退工作。组建拆违工作专班。全年，累计拆除销账违法建设61.19万平方米，腾退土地76.77万平方米，均超额完成区级任务，2项指标均位居全区第一。开展人居环境整治，整改市、区级反馈点位8000余处，另自查点位10000余处。开展河道和小微水体治理，日常巡河2940人次，有效巡河里程9410余千米。实施琉璃河万亩湿地公园项目，完成平原造林7.66公顷，打造口袋公园9个。建立全区首家镇级厨余垃圾处理站。开展镇域各类扬尘污染源治理，治理裸地107处120万平方米。PM2.5年累计浓度46微克/立方米，完成年度目标；TSP年累计浓度118微克/立方米，2项污染物浓度较2020年同期均有所下降。落实烟花爆竹禁放工作要求。受理接诉即办工单11378件，纳入考核4947件。通过实行“三色”派单制，全面提升接诉即办工作水平。

全年，安置城乡就业1503人。开展“一户一策”帮扶工作，享受低保待遇的家庭234户，发放低保金636.86万元。享受城乡特困待遇30户，发放救助金95.28万元。开展“高墙大院”隐患排查专项整治，上账“高墙大院”107处，清除各类安全隐患335项，关停、取缔各类违法场所33处，拆除违法建设70处，约21.6万平方米。重点做好全国“两会”、建党100周年、中共十九届六中全会等重大安保活动，出动志愿者2036人，上岗执勤91680人次；设置进京卡口8处，进行24小时值守。开展集中宣传活动10次，发放宣传品3万余份。完成1971个监控点位设备安装，整治京广铁路沿线琉璃河段两侧隐患，砍伐供电段一级危树3297棵。加固压实轻型漂浮物5处，加固处理存在隐患彩钢房27处，面积4094平方米，全部通过验收。拆除京广铁路沿线违建10处，面积8776.35平方米。成立镇创城工作领导小组，梳理9大类85处点位。

全镇财政收入4917万元；税收13509万元，完成固定资产投资同比上升63.2%。粮食播种面积18260亩，粮食总产量7734.2吨。其中，小麦播种面积5345亩，总产量2091.5吨；玉米播种面积12397亩，总产量5518.5吨。羊出栏799只，牛奶产量1885吨，禽蛋产量623.13吨。全年，造林面积9.7公顷，育苗面积58.9公顷。

全镇规模以上工业总产值15.51亿元，同比上升20.4%。拥有现代农业科普教育、高品质生态田园休闲为一体的北京生态谷智慧农场，以及中粮集团旗下首座生命健康科技园——中粮健康科技产业园。辖区内有贾河京白梨大家族主题公园等一批农业休闲产业。有全国重点文物保护单位琉璃河遗址、琉璃河大桥，市级文物保护单位岫云观。

（孔玮骁）

【村（社区）“两委”换届】 截至4月18日，琉璃河镇完成全镇47个村、5个社区“两委”换届选举工作，全面实现党组织书记、村（居）委会主任“一肩挑”和35岁以下年轻干部配备的政治任务。新一届村、社区“两委”班子，年龄、文化程度、党员比例、妇女比例等指标明显优化，实现“一升一降”指标。其中，社区“两委”班子，大专及以上学历比例为82.93%，比上届提高2.93%；平均年龄44.98岁，比上届降低0.67岁；党员比例为53.66%，比上届提高3.66%；妇女比例为60.98%，比上届提高3.48%；连选连任比例为75.61%，比上届提高3.11%；交叉任职比例为71.43%，比上届提高4.76%。村“两委”班子，大专及以上学历比例为38.71%，比上届提高13.40%；平均年龄50岁，比上届降低3岁；党员比例75.27%，比上届提高0.58%；妇女比例为29.75%，比上届提高5.26%；连选连任比例为64.87%，比上届提高10.58%。

（孔玮骁）

【“奋斗百年路 启航新征程”系列活动】 6月21日，琉璃河镇庆祝中国共产党成立100周年“奋斗百年路 启航新征程”书画艺术展览在镇文化中心综合馆开幕。该展览展期3天，展出作品50余幅，接待参观3000余人。6月27日，琉璃河镇庆祝中国共产党成立100周年“奋斗百年路 启航新征程”

文艺演出在镇党群活动服务中心综合馆开幕。演出交响乐、快板、戏曲、情景剧等节目。镇领导班子成员为党龄50年以上的老党员代表颁发“光荣在党50年”纪念章。镇域内村、社区基层文艺爱好者近200人参加演出。

（孔瑀骁）

【琉璃河镇第六次党代会】 9月29日，中国共产党北京市房山区琉璃河镇第六次代表大会召开，197名代表参加。镇党委书记韩继华代表中共琉璃河镇第五届委员会向大会作题为《抢抓新机遇，实现新作为，全力推动琉璃河镇经济社会高质量发展》的报告。会议审议党委工作报告、纪委工作报告、党费收缴及使用和管理情况报告。大会采取无记名投票、差额选举的方式，选举产生党委委员11名、纪委委员7名和出席房山区第九次党代会代表13名。

（孔瑀骁）

【琉璃河镇第六届人民代表大会第一次会议】 11月16日，北京市房山区琉璃河镇第六届人民代表大会第一次会议召开。会议严格遵守“十严禁”“四不准”的换届纪律要求，按照法定程序，听取苏震宇作的《政府工作报告》，选举产生镇人大主席1名，镇长1名及副镇长6名。

（孔瑀骁）

【超额完成区级拆违任务】 年内，琉璃河镇组建拆违工作专班。开展镇、村两级动员，明确量化责任，分解任务，以自拆、帮拆的形式拆除违建。全年，拆除销账违法建设61.19万平方米，腾退土地76.77万平方米，超额完成区级任务，2项指标均位居全区第一。

（孔瑀骁）

【腾退拆迁工作】 年内，琉璃河镇完成京雄高速公路地上物腾退，该次腾退涉及7个村、全长5.2千米。完成董家林村、黄土坡村2个村536户宅基地、253宗非宅自主腾退搬迁，2个村回迁房建设进度达到60%。继续推进镇中心区洄城村等5个村棚户区改造项目扫尾，洄城村安置房开工建设。

（孔瑀骁）

【疫苗接种】 年内，琉璃河镇成立新冠病毒疫苗全员接种工作领导小组。动员全镇各年龄段群众接种新冠疫苗。截至年底，全镇新冠病毒疫苗完成第一针接种5.6万余人次，60岁以上老人接种实现1.2万余人次，接种率74.38%。

（孔瑀骁）

【人居环境整治】 年内，琉璃河镇实施专人督导人居环境整治工作。对出现问题较大的村进行实地部署，做到发现问题立即整治，常态化做好人居环境整治工作。制定琉璃河镇农村人居环境长效管护工作实施方案和农村人居环境长效管护责任清单公示牌，汇总47个村农村人居环境长效管护责任清单。全年，开展市、区级人居环境检查10次，进京联络线村庄检查6次，总计整改市区级反馈点位8000余处，另自查点位1万余处。

（孔瑀骁）

【生态环境治理】 年内，琉璃河镇严格落实河长制属地责任，开展河道和小微水体治理。对镇内8条河道加强巡河检查，日常巡河2940人次，巡河里程9410余千米。开展河湖生态环境问题整改、“清河行动”和“清四乱”等工作，对镇域范围内所有河道的水面漂浮物、生活垃圾进行清理。实施琉璃河万亩湿地公园项目，完成平原造林7.66公顷，打造口袋公园9个，绿色生态休闲功能进一步增强。落实《北京市生活垃圾管理条例》，全镇所有村和社区生活垃圾得到有效处理，垃圾日产生量同比减少78.61%，建立全区首家镇级厨余垃圾处理站。对镇域各类扬尘污染源进行治理，治理裸地107处120万平方米。

（孔瑀骁）

【民生保障】 年内，琉璃河镇抓好城乡居民就业。全年，安置城乡就业1503人。加大教育投入，认真落实“双减”工作。开展“一户一策”帮扶工作，截至年底，全镇享受低保待遇的家庭234户，发放低保金636.86万元。享受城乡特困待遇30户，发放救助金95.28万元。推进社会矛盾排查化解、社会治安综合治理、各领域安全生产等工作，全镇越级访同比下降20%。

（孔瑀骁）

【“高墙大院”专项整治】 年内，琉璃河镇根据《琉璃河镇深入推进“高墙大院”专项整治工作方案》要求，持续开展“高墙大院”隐患排查专项整治工作。全年，上账“高墙大院”107 处，清除各类安全隐患 335 项，关停、取缔各类违法场所 33 处，拆除违法建设 70 处 21.68 万平方米。

（孔瑀骁）

阎村镇

【概况】 阎村镇地处房山区东部，东与西潞街道、良乡镇接壤，西与城关街道接壤，南接窦店镇，北临青龙湖镇。大石河穿境西部，涉境河段 10 余千米。辖区面积 41.9 平方千米。辖村民委员会 22 个，社区居委会 8 个。2021 年，全镇户籍数 22283 户，其中农业户 9341 户、非农业户 12942 户。户籍总人数 46068 人。其中，男性 22874 人、女性 23194 人；农业人口 19103 人、非农业人口 26965 人。年内，出生人口 370 人，死亡人口 380 人。

2021 年，阎村镇党委下辖基层党组织 62 个，包括 1 个党委，61 个党支部。年内，发展中共党员 35 名，培训入党积极分子 49 名。全镇有中共党员 2106 名。2021 年，开展党史学习教育，创新推出并深入践行阎村镇“四学、四讲、四进、四融”工作法，开展中心组学习 31 次，组织集中学习 35 次，通过参观、竞赛等形式举办主题活动 15 次，聚焦群众关注热点，践行“我为群众办实事”实践活动，完成 4 个方面 42 项任务。完成镇党委和村、社区“两委”换届选举工作。加大对新业态、新就业群体的关爱，建立“暖心”服务站，开展“与爱同行”等活动，为快递小哥、网约车司机提供免费体检等服务。

2021 年，全镇税收实现 9.45 亿元，其中镇本级完成 5.31 亿元，北京金融安全产业园 4 亿元；全镇财政收入 2.36 亿元，其中镇本级完成 1.54 亿元，产业园 0.82 亿元；建安投资完成 1.67 亿元。

全镇粮食播种面积 8451.4 亩，总产量 3729 吨。其中，玉米播种面积 5804.7 亩，产量 2719.63 吨；小麦播种面积 2646.7 亩，产量 1009.4 吨。蔬菜种植面积 1152.5 亩，产量 1897.8 吨。干鲜果品产量 355 吨，食用菌产量 105.8 吨。全年，造林面积 3.5 公顷，育苗面积 13.8 公顷。

年内，扶持产业、服务企业、深挖税源，北京金融安全产业园入驻机构 676 家，实现税收 4 亿元。持续开展重点扬尘污染源管控，“疏整促”专项行动全面完成。开展爱国卫生运动，争创国家卫生镇，通过市级验收。落实街巷长和小巷管家制度，217 条街道、胡同进行登记造册，纳入管理。对阎安路、绿园路等道路照明设施升级、路面规划等，全面提升镇域内道路环境。全年，清运生活垃圾 2.3 万吨，查处无照经营、非法小广告、店外经营、施工扰民等问题 400 余起，罚款 42.5 万元。

2021 年，阎村镇完成重点人群、城乡结合部、人口倒挂村的核酸检测约 4 万人。完成疫苗接种 7 万余人、17 万针剂。采取 1+1+X 管控措施盯守重点人，发动辖区志愿者 1600 余人次，发挥群防群治作用，完成各项安保任务。狠抓反恐、反邪教、反诈、禁毒工作，开展禁毒宣传活动 9 次，打击非法集资宣传活动 3 次、专项治理行动 4 次。交通安全宣传 20 余次、整治活动 10 余次。完成“七五”普法。全年，开展宣传活动 30 余次，推进开古庄村民主法治示范村建设；开展举办“公益课堂陪您过大年”“‘百年礼赞 红心向党’庆祝建党 100 周年”等文化活动 10 余场、公益惠民演出 74 场、公益课堂培训 200 余课次，公益电影放映 656 场，为 10 个村（社区）更新安装健身器材。落实“双减”要求，摸排底数，责令关停违规培训机构。以家长学校为抓手，组织开展家庭教育大讲堂活动 152 次。持续推进“1+3+29”新时代文明实践体系建设，开展各类新时代文明实践活动 1000 余场次，对各项重点工作新闻报道 120 余次，区外媒体全年报道 87 次。

推进美丽乡村建设。全年，铺设上下水主管线 51875 米，下水、供水管线入户 31051 米，新建沥青道路 56880 平方米，安装水表 1300 块。跟进新增耕地土地整治项目，完成新增耕地指标 25.33 公顷，完成镇、村级林（田）网格划分工作，完成巡林（田）500 余次。完成城乡劳动力就业人数 768 人、采集单位招聘空岗信息 1035 个。新建 1 家幸福晚年驿站，为高龄、困难等 1379 名老人发放补贴。完成 112 户城乡低保、17 名农村特困人员的审核复核及保障金的发放。开展 53 个点位 108 个元素的无障碍改造，1510 名残疾人服务问需。与察右中旗大滩乡结对帮扶，给予帮扶资金 55 万元，采购帮扶地区农副产品 14.1 万元。

全镇有幼儿园 23 所，其中公办园 3 所、民办园 20 所；在园幼儿 2695 人；教职工 434 人。小学 7 所，在校生 3051 人，教职工 215 人。中学 6 所，在校生 3667 人，教职工 524 人。境内有区级文物保护单位南坊村老庙、元武屯娘娘庙。

（李贺然）

【疫苗接种】 1 月 5 日，阎村镇开展重点人群新冠疫苗接种工作。通过党员干部带头接种疫苗，村干部上门动员等方式，开展疫苗接种工作。截至年底，接种 17.38 万人次。

（李贺然）

【2 小区紧急封控管理】 8 月 1 日，阎村镇迅速反应，对出现新冠肺炎确诊病例的乐活城社区、新镇街道千禧家园小区进行管理。投入医护人员 130 人、机关干部 170 人、保安 350 人、民警 30 人，建立综合协调、舆情监测、物资保障等 8 个工作组，指挥部成员各负其责，确保各项工作有人盯、有人管，无死角，坚决做到疫情“不扩散”。8 月 22 日 16 时 30 分，阎村镇乐活城社区北区、新镇街道千禧家园小区，正式全面解封。

（李贺然）

【阎村镇第七次党代会】 9 月 29 日，中国共产党北京市房山区阎村镇第七次党员代表大会在镇政府举行。大会应到代表 158 名，实到代表 150 名。会上，党委书记栗鹏程代表中国共产党北京市房山区阎村镇第六届委员会作题为《启航新征程 砥砺谱新篇 为加快推进科技金融宜居小镇建设而努力奋斗》的工作报告。大会书面审议中国共产党北京市房山区阎村镇第六届纪律检查委员会题为《坚守使命担当 忠诚履职尽责 为推进科技金融宜居小镇建设提供坚强保障》的工作报告和关于党费收缴、使用和管理情况的报告，选举产生中国共产党北京市房山区阎村镇第七届委员会委员 11 名、中国共产党北京市房山区阎村镇第七届纪律检查委员会委员 7 名及阎村镇出席中国共产党北京市房山区第九次代表大会代表 7 名。

（李贺然）

【阎村镇第七届人民代表大会第一次会议】 11 月 17 日至 18 日，阎村镇第七届人民代表大会第一次会议在阎村镇政府举行，68 名镇人大代表参加会议。大会审议并通过《政府工作报告》《人大主席团工作报告》《2021 年财政预算执行情况和 2022 年财政预算（草案）的报告》《阎村镇国土空间规划》，以及大会选举办法（草案）。大会选举镇人大主席 1 名，镇长 1 名，副镇长 5 名。

（李贺然）

【“疏整促”专项行动】 年内，阎村镇整治“开墙打洞”，清理“散乱污”类企业 50 余家，做到“动态清零”。拆除违法建设 771 处，建筑面积 38 万余平方米，占地面积 47 万余平方米，100%完成销账任务。

（李贺然）

【生态环境建设】 年内，阎村镇以污染防治攻坚战为主线，以环保督察为契机，受理市环保督察组交办信访件 13 件。持续开展重点扬尘污染源管控，巡检面积 30 万平方千米，苫盖、绿化裸地 24 万平方米；扬尘巡查检查 653 次，累计发现问题 436 个，全部整改。印发垃圾分类宣传材料 10 万余份，启用摆渡音频宣传车，落实“六个一批”，实现“一长四员”上岗 460 人，建设垃圾分类驿站 4 处，出动检查 4320 人次，整改问题 1856 个。落实河长制要求，完成镇级河长巡河 24 人次，村级河长巡河 487 次，清理南上岗沟、窦店沟杂草，清理垃圾渣土 42 处 80 余吨；新增北坊村口袋公园 1 个。全年，累计新增绿地面积 3.46 公顷。

（李贺然）

【民生诉求受理】 年内，阎村镇受理各类热线 12015 件次，月平均在 1000 件次左右。镇政务中心办事 162 项，延伸到村（居）17 项。接待办事人员 8194 人次，办结率 100%，群众满意率 100%，投诉率为 0。

（李贺然）

【安全生产专项整治】 年内，阎村镇以安全生产专项整治三年行动为统领，结合实际制定39项整治任务，组织开展“高墙大院”整治、危险化学品企业巡查检查、安全生产隐患大排查等系列专项整治行动。全年，检查2830家次，发现隐患2298项，全部整改完毕。重点排查电动自行车6800余辆，新建充电接口537个。排查农村经营性自建房409户，1户存在安全隐患，整改完毕。5个社区通过综合减灾示范社区的验收，通过市级安全社区创建验收。

（李贺然）

窦店镇

【概况】 窦店镇地处房山区东南部，东与长阳镇毗邻，西与石楼镇相邻，西北与城关街道为邻，南与琉璃河镇相接，北与阎村镇、良乡镇接壤。境内有大石河、小清河过境。辖区总面积67平方千米。为拒马河、大石河、小清河冲积平原。辖30个村民委员会、14个社区居委会。有19个少数民族。2021年，全镇户籍户数26379户，其中农业户12023户、非农业户14356户。户籍总人口50444人。其中，男性24937人、女性25507人；农业人口24029人、非农业人口26415人。年内，出生人口396人，死亡人口383人。

2021年，窦店镇党委有基层党组织54个。年内，发展中共党员67名，培训入党积极分子112名。全镇有中共党员3104名。窦店镇制定《窦店镇2021年度基层党建工作重点任务清单（45项）》，召开党委（扩大）会60次，传达学习和会议研究议题358个。制定《2021年窦店镇中心组理论学习计划》，组织理论学习中心组集中学习24次。完成43个村（社区）换届选举，召开镇党代会、人代会，推选区党代表、区人大代表，做好区政协委员推荐工作。加强镇属媒体管理，在中央市级媒体播发稿件40余条；与《北京青年报》合作，全年发表各类新闻、通报、友情提示等780余条。发挥包村（社区）机制作用，定期召开党务工作培训。开展党员发展、困难党员申报、“两优一先”评选等工作。做好两批次52名困难党员的申报工作。完成区级“两优一先”申报，8个优秀个人和4个优秀组织获荣誉称号。完成348名党龄50年以上的老党员“光荣在党50年”纪念章颁发工作。完成中国共产党成立100周年文艺演出观看、庆祝大会人员组织等重大任务。以党史学习教育为契机，牵头开展“我为群众办实事”“履职践承诺、开门办实事”等活动，动员各基层党组织走访群众8400余户1.5万人次，摸排并解决问题800余个，梳理完成重点民生项目26项。

2021年，全镇税收完成75287万元，比2020年增长41.8%；财政收入完成26175万元。集体经济营业收入24.5亿元，农民人均所得24108元。规模以上工业总产值51.9亿元，主营业务收入59.5亿元，利润总额26846万元。

全镇粮食播种面积9742亩，总产量4624.6吨。其中，小麦播种面积4286.3亩，总产量1889.9吨；玉米播种面积5417.5亩，总产量2711.85吨。蔬菜种植面积16354亩，总产量33601吨。全年，羊出栏894只，存栏1543只；牛出栏3132头，存栏2733头；家禽出栏143.81万只，存栏0.58万只。鲜奶产量1433.46吨，禽蛋产量276.16吨，肉类产量2723.2吨，鲜果产量1068.3吨。全年，造林面积20.7公顷，育苗面积328.9公顷。

2021年，窦店镇在抓好疫情防控的同时，加速重大项目落地投产推进。市级现代农业产业园和农业产业强镇工程项目有序推进。农业产业强镇投入中央财政资金1000万元，完成肉牛信息化建设和品牌建设2个项目，并通过验收。现代农业产业园重点实施的三大工程16个重点项目全部竣工并投入使用。产业园标准化基地建成31家，其中市优级基地19家，形成以国家农业产业化龙头企业凯达恒业为主体，蔬菜加工为主导的产业化联合体，达到“生产+加工+科技”的发展要求，形成特色主导产业规模化、标准化、集约化的发展格局。

2021年，窦店镇拆除违法建设27万平方米，超额完成全年任务。清退一般制造业3家，新建便民网点 2 家，整治无证无照 7 家，完成市联席办反馈无证无照经营行为点位 20 个。完成新一轮百万亩造林 18.13 公顷、“战略留白”4.86 公顷、“揭网见绿”24 万余平方米、建设口袋公园 4 处。

窦店镇地势平坦，土壤肥沃，地下水资源丰富，电力充足，有丰富的地热资源。京广铁路、京石快客、京港澳高速公路、国道 107 线、长周路等贯穿全镇，设有 5 个高速公路出入口，开通客运汽车线路 10 条，区、镇、村三级公路与国道交织成网。

境内有市级文物保护单位窦店土城、后街烈士陵园，区级文物保护单位宏恩寺、于庄塔，一般文物保护单位窦店清真寺、后街村援朝烈士永垂不朽碑、大高舍立香火碑记善举碣记碑。

（张晓磊）

【村（社区）“两委”换届】 4 月 24 日，窦店镇 30 个村、13 个社区完成换届选举工作，实现所有社区（村）“两委”人员中有 35 岁以下年轻委员。全镇 43 个村（社区）“两委”干部实现学历年龄“一升一降”，班子学历和年龄结构进一步优化。

（张晓磊）

【拆违进展】 4 月，窦店镇抽调精干力量组建拆违专班，依据无违建底图分解全年拆违任务，形成“一把手”亲自抓，分管领导具体抓，专班成员分组承办的工作机制，逐级细化分工，层层压实责任。全年，拆除违法建设 27 万平方米，其中违法建设平台销账 369 宗，全面完成 2021 年度拆违任务。

（张晓磊）

【窦店第二幼儿园建设】 6 月 8 日，窦店第二幼儿园建设正式进场施工。该幼儿园位于窦店镇瓦窑头村，总用地面积 7275.44 平方米，其中基础教育用地（托幼）5409.04 平方米、代征城市道路用地 1866.40 平方米。总建筑面积为 3762 平方米。项目建设内容为综合教学楼、附属用房，设计入学学位 270 个，教学班 9 个。

（张晓磊）

【窦店村小麦亩产创新高】 6 月 16 日，北京市小麦开镰活动在窦店镇窦店村现代农业观光园举行。窦店村全年种植小麦 1200 亩，平均亩产 600 千克；最高亩产达 610.8 千克，较 2020 年同期增长 4.4%，为近 5 年最高产量，是北京市历史单产第三高。

（张晓磊）

【窦店镇第五次妇女代表大会】 7 月 15 日，窦店镇第五次妇女代表大会召开，94 名妇女代表出席会议。会议听取并审议通过上一届妇联工作报告，报告回顾总结全镇妇女工作，分析当前形势，确定全镇今后妇女工作的总体奋斗目标和工作措施。会议选举产生窦店镇第五届妇女代表大会执行委员会委员 20 名、出席房山区第五次妇女代表大会代表 6 名。

（张晓磊）

【组建“我来办”工作室】 7 月 23 日，窦店镇在全镇范围内组建村（社区）矛盾化解工作室，简称“我来办”工作室。截至年底，镇内 30 个村、13 个社区基本完成“我来办”工作室挂牌工作。

（张晓磊）

【新业态新就业群体】 9 月 3 日，镇党委召开新业态、新就业群体党建工作联席会，强化统筹、持续推进全镇新业态、新就业群体党建工作，摸排 21 个村（社区）28 个经营的末端网点，涉及员工 227 名，1 个美团骑手站点、53 名员工。10 月 20 日，建设新业态“温暖驿家”服务站，持续开展送关爱、送资源、送服务等工作。

（张晓磊）

【窦店镇第九次党代会】 9 月 29 日，中国共产党北京市房山区窦店镇第九次党员代表大会召开，全镇 113 名代表参加。镇党委书记隗合庆作题为《真抓实干 善作善成 不断开创窦店发展新未来》的工作报告，大会审议通过《中国共产党窦店镇第八届委员会工作报告的决议》和《中国共产党窦店镇第八届纪律检查委员会工作报告的决议》。选举窦店镇出席中国共产党房山区第九次代表大会代表 12 名。选举第九届镇党的委员会和党委委员 11 名，第九届镇纪律检查委员会和纪委委员 7 名。

（张晓磊）

【社区书记工作室成立】 10 月 15 日，窦店镇依托社区优秀党组织，在乐汇家园社区成立乐汇家园社区书记工作室。该工作室主要职责是针对社区书记、后备人才、社区工作者等不同对象，制定带教计划，传播工作理念、拓展工作思路、传授工作方法；围绕社区治理痛点、难点、热点问题，申报服务项目，主攻社区“疑难杂症”；因地制宜搭建“智慧党建”“书记沙龙”“开放日”等学习交流平台；创新党建引领基层治理的鲜明工作方式，形成具有可借鉴意义的经验做法4个方面。

（张晓磊）

【区、镇两级人大代表换届】 11月5日，全镇登记选民36928人，参加投票选民36260人，参选率98.19%，选举产生18名区级人大代表和79名镇级人大代表，完成人大代表换届选举工作。

（张晓磊）

【窦店中学获区级“普法先锋校”称号】 11月15日，2021年房山区中学生法律知识网络竞赛获奖名单公布，全区有42所中学参赛。窦店中学获“普法先锋校” 称号，23名窦店镇中学生（全区共有13561名学生参赛）获“学法先锋”奖。

（张晓磊）

【窦店镇第十七届人民代表大会第一次会议】 11月17日，窦店镇第十七届人民代表大会第一次会议闭幕。会议审议通过窦店镇政府工作报告、财政报告、人大主席团工作报告等内容，并作出相应决议。选举产生窦店镇新一届人大主席1名，镇长1名，副镇长5名。

（张晓磊）

【窦店文联成立】 12月21日，窦店文学艺术界联合会在中关村新兴产业前沿技术研究院国际会议中心三层多功能厅成立，并召开窦店文联第一届理事会，45名代表参加大会。会议审议通过《窦店文学艺术界联合会成立大会工作报告》《窦店文学艺术界联合会章程》《窦店文学艺术界联合会理事会选举办法》《窦店文联理事会候选人建议名单》。理事会选举产生窦店文联主席、副主席。该文联设有摄影家协会、音乐家协会、舞蹈家协会和诗词协会4个协会。

（张晓磊）

【1产业园入选市级现代农业产业园】 12月22日，根据北京市农业农村局、北京市财政局联合印发《关于认定第一批北京市现代农业产业园的通知》，公布关于认定第一批北京市现代农业产业园名单，房山区窦店镇现代农业产业园入选。

（张晓磊）

【疫苗接种】 年内，窦店镇扎实推进新冠病毒疫苗接种工作。截至年底，全镇累计接种第一针疫苗95429人。其中，60岁以上老人累计接种第一针13338人，接种率68.93%。3至11岁累计接种第一针6943人、第二针5391人、第三针疫苗加强针累计接种38537人，接种率68.23%。

（张晓磊）

【“河长制”情况进展】 年内，窦店镇对镇域内“三河、四沟”（即大石河、小清河、周口店河，窦店沟、刘平庄沟、兴隆庄沟、六股道沟）进行不间断式巡查，累计巡查1785次、巡河里程3996千米、上报问题81处、处理河道岸线问题150余处。对镇域内沟道、坑塘、马路边沟等小微水体开展全面整治，上账30条小微水体，有26条完成治理并销账。大石河沿线“三站一厂”全部投入使用，大石河国考断面水质稳定达标。农村污水治理工程有序推进，芦村、白草洼村、兴隆庄村3个村的生活污水进行全面治理。截至年底，完成铺设管线3.9万米、砌筑检查井2135座。

（张晓磊）

【文明城区创建成效】 年内，窦店镇开展全国文明城区创建工作。北柳村、乐汇家园等5个点位被列为文明示范基层创建单位，窦店北路被列为文明城区示范街巷。沁园春景、乐汇家园、窦店社区获市级垃圾分类示范小区称号。

（张晓磊）

【人居环境整治】 年内，窦店镇制定《窦店镇农村人居环境整治工作考核办法》，实施管护费与个人工资“双挂钩”机制，推行环境卫生网格化管理，村域内的每条街道、村边、林边、地边等分成责任区，实现环境整治工作的责任化、精细化和长效化，形成横向到边，纵向到底的网格化管理机制，发放镇财政奖励累计418.58万元。截至年底，有7个村完成工程建设，19个村正在项目施工。苏村自筹资金700余万元，进行村内排水管网改造。后街村自筹资金100余万元，与美丽乡村建设给水项目同步实施给水入户工程。按照区级相关农村人居环境整治工作安排，全镇30个村农村人居环境利用3年时间分批次推进验收，均以90分以上高分通过验收，全面完成人居环境整治3年行动计划。

（张晓磊）

【社会保障工作】　年内，窦店镇做好就业及托底保障工作。全年，城乡劳动力转移就业1043人，其中城镇失业登记人口实现就业836人，就业困难人员就业442人，城镇失业登记424人；申请89人稳定就业补贴资金32万余元；为877名劳动力人员争取灵活就业社会保险补贴资金815余万元。严格落实农村饮水安全管理工作，对3家集中式供水厂站和23座单村供水站，从供水水质、消毒设施、证件办理、计量收费、厂站环境等方面落实管控措施，完成取水口治理工作，全镇471眼自备井，全部办理取水许可证，安装计量表。大高舍村、丁各庄村等7个村安全饮水工程施工进度处全区前列。

（张晓磊）

石楼镇

【概况】　石楼镇地处房山区中部，东临窦店镇，西连韩村河镇、周口店镇，南接琉璃河镇，北衔燕房卫星城。大石河、周口店河、马刨泉河3条河流在境内蜿蜒穿绕。镇域内水源充足，水质良好。总面积48平方千米。辖12个村民委员会和1个社区居民委员会。2021年，户籍总户数17553户，其中农业户10067户、非农业户7486户。户籍总人口31688人。其中，男性15926人、女性15762人；农业人口20179人、非农业人口11509人。年内，出生人口213人，死亡人口283人。镇域内有15个民族，以满族、回族居多。

2021年，石楼镇党委下辖基层党组织26个，其中党总支4个、党支部22个。年内，新发展中共党员19名。全镇有中共党员1553名。完成村（居）“两委”换届选举工作。选出村和社区“两委”96名，书记、主任“一肩挑”率100%。各村均配备35岁以下年轻干部，并实现“两委”干部年龄、学历“一降一升”，班子结构进一步优化。镇党委在春节、“七一”走访慰问中华人民共和国成立前老党员和困难党员。开展党史学习教育，组织理论中心组学习15次，开展交流研讨9次、集中学习58场次、专题宣讲报告4场、参观学习3次，推送党史微党课240期，班子成员讲党课41场，参与党员3万余人次。开展志愿服务150余场，党员个人办实事1000余件，完成坨头村、梨园店村、吉羊村等5处口袋公园建设及镇中心幼儿园修缮、排洪沟治理等19项民生实事。

2021年，石楼镇建立“建账、销账、日报、会商、排名、督办”工作机制，开展农村人居环境检查36次，整改问题点位3035处，整改率100%。落实“门前三包”责任，签订责任书420份。完成首都环境建设管理办小卫星点位、网格员台账等整治7500余处。完成全年拆违任务，销账12.86万平方米，销账率100.47%。整改完成国土卫片73宗，完成复耕126.58公顷。办理无照经营、非法小广告、露天烧烤等行政处罚案件370余起。完成裸地治理43万平方米。全年PM2.5平均浓度41微克/立方米，同比下降14.6%。镇、村巡河累计900人次，年度区河长制绩效考核全区排名第四。完成19.8公顷平原造林任务，京津风沙源治理120公顷，创森绿化项目完成90%。全镇12个村建设规划全部通过区级审批。杨驸马庄村、坨头村和大次洛村通过市级创建验收。支楼村等10个村美丽乡村建设工程全面开工。推进夏村等4个村污水改造工程，铺设污水管线8.89万米，完成检查井5009眼。全面推进农村“厕所革命”，完成公厕提升34座，户厕改造4357户，完成桶站规范化建设105个，建设大类分流暂存点42个，生活垃圾分类驿站4座，完成生活垃圾分类示范片区创建验收，清运生活垃圾7621.76吨。处理诉求工单4688件，响应率96.83%，解决率89.92%，满意率91.62%，综合成绩91.68分。完善镇域30处无障碍设施建设，安装路灯769盏，维修“连心路”4000余米。开展“周末大舞台”等文化活动340场，放映公益电影486场，举办腰鼓舞、瑜伽、书法等培训 100 余期。开展“安全生产月”活动，排查企业 2190 家次，下达文书 2190 份，消除隐患 499 项。发放《疫情防控通告》《一封信》等宣传材料 3 万余份，录制广播宣传 10 余期，广播 7000 余频次，配备口罩 21 万个，消毒液 1075 千克，累计完成新冠病毒疫苗一针接种 26352 人，接种率为 82.78%。

2021 年，全镇税收完成 9487 万元，同比增长 35%；财政收入 2691 万元，同比增长 40.7%。固定资产投资完成 1.57 亿元。全镇规模以上工业总产值 30404 万元。粮食播种面积 14292.88 亩，总产量 6829.64 吨；蔬菜种植面积 8273.2 亩，总产量 21151.8 吨；干鲜果品产量 140.1 吨。羊出栏 236 只，存栏 806 只，家禽出栏 4545 只，存栏 8107 只，禽蛋产量 59.59 吨。全年，造林面积 19.8 公顷，育苗面积 12.2 公顷。

2021 年，全镇有 2 所中学、1 所中心小学、3 所完全小学、1 所中心幼儿园、2 所分园、2 所民办幼儿园、1 所成人学校。其中，中学有教职工 80 人，学生 445 人；小学有教职工 99 人，学生 1046 人；幼儿园有教职工 100 人，在园幼儿 615 人；中小学幼儿园有区级骨干教师 33 人，骨干班主任 8 人。成人教育学校有教师 5 人，开设课程 116 期，9504 人次参加。有乡镇中心卫生院 1 所，卫生技术人员 57 人，病床 20 张，村卫生服务站 8 个，医疗人员 57 人，医疗保障网络辐射全镇。全年，放映电影 486 场，文艺团队演出 216 场。镇内有文化活动室 14 个，文化健身广场 35 个。

（石佳）

【防汛应急演练】 6 月 9 日，石楼镇组织镇防汛办、镇抢险队、各村书记及部分村民，在双柳树村开展防汛应急演练。区消防应急队派 20 名队员协助演练。演练模拟在遭遇强降雨造成内涝情况时，防汛工作人员如何第一时间通报情况、快速反应、安全有序疏散引导村民到避难场所的全过程。演练结束后，镇防汛办还通过现场发放宣传材料、入户宣传等形式向广大村民详细讲解紧急避险的知识。

（梁策）

【庆祝中国共产党成立 100 周年系列活动】 6 月 20 日，石楼镇举办庆祝中国共产党成立 100 周年文艺汇演。该汇演分回忆篇、祝福篇、传承篇 3 个部分，表演诗朗诵、歌曲、舞蹈等节目。全镇党员干部群众参加活动。组织“百年励初心，永远跟党走”党史知识竞赛。经角逐，12 名选手进入决赛，获一等奖 1 名、二等奖 5 名、三等奖 6 名。组织开展“光荣在党 50 年”纪念章颁发仪式，为 142 名老党员颁发纪念章。组织广大党员职工开展“巧手剪纸寄初心，红色传承献给党”红色剪纸活动，邀请房山区非物质文化遗产剪纸项目代表性传承人讲解剪纸艺术。

（梁策）

【石楼镇第十六次党员代表大会】 9 月 28 日，房山区石楼镇第十六次党员代表大会召开。应到代表 130 名，实到代表 126 名。会上，党委书记焦迎彦代表石楼镇第十五届委员会作题为《践行新使命 启航新征程 为全面建设“绿色生态休闲宜居”新石楼而努力奋斗》的工作报告，大会选举产生党委委员 9 名、纪委委员 5 名和出席房山区第九次党代会代表 5 名。

（梁策）

【“我为群众办实事”实践活动】 年内，石楼镇开展“我为群众办实事”实践活动。累计开展志愿服务 150 余场，党员个人办实事 1000 余件，完成坨头村、梨园店村、吉羊村等 5 处口袋公园建设及镇中心幼儿园修缮、排洪沟治理等 19 项民生实事。

（梁策）

长阳镇

【概况】 长阳镇地处房山区东部，位于房山、丰台、大兴 3 个区交汇处。东隔永定河与大兴区接壤，东南与窦店镇相邻；西与良乡镇、拱辰街道相邻；南与琉璃河镇相连；北与丰台区毗邻。永定河自北向南成东部界河，小清河从镇域中心南北穿过，有哑叭河、牤牛河汇入，大宁水库干渠由北向南通过全镇。镇域总面积 76 平方千米。辖村民委员会 36 个、社区居委会 54 个。2021 年，全镇户籍户数 30784 户，其中农业户 5549 户、非农业户 25235 户。乡镇户籍人口 71368 人。其中，男性 36025 人，女性 35343 人；农业人口 14237 人，非农业人口 57131 人。年内，出生人口 898 人，死亡人口 334 人。

2021 年，长阳镇党委下辖基层党组织 114 个。年内，发展中共党员 74 名，培训入党积极分子 120 名。全镇有中共党员 3938 名。选派第一书记 3 人，下派至长营村、张家场村、牛家场村。2021 年，长阳镇坚持党史学习教育融入研学实践，在全镇上下营造“学、思、践、悟”浓厚氛围。紧扣群众急盼，围绕文明创城，答好“六道题目”，完成“我为群众办实事”重点民生项目镇级 11 项、村（社区）202 项。新增社区党支部 8 个、功能型党支部 11 个、“两新覆盖”57 家，实现动态全覆盖。完成镇、村两级换届选举工作，创建“广阳式”治理示范点 16 个。清零“5 年未发展党员村”，落实“五个一”机制，完成朱岗子“软弱涣散”村摘帽。建立“1+84+N”新型党群服务体系，“小哥岗湾”综合服务平台收获好评。牵头梳理 2021 年意识形态和廉政工作要点，实施干部“选—育—管—用”全链条监管，制定《关于进一步严格村干部管理监督的意见》。优化商圈经济，引进龙头型税源型企业，助推金融服务业快速发展。推进疏解整治、补齐基建短板、优化空间布局“三位一体”，城市慢行系统等 17 个重点项目全面完工，考评体系达标率 75%以上。创建嘉北“党建统筹•九元共治”等 6 个基层治理党建品牌。全镇“接诉即办”解决率同比提高 10.6%，治理效能稳步提升。

2021 年，长阳镇税收完成 109694 万元，完成全年任务的 62.55%；同比增加 36263 万元，同比增长 49.38%。区级财政收入完成 63555 万元，完成全年任务的 100.01%；同比增加 38497 万元，同比增长 153.63%。建安投资完成 231396 万元。集体经济总收入 25635 万元，集体经济组织成员人均所得 31367 元。全镇规模以上工业总产值 149730.9 万元，主营业务收入 157977.4 万元，利润总额 2369.3 万元。

全镇粮食作物播种面积 1635 亩，总产量 570.9 吨。其中，小麦播种面积 407 亩，总产量 95.1 吨；玉米播种面积 1228 亩，总产量 475.7 吨。蔬菜种植面积 10917.9 亩，总产量 19223.3 吨。长阳镇农业机械总动力 6896 千瓦。全年，羊出栏 206 只，存栏 90 只；牛奶产量 14988.1 吨。干鲜果产量 5661.2 吨。四旁植树 2 万株，育苗 3.89 公顷。长阳镇入选农业农村部 2020 年农业产业强镇建设典型案例。

着力推动长阳整治提升计划为重点，完工项目 17 个，方案评价体系达标率 75%以上。以建设国际消费中心城市为标准，着力提升长阳商圈品质，2021 年首创奥莱营业额达 40 亿元、半岛广场营业额 10 亿元。市商务局《北京市商圈活力研究报告》中，长阳镇位居全市第四位。科学编制长阳镇域空间规划，完成葫芦堡工业大院综合整治。持续深入开展蓝天碧水净土保卫战，扎实推进美丽乡村建设三年行动计划，PM2.5 等各项环保指标全面达标，落实河长制，全面消除劣Ⅴ类水质，完成新一轮平原造林任务，绿化覆盖率达 66.59%。持续将财政支出向民生领域倾斜，便民养老服务体系更加完善，社区便民服务实现 100%覆盖，以居家为基础、社区为依托、机构为补充的养老服务体系初现雏形。完成 0607 街区和黄管屯棚改项目拆迁，安置房建设同步推进。落实“查、防、管、督”要求，由镇党政“一把手”牵头，在全域建立 22 个片区 72 个网格，由党员干部带头下一线、上前线，推进“敲门行动”，从严开展重点人群、重点区域专项排查，加大密闭场所管控处置力度。深入推进“平安长阳”建设，持续完善“雪亮工程”，开展“阳光利刃”专项行动，为全镇经济、社会发展保驾护航，有力保障地区社会秩序安定团结。

（臧晓娣）

【庆祝中国共产党成立 100 周年展演】 6 月 24 日，长阳镇党委、政府举办“永远跟党走 奋进新征程”——长阳镇庆祝中国共产党成立 100 周年展演活动。该活动包括摄影家讲述长阳故事、首批基层党建品牌发布、群众文艺演出 3 个篇章。活动中，评选出长阳发展十大摄影讲述人；正式发布首批嘉州水郡北区社区党支部“党建统筹•九元共治”工作法、馨然嘉园社区党支部“三圆同心”工作法等6个党建品牌；为长阳镇党员志愿者服务队、长阳镇夕阳红志愿者服务队、长阳镇青年志愿者服务队、长阳镇巾帼志愿者服务队、长阳镇“两新”组织志愿者服务队代表5支志愿者队伍授旗。摄影图片展以“美丽长阳”为主题，从数千张历史图片和历届长阳摄影大赛参赛图片中选取200余幅作品，以“时光之门 美丽之窗”为设计主旨，在智慧长阳文化产业基地户外草坪免费对公众开放，为期30天。

（高晓娇）

【黄管屯棚改项目回迁入住】 7月5日，黄管屯棚改项目正式办理交房入住手续。现场组建综合协调、回迁认购、工作监督等9个工作组，统筹做好回迁入住各项保障工作，办理入住199户。

（王环宇）

【长阳镇第十次党代会】 9月29日，中国共产党北京市房山区长阳镇第十次党员代表大会召开，134名党员代表、15名列席代表参加。会上，镇党委书记张博以《乘势而上 勇立潮头 奋力打造京西南科技创新智慧宜居新城》为题作党委工作报告。会议审议纪委工作报告，党费收缴、使用和管理情况报告，选举产生中国共产党北京市房山区长阳镇第十届委员会委员11名、中国共产党北京市房山区长阳镇第十届纪律检查委员会委员7名和长阳镇出席中国共产党北京市房山区第九次代表大会的代表13名。

（高晓娇）

【长阳镇第五届人民代表大会】 11月17日，长阳镇召开第五届人民代表大会第一次会议，89名代表参加。会上，镇长张辉代表北京市房山区长阳镇人民政府作政府工作报告。会议审议通过《政府工作报告》《长阳镇2021年预算调整方案的议案（草案）》《关于2021年1—10月预算执行情况和2022年财政预算（草案）的报告》《长阳镇人大主席团工作报告》以及大会选举办法（草案）。经选举产生，镇人大主席1名、镇长1名、副镇长6名。

（高晓娇）

【“我来办”工作站成立】 年内，长阳镇以“12345”热线为支撑点，探索“我为群众办实事”的长效机制，推动社会基层治理向末端延伸。在各村（社区）成立“我来办”工作站，与市民热线工作站合署办公，一体运行。各村（社区）书记为第一责任人，公布办公电话及手机；在显著位置推广村（社区）公众号和公共信箱，方便及时受理群众诉求。围绕“您来说，我来办”工作理念，通过居民“派单”，社区“接单”，党员带头“办单”，推动“我为群众办实事”找准做实。整合村（社区）内组织、功能和资源，建立1支专职村、社区工作者队伍，形成“主动问询”服务新模式，引导居民有诉求直接拨打负责人电话，确保群众诉求第一时间得到有效处理。在各社区楼门栋设立“意见箱”，在居委会、村委会设立专职座席，公示专员手机电话，接到群众诉求后，第一时间建立台账。5天内能处理的村（社区）自行处理全力解决。难度较大的上报接诉即办中心“吹哨”处理。同时，工作数据每日汇总到镇中心，与接诉即办数据一并作为绩效考核、支撑决策的主要依据，形成接诉即办与未诉先办两套机制相互衔接、一体运行的工作机制，实现“未诉先办”、“您来说，我来办”工作常态化。截至年底，通过“我来办”工作站办理群众诉求11687件，解决率98%。

（韩越莹）

【电动自行车规范管理】 年内，长阳镇军留庄小区采取疏堵结合方式，规范电动自行车管理。在电梯内安装电动自行车阻车器，利用人工智能图像识别系统自动识别拒载电动车，通过“人防+技防”方式，降低消防隐患，规范小区电动自行车管理。在摸排电动车总数的基础上，对时有车棚进行升级改造，安装6组标准化电动自行车充电桩，可供60辆电动车同时充电。同时，在小区南门外，占地600平方米的车棚划分自行车停放区、电动车充电区、摩托车停放区、三轮车停放区，分区摆放、规范停车秩序。由专人不定时巡查，对违反规定且无整改意愿的居民，经村民代表大会讨论通过纳入村黑名单。

（高晓娇）

【“停车难”攻关】 年内，长阳镇改造提升长于路和怡和路交界的东南侧一处2公顷闲置空地，规划车位650个；在地铁稻田站东侧“桥下空间”施划392个停车位。协调芭蕾悦都小区与金域公园小区、长阳半岛小区周边的首创奥特莱斯商场、篱笆房P+R临时收费停车场、长阳半岛广场商业中心等分别提供300个、1000个、400个停车位与周边小区居民错时共享，弥补停车供给短板，满足人民群众合理停车的需要。

（王环宇）

【农村地区环境整治】 年内，长阳镇针对阎仙垡村庄环境脏乱差问题，召开专题部署会，制定裸地治理、农地占压、大车治理工作方案。研究制定《长阳镇农村地区环境整治行动方案》，持续开展农村地区环境整治专项行动。成立镇农村地区环境整治工作领导小组，开展摸底排查、清理整治。以行政村为单位组建农村环境综合整治专门队伍，一村一台账。把人居环境整治、裸地治理、农地占压治理、大车治理各项工作纳入网格化管理，采取集中整治和长效管理相结合的工作模式，加大管控力度。继续实施“六清一改”村庄清洁行动，集中清理死角盲区。依托各村网格员定期排查易反复的隐患点，加强动态监管。实施常态化检查考核机制，由各村、职责科室抽调专人组成检查验收小组，对整改完成情况进行检查验收，以考核促整改、促保持、定奖惩。加大宣传引导力度，调动农村党员、村民代表及广大群众广泛参与环境整治积极性，共同推动农村环境整治。

（高晓娇）

【“我为群众办实事”实践活动】 年内，长阳镇主要领导带头深入基层一线开展调研，围绕推进乡村振兴、推进基层治理、完善“接诉即办”等6个方面梳理民生热点问题，分管领导挂账推进，11个镇级实事项目、202项社区（村）实事项目，全部按时完成。以接诉即办为抓手，通过“三条主线”重点整治、“两本台账”化解难题、“每月一题”逐项破解。总计梳理群众需求事项202项，开展志愿服务400余场。建立22个片区1260个网格，明确网格员“巡查、发现、处置、报告”的工作职责，做到“网中有格、格中有人、人在格上、事在格里”。成立党建协调委员会、物业联盟，发挥党建引领作用，强化共建共治。引导物业企业、物管会建立56个党组织，实现物业企业党建工作全覆盖。

（郭莹）

【“1+84+N”新型党群服务体系】 年内，长阳镇在朱岗子村党群服务中心打造综合性服务平台，开通镇、村两级24小时服务热线，筹建“小哥爱心公寓”。依托社区（村）党群服务站，建立84个“暖心驿站”，开放休息区、卫生间，协调周边企业为小哥提供免费理发、共享书吧、免费打印等服务。动员N个职能部门助力，利用职工之家、妇女儿童之家、家长学校、青年汇等载体，定期开展关心慰问、健康义诊、义务理发、知识讲座等服务活动。

（高晓娇）

河北镇

【概况】 河北镇位于北京西南房山区西北部浅山区，地处华北平原与太行山交界地带。地势西北高东南低，地势落差大，最高海拔1189米，最低海拔90.7米。镇中心海拔150米。东与青龙湖镇接壤，西与佛子庄乡毗临，南与燕山办事处相连，北与门头沟区潭柘寺镇交界。镇域内河谷沟壑纵横，群峰耸立，有凤凰山、荞麦山、南大山、将军坨、朝阳洞山、半壁山等。山间沟谷交错、山泉丰沛，有主沟67条，支沟710条。大石河自西向东蜿蜒流经镇境中部，流程15千米。村庄多依山傍水，沿河谷沟域分布。镇域总面积90平方千米，下辖社区居委会3个，村民委员会19个。2021年，户籍户数12020户，其中农业户3469户、非农业户8551户。户籍总人口24002人。其中，男性12039人、女性11963人；农业人口6485人、非农业人口17517人。年内，出生人口169人，死亡人口261人。

2021年，乡镇党委下辖基层党组织34个，包括1个党委、2个党总支、31个党支部。年内，发展中共党员25名，培训入党积极分子94名。全镇有中共党员2032名。全镇19个村、3个社区党组织完成换届选举，共选举产生新一届村和社区“两委”干部134人。继续保持100%书记、主任“一肩挑”，镇党委下派干部也实现“一肩挑”。新当选的80名村（社区）党组织班子成员中，得票率80%以上的有70名，占比87.5%；新当选的92名村（居）委会成员中，得票率80%以上的有66名，占比71.7%。全镇深化“三铁四JING”党建品牌创建，开展“上一线、做贡献”实践活动，形成“一线有我、我在一线”的工作氛围，镇主要领导率先垂范，各村（社区）党支部和包村工作组深入村和社区清理卫生死角、现场办公推进口袋公园建设、开展入户走访慰问、解决接诉即办群众诉求。研究制定《关于进一步加强城乡基层党组织服务群众经费管理使用工作的通知》《河北镇基层党组织党建活动经费管理办法》，组织召开专题会议，就经费的使用范围、申报程序和注意事项等关键环节和具体要求对各村（社区）党组织书记和有关工作人员进行业务培训。结合人居环境整治、垃圾分类等重点工作，发挥经费服务保障党建引领基层社会治理作用，集中力量解决一批党员群众普遍关心关注的重点难点问题。结合美丽乡村规划建设，统筹资金打造镇级党群服务中心，建设党建主题公园、党建文化长廊，为庆祝中国共产党成立100周年献礼。河北镇党群活动中心挂牌。沿河党建主题公园、党建文化长廊听取2次设计汇报。围绕“七一”开展“六个一”系列活动，为开展组织生活、增强党建氛围、服务群众提供保障。全面梳理检视出落实组织生活制度不严格、党支部战斗堡垒作用发挥不充分等5个方面问题，抓好问题整改。开展“三务公开”“四议一审两公开”制度落实情况自查，进一步规范村级事务规范民主运行。完成2个优秀“广阳式”基层治理示范点创建；为219名老党员颁发“光荣在党50年”纪念章。为6名中华人民共和国成立前农村老党员发放慰问金6万元；申报4名市级困难党员、33名区级困难党员，发放慰问金20.5万元；对区委组织部备案的21名退休处级干部进行走访慰问，由班子成员入户传递党的温暖和组织关怀。以“传承百年红色基因 助力慈善为民办实事”为主题，总计捐款64018元。

2021年，全镇税收2756万元，完成全年任务的92.55%。财政收入732万元，完成全年任务的122.82%。

全镇粮食播种面积2806亩，总产量302.9吨。其中，玉米播种面积1254亩，总产量179.6吨；谷子播种面积250亩，总产量26.1吨；高粱播种面积22亩，总产量4.1吨。蔬菜种植面积380亩，总产量394.5吨。全年羊出栏1014只，羊存栏1529只。禽蛋产量16吨，干鲜果品产量1311.8吨。造林面积32公顷，育苗面积5.6公顷。

2021年，河北镇推进146项文明城区创建工作任务目标。拆除违法建设285宗。开展覆盖11个村的生态小流域治理工程。清理无照经营300余起。镇、村两级河长累计巡河2340.72千米，整改问题562处。推进美丽庭院工作，不断培育群众文明素养和良好习惯。依靠镇内万佛堂、孔水洞、石花洞等资源，配套建设河南村、河北村两村民宿，拓宽增收渠道。走访慰问优抚对象、困难群体等18886人次，发放慰问金、慰问品共计362.8万元。加强对河北省涞水县九龙镇、内蒙古突泉县学田乡的对口支援力度。推动棚改工程建设。依托“雪亮工程”积极构建社会治安防控体系，完成“两会”期间、“两委”换届等重大节点、重大活动的安保维稳工作。修订接诉即办考核办法，受理接诉即办工单3779件，满意率90.69%，解决率87.82%，平均成绩91.1分。累计开展法治宣讲活动17次，接受各类法律咨询118人次，调解8件民事纠纷，受教育群众达8000余人。开展安全生产大排查大整治工作，共检查企业1067家次，查处隐患293项，消除隐患283项。

河北镇地理位置优越，地势平缓，交通发达，良陈铁路沿境而伸，国道108线穿境而过。京昆复线、阎东路、良三路、万窑路，交织在境内，村村通柏油路。833路、948路、房13路公交车由良乡、石景山、红煤厂车站直通该镇。

河北镇有全国重点文物保护单位万佛堂、孔水洞石刻及塔，市级文物保护单位铁瓦寺，区级文物保护单位庄亲王墓石牌坊、万佛堂关帝庙、河北烈士碑亭等。有国家级风景名胜区石花洞风景区。民间乡土文化有河北村的高跷会、磁家务村的小车会、半壁店村的太平鼓等。河北镇的太平鼓和高跷会及黄土坡青石砚制作工艺3个项目入选房山区非物质文化遗产名录。

（于佳琦）

【棚户区改造项目】 1月26日，河北镇棚户区改造项目集体土地定向安置正式分房，一厂片区安置房及红线内外市政配套设施全部完工，建筑面积19.8万平方米。黄土坡村、半壁店村2个村完成回迁563户，回迁率97.6%。其中，黄土坡村112户全部回迁，半壁店村回迁451户，回迁率97.0%。

（于佳琦）

【疫情应急演练】 2月8日，河北镇开展疫情防控工作应急演练，22个村（社区）书记参加活动。演练采用实战形式进行，模拟出现疑似感染者后，全镇迅速启动应急预案，进行封闭管理、密切接触人员集中隔离、全面消杀及后勤保障等工作，检验参加人员疫情防控的应急指挥和处置能力。

（于佳琦）

【爱家手工艺坊揭牌】 3月5日，河北镇妇女发展联盟暨爱家手工艺坊揭牌仪式在河北镇修德谷举行。该工艺坊是河北镇妇联、北京修德谷传统文化体验基地、石花洞风景名胜区管理处联合建立的增收公益销售平台，采取线上和线下同步，门店、微商、电商并进的运营方式，积分制与星级评定相结合的管理模式，发挥传统手工艺覆盖面广、兼顾农工、适合家庭生产的优势，打造集教育、休闲体验、传习展览、文创礼品和乡村振兴为一体的多元立体式传统手工艺产业链，为留守妇女提供就业岗位。工艺坊“传统+文创”“手工+体验”的探索始于2020年12月，有手艺娴熟人员10余名，制作香囊及绳结编织等文创产品百余件。

（于佳琦）

【环境清洁日】 3月26日，河北镇开展“创城、创卫”环境清洁日活动，采取领导包片，干部包村的形式，全镇党员、机关干部全部下村，与各村（社区）工作人员一起对重点区域、公路沿线等部位的卫生进行彻底整治，500余人参加活动。

（于佳琦）

【拆违工作】 5月21日，河北镇召开拆违现场工作会和推进会，安排部署镇域内面积较大的违法建设集中拆除工作，共同研究学习先进经验做法，通报全镇拆违工作进度。该次集中拆除的违建2宗，主要难点是集体产权类点位投资较大，居住类点位1650平方米，村民居住长达15年。截至年底，全镇拆除违法建设285宗4.51万平方米，腾退土地5.76万平方米。

（于佳琦）

【党史知识竞赛】 6月24日，河北镇举办庆祝中国共产党成立100周年党史知识竞赛。参赛队伍由各村（社区）党组织、机关党组织组成，总计26支78人，题型涵盖中国共产党历史、时事政治、党建知识等内容。经角逐，口儿村党支部获一等奖，机关第一党支部、石花洞党支部获二等奖，万佛堂村党支部、房山矿社区党支部及半壁店村党支部获三等奖，其他参赛党组织分获纪念奖与参与奖。

（于佳琦）

【书画艺术下乡活动】 10月19日，民进北京市委联合民进房山总支，在河北镇举行书画艺术下乡活动。民进书画院的书画家、房山总支的书法家，30余人参加活动，围绕河北镇新农村建设和生态环境建设，创作作品百余幅。

（于佳琦）

【消防安全应急宣传与演练】 11月9日，河北镇惠景新苑社区开展消防安全应急宣传与演练活动。区消防支队从消防安全知识普及、火灾的安全隐患排查、发生火灾后如何灭火与自救等方面进行宣传，并对消防器材种类和使用方法进行介绍与演示，向100余名社区居民发放消防知识宣传页以及应急材料包。由惠景新苑小区物业工作人员组建的微型消防队进行防火应急演练。

（于佳琦）

【河北镇第五次妇女代表大会】 9月23日，河北镇第五次妇女代表大会召开。与会代表表决通过选举办法（草案），选举产生河北镇第五次妇女代表大会执行委员会委员和出席房山区第五次妇女代表大会代表人选。

（于佳琦）

【河北镇第十五次党员代表大会】 9月29日，河北镇召开第十五次党员代表大会。镇党委书记刘学军以《勠力同心 抢抓机遇——全力谱写旅游休闲滨水小镇高质量发展新篇章》为题作工作报告。大会选举产生中国共产党北京市房山区河北镇第十五届委员会委员11名、中国共产党北京市房山区河北镇第十五届纪律检查委员会委员7名和河北镇出席中国共产党北京市房山区第九次代表大会的代表9名，大会审议通过关于党委工作报告和纪委工作报告的决议（草案）。

（于佳琦）

【河北镇第十七届人民代表大会第一次会议】 11月17日至18日，河北镇第十七届人民代表大会第一次会议召开，61名人大代表、35名列席人员参加会议。会上，镇长吕言飞作《政府工作报告》。会议审议通过《政府工作报告》《河北镇人大工作报告》《河北镇2021年财政预算执行情况和2022年财政预算（草案）报告》，选举产生镇人大主席1名，镇长1名，副镇长5名。

（于佳琦）

【村（社区）“两委”换届】 年内，河北镇严格执行党委、政府换届及村（社区）“两委”换届前与镇村干部“六必谈”要求，完成村和社区“两委”换届选举工作，实现全镇19个村、3个社区书记、主任全部“一肩挑”，每个村（社区）都配备35岁以下年轻干部，基层“两委”干部的年龄逐步下降。新一届村和社区“两委”干部平均年龄48.3岁，较上届年轻3.3岁；大专以上学历比例达到50.7%，较上届提高5.2%；女性成员比例达到40.3%，较上届提高2.8%，实现年龄、学历“一降一升”，班子结构进一步优化。

（于佳琦）

【镇域环境改善】 年内，河北镇开展覆盖11个村的生态小流域治理工程，荒山造林53.33公顷，“战略留白”1.26公顷。全面落实“河长制”治理制度，镇、村两级河长累计巡河2340.72千米。全年，清理无照经营300余起，办理街面环境秩序类群众举报30起。拆除违规户外广告牌匾20余块，清理临街玻璃广告150余处，自拆彩旗、条幅30余条，清理非法小广告150余处。

（于佳琦）

【新冠病毒疫苗接种】 年内，河北镇广泛动员，开展新冠疫苗接种工作。截至年底，全镇累计完成第一针接种13877人，接种率116.65%；第二针接种13543人，接种率113.84%；加强针接种7898人，接种率82.32%。

（于佳琦）

【志愿服务活动】 年内，河北镇开展“上一线、做贡献”实践活动，结合创城、防疫、防火、防汛等工作，累计下沉党员干部2000余人次；依托新时代文明实践站（所）建设，开展文艺汇演、技能课程培训、知识宣讲等各类文明实践活动110余次；开展环境整治志愿服务、重阳节志愿敬老服务等志愿服务30余次，参加人数500余人次。

（于佳琦）

长沟镇

【概况】 长沟镇地处房山区西南，东、南与河北省涿州市为邻，西与大石窝镇接壤，北与韩村河镇相连。镇域总面积40平方千米，平原、丘陵、山区各占1/3。境内有南、北泉水河2条主要河流，境内流域面积29.5平方千米。辖18个村民委员会和2个社区居委会。2021年，全镇户籍户数13363户，其中农业户6026户、非农业户7337户。户籍总人口28392人。其中，男性14018人、女性14374人；农业人口14185人、非农业人口14207人。年内，出生人口231人，死亡人口219人。

2021年，长沟镇党委下辖基层党组织34个，包括1个党委，33个党支部。年内，发展中共党员29名，其中35岁以下党员15名。培训入党积极分子19名。全镇有中共党员1422名。2021年完成镇、村两级换届选举工作，选举产生村（居）“两委”干部104人、镇党代表118人、党委委员11人，纪委委员7人、区党代表7人，镇人大代表64人、区人大代表11人。举办3期“两委”干部培训班，累计培训300余人次。开展农村违规违纪发展党员问题排查整顿工作，纳入排查范围的党员259人。

下派党建指导员 28 人，协助各村（居）做好党建工作。为 189 名老党员颁发“光荣在党 50 年”纪念章。坚持党建带团建，完成村和社区团组织换届选举工作。全年，接收新团员 50 人，成立 21 支青年志愿服务队，有志愿者 664 人。

2021 年，长沟镇以庆祝中国共产党成立 100 周年为契机，以“牢记初心使命，红动魅力长沟”党群活动文化周为切入点，邀请党建专家开展互动型党课学习；组织在职党员回社区参加志愿服务，让“八小时党员”真正成为“全天候党员”；组织机关干部、书画爱好者、长沟镇“巧娘”开展主题演讲、书画创作、手工制作等活动，开展具有创新形式及红色内涵的党群拓展活动，构建和谐区域党组织关系，促进党群凝聚。

2021 年，长沟镇税收完成 21.28 亿元（包含基金小镇 20.32 亿元），完成任务的 215%，同比增长 192.1%；财政收入完成 5.3 亿元（包含基金小镇 5.1 亿元），完成任务的 234.5%，同比增长 222.3%。完成固定资产投资 6.14 亿元，建安投资 4.27 亿元。

全镇粮食作物播种面积 2041.5 亩，总产量 848.1 吨。其中，稻谷播种面积 146 亩，总产量 54.5 吨；小麦播种面积 513 亩，总产量 195.8 吨；玉米播种面积 1320 亩，总产量 566.2 吨。蔬菜种植面积 1031.6 亩，总产量 3404.3 吨。全年，羊出栏 909 只，存栏 905 只；牛出栏 76 头，存栏 387 头；牛奶产量 961.4 吨；家禽出栏 1262 只，存栏 4785 只；禽蛋产量 41.76 吨；干鲜果品总产量 187.32 吨。全年，造林面积 3.6 公顷，育苗面积 40 公顷。

2021 年，北京基金小镇入驻基金及相关产业链机构超过 1600 家，管理的资产总规模超过 2000 亿元。加快国家级泉水湿地公园提升工程，全面推进旅游资源深度整合，提升旅游配套设施建设水平，促进旅游与生态、文化、养老等产业互动融合。2021 年，在黄元井村引进民宿 1 处 9 间，三座庵村民宿规划正在完善修改，打造“美丽庭院”400 户。完成长走大会服务保障和基础纳客工作。举办文化展演及全民健身活动 30 余场、数字电影放映 610 场、培训 35 次，开展校外艺术类培训机构安全隐患排查 4 次。镇级文化体育活动中心工程西侧多功能厅主体建设完工。完成 3 个村（居）48 件健身器材安装工作，太和庄村门球场建成并投入使用。

2021 年，全镇 PM2.5 平均浓度 41 微克/立方米，TSP 平均浓度 92 微克/立方米，2 个指标均同比下降 8.9%。推进重点污染企业退城搬迁，“散乱污”企业实现动态清零，“煤改电”覆盖村（居）13 个、普及率达 85%以上。持续实施“留白增绿”工程，区级扬尘专项督查反馈点位 97 个，全部完成整改；自查裸地、扬尘等问题 25 处，共计苫盖 10000 平方米裸地；绿化、平原造林等长效机制治理 4 公顷；揭网见绿 230 万平方米。高标准打造提升长走大会沿线环境。持续推进垃圾分类工作，建造生活垃圾驿站 2 座。长海御墅小区被评为“北京市垃圾分类示范小区”。

2021 年，完成北良、三座庵、东良 3 家养老驿站验收工作，提供一对一养老服务 1129 人。为 18 名困境儿童发放补贴 44.88 万元，分批分次对 9 名生活困难家庭青少年开展“两节”送温暖活动，为残疾人申请各类惠残补贴 456.57 万元，安置 11 名残疾人就业。发放退役军人优待金 72 余万元。全年，实现就业 521 人，超额完成就业指标的 62%。持续推进社会保险扩面工作，服务企业 1600 次，完成扩面指标 100%。登记工伤事故申办 2 起，解决劳动纠纷案件 11 起。太和庄村被评为 2021 年北京市民主法治示范村。

全镇有中心幼儿园 1 所，下辖 3 所分园；入园儿童 500 人；教职工 63 人。长沟中心小学 1 所，下属 3 所完全小学；在校生 1032 人；教职工 80 人。初中校 1 所，在校生 421 人，教职工 80 人。镇社区卫生服务中心 1 所，病床 44 张。社区卫生服务站 4 所，村卫生室 39 所，卫生技术人员 68 人。全镇村级数字影院 15 处，益民书屋 15 处，文体活动广场 27 处，娱乐活动室 15 处。

境内有区级文物保护单位严行大德灵塔、长沟土城、西甘池村王爷坟、唐代刘济墓、西长沟村乾隆御笔碑。

（宋莹）

【信用进社区主题宣传】 1 月 22 日，长沟镇在西厢苑社区开展“诚实守信、共抗疫情”诚信建设万里行——信用进社区主题宣传活动。现场发放信用宣传材料，引导社区居民诚实上报个人行程轨迹，180余人参加活动。

（宋莹）

【庆祝中国共产党成立100周年书画展】 6月18日，长沟镇举办“永远跟党走”庆祝中国共产党成立100周年书画展。区文联、区书法家协会、区美术家协会及区老年书画研究会等相关单位领导参加活动。书画展为期1个月，134幅作品参加展示评比。

（宋莹）

【安全生产月活动】 6月，长沟镇开展以应急演练、宣传咨询、安全专项检查为主要内容的安全生产月活动。镇平安建设办下设安全科、安全生产检查队、综治办等部门在建筑工地和加油站等重点场所开展应急演练，200余人参加演练。以“落实安全责任，推动安全发展”为主题，多部门联合开展宣传咨询活动，170人参加活动。综合行政执法队、安全生产检查队、派出所等部门联合开展6次非居民用户燃气安全专项检查，防止发生安全事故。

（宋莹）

【电动自行车消防安全专项整治】 9月22日，长沟镇召开电动自行车安全隐患专项整治工作部署会。全镇划分为20个组70个片区，建立工作台账和整治清单，由党政“一把手”带队，领导班子、包村干部、“两委”干部联合公安、综治、安全、市场监管等7个部门，逐一走村入户开展安全检查行动，总计走访村（居）民2000余户，走访农贸市场、沿街商户、电动自行车销售门店47家，整改“进楼入户”、飞线充电、电动车占用堵塞疏散通道、安全出口等行为21件。

（宋莹）

【温馨家园获优秀助残社会组织称号】 11月，在北京市残疾人社会服务中心关于“冬奥有我”示范助残社会组织评选活动中，长沟镇温馨家园被评为“冬奥有我”优秀助残社会组织称号。在参与冬奥、服务冬奥、奉献冬奥，首批冬奥会城市运行及环境保障“两美两星”评选活动中，长沟镇温馨家园服务队入选北京市残联系统最美环境志愿服务队。

（宋莹）

【“我为群众办实事”实践活动】 年内，长沟镇制定22条“我为群众办实事”镇级重点民生项目清单。重点问题由书记、镇长挂帅解决；其他班子成员各自认领所辖领域的实事难点，精准对接发展所需、基层所盼、民心所向。各村（社区）结合实际情况，制定38条“我为群众办实事”重点民生实施项目清单。用情办好安置回迁、停水停电、路面破损等百姓身边“小”事，用心办好拆违治乱、污水厂提升改造、环境治理等百姓幸福“大”事。截至年底，上账的60条民生实事全部完成。在镇级清单中，《北良各庄村新能源车日益普及 政府村民共商共治充电难》刊登在《北京日报》的政府与市民专版。

（宋莹）

【民宿发展】 年内，长沟镇利用长沟生态、人文资源，扶持和挖掘具有乡村风情和地方特色的民宿经济，鼓励民间资本共同参与民宿产业发展，促进旅游产业富民。修改完善三座庵村民宿规划，在黄元井村引进民宿1处9间，打造“美丽庭院”400户。

（宋莹）

【林田湖“一盘棋”治理】 年内，长沟镇在全区率先建成乡镇级标准化林长制办公室。新一轮百万亩造林任务（西甘池村3.6公顷）完成种植，进入养护阶段。新建瞭望塔2座，完成林间可燃物清理1160公顷，开设防火隔离带38300延米，加派临时护林员400余名，处置违章野外用火46起。落实耕地保护制度，保护建设利用好基本农田，推动农田空间布局优化、质量提升。推行“田长制”，制定镇级实施方案，建立镇、村田长制责任体系，完善相关工作体制机制。持续开展设施农业季度巡查，严禁出现耕地新增非农化、非粮化问题，持续推进问题地块复耕、复种。全面加强撂荒地管理，切实防止撂荒和闲置。以“河畅、水清、岸绿、景美”为目标，全面开展落实河长制工作。完成南北泉水河周边水环境地上物现状调查，核实82块地上物名称及用途。完成149眼机井信息录入及核查工作。

（宋莹）

【美丽乡村建设】 年内，长沟镇按照《农村人居环境整治村庄清洁行动方案》的要求，全镇所有村庄达到干干净净、整整齐齐。农村垃圾、污水、旱厕、私搭乱建、乱贴乱挂、乱堆乱放得到有效治理，村庄环境干净、整洁、有序，长效管护机制基本建立，农村居民环境卫生意识普遍增强。完成13个美丽乡村创建村的人居环境整治工作。完成西长沟村、坟庄村、西甘池村、南甘池村4个村的2556吨型煤配送工作。长沟桥左岸截污工程建成污水井15眼、一体化泵站1座、铺设管线554米，有效解决北泉水河下游临街商户、农贸集市和村民聚居地16个雨水排放口的污水直排河道问题。

（宋莹）

【"疏整促"专项行动】 年内，长沟镇实施"三片区分班组"组团推进模式，以20个包村（社区）工作组为单元，把就近片区划分成3个班组，化整为零，加精加细，片区班组、包村组通力统筹调度片区任务有序推进。把精准上账作为前期重点工作，确保上1处拆1处，做到边上账、边拆除、边清运、边销账，对标对表、落实到位。截至年底，规自领域巡视反馈问题、专项台账拆除整改任务全部整改完成并通过规自部门验收；市专指拆违任务超额完成101%，排在全区前列。全年，拆除违法建设347处，建设面积63424.56平方米，占地面积78089.18平方米，完成全部工作任务。加大控违力度，实现违法建设"零增长"。加强对府前街、云居寺路、世界地质博物馆、基金小镇及湿地公园周边环境整治，全面清理无照经营、乱堆乱放等行为，深入整治餐厨垃圾收集排放、运输等环节违法行为，开展生活垃圾专项检查。

（宋莹）

大石窝镇

【概况】 大石窝镇地处房山区西南，东邻长沟镇，西连张坊镇，南接河北省涿州市和涞水县，北邻韩村河镇。自北向南呈狭长梯次分布，属山前暖区气候。镇域面积96平方千米，山地、丘陵、平原各占1/3。辖村民委员会24个。有12个少数民族。2021年，全镇户籍户数21338户，其中农业户12861户、非农业户8477户。户籍总人口39824人。其中，男性20115人、女性19709人；农业人口26518人、非农业人口13306人。年内，出生人口318人，死亡人口344人。

2021年，乡镇党委下辖基层党组织33个，包括2个党委、31个党支部。年内发展中共党员26名，培训入党积极分子16名。全镇有中共党员1690名。完成换届选举，共选出村"两委"干部138人，平均年龄45岁，女性40人，占29%，党员115人，占83%；村党组织成员100人，村委会成员82人，书记连选连任19人，书记、主任"一肩挑"21人（除石窝、后石门、郑家磨为机关下派村党组织书记外），全部实现"一肩挑"，交叉任职44人，占44%。大专以上学历54人，占39%；高中、中专学历54人，占39%；初中学历30人，占22%。村民代表1025人。其中，党员412人，占40%；女性333人，占32%。全镇33个基层党组织、1600余名党员投身疫情防控工作，组建24个党员先锋岗，24小时轮流值守。坚持"三会一课"制度，开展9次党员固定活动日活动，参与党员近万人次。利用党建视频实时监控系统、签到系统，抓好党员远程教育工作和党建纪实工作，通过党建视频纪实系统实时记录党员发展情况和村内重大工作会议。严格党员日常监管，强化困难党员帮扶。开展党员民主评议，加强党员干部的规范化管理。对在民主评议中被评议为不合格党员，建议转到镇整改转化党支部进行学习教育。继续抓好全镇非公企业党建工作。不断完善困难党员台账，继续"2+6+N"党员救助工作机制，细化困难党员情况，加大困难党员帮扶力度。严格贯彻落实《大石窝镇基层党组织服务群众经费管理办法》，明确使用范围，规范使用流程，强化监督管理，确保基层党组织服务群众的质量和效果。全年帮扶市、区级困难党员37人，镇级困难党员6人，帮扶资金20.3万元。制定《中共房山区大石窝镇委员会关于在全镇开展"我为群众办实事"实践活动的实施方案》，对察民情访民意、开展结对帮扶、深化志愿服务等作出具体安排，要求从群众急难愁盼的问题入手，组织引领机关党员干部聚焦全镇发展工作中心，深入所包村，通过上门走访、集体座谈、个别谈心、民意调查等形式，坚持不懈为群众办实事做好事解难事。辛庄村党支部、石窝村党支部被房山区授予“党建引领‘广阳式’基层治理示范点”。王家磨村被评为全国乡村治理示范村。组织各党组织开展好庆祝“七一”中国共产党成立100周年系列活动，并做好各项服务保障工作。通过开展“铭记百年辉煌，永葆炽热初心”主题活动，党员集体重温入党誓词，为222名“在党50年”老党员颁发勋章，开展党员献爱心及走访慰问区优秀党员、困难党员、中华人民共和国成立前老党员、老干部及烈士遗属等活动。

2021年，大石窝镇税收5778万元，财政收入1678万元。粮食播种面积 8874亩，产量3063.6吨。其中，小麦播种面积1715.17亩，产量537.69吨；玉米播种面积6482.6亩，产量2313.11吨。蔬菜及食用菌种植面积2592.4亩，总产量10903.9吨。全年，生猪出栏12020头，存栏60117头；羊出栏1773只，存栏3488只；牛出栏26头，存栏90头；家禽出栏6666只，存栏10795只；牛奶产量45.9 吨；禽蛋产量44.4吨。干鲜果品产量679.9吨。造林面积95.3公顷，育苗面积15.2公顷。

镇域地理位置优越，交通便利。京原铁路、房易路穿境而过，京石二通道高速公路使镇迈入首都一小时经济圈。境内公路总里程145.318千米，有917路、房12路、房18路、房31路、房41路等公交车。三岔公交客运中心1座，邮政局1所、变电站1座。

镇内有成人职业学校1所、中学2所、小学4所、幼儿园10所，在校中、小学生1745人，教职工172人，入学率100%。有中心卫生院1所，社区卫生服务站10个，医疗卫生人员98人，病床20张，农村新型合作医疗参保为99.8%；城乡居民养老保险参保率85%。全镇文化活动场所25个，数字影院9个。

境内文物古迹有全国重点文物保护单位云居寺塔及石经、房山大白玉塘采石场遗址，市级文物保护单位塔照照塔、高庄玉皇塔、蔡庄土城遗址，区级文物保护单位镇江营遗址、镇江塔、岩上磨碑寺、显圣寺、拒马河吊桥等。一级保护古树树龄在300年以上的古槐有5株。

（符秀玲）

【1人获评第五届“全国119先进个人”】 1月27日，大石窝义务消防队队长李磊获评第五届“全国119先进个人”。李磊是北京德生密山雕刻有限公司总经理，2013年自费建立北京市首家民间义务消防队，配置消防车库、消防车2辆、器材装备和消防员5名，累计投入资金300万元，出警500余次，典型事迹先后被《中央电视台•新闻周刊》《新华社每日电讯》《中国应急管理报》等媒体宣传报道。

（符秀玲）

【非遗继承人入选国务院政府特殊津贴专家】 2月24日，大石窝镇汉白玉雕刻非遗项目继承人刘鹏入选国务院政府特殊津贴专家。刘鹏先后被评为“首届中国石雕艺术大师”“中国百名优秀环境艺术师”，并获“2008中国人文奥运旅游纪念品”设计大赛金奖、首届和第二届全国石雕石刻设计创作大赛特邀金奖等荣誉。

（符秀玲）

【新任村“两委”干部培训班】 5月7日至8日，大石窝镇举办为期2天的新任村“两委”干部培训班。采取封闭脱产方式，以党的政治建设为重点，围绕党的理论政策、创建全国文明城区、加强基层党组织建设、美丽乡村建设、“接诉即办”、党风廉政建设、农村土地管理与使用、农村合同管理等方面进行培训，全镇24个村140余名村“两委”干部和第一书记参加。

（符秀玲）

【庆祝中国共产党成立100周年书画展】 6月29日，大石窝镇举办书画艺术节暨庆祝建党100周年书画展。展出镇域农民书画家、中小学生书画学习爱好者的书画作品200余幅。

（符秀玲）

【大石窝镇第五次妇女代表大会】 9月26日，大石窝镇第五次妇女代表大会召开，101名妇女代表参会。会议公布《大石窝镇第五次妇女代表大会代表产生情况说明》，听取镇妇联工作报告，表决通过《大石窝镇第五次妇女代表大会选举办法（草案）》，以无记名投票方式选举产生执行委员会 20 名，其中主席 1 名，专职副主席 1 名，兼职副主席 2 名，常务委员 1 名。

（符秀玲）

【大石窝镇第五次党员代表大会】 9 月 29 日，中国共产党北京市房山区大石窝镇第五次党员代表大会召开。应到会代表 150 名，实到会代表 144 名。镇党委书记曹燕杰作题为《弘扬伟大建党精神 凝聚振兴磅礴力量 奋力开创大石窝高质量发展新局面》工作报告。大会通过《中国共产党大石窝镇第四届委员会工作报告的决议》《中国共产党大石窝镇第四届纪律检查委员会工作报告的决议》。

（符秀玲）

【大石窝镇第五届人民代表大会第一次会议】 11 月 17 日至 18 日，大石窝镇第五届人民代表大会第一次会议召开。71 名镇人大代表和 25 名列席人员参加会议。镇长朱华俊代表北京市房山区大石窝镇第四届人民政府作《政府工作报告》。大会表决通过《政府工作报告》的决议（草案）和《大石窝镇政府财政预决算工作报告》的决议（草案）。选举产生人大主席 1 名，镇长 1 名，副镇长 5 名。

（符秀玲）

【辛庄村经济合作社被认定为国家林下经济示范基地】 12 月 25 日，大石窝镇辛庄村经济合作社被国家林草局认定为国家林下经济示范基地。国家林草局公布第五批国家林下经济示范基地名单，北京市大石窝镇辛庄村 3 家单位入选。该经济合作社经营林下经济面积 33.33 公顷，包含林花、林菌、林药、林下低密度养殖、林业废弃物资源化利用 5 个试点示范项目，实现种养结合、因地制宜、循环利用，最大限度发挥林地的生态效益和经济效益。

（符秀玲）

【养老照料中心开业】 12 月 29 日，大石窝镇养老照料中心正式揭牌开业。该中心位于石窝村，由老旧小学改造而成，占地面积 1 万余平方米。中心设生活区、娱乐区、医疗康复区，配备各种活动室及场所 100 余间（处），室内配有空调、电视、衣柜等，可供适老化床位 165 张。

（符秀玲）

【汉白玉资源保护】 年内，大石窝镇实施高庄矿区生态治理及农业基础设施建设项目，完成关闭矿山生态修复，治理边坡 2300 米、补植 11 万平方米，强化矿产资源监管，坚持疏堵结合，设立矿区检查卡口，杜绝私挖盗采，清退 128 家“小、散、低”石材加工企业，切断非法开采加工产业链；做好汉白玉存料保护，按照大小、品质分类存储，严禁违规外运；培育汉白玉文创产业，依托石雕艺术学校，联合故宫博物院建立汉白玉研究基地，做好雕刻技艺人才传承培养；与工美集团及国内艺术院校合作，组建石雕技艺工作室，《针灸铜人》《同梦和圆》等产品被选定为外交礼物。

（符秀玲）

【疏解整治促提升专项行动】 年内，大石窝镇严厉打击私挖盗采，在 31 个矿山点位安装监控探头，新设砂石料管控卡口 3 个，完成镇内 26 个未封堵矿洞的软封堵及警示标志设置。累计查获各类涉嫌私挖盗采案件 13 件，查扣作业运输车辆 19 台。切实做好全镇违法建设专项治理工作，提前完成全镇拆除违法建设任务 12.8 万平方米，任务完成率 102%。

（符秀玲）

【污染防治攻坚战】 年内，大石窝镇强化“河、田、林”三长责任落实。继续实施“清河行动”等专项整治行动，镇、村两级河长累计巡河 1720 余人次，巡河总里程为 4137 千米，清理河道垃圾 30 余吨。成立领导工作专班，划区分片监督管理，稳步进行林长制工作，完成 2021 年新一轮百万亩造林 95.33 公顷。持续开展“环保亮剑”行动，深化环保督察问题整改，严厉查处扬尘污染、“三烧”等违法违规行为。全年，立案 235 件，罚款 24 万余元。治理裸地 6 万平方米。

（符秀玲）

【“王家磨做法”经验推广】 年内，大石窝镇实现美丽庭院与垃圾分类、文明城区创建有机融合，完成 800 户美丽庭院打造，全镇美丽庭院示范户达 1400 户。北京卫视《我的桃花源》栏目拍摄房山特辑，人民网、光明网等 30 多家央媒、市、区级媒体对“王家磨做法”进行宣传报道，推动王家磨村旅游产业发展。“五一”期间，王家磨村吸引游客2万余人，旅游营业额40余万元。

（符秀玲）

【惠民实事】 年内，大石窝镇完成106户抗震节能改造工程，完成6户危旧房改造验收，排查12489户房屋隐患。落实城乡医疗救助政策，医疗救助124人34万余元。“两节”期间走访慰问优抚、五保等家庭146户，残疾人1176名，共发放慰问金123.7万元。对丧失劳动能力的31户低收入农户，采取社会保障兜底、帮助子女就业、提高赡养费等精准帮扶措施。王家磨村8家民宿低收入产业项目完工待验收。全镇34个无障碍点位改造完成。

（符秀玲）

张坊镇

【概况】 张坊镇地处房山区西南，东与大石窝镇相连，西与十渡镇接壤，南隔拒马河与河北省涞水县相望，北与霞云岭乡毗邻。境内主要河流有拒马河，自西北至东南流贯镇境南缘，境内全长16.3千米。镇域总面积130平方千米，辖15个村民委员会。2021年，全镇户籍户数12415户，其中农业户7336户、非农业户5079户。户籍总人口22994人。其中，男性11616人、女性11378人；农业人口14773人、非农业人口8221人。年内，出生人口169人，死亡人口191人。

2021年，张坊镇下辖基层党组织30个，含党委1个，党支部29个。其中，村级党支部15个、机关党支部4个、企事业单位党支部10个（其中非公企业6个）。年内，发展中共党员49名，25名预备党员按期转正。全镇有中共党员1279名。完成镇党委、政府、人大领导班子换届，村“两委”换届选举工作，13个村实现书记、主任“一肩挑”。组织开展理论中心组专题学习25次，开展专题党课、支部书记讲党课等各类学习教育400余次，通过党史学习教育读书班、新一届村“两委”干部培训班等多种形式，开展“不忘初心忆峥嵘，牢记使命再扬帆”等专题学习7场、各类实践活动7场。解决重点民生实事项目308项。优化《张坊镇落实意识形态工作责任制实施方案》《张坊镇网络舆情应急预案》《张坊镇党委落实意识形态工作责任制实施细则》，开展网络安全自查整改1次。举办“红色旗帜胜天渠，建功立业新时代”主题活动，开展“红色胜天渠，奋进新时代”等主题宣讲6次。西白岱村“向前一步”、张坊村“三好”、广录庄村垃圾分类“四四五”等新举措有序推进，片上村、大峪沟村被授予区级党建引领“广阳式”基层治理示范点。依托在职党员“双报到”“上一线、做贡献”等机制，助力垃圾分类、人居环境整治、疫情防控等重点工作。

2021年，张坊镇税收完成4435万元，财政收入完成1145万元。固定资产投资完成3050万元，其中建安投资3050万元。全年拆违任务59300平方米，已完成销账59586.91平方米，超额完成全年目标。

全镇粮食播种面积6733亩，总产量1881吨。其中，小麦播种面积124亩，总产量43吨；玉米播种面积6328亩，总产量1800.2吨。蔬菜种植面积504.6亩，总产量645吨。全年，家禽出栏0.2万只，存栏0.7万只。禽蛋产量71.6吨。干鲜果品产量478.6吨。全年，造林面积107.1公顷，育苗面积2.2公顷。

2021年，全镇完成市级卫生乡镇创建工作，被评为首都文明村镇。开展“一微克”行动，全镇PM2.5年均浓度降至40微克。无证无照经营、开墙打洞整治实现动态清零。开展河湖环境专项联合行动，累计巡河744次，整改问题点位668处，清理垃圾300余立方米。12个村建设完成并通过美丽乡村建设验收。建成并投入使用镇级生活垃圾处理站，实现生活垃圾就地无害化处理。推进新一轮百万亩造林绿化工程，完成京津风沙源治理二期工程（封山育林）100公顷，健康经营林木抚育项目1000公顷，各类造林173.33公顷，推进大峪沟村口袋公园及北白岱村古树村庄建设。实现接待游客17万人次，旅游综合收入1700万元。报送地理标志农产品品牌故事“房山磨盘柿”4户，中央电视台《沿着高速看中国》栏目报道依托京昆高速推动磨盘柿和高端红酒庄园等产业转型发展的新局面。云居小院、博士小院、静观云居、识宿等一批精品民宿品牌效应日益凸显，累计接待游客7000余人，30家民宿基本建成。结合“美丽庭院”创建，西白岱村、大峪沟村等6个村370余户村民探索美丽庭院+果树种植、美丽庭院+精品民宿等新型的农民增收方式。镇域国土空间规划编制工作扎实推进，完成生态安全、土地用途管控、城乡统筹及镇村风貌的编制工作。

全镇累计出动检查人员3600余人次，下派驻村干部5000余人次，实现新冠病毒疫苗接种3.6万余针次。选派16名街巷长，组建小巷管家队伍15支。接收“接诉即办”工单5255件，办结率100%，响应率97.19%，解决率93.62%，满意率94.38%。开展反恐、反邪教斗争、宗教活动阵地专项整治、信访矛盾纠纷排查化解工作。推进食品安全示范区创建。清拆除“高墙大院”8个，累计整改消除各类隐患370余处。完成庆祝中国共产党成立100周年等重大活动安保任务。推进养老服务试点镇工作，8家养老驿站运行平稳，1家老年餐桌运营正常，3家筹备完毕。推出张坊中学“一对一、点对点”经验，张坊中心园在区级示范园的基础上进行市级示范园的督导验收，乡农学院培训项目获北京市终身学习品牌，成人学校获北京市优秀培训机构。

境内有区级文物保护单位七级密檐塔、五级密檐灵塔、极乐禅寺、张坊古战道、中山寺、大峪沟摩崖造像、三合庄摩崖造像、北白岱观音像、郭士红烈士墓、郭永生烈士墓。有AAA级景区仙栖洞风景区，有黄姑坨、穆柯寨、南方大峡谷、绿色仙栖谷等旅游景点。

（白鑫）

【京冀接壤村核酸检测采样】 1月22日，张坊镇组织开展4个与河北省接壤村的全员信息化核酸检测采样工作。分别在张坊镇文体中心广场、千河口村和穆家口村3地，设置大中型核酸检测采样场所，对张坊村、片上村、千河口村、穆家口村4个村常住居民及镇域内企业、商户、公共领域服务人员及参与镇域防控一线工作人员等6类人员分层阶梯式进行核酸检测采样，总计检测4458人。

（苏歆桐）

【新冠病毒疫苗接种】 2月18日，张坊镇正式启动为期5天的新冠疫苗接种工作。首日接种对象为镇机关和蔡家口村、西白岱村、下寺村、片上村的常住人口，接种地点设置在张坊镇文体中心，在瓦沟村、三合庄村、东关上村等较远村落设置临时接种点。截至8月24日，张坊镇新冠病毒疫苗第一针接种13407人，接种率为102%。

（苏歆桐　白鑫）

【“三八”妇女节系列活动】 3月8日，张坊镇组织各村以疫情防控、巾帼服务为立足点，开展“三八”妇女节活动。张坊村在古城东门组织妇女开展以“抗击疫情让爱传递温暖同行”为主题的妇女维权宣传活动，发放宣传册1000余份。蔡家口、广录庄村以“农村人居环境整治 巾帼在行动”为主题，组织本村巾帼志愿者，清理公共区域杂草杂物、垃圾、渣土等。志愿者们在清理垃圾的同时，深入沿线村民家中广泛宣传，引导群众养成良好的卫生习惯。穆家口村开展庆“三八”座谈会。就如何传承家庭美德、处理邻里关系以及垃圾分类等热点问题进行交流。下寺村、片上村开展以“巾帼心向党 喜迎建党百年”为主题的文艺汇演活动，传递最美乡风文明。

（白鑫）

【房屋建筑承灾体系数据调查】 3月28日至30日，张坊镇采取3项举措，做好房屋建筑承灾体系数据调查工作。召开房屋建筑承灾体系工作部署会，制定工作计划，明确工作任务。严格按照“统一领导、分工协作、各方共同参与”的原则，以镇、村干部结合的方式利用专业第三方力量和已有信息资源，指导完成补充调查。成立张坊镇第一次全国自然灾害综合风险普查补充调查领导小组，负责普查业务指导和监督检查。该次调查张坊镇补充调查数量6178处，涉及全镇15个村。

（白鑫）

【新一届村“两委”培训】 4月14日至16日，张坊镇举办新任村“两委”干部培训班。培训以“不忘初心忆峥嵘 牢记使命再扬帆”为主题讲党课，围绕基层党建、廉洁履职、乡村振兴、美丽乡村建设、财务管理及公文写作等课程开展，90余人参加。

（徐洋）

【党建品牌研讨交流工作会】 4月23日，张坊镇组织全镇15个村级党组织召开2021年度党建品牌研讨交流工作会。会上，各村党支部书记逐一发言，重点汇报党建品牌存在的问题及下一步的工作计划。相关领导及专家逐一对各村的汇报进行分析与点评指导。特聘党建专家、区委党建办负责人、镇主要领导、班子成员、各村党支部书记以及部分“两新”组织负责党务工作人员40余人参加会议。

（徐洋）

【庆祝中国共产党成立100周年系列活动】 5月14日，张坊镇举办以“百年荣光 我在张坊”为主题的庆祝建党100周年主题摄影比赛启动仪式。中国摄影家协会、区政协、张坊镇党政班子成员以及参与参加胜天渠建设的2位老党员总计40余人参加活动。6月25日，举办“永远跟党走”群众系列活动“喜迎华诞 百年献礼”书画展。该书画摄影展总计征集作品190余件，展出书画作品82幅，优秀摄影作品34幅。6月26日，组织开展“红色旗帜胜天渠，建功立业新时代”和“红色胜天渠，奋进新时代”主题教育活动，挖掘曾参与过胜天渠建设的先进典型及7名基层优秀代表，为广大党员干部讲述胜天渠的事迹。在党50年以上的老党员代表、预备党员，张坊镇领导班子成员、各党支部书记及相关工作人员参加活动。

（白鑫 徐洋）

【张坊镇第十六次党代会】 9月30日，中国共产党北京市房山区张坊镇第十六次党员代表大会召开。全镇103名代表参会。镇党委书记王文路代表中国共产党张坊镇第十五届委员会作题为《传承红色基因 赓续红色血脉 为建设生态运动休闲新张坊而努力奋斗》的工作报告。大会审议通过《中共张坊镇第十五届委员会工作报告的决议》和《中共张坊镇第十五届纪律检查委员会工作报告的决议》。

（徐洋）

【首届柿乡情孝道文化饺子宴】 10月10日，张坊镇“孝满京城 德润人心”重阳节活动暨首届柿乡情孝道文化饺子宴、老年义诊活动在大峪沟村柿都小镇举办。该活动由中国老年学与老年医学学会农村养老分会、张坊镇人民政府、中国农业大学农民问题研究所、北京农业职业学院乡村振兴服务工作室、房山区农村专业技术协会主办，张坊镇成人学校及北京柿乡情生态农业专业合作社承办。活动分开幕式、义诊活动、一起包饺子吃饺子、健康知识讲座、专家论坛5个部分，100余名村民参加活动。

（白鑫）

【第十七届人民代表大会第一次会议】 11月18日至19日，张坊镇第十七届人民代表大会第一次会议召开。11月18日，召开张坊镇第十七届人民代表大会第一次会议党员代表大会，宣布大会临时党支部和各代表团临时党支部名单，与会代表集体观看换届警示教育片《警钟长鸣》，各代表团分团审议大会选举办法（草案）、讨论大会主席团及与会代表联合提名的候选人等。11月19日，张坊镇第十七届人民代表大会第一次会议召开，镇长张战鹏代表张坊镇第十六届人民政府作《政府工作报告》。会议听取并审议《政府工作报告》《张坊镇2021年财政预算（草案）的报告》《镇人大主席团报告》《大会选举办法》。各代表团分团讨论，审议政府工作报告，选举镇人大主席、镇长、副镇长。

（王甜）

【乡村产业振兴班结业】 12月27日，张坊镇乡村产业振兴培训班在“博士小院”结业。该培训班围绕发展乡村旅游业、实施特色小城镇建设、田园综合体规划建设、规模经营等方面的创新理念、实践经验、先进做法和典型案例等内容，采取现场教学、互动交流和理论授课、外出参观相结合，以事对事、点对点、面对面的方法解决民宿经营户的切实问题。结业式上，成立“张坊地区乡村旅游与民宿经营联合体”组织，表决通过组织章程。该联合体是在张坊镇成人学校指导下，由北京柿乡情生态农业专业合作社牵头，通过整合成员资源，建立利益联结机制，不定期开展教育培训、教学研讨、现场观摩等，联合开展乡村旅游系列活动。

（白鑫）

【民生保障工作】 年内，张坊镇完成全镇低保、低收入家庭、特困人员的申请、受理、家庭经济状况调查、入户调查、初审意见及公示，发放低保救助金4055.83万元，发放生活救助金173.37万元。开展重阳节慰问活动，走访全镇65周岁以上老人3000余人，发放慰问物资3017份45.3万元。

（白鑫）

【市容环境整治】 年内，张坊镇以城市精细化管理为主线，针对经营企业、个人开展市容环境整治执法行动。以群众反映最多、意见最大的城市治理顽疾为重点，着力解决周张路沿线、古战道周边区域侵街占道、无照经营、店外经营、乱堆物料等问题，规范引导9起，立案处罚1起。对张坊大街、旅游景点周边、公交站等店铺集中、人员密集的重点地区加强监管，拆除违规设置的户外广告、横幅、灯箱等5处，做到对问题点位持续跟踪复查，遏制反弹。24小时受理群众举报、投诉以及对全市城管工作和队伍建设的意见建议，确保群众和经营者的诉求“件件有措施，事事有落实”。

（白鑫）

【风险防范工作】 年内，张坊镇强化责任落实，做好森林防火工作。重点把责任延伸到村主任、防火主管、防火小组长、各户、林权所有者“五个关键人”身上，落实“人头、山头、地头、坟头、村头”，确保“责有人担”“山有人管”“林有人护”“火有人打”。通过微信公众号、抖音等方式宣传烟花爆竹禁放规定，对辖区内的控制厂房、“高墙大院”、出租房屋等重点部位进行全面摸排，坚决杜绝私存烟花爆竹行为。紧盯年节假日、祭祀扫墓等重点时段，紧盯建筑工地、新开店铺等重点单位，紧盯婚丧嫁娶等重点人群，严查严治火灾隐患，实现“四个确保”工作目标，即确保服务保障单位不发生起火冒烟事故，确保“六类高风险场所”不发生有影响火灾事故，确保“七类薄弱环节”不发生较大亡人火灾事故，确保全镇社会面不发生重特大及有影响火灾事故。严格落实预防煤气中毒工作，对取暖户进行摸底调查，逐户检查，张贴“红色”安全贴，各村对鳏寡孤独等重点群体进行摸排，建立台账，对重点户发放风斗并更新燃气报警器，加强对山区燃烧木柴、土炕等情况检查。

（白鑫）

【大峪沟村柿子采摘园】 年内，张坊镇大峪沟村盘活村里的闲置土地调集相关人力、机械设备，补植柿树350棵，打造占地面积6.8公顷的特色精品柿子采摘园。实现农业增效、农民增收、农村增绿，助推村集体经济持续增收，推动党建工作与乡村振兴同步发展。

（白鑫）

【党史知识竞赛】 年内，张坊镇举办以“学党史铭初心”为主题的党史系列知识竞赛。全镇17个党支部51名党员参加比赛。经过三轮比拼，蔡家口村党支部获第一名，机关第一、第二党支部并列第二名，南白岱村党支部、三合庄村党支部和瓦沟村党支部获第三名。

（徐洋）

【大气污染治理】 年内，张坊镇开展污染防治联合检查，严厉打击“三烧”行为，全面排查辖区裸地扬尘、道路扬尘、施工扬尘等问题点位，做到第一时间掌握情况并协调处置。全年出动联合执法检查、专项检查186次，出动人员累计356人，发现整改问题110余处，参与行政处罚涉气类处罚20起。制定实施精细化管理措施，利用空气湿度、天气风向、严格管控三结合的方式，动态治理大气污染。PM2.5年均浓度从2017年的65微克/立方米降至40微克/立方米，创4年新低，完成蓝天保卫战三年行动计划。

（白鑫）

【垃圾分类示范村创建】 年内，张坊镇采取4项举措，推进垃圾分类示范村创建工作。以减量化、无害化、资源化为目标，完善《张坊镇党建引领全镇垃圾分类工作方案》，推进四品类垃圾规范化收运，规划建设厨余垃圾及生活垃圾处理站。利用广播、横幅、宣传册、宣传栏、微信群、巡回宣讲等方式，动员在职党员、妇女儿童、广大群众参与“桶前值守”“小手拉大手”等活动。与山东省昌邑市康洁环卫工程有限公司签订《张坊镇卫生保洁及垃圾清运项目管理委托合同书》，负责全镇15个行政村、55条连村道路保洁和生活垃圾清运工作。以治标与治本相结合、建设与管理相结合、专业队伍与群众运动相结合，建立长效管护机制，多部门协同共同开展常态化巡查检查，发现1处立即解决1处。以广录庄村为示范点，在镇域内形成良好的文明生活示范作用。

（白鑫）

【“田长制”责任体系建设】 年内，张坊镇设置镇“田长制”办公室，建立“分级负责、全面覆盖、责任到人”的镇、村两级资源保护发展工作机制，形成镇、村两级“田长制”责任体系。镇级田长每年至少开展2次巡查，镇级副田长每月至少开展1次巡查，村级田长每周至少开展1次巡查。对耕地与永久基本农田保护管理存在的问题，做到“早发现、早制止、早报告、早整改”。设立农田保护标识，对永久基本农田设立统一规范的公示标牌和保护标志，公开田长责任人和责任事项。统筹农村护林员、管水员等队伍，建立管护台账，开展村级耕地日常巡查检查。遏制耕地“非农化”“非粮化”增量，加强耕地利用情况监测，保障粮食安全和重要农产品有效供给。落实全市百万亩绿色粮菜生产任务，分解目标任务，确保按年度完成生产目标任务。立足山区资源禀赋和自然生态条件，因地制宜发展杂粮杂豆、薯类、中医药等特色作物，满足市场多元化、品质化消费需求。

（苏歆桐）

【河湖环境联合行动】 年内，张坊镇利用广播、横幅、新媒体等形式进行宣传引导，加强防控宣传和涉水法治教育。镇、村两级各部及志愿服务队宣传河长制工作举措，悬挂河长制宣传横幅20条，发放宣传品、宣传资料500余份。加强河道、沟道排查巡查，严禁侵占河道、拦网捕捞等行为。组织机关干部、志愿者清理河道、沟道、岸边、渣土、漂浮物等，出动200余人，出动车辆20余辆，清理垃圾、渣土、河面漂浮物等38处150立方米。镇河长办、镇综合执法队、镇森林消防队开展联动协作，对河边游客烧烤、野钓等进行劝阻和没收。

（白鑫）

十渡镇

【概况】 十渡镇位于房山区西南，东与张坊镇相连，西、南与河北省涞水县接壤，北与蒲洼乡、霞云岭乡相邻。处于太行山深山区，自然风景为喀斯特地貌，是华北地区最大的岩溶峰大峡谷。拒马河流经镇域27.2千米。涞宝路贯通全境，连接周张路和国道108线、红井路连接涞宝路与国道108线霞云岭段。镇域面积208平方千米，全镇有21个村民委员会。2021年，全镇户籍户数6502户，其中农业户3781户、非农业户2721户。户籍总人口11499人。其中，男性5774人、女性5725人；农业人口7408人、非农业人口4091人。年内，出生人口82人，死亡人口120人。

2021年，乡镇党委下辖基层党支部24个。年内，发展中共党员21名，培训入党积极分子31名。全镇有中共党员1141名。完成“两委”换届工作，换届后的“两委”班子由19个村党支部、21个村民委员会构成，班子成员133人。其中，村党支部成员84人，村委会委员83人，交叉任职34人，交叉任职比例为25.56%。村党支部书记和村委会主任“一人兼”18人。党支部连选连任52人，村委会连选连任55人。84名支委中，女性委员18人，大专以上学历36人；83名村委中，女性委员29人，大专以上学历23人。整体学历水平有所上升，妇女委员比例进一步提升。全镇村民小组长74人，村民代表543人，其中党员212人，党员比例较上届提高1.91%。全年，开展主题党日活动12次、开展理论中心组专题学习24次，举办学习宣讲活动28场、培训教育党员干部群众2000余人，147名老党员获“光荣在党50年”纪念章。镇级“我为群众办实事”项目清单完成率100%，卧龙安置房一期、西河村排水沟等一批急难愁盼问题得到解决，3个集体和6名个人获房山区“两优一先”表彰，马安村党支部获“北京市先进基层党组织”称号。实现农村、机关事业单位和“两新”组织全覆盖，5年及以上未发展党员村全部“摘帽清零”。重点培育“五小党建工作法”和“头羊精神”党建品牌，制定党建提升、深化、巩固3年规划及实施方案。下派16名镇级党建指导员，九渡村等3个村入选“广阳式”基层治理示范点，东太平村和西太平村党建模式获评优秀党支部工作法，初步实现“强更强、强帮弱、弱变强”党建工作格局。推进红色使命领航工程，通过邀请专家开设讲座、班子成员下基层讲党课、播放教育影片、现场观摩互评互学等形式，对新当选的村“两委”干部进行培训。全年，拨付党组织服务群众经费630万元，党建活动经费19.83万元，实施91个党组织服务群众项目。坚持党建引领“三乡联动”，全力推动马安村等4个村高端品牌民宿落地，“红色马安”等教育基地接待游客7余万人，太平天池景区带动群众增收90余万元，十渡大街整治提升项目在《北京日报》刊发。五合村、六渡村分别被评定为房山区第一批和第二批垃圾分类示范村，马安村、九渡村、东太平村和西太平村“广阳式”基层治理示范点申报成功。

2021年，十渡镇财政收入1477万元，完成全年任务的136.2%。税收完成4087万元，完成全年任务的100.3%。全社会固定资产投资完成9242万元，建安投资完成9043万元。2个美丽乡村创建村建设项目计划总投资1435万元，完成投资183万元。全年，接待游客98.56万人次，同比增长43.67%；实现旅游综合收入21190.4万元，同比增长34.3%。农村家庭经济总收入17902.7万元，人均所得18899元，同比增长6.9%。

全镇粮食播种面积2760亩，总产量461.1吨。其中，稻谷播种面积20亩，总产量8吨；玉米播种面积2397亩，总产量426.3吨。全年，羊出栏928只，存栏3464只。家禽出栏0.8万只，存栏0.8万只。禽蛋产量34.2吨。干鲜果品产量305.7吨。全年，造林面积400公顷。

十渡镇完成十渡镇镇域空间规划初稿，前2批美丽乡村建设村工程完成达95%。文化活动中心设备改造提升项目完工，西太路开工建设。累计清理生活垃圾1262吨、建筑垃圾2800吨，清理乱堆乱放乱贴乱画5339处，修缮整治路面墙面103处，集中拆除乱搭乱建96处。拆除违规牌匾广告158块，涉及138家经营单位。按照挂账销号制，建立自查点位8399处，推动问题点位全部清零。全镇2个村105户基本达到“美丽庭院”创建标准。21个村人居环境整治通过历次市区检查验收。户厕改造857户完成验收。拆除违法建设163宗，建设面积23538.94平方米，腾退土地面积44423.87平方米。制作巡查周报，掌握各村土地管理动态，实现新增违法建设动态清零。全年PM2.5平均浓度为33微克/立方米，全区排名第5名。加强河道管理保护，严查电鱼、地笼等非法捕捞行为，收缴地笼200余个；清理河道内建筑垃圾渣土65处、生活垃圾80处、水面漂浮垃圾105处，拒马河水质常年达到二类标准。推进“绿盾”专项行动问题点位整改，72个问题点位销号71个，整体销号率98.6%。浅山荒山造林完成400公顷，森林健康经营1066.66公顷。

2021年，十渡镇制定《十渡景区2021年旅游行业安全生产检查计划》，编写《关于禁止电动、燃油四轮观光车上路行驶的告知书》，利用广播、流动宣传车等形式进行广泛告知。建立“十渡文旅”抖音官方账号，制作景区、民宿等推介旅游的视频，累计播放量超过300万次。制定防汛预案，组建防汛抢险队伍，开展防火、防汛演习，逐村排查隐患，签订责任书；群测群防员每日巡查地质灾害隐患点，出动车辆实施药物防治7次，使用药剂30余箱，防治面积200余公顷，动物防疫率100%。推进安全生产、消防安全专项整治三年行动，“高墙大院”、瓶装液化石油气、预防煤气中毒、电动自行车消防安全等专项整治效果明显，292个电动自行车集中充电口全部投入使用。进行安全生产检查1523家次，排查企业552家次，发现并整改隐患571条。开展“生命至上 终结艾滋 健康平等”“99公益”等活动。举办公益惠民演出54场和“电影周末场”活动13场。全年，接诉即办共受理群众诉求3061件，市级考核响应率95.91%，解决率93.89%、满意率95.48%，综合评分94.93分。收到国家局、市、区件18件，答复18件；接待群众来信来访65件次195人次，比2020年同期减少19.6%。完成中国共产党成立100周年、全国“两会”等安保维稳任务，完成城市管理指挥分中心基本建设及人员配置，建成街巷长、小巷管家队伍2支。全年，上报各类环境案件线索2957起，上报任务完成率达156%，响应率和完成率都达到100%。与内蒙古自治区突泉县永安镇签订一对一支援合作框架协议，捐赠20万元专项帮扶资金。

十渡镇有寄宿制中心小学1所，教学班12个，在编教师28人，学生294人。有中心幼儿园1所，中心园分园2所（六渡分园、平峪分园），教学班6个，在编教职工12人，在园儿童147人。有镇成人学校1所，在岗教职工5人。有社区卫生服务中心1个，社区卫生服务站4个（即十渡社区卫生服务站、平峪社区卫生服务站、西石门村社区卫生服务站、六渡社区卫生服务站），有在编职工44人。另有21个村卫生室。推进新冠病毒疫苗接种工作，全镇疫苗接种率81.98%，加强针接种率78.25%。通过文件宣传疫情防控知识，村广播循环播放防控政策，镇、区等媒介张贴宣传标语60余幅，横幅110条，提示牌46条，发布公众号28条，在市、区新闻媒体发布信息17条。全镇共有21个村级图书室，书籍197165册；1个镇级图书馆，书籍14018册。

2021年，十渡自然风景区获首都文明景区称号。十渡镇有市级四星级民俗村1个（平峪村），市级三星级民俗村4个（西河村、十渡村、九渡村、七渡村）。市级星级民俗户117家，其中五星民俗户11户、四星14户、三星31户、二星34户、一星27户。镇域内有拒马乐园、孤山寨、东湖港、民俗风情苑、仙西山等景点，形成以游山赏水、蹦极、空中客车、玻璃栈道、高山漂流、飞人等游览性与参与性旅游项目。借助房山区“三乡联动”发展规划在抗日模范村——马安村打造“红色马安”红色旅游景点，低收入村西太平村集体增收项目太平天池自然风景区正式运营。

境内有全国爱国主义教育基地——平西抗日战争纪念馆，区级爱国主义教育基地——红色马安抗日模范村。有区级文物保护单位赵然墓、平西抗日烈士墓、老帽山六壮士墓。

（李晔）

【液化石油气安全专项整治】 1月26日，十渡镇对辖区餐饮饭店、液化气临时换瓶站、商超、学校、养老院等单位开展液化石油气专项安全检查，重点排查液化气罐不合格及过期、液化气罐和灶具的安全距离、软管的使用、气瓶间和气化间未设置合格的燃气泄漏报警装置等安全隐患。截至1月底，总计检查单位74家，立即整改21处，下发限期整改通知单10份，对发现的问题及时跟进、追踪整改情况，确保问题点位整改到位。

（李晔）

【环境卫生整治】 2月5日，十渡镇建立“村‘两委’、网格员、保洁员、护林员”环境卫生整治工作机制，对各村的背街小巷、主路沿线等区域的卫生进行集中清理，重点对垃圾分类实行“户投放、村收集、镇运输、集中处理”360度无缝衔接、闭环管理，使垃圾不落地。“小巷管家”“街巷长”主动承担起防控宣传员、环境监督员等职责，定期对所管网格区域进行巡逻，发现不文明行为及时制止，发动居民群众看好自家的门，整理好房前屋后的环境卫生，清理生活垃圾90余吨，拆除私搭乱建31处，清理乱堆乱放、乱贴、乱挂、乱画536处。

（李晔）

【2021年拆违工作】 4月27日，十渡镇召开拆违工作部署会，对“拆违治乱”工作进行详细的安排部署，并组建镇专项治理领导小组，由镇主要领导担任组长，按照任务分工共同参与，逐级压实责任，抓好具体落实。每周召开1次专项治理工作推进会，对各村拆违工作进行分析调度，明确任务。对镇域内违法建设进行调查摸底，实行分类登记、建立台账，做到一户一档，逐项明确违法建设行为人、建设时间、地点、用地性质、建筑面积、类别和用途等。截至年底，拆除违法建设163宗，建设面积23538.94平方米，腾退土地面积44423.87平方米。

（李晔）

【防汛工作】 6月，十渡镇召开防汛专题工作会议，成立由党委书记为政委、镇长为指挥的防汛抢险工作领导小组，完善《十渡镇2021年防汛抢险预案》，与各村、各单位签订安全度汛责任书30份。

各村、各单位严格落实“七包、七落实”，对泥石流、塘坝、排洪道和水库下游的住户及地质灾害易发区进行全面检查，对排查的结果登记造册，实行挂销账管理方式处理解决。镇、村、景点成立三级抢险队伍600余人，储备编织袋3万条、救生衣300件、应急灯16个、小型发电机2台、大绳30条、塑料布1卷、帐篷10个等防汛物资，各村、各单位做好防汛应急演练，利用广播、短信、微信群、电子显示屏等方式对汛情监测预报和防汛减灾知识进行宣传，加强值班值守制度。

（李晔）

【电动自行车充电安全隐患排查】 9月20日，十渡镇召开安全生产工作紧急部署会。会议通报“9•20”通州火灾事故情况，传达区安全部署工作会的会议精神，并提出“居安思危，有思则备，有备无患”的具体工作要求。会后，镇领导分2组就十渡镇各村电动自行车充电桩情况、各企业消防设施情况进行检查。检查过程中，采取以案说法的方式，向居民宣传消防和应急逃生知识，引导居民认识了解电动自行车不规范充电行为的危害，对发现的问题当场监督整改。该行动总计检查电动车维修单位1家，快递点1家，村委会6个，督促整改隐患10处。

（李晔）

【中共十渡镇第九次党员代表大会】 9月29日，十渡镇召开中共十渡镇第九次党员代表大会。全镇102名代表参加。镇党委书记梁义国作题为《凝心聚力 真抓实干 善作善成开启全面建设山水特色景观旅游小镇新征程》的工作报告。大会审议通过大会选举办法、《中国共产党十渡镇第八届委员会工作报告的决议》和《中国共产党十渡镇第八届纪律检查委员会工作报告的决议》。

（李晔）

【第九届人民代表大会第一次会议】 11月17日至18日，十渡镇召开第九届人民代表大会第一次会议。全镇53名人大代表和38名列席人员参加会议。与会人员集体观看换届纪律警示教育片《警钟长鸣》，报告代表资格审查情况，通过大会议程和大会主席团、秘书长名单、议案审查委员会名单。各代表团听取并审议通过十渡镇《政府工作报告》《关于十渡镇财政预算执行情况和2022年财政预算（草案）的报告》《人大工作报告》。镇长于云飞代表房山区十渡镇人民政府作政府工作报告，大会选举人大主席1名，镇长1名，副镇长5名。

（李晔）

【“黑车、黑导、黑马”专项整治工作会】 11月24日，十渡镇召开“黑车、黑导、黑马”专项整治工作部署会。镇主要领导、相关分管领导、沿河流域相关村书记参加会议。会上，北京拒马河水生野生动物保护区管理所领导从环境建设、市级野生动物保护的角度普及相关知识，镇领导对整治工作进行重点部署，旅游办和综治办联动配合，对电动车和燃油观光车进行排查，并签订承诺书。

（李晔）

【“门前三包”责任制】 年内，十渡镇与临路（街）所有的单位、门店、住户签订“门前三包”责任书，相关单位负责包卫生、包绿化、包秩序。按照三包责任抓好落实，实行自家垃圾自家清理，并将垃圾倒到指定地点，任何人不准在道路两侧堆放垃圾、粪土、柴草等。各户责任区内的设施、绿地定期清扫与维护，各户交界内道路上的路沟、路面等由各户负责管理、看护，受损自行修复，推动市容环境进一步向好。镇城管部门定期对沿街商铺的“门前三包”责任落实进行检查，对存在违规现象的商铺耐心劝导，引导商户遵守“门前三包”管理主动履责。5月1日至11日，对违规店外经营检查102家，警告27家，立案4家并进行罚款，拆除违规广告牌47块。

（李晔）

【21个村电动自行车充电站建成】 年内，十渡镇21个村电动自行车公共充电站安装完毕并投入使用。充电站安装后可同时给两轮、三轮电动车充电，有效解决村民电动自行车停放和充电问题，实现村内电动自行车统一停放、集中充电的安全管理，有效减少“电瓶家充或私拉线充电”不良现象。

（李晔）

青龙湖镇

【概况】 青龙湖镇地处房山区东北部，东与丰台区相邻，东南与西潞街道办事处为邻；西与河北镇接壤，西南与城关街道、东风街道相连；南与阎村镇、新镇街道相连；北与门头沟区毗邻。境内大石河总长8.2千米，刺猬河总长5.7千米。镇域总面积91平方千米，其中水域面积4平方千米；蓄水量2900万立方米。辖村民委员会32个、社区居委会3个。2021年，全镇户籍户数23825户，其中农业户12245户、非农业户11580户。户籍总人口46227人。其中，男性22966人、女性23261人；农业人口24971人、非农业人口21256人。年内，出生人口415人，死亡人口355人。

2021年，青龙湖镇党委下辖基层党组织42个，包括3个党总支，39个党支部。年内，发展中共党员23名，培训入党积极分子126名。全镇有中共党员2145名。完成26个村的党组织换届，选举产生村和社区“两委”干部203名，比上届增加25名；平均年龄48.8岁，比上届下降5岁；大专及以上学历100人，比上届增加22人；每个班子中都至少有1名35岁以下年轻干部。扎实开展党史学习教育，开展“学党史善作善成”交流研讨、集中学习、现场宣讲等活动26场。召开“光荣在党50年”老党员座谈会，并颁发纪念章。加大支部书记培训考核，实施“第一书记”工程，强化软弱涣散村整顿。建立党员实训基地4个，组建青年干部理论学习小组，坚持“惜时尚读”每周1题；组织机关干部知识测试，每月开展“政治生日和自然生日”赠书活动；成立青年突击队。开展“两委”干部身份和违纪违法排查、党员和公职人员违法占地违法建设自查。

2021年，全镇税收完成2.57亿元，同比增长13.7%；财政收入1.24亿元，同比增长35.4%；完成固定资产投资13.6亿元。

全镇粮食播种面积2557亩，总产量842.7吨。其中，小麦播种面积302亩，总产量117.9吨；玉米播种面积2163亩，总产量705吨。蔬菜种植面积2995.1亩，总产量4051.3吨。全年，羊出栏601只，存栏574只，家禽出栏4万只，存栏1.8万只。鲜奶产量56.9吨，禽蛋产量312.3吨，肉类产量74.7吨。干鲜果品产量576.6吨。全年，造林面积14.8公顷，育苗面积45.3公顷。

青龙湖镇依托镇内山水资源，打造“两带三区”的文旅发展新格局。以城市化建设为中心，逐步形成“健康+红酒”的环湖产业经济带及“一日观五朝”的文物古迹与自然景观并线串联文化带；以北京大熊猫科研繁育基地为龙头，创建精品旅游休闲娱乐区；以森林公园为载体，构建绿色画廊生态旅游区；以精品民宿发展为引擎，搭建民俗文化旅游度假区，重点打造文旅融合的新业态。严格落实河长制、林长制、田长制。成立工作专班，党员干部带头拆除违法建设，完成46万平方米的拆违任务。稳步推进北京大熊猫科研繁育基地等重大项目落地，形成以“左岸花园”为代表的精品民宿。全镇划分为1505个网格，统一建立新冠肺炎疫情防控管理台账，坚持每日疫情调度，对全镇77个卡口和623家门店反复督查。深化“我为群众办实事”实践活动，完成民生实事195项，完成率达96%。加大就业再就业工作力度，城乡劳动力实现就业1064人，城镇登记失业人员就业率达到63.17%。举办书画展、文艺演出等活动418场，抓好双拥共建，大学毕业生工作实习岗位提供，优秀中高考毕业生奖励。统筹推进“创城”工作，开展交通示范路口文明引导、文明祭扫、清除卫生死角等系列志愿服务活动。完成全国“两会”、中国共产党成立100周年、中共十九届六中全会等重大政治活动期间安保维稳任务。严格落实安全生产责任制，持续做好社会治安综合治理。

境内有全国重点文物保护单位姚广孝墓塔，市级文物保护单位吕祖庙（奕绘贝勒园），区级文物保护单位豆各庄塔、金成明墓石牌坊、常乐寺、环秀禅寺、灵鹫禅寺、石梯关帝庙、广智禅寺、天元寺、古槐寺、焦各庄娘娘庙。

（刘子华）

【庆祝中国共产党成立 100 周年活动】 4 月 28 日，为庆祝中国共产党成立 100 周年，青龙湖镇组织开展“大美青龙湖”硬笔书法比赛。活动共收集硬笔书法作品 200 余件，入围 81 件，59 件作品分获一、二、三等奖。6 月 28 日，举办“奋斗百年路 起航新征程”庆祝中国共产党成立 100 周年文艺演出活动，表演舞蹈、诗朗诵、京剧、歌曲、萨克斯独奏等节目，100 余名村（社区）文化组织员及演职人员参加。

（刘子华）

【村和社区“两委”干部培训班】 5 月 26 日至 28 日，青龙湖镇举办 2021 年村和社区“两委”干部培训班。邀请区经管站、区委党校、北京春雷精诚会计师事务所人员为“两委”干部授课，内容涵盖农村集体经济、中国共产党百年奋斗历程与宝贵经验、严守纪律规矩加强基层党风廉政建设、农村审计案例剖析等，并组织村和社区“两委”干部就新形势下如何做到“善作善成”进行分组讨论，交流感想。

（刘子华）

【“党史的精髓与智慧”专题讲座】 6 月 1 日，青龙湖镇组织开展“党史的精髓与智慧”专题讲座，邀请前线杂志社总编辑李明圣以“党史的精髓与智慧”为主题作专题辅导。李明圣从“党史的脉络”“党史的精髓”“党史的智慧”3 个方面进行讲解。全镇党员干部参加报告会。

（刘子华）

【青龙湖镇第六次党代会】 9 月 28 日至 29 日，中国共产党北京市房山区青龙湖镇第六次党员代表大会召开。151 名党代表、37 名列席代表参会。会议听取镇党委书记张福利作的《坚持绿色发展，打造“京西明珠”，奋力谱写“一区一城”新房山高质量发展的青龙湖篇章》报告，审议党委工作报告、纪委工作报告以及党费收缴使用和管理情况的报告，讨论候选人名单并提出意见和建议。会议选举产生中国共产党青龙湖镇第六届委员会委员 11 名。

（刘子华）

【拆违工作】 年内，青龙湖镇成立工作专班，建立会商调度机制，按任务量，倒排工期、挂图作战。机关干部带头签订责任书，党员干部带头拆除违法建设。7 月 3 日，青龙湖镇组织召开拆违工作推进会暨宅基地管理工作部署会，就全镇拆违工作和宅基地管理工作进行安排部署，北四位村、辛庄村支部书记分别作表态发言。7 月 5 日，青龙湖镇主要负责人带队检查拆违进度，并对解决裸露土地、乱堆乱放等问题提出建议与意见。截至 9 月，46 万平方米的拆违任务全部完成拆除。

（刘子华）

韩村河镇

【概况】 韩村河镇位于房山区西南部，地处太行山脉。地势西北高东南低，依次为山区、丘陵、平原各占 1/3 用地面积。东与琉璃河镇为邻，西与霞云岭乡、大石窝镇和张坊镇相接，南与长沟镇和河北省东仙坡交界，北与石楼镇和周口店镇接壤。镇域总面积 112 平方千米，下辖村民委员会 27 个、社区居委会 1 个。2021 年，全镇户籍户数 20536 户，其中农业户 11928 户、非农业户 8608 户。户籍总人口 42817 人。其中，男性 21524 人、女性 21293 人；农业人口 25988 人，非农业人口 16829 人。年内，出生人口 338 人，死亡人口 343 人。

2021 年，韩村河镇党委下辖基层党组织 80 个。年内，发展中共党员 25 名，培训入党积极分子 40 名。全镇有中共党员 2400 名。严格落实“三会一课”“主题党日”、组织生活会等制度，开展“学党史 忆初心 强党性”主题党日活动，班子成员带头讲党课。利用镇域红色资源，组织参观韩村河展览馆。完成村“两委”换届和乡镇换届选举工作。制定“知村情、解民需”机关干部包村工作方案，明确“六个一”工作任务，督促发挥包村工作职责。结合拆违、接诉即办、人居环境整治等重点工作，实行奖惩工作机制。坚持党风廉政和业务工作紧密结合，强化党风廉政建设主体责任落实。

2021 年，韩村河镇税收完成 11612 万元，财政收入完成 3563 万元。粮食播种面积 15718 亩，总产量5929吨。蔬菜种植面积1505亩，总产量3457.1吨。干鲜果品总产量574.7吨，羊存栏758只。禽蛋产量208吨，鲜奶产量74.9吨。全年，造林面积121.2公顷，育苗面积91.7公顷。

韩村河镇坚持规划先行，启动国土空间规划、旅游产业发展规划和“十四五”经济社会发展行动的研究和编制工作。以上方山国家森林公园、龙门生态园、韩村河景村等为代表的旅游景区，以传统种植业、采摘业为基础，全力打造亲子教育、文化体验等服务业态。圣水莲庭精品民宿、赵各庄乡居庄园、天开自然营地引领全镇精品民宿群加快建设。韩建集团第三次创业转型顺利推进，被评为“北京市扶贫协作先进集体”。韩建地产、韩建文旅等6大产业板块呈现出全新发展活力，北京韩建河山管业股份有限公司获中国建材企业500强称号。韩建集团与圣水峪村经联社签订《闲宅改建民宿合作协议》，发展民宿产业。完成16个村美丽乡村建设。召开创城工作调度会11次，开展城乡环境集中综合整治50余处，开展“文明驾车 礼让行人”专项整治行动，布设宣传栏27块、宣传展板64块、景观小品14处，发布创城相关微信公众号22期。与北京工商大学生态环境学院签订共建协议，成立治超专班，开展大气污染联合整治行动。镇污水处理厂提标改造项目正式运行，5个村和1个社区接入管网。成立镇环境治理大队，夯实村（社区）网格化管理体系，每月至少开展1次由主要领导带队的人居环境拉练检查活动。坚持“定目标、定点位、定时序”抓好拆违工作，完成拆除违法建设销账7.5万平方米，腾退土地8.9万平方米，超额完成7.09万平方米的年度拆违腾地任务。启动房易路（韩村河段）提升改造项目，制定《房易路（韩村河段）景观改造提升设计方案》。2021年，复耕任务700公顷，总量居全区第一，完成复耕266.66公顷。针对“接诉即办”排名靠后的形势，健全考核奖惩、矛盾化解、例会调度等工作机制，建立压实基层、镇村联动、专班协调的“三层次”办单模式。对群众反映强烈的重难点问题进行现场办公、集体会诊、联合行动，扎实推进“我为群众办实事”实践活动，完成镇、村两级涉及民生、环境、就业、养老等方面清单63项。充分运用“网格化”管理长效机制，做好重点时期社会面防控工作和防汛防火等工作。持续开展“高墙大院”、电动自行车等安全隐患大排查大整治专项行动，对镇域17处进京小路实施严格硬隔离，并加强巡查。围绕庆祝中国共产党成立100周年主题，举办“建党百年，辉煌未来”系列活动、“翰墨鉴初心，讴歌新时代”庆祝中国共产党成立100周年书画作品展等活动。被中华诗词学会授予“中华诗词之镇”称号。

全镇有中学2所，小学6所，中小学生在校生2148人，入学率100%。有文物古迹26处。其中，市级文物保护单位4处：上方山诸寺及云水洞、天开村元代应公长老寿塔、孤山口村明代周吉祥塔、皇后台村清代伊桑阿墓石刻。区级文物保护单位2处：曹章村汉代陶井、天开村辽代天开塔。一般级文物20处。

（王立军）

【疫苗接种】 3月2日至10日，韩村河镇在岳各庄卫生院北院开展全员新型冠状病毒疫苗接种第一针工作。截至年底，完成接种第一剂3.34万人，接种率88.7%，完成2个剂次接种3.13万人，接种率83.1%。其中，加强针累计接种14665例，完成73.32%。60岁以上老年人累计接种6914例，完成70.24%。

（王立军）

【上方山香椿采摘周】 4月24日，“椿游上方山•寻香圣水峪”——2021上方山香椿采摘周暨地理标志农产品市集活动在韩村河镇云水洞景区开幕。该活动为期7天，设主会场和分会场，主会场包括展卖、镇域文化展示、直播带货、民俗文化、乡村休闲旅游等，分会场设在圣水莲庭民宿，与主会场连线，展示韩村河镇精品民宿宜居环境与香椿美食。活动期间，推出以上方山国家森林公园、龙门生态园等景区，圣水莲庭民宿为代表的4个网红打卡地。

（王立军）

【“全民健身 文明创城”健步行】 5月17日，韩村河镇在龙门生态园举办“全民健身 文明创城”健步行活动。全镇28个村（社区）分别选派10名代表参加活动。活动期间，全镇组织参观创建文明城区宣传展，发放宣传袋、倡议书300余份。

（王立军）

【就业保障】 5月28日，韩村河镇联合市人力资源社会保障局、市国资委在韩村河村举办“成就梦想 职等你来”专场招聘会，54家用人单位提供岗位2135个，初步达成就业意向1044人。截至年底，全镇开展就业培训2期，实现农村劳动力就业505人，完成全年任务指标的133%。城镇登记失业人员就业率69.93%，全区排名第三。

（王立军）

【安全生产工作】 6月2日，2021年韩村河镇“安全生产月”工作部署会召开。要求各村（社区）、各部门根据《2021年韩村河镇“安全生产月”活动工作方案》，压紧压实安全生产责任，深入排查安全风险隐患，扎实推进问题整改。6月16日，开展“6•16”全国安全宣传咨询日活动。从生产安全、防火、防震减灾、交通等方面多角度宣传安全生产应急疏散知识，发放宣传册等500余份。集中宣传后，主管领导带队入户到弱势群体及独居老人家中，宣传燃气使用知识，帮助老人更换燃气软管。6月17日，在报废汽车解体厂开展安全生产应急救援演练活动。采取集中观看火灾警示教育视频与灭火实战演练相结合方式开展，普及火灾逃生注意事项，讲解消防器材使用方法、火灾报警流程等消防安全知识。加大执法检查力度，组织开展安全生产专项行动。全年，检查企业342家次，查出隐患275处。与相关单位联合开展24小时交通安全检查行动，发挥“街乡吹哨 部门报到”工作机制，明确工作重点、细化工作任务，在辖区主要道路采取流动巡逻与定点设卡相结合，严厉查处大货车无证运输、非法改装、超限超载、扬尘污染及尾气超标等违法行为。

（王立军）

【韩村河展览馆升级改造完成】 6月16日，韩村河展览馆举行开馆仪式，正式推出“历史巨变 时代先锋——韩村河全面建设社会主义现代化新农村”主题展览。该展览分“百年沧桑 伟大奇迹”“艰苦创业 锐意改革”“匠心追梦 砥砺前行”“历史启示 发展远景”4个展厅。全面展现在中国共产党的领导下，韩村河村发生的深刻变化，取得的成绩与荣誉。该馆位于韩村河镇鲁班公园东侧，建筑面积2000平方米，始建于1999年，是在原馆的基础上，经升级改造而成。镇领导班子、村（社区）党组织书记、韩建集团党员干部等60余人参加开馆仪式。

（王立军）

【庆祝建党百年系列活动】 6月22日，韩村河镇举办“建党百年，辉煌未来”系列活动暨“喜庆百载 最美中国”文艺演出。通过歌曲、舞蹈、乐器演奏、快板、戏剧等形式，回顾党的光辉历程，讴歌党的丰功伟绩。该活动在区文化活动中心网络直播平台进行现场直播，受众5000余人。6月28日，在综合文化中心举办“翰墨鉴初心 讴歌新时代”庆祝中国共产党成立100周年书画作品展览，展出书画作品60余幅。全镇100多名书画爱好者参加活动。组织“建党百年，辉煌未来”系列活动暨“喜庆百载‘羽’你相约”羽毛球友谊赛，88名羽毛球爱好者参加比赛。6月30日，在韩村河村党史馆举行“新老党员颂党恩，百名党员庆百年”庆祝中国共产党成立100周年暨集体宣誓活动。镇党委全体班子成员、韩建集团党委委员、各基层党组织书记、机关全体党员、50年以上党龄老党员代表和新党员代表180余人参加活动。7月9日，“奋斗百年路 舞动新征程”韩村河镇2021年庆祝中国共产党成立100周年群众健身舞蹈展示活动在镇文体广场举办，由全镇舞蹈爱好者和文化志愿服务队组成的13支队伍参加活动。

（王立军）

【禁毒工作】 6月，韩村河镇在全镇范围内开展以“健康人生 绿色无毒”为主题的全民禁毒宣传月活动。6月3日，召开“七一”期间禁种铲毒工作部署会，部署韩村河镇全民禁毒宣传月工作。通过签订《禁种铲毒责任书》、广播宣读致广大村（居）民的一封信、发放禁毒宣传资料、讲解禁毒相关法律知识等，开展禁毒知识宣传活动。与有关单位联合行动，在全镇开展禁种踏查工作，实地查访鉴别。

（王立军）

【房易路拆除腾退启动】 7月31日，韩村河镇启动房易路（韩村河段）提升改造项目；还建事宜进行多次论证，制定《房易路（韩村河段）景观改造提升设计方案》，确定还建规模。

（王立军）

【乡村振兴结对共建签约】 8月25日，韩村河镇举办以"'东红西绿'携手共建 发展壮大集体经济激发乡村振兴新活力"为主题的结对共建签约仪式。韩建集团和圣水峪村签订《支部共建协议》和《闲宅改建民宿合作协议》。北京韩建酒店管理有限公司和北京圣水天缘旅游文化有限公司签订《战略合作框架协议》。

（王立军）

【党建引领生态共建战略合作】 9月3日，韩村河镇人民政府与北京工商大学生态环境学院举行"党建引领生态共建战略合作"签字仪式。双方本着"优势互补、创新发展、互利共赢、讲求实效"的原则，着力在基层党组织、科技研究项目、共建教学实践基地等方面开展合作。韩村河镇领导班子成员，区生态环境局、韩村河村、北京韩建集团、龙门生态园相关负责人，北京工商大学副校长、生态环境学院负责人、专家教授及部分青年教师参加签约仪式。

（王立军）

【韩村河镇第五次妇女代表大会】 9月24日，韩村河镇第五次妇女代表大会召开。100名妇女代表参会。会议听取韩村河镇妇女事业工作报告，表决通过《韩村河镇第五次妇女代表大会选举办法（草案）》。通过无记名投票选举的方式，选举出韩村河镇第五次妇女代表大会执委20名和出席房山区第五次妇女代表大会代表5名。

（王立军）

【韩村河镇第六次党代会】 9月29日，中国共产党北京市房山区韩村河镇第六次党员代表大会召开。156名党员代表参加会议。镇党委书记高运华代表中国共产党韩村河镇第五届委员会作《不忘初心 砥砺前行 奋力谱写韩村河镇高质量发展新篇章》的工作报告。大会选举产生中国共产党北京市房山区韩村河镇第六届委员会委员11名，中国共产党北京市房山区韩村河镇第六届纪律检查委员会委员7名，韩村河镇出席中国共产党北京市房山区第九次代表大会代表10名。会议表决通过《中国共产党韩村河镇第六次党员代表大会关于中国共产党韩村河镇第五届党委委员会报告的决议（草案）》《中国共产党韩村河镇第六次党员代表大会关于中国共产党韩村河镇纪律检查委员会工作报告的决议（草案）》。

（王立军）

【韩村河镇第六届人民代表大会】 11月17日至18日，韩村河镇第六届人民代表大会第一次会议召开。会议审议通过大会议程和大会主席团、秘书长名单、议案审查委员会名单，通报代表资格审查情况，并集体观看严肃换届纪律警示教育片《警钟长鸣》。镇长杨勇代表韩村河镇第五届人民政府作《政府工作报告》。会议听取并审议《政府工作报告》，书面审议《韩村河镇人民政府关于2021年财政预算执行情况和2022年财政预算（草案）的报告》《韩村河镇旅游产业发展规划》纲要和《韩村河镇经济社会发展行动方案（2021—2025年）》纲要，并表决通过各项决议。在第二次全体会议上，选举出韩村河镇第六届人民代表大会主席1名，韩村河镇第六届人民政府镇长1名、副镇长5名。

（王立军）

【民生保障】 年内，韩村河镇针对历史遗留问题等难点工作，成立"12345"工作专班，专门研究推进落实。通过"日调度、周点评、月总结"工作模式，帮助群众排忧解难。全年，为群众解决诉求2370件，其中反映村内基础设施损坏等农村管理类639件，反映水电气热暖等公共服务类303件，反映搬迁、拆违以及村庄规划等城乡建设类206件，其他类诉求1222件。有效解决村内道路坑洼泥泞、出行不便等问题，小区环境脏乱差、垃圾清理不及时等问题。镇里还招募协管员和志愿者在小区垃圾桶前进行值守，宣传和引导居民自觉做好垃圾分类工作。

（王立军）

【复耕复种工作】 年内，韩村河镇复耕任务700公顷，总量居全区第一。韩村河镇坚持分类推进，逐村指导的原则。截至年底，完成复耕266.66公顷。

（王立军）

【2021 年拆违任务】 年内，韩村河镇坚持“定目标、定点位、定时序”抓好拆违工作，拆违总任务 7.09 万平方米，完成拆除违法建设销账 7.5 万平方米，腾退土地 8.9 万平方米，超额完成年度拆违腾地任务。

（王立军）

【裸地治理】 年内，韩村河镇加大裸地治理力度，镇领导到东南章村、天开村，对镇域内裸露地块进行督导检查，实地察看上账点位整治情况，并听取村负责人工作汇报。截至年底，完成一期、二期裸地 149 块 65.77 公顷及路肩台账 48 条、51.4 公顷的整治任务。

（王立军）

霞云岭乡

【概况】 霞云岭乡地处房山区西部山区，大石河上游，地势西北高、东南低，平均海拔 1000 米以上，最高峰白草畔海拔 2161 米。东与南窖乡、周口店镇、韩村河镇相连，西南与蒲洼乡、十渡镇和张坊镇接壤，北与史家营乡、佛子庄乡相邻，西北与河北省涞水县和门头沟区毗连。主要地貌类型为石灰岩山地。典型山地气候，年平均气温 10.8℃，常年盛行东南风。国道 108 线贯穿全乡，境内全长 44 千米。乡域面积 220 平方千米。辖 15 个村民委员会。2021 年，全乡户籍户数 5894 户，其中农业户 3743 户、非农业户 2151 户。户籍总人口 10681 人。其中，男性 5371 人、女性 5310 人；农业人口 7202 人、非农业人口 3479 人。年内，出生人口 81 人，死亡人口 127 人。

2021 年，霞云岭乡党委下辖基层党组织 17 个党支部，包括 15 个农村党支部、1 个机关党支部和 1 个卫生院党支部。年内，发展中共党员 7 名。全乡有中共党员 916 名。完成村“两委”换届选举工作，选举产生新一届村“两委”班子成员 69 人，其中交叉任职 35 人，书记、主任全部实现“一肩挑”。组织召开党委会 50 次，开展理论中心组学习 16 次。扎实开展党史学习教育，坚持理论中心组示范学、领导干部研讨学、党员跟进全面学、结合活动融合学，通过“五学习”“五实践”等形式，用好用足“四本书”。落实“三会一课”、主题党日制度，1 人被列入全国道德模范提名和全国革命文物百佳讲述人。举办霞云岭乡“颂赞歌、听党话、感党恩——永远跟党走”庆祝中国共产党成立 100 周年文艺汇演和“践行青春使命，献礼建党百年”诗歌朗诵会，为 101 名老党员颁发“光荣在党 50 年”纪念章，开展“忆党史 祭英烈 守初心 担使命”烈士祭扫。完成全乡 15 个村“三委”班子民主评议。研究制定《党风廉政建设和反腐败工作意见》，签订个性化党风廉政建设责任书。组织各支部党员观看《十严禁》《警钟长鸣》专题片，通过“霞云清风”微信公众号推送警示案例，严防“四风”问题反弹。

2021 年，霞云岭乡税收完成 748 万元，比 2020 年增长 10.14 %；财政收入 175 万元，比 2020 年增长 11.46%。集体经济营业收入 719.85 万元，农民人均所得 18830 元。粮食播种面积 1155 亩，总产量 73.4 吨。其中，玉米播种面积 807.2 亩，总产量 53.9 吨；谷子播种面积 144.2 亩，总产量 6.21 吨。蔬菜种植面积 394.9 亩，总产量 290.6 吨。羊出栏 1217 只，存栏 3528 只；家禽存栏 0.2 万只；禽蛋产量 11.3 吨；肉类产量 18.8 吨。干鲜果品产量 88.9 吨。全年，造林面积 66.7 公顷，育苗面积 14.7 公顷。

霞云岭乡抓住“三乡联动”发展契机，依托全国爱国主义教育示范基地和国家森林公园资源优势，深入实施“红歌绿海”发展战略。举办“人民的心声”北京市庆祝中国共产党成立 100 周年专场演出，承办中央、市、区有关部门庆祝中国共产党成立 100 周年和党史学习教育大型活动 20 余场，协助中央、市、区新闻媒体做好建党百年系列采访。高标准建设运营霞云岭红色教育中心、三乡有礼•堂上店、堂上乡居精品民宿、堂上接待处等项目，初步建立起红色教育体系。堂上村入选中组部红色美丽村庄建设试点，没有共产党就没有新中国纪念馆被确立为北京市首批 26 个党员教育培训现场教学点之一，中共房良联合县第一农村党支部纪念馆评为北京市爱国主义教育基地，“经典红色歌曲唱响之旅”入选北京红色旅游地图9条精品线路。

年内，编制完成15个村乡村规划，第一批6个美丽乡村建设任务完成，第二批6个创建村建设任务基本完成，第三批3个创建村建设项目进展顺利。推进全国文明城区创建，开展垃圾分类示范片区创建，建成生活垃圾（其他垃圾）就地无害化处理设施。持续推进京津风沙源治理、太行山绿化、森林健康经营等工程，造林面积1000公顷，全乡林木绿化率75.51%。国家森林公园（东北区域）建设工程稳步推进，生态综合治理及农业基础设施项目基本完成，大石河河道治理工程全面完成，小流域综合治理项目分步实施，河长制巡河体系不断完善，林长制、田长制基本建立。加强私挖盗采巡查，非法挖沙、采石、掘矿等乱象得到有效遏制。全面推进蓝天保卫战三年行动计划，PM2.5年平均浓度达到28微克/立方米。完善《霞云岭乡土地资源管理保护办法（试行）》《霞云岭乡农村住宅房屋翻建管理办法（试行）》，推进规自领域违法行为专项整治，深入开展无违建乡镇创建工作。完成庆祝中国共产党成立100周年、全国“两会”、中共十九届六中全会等重点时期保障任务。开展重点矛盾大排查、大化解专项工作，稳步运行“雪亮工程”，社会治安环境明显改善。排查整治安全用电、瓶装液化石油气、“高墙大院”、社会面消防、烟花爆竹、食品药品、预防煤气中毒等领域安全隐患。整改林木碰线放电、电线短路、输电设施老化等隐患10余处，光伏发电、电动自行车充电、电器使用安全隐患129处，瓶装液化石油气隐患74处，消防安全隐患61处。完善“1+15+N+X”新冠肺炎疫情常态化防控体系，形成4层防控网络，全力做好敲门摸排、核酸检测、新冠病毒疫苗接种和“三类”“七小”场所防控，乡域内实现“零疑似、零感染、零确诊”。

霞云岭乡有中心幼儿园1所，入园儿童40人，教职工8人；中心小学1所，在校生118人，教职工24人；乡成人学校1所，村成人学校15所，教职工4人。卫生院1所，执业（助理）医师23人，病床14张。医疗卫生机构14个。乡级综合文化活动中心1个，村文化活动室15个。

霞云岭乡获评“全国红色旅游经典景区”称号，有爱国主义教育基地3处：没有共产党就没有新中国纪念馆、王家台烈士陵园、房（山）良（乡）联合县第一农村党支部纪念馆，其中没有共产党就没有新中国纪念馆被中宣部命名为“全国爱国主义教育示范基地”。有AAA级景区1处：白草畔风景区。

（郑妍丹）

【应急演练活动】 3月26日，霞云岭乡组织乡森林防火指挥部领导小组、乡森林公安派出所、乡卫生院、乡半专业化扑火队，60余人参加应急演练活动。6月3日，在上石堡村开展防汛暨地质灾害防治应急演练。市规划自然资源委房山分局、区水务局等有关部门负责人，乡防汛抗旱指挥部全体成员，各村、各景区及双管单位负责人，乡、村两级抢险队以及上石堡村村民等200余人参加演练，现场向群众发放宣传材料400余份。

（郑妍丹）

【诗歌朗诵会】 5月14日，霞云岭乡在红色教育中心举办庆祝中国共产党成立100周年系列活动启动仪式暨“践行青春使命 献礼建党百年”诗歌朗诵会。该次朗诵会由乡机关干部自编自导自演，以中国共产党百年党史为时间主线，分擎起火炬、万山红遍、歌唱祖国、春暖大地、青春礼赞、不忘初心、红歌绿海、使命力行8个篇章。乡领导班子成员、各村书记、驻村第一书记及全体机关干部参加活动。

（郑妍丹）

【剪纸捐赠仪式】 6月6日，以“铭记峥嵘岁月 房山红色印记”为主题的剪纸长卷捐赠仪式在没有共产党就没有新中国词曲创作地举行。仪式上，主要作者李远向没有共产党就没有新中国纪念馆现场捐赠1幅20余米的剪纸长卷，该剪纸长卷选用红色作背底，主体图案为黑色，四周抱角选用白色，剪法采用传统的剪纸处理手法——双线细钩法，主要展现“红色歌曲诞生”“老帽山六壮士”等24个画面。

（郑妍丹）

【庆祝中国共产党成立100周年文艺汇演】 6月27日，霞云岭乡在堂上村党旗广场举办“颂赞歌、听党话、感党恩——永远跟党走”庆祝中国共产党成立100周年文艺汇演。汇演在堂上村《红绸飞舞》舞蹈表演中拉开序幕，以全场高歌《没有共产党就没有新中国》落幕，表演合唱、独唱、舞蹈、诗朗诵等15个节目。活动期间，乡领导为101名老党员颁发“光荣在党50年”纪念章。

（郑妍丹）

【堂上村入选北京市生活垃圾分类示范村】 年内，2021年第三批北京市生活垃圾分类示范小区（村）公布。147个小区、67个村被确定为2021年第三批北京市生活垃圾分类示范小区（村），霞云岭乡堂上村入选。

（郑妍丹）

【1处纪念馆入选市级爱国主义教育基地】 年内，中共房良联合县第一农村党支部纪念馆被市委宣传部评为市级爱国主义教育基地。中共房良联合县第一农村党支部即上石堡党支部，创建于1938年6月。2006年，经区委、区政府批准建设爱国主义教育基地。2008年正式对外开放，2014年被房山区评为区级爱国主义教育基地。

（郑妍丹）

南窖乡

【概况】 南窖乡地处房山区中部山区，山体呈东北、西南走向，连绵完整，岭谷相间排列分明。通过红南公路与国道108线相连。东、北与佛子庄乡相连，西与霞云岭乡相邻，南与周口店镇接壤。辖区总面积40平方千米。辖8个村民委员会，其中南安村、北安村、三合村整建制搬迁到西潞街道、拱辰街道、阎村镇，隶属于南窖乡管理。户籍总户数3227户，其中农业户1258户、非农业户1969户。户籍总人口6414人。其中，男性3245人、女性3169人；农业人口2269人、非农业人口4145人。年内，出生人口39人，死亡人口53人。

2021年，乡党委下辖基层党支部12个，包括2个机关党支部、8个村党支部、南窖乡社区卫生服务中心和猫耳山旅游公司2个党支部。年内，发展中共党员5名。全乡有中共党员662名。完成村“两委”换届，新一届村“两委”成员40名。其中，党员占比85%，交叉任职占比42.1%，平均年龄47.2岁，较上届下降3.8岁，高中及以上学历34人，占比85%，党支部书记、主任“一肩挑”比例为100%（除下派村外）。选出村民代表249人，其中党员占比52.6%，年龄较上届降低6.87岁，大专学历较上届提高37.5%。

2021年，南窖乡制定《南窖乡党委抓党建工作责任清单》《南窖乡党委书记抓党建工作责任清单》《南窖乡其他班子成员抓党建责任清单》，明确党委12项和乡党委书记、其他班子成员9项抓党建责任。执行《房山区落实包村干部抓基层党建责任实施办法》，每月印发清单，强化包村干部对基层党建工作的指导和监督。围绕建党百年，通过主题党日、专题党课、座谈交流等形式，举办“七个一”系列活动，“永远跟党走”建党百年文艺汇演，为61名老党员颁发“光荣在党50年”纪念章。签订疫情防控“七带头”责任书200余份，建立党员先锋岗8个。完成水峪村党群诗词公园建设，制作红色宣传栏。成立南窖乡诗歌协会，打造乾隆御碑等景观，水峪村被中华诗词学会主动点名授牌，南窖乡获“中华诗词之乡”称号。建成花港红色洞渠展览馆，全年接待2000余人。打造猫耳山南大岭红色研学体验线路，获区红色文化创意大赛第一名。创作《烽火南窖》情景剧，以包森、孟林等英雄人物和“水峪三老”榜样人物为主要角色，讲述南窖红色故事。推出红色党课《老董讲故事：共产党员就是一把劈山利斧》，调研报告《南窖乡传承红色基因的实践与思考》被《房山调研》《北京调研》和中央政策研究室《学习与研究》刊发。《南窖，别样的那抹红》被市委宣传部《新闻阅评情况》肯定。推进党史学习教育，开展理论中心组学习26次。围绕“从南窖红色历史看我们的责任”主题为基层讲党课。开展依托“党性修养大讲堂”“治村方略上讲堂”等平台，组织党员干部轮训200余人次。开展“我为南窖献一计”主题活动，累计征集意见建议50余条。扎实开展谈心谈话活动，与47人签订承诺书，组织240人次观看《警钟长鸣》。坚持把“我为群众办实事”实践活动作为汇聚发展共识、凝聚发展合力的有力抓手，完成民生实事项目49项。以红色暖心瓶志愿服务队品牌获区级认定为契机，动员全乡12支志愿服务队投入环境整治、防火防汛、便民服务等工作中，开展“学党史，践行动，共建美丽家园”等主题党日活动11次，累计参与党员3000余人次。培育花港村“一心三岗五联动”工作法，南窖和中窖村被区级认定为党建引领“广阳式”基层治理示范点。

2021年，南窖乡税收完成501万元，财政收入110万元，完成全年任务的100%；固定资产投资2291万元，完成全年任务的120%。

2021年，全乡粮食播种面积512亩，总产量30.7吨。其中，玉米播种面积174亩，总产量16.4吨；谷子播种面积34亩，总产量2.3吨。蔬菜种植面积110.1亩，总产量14.7吨。全年，羊存栏114只，家禽存栏108万只。禽蛋产量4吨。干鲜果品产量84.4吨。造林面积53.2公顷，育苗面积0.5公顷。

年内，承办第四届“遇见南窖 慢品西山”北京西山民俗文化节，培育以民俗文化体验、文创产品开发为代表的文旅业态，南窖驿站、水峪“合作社”成为网红打卡点。加大京外萄源、猫耳山景区建设发展和推广力度，加快培育生态农业和文化旅游产业融合发展。提升中幡会、狮子会、银音会等民间花会表演水平。推进水峪村玫瑰园、南窖村佛见喜梨园等低收入产业项目建设，维护与开发“九九桃王”“良乡板栗”等林果产业资源。助推民宿产业发展，大西沟村雅布伦精品民宿建成院落22套，推进置上谷公司与中窖村合作开发文旅综合体项目，与马来西亚卓越集团、清华同衡加强对接，探索水峪村古村落保护开发路径。把创城工作作为重大政治任务，开展宣传活动68次、专项培训60次，“五件小事”专项行动、城乡环境整治专项治理等工作成效明显。持续打造富有地区文化特色的山乡庭院，评选出美丽庭院示范户70户。全面推进垃圾分类工作，水峪村通过北京市2021年第三批生活垃圾分类示范村创建验收。持续深化“一微克”行动，PM2.5年均浓度29微克/立方米。落实“河长制”，各级河长有效巡河200余次。拆除违法建设10874.84平方米，腾退土地面积10399平方米。严厉打击私挖盗采，实施台地造林、彩叶工程、森林健康经营等生态建设项目，完成浅山荒山造林43.6公顷，浅山台地造林9.6公顷。推进中窖、南安村生活用水管线改造工程，开展无障碍环境建设专项行动。完成全国“两会”、中国共产党成立100周年、中共十九届六中全会期间服务保障工作。落实安全生产责任，开展联合检查363家次，开展消防安全大检查35次。完成“雪亮工程”建设，安装监控探头137个。开展4期就业技能培训，统筹50个公益性岗位，保持“零就业家庭”动态为零。以“西山民俗文化节”等活动为平台，帮助群众集中展销售卖农产品。全乡新冠病毒疫苗2针接种人数1996人，加强针接种1023人。

南窖乡有中心幼儿园、中心小学、成人学校各1所。乡域有区级文物保护单位南窖村戏楼、仁义局、南窖村过街楼、水峪村古建筑群。

（胡晓）

【“三八”妇女节系列活动】 3月5日，南窖乡组织机关妇女开展艺术插花活动，邀请艺术插花技师讲授插花文化及技巧。水峪村党支部召开“庆三八谋发展”妇女座谈会，邀请女性党员、妇女代表总计56人交流工作经验，为村内新冠肺炎疫情防控、环境卫生、护林防火、非遗传承等工作建言献策。3月6日，南窖乡举办以“巾帼心向党 百年正辉煌”为主题的迎“三八”妇女节文艺演出活动。乡妇女文艺表演队表演快板、秧歌、广场舞、歌唱等节目。各村举办妇女座谈、演讲、诗歌朗诵等活动，邀请女性党员、群众表演才艺、交流经验。

（胡晓）

【“寻美猫耳山”摄影大赛】 3月19日，“古韵山川 森罗万象•寻美猫耳山”摄影大赛颁奖典礼在南窖乡举办。该大赛由南窖乡党委、乡政府主办，房山区摄影家协会、北京猫耳山旅游资源开发有限公司协办，围绕猫耳山景区自然景观、历史遗迹、特色美食、生态旅游、民俗文化等开展拍摄，征集摄影作品近300幅，评选出优秀作品54幅，18幅作品分获一、二、三等奖。

（胡晓）

【花港红色洞渠展览馆落成】 6月21日，花港红色洞渠展览馆落成。该馆位于南窖乡东北5千米处的花港村，建筑面积450平方米，展厅面积150平方米，包括序厅、多功能活动区和3个单元区，共5部分，点位24处。展览以花港村党员领导干部带领全村人克服困难人工开山引水为主线，以“人”和“事”为核心，多角度展现花港村党员干部群众攻坚克难凿山引水的场景。全年，接待参观2000余人次。

（胡晓）

【庆祝中国共产党成立100周年文艺汇演】 6月25日，南窖乡举办“永远跟党走”庆祝中国共产党成立100周年文艺汇演。在演出舞蹈、歌曲、快板等节目的同时，推出该乡创作的情景剧《烽火南窖》，该剧以南窖乡群众、机关干部为演员，以古商街、古建筑、石板墙为舞台，展现房山抗日根据地的开拓者包森到南窖开辟革命根据地，带领南窖人民开展斗争的故事。汇演中，乡党委书记向8名老党员代表颁发“在党50年”奖章。乡党政班子成员、优秀党员代表等观看演出。

（胡晓）

【水峪党群诗词公园落成】 6月，党群诗词公园在水峪村落成。该公园建筑面积500平方米，展厅面积150平方米，园内展示作品30件。其中，中华诗词学会、北京诗词学会、南窖本土诗人创作的诗歌作品28首；《水峪赋》壁书1座，由区内作家、美术家、书法家3人共同创作完成；诗香韵雅石1块，诗词石7块，诗印石2块；红色诗词宣传栏分“峥嵘岁月”“三老诗苑”和“雏凤清声”3个部分。全年，接待参观5000人次。

（胡晓）

【红色党课开讲】 6月，南窖乡以花港村红色教育基地为依托，推出红色党课“老董讲故事：共产党员就是一把劈山利斧”，讲述老党员董桂永带领党员群众开山凿洞、引水进村，开展花港洞渠建设的事迹。

（胡晓）

【“豆浆爷爷”获北京市优秀共产党员称号】 6月，水峪村村民“豆浆爷爷”杨万俊获北京市委授予的“北京市优秀共产党员”称号。杨万俊是一位拥有50多年党龄的老党员，十余年来，他义务为村里的孤寡老人制送豆浆，行程超过1万千米。

（胡晓）

【南窖乡第十四次党代会】 9月29日，南窖乡第十四次党员代表大会在乡机关西二楼会议室召开。应到代表104名，实到代表104名。乡党委书记王化占作题为《勇担新使命 共谋新发展 为谱写南窖高质量发展新篇章而努力奋斗》的工作报告。大会采用差额选举的办法，选举产生党委委员9名、纪委委员5名和出席房山区第九次党代会代表4名。大会通过《中国共产党南窖乡第十三届委员会工作报告的决议》和《中国共产党南窖乡第十三届纪律检查委员会工作报告的决议》。

（胡晓）

【第十七届人民代表大会第一次会议】 11月17日，南窖乡第十七届人民代表大会第一次会议召开。49名人大代表和30名列席人员参加会议。乡长张喜利作政府工作报告，会议审议通过《政府工作报告》《南窖乡人大主席团工作报告》《南窖乡2021年财政预算执行情况和2022年财政预算报告》，选举产生新一届人大主席1名、乡长1名、副乡长5名。

（胡晓）

【1乡1村获“中华诗词”称号】 12月22日，南窖乡被中华诗词学会授予“中华诗词之乡”、南窖乡水峪村被授予“中华诗词之村”称号。

（胡晓）

【“我为群众办实事”实践活动】 年内，南窖乡坚持把“我为群众办实事”实践活动作为汇聚发展共识、凝聚发展合力的有力抓手，制定活动方案，明确5大任务，结合“上一线、做贡献”活动，将“访民情、解民忧、暖民心”作为“我为群众办实事”的常态化机制。建立清单，细化任务，精准对接。成立实践活动指导组，细分职责任务，完成民生实事项目 49 项。

（胡晓）

【美丽乡村建设】 年内，南窖乡持续打造富有地区文化特色的山乡庭院，评选出美丽庭院示范户 70 户。全面推进垃圾分类工作，建立垃圾分类投放站 23 座，建设垃圾分类驿站 1 座，设置其他垃圾处理站 1 座。水峪村通过北京市 2021 年第三批生活垃圾分类示范村创建验收。公路、公共照明设备、公厕、户厕等基础设施得到完善。

（胡晓）

【生态环境建设】 年内，南窖乡落实“河长制”，各级河长有效巡河 200 余次，有序推进水环境综合治理。拆除违法建设 10874.84 平方米，腾退土地面积 10399 平方米。严厉打击私挖盗采，保护生态环境。实施台地造林、彩叶工程、森林健康经营等生态建设项目，完成浅山荒山造林 43.6 公顷，浅山台地造林 9.6 公顷。

（胡晓）

佛子庄乡

【概况】 佛子庄乡地处房山区北部山区，东与河北镇交界，西邻霞云岭乡、史家营乡、大安山乡，南连燕山办事处向阳街道、周口店镇和南窖乡，北与门头沟区接壤。国道 108 线贯穿全乡 25 千米，大石河流经乡域 26 千米。乡域总面积 117 平方千米，辖村民委员会 18 个。2021 年，全乡户籍户数 7656 户，其中农业户 3218 户、非农业户 4438 户。户籍总人口 15324 人。其中，男性 7744 人、女性 7580 人；农业人口 6204 人、非农业人口 9120 人。年内，出生人口 107 人，死亡人口 132 人。

2021 年，佛子庄乡党委下辖基层党组织 22 个，包括 2 个党总支，20 个党支部。年内，发展中共党员 24 名，培训入党积极分子 33 名。全乡有中共党员 1016 名。佛子庄乡推进区、乡两级党代表和人大代表选举，召开乡第八次党代表大会和乡八届一次人代会。完成村“两委”换届选举，18 个村选举全部实现“一降一升”目标。完成乡机关、乡卫生院、“众福之乡”联合党支部换届工作。制定党建工作年度任务清单，涉及 7 大类 40 项任务。培育示范典型，总结支部建设及党组织引领发展、服务民生过程中的好经验、好做法，邀请专家指导，打造佛子庄村创城示范村和党建引领村庄治理试点，深化红色使命领航工程，培育“山乡红色监护员”党建品牌。在北窖村制作发放党员“暖心卡”，打造党员“暖心室”。组织开展党代表基层行活动 1 次，健全完善人大代表联络站各项制度。组织党员干部观看警示教育片、参观典型案例展览，举办纪法知识测试，围绕乡村换届、疫情防控、环境整治、防汛抗旱、接诉即办等重点工作，加强对各重点领域环节检查监督执纪。各党支部通过书记讲党课、围绕党史座谈讨论、重温入党誓词、参观房良联合县政府（旧址）纪念馆、主题党日活动等方式，深入开展党史学习教育。建立“我为群众办实事”重点民生项目清单，累计办实事 117 件。开展“履职践承诺，开门办实事”实践活动，乡村党员干部走访入户办实事 45 件，挂账办理 11 件。为 116 名老党员颁发“光荣在党 50 年”纪念章。

2021 年，佛子庄乡完成税收收入 1195 万元，区级收入 282 万元，建安投资 3000 万元。粮食作物播种面积 1388.9 亩，总产量 102.6 吨。其中，玉米播种面积 1132 亩，总产量 96.1 吨。蔬菜种植面积 44.5 亩，总产量 18.9 吨。干鲜果品总产量 75 吨。羊出栏 432 只，存栏 2234 只；禽蛋产量 19.9 吨。全年，造林面积 209.6 公顷，育苗面积 3.1 公顷。

2021 年，全乡参加城乡居民养老保险 2510 人；城镇低保户 22 户 40 人，农村低保户 75 户 145 人。

2021 年，佛子庄乡坚持集中整治与日常维护相结合，开展农村人居环境整治，问题点位整改率 100%。充分整合保洁员、小巷管家等力量，落实门前三包责任。加强土地用途管控，落实田长制，加强村民新建翻建住房审批管理，完成复耕复垦 92.73 公顷。深化生活垃圾分类“家行动”，在通往循环经济产业园道路两侧新增桶站 5 处，完成英水沟垃圾分类驿站建设，被评为全市第三批垃圾分类示范村。持续推进“云隐里”民宿发展，实现综合收入200余万元。循环经济产业园未搬迁群众安置列入重大民生实事项目，启动第三批搬迁安置。对低收入边缘户实施重点监测，加强对低收入增收产业项目长效管护，引导村与对口帮助单位及社会企业沟通对接。超额完成农村劳动力转移就业、城乡劳动力就业年度任务。加大教育投入力度，奖励考入大学的大学生52人，表彰奖励优秀教师39人，乡成人职业学校被评为北京市新型农民职业培训基地，中心幼儿园再获素质教育综合评价一等奖。完成“四类对象”危房改造62户，抗震节能住房改造72户。紧盯全国“两会”、中国共产党成立100周年服务保障等关键时段，投入群防力量1060人，开展领导干部大接访，化解矛盾纠纷和历史遗留问题。严格落实意识形态责任制，处置化解舆情隐患。以村民建房、施工工地、油气站点、充电桩站、民宿景区等为重点，开展安全生产隐患排查治理专项行动。成功应对主汛期6次强降雨，第一时间抢修抢通陈家坟沟域等处水毁设施。乡、村两级专群力量全时段开展检查巡查，严厉打击私挖盗采、整治非法倾倒垃圾行为，对区外某非法倾倒建筑垃圾涉案企业高限处罚100万元。

2021年，全乡有中心幼儿园1所，分园3所，学龄前儿童62人，教职工21人；中心小学1所，教师39人，在校生172人。社区卫生服务中心1个，村级卫生服务站5个，护士6人、防保医生1人、临床医生10人、中医2人、药学人员9人、检验人员2人、康复技师1人，病床14张。全民健身体育设施18处。

境内有区级文物保护单位北窖村戏楼、北窖村娘娘庙、黑龙关龙王庙。

（马志江　佟柳青）

【防汛保障】 入汛以来，佛子庄乡境内连续6次强降雨，特别是7月21日短时强降雨，陈家坟沟域发生山洪，导致循环经济产业园进出道路、电力线杆、配套管线及附属设施严重毁损，生产运行被迫中断，沟域沿线村民生活受到影响。佛子庄乡政府第一时间对接区城市管理委、区水务局、房山公路分局、市规划自然资源委房山分局、北京养护集团第七公路工程处、供电部门等相关单位，勘探水毁和地质灾害情况，及时组织施工力量抢通抢修，确保循环经济产业园正常运行和周边群众安全出行。

（李宁）

【佛子庄乡第八次党代会】 9月29日，中国共产党佛子庄乡第八次党员代表大会召开。101名代表、5名列席代表参会。会议听取并审议通过乡党委书记刘芳作的题为《绿色发展绘新卷 百年征程再启航 凝心聚力续写宜居之乡佛子庄建设壮丽篇章》工作报告，审议通过中共佛子庄乡第七届纪律检查委员会的工作报告及党费收缴、使用和管理情况的报告。大会以无记名投票方式选举产生中国共产党佛子庄乡第八届委员会委员9名、第八届纪律检查委员会委员5名、佛子庄乡出席中国共产党房山区第九次党员代表大会代表4名。

（马志江）

【佛子庄乡八届人大一次会议】 11月18日至19日，佛子庄乡第八届人民代表大会第一次会议召开，会议听取并审议乡长曹立全所作的政府工作报告，审议2021年财政预算执行情况和2022年财政预算（草案）报告及人大工作报告，选举产生佛子庄乡新一届人大主席1名、乡长1名、副乡长4名。

（马志江）

【美丽乡村建设】 年内，佛子庄乡根据实际，分步明确每个村建设整治方案，并强化督导检查。截至年底，第二批5个美丽乡村建设基本完工，实施村庄道路工程10.2万平方米、管线铺设9万米、安装路灯1221盏、新增二类公厕7个，绿化工程3.6万平方米。

（李宁）

【3个村入围乡村治理示范村】 年内，佛子庄乡上英水、佛子庄、北窖3个村开展创建活动，提炼形成“英水沟联合党总支党建助推旅游发展”“佛子庄村党建引领村庄治理”“北窖村党建带动生态环境建设”的治理模式，均入选房山区广阳式乡村治理示范村。

（马志江）

【村“两委”换届选举】 年内，佛子庄乡完成村“两委”换届选举工作。选举产生新一届村“两委”

班子成员109名。其中，大专及以上学历40人，占36.7%；平均年龄50岁，较上届降低2岁；35周岁及以下17人，占15.6%。村委会成员中党员和女性比例有所提高。其中，党员50人，占78.1%；女性26人，占40.6%。村“两委”交叉任职36人，占36.7%，提高4.8%；除7个村支部书记为机关下派外，其余村全部实现“一肩挑”。

（马志江）

【环境建设和污染治理】 年内，佛子庄乡拓展生态空间，1666.66公顷生态小流域治理、生态综合治理及农业基础设施等项目全面完工，完成336.66公顷百万亩造林年度任务，全年植树40万余株，全乡林木覆盖率81.6%。建立林（田）长制，明确乡、村两级林（田）长职责任务，完成复耕复垦92.73公顷。深化河长制工作落实，乡、村两级河长巡河802人次1300千米，清理河道垃圾渣土、违法建筑物500多立方米。持续加强污染治理，完成裸地治理6处，有效落实短期苫盖、长期硬质铺装、绿化等治尘措施。按照预案指令区级限停产名单，循环产业园区中水工程、大石河河道治理工程、西班各庄文旅项目在橙色预警期间全部停工，并每天进行巡查夜查，对露天烧烤、堆物堆料等问题及时进行整改。全年PM2.5均值30微克/立方米，TSP均值81微克/立方米。

（马志江）

【循环经济产业园搬迁安置】 年内，佛子庄乡启动循环经济产业园第三批搬迁安置工作，区、乡、村三级协同用力，与符合政策要求的未搬迁村民签署搬迁腾退协议，总计安置上楼19户50人。

（马志江）

【美丽乡村建设】 年内，佛子庄乡坚持“一村一策”，研究制定具体实施方案，探索山区转型的新模式、新路径，依托上英水村老村闲置农宅，以一宅一品的方式打造“云隐里”精品民宿，建成并营业民宿院落45套。第一批6个美丽乡村创建村建设项目通过市、区检查验收，第二批5个创建村建设项目基本完工，建成佛子庄村、北窖村休闲公园和东班各庄村、黑龙关村口袋公园。加强与北京化工集团、建工集团、区商务局、区市场监管局等对口帮扶单位的对接，全面推进集体经济薄弱村“消薄”工作。全乡9个集体经济薄弱村有7个村集体经济经营性收入10万元以上。

（马志江）

大安山乡

【概况】 大安山乡地处房山区西北部深山区百花山中山地带，属太行山余脉，境内河道大北河属大石河流域，总长度15千米。东、南与佛子庄乡为邻，西有大堝梁与史家营乡接壤，北有老龙窝、寺上梁、大寒岭与门头沟区交界。乡域总面积70平方千米（含大安山矿18平方千米）。辖村民委员会8个、社区居委会1个。2021年，全乡户籍总户数4141户，其中农户852户、非农户3289户。户籍总人口8593人。其中，男性4426人、女性4167人；农业人口1396人，非农业人口7197人。年内，出生人口43人，死亡人口55人。

大安山乡党委下辖基层党组织15个，包括1个党总支、14个党支部。年内，发展中共党员9名，培训入党积极分子10名。全乡有中共党员750名。年内，乡党委召开党委（扩大）会68次，开展党委理论学习中心组学习20次。开展党史学习教育，组织开展各类理论宣讲、百姓宣讲6场次，成立“红色天使”宣讲小分队，举办“传承红色基因、永远跟党走”百姓宣讲活动，开展“我为群众办实事”实践活动，完成民生实事26项。完成乡镇换届和村（社区）“两委”换届，全面落实“三会一课”，开展主题党日活动，发放学习材料960本。“党旗下的红色天使”党建品牌被列为区级重点培育品牌之一。落实党建引领深化改革，大安山煤矿社区业主委员会建立，党组织和物业服务覆盖率100%。开展党员、干部和公职人员涉违法占地、违法建设问题专项整治工作，聚焦新冠肺炎疫情防控、民生领域“小微权力”“接诉即办”等重点领域持续开展专项监督，开展“四风”问题专项检查，严查隐形变异问题。区委巡查反馈问题全部整改落实。

2021年，完成财政税收1057万元，完成全年任务的100%；完成财政收入317万元，完成全年任务的100%。固定资产投资完成2651万元，完成任务的132.6%。其中，建安投资2538万元，完成任务的126.9%。集体经济营业收入135.8万元，农民人均所得18246元。全乡粮食播种面积571亩，产量39.8吨。其中，玉米播种面积383亩，总产量31.6吨；谷子播种面积31亩，总产量0.9吨。蔬菜种植面积359亩，总产量115.1亩。羊存栏126只，禽蛋产量4.8吨，肉类产量2.4吨。全年，造林面积41.5公顷。

2021年，大安山乡扎实开展全国文明城区创建，围绕区级检查台账12个点位制定问题清单，实施氛围营造、环境综合整治、文明行为养成等专项行动和各类主题新时代文明实践活动。绿色空间不断扩展，全面推行林长制，完成各类造林任务800公顷，建设口袋公园3处，持续开展军红路沿线环境整治植树绿化工作。实施田长制，在全区提前完成29.26公顷复耕复种任务。打好污染防治攻坚战，深入开展“一微克”行动，PM2.5年均浓度25微克/立方米，排名全区首位，完成巡河683人次，实现综合巡河率100%。推进无违建乡镇创建工作，完成5287个图斑核查、分类举证等工作，拆除破旧房屋和残垣断壁点位30处，腾退土地6000余平方米。完成市区土地减量任务2.81公顷。

在市级组织的4次农村人居环境全面核查中，大安山乡综合评价结果为“优秀”，宝地洼村、寺尚村、水峪村、中山村、瞧煤涧村、西苑村等村获满分。制定经济薄弱村集体经济发展方案，与2家市级国有企业和3家区级龙头企业签订帮扶协议，5名市、区选派第一书记实现对接。完成大安山村生态休闲农业项目，新修步道7128米，实施瞧煤涧村林业生态建设项目，新修防腐木步道1200米、防腐木平台3处。新建寺尚村、水峪村2处乡情村史馆，大力发展精品民宿和乡村旅游，持续推进西苑村精品民宿建设，中山村“染舍”民宿正式营业，旅游发展基础进一步夯实。落实《北京市接诉即办工作条例》，“我来办”工作站实现全覆盖，完成“好差评”端口安装，接诉即办全年综合成绩排名全市第一。抓好“关键小事”，生活垃圾无害化处理站投入使用，中山村、水峪村获北京市垃圾分类示范村，中山村荣获北京市生活垃圾分类推进工作先进集体。军红路沿线全线消隐工程顺利实施。大安山村、瞧煤涧村成功申报“广阳式”基层治理示范点。完成庆祝中国共产党成立100周年及全国“两会”等重大安保维稳任务，做好防汛抗旱、护林防火等领域安全生产监管工作和预防煤气中毒、储能电站等隐患排查、整治行动，全力打击私挖盗采，安全生产形势持续向好。全年发放低保金、五保金、残疾人“两项补贴”等共计697万元，开展就业指导和技能培训，失业人口再就业率提高至64.49%。完成年度农村集体经济合同清查整改，建设24处残疾人无障碍设施，实施3处室外篮球场地修缮，举办各类演出、公益电影放映300余场。

全乡有小学1所，在校生83人，专职教师26人。幼儿园1所，在园儿童13人，教职工8人。成人学校1所，教职工4人。卫生院1所，执业和助理医护29人，病床9张。乡、村两级文化活动广场10个，室内运动场馆1所，健身团队10支，艺术团队3支，村级数字影院8个。

境内有区级文物保护单位大安山革命烈士碑亭。

（果冉）

【妇女就业技能培训】 5月10日至14日，大安山乡举办妇女就业技能提升培训班。职业技术培训学校教师围绕面点、烹饪、礼仪、清洁、垃圾分类等内容开展培训，全乡32名妇女参加培训。

（果冉）

【“红色天使”宣讲】 6月8日，大安山乡组建“红色天使”宣讲队，该队由村“两委”、巡查大队、机关、卫生院5名基层工作人员组成，以《我心中的锄奸英雄》《绿水青山我们守护》《我们村的美丽蜕变》《做山乡百姓健康的守护者》《红色天使在身边》等主题，开展“传承红色基因 永远跟党走”百姓宣讲活动。截至年底，宣讲5场，受众350人。

（果冉）

【应急演练】 6月10日，大安山乡在瞧煤涧村开展防汛、地质灾害防治应急演练。模拟强降雨时瞧煤涧村四队出现山体滑坡，公路被阻断，各保障组分工合作进行紧急抢险，及时排除险情。各村防汛抗旱指挥部成员、群测群防员、防火队、抢险队、护林员、医护队、机关干部200余人参加。

（果冉）

【庆祝中国共产党成立100周年系列活动】 “七一”前夕，大安山乡走访慰问获得党内功勋荣誉表彰的党员、生活困难党员、老党员、老干部等；为61名老党员颁发“光荣在党50年”纪念章；各基层党组织以“传承百年红色基因 助力慈善为民办实事”为主题开展“共产党员献爱心”捐款活动。

（果冉）

【大安山乡第五次妇女代表大会】 9月17日，大安山乡第五次妇女代表大会召开。全乡妇女工作者代表和各行各业各界妇女代表总计65人参加。大会听取和审议乡妇联工作报告。会议选举产生大安山乡第五届妇女代表大会执行委员会委员21名、出席房山区第五次妇女代表大会代表2名。

（果冉）

【大安山乡第十四次党员代表大会】 9月29日，中国共产党北京市房山区大安山乡第十四次党员代表大会召开。全乡各基层党组织、各条战线的104名代表参加会议。乡党委书记余涛代表中国共产党大安山乡第十三届委员会作题为《不忘初心 勇担使命 奋力续写“十四五”时期大安山乡高质量发展新篇章》的工作报告。经过无记名投票，大会选举产生中国共产党大安山乡第十四届委员会委员9名和纪律检查委员会委员5名，选举出席房山区第九次党代会代表4名。

（果冉）

【对口帮扶调研】 11月2日，北京市金控集团和轨道公司有关领导到大安山乡中山村、西苑村围绕经济薄弱村结对帮扶工作进行调研。双方就旅游资源发展规划、帮扶诉求等进行交流。

（果冉）

【大安山乡第十七届人民代表大会第一次会议】 11月18日，北京市房山区大安山乡第十七届人民代表大会第一次会议召开。51名人大代表、22名列席代表参会。会上，乡长石宝军作《政府工作报告》。与会人员听取、审议并通过《政府工作报告》《大安山乡财政预决算工作报告》。选举乡长1名，副乡长4名。

（果冉）

【消防安全知识培训】 12月1日，大安山乡组织召开消防安全知识培训会。培训会结合全国发生的几起典型火灾案例，向广大村（居）民深入剖析各类火灾事故发生的原因，重点讲解家庭火灾防范与自救、电动自行车充电及使用手机充电安全等知识。乡领导班子成员、全体机关干部、各村（社区）“两委”干部、乡巡查大队全体人员40余人参加培训。

（果冉）

【造林及林木抚育项目】 年内，大安山乡完成浅山台地造林项目11.66公顷，种植油松、落叶松等常绿乔木2089株，种植元宝枫、国槐等落叶乔木5839株，种植板蓝根、黄芩等地被334平方米，整理绿化用地面积11.67万平方米。完成彩叶造林项目，补植黄栌、元宝枫等1000余株。开展533.33公顷山区森林健康经营林木抚育项目，完成补植、修枝、割冠、涉及作业道、扩树盘等工作。

（果冉）

【口袋公园建设项目】 年内，大安山乡在水峪村口、中山爆门、修配厂的3个口袋公园项目开工建设，建设面积20114平方米。

（果冉）

【林业生态建设项目】 年内，大安山乡投入项目资金204万元，在瞧煤涧村新修1.5米宽防腐木步道738米、新修防腐木护栏1476米、新修防腐木平台3处、配套安庄木质垃圾桶、座椅等，种植黄栌和元宝枫200余株。

（果冉）

【生态休闲农业项目】 年内，大安山乡生态休闲农业项目投资2300余万元，新修步道7128米、生态挡墙3220米、防腐木护栏5536米，新修地堰11100米，铺设引水管线12714米，新修蓄水池4座，修建围挡1748米，种植各类树种6784株。

（果冉）

【“红色天使之我为群众办实事”实践活动】 年内，大安山乡开展“红色天使之我为群众办实事”

实践活动。在莲花池新建占地面积155平方米的生活垃圾无害化处理站，采取户分类、村收集、乡运输、乡处理的工作模式，对8个村以及乡政府、中心校等试点单位的其他垃圾进行处理，达到减量化、资源化、无害化的目标，解决山区垃圾倾倒、运输、处理难等问题。组织巾帼志愿服务队，定期到空巢老人家中开展关爱老人志愿服务活动，组织党员干部不定期开展集中环境清理活动。全年，解决群众急难愁盼问题26项。

（果冉）

史家营乡

【概况】 史家营乡位于房山区西北部山区，西、北与门头沟区接壤，东邻大安山乡和佛子庄乡，南接霞云岭乡。总面积110平方千米，辖村民委员会12个。全乡地处太行山系百花山脉东南麓，地势西高东低，境内山峦起伏，沟壑纵横，山体走向为东北—西南，山峰高度一般都在500～800米之间，属低山地貌，是大石河北支源头。最高处海拔1991.8米，最低处海拔359米。年最高气温月平均26.5℃，最低气温月平均6.4℃。全乡户籍户数6107户，其中农业户3857户、非农业户2250户。户籍总人口11982人。其中，男性5914人、女性6068人；农业人口8088人、非农业人口3894人。年内，出生人口101人，死亡人口86人。

2021年，乡党委下辖基层党组织21个。年内，发展中共党员14名，培训入党积极分子及发展对象32名。全乡有中共党员921名。完成乡、村换届选举工作任务，12个村党组织换届共选出支部委员62人。其中，支部书记12人、副书记3人，支部委员47人；35岁以下11人，占17.7%；大学及以上学历12人，平均年龄49.9岁。人大换届选出5名区代表、53名乡代表。各村“两委”干部开展换届后“履职践承诺、开门办实事”入户大走访活动，共走访1562户2462人，收集群众诉求112件，解决110件。开展第六批第一书记、组织委员、村会计专题业务培训班。与北京理工大学马克思主义学院党委、北京工商大学国际经管学院党总支签订共建协议，与北京中医药大学中药学院党总支达成合作意向。在3个村开展农村经济环境评估，服务文旅融合发展。与众信旅游集团建立合作关系，金鸡台村、秋林铺村等村对接社会资本，利用闲置房屋，开发圣莲草堂、秋林铺“点亮一盏灯”等精品民宿。完成口述史录20余万字的《薪火相传》系列书册第一辑。以挖掘史料为基础，拍摄史家营红色档案系列短片10个。

2021年，史家营乡税收完成1698万元，财政收入完成444万元。马金台生态休闲养生谷旅游道路工程按期完工；莲花庵村高端民宿及秋林铺原教学楼精品民宿项目按期完工；在百草畔路、贾金路沿线栽种树木3200余棵，在路边建设停车港湾；2021年京津风沙源二期围栏封育项目66.66公顷（青林台村）于10月底完成；森林健康经营工程11个村810公顷，于11月底完成。

全乡粮食播种面积1160亩，总产量60.6吨。其中，玉米播种面积810亩，总产量50.1吨。蔬菜种植面积50亩，总产量15.1吨。全年，羊出栏735只，存栏2676只。家禽存栏3.7万只。禽蛋产量51吨，肉类产量13.4吨。干鲜果产量91吨。全年，造林面积61.8公顷。

全乡有中心幼儿园1所，入园儿童24人，教职工12人；小学1所，在校生125人，教职工36人，升学率100%；成人教育职业学校1所，专职教师6名，兼职教师20人。卫生院1所，医务人员45人（不含11名村医），村级卫生室11个，社区卫生服务站3个。全年完成新冠病毒疫苗接种2214人。其中，60周岁以上人群接种765人，接种率74.48%；加强免疫接种1204人，接种率84.75%。

全乡有文化中心11个（含村文化室10个）、数字影院11处、文艺表演团队5个。全年，组织观看各类教育影片444场，参与各类文化体育活动175场。

境内有区级文物保护单位瑞云寺、蟠桃宫遗址，有市级地质公园圣莲山。

（杨新蕊）

【花上人间“杏花季”】 4月8日，以“山花献给党喜庆100年”为主题的2021年史家营乡花上人间“杏花季”开幕式在百瑞谷景区举行。开幕式上，演出民俗特色山梆子戏、汉服展示、诗歌朗诵等节目，开展“打卡杏花季，抖音史家营”有奖健步走活动。该次杏花季涵盖端午诗会、红色故事宣讲比赛、百花山风情节等系列活动，1700余人参加活动。

（杨新蕊）

【红色文化研究合作】 6月23日，史家营乡人民政府与北京理工大学马克思主义学院签订战略合作协议，重点围绕打造红色文化研究高地、共建红色教育实训基地、探索高质量的红色理论成果等方面深入开展合作。

（杨新蕊）

【金鸡台村烈士陵园落成】 6月25日，史家营乡在金鸡台村举行金鸡台烈士陵园落成揭幕仪式。区民政局、区退役军人局、区委党校、区“两代表一委员”、史家营乡党委、政府科级以上领导干部、各村“两委”班子成员、各景区负责人、金鸡台村党员村民代表等100余人参加。区、乡相关领导为金鸡台烈士陵园揭幕。金鸡台烈士陵园位于金鸡台村，始建于2020年6月，占地面积6600平方米，陵园安葬着在抗日战争、解放战争、抗美援朝战争中牺牲的烈士81名。其中，东安岭战役牺牲的八路军无名烈士32名；金鸡台村有名有姓的烈士49名。陵园内大理石纪念碑，正面镌刻“革命烈士纪念碑”，背刻“革命烈士永垂不朽”。陵园主体建筑包括玄门、长廊、步道、烈士墓、纪念碑。

（杨新蕊）

【第十六届端午诗会】 6月28日，史家营乡在百瑞谷景区举行红色广场落成揭幕仪式暨第十六届端午诗会诗词作品交流大会。中华诗词学会、北京诗词学会、区文联有关领导参加。大会期间，开展红色广场落成揭幕仪式、重温入党誓词，诗词作品征集评审结果公布及获奖作品朗诵等活动。

（杨新蕊）

【红色故事汇】 6月29日，史家营乡举办“赓续红色基因 凝聚奋进力量”史家营红色故事汇暨“光荣在党50年”纪念章颁发仪式。活动中，乡领导为25名在党50年的老党员代表颁发纪念章，9名宣讲人讲述平西根据地人民英勇抗战的故事。

（杨新蕊）

【首届千叟会】 10月14日，北京圣莲山景区以“九九长寿，爱在圣莲”为主题举办首届千叟会。知名书画家在现场撰写“福寿”长卷，10名老人获长寿证书，小学生代表作传承孝德文化表态发言，老人免费吃长寿面，寓意“福寿康宁”。该活动共吸引400余名老人及家属参与。

（杨新蕊）

【文旅发展合作】 11月17日，史家营乡党委与北京工商大学国际经管学院党总支举行共建协议书的签订仪式，双方就党建工作、文旅融合发展等方面达成合作意向。

（杨新蕊）

【生态修复】 年内，史家营乡金鸡台村、秋林铺村、大村涧村3个村5个片区的废弃矿山生态修复项目开工建设。全年，完成浅山台地造林46.13公顷，浅山荒山造林41.46公顷，京津风沙源二期围栏封育项目666.66公顷，森林健康经营项目810公顷，优化提升山区绿屏。全面落实好河长制工作，乡、村两级河长巡河率和河道问题整改销账率始终保持100%。对复耕地块进行拉网式摸排登记，完成复耕面积197.33公顷。在百草畔路、贾金路沿线栽种树木3200余棵，在路边建设停车港湾，公路沿线环境得到提升。

（杨新蕊）

【红色资源开发】 年内，史家营乡成立红色故事挖掘小组，利用座谈、寻访、重走等形式深入挖掘红色文化，走访70余次，形成口述史录20余万字的《薪火相传——史家营乡红色历史纪事》系列书册第一辑。

（杨新蕊）

蒲洼乡

【概况】 蒲洼乡地处房山区西南部深山区，东邻霞云岭乡堂上村，西、北与河北省涞水县接壤，南与十渡镇相连。为市级自然保护区。乡域总面积63平方千米。辖8个村民委员会。2021年，全乡户籍户数2475户，其中农业户1558户、非农业户917户。户籍总人口4469人。其中，男性2203人、女性2266人；农业人口3074人、非农业人口1395人。年内，出生人口34人，死亡人口50人。

2021年，蒲洼乡党委下辖基层党组织12个，包括1个党总支，11个党支部。年内，发展中共党员11名，培训入党积极分子8名。全乡有中共党员487名。完成村党支部换届，8个村党支部共选举支部委员34名，其中书记8名、其他委员26名。村支委班子成员平均年龄50岁，班子成员中大学学历6名，大专学历7名，中专及高中学历11名。

2021年，蒲洼乡制定党建工作要点5项27条，开展“学讲话见行动、基层担当有我”活动，组织8个包村工作组60名机关干部“上一线、做贡献”。开展党员干部大轮训、致富带头人培训20期400人次。立足市级自然保护区的历史使命，坚持党建“红色引擎”统领绿色产业发展，实施小流域综合治理、荒山造林等一系列生态建设工程，全乡森林覆盖率68.8%，林木绿化率87.2%。实施精品民宿改造，成立东村民俗旅游协会，建设东村林下食用菌和议合玫瑰园妇联双学双比示范基地2处，解决18名妇女就业；以东村带动宝水村、芦子水村发展食用菌种植产业，促进村民致富增收。邀请北京农学院和北京农职学院教授开展美丽庭院培训6场次，实地指导10余次，创新发展盆景灵芝、盆栽韭菜等盆栽经济和微型景观，与加州水郡北社区等中高端社区建立订单式合作，实行点对点销售；依托对山野菜等农产品统一加工、包装，提高农产品附加值。截至年底，乡、村两级销售驿站销售收入达15万元，带动150户发展庭院经济，户均增收1000元。推进东村林下食用菌和森水月联兴合作社标准化建设，森水村月联兴种植专业合作社，经市促进农民专业合作社发展联席会议成员单位联合评审，被认定为第六批北京市农业专业合作社示范社。东村获北京市最美乡村、中国美丽休闲乡村、全国文明村等称号。森林乡居度假酒店被评为2021年北京网红打卡地。年接待游客9000人次，旅游综合收入225万元。开展“礼让斑马线”“垃圾分类”、青年志愿服务为主题的宣传活动；设置创城宣传栏40余块，整改市、区检查反馈问题点位10个。开展星火工程演出22场次、培训35场次，公益流动电影和固定影厅电影放映共计340场次，乡、村两级文化活动中心每周免费开放不少于56小时，共建温馨家园5处，老年驿站3处，为残疾人提供康复服务468人次，有效康复服务率100%；城镇登记失业人员就业率71.43%，超出全年指标的6.43个百分点，就业率全区排名第一；开展法治宣传活动和法律服务活动10余场次，发放宣传品3000余份，解答法律咨询100余件。

全乡农村经济营业总收入完成165.24万元，比2020年增长50.7%，财政税收完成1149万元，固定资产投资累计完成2637万元。粮食播种面积363.2亩，总产量34.6吨。其中，玉米播种面积289亩，总产量31.2吨；谷子播种面积22亩，总产量1吨。蔬菜种植面积580.5亩，总产量338.3吨。全年，家禽存栏0.2万只，禽蛋产量1.1吨。干鲜果品产量108.8吨。全年，造林面积66.7公顷，育苗面积3.7公顷。

蒲洼乡有中心幼儿园1所，幼儿班1个（混龄班），入园儿童11人，入园率100%；寄宿制中心小学1所，在校生54人，入学率100%，巩固率100%。卫生院1所，医务人员8人，卫生覆盖率100%。乡级文化室1处，村级文化室7处，邮政所1个。

境内有区级文物保护单位蒲洼兵工厂、王仲民烈士墓、蒲洼戏楼。有花台风景区、椅子圈风景区和隗氏文苑。

（晋清军）

【美丽庭院培训】 4月27日，蒲洼乡开展庭院经济蔬菜种植及庭院美化设计培训。邀请北京农学院教授对庭院示范创建户进行现场授课指导，内容包括乡村旅游背景下庭院经济的发展、种植的品种与市区差异化的形成、以庭院种植菜品为基础发展美丽庭院经济等，培训现场发放关于庭院蔬菜经济和种植花卉美化庭院的书籍，40余名村民参加培训。

（晋清军）

【数字化乡镇共建】 5月12日，蒲洼乡与歌华有线房山分公司启动数字化乡镇共建工作。双方就数字化乡镇共建相关工作进行座谈，并达成共识。歌华有线免费为全乡8个村铺设安装数字光缆，蒲洼乡成为区内首个全乡所有行政村实现高清交互数字电视全覆盖的乡镇。

（晋清军）

【敬老爱老系列活动】 10月14日，蒲洼乡组织开展重阳节义诊服务和文艺演出星火工程活动。邀请国家心血管病中心等医院专家到蒲洼乡东村开展义诊活动。为全村群众免费进行外科、内科、测血压等常规性检查，现场发放健康宣传手册300本。

（晋清军）

【百姓饮用水水质提升】 年内，蒲洼乡深入开展党史学习教育，推出“我为群众办实事”实践活动，持续发力优化民生。针对高海拔山区多年水量不足问题，利用山泉、水窖等方式，对饮用水进行储存。为进一步提升饮用水水质，投资200余万元，为各村安装净化水设备，解决山区百姓饮水安全问题。并针对山区老龄人口多取水不便的实际，安排人员为群众送水入户。

（晋清军）

【生态建设】 年内，蒲洼乡成立乡、村两级巡查队伍，打击私挖盗采、毁林毁地等违法行为，完成环保点位整改 43 个。持续实施京津风沙源治理66.66公顷，森林健康抚育426.66公顷，幼龄林封山育林333.33公顷等生态建设工程，森林总面积达到6533.33公顷，森林覆盖率68.8%，林木绿化率87.2%，空气中负氧离子达到5000个/立方厘米。

（晋清军）

【美丽乡村建设】 年内，蒲洼乡清理蒲洼大街点位105处，拆除私搭乱建、修缮残墙断壁、粉饰外墙等1.72万平方米，大街两侧绿化美化3700平方米。推动乡域内公路整治工作，清理上账问题点位23处，绿化美化河道10千米，种植地锦、黄杨等1.2万株。拆除违建44处1992平方米，清理完成市级脏乱点位295处，按照“村收集、乡运输、区处理”的模式，清运消纳处理生活垃圾100余吨，设置垃圾分类桶站点便民设施 68 个、分类桶站点16处，发放宣传册2000余份。开展环境整治、垃圾分类等培训6次。推动河长制落实，乡、村两级河长巡查481人次，巡河800千米，清理河道周边垃圾70处90立方米。

（晋清军）

新镇街道

【概况】 新镇街道地处房山区东部，东、南、西与阎村镇接壤，北邻青龙湖镇。辖区面积1.3平方千米，辖区主要由中国原子能科学研究院工作区、生活区和千禧家园小区组成。设东平街、原新街2个社区居委会。2021年，辖区常住人口10180人，60岁以上老年人2835人，占常住人口27.85%。城镇化率100%。

2021年，新镇街道工委下辖基层党组织25个，包括2个党总支，23个党支部。年内，发展中共党员1名，培训入党积极分子3名。全街道有中共党员1306名。完成社区党组织换届，东平街社区选出委员7名，其中书记1名、副书记1名、委员5名；原新街社区选出委员7名，其中书记1名、副书记1名、委员 5 名。加强“新镇微信平台”及社区宣传栏等宣传阵地建设，开展集中学习 8 次。全年，接收1000余名退休党员党组织关系，为358名老党员颁发“光荣在党50年”纪念章，走访慰问困难党员、中华人民共和国成立前老党员、困难群众等393人。

新镇街道办事处辖区内拥有中国原子能科学研究院、核工业研究生部、中国核工业科技馆、工商银行266支行、邮政储蓄银行、中国联通南坊营业厅、北京核工业医院（房山院区）、房山四〇一学校、房山区坨里中学高中部、幼儿园、同年华养老院、核都汇隆商贸有限公司等驻镇单位。建有综合文体活动中心馆1个，建筑面积5000平方米，馆内可开展文艺演出、羽毛球、篮球、排球、电影播放等活动，辖区内还建有人工草坪足球场、网球场、门球场、灯光球场和健身广场等文化设施。

（高冬玥）

【疫苗接种】 2月25日，新镇街道在原子能院文体中心启动街道辖区人员新冠病毒疫苗接种工作。截至年底，累计接种21055人次。

（高冬玥）

【庆祝中国共产党成立 100 周年文艺演出暨双优表彰活动】 6月4日，新镇街道和原子能院在文体中心联合举办“献礼建党百年 共建美好家园——庆祝中国共产党成立 100 周年文艺演出暨双优表彰”活动。活动以配乐腰鼓《火火的中国》拉开序幕，演出舞蹈、合唱、模特秀、党员健身操、诗朗诵、器乐合奏等 11 个节目。活动期间，对评选出的优秀共产党员和优秀党务工作者进行表彰，为金婚、钻石婚伉俪赠送鲜花、证书和纪念照片。原子能院有关领导、部分院职能部门、院属各单位领导300余人参加活动。

（高冬玥）

【安保维稳工作】 6月18日，新镇街道召开全体动员大会部署庆祝中国共产党成立100周年维稳安保工作。会后，开展“高墙大院”专项整治、非居民液化石油气专项排查、有限空间排查、充电桩和电动车专项排查、高空作业专项排查等隐患排查和整顿工作。通过持续开展隐患大排查、大整顿工作，辖区整体安全、平稳、可控。

（高冬玥）

【书画和手工作品展】 6月18日，原新街社区党总支在社区活动大厅组织开展“不忘初心跟党走、携手奋进新时代”庆祝中国共产党成立100周年书画、手工作品展，该展览围绕着庆祝中国共产党成立 100 周年主题，征集社区 40 余位书画、手工艺爱好者创作的优秀作品。

（高冬玥）

【防灾减灾活动】 6月，新镇街道以全国防灾减灾日为契机，在辖区开展防灾减灾宣传日活动。通过悬挂横幅，电子屏滚动播放防灾减灾知识宣传片等形式进行宣传，发放宣传资料 300 余份。宣传活动结束后，开展针对高层建筑出现汛情内涝的防汛应急演练，主要包括积水排涝、电力设备应急维修、人员应急疏散等内容。

（高冬玥）

2021 年房山区乡镇（街道）行政区划一览表

表 13

乡镇（街道）	辖行政村名称	辖社区名称	备注
东风街道		东风东里、东风南里、东风北里、羊耳峪里第一、羊耳峪里第二、羊耳峪北里、羊耳峪西区、燕和园	2021 年，木头岭社区与羊耳峪西区社区合并，撤销木头岭社区。撤销东流水社区
向阳街道		向阳里、宏塔、燕东路、富燕新村第一、富燕新村第二	2021 年，燕房路社区与宏塔社区合并，撤销燕房路社区。岗山社区与富燕新村第二社区合并，撤销岗山社区
迎风街道		高家坡、迎风四里、迎风五里、杏花西里、杏花东里、迎风六里、迎风西里、杰辉苑、迎风一里、凤凰亭、幸福家园	
星城街道		星城第一、星城第二、星城第三、星城第四、星城第五、星城第六、星城第七	

续表 13-1

乡镇（街道）	辖行政村名称	辖社区名称	备注
城关街道	西街、迎风坡、东瓜地、田各庄、饶乐府、后朱各庄、东街、马各庄、羊头岗、八十亩地、前朱各庄、丁家洼、北市、辛庄、瓜市、顾册、东坟、塔湾、洪寺、南街、北关、南关	万宁桥、南沿里、北里、北街、新东关、城东、南里、兴房东里、永安西里、永乐园、永兴达、府东里、城北、农林路、福星家园、南城、管道局、化工四厂、矿机、大石河、永安家园、蓝城家园、原香嘉苑、原香漫谷小区	
拱辰街道	纸房、二街、四街、五街、南关、东关、大南关、吴店、渔儿沟、黄辛庄、梅花庄、后店、常庄、梨村、东羊庄、小西庄、辛瓜地、南广阳城	一街、一街第二、三街、三街第二、文化路、罗府街、北关东路、西北关、宜春里、昊天、拱辰大街、拱辰北大街、长虹、行宫园、北京电力建设公司、北京电力设备总厂、北京送变电公司、飞机场、鸿顺园、梅花庄、玉竹园、伟业嘉园、瑞雪春堂、邑尚佳苑、绿地花都苑、翠林湾嘉园、紫汇家园、胜茂嘉苑、伟创嘉园、翠堤清苑、睿府嘉园、智汇雅苑、伊林郡、意墅园、绿湾星苑、二街、东羊庄	绿湾星苑社区（未选举）
西潞街道	太平庄、詹庄、安庄、固村、东沿、南上岗、苏庄	月华东里、西路大街、苏庄一里、苏庄二里、苏庄三里、夏庄、北潞园、北潞馨、北潞春、西潞园、西潞园南里、西潞东里、海逸半岛、太平庄西里、金鸽园、太平庄东里、海悦嘉园	2021 年，北潞园社区拆分出北潞馨社区，西潞园社区拆分出西潞园南里社区
良乡镇	鲁村、西石羊、东石羊、张谢、江村、官道、侯庄、下禅坊、后石羊、邢家坞、南刘庄、南庄子、刘丈、小营、黑古台、富庄	尚锦佳苑、舒朗苑	尚锦佳苑、舒朗苑社区（均未选举）
周口店镇	南韩继、瓦井、黄元寺、涞沥水、拴马庄、葫芦棚、周口店、北下寺、娄子水、黄院、西庄、官地、辛庄、新街、云峰寺、良各庄、泗马沟、龙宝峪、黄山店、周口村、车厂、长流水、大韩继、山口	长沟峪、红光、鑫山、金巢、周口店	

续表 13-2

乡镇（街道）	辖行政村名称	辖社区名称	备注
琉璃河镇	刘李店、二街、杨户屯、平各庄、南洛、北章、五间房、董家林、东南召、保兴庄、三街、白庄、福兴、韩营、兴礼、北洛、祖村、庄头、李庄、周庄、东南吕、北白、八间房、大陶、洄城、常舍、西南召、黄土坡、贾河、辛庄、立教、西南吕、赵营、路村、薛庄、务滋、万里、官庄、西地、石村、任营、窑上、南白、肖场、鲍庄、古庄、小陶	琉璃河水泥厂、二街、窗纱厂、建材工业学校、金果林	
阎村镇	炒米店、大紫草坞、南梨园、小十三里、小紫草坞、前沿、后沿、大董村、大十三里、后十三里、肖庄、张庄、焦庄、小董村、西坟、公主坟、北坊、南坊、开古庄、二合庄、元武屯、吴庄	梨园东里、消防器材厂、桥梁厂、绿城、万紫嘉园、紫园、乐活家园小区、云瑞嘉园	2021 年，新增云瑞嘉园社区（未选举）
窦店镇	窦店村、小高舍、六股道、西安庄、瓦窑头、白草洼、前柳村、陈家房、普安屯、兴隆庄、辛庄户、两间房、下坡店、田家园、板桥村、七里店、一街、大高舍、丁各庄、刘平庄、袁庄、北柳村、望楚、二街、三街、后街、河口、于庄、芦村、苏村	亚新特种建材公司、金鑫苑、沁园春景、田家园、窦店、京南嘉园、山水汇豪苑、于庄、汇景嘉园、乐汇家园、腾龙家园、华城家园、燕都世界名园、提香草堂	2021 年，新增提香草堂社区
石楼镇	石楼、吉羊、杨驸马庄、襄驸马庄、双柳树、大次洛、梨园店、二站、坨头、夏村、支楼、双孝	石楼铁路	

续表 13-3

乡镇（街道）	辖行政村名称	辖社区名称	备注
长阳镇	北广阳城、长阳一村、长阳二村、水碾屯一村、水碾屯二村、篱笆房村、稻田一村、稻田二村、稻田三村、稻田四村、稻田五村、哑叭河、黄管屯、张家场、长营、高岭、保合庄、马厂、牛家场、军留庄、杨庄子、独义、高佃一村、高佃二村、高佃三村、高佃四村、大宁、阎仙垈、夏场、葫芦垈、公议庄、温庄子、朱岗子、佛满、西场、赵庄	长龙苑、长阳、碧桂园、碧波园、加州水郡东区、大宁山庄、天泰新景、徜徉集、嘉州水郡北区、嘉州水郡南区、馨然嘉园、建邦嘉园、悦都苑、半岛家园、熙景嘉园、朗悦嘉园、云湾家园、熙兆嘉园、悦都新苑、悦然馨苑、广悦居、禾香雅园、领峰四季园、溪雅苑、长阳镇天瑞嘉园、紫云家园、碧桂园北区、碧桂园南区、新里程家园、康泽佳苑北区、铭品嘉苑、畅和园、金域缇香家园、清苑嘉园、原香小镇、长景新园小区、康泽佳苑南区、燕保阜盛家园、上林佳苑、万和家园、宜居园、长龙家园、天丰苑、稻香悦家园、半岛家园南区、西悦居、馨然嘉园北区、康泽佳苑南区一里、康泽佳苑南区二里、碧岸澜庭、长景新园北区、紫云家园东区、杨庄子、张家场	2021，徜徉集社区拆分出西悦居社区，馨然嘉园社区拆分出馨然嘉园北区社区，半岛家园社区拆分出半岛家园南区社区，紫云家园社区拆分出紫云家园东区社区，长景新园小区拆分出长景新园北区社区，康泽佳苑南区社区拆分出康泽佳苑一里社区和二里社区，天丰苑拆分出碧岸澜庭社区。杨庄子、张家场社区（均未选举）
河北镇	河北、河东村、磁家务、万佛堂、李各庄、三十亩地、檀木港、半壁店、黄土坡、三福村、他窖、东庄子、辛庄、南道、口儿、东港、河南、杏元、南车营	黄土坡军工路、房山矿、惠景新苑	
长沟镇	南正、北正、北甘池、东甘池、六甲房、黄元井、南良各庄、北良各庄、东长沟、西长沟、西甘池、三座庵、双磨、太和庄、坟庄、沿村、东良各庄、南甘池	西厢苑、长荷苑	长荷苑社区（未选举）
大石窝镇	石窝、蔡庄、王家磨、土堤、塔照、下滩、郑家磨、广润庄、惠南庄、半壁店、北尚乐、南河、南尚乐、辛庄、高庄、独树、镇江营、下庄、下营、岩上、前石门、三岔、后石门、水头		

续表 13-4

乡镇（街道）	辖行政村名称	辖社区名称	备注
张坊镇	张坊、广录庄、史各庄、瓦沟、千河口、下寺、三合庄、片上、南白岱、大峪沟、穆家口、西白岱、东关上、北白岱、蔡家口		
十渡镇	十渡、平峪、西关上、西石门、东太平、西庄、卧龙、西河、西太平、五合、六渡、七渡、八渡、九渡、新村、马安、前头港、王老铺、六合、栗元厂、北石门		
青龙湖镇	崇各庄、常乐寺、北车营、口头、沙窝、西石府、南四位、水峪、南观、北四位、青龙头、岗上、辛庄、漫水河、马家沟、焦各庄、上万、石梯、西庄户、庙耳岗、大苑村、小苑上、芦上坟、果各庄、大马村、小马村、晓幼营、坨里、北刘庄、辛开口、大苑上、豆各庄	京强水泥厂、京煤集团化工厂、宜青街	宜青街社区（未选举）
韩村河镇	西东村、东周各庄、西周各庄、西南章、东南章、二龙岗、龙门口、圣水峪、罗家峪、潘庄、小次洛、皇后台、岳各庄、五侯、孤山口、上中院、下中院、崇义、七贤、东营、天开、郑庄、曹章、西营、韩村河、尤家坟、赵各庄	大自然新城	
霞云岭乡	霞云岭、银水、下石堡、上石堡、大草岭、四合村、石板台、三流水、王家台、庄户台、龙门台、四马台、大地港、堂上、北直河		
南窖乡	南窖、北安、南安、三合村、水峪、大西沟、中窖、花港		
佛子庄乡	佛子庄、陈家台、东班各庄、西班各庄、陈家坟、北峪、黑龙关、下英水、中英水、上英水、查儿、西安、北窖、红煤厂、长操、山川、石板房、贾峪口		
大安山乡	大安山、水峪、中山、瞧煤涧、宝地洼、寺尚、赵亩地、西苑	大安山煤矿	

续表 13-5

乡镇（街道）	辖行政村名称	辖社区名称	备注
史家营乡	史家营、曹家坊、莲花庵、秋林铺、大村涧、西岳台、青土涧、金鸡台、青林台、杨林水、柳林水、元阳水		
蒲洼乡	蒲洼、议合、富合、森水、宝水、东村、鱼斗泉、芦子水		
新镇街道		原新街、东平街	

人物　荣誉

先进集体

2021 年房山区部分省部级及以上先进集体（单位）一览表

表 14

获奖单位	奖项名称	颁奖单位	获奖时间
区检察院	第十届全国检察机关文明接待室	最高人民检察院	1 月
聚和人民调解委员会	全国模范人民调解委员会	司法部	1 月
西潞街道司法所	全国模范司法所	司法部	1 月
房山区对口支援与协作推进服务中心	全国脱贫攻坚先进集体	中共中央、国务院	2 月
西潞街道苏庄村	全国民主法治示范村	司法部、民政部	2 月
区人力资源社会保障局	北京市扶贫协作先进单位	市委办公厅、市政府办公厅	3 月
北京今日东方人力资源服务有限公司、区第一医院神经内科	全国巾帼文明岗	全国妇联	3 月
区法院行政审判庭	全国五一巾帼标兵岗	中华全国总工会	4 月
碧源圣水仪表科技（北京）有限公司水表售后维修组	全国工人先锋号	中华全国总工会	4 月
良乡镇	北京市民兵专业轮训先进单位	北京卫戍区参谋部	5 月

续表 14-1

获奖单位	奖项名称	颁奖单位	获奖时间
京港澳高速窦店公安检查站	集体一等功	公安部	6月
黄山店村党支部	全国先进基层党组织	中共中央	6月
西潞街道苏庄三里社区党委	北京市先进基层党组织	北京市委	6月
北京中医药大学房山医院党委			
北京韩建集团有限公司党委			
十渡镇马安村党支部			
大石窝镇王家磨村党支部			
区生态环境局机关第十一党支部			
蒲洼乡东村党支部			
房山分局建党 100 周年庆祝活动文艺演出焰火存储运输安保组	建党 100 周年安保维稳工作突出集体	公安部	7月
区法院河北人民法庭	全国青年文明号	共青团中央	8月
大石窝镇王家磨村	第二批全国乡村治理示范村	中央农村工作领导小组办公室、农业农村部、中央宣传部、民政部、司法部、国家乡村振兴局	9月
燕山直属机关党委	第二届全国优秀主题党日品牌活动中“主题党日三聚力工作法”荣获二等奖	全国优秀主题党日品牌评审委员会	9月
房山公安分局政治处	第十五届北京市思想政治工作优秀单位	北京市委	9月
京港澳高速窦店公安检查站			
区法院司法警察大队	人民法院司法警察先进集体	最高人民法院	10月
苏庄三里社区、国网北京市电力公司房山供电公司、房山区市场监督管理局	全国文明单位	中央精神文明建设指导委员会	11月
史家营乡金鸡台村	全国文明村镇	中央精神文明建设指导委员会	11月
区信访办	北京市信访工作先进集体（2016—2020 年度）	北京市委、市政府	11月
大石窝镇南河村	2021 年全国乡村特色产业亿元村	农业农村部	11月
大石窝镇王家磨村	2021 年中国美丽休闲乡村	农业农村部	11月
区文化活动中心	一级文化馆	文化和旅游部	11月

续表 14-2

获奖单位	奖项名称	颁奖单位	获奖时间
大石窝镇王家磨村妇联	全国妇联先进集体	人力资源社会保障部、全国妇联	12月
区检察院	2021年全国检察机关十佳文化品牌	最高人民检察院	12月
区工商联	2020—2021年度全国“五好”工商联	全国工商联	12月
区生态环境局	首都生态文明建设先进集体	北京市委	12月
大石窝镇王家磨村	全国乡村旅游重点村	文化和旅游部	2021年

先进个人

2021年房山区部分省部级及以上先进个人一览表

表 15

姓名	工作单位、职务	奖项名称	颁奖单位	获奖时间
解海涛	聚和人民调解委员会	全国模范人民调解员	司法部	1月
辛崇增	区法院长沟人民法庭庭长	全国法院办案标兵	最高人民法院	1月
于海玲		首都精神文明建设奖	北京市委、市政府	1月
辛崇增	区法院长沟人民法庭庭长	2019—2020年度首都精神文明建设奖	北京市委、市政府	2月
佟海姣	区农业环境和生产监测站	2020年度绿色食品标志监管员考核“优秀”等次	中国绿色食品发展中心	2月
刘长安	北京凯达恒业农业技术开发有限公司董事长兼总经理	全国脱贫攻坚先进个人	中共中央、国务院	2月
张　梁	阎村镇平安建设办公室副主任	北京市扶贫协作先进个人	市委办公厅、市政府办公厅	3月
武维民	北京教师进修学校副校长、正高级教师	全国五一奖章	中华全国总工会	4月
于　秋	张坊镇政府武装部科员	先进个人	北京卫戍区参谋部	5月
王　跃	良乡镇武装部工作人员	北京市2021年度民兵应急分队轮训先进个人	北京卫戍区参谋部	5月

续表 15-1

姓名	工作单位、职务	奖项名称	颁奖单位	获奖时间
齐颖秀	史家营乡政府宣传部长	北京市优秀党务工作者	北京市委	6月
刘文静	长阳镇党委副书记			
边　红	区教师进修学校党委副书记			
李立英	星城街道第七社区党组书记	北京市优秀基层党组织书记	北京市委	6月
孟祥平	良乡镇后石羊村党支部书记			
石印起	拱辰街道南广阳城村党支部书记	北京市优秀基层党组织书记	北京市委	6月
顾建成	城关街道东坟村党支部书记			
刘金华	区地震局	防震减灾工作先进个人	中国地震局	6月
陈丽英	区检察院第一检察部主任	2020 年打击危险废物环境违法犯罪行为活动表现突出个人	生态环境部、最高人民检察院、公安部	6月
张进刚	周口店镇黄山店村党支部书记、村委会主任	北京市优秀共产党员	北京市委	6月
王金辉	大安山乡卫生院党支部书记、院长			
纪凤敏	良乡医院感染管理办公室主任			
王海姣	北京兴科绿源绿化工程有限公司养护科科长			
许亚辉	区融媒体中心高级工程师			
辛崇增	区法院长沟人民法庭庭长			
张　库	京港澳高速窦店公安检查站、所长			
隗永贵	区检察院第三检察部主任			
杨万俊	水峪村村民			
相　薇	区农业环境和生产监测站			
袁　林	房山公安分局、局长	全国二级英模	公安部	7月
赵清水	房山公安分局一支队、支队长	建党 100 周年安保维稳工作突出个人	公安部	7月
郑剑利	区退役军人局	“老兵永远跟党走·党旗飘扬在心中”知识竞赛三等奖	退役军人事务部	7月

续表 15-2

姓名	工作单位、职务	奖项名称	颁奖单位	获奖时间
王建良	区税务局	全国税务系统脱贫攻坚工作三等功	国家税务总局	8月
王　哲		全国群众体育先进个人	国家体育总局	9月
任宇嘉		全国群众体育先进个人	国家体育总局	9月
许小龙		“全国第十四届运动会摔跤比赛”突出贡献奖	中国摔跤协会	9月
尹凤清	良乡镇政府、信访工作负责人	北京市信访工作先进个人	北京市委、市政府	11月
杜淑平	青龙湖镇中心幼儿园，党支部书记、园长	退役军人服务保障先进个人	退役军人事务部、中央军委政治工作部	11月
佟海姣 刘小存	区农业环境和生产监测站	2021年度农产品质量安全与营养健康科普作品一等奖	农业农村部、农产品质量安全中心	11月
丁其俊	区信访办	北京市信访工作先进个人（2016—2020年度）	北京市委、市政府	11月
赵　进		2021年全国最美家庭	全国妇联	11月
张莉华	北京利民恒华农业科技有限公司董事长	全国道德模范提名奖	中共中央宣传部、中央文明办、全国总工会、共青团中央、全国妇联、中央军委政治工作部	11月
李增军	霞云岭乡堂上村原党支部书记			
豆宝才	区交通局局长	2021年度交通运输法治政府部门建设通报表扬的基层先进个人	交通运输部	12月
朱月影	普法与依法治理科科长	全国普法工作先进个人	中共中央宣传部、司法部、全国普法及法律常识办公室	12月
曾京山	区检察院第七检察部副主任	北京市信访工作先进个人	北京市委、市政府	12月
张　敏		全国维护妇女儿童权益先进个人	全国妇联	12月
许亚辉	区融媒体中心、总工程师	“北京市优秀共产党员”荣誉称号	中共北京市委	2021年
蔡金霞		2021年度“首都最美巾帼奋斗者”	全国妇联	2021年

续表 15-3

姓名	工作单位、职务	奖项名称	颁奖单位	获奖时间
王海燕		2021 年度“首都最美巾帼奋斗者”	全国妇联	2021 年
刘　鹏	大石窝镇汉白玉雕刻非遗项目继承人	国务院政府特殊津贴专家	国务院	2021 年

统计资料

房山一日

表 16

项　目		2021	2020
每天创造的财富			
规模以上工业总产值（当年价格）	（万元）	24493.8	20173.9
建筑业总产值	（万元）	3869.5	3776.9
财政收入	（万元）	3613.7	4443.6
各项税收	（万元）	6313.2	5515.9
粮食产量	（吨）	110.3	95.7
蔬菜及食用菌产量	（吨）	510.8	420.5
出栏猪	（头）	33	
出栏牛	（头）	13	15
出栏羊	（只）	30	35
每天收入与消费量			
全区居民人均可支配收入	（元）	130	120
城镇居民人均可支配收入	（元）	154	143
在岗职工平均工资	（元）	388	378
社会消费品零售总额	（万元）	10243.7	9326.0

续表 16

项　目		2021	2020
每天其他活动			
进出口总额外	（万美元）	308.3	276.8
A 级及以上旅游区（点）接待人数	（万人次）	1.6	1.2
报刊流转额	（万元）	6.8	6.9
邮政函件出口量	（万件）	0.6	0.8
每天人口和婚姻变动			
出生人口	（人）	18	22
死亡人口	（人）	19	22
登记结婚对数	（对）	15	18
登记离婚对数	（对）	7	11

注 1：出生人口不含流动人口。

注 2：2021 年按 365 天计算，2020 年按 366 天计算。

注 3：登记离婚对数不含法院判离数。

百户全区居民家庭主要耐用品拥有量

表 17

项　目		2021	2020
家用汽车	（辆）	64	57
摩托车	（辆）	4	4
助力车	（台）	47	42
洗衣机	（台）	103	101
电冰箱（柜）	（台）	108	104
微波炉	（台）	71	72
彩色电视机	（台）	119	120
空　调	（台）	202	185
热水器	（台）	101	108
洗碗机	（台）	2	2
排油烟机	（台）	94	91
固定电话	（线）	21	48
移动电话	（部）	246	234
#接入互联网		220	202
计算机	（台）	74	75
#接入互联网		69	64
照相机	（台）	19	28
中高档乐器	（架）	6	9
健身器材	（台）	8	10
空气净化器（含新风系统）	（台）	22	22
吸尘器	（台）	26	25

注："#"表示其中数，表中的总量指标与分组指标呈依次缩进的格式。其中，有"#"号的分组指标表示其为总量指标的一部分；无"#"号的分组指标则反映全部分组指标数据之和为总指标数据。

百户城镇居民家庭主要耐用品拥有量

表 18

项　目		2021	2020
家用汽车	（辆）	72	66
摩托车	（辆）	4	3
助力车	（台）	27	29
洗衣机	（台）	101	102
电冰箱（柜）	（台）	104	104
微波炉	（台）	76	77
彩色电视机	（台）	115	120
空　调	（台）	204	192
热水器	（台）	103	109
洗碗机	（台）	3	3
排油烟机	（台）	99	97
固定电话	（线）	23	48
移动电话	（部）	240	228
#接入互联网		225	209
计算机	（台）	81	83
#接入互联网		78	72
照相机	（台）	24	37
中高档乐器	（架）	8	11
健身器材	（台）	9	12
空气净化器（含新风系统）	（台）	29	30
吸尘器	（台）	32	32

注："#"表示其中数，表中的总量指标与分组指标呈依次缩进的格式。其中，有"#"号的分组指标表示其为总量指标的一部分；无"#"号的分组指标则反映全部分组指标数据之和为总指标数据。

经济社会主要指标概况（2017—2021年）

表19

项　目	2017年	2018年	2019年	2020年	2021年	2021年比2020年±%
基本情况						
街道、镇、乡数（个）	28	28	28	28	28	
街道	8	8	8	8	8	
镇	14	14	14	14	14	
乡	6	6	6	6	6	
村民委员会（个）	459	459	459	459	459	
社区居委会（个）	154	160	163	199	210	5.5
常住人口（万人）	114.5	118.5	124.8	131.3	131.3	
#常住外来人口	37.5	39.6	41.2	44.0	44.1	0.2
户籍人口（人）	819038	829527	840530	844993	847359	0.3
#非农业	498577	512156	524426	533182	538507	1.0
男	409746	414609	420318	421968	422759	0.2
女	409292	414918	420212	423025	424600	0.4
地区生产总值（亿元）	681.7	767.0	811.0	750.2	818.4	9.1
第一产业	13.5	13.7	14.0	14.1	13.7	−3.3
第二产业	322.6	362.7	355.1	287.2	330.2	15.0
第三产业	345.5	390.5	441.9	448.8	474.5	5.7
财税、金融						
财政收入（亿元）	244.3	139.6	128.6	162.6	131.9	−18.9
#一般公共预算收入	60.2	64.7	70.1	75.0	85.5	14.0
财政支出（亿元）	375.6	293.0	336.3	291.9	287.4	−1.5
各项税收（亿元）	250.1	230.9	235.2	201.9	230.4	14.1
#区级税收	47.1	46.5	44.5	40.6	50.4	24.2
人民币各项存款余额（亿元）	1553.8	1695.9	1854.9	1909.8	1956.7	2.5
#个人存款	823.5	921.8	1036.1	1191.5	1316.7	10.5
各项贷款余额（亿元）	419.5	492.1	695.0	561.6	618.2	10.1
农　业						
乡村从业人员（人）	314974	306209	315713	323181	317539	−1.7
农林牧渔业总产值（亿元）	35.7	33.8	33.3	33.3	32.1	−3.5
农业产值	16.4	13.5	10.3	10.7	12.8	18.9
林业产值	6.0	11.3	18.3	17.2	15.2	−11.7
牧业产值	11.3	7.2	4.0	4.6	3.5	−24.9
渔业产值	0.7	0.5	0.3	0.2	0.3	28.5
农林牧渔专业辅助性活动	1.3	1.3	0.4	0.5	0.4	−21.9

续表 19-1

项　目		2017 年	2018 年	2019 年	2020 年	2021 年	2021 年比 2020 年 ± %
粮食产量	（吨）	47668.6	39180.7	32304.3	35032.0	40263.3	14.9
蔬菜及食用菌产量	（吨）	149470.1	145917.0	133678.9	153909.1	186433.7	21.1
干鲜果品产量	（吨）	33803.9	30958.1	30827.9	30266.0	28065.9	−7.3
出栏猪	（头）	339429	224828	584		12225	
出栏牛	（头）	6434	4898	5608	5376	4267	−20.6
出栏羊	（只）	138595	26200	14673	12937	11077	−14.4
禽蛋产量	（吨）	8294.4	6088.1	4839.2	4525.3	3668.8	−18.9
淡水鱼产量	（吨）	2882.0	2526.0	1184.0	1260.0	1347.0	6.9
工　业							
工业企业单位数	（个）	3717	2005	1901	1863	1893	1.8
#规模以上		155	166	170	149	160	7.4
规模以上工业总产值							
（当年价格）	（亿元）	895.2	1002.0	928.2	738.4	894.0	21.1
规模以上工业主营业务收入	（亿元）	917.7	1036.5	961.3	759.2	924.4	21.8
规模以上工业利润总额	（亿元）	43.3	33.3	−0.8	6.1	17.5	187.5
建筑业							
建筑业总产值	（亿元）	356.4	415.6	141.2	138.2	141.2	2.2
房屋施工面积	（万平方米）	3870.6	4606.9	865.8	1258.7	772.7	−38.6
房屋竣工面积	（万平方米）	391.3	553.0	193.5	166.1	79.2	−52.3
房地产业							
商品房销售面积	（万平方米）	63.8	46.5	61.0	61.6	90.5	47.1
商品房销售额	（亿元）	169.7	112.6	130.7	138.2	220.0	59.2
批发和零售业、住宿和餐饮业							
社会消费品零售总额	（亿元）	330.6	354.5	375.6	341.3	373.9	9.5
外经、外贸、旅游							
进出口总额	（亿美元）	7.3	8.6	9.7	10.1	11.3	11.9
进口额		4.7	5.1	5.7	6.0	6.7	11.7
出口额		2.6	3.5	4.0	4.1	4.6	12.2
实际利用外资	（万美元）	18400	4026	5568	9343	10001	7.0
A 级及以上旅游区（点）							
接待旅游人数	（万人次）	375.3	281.0	289.4	443.2	574.0	29.5
A 级及以上旅游区（点）							
营业收入	（万元）	18135.9	14038.9	12711.2	37031.0	38395.3	3.7
教　育							
学校数							
小学	（个）	108	108	108	108	53	−50.9
初中阶段学校	（个）	36	37	37	37	37	
高中阶段学校	（个）	19	20	21	22	22	

续表 19-2

项　目		2017 年	2018 年	2019 年	2020 年	2021 年	2021 年比 2020 年 ± %
在校学生							
小学	（人）	49693	52208	54304	57709	59312	2.8
初中阶段学校	（人）	15567	16566	18139	19014	19339	1.7
高中阶段学校	（人）	18046	17255	14776	14711	14730	0.1
文　化							
公共图书馆	（个）	2	2	2	2	2	
公共图书馆总藏数	（万册、万件）	146.9	151.7	156.9	161.6	165.7	2.5
艺术表演场所	（个）	12	4	4	4	4	
区级以上重点文物保护单位	（处）	91	91	92	92	95	3.3
卫　生							
卫生机构数	（个）	957	950	1038	1047	1044	−0.3
#医院		38	34	36	36	36	
社区卫生服务中心		24	24	25	25	25	
实有床位数	（张）	6633	6329	6489	6469	6456	−0.2
#医院		6084	5778	5665	5645	5622	−0.4
社区卫生服务中心		549	551	661	661	661	
卫生技术人员	（人）	10215	10523	10883	11008	11493	4.4
#执业医师		3428	3543	3725	4269	4489	5.2
生态环境							
绿地面积	（万平方米）	8012.0	8037.2	8076.4	8344.0	8366.2	0.3
绿化覆盖率	（%）	49.28	49.42	49.65	49.73	49.85	0.2 个百分点
人均公园绿地面积	（平方米/人）	14.59	14.34	13.84	13.84	13.40	−3.2
人民生活							
全区居民人均可支配收入	（元）	36289	39391	42823	44078	47594	8.0
全区居民人均消费支出	（元）	23180	24363	26134	25307	28108	11.1
城镇居民人均可支配收入	（元）	42992	46503	50644	52288	56366	7.8
城镇居民人均消费支出	（元）	26368	28337	30589	29447	32723	11.1

注 1：2020 年常住人口数据为北京市第七次人口普查推算数，并根据 2020 年普查数据对历史数据进行了调整修订。

注 2：表中地区生产总值增速按现价计算。

注 3：表中部分数据合计数或相对数由于单位取舍不同而产生的计算误差，均未做机械调整。

注 4：“#”表示其中数，表中的总量指标与分组指标呈依次缩进的格式。其中，有“#”号的分组指标表示其为总量指标的一部分；无“#”号的分组指标则反映全部分组指标数据之和为总指标数据。

附 录

2021年房山区部分党政机关、事业单位全称及简称对照表

中国共产党北京市房山区委员会机构

表20

全 称	简 称
（一）工作机构	
中国共产党北京市房山区纪律检查委员会北京市房山区监察委员会（区监察委员会同区纪律检查委员会合署办公）	区纪委（区监委）
中国共产党北京市房山区纪律检查委员会北京市房山区监察委员会办公室	区纪委区监委办公室
中国共产党北京市房山区纪律检查委员会北京市房山区监察委员会组织部	区纪委区监委组织部
中国共产党北京市房山区纪律检查委员会北京市房山区监察委员会宣传部	区纪委区监委宣传部
中国共产党北京市房山区纪律检查委员会北京市房山区监察委员会研究室	区纪委区监委研究室
中国共产党北京市房山区纪律检查委员会北京市房山区监察委员会信访室	区纪委区监委信访室
中国共产党北京市房山区纪律检查委员会北京市房山区监察委员会党风政风监督室	区纪委区监委党风政风监督室
中国共产党北京市房山区纪律检查委员会北京市房山区监察委员会案件监督管理室	区纪委区监委案件监督管理室

续表 20-1

全　称	简　称
中国共产党北京市房山区纪律检查委员会北京市房山区监察委员会案件审理室	区纪委区监委案件审理室
中国共产党北京市房山区纪律检查委员会北京市房山区监察委员会纪检监察干部监督室	区纪委区监委纪检监察干部监督室
中国共产党北京市房山区纪律检查委员会北京市房山区监察委员会第一监督检查室	区纪委区监委第一监督检查室
中国共产党北京市房山区纪律检查委员会北京市房山区监察委员会第二监督检查室	区纪委区监委第二监督检查室
中国共产党北京市房山区纪律检查委员会北京市房山区监察委员会第三监督检查室	区纪委区监委第三监督检查室
中国共产党北京市房山区纪律检查委员会北京市房山区监察委员会第四审查调查室	区纪委区监委第四审查调查室
中国共产党北京市房山区纪律检查委员会北京市房山区监察委员会第五审查调查室	区纪委区监委第五审查调查室
中国共产党北京市房山区纪律检查委员会北京市房山区监察委员会第六审查调查室	区纪委区监委第六审查调查室
中国共产党北京市房山区纪律检查委员会北京市房山区监察委员会第七审查调查室	区纪委区监委第七审查调查室
中国共产党北京市房山区纪律检查委员会北京市房山区监察委员会第八审查调查室	区纪委区监委第八审查调查室
中国共产党北京市房山区纪律检查委员会北京市房山区监察委员会派驻第一纪检监察组	区纪委区监察委派驻第一纪检监察组
中国共产党北京市房山区纪律检查委员会北京市房山区监察委员会派驻第二纪检监察组	区纪委区监察委派驻第二纪检监察组
中国共产党北京市房山区纪律检查委员会北京市房山区监察委员会派驻第三纪检监察组	区纪委区监察委派驻第三纪检监察组
中国共产党北京市房山区纪律检查委员会北京市房山区监察委员会派驻第四纪检监察组	区纪委区监察委派驻第四纪检监察组
中国共产党北京市房山区纪律检查委员会北京市房山区监察委员会派驻第五纪检监察组	区纪委区监察委派驻第五纪检监察组
中国共产党北京市房山区纪律检查委员会北京市房山区监察委员会派驻第六纪检监察组	区纪委区监察委派驻第六纪检监察组
中国共产党北京市房山区纪律检查委员会北京市房山区监察委员会派驻第七纪检监察组	区纪委区监察委派驻第七纪检监察组
中国共产党北京市房山区纪律检查委员会北京市房山区监察委员会派驻第八纪检监察组	区纪委区监察委派驻第八纪检监察组
中国共产党北京市房山区纪律检查委员会北京市房山区监察委员会派驻第九纪检监察组	区纪委区监察委派驻第九纪检监察组
中国共产党北京市房山区纪律检查委员会北京市房山区监察委员会派驻第十纪检监察组	区纪委区监察委派驻第十纪检监察组

续表 20-2

全 称	简 称
中国共产党北京市房山区纪律检查委员会北京市房山区监察委员会派驻第十一纪检监察组	区纪委区监察委派驻第十一纪检监察组
中国共产党北京市房山区纪律检查委员会北京市房山区监察委员会派驻第十二纪检监察组	区纪委区监察委派驻第十二纪检监察组
中国共产党北京市房山区纪律检查委员会北京市房山区监察委员会派驻第十三纪检监察组	区纪委区监察委派驻第十三纪检监察组
中国共产党北京市房山区纪律检查委员会北京市房山区监察委员会派驻第十四纪检监察组	区纪委区监察委派驻第十四纪检监察组
中国共产党北京市房山区纪律检查委员会北京市房山区监察委员会派驻第十五纪检监察组	区纪委区监察委派驻第十五纪检监察组
中国共产党北京市房山区纪律检查委员会北京市房山区监察委员会派驻第十六纪检监察组	区纪委区监察委派驻第十六纪检监察组
中国共产党北京市房山区委巡察工作领导小组办公室（设在区纪委，正处级）	区委巡察办
中国共产党北京市房山区委员会办公室[北京市房山区档案局、中国共产党北京市房山区委员会机要局（北京市房山区密码管理局）]	区委办公室［区档案局、区委机要局（区密码管理局）]
中国共产党北京市房山区委员会组织部（北京市房山区公务员局）（4 月，加挂中共北京市房山区委非公有制经济组织和社会组织工作委员会牌子）	区委组织部（区公务员局）
中国共产党北京市房山区委员会宣传部（北京市房山区新闻出版局、北京市房山区人民政府新闻办公室）	区委宣传部（区新闻出版局、区政府新闻办公室）
中国共产党北京市房山区委员会统一战线工作部[（北京市房山区人民政府侨务办公室，中国共产党北京市房山区委员会台湾工作办公室（北京市房山区人民政府台湾事务办公室），与其合署办公]	区委统战部（区政府侨办、区台办）
中国共产党北京市房山区委员会政法委员会	区委政法委
中国共产党北京市房山区委员会北京市房山区人民政府研究室	区委区政府研究室
中国共产党北京市房山区委员会网络安全和信息化委员会办公室（北京市房山区互联网信息办公室）	区委网信办（区网信办）
中国共产党北京市房山区委员会机构编制委员会办公室	区委编办
中国共产党北京市房山区委员会区直属机关工作委员会	区直机关工委
中国共产党北京市房山区委员会老干部局	区委老干部局
（二）与区政府部门合署办公机构	
中国共产党北京市房山区委员会教育工作委员会（与区教委合署办公）	区委教工委
中国共产党北京市房山区委员会社会工作委员会（与北京市房山区民政局合署办公）	区委社会工委
中国共产党北京市房山区委员会农村工作委员会（与区农村农业局合署办公）	区委农工委

续表 20-3

全　称	简　称
中国共产党北京市房山区委员会卫生健康工作委员会（与区卫生健康委合署办公）	区委卫生健康工委
中国共产党北京市房山区委员会中关村科技园区房山园工作委员会（与中关村科技园区房山园管理委员会合署办公）（11月成立）	区委中关村房山园工委
（三）派出机构	
北京（房山）历史文化旅游集聚区规划建设管理办公室	区集聚区办
中国共产党北京市房山区委员会燕山工作委员会	区委燕山工委
中国共产党北京市房山区燕山纪律检查委员会机关（北京市房山区监察委员会派出燕山监察办公室）	燕山纪委（燕山监察办）
中国共产党北京市房山区燕山工作委员会办公室	燕山工委办公室
中国共产党北京市房山区委员会燕山工作委员会组织部	燕山工委组织部
中国共产党北京市房山区委员会燕山工作委员会宣传部	燕山工委宣传部
中国共产党北京市房山区委员会燕山工作委员会政法办公室、燕山社会治安综合治理办公室（北京市房山区燕山办事处流动人口和出租房屋管理委员会办公室）	燕山工委政法办（燕山综治办）
中国共产党北京市房山区燕山直属机关委员会	燕山机关党委

北京市房山区人民代表大会常务委员会工作机构

表 21

全　称	简　称
北京市房山区人民代表大会常务委员会机关	区人大机关
北京市房山区人民代表大会常务委员会办公室	区人大办
北京市房山区人民代表大会常务委员会研究室	区人大研究室
北京市房山区人民代表大会常务委员会代表联络室（市人大代表联络处）	区人大代表室
北京市房山区人民代表大会常务委员会财政经济办公室（挂预算审查办公室牌子）	区人大财经办（预算审查办）
北京市房山区人民代表大会常务委员会城建环保办公室	区人大城建环保办
北京市房山区人民代表大会常务委员会法制办公室（挂备案审查办公室牌子）	区人大法制办（备案审查办）
北京市房山区人民代表大会常务委员会教科文卫体办公室（挂社会建设办公室牌子）	区人大教科文卫体办（社会建设办）
北京市房山区人民代表大会常务委员会农村办公室	区人大农村办
北京市房山区人民代表大会常务委员会信访室	区人大信访室

北京市房山区人民政府机构

表 22

全　称	简　称
（一）工作部门	
北京市房山区人民政府办公室（挂北京市房山区人民政府外事办公室牌子）（11 月，加挂北京市房山区人民政府港澳事务办公室牌子）	区政府办公室（区政府外办）
北京市房山区发展和改革委员会	区发展改革委
北京市房山区教育委员会（北京市房山区人民政府教育督导室）	区教委（区政府教育督导室）
北京市房山区科学技术委员会	区科委
北京市房山区经济和信息化局（11 月，不再加挂中关村科技园区房山园管理委员会牌子）	区经济和信息化局
北京市房山区民族宗教事务办公室	区民族宗教办
北京市房山区民政局	区民政局
北京市房山区司法局	区司法局
北京市房山区财政局	区财政局
北京市房山区人力资源和社会保障局	区人力资源社会保障局
北京市规划和自然资源委员会房山分局	市规划自然资源委房山分局
北京市房山区生态环境局	区生态环境局
北京市房山区住房和城乡建设委员会（北京市房山区住房保障办公室、北京市房山区人民政府房屋征收办公室牌子）	区住房城乡建设委（区住房保障办、区政府房屋征收办）
北京市房山区城市管理委员会（北京市房山区城乡环境建设管理委员会办公室）	区城市管理委
北京市房山区交通局	区交通局
北京市房山区水务局	区水务局
北京市房山区农业农村局（7 月，加挂北京市房山区乡村振兴局牌子）	区农业农村局
北京市房山区商务局（北京市房山区粮食和物资储备局）	区商务局（区粮食和物资储备局）
北京市房山区文化和旅游局（4 月，加挂北京市房山区文物局牌子）	区文化和旅游局（区文物局）
北京市房山区卫生健康委员会	区卫生健康委
北京市房山区退役军人事务局	区退役军人局
北京市房山区应急管理局	区应急局
北京市房山区市场监督管理局（北京市房山区食品药品安全委员会办公室、北京市房山区知识产权局）	区市场监管局（区食安委办、区知识产权局）
北京市房山区审计局	区审计局
北京市房山区人民政府国有资产监督管理委员会	区国资委
北京市房山区体育局	区体育局

续表 22

全　称	简　称
北京市房山区统计局	区统计局
北京市房山区园林绿化局（北京市房山区绿化委员会办公室）	区园林绿化局（区绿化办）
北京市房山区金融服务办公室	区金融服务办
北京市房山区政务服务管理局	区政务服务管理局
北京市房山区人民防空办公室	区人防办
北京市房山区信访办公室	区信访办
北京市房山区医疗保障局	区医保局
北京市房山区城市管理综合行政执法局（9月，调整为北京市房山区城市管理委员会副处级行政执法机构）	区城管执法局
（二）市垂直管理部门	
北京市公安局房山分局	房山公安分局
北京市房山区税务局	区税务局
北京市地方税务局燕山分局	燕山地税分局
（三）派出机构	
北京市房山区整顿和规范矿产资源开发秩序工作办公室	区整规办
中关村科技园区房山园管理委员会（11月，成立）	中关村房山园管委会
北京市房山区良乡大学城管理委员会（11月，由北京市房山区良乡高教园区管理委员会更名）	良乡大学城管委会
北京高端制造业（房山）基地管理委员会（11月，撤销）	高端制造业基地管委会
北京石化新材料科技产业基地管理委员会（11月，撤销）	石化新材料基地管委会
北京房山中央休闲购物区长阳核心区管理委员会（11月，撤销）	中央休闲购物区管委会
北京现代农业示范区房山园管理委员会（11月，撤销）	现代农业示范区管委会
北京西南良乡物流基地管理委员会（11月，撤销）	良乡物流基地管委会
北京市房山区人民政府燕山办事处	燕山办事处
北京市房山区燕山办事处办公室（北京市房山区燕山信访办公室、北京市房山区燕山地区突发公共事件应急委员会办公室）	
北京市房山区燕山发展和改革委员会（燕山安全生产监督管理分局）	燕山发改委
北京市房山区燕山经济和信息化局	燕山经济和信息化局
北京市房山区燕山教育委员会	燕山教委
北京市房山区燕山民政分局	燕山民政分局
北京市房山区燕山财政分局	燕山财政分局
北京市房山区燕山人力资源和社会保障分局	燕山人力社保分局
北京市房山区燕山住房和城市建设委员会（北京市房山区燕山办事处住房保障和改革办公室）	燕山住建委
北京市房山区燕山市政市容和交通管理委员会（北京市房山区燕山城市环境建设委员会办公室、北京市房山区燕山园林绿化分局）	燕山市政市容交通委
北京市房山区燕山文化卫生健康委员会	燕山文卫健康委
北京市房山区燕山审计分局	燕山审计分局
北京市房山区城市管理综合行政执法局燕山分队（5月，由北京市房山区城市管理综合行政执法监察局燕山分局更名）（为正科级行政执法机构）	燕山城管分队

中国人民政治协商会议北京市房山区委员会工作机构

表 23

全称	简称
中国人民政治协商会议北京市房山区委员会机关	区政协机关
中国人民政治协商会议北京市房山区委员会机关办公室	区政协办
中国人民政治协商会议北京市房山区委员会机关研究室	区政协研究室
中国人民政治协商会议北京市房山区委员会专委会工作一室	区政协专委一室
中国人民政治协商会议北京市房山区委员会专委会工作二室	区政协专委二室
中国人民政治协商会议北京市房山区委员会专委会工作三室	区政协专委三室
中国人民政治协商会议北京市房山区委员会专委会工作四室	区政协专委四室
中国人民政治协商会议北京市房山区委员会专委会工作五室	区政协专委五室
中国人民政治协商会议北京市房山区委员会专委会工作六室	区政协专委六室

市区双管单位

表 24

全　称	简　称
北京市房山区气象局	区气象局
北京市交通委员会路政局房山公路分局	房山公路分局
中国邮政集团公司北京市房山区分公司	邮政房山区分公司
北京市公安局公安交通管理局房山支队	房山交通支队
中国人民解放军北京市房山区人民武装部	区人武部
北京市房山区燕山人民武装部	燕山武装部

人民检察院与人民法院

表 25

全　称	简　称
北京市房山区人民检察院	区检察院
北京市房山区人民法院	区法院

街道（地区）办事处及乡镇

表 26

全　称	简　称
北京市房山区人民政府城关街道办事处	城关街道办事处
北京市房山区人民政府拱辰街道办事处	拱辰街道办事处
北京市房山区人民政府西潞街道办事处	西潞街道办事处
北京市房山区人民政府良乡地区办事处（北京市房山区良乡镇人民政府）	良乡地区办事处（良乡镇）

续表 26

全　称	简　称
北京市房山区人民政府周口店地区办事处（北京市房山区周口店镇人民政府）	周口店地区办事处（周口店镇）
北京市房山区人民政府琉璃河地区办事处（北京市房山区琉璃河镇人民政府）	琉璃河地区办事处（琉璃河镇）
北京市房山区阎村镇人民政府	阎村镇
北京市房山区窦店镇人民政府	窦店镇
北京市房山区石楼镇人民政府	石楼镇
北京市房山区长阳镇人民政府	长阳镇
北京市房山区河北镇人民政府	河北镇
北京市房山区长沟镇人民政府	长沟镇
北京市房山区大石窝镇人民政府	大石窝镇
北京市房山区张坊镇人民政府	张坊镇
北京市房山区十渡镇人民政府	十渡镇
北京市房山区青龙湖镇人民政府	青龙湖镇
北京市房山区韩村河镇人民政府	韩村河镇
北京市房山区霞云岭乡人民政府	霞云岭乡
北京市房山区南窖乡人民政府	南窖乡
北京市房山区佛子庄乡人民政府	佛子庄乡
北京市房山区大安山乡人民政府	大安山乡
北京市房山区史家营乡人民政府	史家营乡
北京市房山区蒲洼乡人民政府	蒲洼乡
北京市房山区人民政府新镇街道办事处	新镇街道办事处
北京市房山区人民政府迎风街道办事处	迎风街道办事处
北京市房山区人民政府向阳街道办事处	向阳街道办事处
北京市房山区人民政府东风街道办事处	东风街道办事处
北京市房山区人民政府星城街道办事处	星城街道办事处

部分事业单位

表 27

全　称	简　称
中国共产党北京市房山区委员会党史资料征集办公室（北京市房山区方志编纂委员会办公室）	区史志办
中国共产党北京市房山区委员会党校（北京市房山区行政学院）	区委党校（区行政学院）
北京市房山区档案馆	区档案馆
北京市房山区城市管理指挥中心（2 月，由区城管委所属的副处级调整为正处级，为区政府直属事业单位）	区城市管理指挥中心
北京市房山区地震局	区地震局
北京市房山区机关事务服务中心	区机关服务中心
北京市房山区融媒体中心	区融媒体中心

续表 27

全　称	简　称
北京市房山区中关村科技园区房山园服务中心（11 月，由归口区经济和信息化局管理调整为中关村房山园管委会代管）	
北京理工大学房山分校	
北京市房山区石花洞风景名胜区管理处（北京市房山区石花洞自然保护区管理处）	石花洞风景名胜区管理处
房山云居寺文物管理处	云居寺文物管理处
北京周口店北京人遗址博物馆（北京周口店北京人遗址管理处）	
北京市房山区投资促进服务中心（2 月，由中关村南部科技创新城企业服务中心更名）	区投资促进服务中心
北京市房山区蒲洼自然保护区管理处	
北京市房山区葡萄种植及葡萄酒产业促进中心	
北京市房山世界地质公园管理处	地质公园管理处
北京市房山区国有土地二级市场交易服务中心	
北京市房山区经济社会发展研究中心	区经济社会发展研究中心
北京市房山区考试中心	区考试中心
北京开放大学房山分校（北京市房山区成人教育中心）	
北京市房山区社会保险事业管理中心	区社会保险事业管理中心
北京市房山区人力资源公共服务中心	区人力资源公共服务中心
北京市房山区劳动人事争议仲裁院	
北京市房山区房屋征收事务中心	
北京市房山区住房保障事务中心	区住房保障事务中心
北京市房山区农村合作经济经营管理站	区经管站
北京市房山区新农村建设服务中心	
北京市房山区农业技术综合服务中心	
北京市房山区文化活动中心（北京市房山区文化馆、北京市房山区图书馆）	区文化活动中心（区文化馆、区图书馆）
北京市房山区老龄事业发展中心	
北京市房山区疾病预防控制中心	区疾控中心
北京市房山区妇幼保健计划生育服务中心	
北京市房山区林果科技服务中心	区林果科技服务中心
北京市房山区上方山国家森林公园管理处（北京市房山区上方山林场）	上方山管理处（上方山林场）
北京市房山区金融发展促进中心（2 月，组建）	区金融发展促进中心
北京市房山区信息中心	区信息中心
北京市房山区医疗保险事务管理中心	
北京市房山区燕山体育运动中心	燕山体育运动中心
北京市房山区燕山文化活动中心	燕山文化活动中心
房山区山区人口迁移事务中心（2 月，撤销）	
北京市房山区燕山东流水工业区管理委员会（2 月，撤销）	燕山东流水管委
北京市房山区燕山成人教育中心（2 月，由副处级调整为正科级）	燕山成教中心
北京市房山区燕山交通管理中心（2 月，由副处级调整为正科级）	燕山交通管理中心

人民团体

表 28

全　称	简　称
北京市房山区总工会	区总工会
北京市房山区燕山工会	燕山工会
中国共产主义青年团北京市房山区委员会	团区委
中国共产主义青年团北京市房山区燕山工作委员会	燕山团工委
北京市房山区妇女联合会	区妇联
北京市房山区燕山妇女联合会	燕山妇联
北京市房山区科学技术协会	区科协
北京市房山区工商业联合会	区工商联
北京市房山区文学艺术界联合会	区文联
北京市房山区残疾人联合会	区残联
北京市房山区燕山残疾人联合会	燕山残联
北京市房山区红十字会	区红十字会

2021年房山区部分党政机关及事业单位干部名录

中共房山区第八届委员会

书　　记　陈　清
副 书 记　郭延红（女，9月免）
　　　　　刘学亮（9月免）
　　　　　阳　波（9月任）
常　　委　唐海蛟（9月免）
　　　　　李　威（6月免）
　　　　　吕晨飞
　　　　　王明哲
　　　　　李祥成
　　　　　郗　琳（女，满族，6月任）
　　　　　张厚明（9月任）
　　　　　张明智（9月任）

中共房山区第九届委员会

（12月10日，中共房山区第九届委员会第一次全体会议选举产生）

书　　记　陈　清
副 书 记　阳　波
　　　　　王明哲
常　　委　吕晨飞
　　　　　张厚明
　　　　　陈广利
　　　　　李祥成
　　　　　郗　琳（女，满族）
　　　　　张明智
　　　　　周同伟
　　　　　李进伟

中共房山区第八届纪律检查委员会

书　　记　李　威（6月免）

郗　琳（女，满族，6月任）
副 书 记　栗桂平（女）
张广新
马亚军（回族）
常　　委　陈　宁（女）
张会东（女，8月免）

中共房山区第九届纪律检查委员会

（12月10日，中共房山区第九届纪律检查委员会第一次全体会议选举产生）

书　　记　郗　琳（女，满族）
副 书 记　栗桂平（女）
张广新
马亚军（回族）
常　　委　杨晓梅（女）
陈　宁（女）
陈　键
冀　颖
绳博通

区监察委

（与区纪委合署办公）

主　　任　李　威（12月免）
郗　琳（女，满族，12月任）
副 主 任　栗桂平（女）
张广新
马亚军（回族）
委　　员　陈　宁（女）
史同意
荣维俊（7月免）

区委巡察办

主　　任　杨晓梅
副 主 任　王　健（9月免）

区纪委区监委办公室

主　　任　张文博

区纪委区监委组织部

部　　长　李　艳（女）

区纪委区监委宣传部

部　　长　李　楠（女）

区纪委区监委研究室

主　　任　许艳菲（女）

区纪委区监委信访室

主　　任　张永凯

区纪委区监委党风政风监督室

主　　任　冀　颖

区纪委区监委案件监督管理室

主　　任　陈　键

区纪委区监委案件审理室

主　　任　孔　蕊（女）

区纪委区监委第一监督检查室

主　　任　韩金盈

区纪委区监委第二监督检查室

主　　任　李　军

区纪委区监委第三监督检查室

主　　任　尹会来

区纪委区监委第四审查调查室

主　　任　赵海莉（女）

区纪委区监委第五审查调查室

主　　任　（空缺）

区纪委区监委第六审查调查室

主　　任　刘君亮

区纪委区监委第七审查调查室

主　　任　董惠宇

区纪委区监委第八审查调查室

主　　任　曹金山

区纪委区监委机关党委

副 书 记　王海红（女，8月任）

区直机关纪检监察工作委员会

书　　记　许泊龙

区纪委区监委派驻第一纪检监察组

组　　长　杨　琼（女，布依族）

区纪委区监委派驻第二纪检监察组

组　　长　张立杰

区纪委区监委派驻第三纪检监察组

组　　长　马　莉（女）

区纪委区监委派驻第四纪检监察组

组　　长　孙晓东

区纪委区监委派驻第五纪检监察组

组　　长　姜品英（女）

区纪委区监委派驻第六纪检监察组

组　　长　王素敏（女）

区纪委区监委派驻第七纪检监察组

组　　长　刘新宇

区纪委区监委派驻第八纪检监察组

组　　长　臧艳芳（女）

区纪委区监委派驻第九纪检监察组

组　　长　许广宝

区纪委区监委派驻第十纪检监察组

组　　长　刘利英

区纪委区监委派驻第十一纪检监察组

组　　长　周晓光

区纪委区监委派驻第十二纪检监察组

组　　长　于海军

区纪委区察委派驻第十三纪检监察组

组　　长　张春杰

区纪委区监委派驻第十四纪检监察组

组　　长　高国栋

区纪委区监委派驻第十五纪检监察组

组　　长　许树河

区纪委区监委派驻第十六纪检监察组

组　　长　李　迁

区委办公室

主　　任　李进伟
副 主 任　朱立增
　　　　　崔　琦（女）
　　　　　陈明铭

区委组织部

部　　长　王明哲（12月免）
　　　　　张厚明（12月任）
分管日常工作的副部长　耿庆华
副 部 长　穆建山（兼，1月免）
　　　　　王　耕（兼，1月任）
　　　　　史　建（女，兼）
　　　　　吴广先
　　　　　赵　磊
　　　　　王宁宁（女）
公务员局局长　赵　磊

区委宣传部

部　　长　唐海蛟（9月免）
　　　　　张明智（9月任）
分管日常工作的副部长　王心松（女，蒙古族）
副 部 长　郝金英（女）
　　　　　武玉章
　　　　　周珊珊（女，满族）
　　　　　路建华（兼）
　　　　　任国强（兼）

区新闻出版局

局　　长　王心松（女，蒙古族，兼，2月免）
　　　　　周珊珊（女，满族，兼，2月任）

区政府新闻办

主　　任　王心松（女，蒙古族，兼，2月免）
　　　　　郝金英（女，兼，2月任）

区互联网信息办公室

主　　任　任国强
副 主 任　李　杰

集聚区办

主　　任　魏　然（回族）
副 主 任　胡洁莹（女）

区委统战部

部　　长　唐海蛟（6月免）
　　　　　陈广利（6月任）
分管日常工作的副部长　于　平（女）
副 部 长　樊会来（兼）
　　　　　陈建民（兼）
　　　　　孙　术
　　　　　李六五（白族）

区政府台湾事务办公室

主　　任　于　平（女，兼）

区政府侨务办公室

主　　任　于　平（女，兼）

区委政法委

书　　记　魏广勋（2月免）
　　　　　王永年（2月任，12月免）
　　　　　王明哲（12月任）
分管日常工作的副书记　李文亮（蒙古族）
副 书 记　赵书国
　　　　　杨建兵
　　　　　王洪昭
政治部主任　郭　珺（8月免）

区研究室
（区委改革办）

主　　任　王建星
副 主 任　宋克成
　　　　　唐　成

区委编办

主　　任　邓思博
副 主 任　刘德志
　　　　　刘秀莉（女）

区直机关工委

书　　记　宋春福
副 书 记　张丽红（女，8月免）
　　　　　赵丽杰（女）
　　　　　纪艳杰（女，8月任）

区委社会工委、区民政局

工委书记　臧金凤（女）
副 书 记　黄凤才
局　　长　臧金凤（女）
副 局 长　张桂冬（女）
　　　　　王广生
　　　　　高　倩（女）
　　　　　郭凤岭

刘海燕（女）
史　华

区委老干部局

局　　长　史　建（女）
副 局 长　王雪梅（女，满族，6月免）
栗春寒（女）
冯后钊（6月任）

区第八届人民代表大会常务委员会

主　　任　孙　强（1月免）
刘　兵（1月任）
副 主 任　赵　军（1月免）
郭志族（1月免）
任正宽
齐文东
孔庆远（1月免）
穆建山（1月任）
方玉祥（满族，1月任）
周　蕾（女，不驻会）
委　　员　王英开
陈东明
冯长立
毕武强
李素明
杜国栓
刘殿学
张永强
李彦山
王建国
胡巧坤（女）
隗永成
丁淑艳（女）
马小兰（女）
仉锁忠（回族）
邓军兰（女）
史　建（女）
刘增会
孙志觅（女）
张　兵
张莉华（女）
武　宏
周一晨
周晓满（女）
郝凤霞（女）
晏利平
傅春江
魏建民（女）
陈　水（1月任）

区第九届人民代表大会常务委员会

（12月17日，房山区第九届人民代表大会第一次会议选举产生）

主　　任　刘　兵
副 主 任　齐文东
穆建山
方玉祥（满族）
胡建光
周　蕾（女，不驻会）
委　　员　王英开
陈东明
冯长立
毕武强
李素明
王　媛（女）
杜国栓
刘殿学
李彦山
李廷芬（女）
张永强
丁学工
韩玉平（女）
董立宝
马小兰（女）
王宁宁（女）
王　炜（女）
仉锁忠（回族）
刘长安

闫　帅
孙广亮
杜景媛（女）
张莉华（女）
陈春雪（女）
邵雪松（女）
武　宏
周一晨
晏利平
傅春江

区人大办

主　　任　王英开
副 主 任　王　维

区人大信访室

主　　任　韩玉平（女，10月免）
　　　　　于慧颖（女，10月任）

区人大研究室

主　　任　陈东明
副 主 任　佟国荣（女）

区人大代表室

（市人大代表联络处）

主　　任　冯长利
副 主 任　游章林

区人大财政经济办公室

（预算审查办公室）

主　　任　毕武强
副 主 任　张永强（10月免）
　　　　　李廷芬（女，10月任）

区人大城建环保办公室

主　　任　李素明
副 主 任　李廷芬（女，10月免）
　　　　　张永强（10月任）

区人大法制办公室

（备案审查办公室）

主　　任　陈　水（10月免）
　　　　　王　媛（女，10月任）
副 主 任　丁学工

区人大教科文卫体办公室

主　　任　杜国栓
副 主 任　胡巧坤（女，9月免）
　　　　　韩玉平（女，10月任）

区人大农村办公室

主　　任　刘殿学
副 主 任　隗永成（9月免）
　　　　　董立宝（9月任）

第八届房山区人民政府

区　　长　郭延红（女，9月免）
　　　　　阳　波（9月任代区长）
副 区 长　吕晨飞
　　　　　周同伟
　　　　　高武军
　　　　　李光明
　　　　　王永年（3月免）
　　　　　李宝虎（9月免）
　　　　　王　丰（5月免）
　　　　　王永民（3月任，9月免）

第九届房山区人民政府

（12月17日，房山区第九届人民代表大会第一次会议选举产生）

区　　长　阳　波
副 区 长　吕晨飞
　　　　　周同伟
　　　　　袁　林
　　　　　高武军
　　　　　李光明
　　　　　尹　航

靳　璐（女）
刘金辉

区政府办公室

党组书记　赵金龙
主　　任　赵金龙
副 主 任　陈志华（5月免）
唐瀛洲
鲁彩霞（女，兼）
袁大为（11月任）
唐志成（11月任）

区政府外事办

主　　任　陈志华（5月免）

区应急局

党委书记　王春年
局　　长　王春年
副 局 长　许文武
陈壮志
邱玉珊（女，满族）
刘振国

区发展改革委

党组书记　胡建光（12月免）
韩继华（12月任）
主　　任　胡建光（12月免）
韩继华（12月任）
副 主 任　周宝东
薛金国（满族）
于舒元（女，蒙古族）
袁大为（11月免）
杨耀淇（11月任）
朱跃龙（3月免）
李晓亮（9月免）

区经济社会发展研究中心

主　　任　杨耀淇（11月免）

区金融服务办

党组书记　刘金辉（12月免）
主　　任　刘金辉
副 主 任　雒　轶

区金融发展促进中心

主　　任　罗月华（女，3月任）

区教委

工委书记　杜成喜
副 书 记　顾成强
杨凤娟（女）
主　　任　顾成强
副 主 任　王洪满
郭冬红（女）
范江梅（女）
李占全

区政府教育督导室

主　　任　顾成强（兼）
副 主 任　王华明

区科委

党组书记　薛满德
主　　任　薛满德
副 主 任　王批修
陈丽娟（女）

区经济和信息化局

（11月，不再加挂中关村科技园房山园管委会牌子）

党组书记　李爱军
局　　长　李爱军
副 局 长　栗国清（11月免）
李学红
孙文升
姜殿勇（11月任）
中关村房山园管委会副主任　姜殿勇（11月免）

中关村科技园区房山园管理委员会

（11 月，成立）

工委书记　王明哲（兼，11 月任，12 月免）
　　　　　张厚明（兼，12 月任）
副 书 记　蔡禄鹏（11 月任）
　　　　　刘建党（11 月任）
主　　任　高武军（兼，11 月任）
常务副主任　蔡禄鹏（11 月任）
副 主 任　杜金全（11 月任）
　　　　　李学文（11 月任）
　　　　　叶　强（兼，11 月任）
　　　　　李向录（兼，11 月任）
　　　　　石广欣（兼，11 月任）
　　　　　董新华（兼，11 月任）
　　　　　朱金良（兼，11 月任）
　　　　　王　浩（兼，11 月任）

中关村科技园房山园服务中心

（11 月，由归口区经济和信息化局管理调整为中关村房山园管委会代管）

主　　任　叶　强（11 月任）

区民族宗教办

主　　任　樊会来
副 主 任　刘凤梅（女，回族）

区司法局

党组书记　刘守祥
局　　长　张劲楠
副 局 长　金　玲（女）
　　　　　李劲松（9 月免）
　　　　　王晓光（女，8 月免）
　　　　　王　媛（女，11 月免）
　　　　　肖红云（女）
　　　　　温兴善（9 月任）

区财政局

党组书记　董凤山
局　　长　董凤山
副 局 长　张　利
　　　　　孙　斌
　　　　　赵连生
　　　　　杨　扬（女）

区人力资源和社会保障局

党组书记　穆建山（1 月免）
　　　　　王　耕（1 月任）
局　　长　穆建山（3 月免）
　　　　　王　耕（3 月任）
副 局 长　晋合荣（女）
　　　　　卢　祥
　　　　　李玉堃

区社会保险事业管理中心

主　　任　高海峰

区住房城乡建设委

（区住房保障办、区政府房屋征收办）

党组书记　张　杰
主　　任　张　杰（兼区住房保障办公室主任、区政府房屋征收办公室主任）
副 主 任　郭　安
　　　　　刘晓光
　　　　　荣春海
　　　　　张　慧（女）

区生态环境局

党组书记　刘　金
局　　长　刘　金
副 局 长　胡玉江
　　　　　孙爱华（女）
　　　　　郑　雷
　　　　　陈淑峰（6 月任）

区城市管理委

党组书记　耿纪民
副 书 记　王长存

主　　任　耿纪民
副 主 任　王长存
　　　　　杨学忠
　　　　　柳　旻（7月免）
　　　　　赵育英（女，7月任）
　　　　　何铭华（6月免）
　　　　　范学东（11月任）

区环境建设管理办

（设在区城市管理委）

主　　任　耿纪民（兼）
副 主 任　赵育英（女，7月免）

区交通局

党组书记　豆宝才
局　　长　豆宝才
副 局 长　王晓军（女）
　　　　　柳铁涛
　　　　　董　辉
　　　　　谢朝阳

区政务服务管理局

党组书记　靳　畅（女，6月免）
　　　　　高海军（6月任）
局　　长　靳　畅（女，7月免）
　　　　　高海军（7月任）
副 局 长　刘　磊（回族）
　　　　　郝雪霏（女，6月免）
　　　　　刘东娜（女，9月任）

中关村南部（房山）科技创新城企业房山服务中心

（区投资促进服务中心）

党组书记　翟凤航（6月任）
主　　任　靳　畅（女，6月免）
　　　　　翟凤航（6月任）
副 主 任　刘　磊（回族，6月免）
　　　　　张佳彦（11月任）

区医疗保障局

党组书记　许金涛
局　　长　许金涛
副 局 长　刘立钦（女）
　　　　　周海杰

区农业农村局

（7月，加挂北京市房山区乡村振兴局牌子）

工委书记　方玉祥（满族，1月免）
　　　　　刘松华（1月任）
副 书 记　朱文生（1月免）
　　　　　郭泽峰（1月任）
局　　长　方玉祥（满族，3月免）
　　　　　刘松华（3月任）
副 局 长　刘荣秀（女）
　　　　　韩志刚
　　　　　毛宝东
　　　　　郑迪飞
　　　　　邓更喜
　　　　　张　山

区农业综合执法大队

队　　长　刘荣秀（女）

区经管站

站　　长　毛宝东
副 站 长　赵修建
　　　　　万士芸（女）
　　　　　白永红

区农业技术综合服务中心

主　　任　张　山

区水务局

党组书记　张海生
局　　长　张海生
副 局 长　郭宝东
　　　　　王庆军

王　平（4月任）

区商务局

（区粮食和物资储备局）

党组书记 高海军（6月免）
李雪生（6月任）
局　　长 高海军（7月免）
李雪生（7月任）
副 局 长 冯万利
王　倩（女）
苑星林
陈国明（蒙古族）
粮食和物资储备局局长 高海军（6月免）
李雪生（6月任）

区卫生健康委员会

工委书记 杨冬立
副 书 记 张文艳（女）
主　　任 杨冬立
副 主 任 邱珍国
杨大庆
郑红蕾（女）
武维锋（女）

房山区退役军人事务局

党组书记 于瑞林
局　　长 于瑞林
副 局 长 邢瑞贤
孙桂华（女，回族）

区审计局

党组书记 舒　展
局　　长 舒　展
副 局 长 刘志勇
许春成（满族）
石海静（女，满族）

区体育局

党组书记 刘贵生
副 书 记 陆大勇
局　　长 陆大勇
副 局 长 张　瑞
王翠美（女）
金永男（朝鲜族）

区统计局

党组书记 李立新（3月免）
邢学民（3月任）
副 书 记 史毓龙（7月免）
李立新（3月任）
局　　长 李立新
副 局 长 耿会琰（女）
张　平
赖晓润
白玉珍（女，满族，9月任）

房山区经济社会调查队

队　　长 史毓龙（7月免）
申　杰（女，12月任）
副 队 长 刘磐生（2月免）
申　杰（女，12月免）

国家统计局房山调查队

队　　长 （空缺）
副 队 长 朱振东
李婷婷（女）

区园林绿化局

党组书记 张福志（1月免）
李　军（1月任）
副 书 记 张　雷
局　　长 张福志（3月免）
李　军（3月任）
副 局 长 张　雷
张文玉
梁丽芳（女）
森林公安处处长 丁景韬
上方山管理处主任 朱仕学

区绿化办

主　　任　张福志（2月免）
　　　　　李　军（2月任）

区文化和旅游局

（10月，加挂房山区文物局牌子）

党组书记　冀显江（1月免）
　　　　　李冠华（1月任）
局　　长　冀显江（3月免）
　　　　　李冠华（3月任）
副 局 长　刘开平
　　　　　谭　瑾（女）
　　　　　高　峰
区文物局局长　李冠华（兼，10月任）

区信访办公室

党组书记　鲁彩霞（女）
主　　任　鲁彩霞（女）
副 主 任　陈振林
　　　　　姜　莹（女）
　　　　　吴必祥

区国资委

党委书记　樊宗军
主　　任　樊宗军
副 主 任　陈硕宝
　　　　　孙　飞
　　　　　王福顺

区人防办

党组书记　何国良
副 书 记　陈兴柱
主　　任　陈兴柱
副 主 任　王守礼（11月免）
　　　　　任全起

区城管执法局

（5月，调整为北京市房山区城市管理委员会副处级行政执法机构）

党组书记　张战鹏（1月免）
副 书 记　李雪生（6月免）
局　　长　李雪生（6月免）
　　　　　耿纪民（兼，6月任）

房山公安分局

党委书记　李宝虎
副 书 记　马志强
纪委书记　王　伟
政　　委　朱　峰（11月免）
局　　长　李宝虎（9月免）
　　　　　袁　林（9月任）
副 局 长　胡海渊（3月免）
　　　　　王宗元（7月免）
　　　　　徐华斌（3月免）
　　　　　王京军（9月任）
　　　　　成伟光
　　　　　孙大鹏
　　　　　刘　芷（女）
　　　　　王卫东（5月任）
政治处主任　郭鹤松（满族）

区市场监管局

党组书记　董树萍（女）
党组副书记　姜青海
局　　长　姜青海
副 局 长　赵建海
　　　　　张景山
　　　　　孙红利（女）
　　　　　徐铁波
　　　　　殷翠霞（女）
　　　　　龚士刚
　　　　　韦海涛
　　　　　李建国

区物价检查所

所　　长　郭顺永

市规划和自然资源委房山分局

党组书记　燕新程
副 书 记　汪少群（4月免）
纪检组长　朱英辉
局　　长　燕新程
副 局 长　汪少群（4月免）
　　　　　崔立新
　　　　　景文成
　　　　　鲁永来（4月免）
　　　　　何剑枫（3月免）
　　　　　相国强（10月免）
　　　　　王　烝（女）
　　　　　祝艺铭（女，4月免）
　　　　　夏天成（满族，4月任）
　　　　　周　波（10月任）
　　　　　闫承志（11月任）

区人民政府整顿和规范矿产资源开发秩序工作办公室

主　　任　燕新程
副 主 任　祝艺铭（女，8月免）
　　　　　夏天成（8月任）

良乡大学城管委会

（11月，由高教园区管委会更名）

党组书记　路　鹏（12月任）
主　　任　刘　兵（兼，2月免）
　　　　　吕晨飞（兼，2月任）
常务副主任　路　鹏
副 主 任　孟庆新（女）
　　　　　徐振安（9月任）

高端制造业基地管委会

（11月撤销）

党组书记　李冠华（1月免）
　　　　　隗合庆（1月任）
　　　　　隗合庆（11月免）
主　　任　刘　兵（兼，2月免）
　　　　　高武军（兼，2月任，11月免）
常务副主任　蔡禄鹏（11月免）

石化新材料基地管理委员会

（11月撤销）

党组书记　杜金全（11月免）
主　　任　杜金全（11月免）
副 主 任　郎峰兵（6月免）
　　　　　轩　潞（11月免）

中央休闲购物区管委会

（11月撤销）

党组书记　刘建党（11月免）
主　　任　齐文东（2月免，兼）
常务副主任　刘建党（11月免）
副 主 任　董新华（11月免）
　　　　　石广欣（11月免）

现代农业示范区管委会

（11月撤销）

党组书记　李学文（11月免）
主　　任　吕守军（兼，11月免）
常务副主任　李学文（11月免）
副 主 任　朱金良（11月免）
　　　　　王　浩（11月免）

政协房山区第八届委员会

主　　席　刘　兵（1月免）
　　　　　魏广勋（1月任）
常务副主席　吕守军
副 主 席　赵永祥
　　　　　于英虎
　　　　　谢宝元（不驻会）
　　　　　刘　琼（女，不驻会）
　　　　　王　擎（女，不驻会）
秘 书 长　王文洪

常　　委　于　平（女）
王　媛（女）
王怀栓
王忠朝
王金恒
王建民
王晓伟
邓展渤（满族）
史长义
刘长安
刘凤梅（女，回族）
刘兆亮
刘清生
许兆雄
孙宇辉
孙志强
孙振芳
李春晖（女）
李鹏飞
杨广泽（蒙古族）
肖正权
吴海涛
吴雪峰
张桂学（女）
张海波
陈　亮（满族）
陈玉珍（女）
陈晓燕（女）
陈海忠
赵洪生
赵庶吏（女）
郝文书
骆金萍（女）
袁泽路
徐　蔚（女）
郭宗凯
郭艳红（女）
梁义国
梁丽芳（女）
韩晓明（女）
焦启超
释延佛
褚潇炜
廖承涛
魏淑凤（女）

政协房山区第九届委员会

（12 月 16 日，政协房山区第九届委员会第一次会议选举产生）

主　　席　魏广勋
常务副主席　王永年
副 主 席　杨冬立
耿纪民
谢宝元（不驻会）
刘　琼（女，不驻会）
王　擎（女，不驻会）
秘 书 长　王文洪
常　　委　于　平（女）
王　浩
王大磊
王怀栓
王明飞
王忠朝
王金恒
王建民
王福科
五　月
邓展渤（满族）
毋舒杰（女）
田继成
曲　肃（女）
曲　浩（满族）
朱光辉
刘　辉（女）
刘凤梅（女，回族）
刘兆亮
刘海明
孙振芳

李　梁
李春晖（女）
李鹏飞
杨　昆
杨浩宇
吴甘沙
吴雪峰
邸永飞（回族）
张　妍（女）
张芝茂
张劲楠
张桂学（女）
张海波
陈玉珍（女）
陈丽娟（女）
陈建民
陈晓燕（女）
陈海忠
孟　芳（女）
赵　磊
赵一弘
赵君偶（女）
骆金萍（女）
袁泽路
徐　蔚（女）
高　峰
郭艳红（女）
黄振新（满族）
曹传文
康　鹏
梁丽芳（女）
魏淑凤（女）

区政协办

主　　任　李春晖（女）
副 主 任　邱鸿伟（8月免）
　　　　　杨静文（女）
　　　　　林晓燕（女，8月任）

区政协研究室

主　　任　李鹏飞
副 主 任　郑明果

区政协专委一室

主　　任　陈海忠
副 主 任　辛艳茜（女）

区政协专委二室

主　　任　王怀栓
副 主 任　林晓燕（女，8月免）
　　　　　张　台（女，8月任）

区政协专委三室

主　　任　曲　肃（女）
副 主 任　董永娟（女）

区政协专委四室

主　　任　孟　芳（女）

区政协专委五室

主　　任　王金恒

区政协专委六室

主　　任　骆金萍（女）

区气象局

党组书记　李　艳（女）
纪检组长　赵　松
局　　长　李　艳（女）
副 局 长　赵　松
　　　　　郭　锐

房山公路分局

党委书记　高增华
纪委书记　周　围（回族）
局　　长　高增华
副 局 长　焦怀军

周　围（回族）
刘　然
王现卫

房山交通支队

党委书记 肖伟明
支　队　长 肖伟明
支队政委 车志勇
副支队长 王振亮
张景宏
张永利（5月任）

区税务局

党委书记 濮　璐（女，1月免）
李宗定（1月任）
副　书　记 钱丽换（女，1月免）
纪检组长 王　淼
局　　长 濮　璐（女，1月免）
李宗定（1月任）
副　局　长 钱丽换（女，1月免）
张松岭（11月免）
陈　军
李晓阳
徐永利
张术斌（女）
刘　江

区人武部

党委书记 肖　勇
副　书　记 李祥成
政　　委 肖　勇
部　　长 李祥成
副　部　长 郝敬利（5月免）
任　钧（5月任）

区人民检察院

党组书记 钟达先（女）
副　书　记 顾建军（3月任）
检　察　长 钟达先（女）
副检察长 张　凯
王建明
高建荣（女）
孙　忠
政治部主任 顾建军

区人民法院

党组书记 娄宇红（女）
副　书　记 佟　淑（女）
院　　长 娄宇红（女）
副　院　长 佟　淑（女）
高贺亮
方希存
沈　波（3月任）
政治部主任 沈　波（兼）
执行局局长 白月涛

燕山工委

工委书记 李光明
副　书　记 韩　强
晏利平

燕山纪委

书　　记 赵俊安
副　书　记 虎国金（彝族）
杨红宇（女）

燕山工委办公室

主　　任 于会永

燕山工委组织部

部　　长 晏利平

燕山工委宣传部

部　　长 于　勇

燕山人民武装部

部　　长 张会生（布依族）

燕山直属机关党委

党委书记　王忠胜（6月免）
　　　　　李守业（6月任）

燕山工委政法办

主　　任　张　巍

燕山工会

主　　席　朱海良（满族，6月免）
　　　　　黄晓龙（8月任）

燕山团工委

书　　记　迟凯峰

燕山妇联

主　　席　王金红（女）

人大燕山工委

主　　任　董金萍（女）

燕山办事处

主　　任　李光明
副 主 任　樊勇勇
　　　　　黄文胜
　　　　　吴雪峰
　　　　　曾　辉
　　　　　王　芳

燕山办事处办公室
（信访办、应急办）

主　　任　李　鑫（10月免）

燕山发展改革委
（安全监管分局）

党总支书记　岳忠文（3月免）
主　　任　米　涛

燕山经信分局

主　　任　朱必强（3月任）

燕山人力社保分局

局　　长　陈　凯（7月任）

燕山市场监督管理分局

局　　长　李　君（3月任）
副 局 长　王胜伟
　　　　　李蕴红
　　　　　唐文韬
　　　　　刘瑞峰

燕山住房城市建设委

主　　任　夏　辉

燕山财政分局

局　　长　王智红（女，3月任）

燕山审计分局

局　　长　葛　干

燕山文卫健康委

党委书记　赵长永
主　　任　韩德柱（蒙古族，3月任）

燕山城市管理和交通委
（燕山园林绿化分局）

党委书记　夏　军（3月免）
主　　任　张　鲁（3月任）

燕山教委

党委书记　王　迪（女）
主　　任　张荣波

燕山成教中心

主　　任　周　健（10月免）

燕山民政分局

局　　长　赵　东

燕山体育运动中心

主　　任　李国利

燕山工业区管委会

（3月撤销，编制职能并入新材料基地管委会）

主　　任　唐广生（10月免）

燕山城管分局

（9月，职能并入城市管理和交通委）

局　　长　郝卫兵（10月免）

燕山残联

理 事 长　赵学东（6月免）
　　　　　谢微微（7月任）

燕山交通管理中心

主　　任　孙振周

迎风街道

工委书记　毕春鹏
副 书 记　李希敬（兼）
　　　　　周京良（7月免）
　　　　　孙传超（7月任）
纪工委书记　李志江
武装部部长　蔡文丽（女，7月任）
主　　任　李希敬
副 主 任　田东华（女）
　　　　　孙传超（7月免）
　　　　　刘　微（11月任）
　　　　　兰　天（7月任）

东风街道

工委书记　钟觉辉
副 书 记　胜　利（蒙古族，兼）
　　　　　刘元源（女）
纪工委书记　黄国威
武装部部长　罗学锋
主　　任　胜　利（蒙古族）
副 主 任　程　林（女，7月免）
　　　　　仲　伟
　　　　　纪　颖（7月任）
　　　　　王　超（7月任）

向阳街道

工委书记　韩　玲（女）
副 书 记　陆志庆（兼）
　　　　　程　林（女，6月任）
纪工委书记　樊晓民
主　　任　陆志庆
副 主 任　丁其强（11月任）
　　　　　尚万海
　　　　　路晓银（女，6月免）
　　　　　刘政哲（7月任）

星城街道

工委书记　黄晓龙（6月免）
　　　　　吴雅静（女，7月任）
副 书 记　吴雅静（女，7月免）
　　　　　蔡文丽（女，7月免）
　　　　　初　琦
　　　　　清　河（兼，6月任）
纪工委书记　冯　杰
武装部部长　王　军
主　　任　吴雅静（女，7月免）
　　　　　清　河（7月任）
副 主 任　谢微微（女，满族，6月免）
　　　　　姜　威（女，7月任）
　　　　　李猛克

城关街道办事处

工委书记　王　耕（1月免）
　　　　　苗　松（1月任）
副 书 记　苗　松（1月免）
　　　　　申希森

王雄越（3月任）
人大街工委主任 王　耕（3月免）
苗　松（3月任）
纪工委书记 李新宇
武装部部长 申希森（9月免）
李　斌（9月任）
主　　任 苗　松（2月免）
申希森（2月任）
副 主 任 王雄越（3月免）
张立印（9月免）
李九红（女）
杜金松
张　雷（3月免）
邢海洋（9月任）
李雪雷（11月任）

拱辰街道办事处

工委书记 杨海峰
副 书 记 米忠诚（回族，9月免）
路　鹏（9月任）
杨　琳（女）
邱珍山
人大街工委主任 （空缺）
纪工委书记 穆甫元（8月免）
王　茜（女，8月任）
武装部部长 宋宏生
主　　任 米忠诚（回族，9月免）
路　鹏（兼，9月任）
副 主 任 朱大海
徐振安（9月免）
薛宝立
张新宝
许艳春

西潞街道办事处

工委书记 李　军（1月免）
钟棉棉（女，畲族，1月任，9月免）
米忠诚（9月任）
副 书 记 钟棉棉（女，畲族，1月免）
杨兆军（1月任）
王新华（1月免）
王海艳（女，1月任）
成继新（9月任）
人大街工委主任 李　军（1月免）
钟棉棉（女，畲族，3月任，9月免）
米忠诚（9月任）
纪工委书记 李志全（女）
武装部部长 郝　爽
主　　任 钟棉棉（女，畲族，2月免）
杨兆军（2月任）
副 主 任 王海艳（女，2月免）
洪　磊
张广人（9月免）
王淑红（女，9月免）
解美玲（女）
李　超（9月任）
杜　楠（9月任）

良乡地区办事处
（良乡镇）

工委书记 黄　莹（女）
副 书 记 刘海雨
周　湛
张文元
纪工委书记 梁文飞（8月免）
刘欣欣（女，8月任）
组织部部长 郝　镇
宣传部部长 徐　方（8月免）
尤　博（8月任）
武装部部长 赵春来
主　　任 刘海雨
副 主 任 崔旭东
张　艳（女）
张立敏（女）
杨玉波
黄贻虎（9月免）
赵　进（9月任）
党委书记 黄　莹（女）

副　书　记　刘海雨
周　湛
张文元
人大主席　王　珊（女）
纪委书记　梁文飞（8月免）
刘欣欣（女，8月任）
镇　　　长　刘海雨
副　镇　长　崔旭东
张　艳（女）
张立敏（女）
杨玉波
黄贻虎（9月免）
赵　进（11月任）

周口店地区办事处
（周口店镇）

工委书记　张福利（1月免）
毕　胜（1月任）
副　书　记　毕　胜（1月免）
杨　龙（1月任）
苏小艳（女）
纪工委书记　何福文（8月免）
杨　镝（8月任）
组织部部长　赵高元（8月免）
周琳玗（8月任）
宣传部部长　秦　辉（女，8月免）
孙佳炜（8月任）
武装部部长　王拥军
主　　　任　毕　胜（2月免）
杨　龙（2月任）
副　主　任　董立宝（9月免）
张淑娟（女）
张大同
林建强
秦　辉（女，9月任）
赵高元（9月任）
党委书记　张福利（1月免）
毕　胜（1月任）
副　书　记　毕　胜（1月免）
杨　龙（1月任）
苏小艳（女）
人大主席　杨兆军（3月免）
王新华（3月任）
纪委书记　何福文（8月免）
杨　镝（8月任）
镇　　　长　毕　胜（1月免）
杨　龙（3月任）
副　镇　长　何福文
董立宝（9月免）
张淑娟（女）
张大同
林建强
秦　辉（女，11月任）
赵高元（11月任）

琉璃河地区办事处
（琉璃河镇）

工委书记　韩继华（12月免）
副　书　记　苏震宇
孙建国
纪工委书记　张春霞（女）
组织部部长　张学刚
宣传部部长　于建伟（8月免）
梁亚楠（女，8月任）
武装部部长　赵连合
主　　　任　苏震宇
副　主　任　郑　涛
赵立明
张秀娟（女，9月免）
隗功博
王大勇
刘艳红（女）
徐宜亮（9月任）
党委书记　韩继华（12月免）
副　书　记　苏震宇
孙建国
人大主席　王红娟（女）
纪委书记　张春霞（女）

镇　　长　苏震宇
副 镇 长　赵立明
　　　　　隗功博
　　　　　张秀娟（女，8月免）
　　　　　王大勇
　　　　　郑　涛
　　　　　刘艳红（女）
　　　　　徐宜亮（11月任）

阎村镇

党委书记　栗鹏程
副 书 记　杨　龙（1月免）
　　　　　佟爱军
　　　　　琚云鹏（5月任）
　　　　　张　雷（3月任）
人大主席　李春秋
纪委书记　蔡小会
组织部部长　鲁　佳（8月免）
　　　　　萨　仁（女，蒙古族，8月任）
宣传部部长　温兴善（8月免）
　　　　　郭　萌（女，8月任）
武装部部长　郭世卿
镇　　长　栗鹏程（5月免）
　　　　　琚云鹏（5月任）
副 镇 长　郭寒松
　　　　　陈　静（女）
　　　　　董　刚
　　　　　王海涛
　　　　　王怀建
　　　　　鲁　佳（11月任）

窦店镇

党委书记　李冠华（1月免）
　　　　　隗合庆（1月任）
副 书 记　李立奎
　　　　　仉锁忠（回族，兼）
　　　　　蔡禄鹏（11月免）
　　　　　张　辉（3月免）
　　　　　荣维俊（6月任）
人大主席　任景全（11月免）
　　　　　秦立成（11月任）
纪委书记　隗功新
组织部部长　曹　帆（回族）
宣传部部长　隗晨光（3月免）
　　　　　王　倩（女，3月任）
武装部部长　范贵生
镇　　长　李立奎
副 镇 长　白玉珍（女，满族，10月免）
　　　　　李　超（10月免）
　　　　　张小飞（3月免）
　　　　　赵振宇
　　　　　王永刚
　　　　　隗晨光（7月任）
　　　　　纪良艳（女，11月任）
　　　　　王　琪（女，11月任）

石楼镇

党委书记　焦迎彦（女）
副 书 记　仉立民
　　　　　金树森
人大主席　贯艳杰（女）
纪委书记　徐学刚
组织部部长　张　俊（女，8月免）
　　　　　卢通洋（8月任）
宣传部部长　常莉丽（女）
武装部部长　徐　鹏（9月免）
　　　　　李　辉（9月任）
镇　　长　仉立民
副 镇 长　李　岩（7月免）
　　　　　潘　军
　　　　　魏建青（女）
　　　　　王学通（8月免）
　　　　　吴艳强（11月任）
　　　　　刘　佳（11月任）

长阳镇

党委书记　王永民（3月免）
　　　　　张　博（3月任）

副　书　记　刘文静（女）
　　　　　　张　辉（3月任）
人大主席　杨增会（8月免）
　　　　　　崔艳霞（女，11月任）
纪委书记　崔艳霞（女，8月免）
　　　　　　詹　敏（女，8月任）
组织部部长　刘　想（8月免）
　　　　　　马志芳（女，8月任）
宣传部部长　马志芳（女，8月免）
　　　　　　高天泽（8月任）
武装部部长　高占林
镇　　　长　张　博（3月免）
　　　　　　张　辉（4月任）
副　镇　长　杨永青（女，8月免）
　　　　　　梁甫东（3月免）
　　　　　　彭　超
　　　　　　刘　想（11月任）
　　　　　　曾佼佼（11月任）
　　　　　　郭　珺（11月任）

河北镇

党委书记　刘学军
副　书　记　吕言飞
　　　　　　杨　晓
　　　　　　高景明
人大主席　付海滨（女）
纪委书记　杨冀昆
组织部部长　宋志杨
宣传部部长　张　台（女，8月免）
　　　　　　刘　冰（8月任）
武装部部长　王桂永
镇　　　长　吕言飞
副　镇　长　任建新（女，8月免）
　　　　　　侯景义（8月免）
　　　　　　隗功路
　　　　　　穆艳军
　　　　　　李　梅（女）
　　　　　　张　俊（女，11月任）
　　　　　　张　健（11月任）

长沟镇

党委书记　刘金辉（12月免）
副　书　记　王大宝
　　　　　　闫伟群
　　　　　　刘　成
人大主席　张　鹏
纪委书记　刘文利
组织部部长　刘欣欣（女，8月免）
　　　　　　刘思亮（8月任）
宣传部部长　宋　薇（女）
武装部部长　王亚楼
镇　　　长　王大宝
副　镇　长　靳　勃
　　　　　　程秀阁（8月免）
　　　　　　赵金霞（女）
　　　　　　窦建彬
　　　　　　刘　颖
　　　　　　王　帅（11月任）

大石窝镇

党委书记　曹燕杰
副　书　记　朱华俊
　　　　　　康　华
人大主席　崔凤香（女，9月免）
　　　　　　王志强（11月任）
纪委书记　项　磊
组织部部长　赵　岩（女，8月免）
　　　　　　孙莎莎（女，8月任）
宣传部部长　冯　超
武装部部长　杨兆宝
镇　　　长　朱华俊
副　镇　长　张爱国
　　　　　　郑桂彬（女）
　　　　　　穆晓利
　　　　　　孙卫东
　　　　　　郝井保

张坊镇

党委书记　王文路
副 书 记　于广海
　　　　　张战鹏（1月任）
人大主席　戴　兵（8月免）
　　　　　杨凤海（11月任）
纪委书记　吴兴振
组织部部长　王海红（女，8月免）
　　　　　张贮桐（8月任）
宣传部部长　张贮桐（8月免）
　　　　　宋玉华（女，8月任）
武装部部长　朱松宏
镇　　长　王文路（1月免）
　　　　　张战鹏（3月任）
副 镇 长　翟佳林
　　　　　罗得利
　　　　　刘丽华（女）
　　　　　任国立

十渡镇

党委书记　梁义国
副 书 记　于云飞
　　　　　梁甫东（3月任）
人大主席　隗合宇
纪委书记　肖英刚（满族）
组织部部长　肖剑峰
宣传部部长　韩海漫（女）
武装部部长　王伟雄（9月免）
　　　　　程秀阁（9月任）
镇　　长　于云飞
副 镇 长　董立新（8月免）
　　　　　杨秀华（女）
　　　　　赵永新
　　　　　朱丽波
　　　　　马永臻（11月任）

青龙湖镇

党委书记　刘松华（1月免）
　　　　　张福利（1月任）
副 书 记　邱　刚
　　　　　李占强
　　　　　吴　增
人大主席　刘　维
纪委书记　巩晓云（女）
组织部部长　夏建飞
宣传部部长　霍　亮（8月免）
　　　　　谭　刚（8月任）
武装部部长　沈进中（9月免）
　　　　　隗功文（9月任）
镇　　长　邱　刚
副 镇 长　刘雪松
　　　　　沈长全
　　　　　隗功文（8月免）
　　　　　邢海英（女）
　　　　　乔　治
　　　　　霍　亮（11月任）

韩村河镇

党委书记　高运华
副 书 记　杨　勇
　　　　　纪艳杰（女，8月免）
　　　　　隗功晋（8月任）
人大主席　刘殿新（8月免）
　　　　　梁明义（11月任）
纪委书记　刘广清
组织部部长　刘　敏（女）
宣传部部长　史春彦（女，8月免）
　　　　　李　月（女，8月任）
武装部部长　冯茂高
镇　　长　杨　勇
副 镇 长　史春彦（女，11月任）
　　　　　梁明义（11月免）
　　　　　刘国庆
　　　　　隗秀芝（女）
　　　　　于明冬
　　　　　郭　威

霞云岭乡

党委书记 杨叶辉
副书记 卢晓利
马海鸥（女）
人大主席 王怀财（8月免）
董立新（11月任）
纪委书记 张振夫
组织部部长 张东秀（女，8月免）
王福松（8月任）
宣传部部长 孙佳炜（8月免）
付　丽（女，8月任）
武装部部长 任正军（兼）
乡长 卢晓利
副乡长 任正军
李　斌（8月免）
郑杰东（女）
王爱军
张　健（11月任）

南窖乡

党委书记 王化占
副书记 张喜利
马永庆
人大主席 张长华（女，8月免）
郭　伟（11月任）
纪委书记 王晓艳（女）
组织部部长 刘　杰（女）
宣传部部长 王娜微（女，满族，8月免）
李小龙（8月任）
武装部部长 白玉明（满族，兼）
乡长 张喜利
副乡长 郭　伟（8月免）
白玉明（满族）
王娜微（女，满族，11月任）
王　军（女）
隗合军

佛子庄乡

党委书记 隗合庆（1月免）
刘　芳（女，1月任）
副书记 曹立全
王海鹏
人大主席 谭　斌（女）
纪委书记 董永云（女）
组织部部长 李　辉（8月免）
张英杰（女，8月任）
宣传部部长 范明军（8月任）
武装部部长 张宝义（5月免）
隗合忠（兼，9月任）
乡长 曹立全
副乡长 张宝义（5月免）
隗合忠
王久岚（女）
邱炳旺
何　通（11月任）

大安山乡

党委书记 余　涛（回族）
副书记 石宝军（女）
王志强（8月免）
齐广涛（8月任）
纪委书记 焦森磊（8月任）
人大主席 白玉呈
组织部部长 刘殿普（8月免）
高璐璐（女，8月任）
宣传部部长 张　卫（女，8月免）
吴国浩（回族，8月任）
武装部部长 张东光（兼，9月免）
刘殿普（9月任）
乡长 石宝军（女）
副乡长 张东光（8月免）
李艳平（女，3月免）
齐广涛（8月免）
张　健（8月免）
刘殿普（11月任）

张　卫（11月任）
彭昌奇（11月任）
孟　冉（11月任）

史家营乡

党委书记　汤连成
副书记　陈峰岩
孙立武
人大主席　马良宁（8月免）
李劲松（11月任）
纪委书记　姚　凯
组织部部长　刘培虎
宣传部部长　蔡培森（8月免）
齐颖秀（女，8月任）
武装部部长　王丙禄（9月免）
李会华（9月任）
乡长　陈峰岩
副乡长　王丙禄（8月免）
李会华
刘东娜（女，8月免）
毛玉营（8月免）
蔡培森（11月任）
耿春丽（女，11月任）
杨维彬（女，11月任）

蒲洼乡

党委书记　刘　芳（女，1月免）
倪　旺（2月任）
副书记　倪　旺（2月免）
姜洪国
李艳平（女，3月任）
人大主席　陈天三
纪委书记　杨　镝（8月免）
许　燕（女，满族，8月任）
组织部部长　郭　璐（女，8月免）
杨　帅（8月任）
宣传部部长　许　燕（女，满族，8月免）
蒋瑞鹏（8月任）
武装部部长　何建良（9月免）
杨志涛（9月任）
乡长　倪　旺
副乡长　隗合勇
何建良
杨志涛
郭　璐（女，11月任）

新镇街道办事处

工委书记　（空缺）
副书记　王立永
纪工委书记　王立永
主任　（空缺）
副主任　王立永
魏连和

区委党校

党委书记　宋爱茹（女，12月免）
校长　刘学亮（9月免）
王明哲（12月任）
常务副校长　宋爱茹（女）
副校长　冯后钊（6月免）
张海红（女）
刘秀英（女）

区行政学院

院长　吕晨飞（兼，1月任）
常务副院长　宋爱茹（女）
副院长　冯后钊（7月免）
张海红（女）
刘秀英（女）

区社会主义学院

院长　唐海蛟（6月免）
陈广利（6月任）
常务副院长　宋爱茹（女）
副院长　张海红（女）

区史志办

主任　高晓坤

副　主　任　贾　昉（女）
　　　　　　孟友龙（6月免）
　　　　　　缪柏平（6月任）

理工大学房山分校

党委书记　隗永博
纪委书记　何雪红（女）
校　　长　（空缺）
常务副校长　隗永博
副 校 长　李　军

区档案局

局　　长　李进伟

区档案馆

馆　　长　邵志杰（满族）
副 馆 长　李德玉
　　　　　李书会（女）

区城市管理指挥中心

（2月，由区城管委所属的副处级调整为正处级，为区政府直属事业单位）

党组书记　靳　畅（女，6月任）
主　　任　靳　畅（女，6月任）
副 主 任　何铭华（6月任）
　　　　　郝雪霏（女，6月任）

云居寺文物管理处

主　　任　王得军

石花洞风景名胜区管理处

主　　任　臧建忠
副 主 任　段洪伍（6月免）
　　　　　穆云涛（女，6月任）

区地震局

党组书记　薛全英
局　　长　薛全英
副 局 长　刘秀春
　　　　　宿建军

区机关服务中心

党组书记　陈慧明
主　　任　陈慧明
副 主 任　崔殿新
　　　　　刘学锋

北京开放大学房山分校

（挂区成人教育中心牌子）

校　　长　隗永博
副 校 长　闫立成
　　　　　陈　亮（满族）
　　　　　顾春森

区融媒体中心

党组书记　路建华
主　　任　路建华
副 主 任　朱惠强
　　　　　马　琳（女）
　　　　　武　宏

区新农村建设服务中心

主　　任　韩志刚

良乡物流基地管委会

（11月撤销）

党组书记　栗鹏程（11月免）
主　　任　刘　兵（兼，2月免）
　　　　　高武军（兼，2月任，11月免）
副 主 任　李向录（11月免）

北京周口店北京人遗址博物馆

馆　　长　董翠平（女）
副 馆 长　穆云涛（女，6月免）
　　　　　隗建华（女）
　　　　　段洪伍（6月任）

北京周口店北京人遗址管理处

主　　任　董翠平（女）
副 主 任　穆云涛（女，6月免）
　　　　　隗建华（女）
　　　　　段洪伍（6月任）

区林果科技服务中心

主　　任　田文东
副 主 任　张学武
　　　　　王锦泰

区考试中心

主　　任　徐建华

地质公园管理处

党组书记　杨建坡（8月免）
　　　　　李更宇（8月任）
主　　任　杨建坡（9月免）
　　　　　李更宇（9月任）
副 主 任　梁志辉
　　　　　景之星

区山区人口迁移办

主　　任　（空缺）
副 主 任　张　澄（女，6月免）
　　　　　刘学工（6月免）

区总工会

党组书记　李建坡
主　　席　赵　军（7月免）
　　　　　齐文东（7月任）
常务副主席　李建坡
副 主 席　隗合红
　　　　　彭　菲（女）

团区委

书　　记　李　楠
副 书 记　绳博通（12月免）
　　　　　刘　尧（女）

区妇联

党组书记　王红英（女）
主　　席　王红英（女）
副 主 席　赵建英（女，8月免）
　　　　　顾淑莲（女，8月免）
　　　　　张会东（女，8月任）
　　　　　刘月辉（女，8月任）

区科协

党组书记　钱新雨
副 书 记　董世民
主　　席　孙宝国
常务副主席　钱新雨
副 主 席　董世民
　　　　　曹长虹

区工商联

党组书记　陈建民
主　　席　孙志强（11月免）
　　　　　高武军（11月任）
副 主 席　刘　询

区文联

党组书记　唐海蛟（9月免）
副 书 记　史长义
主　　席　史长义
副 主 席　刘月辉（女，8月免）
　　　　　任建新（女，8月任）

区红十字会

党组书记　游向荣（女）
会　　长　李光明
常务副会长　游向荣（女）
秘 书 长　李晓军

区残联

党组书记　赵东升

理　事　长　赵东升
副理事长　隗福状
　　　　　谈素芬（女）
　　　　　任高旗（兼）

区烟草专卖局
（房山烟草公司）

局　　长　姚琴声（女，12月免）
　　　　　张文茂（12月任）
副 局 长　孟艳超

区葡萄种植及葡萄酒产业促进中心

主　　任　杨文淑（女）
副 主 任　赵　印

区住房保障事务中心

主　　任　隗　伟

区国有土地二级市场交易服务中心

主　　任　雷淑凤（女）

索 引

说 明

1.本索引采取主题索引，也称内容分析索引法编制。主题词以《北京房山年鉴（2022）》正文中出现的专业名词或名词词组、机构名等为主。

2.索引的文字部分称为标目，标目之后的数字为其在正文中出现的页码，数字后的英文字母（a、b）表示正文中的栏别（从左至右）。部分标目后面有若干个页码，则表示该标目均在这些页码出现。

3.本索引按汉语拼音音序排列，汉字打头的标目按首字母的音序音调依次排列，首字相同时，则以第二字排序，依此类推；以阿拉伯数字打头的主题词，排在最前面；以英文字母打头的主题词，列于其次。

4.类目中的“房山区情概貌”“特载”“专文”“大事记”“人物 荣誉”“统计资料”“附录”栏目内容不在索引范围内。

1～9

A

B

C

D

E

F

G

H

J

K

L

M

N

P

Q

R

S

W

X

Y

Z